Winand Dittrich, Eduard Libelt
Grundzüge der Verhaltensökonomie

Winand Dittrich, Eduard Libelt

Grundzüge der Verhaltensökonomie

—

DE GRUYTER
OLDENBOURG

ISBN 978-3-11-072227-7
e-ISBN (PDF) 978-3-11-072230-7
e-ISBN (EPUB) 978-3-11-072233-8

Library of Congress Control Number: 2024951975

Bibliografische Information der Deutschen Nationalbibliothek
Die Deutsche Nationalbibliothek verzeichnet diese Publikation in der Deutschen Nationalbibliografie;
detaillierte bibliografische Daten sind im Internet über http://dnb.dnb.de abrufbar.

© 2025 Walter de Gruyter GmbH, Berlin/Boston, Genthiner Straße 13, 10785 Berlin
Einbandabbildung: Gettyimages/aelitta
Satz: Integra Software Services Pvt. Ltd.

www.degruyter.com
Fragen zur allgemeinen Produktsicherheit:
productsafety@degruyterbrill.com

Vorwort

Menschliches Verhalten gewinnt heute immer mehr an direkter Bedeutung in wirtschaftlichen Zusammenhängen. Auch wenn schon immer menschliche Entscheidungen in Unternehmen als wichtig erachtet wurden, so lag der Schwerpunkt wirtschaftlicher Überlegungen zumeist auf Kosten-Nutzen Abwägungen bzw. Gewinnmaximierung nach dem Motto: „Aus Geld mehr Geld machen". Das umfassende und aussagekräftige Bild der Leistungsfähigkeit und des Erfolgs eines Unternehmens hängt nicht allein von den finanziellen Kennzahlen, sondern mehr und mehr von Datenquellen ab, die das Verhalten, die Entscheidungen und den Erfolg des Unternehmens abbilden. Daten über das Verhalten des Menschen und seine Entscheidungen haben deshalb eine große Bedeutung, da sie die Zukunft der Unternehmen und Privathaushalte beeinflussen und bestimmen. Seit der Digitalisierung werden die dadurch gewonnenen Informationen als Grundlage für neue Geschäftsmodelle genutzt und verändern darüber hinaus in vielfältiger Form die Unternehmenskultur als wesentlichen Erfolgsfaktor in einer modernen Wirtschaft. Verhaltensdaten sind Daten, die das Verhalten und die Entscheidungen von Menschen in verschiedenen Situationen und Zusammenhängen erfassen, wie beispielsweise ihre Präferenzen, Wahlen, Handlungen oder Reaktionen. Die gewonnenen Informationen zeigen, wie Menschen ihre Ziele verfolgen und welche Optionen sie wählen. Zum Beispiel erfassen Fitness-Apps Trainingsroutinen, das Schlafverhalten und die Ernährungsgewohnheiten der Nutzergruppen. Die App sammelt diese Daten und nutzt sie, um personalisierte Trainingsempfehlungen und Ernährungspläne zu erstellen. Außerdem bietet sie die Möglichkeit, sich zu vernetzen, an Herausforderungen teilzunehmen und Belohnungen für Aktivitäten zu erhalten. Verhaltensdaten und Entscheidungen bieten eine große Chance für neue Geschäftsmodelle, die sich an den Bedürfnissen der Kundschaft ausrichten und einen nachhaltigen Wettbewerbsvorteil ermöglichen können.

Im Bereich der Wirtschaftswissenschaften galt lange Zeit das Modell des rationalen Akteurs als Grundlage der Wirtschaftstheorie, das davon ausgeht, dass Individuen stets rationale Entscheidungen treffen, um ihren Nutzen zu maximieren. Das Aufkommen der Verhaltensökonomie hat dieses traditionelle Paradigma jedoch auf den Kopf gestellt und die komplizierten und oft irrationalen Facetten der menschlichen Entscheidungsfindung beleuchtet.

Dieses Buch führt in die aufschlussreiche Welt der Verhaltensökonomie ein, eine Disziplin, die Erkenntnisse aus der Psychologie, der Soziologie, der Ökonomie, der Neurowissenschaft und anderen Disziplinen nutzt und miteinander verbindet, um die Feinheiten der menschlichen Entscheidungen zu entschlüsseln. Es geht also darum, wie Menschen Entscheidungen treffen, wie sie mit Risiken und Unsicherheiten umgehen, wie sie von sozialen Normen und Emotionen beeinflusst werden und wie sie sich in Märkten und Organisationen verhalten.

Warum wird hier ein grundlegendes Einführungswerk offeriert? Zum einen neigen Enthusiasten des Fachgebiets dazu, ihr Engagement mit anderen zu teilen, insbeson-

https://doi.org/10.1515/9783110722307-202

dere mit denjenigen, die sich neu mit der Verhaltensökonomie und deren Fragestellungen beschäftigen. Zum anderen gibt es einen weiteren und bedeutenderen Grund. Der hier gewählte Ansatz leistet einen wichtigen und wertvollen Beitrag zum näheren Verständnis der Verhaltensökonomie. Die Struktur des Buchs geht auf einen integrativen Ansatz zurück im Gegensatz zur vorherrschenden Praxis, bei der Ergebnisse aus disparaten Fachgebieten mittels eines vermeintlich gemeinsamen Themas, beispielsweise Denkfehler bei der Entscheidungsfindung, lose miteinander aufgeführt werden. Dieses Buch bietet dagegen eine umfassende Einführung in die Grundlagen, die Methoden und die Anwendungen der Verhaltensökonomie. Im vorliegenden Buch *„Grundzüge der Verhaltensökonomie"* werden grundlegende Erkenntnisse und Ergebnisse dargestellt, die zum Verständnis menschlichen Verhaltens in wirtschaftlichen Situationen beitragen. Auch wenn die Verhaltensökonomie im Wesentlichen interdisziplinär ausgerichtet ist, so sind entscheidende Überlegungen und Prinzipien tief in der Psychologie verankert. Aus diesem Grund liegt ein Schwerpunkt des integrativen Ansatzes darin, auch grundlegende Konzepte der Psychologie den Lesenden näher zu bringen. Insofern ist der Begriff „Grundzüge" im Buchtitel doppeldeutig zu verstehen: Einerseits geht es um die Darstellung grundlegender Befunde der Verhaltensökonomie und andererseits um deren Verankerung in grundlegenden Konzepten der Psychologie. In diese Erkenntnisse fließen sowohl Befunde aus der Psychologie als auch der Ökonomie ein, wobei die Bedeutung kognitiver Verzerrungen, emotionaler Reaktionen und sozialer Einflüsse bei Entscheidungsprozessen hervorgehoben wird. Insbesondere die psychologische Forschung trägt zu diesem Verständnis bei, indem sie kognitive Verzerrungen und emotionale Faktoren aufdeckt, die das Verhalten beeinflussen. Der interdisziplinäre Charakter der Verhaltensökonomie ergibt sich daraus, dass reales Handeln und konkretes Entscheidungsverhalten von verschiedenen Disziplinen aus multiplen Perspektiven abgebildet werden. Das Buch richtet sich an Studierende der Wirtschaftswissenschaften, Psychologie, Pädagogik sowie an Fachleute in Management, Coaching und Beratung.

Unser Ziel ist es, mit diesem Buch eine Verknüpfung zwischen der akademischen Präzision der Verhaltensökonomie und ihren realen Anwendungen herzustellen. Das hier vermittelte Wissen ermöglicht ein tieferes Verständnis des menschlichen Verhaltens und inspiriert dazu, diese Erkenntnisse in persönlichen und beruflichen Lebenssituationen anzuwenden. In der Auseinandersetzung mit den vielfältigen Dimensionen dieses Fachgebiets wird deutlich, dass Verhaltensökonomie nicht nur eine intellektuelle Beschäftigung ist, sondern ein Instrument zur Verbesserung der Entscheidungsfindung und zur Förderung positiver Veränderungen.

Bei der ersten Bekanntschaft mit der großen Vielfalt gegenwärtiger Befunde und Versuchsanordnungen der Verhaltensökonomie berichten viele Studierende von Schwierigkeiten, die zentralen Prinzipien, Fragestellungen und Annahmen herauszuarbeiten, die dieses Gebiet strukturieren und überhaupt erst begreiflich machen. Dieses Buch hilft dabei, solche Schwierigkeiten durch verschiedene didaktische Mittel und Praxisbeispiele zu überwinden. Um Fragestellungen und Annahmen, welche die Verhaltensökonomie charakterisieren, deutlich zu machen, werden historische Vorläufer des verhaltensökonomischen Ansatzes und im Sinne der Informationsverarbeitung bestimmte Theorien der kognitiven Psychologie betrachtet. Weiterhin soll dieses Buch zur aktiven Analyse relevanter Theorien und Versuchsanordnungen ermutigen, indem diese als Teile des kontinuierlichen Forschungsprozesses dargestellt werden und gleichzeitig weiterführende Fragen und Interpretationen aufgezeigt werden. Den Textteil ergänzen zahlreiche illustrierende Lernboxen, die Konzepte, Experimente, Beispiele oder Fragen verdeutlichen. Die Inhalte des Textes spiegeln sich im Regelfall in einer Lernbox. Diese didaktische Aufarbeitung ermöglicht einen alternativen Zugang und die Möglichkeit zum Lerntransfer, der genutzt werden sollte. In diesem Buch wird eher eine exemplarische Betrachtung mit einer kleinen Anzahl ausgewählter Experimente betont, als einen nur flüchtigen Blick auf eine große Anzahl von Modellen und Befunden zu legen. Gleichwohl liefert dieses Buch eine umfassende Einführung in die Verhaltensökonomie.

Wir laden dazu ein, in die dynamische Welt der Verhaltensökonomie einzutauchen, und sind sicher, dass die gewonnenen Erkenntnisse dazu befähigen werden, bewusstere Entscheidungen zu treffen, die einen Wandel im persönlichen und beruflichen Umfeld herbeiführen und eine neue Perspektive auf menschliche Entscheidungen und deren Folgen eröffnen können.

Das Buch zeigt anfänglich, wie die Verhaltensökonomie sowohl im Labor als auch im Feld empirisch getestet wird und welche Methoden und Werkzeuge dabei verwendet werden. Zudem wird ein Überblick über die Geschichte, die Ziele und die Herausforderungen der Verhaltensökonomie gegeben. Es werden weiterhin die wichtigsten Konzepte und Modelle vorgestellt, die das verhaltensökonomische Denken prägen, wie zum Beispiel Heuristiken und Biases, Prospect-Theorie, *nudging*, mentale Buchführung, Fairness und Altruismus. Der letzte Teil illustriert, wie die Verhaltensökonomie angewendet werden kann, um reale Probleme in verschiedenen Bereichen (z. B. Finanzen, Gesundheit, Bildung, Umwelt und Politik) zu lösen. Das Buch vermittelt die Inhalte – didaktischen Richtlinien folgend – so, dass sie für Lernende verständlich, interessant und anwendbar sind. Bei englischsprachigen Fachbegriffen sind weitgehend etablierte deutschsprachige Entsprechungen verwendet worden, wobei die englischsprachigen Fachbegriffe zur Präzision zumeist zusätzlich kursiv vermerkt sind. Das Buch enthält zahlreiche Definitionen, Verständnisfragen, didaktische Lernboxen, Abbildungen (Abb.) und Tabellen (Tab.). Es soll dabei helfen, das Interesse an der Verhaltensökonomie zu fördern und zu vertiefen sowie die verhaltensökonomischen Erkenntnisse zu verstehen, kritisch zu evaluieren und anzuwenden.

Eine kleine Anmerkung zum Sprachstil erscheint auch angemessen. Aufgrund des weitgehend anerkannten Einflusses der Sprache auf das Denken und des verhaltensökonomischen Prinzips *framing* sollte das Buch in einem genderneutralen Sprachstil verfasst werden. Auch wenn eine gendersensible Sprache im öffentlichen Diskurs oft thematisiert wird, so ist dies für ein Lehrbuch bei weitem nicht selbstverständlich. Wie im vorliegenden Fall führt die Verwendung eines genderneutralen Sprachstils dem Anschein nach zu unüblichen und teilweise auch umständlichen Formulierungen. Bei

Komposita wurde aus Gründen der Lesbarkeit auf geschlechterneutrale Ausdrücke weitgehend verzichtet. Die Autoren können Leserinnen und Leser, also die Lesenden, nur bitten, die gewählten Formulierungen im Sinne des Gleichheitsprinzips und des sensiblen Sprachgebrauchs wohlwollend zu betrachten.

Dieses Buch dient als Unterstützung und Orientierungshilfe nicht nur Studierenden oder auch zukünftig Studierenden, sondern ebenfalls Teilnehmenden und Auszubildenden betrieblicher Fort- und Weiterbildungsgänge, weiterführender Schulen oder im Berufskolleg und überhaupt allen interessierten Lesenden.

Wir möchten an dieser Stelle Dr. Stefan Giesen, Lucy Jarman und Maximilian Geßl für ihre sorgfältige und hilfreiche Begleitung bei der Manuskriptgestaltung danken. Selbstverständlich liegt die Verantwortung für vorhandene Fehler bei den Autoren. Weiterhin möchten wir uns bei Franziska Riedl für fruchtbare Diskussionen und Hinweise, Deniz Stumpf, Roman Diehl, Maximilian und Marita Filz für redaktionelle Anregungen, Prof. Dr. Thomas Heupel und Dipl.-Ing. (FH) Christoph Hohoff für die Unterstützung des KompetenzCentrum für interdisziplinäre Forschung und Verhaltensökonomie (KCI, Email: Winand.Dittrich@fom-net.de) der FOM Hochschule bedanken.

Wir bedanken uns herzlich bei den Studierenden der FOM in den Bachelor-Studiengängen Wirtschaftspsychologie, Betriebswirtschaft & Wirtschaftspsychologie und im Master-Studiengang Wirtschaftspsychologie sowie für die wertvollen Anregungen der Studierenden im interdisziplinären Modul „Entscheidungsorientiertes Management" aller Masterstudiengänge in Frankfurt am Main. Ihre kreativen Präsentationen und stimulierenden Wortmeldungen waren von unschätzbarem Wert für die Buchgestaltung. Das Buch hätte die jetzige Form ohne das facettenreiche Feedback der Studierenden und der gesamten FOM Community nicht annehmen können.

Inhaltsverzeichnis

1 Einleitung

Die Verhaltensökonomie hat das Potenzial, das Menschenbild der Wirtschaftswissenschaften maßgeblich zu erweitern und richtungsweisend neue Geschäftsmodelle zu prägen, deren Datenlage auf menschlichen Reaktionen beruht. Dadurch wird das Verständnis für menschliches Verhalten und Erleben im Kontext wirtschaftlichen Handelns erweitert. Die Verhaltensökonomie eröffnet einen aufschlussreichen Einblick in die komplexen Prozesse der Entscheidungsfindung, die sich auf menschliches Handeln auswirken. Sie bietet eine tiefgreifende Untersuchung der Frage, wie Vorurteile, Heuristiken, kognitive Eigenheiten, Bedürfnisse, Motive und Kunden-/Mitarbeiterzufriedenheit wirtschaftliche Entscheidungen prägen und das konventionelle wirtschaftliche Denken in Frage stellen. Im Kern versucht die Verhaltensökonomie zu verstehen, warum Menschen manchmal Entscheidungen treffen, die der Logik und dem Eigeninteresse zu widersprechen scheinen. Sie befasst sich u. a. mit der begrenzten Rationalität, der zeitlichen Diskontierung, der Selbstüberschätzung und anderen kognitiven und emotionalen Faktoren, welche Entscheidungen beeinflussen. Dieses Buch beleuchtet die unsichtbaren Kräfte, die menschliches Urteilsvermögen beeinflussen.

Auf diesen Seiten wird eine Vielzahl von Themen vorgestellt, von der Dynamik des Verbraucherverhaltens bis hin zu den Feinheiten von Investitionsentscheidungen und den Auswirkungen auf die Politik. Die praktischen Auswirkungen der Verhaltensökonomie gehen weit über den akademischen Bereich hinaus und bieten in der komplexen Landschaft der menschlichen Entscheidungen wertvolle Einblicke für Einzelpersonen, Unternehmen und die politische Entscheidungsfindung.

In Kapitel 2 wird beschrieben, wie die Erkenntnisse der Verhaltensökonomie angewendet werden können, um das traditionelle Menschenbild (Homo oeconomicus) der Wirtschaftswissenschaften, welches von einem stets rationalen und eigeninteressierten Marktakteur ausgeht, zu erweitern. Es werden historische Marktanomalien und deren Entstehung beschrieben. Daraufhin wird das Paradigma der Verhaltensökonomie von der Institutionenökonomik und traditionellen Wirtschaftspsychologie abgegrenzt, und es wird gezeigt, dass der Mensch im Mittelpunkt der Entscheidungsfindung moderner Wirtschaftswissenschaften steht. Zusätzlich werden entscheidende Forschungsergebnisse beschrieben, und durch einen Exkurs in die Geschichte der Verhaltensökonomie wird verständlich gemacht, wie es Forschenden gelungen ist, mit experimentellen Designs und Laborstudien zu wirtschaftlichen Entscheidungen Wirtschaftsnobelpreise zu erhalten. Auch werden hier kritische Aspekte der Verhaltensökonomie angesprochen.

Die Grundlagen individuellen Entscheidungsverhaltens werden in Kapitel 3 behandelt. Um zu verstehen, was eine Entscheidung ist und wie diese zu Stande kommt, werden zunächst entscheidungstheoretische Grundbegriffe erläutert. Ferner werden die unterschiedlichen Informationslagen zu Sicherheit, Risiko und Unsicherheit erläutert. Es wird weiterhin aufgezeigt, wie unterschiedliche Entscheidungsregeln die Entschei-

https://doi.org/10.1515/9783110722307-001

dungsfindung unterstützen können. Die deskriptive und die normative Entscheidungs-theorie werden einander gegenübergestellt und ihre maßgeblichen Unterschiede werden aufgezeigt. Darauffolgend wird die Psychologie ökonomischer Entscheidungen beschrieben und es wird ausgeführt, wie Verzerrungen im Prozess der Informationsverarbeitung auftreten können. Erweiternd wird erklärt, welche Rollen Emotionen spielen, und abschließend wird auf das Konzept der begrenzten Rationalität eingegangen.

In Kapitel 4 wird anfänglich ein besonderes Augenmerk auf den Ansatz der limitierten Informationswahrnehmung und -verarbeitung gelegt. Beim Informationsverarbeitungsansatz wird der Mensch als eine Art Computer betrachtet, der Daten verarbeitet und Reaktionen erzeugt. Dadurch soll ein besseres Verständnis davon erreicht werden, wie sich ausgewählte Verzerrungen und Heuristiken bei der Entscheidungsfindung in den unterschiedlichen Ebenen des Informationsverarbeitungsprozesses auf menschliches Entscheidungsverhalten auswirken. Neben den im *heuristics and bias program* von Tversky und Kahneman postulierten Heuristiken wird auch aufgezeigt, wie sich der Besitz von Gütern, kognitive Gewohnheiten und Emotionen auf Entscheidungsprozesse auswirken. Abgeschlossen wird das Kapitel mit einer perspektivischen Gegenüberstellung der möglicherweise auftretenden Urteilsverzerrung mit dem Ansatz der frugalen Heuristik. In diesem Ansatz fungieren Heuristiken weniger als Verzerrungen, sondern vielmehr als Entscheidungshilfen.

Darauffolgend werden in Kapitel 5 ausgewählte Verhaltensanomalien als Forschungsfeld der Verhaltensökonomie näher erläutert. Dabei handelt es sich um Fälle, bei denen das tatsächliche Entscheidungsverhalten von den traditionellen Entscheidungsmodellen der Wirtschaftswissenschaften abweicht. Anhand von Forschungsergebnissen wird aufgezeigt, dass viele Prozesse bei der Entscheidungsfindung nicht ausschließlich rational ablaufen, und es werden weitere psychologische, soziale, emotionale und zeitliche Faktoren erläutert, die sich maßgeblich auf Entscheidungen auswirken.

In Kapitel 6 wird eine fundamentale Theorie der Verhaltensökonomie besprochen. Als wesentliche Erweiterung der subjektiven Nutzenfunktion wird die Prospect-Theorie dargestellt. Zur Erläuterung werden Prinzipien bei der Informationssuche veranschaulicht. Außerdem wird ein besonderes Augenmerk auf das Phänomen Verlustaversion und ihre besondere Rolle beim Entscheidungsverhalten gelegt. Neben der Betrachtung, welche Implikationen (z. B. Verluste) die Ergebnisse einer gewählten Option haben, werden einerseits die Ergebnisse der nicht gewählten Option (z. B. Bedauern) und andererseits der Vergleich mit dem antizipierten Ergebnis (z. B. Enttäuschung) einbezogen. Die kumulative Prospect-Theorie wird ebenfalls als wesentliche Weiterentwicklung erörtert. Das Kapitel schließt mit ausgewählten Effekten im Entscheidungsverhalten und praktischen Folgen der Prospect-Theorie (u. a. Besitz-Effekt, Beibehaltungstendenz, Anker-Effekt, Bezugsrahmen-Effekt, Risikoaversion) ab.

In Kapitel 7 wird das Themenfeld des dualen Denkens behandelt. Für ein grundlegendes Verständnis werden die zwei Systeme der Informationsverarbeitung einander gegenübergestellt und das Modell System 1 und System 2 nach Kahneman (2012a; 2012b) vereinfacht erläutert. Viele Prozesse der Entscheidungsfindung laufen oft unbewusst und automatisch ab (System 1) im Gegensatz zu den bewussten und überdachten Prozessen (System 2). Während automatische Prozesse schnelle Entscheidungen begünstigen, sind überdachte Prozesse eher mehr oder weniger verlangsamt. Vorstellungen des dualen Modells werden oft, besonders auch im Marketing, trivialisiert. Bei der Trivialisierung werden wissenschaftliche Befunde oder Methoden vereinfacht, verfälscht oder entwertet, um sie für ein breites Publikum zugänglich oder unterhaltsam zu machen. Dies geht oft mit einem Vertrauensverlust in die Wissenschaft einher, da es zu einer Manipulation oder interessengeleiteten Beeinflussung anderer führt. Daher ist es wichtig, Formen der Trivialisierung zu hinterfragen und offenzulegen. Beispielhaft werden stilistische Mittel der Trivialisierung angeführt.

In Kapitel 8 wird *nudging* als Strategie vorgestellt und aufgezeigt, wie Menschen dazu angeregt werden sollen, bestimmte Entscheidungen zu treffen oder ihr Verhalten zu ändern, ohne ihre Wahlfreiheit einzuschränken. *Nudging* nutzt dabei verhaltensökonomische und psychologische Erkenntnisse, um Personen subtil zu beeinflussen. *Nudging* beruht auf der Annahme, dass Menschen oft nicht rational oder optimal handeln, sondern von verschiedenen kognitiven Verzerrungen, Heuristiken oder Gewohnheiten geleitet werden. *Nudging* versucht diese Faktoren zu nutzen. Da *nudging* die Informationsverarbeitung von Menschen auf unterschiedliche Weise beeinflusst, werden Prinzipien der Informationsverarbeitung näher erläutert. Daraufhin werden *nudge*-Effekte sowohl im Entscheidungsverhalten als auch in der Selbstbestimmung behandelt und ausgewählte *nudging*-Instrumente (u. a. Standardeinstellungen, soziale Normen, Feedback, Warnungen und Hinweise) vorgestellt. *Nudging* wird angewendet, um die Informationsverarbeitung von Menschen gezielt zu formen und zu lenken, um ihr Verhalten in eine gewünschte Richtung zu leiten. Das Konzept des libertären Paternalismus beschreibt, wie *nudging* positive Effekte für das individuelle und gesellschaftliche Wohlergehen (z. B. Gesundheit, Umwelt, Politik und Wirtschaft) initiieren kann. Beispielhaft werden *nudging*-Effekte veranschaulicht, die von politischen Entscheidungstragenden eingesetzt werden. Außerdem werden kontroverse Gesichtspunkte des libertären Paternalismus angesprochen. Das Kapitel schließt mit einer Evaluation und Diskussion ethischer Aspekte.

In Kapitel 9 wird das Entscheidungsverhalten in Gruppen beschrieben. Das Entscheidungsverhalten in Gruppen ist ein Themenfeld, das von der Spieltheorie untersucht wird. Die Spieltheorie ist ein mathematischer Ansatz, bei dem das rationale Entscheidungsverhalten in sozialen Konfliktsituationen untersucht wird. Hierbei hängt der Erfolg einer Person nicht allein vom eigenen Handeln, sondern vor allem von den Entscheidungen anderer Beteiligter ab. Drei verschiedene Arten von Verhaltensstrategien werden analysiert, wie beispielsweise kooperative Strategien (gemeinsame Ziele), konkurrierende Strategien (unvereinbare Ziele) und gemischte Strategien. Bei gemischten Strategien verfolgen die Gruppenmitglieder sowohl gemeinsame als auch gegensätzliche Ziele und versuchen, diese durch Kompromisse oder Verhandlungen zu erreichen. Beispielhaft wird das Gefangendilemma und das Nash-Gleichgewicht veranschaulicht. Ein Überblick über grundlegende Gruppenprozesse verdeutlicht, welche Informationsasymmetrien in Organisationen auftreten können. Der Einfluss von Gruppendenken und Risikoverhalten in Gruppen auf individuelle Entscheidungen in der Gemeinschaft wird aufgezeigt. Das Kapitel schließt mit einer Betrachtung der Konzepte Altruismus und Reziprozität ab. Altruismus bezeichnet die Bereitschaft, auch bei eigenen Kosten anderen zu helfen. Reziprozität geht von der Erwartung aus, dass die Hilfe in der Zukunft erwidert wird.

In Kapitel 10 wird erläutert, wie verhaltensökonomische Erkenntnisse in der Praxis genutzt werden können. Die Verhaltensökonomie kann angewendet werden, um diejenigen Probleme (z. B. in den Bereichen Gesundheit, Umwelt, Bildung, Armut, Politik) zu lösen oder zu entschärfen, die durch irrationales oder uninformiertes Verhalten entstehen können. Ein besonderes Augenmerk liegt dabei auf der Behavioural Insights Unit London und darauf, wie diese Effekte des *nudging* nutzt, um durch politische Entscheidungen Verhaltensänderungen einzuleiten. Zusätzlich wird kurz umrissen, wie die Sozialpolitik von verhaltensökonomischen Überlegungen Gebrauch machen kann. Außerdem werden ausgewählte Bereiche, wie z. B. Arbeits- und Organisationsbereiche (etwa Behavioral Finance), beleuchtet. Ferner wird aufgezeigt, welche Rolle eine dynamische Preisgestaltung einnimmt und welche Implikationen sich für das Konsumverhalten ergeben können. Weiterhin wird auf menschliches Wohlbefinden und die persönliche Lebenszufriedenheit eingegangen, indem die Psychologie des Glücks erörtert wird. Die Psychologie des Glücks beschäftigt sich damit, was Menschen glücklich macht, wie sie ihr Glückempfinden verbessern können und welche Auswirkungen das Glück auf andere Lebensbereiche hat. Die Neurobiologie und die Verhaltensökonomie haben dadurch starke Anknüpfungspunkte, weil beide Disziplinen versuchen, menschliches Verhalten aus biologischer und psychologischer Perspektive aufzudecken und zu beeinflussen. Ausgewählte neurobiologische Themen werden angesprochen. Der Determinismus etwa bezeichnet die Annahme, dass alle Ereignisse eindeutig vorherbestimmt sind. In seiner strengen Form wird angenommen, dass vergangene, gegenwärtige und zukünftige Entscheidungen festgelegt sind. Der Zusammenhang von Ursache und Wirkung ist dabei grundlegend. Auf das Spannungsfeld zwischen Determinismus und Verhaltensökonomie wird hingewiesen. Die Frage, ob menschliches Verhalten deterministisch oder verhaltensökonomisch erklärt werden kann, hängt wesentlich von dem zugrunde gelegten Konzept der Freiheit ab. Abschließend wird diskutiert, inwieweit die Freiheit des Menschen als ökonomischer Faktor genutzt werden kann. Menschen können ihre eigenen Ziele verfolgen, wenn sie keinem Zwang unterliegen, frei wählen können und Möglichkeiten zur Mitgestaltung haben. Für die Wirtschaft hat Freiheit positive Auswirkungen auf die Produktivität und die Innovationskraft, und das individuelle Glückserleben zeitigt hier gleichfalls positive Wirkungen. Freiheit wird in industrialisierten Gesellschaften als Wert an sich hervorgehoben.

2 Verhaltensökonomie als neue Disziplin

Hinführend zu dieser jungen interdisziplinären Teildisziplin der Wirtschaftswissenschaften werden zunächst einige ausgewählte psychologische Grundlagen der Verhaltensökonomie erläutert. Diese Grundlagen stellen ein bedeutendes Fundament dar, um ein tiefgründiges Verständnis verhaltensökonomischer Prinzipien zu vermitteln. Darauf aufbauend werden anhand praktischer Anwendungsfälle diesbezügliche Wechselwirkungen verdeutlicht.

Psychologie

Grundsätzlicher Gegenstand der Psychologie ist die empirisch wissenschaftliche Auseinandersetzung mit folgenden drei wechselwirkenden Faktoren: menschliches Verhalten, subjektives Erleben und Handeln. Die Psychologie ist eine mehrdimensionale Wissenschaft, da sie sich mit den drei Faktoren sowohl aus biologischer, psychodynamischer, behavioristischer, humanistischer, kognitiver als auch evolutionärer Sichtweise beschäftigt. Als zentrale Perspektive zum Verständnis der Verhaltensökonomie wird der kognitive Ansatz der Psychologie, der sich mit der Informationsverarbeitung im Gehirn befasst, zugrunde gelegt und ausführlich dargestellt. Der spezifische Gegenstand der Psychologie umfasst dabei menschliche Komponenten wie insbesondere: Gehirn, Nervensystem, Sprache, Motivation, Emotion, beobachtbare Reaktionen, Verhaltensstörungen, Erfahrungen, Entfaltungsmöglichkeiten, kognitive Prozesse und Strukturen sowie verschiedene Arten von psychischen Anpassungsprozessen.

Im Folgenden wird nun näher auf zwei einflussreiche Richtungen der Psychologie eingegangen: die Gestaltpsychologie und den Behaviorismus. Anschließend werden der neue Ansatz und die Besonderheiten experimenteller Vorgehensweisen in der Ökonomie vorgestellt.

Gestaltpsychologie

Ein seit dem Altertum bekanntes Problem in der Philosophie wird zu Beginn des 20. Jahrhunderts von der Gestaltpsychologie erneut aufgegriffen. Hierbei handelt es sich um das Verhältnis zwischen dem Ganzen und seinen Teilen. Der seit Aristoteles (384–322 v. Chr.) bekannte Satz „Das Ganze ist mehr als die Summe seiner Teile" wurde zum Leitspruch der Gestaltpsychologie. Aus ihrer Sicht sollte ein Bild oder eine Melodie vorrangig von der Ganzheit der Erscheinung und dann erst zu den einzelnen Elementen hin analysiert werden und nicht in umgekehrter Reihenfolge. Eine Gestalt ist die letzte, nicht mehr reduzierbare Einheit (Ganzheit) und ist übersummativ, d. h. mehr als die Summe ihrer Teile. Einzelne Teile einer Sachlage können letztlich nur in ihrer Funktion als Elemente eines übergeordneten Ganzen sinnvoll verstanden werden. Dadurch steht die Gestaltpsychologie in direktem Gegensatz zum Strukturalismus, der zum Ende des 19. Jahrhunderts als prägender Ansatz in der Psychologie als neue Disziplin angese-

https://doi.org/10.1515/9783110722307-002

hen wurde. Dem strukturalistischen Ansatz zufolge sind psychische Erscheinungen aus Einzelelementen zusammengesetzt und daher im Forschungsprozess elementar zerlegbar. In der Elementenpsychologie ging man davon aus, dass sich die Wahrnehmung aus kleinen Bausteinen zusammensetzt, sozusagen aus Elementarempfindungen, die in der Summe dann den Wahrnehmungseindruck bilden. Der Vorstellung, dass psychische Vorgänge sich in einzelne, nicht weiter teilbare und deutlich abgrenzbare Elemente aufgliedern lassen (Elementarismus), hat die Gestaltpsychologie ihr Konzept der Ganzheitlichkeit entgegengesetzt. Wenn Personen eine Reihe von Sinnesempfindungen haben, ordnen sie diese unbewusst spontan so, dass eine Gestalt (also etwas Ganzes) entsteht.

Der Begriff Gestaltpsychologie geht zurück auf Max Wertheimer, den Hauptvertreter der Berliner Schule der Gestaltpsychologie. Gestaltprinzipien zeichnen sich durch Ordnungsfaktoren aus, die einzelne Wahrnehmungselemente derart zusammenfassen, dass stets zusammenhängenden Wahrnehmungseinheiten im Sinne einer Gestalt als primär angesehen werden.

Menschliche Wahrnehmung orientiert sich nicht primär an Einzelmerkmalen sondern an einer Gestalt. Als Motto der Gestaltpsychologie gilt: Wahrnehmungsobjekte werden nicht in allen Einzelheiten und Unregelmäßigkeiten erkannt. Nicht das Festhalten an Details, sondern die Bildung einfacher Gestalten bzw. das Prinzip der guten Gestalt (**Prägnanzprinzip**) steht im Vordergrund. Folgende Gestaltprinzipien wurden herausgestellt und gelten auch heute noch beispielsweise für das Design von Benutzeroberflächen bei Geräten, Produkten oder Alltagsgegenständen:

- **Prinzip der Nähe**
  gleiche Elemente, die räumlich nahe beieinander liegen, werden als zusammengehörig wahrgenommen.
- **Prinzip der Ähnlichkeit**
  ähnlich in Farbe, Form, Textur oder Größe wirkende Elemente werden als zusammengehörig wahrgenommen.
- **Prinzip des gemeinsamen Schicksals**
  Elemente, die sich mit ähnlicher Geschwindigkeit in eine ähnliche Richtung bewegen, werden als zusammengehörig wahrgenommen.
- **Prinzip der guten Fortsetzung**
  Die Tendenz Linien und Muster fortzusetzen, selbst wenn sie durch andere Elemente unterbrochen werden, und als zusammengehörig wahrzunehmen.
- **Prinzip der guten Gestalt**
  Gestalten reduzieren sich auf einzelne (geometrische) Grundformen, welche die Wahrnehmung erleichtern.
- **Prinzip der Prägnanz**
  Mehrdeutige Gestalten werden als einfache, reguläre und symmetrische Elemente wahrgenommen (vgl. Prinzip der guten Gestalt).

Die Ideen der Gestaltpsychologie wurden wesentlich geprägt von Christian von Ehrenfels (1859–1932), Max Wertheimer (1880–1943), Kurt Koffka (1886–1941), Wolfgang Köhler (1887–1967) und Kurt Lewin (1886–1947). In der zweiten Hälfte des 20. Jahrhunderts beschäftigte sich Daniel Kahneman in Ablehnung des Behaviorismus intensiv mit diesem Ansatz und suchte wie die Gestaltpsychologie nach Lösungen, wie externe Reize durch interne Sinnesempfindungen interpretiert werden können. In diesem Sinn fokussierte er sich auf die dynamische Verarbeitung von Entscheidungssituationen. Entscheidungsprobleme wurden lange Zeit zu sehr aus Sicht der Elementenpsychologie gesehen. Die ganzheitliche Struktur und Organisation des Entscheidungsproblems, d. h. die Einbettung des Problems in vorhandene Denkmuster (Gedächtnis) und die Dynamik der einzelnen Elemente miteinander, wurden kaum berücksichtigt. Bereits auf der Ebene der Wahrnehmung kann diese Dynamik am Beispiel der Ebbinghaus Illusion verdeutlicht werden (vgl. Abb. 2.1). Die Fläche des mit kleinen Kreisen umrandeten Kreises erscheint vergrößert und die des mit großen Kreisen umgebenen hingegen verkleinert. Der geometrisch identische, zentrale Kreis wird in Abhängigkeit von der Umgebung in beiden Fällen als unterschiedlich groß wahrgenommen.

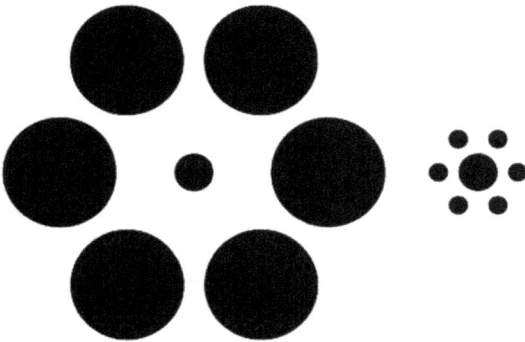

Abb. 2.1: Ebbinghaus Illusion und Kontexteffekt.

Aufgrund oft fehlerhafter Entscheidungen in Rekrutierungsverfahren, insbesondere aufgrund des Halo-Effekts (vgl. Kap. 5.1), fokussierte Kahneman sich auf die Beschreibung des aktuellen Bewerberverhaltens sowie die spontanen Denkmuster bei Entscheidungen, die er später als Heuristiken zum System 1 dazugehörend einordnete (vgl. Kap. 7.2). Ganz im Sinne der Gestaltpsychologie konzentrierte er sich auf den Gesamteindruck in der Entscheidungssituation und die dadurch ausgelösten spontanen Denkmuster.

Behaviorismus

Gleichzeitig zu Beginn des 20. Jahrhunderts entwickelten sich nebeneinander mehrere Ansätze in der Psychologie (u. a. Biopsychologie, Psychoanalyse, Gestaltpsychologie, Würzburger Schule der Denkpsychologie, Behaviorismus, humanistische Psychologie, Wirtschaftspsychologie). Die US-Amerikaner Edward Lee Thorndike (1898) und

John B. Watson (1913) gelten als Wegbereiter des Behaviorismus. In der Folge steht als zentrales Thema einer wissenschaftlich ausgerichteten Psychologie allein die Untersuchung des beobachtbaren Verhaltens im Mittelpunkt. Verhalten wird definiert als die beobachtbare Interaktion zwischen einem Organismus und seiner Umwelt. Beim Behaviorismus gründet sich die wissenschaftliche Herangehensweise im Sinne des Positivismus in der Beobachtung messbaren Verhaltens. Alle subjektiven oder inneren Prozesse des Verhaltens (z. B. Empfindungen, Gefühle, Wünsche, Einstellungen, Überzeugungen, Bewusstsein) wurden als nicht beobachtbar angesehen und blieben, wie in einer Black Box, unberücksichtigt. Introspektion („Blick ins Innere") wurde als Methode zum direkten Zugang zum eigenen Erleben und Bewusstsein als unwissenschaftlich gänzlich verworfen. Das Verhalten wurde allein bestimmt durch
– Bedürfnisse, die sich aus physiologischen Mangelzuständen ergeben,
– Triebe als Gad der Mangelzustände, die die Reaktionsstärke bestimmen,
– beobachtbare Reaktionen, die zur Bedürfnisbefriedigung im Sinne des Mangelausgleichs führen.

Dem Ansatz folgend wird Verhalten in Form von Reiz-Reaktions-Kette oder „Stimulus-Response"-Modell beschrieben. Von Beginn an gab es jedoch schon „Stimulus-Organismus-Response"-Modelle, die den physiologischen Zustand des Organismus als aktivierende Prozesse mitberücksichtigten. Heute finden besonders im Marketing neuere S-O-R Modelle Anwendung (u. a. Li, 2019; Ali, Perumal, & Shaari, 2020; Amaya Rivas et al., 2022). In diesen Marketingmodellen werden die Gedankengänge oder Vorgänge im Gehirn nach der Reizpräsentation als intervenierende Variable verstanden. Insofern sind diese neueren S-O-R Modelle keine Weiterentwicklungen des behavioristischen S-R Modells, vielmehr die Vermischung neobehavioristischer und kognitiver Modelle.

Im Jahr 1898 entdeckte Edward L. Thorndike, dass Verhalten, das zu einem Wohlfühlen führt, in der Folge häufiger auftritt. Dieser Zusammenhang ist als Effektgesetz bekannt. In den 1950er Jahren ergänzte Burrhus F. Skinner diesen Ansatz um die experimentelle Verhaltensanalyse (Ferster & Skinner, 1957), was die praktische Bedeutung der Psychologie erhöhte und ihre Popularität auffallend steigerte. Auf den Ergebnissen der Verhaltensanalyse, insbesondere den Verstärkungsregeln, basieren die auch heute noch vielseitig verwendeten Prinzipien des „Programmierten Lernens" oder das Grundprinzip neuronaler Netze. Auch im Marketing werden behavioristische Prinzipien erfolgreich genutzt.

Kahneman wurde zwar in dieser Tradition des Behaviorismus ausgebildet, doch wurde er später aufgrund seiner praktischen Berufserfahrungen im Personalmanagement stärker einerseits von der Gestaltpsychologie sowie andererseits der **Würzburger Schule der Denkpsychologie** beeinflusst. Die Würzburger Schule verfeinerte in völligem Gegensatz zum Behaviorismus die kontrollierte systematische Introspektion als Methode, um die Bausteine des Denkens zu bestimmen. Dabei wurde davon ausgegangen, dass zahlreiche Gedanken bildfreien oder unanschaulichen Charakter haben, kaum zu verbalisieren oder zu beschreiben sind, jedoch an Zielen ausgerichtet und auch durch unbewusste Prozesse beeinflusst sind. Auch wenn die Introspektion als unzulängliche Methode sich nicht durchgesetzt hat, so erwies sich der Ansatz, höhere Denkprozesse wie komplexe Entscheidungen durch Gedankenexperimente und die damit verbundenen subjektiven Empfindungen detailliert zu erforschen, als fruchtbar. Diese beiden Ansätze (Gestalt- und Denkpsychologie) begünstigten die Entwicklung der Verhaltensökonomie.

Experimenteller Ansatz

Laborexperimente als wissenschaftliche Methode finden in den Sozialwissenschaften weit weniger Anwendung und Anerkennung als in den Naturwissenschaften. Im Unterschied zu den Naturwissenschaften beziehen sich die Forschungsthemen sozialwissenschaftlicher Experimente auf Individuen oder spezifische menschliche Handlungen, Verhaltensweisen und Entscheidungen. Erst in den letzten vier Dekaden werden sie vermehrt in der Ökonomie eingesetzt (Falk & Heckman, 2009). Nicht zuletzt durch die Verleihung des Nobelpreises an Vernon Smith, einem Pionier der experimentellen Ökonomie, im Jahre 2002 konnte die Methode mittlerweile in den Wirtschaftswissenschaften etabliert werden. Der experimentelle Ansatz in der Ökonomie zeichnet sich durch die Verwendung von Laborexperimenten, Feldversuchen in realen Wirtschaftssituationen, Befragungen und Simulationen aus, um wirtschaftswissenschaftliche Fragestellungen zu untersuchen, Theorien zu entwickeln oder zu überprüfen. In einem Versuch sollten beispielsweise die Teilnehmenden Entscheidungen treffen oder verschiedene Aufgaben lösen, entweder einzeln oder in der Gruppe. Diese Aufgaben können Aspekte von echten Arbeitsaufgaben in Vertrieb oder Management abbilden. In Experimenten gesammelte Daten geben beispielsweise Aufschluss über:
- das Abschätzen der Effektgröße
- die Gültigkeit wirtschaftlicher Theorien
- das Offenlegen der Marktmechanismen

Die experimentelle Ökonomie untersucht menschliches Verhalten in einem kontrollierten Labor oder im realen Feld und nicht nur anhand mathematischer Modelle. Im Laborexperiment (vgl. Tabelle (Tab.) 2.1) können im Gegensatz zur Feldforschung die Randbedingungen und Regeln selbst definiert und viele Variablen kontrolliert oder genau gemessen werden. Besonders in den Bereichen Spieltheorie und Entscheidungstheorie werden daher häufig Laborexperimente eingesetzt.

Jede Fragestellung bedarf einer angemessenen, praktisch realisierbaren Methode, die bei Experimenten die systematische Manipulation eines Faktors beinhaltet. Während alle anderen Einflussfaktoren gleichgehalten werden, beschränkt man sich auf die Variation eines oder mehrerer Faktoren, die für die Fragestellung interessant sind. Typischerweise besteht ein Laborexperiment aus mindestens zwei gleichartigen Versuchsgruppen (Experimentalgruppe, d. h. mit Manipulation der Einflussgröße A, und Kontrollgruppe, d. h. ohne Manipulation von A), die sich nach der Experimental-

Tab. 2.1: Vor- und Nachteile von Laborexperimenten.

Vorteile	Nachteile
Aufdecken kausaler Zusammenhänge	Personenmerkmale nicht manipulierbar z. B. Alter, Geschlecht, Sozialstatus
Prüfen von Annahmen bzw. Hypothese	mangelnde Natürlichkeit
Eliminieren oder Kontrollieren von Störfaktoren	eingeschränkte Generalisierbarkeit
Manipulierbarkeit der Testsituation	hoher Aufwand
Wiederholbarkeit des Experiments	keine Abbildung komplexer sozialer Situationen

manipulation nur in dem Faktor A unterscheiden. Hierfür wird ein künstlich geschaffenes Umfeld eingerichtet. Alle Einflussgrößen (A), die auf das Ergebnis (B) einwirken, sollten von der Versuchsleitung kontrollierbar und damit bekannt und messbar sein. Versuchspersonen werden zunächst zufällig in die beiden Gruppen eingeteilt. Zur Analyse vergleicht man dann das Antwortverhalten auf die Einflussgröße A in beiden Gruppen bei ansonsten gleichen Bedingungen. Dann wird die Auswirkung der Einflussgröße A auf das Ergebnis B systematisch bestimmt, um zu erfassen, ob das durch die Manipulation erwartete Ergebnis eingetreten ist. Trifft dies zu, wird die Annahme „wenn A dann B" als gültig interpretiert (gegebenenfalls mit einer statistischen Wahrscheinlichkeit).

Sowohl in den Natur- als auch in den Sozialwissenschaften wird das Experiment als die entscheidende Methode zur Untersuchung von Kausalbeziehungen, welche das Ursache-Wirkungs-Prinzip ausdrücken, angesehen. Die im Experiment untersuchte Fragestellung beruht dabei immer auf einem kausalanalytischen Muster: Wie und wie stark wirkt sich Faktor A (Ursache) auf Faktor B (Folge) aus? Dieses kausalanalytische Schema basiert auf einem analytisch-nomologischen Wissenschaftsverständnis, welches in der Annahme gründet, dass grundlegende Regelmäßigkeiten die soziale Umwelt bestimmen und diese allgemein gültig sind. Mittels Hypothesen werden Annahmen über diese Zusammenhänge aufgestellt. In der Forschung werden Teilbereiche des gesellschaftlichen Lebens isoliert, in denen die Hypothesen getestet werden können. Schließlich wird aus den Ergebnissen geschlossen, ob sich die Hypothesen falsifizieren lassen, beziehungsweise ob sie geändert werden müssen. Die typische nicht-experimentelle Forschungsmethode, um die Art und Höhe des Zusammenhangs zwischen Faktoren zu bestimmen, ist die Korrelationsstudie. Die Art des Zusammenhangs kann positiv (hohe Werte Faktor A zusammen mit hohen Werten Faktor B bzw. niedrige Werte Faktor A zusammen mit niedrigen Werten Faktor B) oder negativ (hohe Werte Faktor A zusammen mit niedrigen Werten Faktor B bzw. niedrige Werte Faktor A zusammen mit hohen Werten Faktor B) sein.

Korrelation bezeichnet das Verhältnis zwischen zwei statistischen Merkmalen. Als Synonym für Merkmal wird der Begriff Variable mit unterschiedlichen Ausprägungsgraden (d. h. Merkmalsvariationen) verwendet. Veränderungen des Ausprägungsgrades eines Merkmals können innerhalb einer Person (intraindividuelle Unterschiede) oder zwischen verschiedenen Personen (interindividuelle Unterschiede) variieren.

Die Merkmalsausprägungen differieren bei quantitativen Variablen gemäß einer Skala nach dem Zahlenwert (z. B. Ausdauer: 30, 60, 120 Minuten) und bei qualitativen Variablen nach ihrer Beschaffenheit (z. B. Aktivierungsgrad: energisch, aufmerksam, entspannt, schläfrig).

Während Korrelation ein quantitatives Maß zur Beschreibung linearer Zusammenhänge ist, bezeichnet **Kausalität** keine einfache Wechselwirkung, sondern die direkte im Sinne eines Ursache-Wirkungs-Zusammenhangs zwischen Einflussnahme Variablen. Zusammenhänge zwischen zwei Variablen können durch eine dritte Variable beeinflusst werden, was die kausale Interpretation von Effekten fehlleiten kann. Beim Einfluss von Drittvariablen (Störvariablen) spricht man auch von Moderation (Einfluss auf den Zusammenhang der beiden Variablen) oder Konfundierung (Einfluss auf Variable A und den Zusammenhang zwischen Variable A und B). Eine Kausalhypothese muss drei Bedingungen erfüllen:

- Zwischen A und B besteht ein statistischer Zusammenhang.
- Die Ursache A geht der Wirkung B zeitlich voraus.
- Der Zusammenhang zwischen von A und B besteht auch nach Eliminierung von Drittvariablen.

Wird eine Korrelation zwischen zwei Variablen festgestellt, verleitet dies häufig zur Fehlannahme, dass eine kausale Beziehung zwischen diesen Variablen vorhanden ist. Korrelation ist jedoch nicht gleichbedeutend mit Kausalität.

Das Tragen einer Sonnenbrille und ein „cooles" Auftreten zeigen eine positive Korrelation. Es ist jedoch nicht die Sonnenbrille, die für „Coolness" sorgt, sondern das Selbstbewusstsein und die Einstellung der brillentragenden Person (Drittvariable).

In den letzten Jahren haben Feldexperimente verstärkt Aufmerksamkeit in der Wirtschaftsforschung erhalten (vgl. Tab. 2.2). Ökonomische Phänomene (z. B. Entscheidungssituationen) werden in möglichst realistischen Umweltsituationen untersucht.

Tab. 2.2: Vor- und Nachteile von Feldexperimenten.

Vorteile	Nachteile
Verhalten in natürlicher Umgebung	mangelnde Kontrollierbarkeit
Erfassen von Reaktionen in besonders sensiblen Bereichen	Vielzahl von Einflussgrößen
unbeeinflusst von künstlich geschaffenem Umfeld	unbekannte Interaktionen zwischen Merkmalen
Erfassen von spontanen, oft unbewussten Reaktionen	unbestimmbare Zuordnung von Zusammenhängen
Einsatz von realen Produkten oder Fachgruppen	ethische Aspekte

Die Frage, ob nun Labor- oder Feldexperimente geeigneter sind, kann nicht pauschal beantwortet werden. Beide Methoden ergänzen sich je nach Fragestellung. Experimente in den Sozialwissenschaften werden häufig mit anderen Methoden der Datenerhebung kombiniert. So wird in der empirischen Sozialforschung beispielsweise versucht, die Einflussgröße A auch durch Beobachtung, Befragung oder mit Hilfe eines standardisierten Tests zu erfassen. Eine besondere Form des Experiments stellt das Ex-Post-Facto-Experiment dar. Bei stattgefundenen Ereignissen in der Realität werden erst nachträglich bereits abgelaufene Wirkungszusammenhänge rekonstruiert – es werden selbstständig zustande gekommene Bedingungen genutzt. In diesem Fall haben sich die Einflussgrößen bereits ausgewirkt, die Folgen werden danach in aktuellen Situationen gemessen. Folglich werden keine künstlichen Testbedingungen erzeugt – es wird nur das Ergebnis B systematisch erfasst und versucht, die Einflussgröße A rückblickend zu interpretieren. Dieser Typ des Experiments hat immer die große Schwäche einer mangelhaften Bestimmung bzw. Kontrolle der Einflussgröße.

Allgemein gelten folgende Nachteile bei der Anwendung von Experimenten in der Ökonomie:
– teuer, zeitaufwendig und schwierig zu organisieren
– große Anzahl von Teilnehmenden oder komplexe Versuchsanordnung
– Realität nicht immer genau abgebildet
– vereinfachende Annahmen oder künstliche Situationen
– eingeschränkte Übertragbarkeit der Ergebnisse auf andere Kontexte
– ethische Problematik
– unkontrollierbare Störeinflüsse

Diesen Schwächen des experimentellen Ansatzes steht ein nicht zu unterschätzender Vorteil entgegen. Experimentelle Ergebnisse ermöglichen die Aufdeckung kausaler Zusammenhänge, so dass Entscheidungen und Handlungen evidenzbasiert getroffen werden können. Evidenzbasiertes Vorgehen umfasst typischerweise fünf Schritte:
– Formulierung einer empirisch zugänglichen Forschungsfrage
– Durchführung einer systematischen Literatursuche und -bewertung
– Auswahl der Hypothesen bzw. Methoden
– Hypothesenprüfung bzw. Anwendung der ausgewählten Methoden
– Evaluation der Ergebnisse

Evidenzen sollen mit möglichst objektiven wissenschaftlichen Methoden erhoben werden und so verlässliche Ergebnisse liefern. Ein systematischer Überblick zu den Forschungsmethoden und Gütekriterien wird im Folgenden dargestellt.

Es wird eine Systematisierung entwickelt, um die funktionale Verbindung dieser Methoden zu verdeutlichen. Die erste Dimension unterscheidet zwischen qualitativen und quantitativen Methoden, während die zweite Dimension den Zusammenhang zwischen den Methoden und den verschiedenen Stufen des Forschungsprozesses herstellt.

Bei den unterschiedlichen Wegen zur Lösung von Forschungsfragen lassen sich typischerweise zwei Wege unterscheiden. Zum einen geht es um die Unterscheidung von induktivem und deduktivem Vorgehen und zum anderen um die qualitativen und quantitativen Methoden. Bei induktivem Vorgehen werden Schlussfolgerungen von Einzelfällen auf allgemeine Regeln gezogen. Anhand von gesammelten Daten bzw. Beobachtungen wird versucht, größere Zusammenhänge und allgemeine Regeln zu erkennen und abzuleiten. Auf dieser Basis können Hypothesen formuliert werden. Bei deduktiver Forschung ist der Ausgangspunkt eine allgemeine Theorie, die als Grundlage für eine bestimmte Hypothese dient. Die Hypothese kann experimentell überprüft und gegebenenfalls falsifiziert (widerlegt) werden (Beispiel für deduktive Logik: Wenn A = B und B = C, dann A = C). Die Überprüfung der Hypothese erlaubt Rückschlüsse auf die Gültigkeit der zu Grunde gelegten Theorie.

Im Bereich der qualitativen Forschung beziehen sich die Sozialwissenschaften auf einen sinnorientierten, interpretativen wissenschaftlichen Ansatz zur Erhebung und Verarbeitung gesellschaftlich relevanter Daten. Qualitative Methoden ermöglichen, ein vertieftes Verständnis von Erfahrungen, Meinungen und sozialen Interaktionen zu gewinnen, indem man individuelle Sichtweisen und Zusammenhänge berücksichtigt und nicht-numerische Daten untersucht. Quantitative Methoden hingegen stellen eine Methode zur numerischen Repräsentation empirischer Phänomene dar. Die quantitative Forschung nutzt statistische Methoden, um Muster und Beziehungen in den empirischen Daten zu identifizieren.

Nicht jede empirische Untersuchung entspricht dem wissenschaftlichen Standard. Erst wenn bestimmte Gütekriterien erfüllt werden, kann eine empirische Untersuchung als wissenschaftlich gelten. Zunächst werden die Gütekriterien quantitativer Forschung umrissen:

Objektivität

Objektivität, d. h. intersubjektive Vergleichbarkeit, ist ein allgemeines Qualitätskriterium für wissenschaftliche Forschungen. Unterschiedliche Forschende, die unter vergleichbaren Versuchsbedingungen arbeiten, sollten auch zu gleichwertigen Ergebnissen kommen (Unabhängigkeit der Ergebnisse von der Experimentalsituation und der Versuchsleitung).

Reliabilität

Die Reliabilität bezieht sich auf die Verlässlichkeit und Konsistenz einer Untersuchung. Ein Instrument gilt als zuverlässig, wenn es, angewendet bei einem relativ stabilen Verhalten, zu gleichen oder ähnlichen Resultaten führt.

Zuverlässigkeit ist gegeben, wenn bei einer wiederholten Prüfung (oder einem Test) unter relativ unveränderten Bedingungen vergleichbare Ergebnisse erzielt werden (Retest-Reliabilität).

Ein anderer Maßstab zur Bewertung der Zuverlässigkeit ist die Interrater-Reliabilität, welche sich auf den Grad der Übereinstimmung der Bewertungsergebnisse zwischen verschiedenen Beobachtenden oder in verschiedenen Testsitzungen bezieht. Die Interrater-Reliabilität gilt als hoch, wenn unterschiedliche mit der Auswertung befasste Personen zu vergleichbaren Bewertungen für dieselben Testpersonen kommen.

Validität

Die Validität beschreibt eine quantitative Studie nach ihrer Fähigkeit, genau das zu messen, was zu messen sie beabsichtigt. Ursprünglich wurde mit diesem Gütekriterium ein diagnostisches Messinstrument wie ein Intelligenztest dahingehend bewertet, ob es wirklich das beabsichtigte Konstrukt misst, d. h. ob ein Intelligenztest wirklich die Intelligenz und nicht etwa ein anderes Konstrukt, wie z. B. den Aktivitätsgrad, erfasst.

Validität hängt von Objektivität und Zuverlässigkeit ab. In dem Sinne kann eine unzuverlässige oder nicht-intersubjektiv bewertete Studie nicht valide sein.

Die Qualitätskriterien für die quantitative Forschung können nicht eins-zu-eins auf die qualitative Forschung übertragen werden. Die erklärten Unterschiede in den Zielen dieser beiden Ansätze erfordern Bewertungskriterien, die auf diese Ziele zugeschnitten sind. Den qualitativen Gütekriterien können nach Mayring (2002) folgende zugeordnet werden:
- **Verfahrensdokumentation**
  Die Dokumentation umfasst das Vorgehen (Planung, Durchführung, Auswertung) im gesamten Forschungsprozess, das diesen nachvollziehbar macht.
- **argumentative Interpretationen**
  Als entscheidender Schritt müssen Interpretationen argumentativ begründet werden.
- **Regelbezogenheit**
  Festgelegte Regeln bestimmen trotz prinzipieller Offenheit das Vorgehen in einer Studie.
- **Nähe zum Untersuchungsgegenstand**
  Die zu untersuchenden Personen müssen in ihrem gewohnten Lebensumfeld (der Alltagswelt) untersucht werden.
- **kommunikationsbezogene Validierung**
  Die Forschungsergebnisse werden mit den Testpersonen geteilt und besprochen. Übereinstimmung gilt als wichtiges Kriterium zur Absicherung der Befunde.

Zusätzlich stellt **Triangulation** eine Methode dar, welche die Glaubwürdigkeit und Validität einer Untersuchung erhöht. Bei der Triangulation können Theorien, Methoden und Beobachtende kombiniert werden und damit fundamentale Verzerrungen, die aufgrund der Anwendung singulärer Methoden oder einzelner Beobachtender entstehen, minimiert werden. Wird durch die Vielfalt der Verfahrensweisen dasselbe Ergebnis erzielt, so erhöht sich dadurch die Glaubwürdigkeit der Studie. Auch bereichert die Triangulation den Forschungsansatz dadurch, dass unterschiedliche Aspekte der Forschungsfrage direkt beleuchtet werden. Es gibt vier Formen der Triangulation, bei denen jeweils mehrere entsprechende Elemente kombiniert werden:

– **Daten-Triangulation**
Verschiedene Datensätze zur Fragestellung werden ausgewertet.
– **Beobachtenden-Triangulation**
Verschiedene Personen werten die Daten unabhängig aus und vergleichen Datensätze.
– **Theorien-Triangulation**
Verschiedene Theorien zum Thema werden zueinander in Bezug gesetzt.
– **Methoden-Triangulation**
Verschiedene Methoden werden genutzt und kombiniert.

Entsprechend den Qualitätskriterien kann es durchaus möglich und sinnvoll sein, die vier unterschiedlichen Formen der Triangulation miteinander zu kombinieren.

2.1 Traditioneller Ansatz: Homo oeconomicus

Die Wirtschaftswissenschaft wurde über lange Zeit primär vom Menschenbild des Homo oeconomicus geprägt – einem zentralen Konzept der traditionellen ökonomischen Theorie. Die Modellannahmen des Homo oeconomicus wurden von dem französischen Ökonomen Léon Walras in der zweiten Hälfte des 19. Jahrhunderts weiterentwickelt, um mathematische Methoden, wie sie in der Physik Verwendung finden, auch in der Ökonomie zu nutzen und diese so als exakte Wissenschaft zu etablieren. Aus diesem Grund unterschied er zwischen dem Modell des rein rationalen Menschen – Homo oeconomicus – und dem Modell des natürlichen Menschen – Homo ethicus – (Walras, [1898]1992). Bereits der Ökonom John Stuart Mill ([1836]2006) entwickelte diesen liberalen Ansatz und gilt als Begründer der klassischen Nationalökonomie. Personen, welche die liberale Wirtschaftstheorie befürworten, glauben, dass eine völlig ungehinderte Wirtschaft autonom ein Gleichgewicht erreichen würde, analog zu einem selbstregulierenden Mechanismus, der von einer „unsichtbaren Hand" (Smith, [1789]1988) gesteuert wird. Dieser modellhafte und idealtypische Mensch ist absolut rational und ökonomisch orientiert. Der Mensch strebt idealtypisch nach dem größtmöglichen eigenen Nutzen. Als weitere Grundannahme gilt, dass mehr Güter oder Geld immer besser sind als weniger. Jegliche Handlung richtet sich nach dem ökonomischen Prinzip aus – ein bestimmtes Ergebnis soll mit minimalem Einsatz (Minimalprinzip) bzw. bei vorgegebenem Einsatz soll ein möglichst hohes Ergebnis erreicht werden (Maximalprinzip). Auch praxisnahe Mischformen beider Prinzipien, bei dem sowohl der Einsatz als auch das Ergebnis variabel sein können, sind möglich (Extremumprinzip). Handeln folgt dabei dem Ziel, die eigenen Bedürfnisse zu befriedigen. Die Präferenzen des Homo oeconomicus gelten als stabil, vollumfänglich und transitiv (vgl. Kap. 2.5). Weiterhin geht die Modellannahme davon aus, dass umfassende Marktinformationen vorliegen und immer sofort reagiert wird, ohne dass sich der Homo oeconomicus dabei von Vorlieben, Vorurteilen oder Werten beeinflussen lässt.

Aus ökonomischem Blickwinkel weist das Modell des Homo oeconomicus Stärken auf. Reale Menschen werden vereinfacht dargestellt, um wirtschaftliche Abläufe verständlich zu machen. Im 18. Jahrhundert schienen die Märkte noch überschaubar und nur wenige Fachgruppen, wie Bankleute, Bäcker, Fleischer und Handwerker, waren in der Wirtschaft aktiv.

Das Modell ist breit anwendbar, da aus formaler Sicht alle möglichen Dinge in eine individuelle Nutzenfunktion eingefügt werden können. Entsprechend des Modells verhalten sich Personen rational, eigennützig und durchgängig folgerichtig, d. h. Präferenzen ändern sich nicht (vgl. Abb. 2.2). Das rationale Entscheidungsmodell kann demnach in anderen Sozialwissenschaften genutzt werden. Diese Allgemeingültigkeit wurde als Vorteil der Ökonomie gegenüber anderen Sozialwissenschaften gesehen, in denen Theorien oft schwierig zu verallgemeinern sind. Die Theorie des rationalen Eigennutzes konnte in bestimmten Kontexten für erstaunlich präzise Prognosen genutzt werden. Beispielsweise hat Vernon Smith, der Pionier der experimentellen Ökonomie, durch Experimente nachweisen können, dass mittels der traditionellen Theorie die Handelsgleichgewichte von kompetitiven Märkten erfolgreich und genau vorausgesagt werden. Das Konzept vereinfacht die Realität, kann aber dennoch helfen, die Reaktionen auf Umweltveränderungen zu analysieren. Auch wenn konzeptuelle Bedenken hinsichtlich der getroffenen Annahmen bestehen, wie unten aufgeführt, weisen die Marktteilnehmenden einige Merkmale des Homo oeconomicus auf, indem sie Reaktionen auf veränderte Umweltbedingungen zeigen.

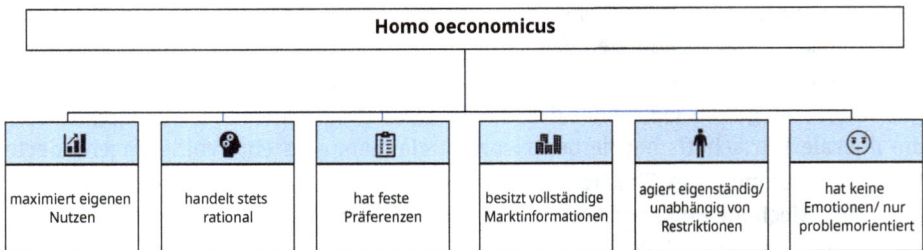

Homo oeconomicus					
maximiert eigenen Nutzen	handelt stets rational	hat feste Präferenzen	besitzt vollständige Marktinformationen	agiert eigenständig/ unabhängig von Restriktionen	hat keine Emotionen/ nur problemorientiert

Abb. 2.2: Modellannahmen des Homo oeconomicus.

Die Problemorientierung beinhaltet einen Entscheidungsfindungsansatz, der sich auf Knappheitssituationen konzentriert, indem er relevante Präferenzen und Beschränkungen berücksichtigt. Bei dieser Methode wird zwischen individuellen Präferenzen und Beschränkungen unterschieden, die die verfügbaren Wahlmöglichkeiten definieren. Das Rationalitätsprinzip leitet die Entscheidungsfindung auf der Grundlage einer Kosten-Nutzen-Analyse, wobei symmetrische Informationen und minimale Transaktionskosten vorausgesetzt werden. Darüber hinaus erkennt die Problemorientierung repräsentatives Verhalten an, das mit etablierten ökonomischen Prinzipien übereinstimmt. Dieser Ansatz bietet Einblicke in Entscheidungstrends in Szenarien mit begrenzten Ressourcen. Das Basispostulat des **methodologischen Individualismus** verlangt, dass sämtliche sozialen Phänomene, einschließlich des Funktionierens sozialer Institutionen, immer durch die Entscheidungen, Handlungen, Einstellungen und Interaktionen einzelner Menschen erklärt werden sollten. Individuelles Handeln wird nicht als Ergebnis sozialer Prozesse betrachtet. Alle Prozesse, die sich auf Organisationen, Gesellschaften oder kollektive Einheiten beziehen, sind das Resultat individuellen Handelns einzelner Personen. Erklärungen, die ausschließlich auf kollektiven Einheiten (methodologischer Kollektivismus) wie Staaten oder Ethnien basieren, werden von Popper (1984) abgelehnt. Er erkennt zwar die Existenz von sozialen Kollektiven und Institutionen an, betont jedoch, dass die Gesellschaft am besten durch die Untersuchung der Handlungen von Individuen oder Subjekten verstanden werden kann.

Die Hauptkritik des methodologischen Individualismus, insbesondere in der Organisations- und Systemtheorie, bezieht sich darauf, dass Individuen zwar tatsächlich eine wichtige Rolle spielen, ihre Handlungen aber stark von Organisationen, Institutionen, Umgebungen und Strukturen beeinflusst und geformt werden. In der heutigen komplexen und vernetzten Welt sind Individuen zunehmend der Dynamik mächtiger Organisationen unterworfen. Die Analyse der Architektur und der Koordinationsstrukturen von Systemen kann einen besseren Einblick in verschiedene Forschungsfragen geben als die alleinige Konzentration auf individuelle Handlungen.

In anderen Zusammenhängen (z. B. Finanzkrise 2008, Eurokrise 2010) hat sich eine Vereinfachung des Menschenbildes kaum bewährt, so dass die Schwächen des Modells des Homo oeconomicus deutlich wurden. Hoch dynamische soziale Zusammenhänge, besonders dann, wenn gerade im ökonomischen Verhalten wesentliche Entscheidungen auf psycho-sozialen Faktoren (Ansehen, Erscheinung, Pflicht, latente Bedürfnisse, Werte, unbewusste Friktionen, Gruppendynamik, Wichtigkeit einer Sache usw.) beruhen, können vom Modell des Homo oeconomicus nicht abgebildet werden. Solche dynamischen Zusammenhänge entwickelten sich durch die Digitalisierung und vermeintlich innovative Finanzprodukte auf den globalen Finanzmärkten in den Jahren 2008–2010. In der globalisierten Wirtschaft heute ergeben sich hoch komplexe soziale Systeme, in denen sich wesentlich mehr Strukturen und Beziehungen zwischen den Wirtschaftsagierenden ergeben als zu Beginn der ökonomischen Theorienbildung im Sinne des Modells des Homo oeconomicus.

Annahmen von Wirtschaftsmodellen vereinfachen menschliches Verhalten und versuchen, Individuen mit Hilfe mathematischer Formeln berechenbar zu machen und wie eine emotionslose und kühle Maschine zu behandeln. Jedoch weichen diese Annahmen von der realen Wirtschaft ab. Eine rein mathematische Kalkulation ist unzureichend, um die Komplexität wirtschaftlicher Vorgänge und menschlicher Verhaltensweisen zu erklären.

Darüber hinaus werden bei dem Konzept des Homo oeconomicus neben nicht-ökonomischen Motiven auch nicht-rationale Faktoren, die beim wirtschaftlichen Handeln auftreten können, außer Acht gelassen. Zudem stehen wertebasierte Faktoren wie ehrenamtliches Engagement, Altruismus, freiwillige Übernahme sozialer Verantwortung, aber auch die Bedeutung von Kooperation, Fairness und Rücksichtnahme, im Widerspruch zur Annahme des Eigennutzes des Homo oeconomicus. Diese Faktoren widersprechen dem strikt rationalen Menschenbild aus neoklassischer Sicht. Traditionellerweise geht die Nationalökonomie als Reaktion auf die Veränderungen äußerer Faktoren, wie Preise und Einkommen, auf bloßes Verhalten als rational ein. Wirtschaftliches Verhalten richtet sich strenggenommen allein an der Zweckgerichtetheit des Wirtschaftens aus, nämlich der angenommenen Gewinn- oder Nutzenmaximierung. Eine zentrale Unterscheidung, Max Weber ([1922]1980) folgend, stellt die Differenz zwischen „Handeln" als mit einem subjektiven Sinn der Handelnden verknüpft und dem „Verhalten" als mit keinem direkten Sinn verknüpften Aktionen dar. Paradoxerweise könnte daher gesagt werden, dass das Verhalten als bloße Reaktionen der Wirtschaftsakteure, auch wenn durch das Prinzip des Grenznutzens sehr eingeschränkt, als wirtschaftliches Handeln, genauer zweckrationales oder erfolgsorientiertes Handeln, verstanden werden kann. Steht dagegen seitens des Handelnden der Sinn einer Handlung im Vordergrund, so geht Weber von dem wertrationalen Handeln aus, das sich auf Pflichten, verinnerlichte Gebote, Werte oder Forderungen an den Handelnden bezieht (vgl. Kap. 5.7). Auch wenn diese Differenzierungen von Max Weber den traditionellen Wirtschaftswissenschaften eher fremd sind, so haben sie in der Verhaltensökonomie durchaus Resonanz gefunden, auch wenn Weber noch keine zufriedenstellende allgemeine Handlungstheorie aufstellt. So vernachlässigt er sowohl Annahmen über die Eigenschaften von Präferenzen als auch das Vorhandensein von Entscheidungsregeln.

Aufgrund der Eingeschränktheit rationaler Wirtschaftsmodelle wurden in den Wirtschaftswissenschaften zusammen mit der Psychologie und der Soziologie seit den 1960er Jahren Modelle mit der Annahme einer begrenzten Rationalität entwickelt (Simon, 1960; Gigerenzer & Selten, 2001a). Heinen (1966) entwickelte den entscheidungsorientierten Ansatz in der Betriebswirtschaftslehre, bei dem nicht die Kombination von Produktionsfaktoren das Wesentliche ist, sondern die Entscheidung im Unternehmen. Er propagierte eine angewandte Betriebswirtschaftslehre, bei der dem Management Empfehlungen für optimale Entscheidungen, z. B. für die Organisationsform-, Standort- oder Zusammenschlussentscheidung im Sinne einer pragmatischen Entscheidungstheorie, d. h. für eine auf jedes Unternehmen zugeschnittene Zielfunktion, bereitgestellt werden. Begrenzte Rationalität führt zu Abweichungen von der wirtschaftlichen Rationalität aufgrund von Einschränkungen bei der Informationsverarbeitung sowie dem Einfluss von Emotionen bei der Entscheidungsfindung. Deshalb können Marktteilnehmende realistischerweise nicht vollständig über alle wirtschaftlichen Aspekte informiert sein. Auch die begrenzte Willenskraft bewirkt (vgl. Kap. 10.12), dass Personen Entscheidungen treffen, welche mit langfristig angestrebten Zielen unvereinbar sind. Außerdem werden Personen oft von Emotionen geleitet, die nur eingeschränkt willentlich beeinflussbar sind, und richten sich nach sozialen Normen und Regeln. Diese Abweichungen von traditionell ökonomischen Annahmen sind Hauptuntersuchungsgegenstand verhaltensökonomischer Forschungen.

Nicht allein aus praktischen Gründen, sondern auch methodisch basiert die Verhaltensökonomie auf einem gänzlich anderen Ansatz als die traditionelle Theorie der Ökonomie. Interessanterweise hat bereits John Stuart Mill ([1836]2006) die mentale Natur des Menschen als Akteur der Ökonomie postuliert und damit originär psychologische Gesetzmäßigkeiten als Grundlage ökonomischer Vorgänge identifiziert. Modellannahmen des Homo oeconomicus dagegen sind rein idealtypisch begründet und weisen keinerlei empirischen Bezug auf. Das Modell des Homo oeconomicus wird oft als Grundlage für die Erklärung von Marktergebnissen und -effizienz verwendet. Allerdings gibt es zahlreiche Marktanomalien, die nicht mit dem Modell des Homo oeconomicus vereinbar sind. In den letzten Jahrzehnten wurde deutlich, dass dieses Modell das tatsächliche Entscheidungsverhalten nur unzureichend wiedergibt und menschliche Rationalität in der Wirtschaft und im Alltag als begrenzt angesehen werden muss.

2.2 Marktanomalien

In den Niederlanden des 17. Jahrhunderts war das ganze Land vom Tulpenfieber ergriffen. Der Botaniker und Diplomat Charles de l'Écluse erhielt einige Zwiebeln als einfaches Geschenk aus der Türkei. Er wollte sie als Heilpflanzen einsetzen, doch sie verbreiteten sich in der Bevölkerung schnell. Zwischen 1633 und 1637 lösten die Tulpenzwiebeln einen Spekulationstanz aus, der die Preise auf das Zehnfache der Handwerkerlöhne trieb.

Mit dem Aufblühen der Niederländischen Republik schnellten die Tulpenpreise in die Höhe, angetrieben von Zwiebeln mit komplizierten Mosaikmustern – eine Schönheit, die eine Virusinfektion verbarg. Handelnde tauschten eifrig Tulpenzwiebeln von exotischen Formen und Farben, die außergewöhnlich hohe Wertsteigerungen erzielten, Monate bevor sie erblühen konnten. Investorengruppen jagten dem schnellen Reichtum hinterher.

Doch die Tulpenmanie neigte sich dem Ende zu. Zweifel machten sich breit, ob beispielsweise drei Tulpenzwiebeln genauso wertvoll sein konnten wie eine Brauerei. Es wurde befürchtet, dass die zuletzt getätigten Investitionen – wie am Ende jeder Spekulationsblase – zu starken Verlusten führen könnten. Die Preise stürzten rapide ins Bodenlose ab, und investierte Vermögen wurden schnell wertlos. Die Behörden griffen ein und annullierten alle nach Ende 1636 geschlossenen Verträge. Der spekulative Handel wurde verboten. Die Folgen hinterließen Narben, aber sie formten das Finanzwesen neu. Der Terminhandel wurde unterbunden und Schlichtungskommissionen wurden benannt.

Auch heute noch floriert Holland dank der Lehren aus der Tulpenmanie als Land der Tulpen mit jährlich über zwei Milliarden angebauter Tulpen. Die holländische Tulpenmanie bleibt ein warnendes Beispiel dafür, wie Schönheit, Spekulation und Gier in einem Wirbelwind aus Glück und Wahnsinn aufeinanderprallen können.

Auf den Finanzmärkten stellen bestimmte rätselhafte Ereignisse die in den Wirtschaftstheorien verankerten Rationalitäts- und Effizienzerwartungen in Frage. Diese Marktanomalien, d. h. Abweichungen von den erwarteten und vorhergesagten Verhaltensmustern, führen zu eingehenden Untersuchungen ihrer Ursprünge und Implikationen. Eine aufschlussreiche Untergruppe dieser Anomalien sind Spekulationsblasen (Brunnermeier & Oehmke, 2013), die durch anhaltende und eifrige Fehleinschätzungen des Wertes von Finanz- oder Sachwerten gekennzeichnet sind.

In der Finanzgeschichte haben Spekulationsblasen immer wieder das Interesse geweckt. Die niederländische Tulpenmanie im 17. Jahrhundert dient als anschauliche Einführung in dieses Phänomen. In den folgenden Jahrhunderten entstanden weitere Spekulationsblasen (z. B. Börsenboom und -crash von 1929, Dotcom Spekulationsblase ab 1997, US-Subprime-Kreditkrise ab 2007, zeitweilige Übertreibungen auf dem Private-Equity-Markt), die jeweils einen unauslöschlichen Eindruck in der Finanzmarktgeschichte hinterließen.

Spekulationsblasen entstehen nicht plötzlich; sie sind das Ergebnis eines komplexen Zusammenspiels, das zu einer anhaltenden Überbewertung von Wertpapieren, Vermögenspreisen oder der Wirtschaftstätigkeit eines Landes führt. Spekulationsblasen sind oft mit Marktanomalien verbunden, also mit Situationen, in denen die Markteffizienz nicht mehr gegeben ist und die Preise nicht die verfügbaren Informationen abbilden. Marktanomalien können verschiedene Ursachen haben. Märkte hören auf zu funktionieren, da Informationen einerseits aufgrund von Informationsasymmetrien, begrenzter Rationalität oder Anbieter-Opportunismus fehlen. Andererseits kann das Informationsangebot aufgrund von Regeln, Normen, Gewohnheiten, Transaktionskosten, Informationsdarbietung, selektiver Informationssuche und -verarbeitung, Selbstbild, Motivation und Emotionen sowie Heuristiken und Verzerrungen des Kaufenden unzureichend sein (vgl. Kap. 3.7). Der Zusammenhang zwischen Spekulationsblasen und Marktanomalien ist jedoch nicht eindeutig. Marktanomalien können Spekulationsblasen auslösen oder verstärken, indem sie die Preisbildung stören oder zu Fehleinschätzungen der Vermögenswerte führen. Jedoch können Spekulationsblasen auch selbst Marktanomalien erzeugen oder zuspitzen, indem sie die Risikowahrnehmung und das Vertrauen der Anlegenden verändern und zu einer erhöhten Volatilität und Instabilität des Marktes führen.

Ein wichtiger Aspekt beim Verständnis von Spekulationsblasen ist das Boom-Denken, was eine Art sozialer Ansteckung inkludiert. Dieses wird durch die Beobachtung des raschen Anstiegs der Wertpapierpreise angefacht und durch die Medienberichterstattung verstärkt, wodurch der Glaube an die Fortsetzung des Booms gestärkt wird.

Das Konzept der Rückkopplungstheorie, ähnlich wie bei Epidemien, trägt zur Entstehung von Spekulationsblasen bei. Die Theorie der Epidemien beruht auf Infektions- und Erholungsraten. Wenn die erste die zweite übersteigt, kommt es zu einer Epidemie. Bestimmte äußere Faktoren, wie z. B. das Wetter, beeinflussen ebenfalls die Infektionsraten bei Epidemien. Ähnlich wie bei Epidemien kommt es auch bei Spekulationsblasen gelegentlich zu unkontrollierten Ausbrüchen.

In ähnlicher Weise entfalten sich in der Gesellschaft spekulative Epidemien. Eine optimistische Marktwahrnehmung breitet sich aus, wenn die Gewinnerwartungsraten aufgrund bestimmter Faktoren die tatsächlichen Kursentwicklungen weit übersteigen. Kursentwicklungen sind immer eine Abbildung der Vergangenheit. Sie können nicht als Maßstab für zukünftige Entwicklungen dienen.

Die Medien verstärken die Berichterstattung über eskalierende Preise, wodurch der Glaube an die Boom-Erzählung gestärkt wird. Dies wiederum treibt weitere Preissteigerungen an, wodurch eine Preis-Story-Preis-Schleife entsteht, ähnlich wie bei sich selbst erfüllenden Vorhersagen. Solche Schleifen können auch als Preis-Wirtschaftsaktivität-Preis-Sequenzen auftreten, bei denen das Preiswachstum zu mehr Optimismus und wirtschaftlicher Aktivität führt. Das Entstehen von Spekulationsblasen ist nicht unbedingt nur auf ein begrenztes rationales Verhalten zurückzuführen; rationale Entscheidungen, die auf der Beobachtung der Handlungen anderer beruhen, können die Blasenbildung sogar einleiten.

Informationskaskaden entstehen, wenn rationale Finanzmarktakteure die entweder überoptimistischen oder -pessimistischen Ansichten anderer übernehmen und dabei ihre eigenen Daten vernachlässigen. In der Folge führt dies zu einer Minderung der Informationsqualität.

Das Verhalten einer Menschenmenge kann ebenfalls zu Spekulationsblasen führen. Wichtige Grundsätze des Herdenverhaltens, die auf Gustave Le Bon ([1908]2009) zurückgehen, prägen diese Dynamik. Die Masse entwickelt eine gemeinsame Mentalität und koordiniert ihre Handlungen. Ein starker Zusammenhalt kennzeichnet die Masse. Das kollektive Interesse infiziert die individuellen Handlungen durch emotionalen Einfluss. Es herrschen einfachere Emotionen vor, die sich als Impulsivität und Sensibilität äußern. Meinungen und Gerüchte eskalieren und bilden Überzeugungen, die auf individuellen Vermutungen beruhen. Massenphänomene treten beim Platzen von Blasen oder bei plötzlichen Markteinbrüchen auf. Panikartige Handlungen vieler Personen kennzeichnen solche Momente und führen zu größeren Verlusten.

Zu Gustave Le Bons Merkmalen der Menschenmenge gehören die Dominanz der unbewussten Persönlichkeit, die Beeinflussung durch Suggestion und andere Teilnehmende sowie die rasche Umsetzung der vorgeschlagenen Ideen.

Die Mehrheitsmeinung trägt erheblich zur Verstärkung von Spekulationsblasen bei. Die Medienberichterstattung, z. B. in Börsenmagazinen oder auf digitalen Plattformen, übt Einfluss auf die Marktakteure aus und verleitet sie oft zum Kauf oder Verkauf bestimmter Aktien. Wenn Nachrichten einhellige Reaktionen der Masse auslösen, verliert die fundamentale Bewertung einzelner ihre Bedeutung. Dann werden Wertpapiere allein auf der Grundlage von Bewertungen anderer (z. B. Analysten, Mediatoren) gehandelt (Kitzmann, 2009).

Das Herdenverhalten lässt sich in vier Typen einteilen: Informationskaskaden, reputationsgetriebenes Handeln, Vertrauen auf gemeinsame Informationsquellen und Handeln auf der Grundlage historischer Markttrends.

Kaskadenbasiertes Herdenverhalten

Die Marktakteure folgen der Konsensmeinung und lassen ihre eigenen Informationen außer Acht, wenn sich bereits eine vorherrschende Meinung gebildet hat, so dass individuelle Perspektiven die Haltung der Gruppe nicht mehr ändern können.

Erläuterung: Personen neigen dazu, sich der vorherrschenden Meinung anzuschlie-
ßen, auch wenn sie andere Ansichten haben, wenn sich eine vorherrschende Überzeugung durchgesetzt hat.

Reputationsgesteuertes Herdenverhalten
Die Marktakteure stellen ihren Ruf in den Vordergrund und übernehmen die Meinung der Gruppe und vernachlässigen ihre eigenen Informationen.

Erläuterung: Personen können sich der Gruppenmeinung anschließen, um ihren Ruf
zu schützen, auch wenn sie andere Erkenntnisse haben.

Informationsquellenbasiertes Herdenverhalten
Marktakteure verlassen sich auf Quellen, von denen sie glauben, dass andere sie nutzen, und passen ihre Meinungen an die allgemein akzeptierten Informationen an.

Erläuterung: Personen neigen dazu, populären Informationsquellen zu folgen, weil
sie davon ausgehen, dass andere das Gleiche tun, was zu einer gemeinsamen Sichtweise führt.

Auf historischen Marktbewegungen basierendes Herdenverhalten
Marktakteure analysieren vergangene Markttrends und handeln dementsprechend in
der Annahme, dass andere ähnliche Bewegungen machen werden.

Erläuterung: Durch die Beobachtung historischer Muster handeln Einzelpersonen auf
der Grundlage der Erwartung, dass andere ähnliche Strategien verfolgen werden.

Spekulationsblasen können sich bei allen gehandelten Vermögenswerten auf den
Märkten bilden, und diese Blasen weisen häufig unterschiedliche Phasen auf, wie das
von Hyman P. Minsky (1986) entwickelte Fünf-Phasen-Modell zeigt:

Phase 1 – Verschiebung (*displacement*)
In der Anfangsphase einer Spekulationsblase steigen die Preise in einer Anlageklasse
aufgrund sich verschiebender Gewinnchancen, die durch einen exogenen Schock ausgelöst werden, was zu erhöhten Investitionen und dem Entstehen eines Booms führt.

Phase 2 – Kreditschöpfung (*boom*)
In der zweiten Phase wird der Boom durch Faktoren wie Geldmengenausweitung und
Kreditschöpfung verstärkt, was zu nachfragegetriebenen Preissteigerungen führt und
eine positive Rückkopplungsschleife und soziale Ansteckung auslöst.

Phase 3 – Euphorie (*euphoria*)
In dieser Phase führen übertriebener Optimismus und überhöhte Renditeerwartun-
gen zu vermehrten Spekulationen und zur Einführung neuer Bewertungsmethoden,

die durch die Überzeugung angeheizt werden, dass herkömmliche Ansätze nicht mehr gelten.

Phase 4 – Kritische Phase (*profit taking*)
Wenn sich die Blase ihrem Höhepunkt nähert, beginnen Insider zu verkaufen und Gewinne mitzunehmen. Finanzielle Notlagen entstehen durch eine ausufernde Verschuldung, die möglicherweise durch ein Krisenereignis ausgelöst wird und die Unternehmen dazu zwingt, nach Wegen zu suchen, ihre Verbindlichkeiten zu verwalten.

Phase 5 – Abneigung (*panic*)
In der letzten Phase kommt es zu einer starken Abneigung gegenüber den Märkten, die durch Panikverkäufe, niedrige Handelsvolumina und Investitionszurückhaltung gekennzeichnet ist. Der Zusammenbruch der Blase kann enden, wenn die Preise wieder attraktiv werden, der Handel eingestellt wird oder ein „Sicherheitsnetz" greift.

Jede Phase spiegelt einen anderen Aspekt des Lebenszyklus einer Spekulationsblase wider, von ihrer Entstehung bis zu ihrem endgültigen Zusammenbruch. Spekulationsblasen lassen sich nach bestimmten Merkmalen einordnen. Merkmale können verhaltens- oder marktgedingt ausgeprägt sein. Folgende Arten von Spekulationsblasen können dabei unterschieden werden:

– **rationale Spekulationsblasen**
   Bei dieser Art von Blasen basiert bei rationalen Erwartungen der Preis auf dem zu erwartendem Verkaufswert zu einem bestimmten Verkaufszeitpunkt. Die Blase kann zu jedem Zeitpunkt platzen, doch dieser Zeitpunkt ist unbestimmt. Trotz des Risikos in die Anlage zu investieren, erwarten Käufergruppen, dass sie beim Verkauf einen höheren Preis erzielen. Investierende gehen von der Annahme aus, dass es andere Marktakteure gibt, die trotz des Risikos einen noch höheren Preis beim Weiterverkauf zahlen. Als marktbedingte Basis der Blasen kann das Fehlen von alternativen Anlageoptionen mit einer entsprechenden Gewinnaussicht angesehen werden.

– **intrinsische Spekulationsblasen**
   Diese Art von Blasen entsteht durch eine übertriebene Reaktion auf Meldungen über aktuelle ökonomische Daten (z. B. Nachfrage, Preisentwicklungen, Produktionskosten) sowie durch optimistische Fortschreibungen aktueller Höchstwerte in die Zukunft. Die Wirkung der Repräsentativitätsheuristik und des unrealistischen Optimismus bilden die verhaltensbedingten Grundlagen dieser Blasen.

– **Launen und Moden**
   Launen und Moden der Gesellschaft können zu Spekulationsblasen führen. In einem euphorisierten Zustand kann die Psychologie der Marktakteure die Blasenbildung begünstigen. Unter Vernachlässigung eigener Ansichten gewinnt die Mehrheitsmeinung einen gehobenen Stellenwert. Dadurch wird Gruppenverhalten ausgelöst. Als verhal-

tensbedingte Grundlage der Blase können Herdenverhalten, Wunschdenken, Überoptimismus und Repräsentativitätsheuristik angesehen werden.

- **informationsbedingte Spekulationsblasen**
  Diese Art der Blase liegt dann vor, wenn für Aktienkurse nicht alle Informationen zur Verfügung stehen und somit der reale Wert vom Preis abweicht. Die markt- oder verhaltensbedingte Grundlage dieser Blase bildet ein direkter oder selektionsbedingter Mangel an wichtigen Informationen.

Spekulationsblasen können als Folge von zentralen Eigenschaften der Kapitalmärkte angesehen werden. Mandelbrot und Hudson (2004) führten zehn charakteristische Eigenschaften für Kapitalmärkte an:

- Märkte sind hektisch.
- Märkte sind stärker risikobehaftet als üblicherweise angenommen.
- Das Timing ist besonders wichtig.
- Preise sind eher sprunghaft statt kontinuierlich.
- In Märkten ist der Zeitfaktor variabel.
- Märkte agieren an jedem Ort und zu jeder Zeit vergleichbar.
- Märkte sind sehr volatil, Spekulationsblasen sind unabwendbar.
- Märkte sind irreführend.
- Kursvorhersagen können prekär sein.
- In Märkten hat die Vorstellung des Kurswerts eine begrenzte Aussagekraft.

Zusammenfassend können Märkte aufgrund dieser zehn Eigenschaften als irreführend, volatil, hektisch und risikobehaftet gekennzeichnet werden.

Überlegungen der Verhaltensökonomie revolutionierten das Finanzwesen, indem die Rolle der Psychologie und des Verhaltens bei der Gestaltung von Investitionsentscheidungen und der Marktdynamik hervorgehoben wurde. Shiller (2015; 2020) führte diesbezüglich das Konzept des **irrationalen Überschwangs** (*irrational exuberance*) ein, wodurch Marktblasen und -korrekturen mittels psychologischer Faktoren erklärt werden. Seine Arbeit betonte den Einfluss von Erzählungen und Geschichten auf den Finanzmärkten und zeigte, wie Narrative Trends verstärken können. Nach Shiller sollten Wirtschaftswissenschaftler sich weniger auf basale Kennzahlen fokussieren als vielmehr zum Verständnis für das Auf und Ab der Märkte die Narrative (Erzählungen) in den Mittelpunkt der Analysen rücken. Zudem können kognitive Verzerrungen, wie der Überoptimismus und die Selbstüberschätzung (vgl. Kap. 5.2), zur Bildung von Spekulationsblasen beitragen. Personen überschätzen die Wahrscheinlichkeit, dass sich der Markt positiv entwickelt und unterschätzen die Möglichkeit eines Markteinbruchs.

2.3 Menschenbild der Wirtschaftswissenschaften

Menschliches Verhalten wird nach dem Modell des Homo oeconomicus einerseits prognostiziert und andererseits mit diesem Idealtyp verglichen. Auch seine Entscheidungen werden danach bewertet. Das Modell beschreibt ausschließlich wirtschaftlich handelnde Marktakteure, die ihre größte Fähigkeit dadurch äußern, dass sie ausschließlich rationale Entscheidungen treffen. Dabei wird ihr Handeln allein durch Gewinn- bzw. Nutzenmaximierung geleitet. Vielschichtige und anspruchsvolle Wechselwirkungen können in der global vernetzten Gesellschaft nicht durch die vereinfachende Anwendung des normativen Ansatzes abgebildet werden (vgl. Kap. 3.3). Dadurch fehlen praxisorientierte Handlungsempfehlungen für reale Entscheidungssituationen.

Wer sich ausschließlich auf wirtschaftliche Kennzahlen wie beispielsweise Gewinne und Erlöse verlässt, ignoriert wichtige kulturelle, soziale, politische und religiöse Faktoren. In den letzten Jahren hat offensichtlich ein Umdenken in der Wirtschaft stattgefunden, denn die Geschäftsleitungen führender Konzerne sehen heute die Unternehmenskultur als vorrangigen Erfolgsfaktor an. Fast 70 % der befragten 500 Top-Führungskräfte großer Konzerne erachten die Unternehmenskultur als eine zentrale Triebkraft wirtschaftlichen Erfolgs. Außerdem gaben knapp 60 % aller befragten Führungskräfte in Deutschland an, ihre Unternehmenskultur aktiv weiterzuentwickeln. Auf internationaler Ebene strebten sogar 83 % der befragten Führungskräfte eine Verbesserung der Unternehmenskultur an (Hoffmann, 2023).

Die Globalisierung, insbesondere seit den 1980er Jahren, hat aufgrund der neoliberalen Wirtschaftspolitik eine Form des „Turbokapitalismus" hervorgebracht. Der frühere deutsche Bundeskanzler Helmut Schmidt (2003; 2008) verwendete den Begriff „Raubtierkapitalismus", welcher auf das fehlende gesellschaftliche Miteinander verwies. Er hob hervor, wie einige mächtige Personen in Organisationen, Unternehmen, Finanzinstituten und den Medien ihre Positionen rücksichtslos und zum persönlichen Vorteil und finanziellen Gewinn – oft zu Lasten des gesellschaftlichen Wohls oder unternehmerischen Fortkommens – ausnutzen. Als Reaktion darauf haben viele führende Business Schools Wirtschaftsethik als Pflichtfach eingeführt, insbesondere nach der Finanzkrise 2008/09. Daraus ergeben sich folgende Fragen für Wirtschaft und Gesellschaft:

– Wie kann die Arbeit so gestaltet werden, dass sie sozial verträglich ist und gleichzeitig das Wirtschaftswachstum fördert, ohne die Umwelt zu schädigen?
– Wie lässt sich die Einkommensverteilung gerecht gestalten und gleichzeitig der Zugang zu Bildung, Gesundheitsversorgung und technologischem Fortschritt gewährleisten?
– Wie kann im Zusammenhang mit Infrastrukturinvestitionen und Renten sowohl Generationengerechtigkeit als auch verantwortungsvolles, nachhaltiges Wirtschaften sichergestellt werden?
– Wie kann der globale Lebensstandard zwischen verschiedenen Wirtschaftszonen (Ost und West, Süd und Nord) ausbalanciert werden, während gleichzeitig Fragen

der Armut, des Klimawandels und der internationalen Zusammenarbeit angegangen werden?
- Wie kann ein Gleichgewicht zwischen den Vorteilen eines liberalisierten Finanzsektors und den damit verbundenen potenziellen Risiken hergestellt werden? Wie können auch gleichzeitig die sozialen Sicherheitsnetze gestärkt und Ungleichheit verhindert werden?
- Wie können die Ressourcen der Welt auf eine Weise genutzt werden, die die Umwelt respektiert, den Klimawandel eindämmt und die ethischen Implikationen der Ressourcenverteilung berücksichtigt?
- Wie kann angesichts der durch wirtschaftliche und politische Faktoren ausgelösten Migration diese so gesteuert werden, dass das Wohlergehen der Zuwanderenden und der sesshaften Gemeinschaften gleichermaßen gewährleistet ist?
- Wie kann die internationale Zusammenarbeit zum Wohle der Weltgemeinschaft gefördert werden?
- Wie können nachhaltige landwirtschaftliche Praktiken integriert werden, um die Ernährungssicherheit zu gewährleisten und die Umweltauswirkungen zu minimieren?

An diesem Punkt kann die Verhaltensökonomie als eine progressive Erweiterung der neoklassischen Wirtschaftswissenschaften betrachtet werden, die darauf abzielt, exakt diese Herausforderungen zu bewältigen und die Disziplin über die traditionellen mathematischen und normativen Ansätze hinaus voranzutreiben. Konkret gibt es zehn Bereiche innerhalb der neoklassischen Theorie (Laibson & Zeckhauser, 1998), in denen die Verhaltensökonomie wertvolle Erkenntnisse beitragen kann:
- Anteile   (*stakes*)
- Wiederholungen   (*repetition*)
- Empfehlungen   (*advance*)
- Abwerbung und Arbitrage   (*poaching, arbitrage*)
- Sicherheit und Risiko   (*certainty, risk*)
- Unsicherheit und Ignoranz   (*uncertainty, ignorance*)
- öffentlich zugängliche Güter   (*non-market goods*)
- Preise vs. Mengen   (*prices vs. quantities*)
- Problemkategorisierung   (*problem dimensionality*)
- Preisfestlegung   (*price taking*)
- Kumulation von Entscheidungsdaten   (*aggregation*)

Für eine effektive Bearbeitung dieser Bereiche wurden folgende Teilbereiche der Verhaltensökonomie bereits in den 1950er und 1960er Jahren von George Katona (1980) empfohlen:
- Konsumverhalten
- Sparverhalten
- unternehmerisches Handeln

- Erzielung von Einkommen
- wirtschaftliches Verhalten in unterschiedlichen Marktsystemen
- politisch-ökonomische Verhaltensweisen
- Arbeitswelt
- organisationales Verhalten (innerhalb und außerhalb der Organisation)

Verhaltensökonomie kann als ein aufschlussreiches Forschungsfeld angesehen werden, welches sich darauf konzentriert, die Feinheiten menschlicher Entscheidungsfindung zu entschlüsseln. Der Schwerpunkt der Entscheidungsforschung liegt nicht mehr im Resultat getroffener Entscheidungen. Es geht vielmehr um das Verständnis konkreter kognitiver Abläufe bei Entscheidungen. Das Entscheiden kann als mehrstufiger Prozess verstanden werden, bei dem vor allem die Informationssuche, Heuristiken, erfahrungsbedingte Entscheidungskriterien, Lernen, Emotion, Motivation und soziale Prozesse in den Vordergrund der Betrachtung gerückt sind. Verhaltensökonomie zielt nicht darauf ab, herkömmliche Wirtschaftstheorien zu überholen oder zu ersetzen, sondern bereichert und erweitert den bestehenden wirtschaftlichen Rahmen. Sie versetzt uns auf einzigartige Weise in die Lage, zeitgenössische gesellschaftliche und politische Fragestellungen von einem interdisziplinären Standpunkt aus zu erforschen und anzugehen. Während die klassische Ökonomie als Grundlage dient, fungiert die Verhaltensökonomie als ergänzende Kraft, die unerforschte, noch unerklärte Gebiete der Entscheidungswissenschaft freilegt. Im Wesentlichen trägt sie eine ergänzende Analyseebene bei, die unser Verständnis von der Komplexität menschlichen Verhaltens im wirtschaftlichen Kontext verbessert.

2.4 Paradigma der Verhaltensökonomie

Der Forschungsbereich der Neuen Institutionenökonomik beschäftigt sich mit der Frage, wie Institutionen, die sowohl explizite als auch unausgesprochene gesellschaftliche Regeln und deren Durchsetzung umfassen, menschliches Handeln und dessen Entstehung im Laufe der Zeit beeinflussen. Dieser Ansatz stützt sich auf zwei grundlegende Konzepte: begrenzte Rationalität und Opportunismus. Opportunismus bezieht sich auf die Verfolgung von Eigeninteressen mit geschickten Mitteln, was auf ein eigennütziges Verhalten hindeutet.

Die Kombination von begrenzter Rationalität und opportunistischem Verhalten führt zum Entstehen von Transaktionskosten im Sinne von Williamson (1975; 1985). Diese Transaktionskosten sind auf die inhärente Unvollständigkeit von Verträgen zurückzuführen, die durch die Beschränkungen der Rationalität bedingt ist. Im ökonomischen Sinne ist es nach Auffassung von Coase (1937; 1960) nicht möglich, in Verträgen alle möglichen Szenarien und Ergebnisse in Gänze zu erfassen und abzubilden. Die vertragliche Unvollständigkeit lässt Raum für Interpretationen und Verhaltensweisen, wenn der Text beispielsweise nicht wörtlich genommen wird oder auch vom beabsichtigten Vertragssinn abgewichen wird. Folglich ergeben sich notwendigerweise mit jedem Handel von Waren und Dienstleistungen mehr oder weniger hohe Transaktionskosten.

Es ist erwähnenswert, dass Abweichungen von vollständig rationalem Verhalten und die daraus resultierenden Transaktionskosten in der Vergangenheit ein Grund für wirtschaftspolitische Interventionen waren, insbesondere in der Wettbewerbspolitik.

Theoretisch könnten Marktineffizienzen, die auf Monopole, Marktmacht oder geheime Absprachen zurückzuführen sind, durch Verhandlungen beseitigt werden, wenn vollständige und kostenfreie Verträge möglich und durchsetzbar wären. In einem solchen Szenario würde ein für beide Seiten vorteilhafter Austausch aufgrund der Transaktionskosten bei Vertragsverhandlungen und -durchsetzung niemals ausbleiben. Folglich könnte die Notwendigkeit einer Wettbewerbspolitik oder anderer Formen wirtschaftlicher Intervention überflüssig werden, wenn man von reibungslos funktionierenden Märkten ausgeht.

Die beiden Bereiche (vgl. Tab. 2.3) haben das Konzept der begrenzten Rationalität gemeinsam, unterscheiden sich jedoch in ihrem Hauptaugenmerk. Die Verhaltensökonomie

Tab. 2.3: Charakteristische Aspekte der Institutionenökonomik und Verhaltensökonomie.

Aspekt	Institutionenökonomik	Verhaltensökonomie
zentrale Frage	Wie können Institutionen menschliches Verhalten und Handeln beeinflussen?	Wie wirken sich kognitive Verzerrungen tatsächlich auf menschliches Verhalten und die Entscheidungsfindung aus?
Schwerpunkt der Forschung	Auswirkungen und Entwicklung gesellschaftlicher Regeln	Identifikation menschlicher Verhaltensmuster, aufgrund von Voreingenommenheit, Heuristiken, Emotionen und Motiven
untersuchte Motive	Wechselwirkungen von Regeln, deren Durchsetzung und Verhalten	individuelle Voreingenommenheit, uneigennützige Motive
Integration von Fairness	integriert Fairness oder Altruismus in die Optimierung	berücksichtigt Fairness, Altruismus und Motive über das Eigeninteresse hinaus
kognitive Verzerrungen	konzentriert sich auf Rationalität und deren Grenzen bei Entscheidungen	untersucht Verhaltensanomalien und Heuristiken, um Entscheidungen zu optimieren
Bedeutung von Abweichungen	reflektiert die Beschränkungen menschlicher Rationalität	weist auf potenzielle Grenzen und Chancen rationalen Verhaltens und kognitiver Anpassungsleistungen hin

untersucht kognitive Verzerrungen und Motive, die individuelle Entscheidungen beeinflussen, während die Institutionenökonomik den Einfluss und die Entwicklung gesellschaftlicher Regeln auf das Verhalten untersucht. In beiden Bereichen kann es zu Abweichungen vom strikten Eigeninteresse kommen, aber die Bedeutung und die Auswirkungen dieser Abweichungen sind in den beiden Bereichen unterschiedlich.

Zusätzlich zu der Institutionenökonomik ist es an dieser Stelle wichtig, die Verhaltensökonomie von der Wirtschaftspsychologie abzugrenzen. In Tab. 2.4 werden die beiden Disziplinen einander gegenübergestellt.

Tab. 2.4: Verhaltensökonomie vs. Wirtschaftspsychologie.

Aspekt	Verhaltensökonomie	Wirtschaftspsychologie
Definition	Ein interdisziplinärer Ansatz, der Erkenntnisse aus der Psychologie und den Wirtschaftswissenschaften kombiniert, um das menschliche Verhalten bei wirtschaftlichen Entscheidungen zu verstehen.	Ein Teilbereich der Psychologie, der sich auf die Anwendung psychologischer Prinzipien und Theorien auf wirtschaftliche Prozesse und Entscheidungen konzentriert.
Hauptziel	Untersuchung von Abweichungen von den rationalen Annahmen der traditionellen Wirtschaftstheorie und Identifizierung von Verhaltensmustern.	Untersuchung der Frage, wie das Erleben, Denken und Fühlen in wirtschaftlichen Zusammenhängen abläuft.
Schwerpunkt	Analyse von Entscheidungsfehlern, irrationalem Verhalten und systematischen Abweichungen von der Rationalität.	Betonung der psychologischen Aspekte wirtschaftlicher Prozesse, wie Motivation, Emotionen, soziale Einflüsse, Persönlichkeitsmerkmale
Forschungs-ansätze	Experimente, Feldstudien, Modellierung des menschlichen Verhaltens unter realistischen Annahmen.	Untersuchung von psychologischen Prozessen wie Lernen, Wahrnehmung, Einstellungen, Motivation usw. im wirtschaftlichen Kontext.
Themen-beispiele	*Nudging*, Rahmeneffekte, Verlustaversion, *bias & heuristics*, Entscheidungsarchitektur.	Arbeitsmotivation, Führung, Verbraucherverhalten, Marketingpsychologie.
Anwendungs-bereiche	Politikgestaltung, Marketing, Finanzen, Verhaltensänderung im öffentlichen Interesse.	Personalmanagement, Organisationsberatung, Marktforschung, Werbung, Vertrieb, Beratung, Coaching, Makroökonomie.
wissenschaftliche Wurzeln	Wirtschaftswissenschaften, Verhaltenswissenschaften und Spieltheorie, Psychologie, Laborforschung.	Sozialpsychologie, kognitive Psychologie und Motivationspsychologie, Persönlichkeitspsychologie.

Die Wirtschaftspsychologie beschäftigt sich allgemein mit psychologischen Prinzipien bei wirtschaftlichen Abläufen und untersucht die Auswirkungen von Motivation, Emotion, Lernen und sozialen Einflüssen auf wirtschaftliches Verhalten. Die Wirt-

schaftspsychologie unterteilt sich in mehrere Teildisziplinen, die folgende Interessensfelder aus mikroökonomischen Überlegungen umfassen:
- Arbeitspsychologie
  (Motivation, Eignungsdiagnostik, psychisches Wohlbefinden, Beziehung Mensch –
  Technik)
- Organisationspsychologie
  (Veränderungsmanagement, Führungsmodelle, Personalmanagement, Berufsethik)
- Marktpsychologie
  (Preise, Werbung, Beziehung kaufende – verkaufende Person)
- Konsumentenforschung
  (Konsumverhalten, Kaufentscheidungen)

Um Entscheidungen von Unternehmen und Regierungen besser zu verstehen, kann die Marktpsychologie herangezogen werden, insofern sie das konsumorientierte Verhalten analysiert und damit einen wichtigen Beitrag zur Erklärung wirtschaftlicher Vorgänge leistet. Gegenstand der Marktpsychologie ist der Versuch, menschliches Verhalten auf Märkten zu erklären bzw. vorherzusagen. Sie wird vor allem im Rahmen von Marketing- und Werbemaßnahmen sowie verschiedenen Verkaufsmaßnahmen von Unternehmen, Verbänden und anderen Institutionen genutzt. Die im Rahmen der Marktpsychologie entwickelten Modelle haben einen großen anwendungsorientierten Praxisnutzen. Die wesentlichen Aufgaben beziehen sich dabei auf die Identifizierung subjektiver Bedürfnisse, Meinungen und Einstellungen hinsichtlich eines Produktes oder einer Dienstleistung von Kunden- und Adressatensegmenten. Zudem soll das Kaufverhalten verschiedener Kundengruppen erklärt werden. Ferner sollen Motive und Bedürfnisse des Konsumverhaltens analysiert und das Kaufverhalten für unterschiedliche Kundensegmente prognostiziert werden. Auch in der Unternehmenspraxis spielen marktpsychologische Untersuchungen sowohl im Marketing, in der Werbung und dem Vertrieb als auch für die Entwicklung neuer bzw. modifizierter Produkte eine entscheidende Rolle.

Neben diesen mikroökonomischen (einzelne Firmen, Haushalte, Konsumierende) behandelt die Wirtschaftspsychologie auch makroökonomische (globale Herausforderungen, Sozialpolitik) Fragestellungen. Ausgewählte Interessensfelder makroökonomischer Betrachtungen sind:
- Wirtschaftsentwicklung
  (Arbeit 4.0, Digitalisierung, De-Globalisierung seit 2020)
- Hochleistungsgesellschaften
  (Umweltproblematik, Arbeitslosigkeit, Migration)
- Geldpsychologie
  (Spar- und Konsumverhalten, Geldanlagen)

Im Unterschied zur Wirtschaftspsychologie, die ein breites Spektrum psychologischer Erkenntnisse auf eine Vielzahl wirtschaftlicher Zusammenhänge und Fragestellungen anwendet, untersucht die Verhaltensökonomie menschliches Entscheidungsverhalten, insbesondere auftretende Abweichungen von rationalen Entscheidungen in wirtschaftlichen Situationen (vgl. Abb. 2.3). Dazu zählen insbesondere Entscheidungshilfen, -fehler und kognitive Verzerrungen bei Entscheidungen.

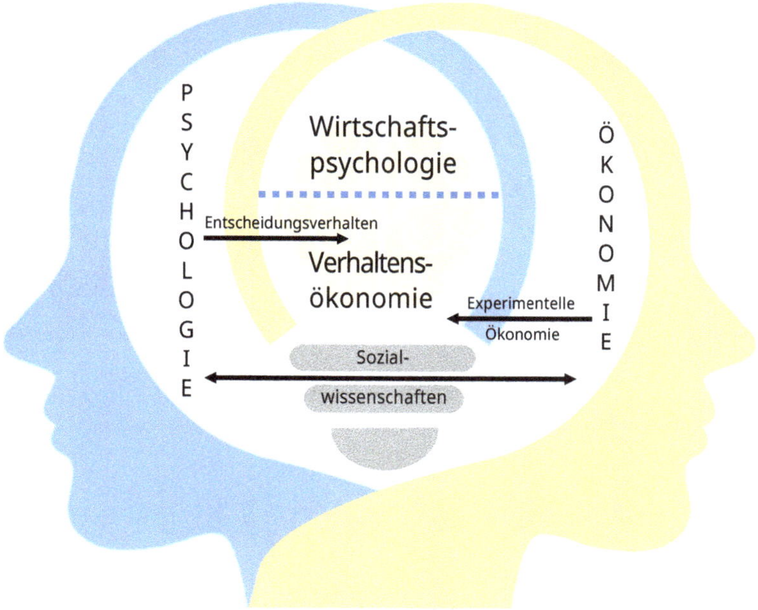

Abb. 2.3: Interdisziplinarität der Ökonomie und Beziehung der Disziplinen in der Ökonomie.

Die Psychologie bildet die Grundlage für das Verständnis des menschlichen Verhaltens und Erlebens und dient als Eckpfeiler sowohl für die Wirtschaftspsychologie als auch für die Verhaltensökonomie, welche psychologische Prinzipien im Zusammenhang mit wirtschaftlichen Entscheidungen anwendet. Die interdisziplinäre Synergie zwischen Wirtschaftspsychologie und Verhaltensökonomie bereichert das Verständnis von Kundenverhalten, Organisationsdynamik und Markttrends und überbrückt die Kluft zwischen psychologischen Erkenntnissen und wirtschaftlichem Resultat. Im breiteren Kontext der Sozialwissenschaften bietet die Integration von Psychologie, Wirtschaftspsychologie und Verhaltensökonomie eine ganzheitliche Perspektive auf die Art und Weise, wie Individuen und Gesellschaften in komplexen sozioökonomischen Umgebungen navigieren, und fördert so ein tieferes Verständnis menschlichen Verhaltens in verschiedenen sozialen Zusammenhängen.

Wie in jeder akademischen Disziplin ist es auch für die Verhaltensökonomie unerlässlich, eine fundamentale Basis für ihre Entwicklung zu schaffen. Diese Grundlage wird, wie bereits erwähnt, durch die Verbindung von Prinzipien neoklassischer

Wirtschaftswissenschaften mit Erkenntnissen aus der Psychologie und den Sozialwissenschaften gebildet. Beim Aufbau des grundlegenden Funktionsrahmens der Verhaltensökonomie können Individuen dessen Entwicklung als Zusammenspiel von fünf wesentlichen und ineinandergreifenden Zahnrädern (vgl. Abb. 2.4) begreifen. Für das Funktionieren dieses Systems ist dabei jedes Element grundlegend:

– der Mensch als entscheidender Faktor
– kognitive Architektur
– Prospect-Theorie
– experimentelle Ökonomie
– angewandte Verhaltensökonomie

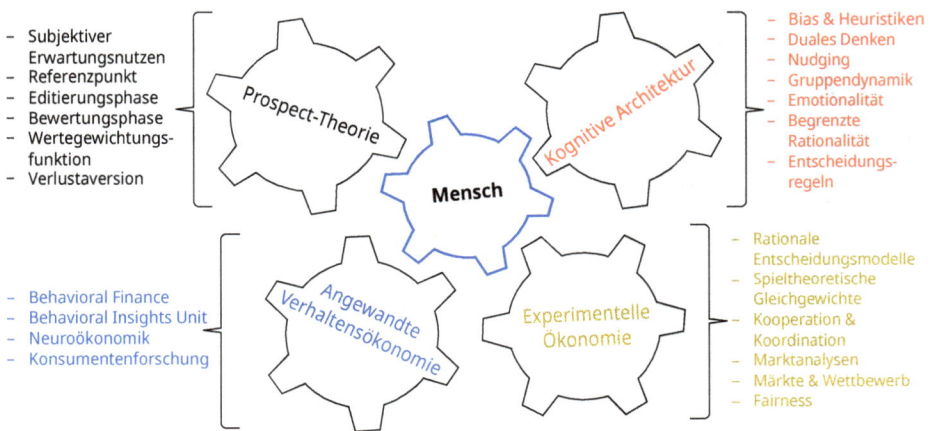

Die linke obere Gruppe:
– Subjektiver Erwartungsnutzen
– Referenzpunkt
– Editierungsphase
– Bewertungsphase
– Wertegewichtungsfunktion
– Verlustaversion

Prospect-Theorie

Die rechte obere Gruppe:
– Bias & Heuristiken
– Duales Denken
– Nudging
– Gruppendynamik
– Emotionalität
– Begrenzte Rationalität
– Entscheidungsregeln

Kognitive Architektur

Mensch

Die linke untere Gruppe:
– Behavioral Finance
– Behavioral Insights Unit
– Neuroökonomik
– Konsumentenforschung

Angewandte Verhaltensökonomie

Experimentelle Ökonomie

Die rechte untere Gruppe:
– Rationale Entscheidungsmodelle
– Spieltheoretische Gleichgewichte
– Kooperation & Koordination
– Marktanalysen
– Märkte & Wettbewerb
– Fairness

Abb. 2.4: Zentrale Komponenten der Verhaltensökonomie.

Die Komplexität der menschlichen Natur übersteigt die vereinfachende normative Darstellung des rational entscheidenden Menschen in wirtschaftlichen Szenarien. Diese Komplexität zeigt sich auch in der kognitiven Struktur, die nicht nur die begrenzte Rationalität, sondern auch Verzerrungen bei der Entscheidungsfindung und die bedeutende Rolle von Emotionen umfasst. Die Prospect-Theorie dient als Grundlage für die Einbeziehung psychologischer Einflüsse in ökonomische Entscheidungsmodelle und bringt Licht in die Feinheiten individueller Entscheidungsmuster. Durch die experimentelle Ökonomie wird es möglich, theoriegeleitete Lösungen für reale wirtschaftliche Phänomene zu erforschen und so unser Verständnis und unsere Modellierungsfähigkeiten zu verbessern.

Als Beleg für den hohen Stellenwert verhaltensökonomischer Grundprinzipien kann die Auffächerung der angewandten Verhaltensökonomie in unterschiedliche Teilbereiche, wie Behavioral Finance, Behavioral Accounting, Behavioral Insights Units in der Politikgestaltung, Psychologie des Glücks und Neuroökonomie angesehen werden. Diese innovativen Ansätze gehen über die traditionellen Konzepte der Entscheidungsfindung hinaus, ohne jedoch die neoklassische Theorie gänzlich zu substituieren; vielmehr bereichern und erweitern sie deren Kernbestandteile. Die etablierten Konzepte und Modelle der neoklassischen Wirtschaftswissenschaft behalten teilweise ihre Gültigkeit, wenn auch mit gewissen Einschränkungen, und können eine nuancierte und erweiterte Perspektive erhalten. Letztlich geht es darum, die praktische Umsetzung wirtschaftstheoretischer Modelle durch konzeptuelle Anpassungen zu verbessern und in der realen Welt anzuwenden. Im Wesentlichen bereichert die Verhaltensökonomie das Verständnis menschlichen Verhaltens, insbesondere der Entscheidungsfindung. Zudem wird ein umfassender und zugleich realitätsnaher Rahmen zur praktischen Umsetzung bei Entscheidungen berücksichtigt. Dabei können vier Themengebiete als Eckpfeiler verhaltensökonomischer Überlegungen herausgestellt werden (Mallard, 2017):

– Prozesse der Informationsverarbeitung   (*processes*)
– Präferenzen   (*preferences*)
– soziale Einflussnahme   (*participation*)
– persuasive Kommunikation   (*persuasion*)

Informationsverarbeitung umfasst allgemein den gesamten Prozess der Aufnahme, Verarbeitung, Speicherung und des Abrufs von Informationen. Als theoretisches Instrument zur Beschreibung der Komplexität menschlichen Verhaltens wurde das Modell digitaler Computersprachen herangezogen. Ein Computer kann als ein System zur Verarbeitung symbolischer Informationen betrachtet werden. Daten/Informationen werden eingelesen (Input: z. B. Tastatur, Maus, Scanner, Mikrofon, Lesegeräte, Netzwerke), weiter manipuliert (Verarbeitung), gesichert (Speicherung) und bei Abruf in verschiedenen analogen und digitalen Formaten ausgegeben (Output: z. B. Bild, Video, Audio, 3D-Grafiken, Dokumente, Text, eDaten, Netzwerkdaten). Beim Entscheiden wird angenommen, dass Personen ähnliche Aktivitäten wie ein Computer ausführen. Zur Entscheidungsfindung werden Informationen aufgenommen und ihrer Bedeutung nach verarbeitet. Diese werden über eine bestimmte Zeit hinweg gespeichert und beim Erinnern wieder abgerufen.

Im Bereich der Wirtschaftswissenschaften beleuchten zwei gegensätzliche Ansätze nach Thaler (2015), **HUMAN** und **ECON**, wie Individuen Entscheidungen über die Allokation knapper Ressourcen treffen, um den Nutzen zu maximieren.

HUMAN (Homo psychologicus):
Diese oft als deskriptive oder positive Ökonomie bezeichnete Perspektive befasst sich mit der Untersuchung des tatsächlichen Verhaltens von Personen. Die HUMAN-Ökonomie berücksichtigt die Feinheiten der menschlichen Natur und erkennt Beschränkungen, Vorurteile und emotionale Einflüsse bei der Entscheidungsfindung an und versucht sie zu verstehen und zu erklären.

ECON (Homo oeconomicus):
Auf der anderen Seite vertritt der Ansatz ECON den normativen Standpunkt der Ökonomie, der sich darauf konzentriert, wie sich Personen in idealtypischer Weise verhalten oder verhalten sollten. Dabei wird oft von einem vollkommen rationalen, analytischen und eigennützigen Verhalten ausgegangen. Personen

treffen ihre Entscheidungen allein auf der Grundlage des Rationalitätsprinzips, ohne sich von Emotionen, Stimmungen oder Gruppeneinflüssen leiten zu lassen. Die ECON-Ökonomie neigt zu einer Vereinfachung der Annahmen. So werden nachvollziehbare und formalisierte Wirtschaftsmodelle aufgestellt und praktische Vorschläge unterbreitet, wie sich Einzelne verhalten sollten, um wirtschaftliche Effizienz zu erreichen. Dabei finden einige der Feinheiten tatsächlichen Entscheidens sowie hochkomplexe Wechselwirkungen keine Berücksichtigung.

Diese beiden gegensätzlichen Sichtweisen heben nicht nur die wichtigsten Unterschiede hervor, sondern unterstreichen auch den Reichtum und die Komplexität des menschlichen Verhaltens. Während die HUMAN-Ökonomie das Wesen der Entscheidungsfindung im wirklichen Leben mit all ihren Feinheiten erfasst, zielt die ECON-Ökonomie darauf ab, einen vereinfachten und standardisierten Rahmen für das Verständnis und die Optimierung wirtschaftlicher Entscheidungen zu schaffen. Beide Perspektiven haben ihre Vorzüge, und die Realität wirtschaftlicher Entscheidungen liegt oft irgendwo zwischen diesen beiden Ansätzen.

Die Rolle des Menschen bei Entscheidungen in der Wirtschaft und die Einbeziehung psychologische Faktoren wie altruistische Entscheidungsmotive, soziale Beziehungen und Prozesse der Informationsverarbeitung erfordert eine Sichtweise, die den Menschen als treibende Kraft wirtschaftlichen Handelns anerkennt. Aus diesem Grund steht im nächsten Kapitel diese vielschichtige und dynamische Rolle des Menschen im Vordergrund.

2.5 Faktor Mensch im Nexus: Jenseits von Rationalität

Personen sind in der Lage, aus einer Vielzahl von Optionen zu wählen, sei es im persönlichen Leben, im Berufsleben oder in anderen sozialen Interaktionen. Dabei spielen individuelle Überzeugungen, Werte, Präferenzen, Emotionen, Erfahrungen, kognitive Prozesse, aber auch soziale Normen eine entscheidende Rolle. Jede Entscheidung, die ein Mensch trifft, kann direkte oder indirekte Auswirkungen auf das eigene Leben und das Leben anderer haben.

Der Nexus der Entscheidung ist der Punkt, an dem verschiedene Einflüsse aufeinandertreffen und eine Entscheidung geformt wird. Es ist ein komplexes Zusammenspiel interner und externer Faktoren, welche den Entscheidungsprozess beeinflussen. Der Mensch steht vor der Herausforderung, zwischen verschiedenen Optionen abzuwägen, Prioritäten zu setzen und mögliche Konsequenzen zu berücksichtigen. In diesem Zusammenhang ist es wichtig zu erkennen, dass Entscheidungen nicht immer rational getroffen werden. Oftmals werden sie von unbewussten Vorlieben, Einstellungen und Emotionen beeinflusst. Dittrich (Apr 2017) verweist auf die Bedeutung von emotionalen Werten als Erfolgsfaktor agilen Wirtschaftens. Der Mensch ist ein Wesen, das von Emotionen und Intuition geleitet wird, auch wenn der Mensch sich dessen nicht immer bewusst ist.

Die Erforschung des Entscheidungsverhaltens rückt den Menschen in den Mittelpunkt der Betrachtung und zeigt das komplexe Zusammenspiel von Emotionen, Kognition, Werten und externen Faktoren, die unsere Entscheidungen beeinflussen – auch jenseits vollkommen rationaler Modellannahmen. Wie in den vorherigen Kapiteln hervorgehoben, gibt es entscheidende Abweichungen realen menschlichen Verhaltens vom formelhaften Modell des Homo oeconomicus. Zusammenfassend und ergänzend ist festzuhalten, dass Personen Entscheidungen treffen, die von kognitiven Verzerrungen, Emotionen, sozialen Normen, Gruppendruck und Konformität beeinflusst werden. In den letzten Dekaden haben kognitive und emotionale Prozesse bei der Analyse des Entscheidungsverhalten vermehrt an Bedeutung gewonnen. Dies wird durch den Anstieg der Publikationsrate zu Emotion und Kognition sowohl in der Psychologie als auch in der Ökonomie veranschaulicht (vgl. Abb. 2.5).

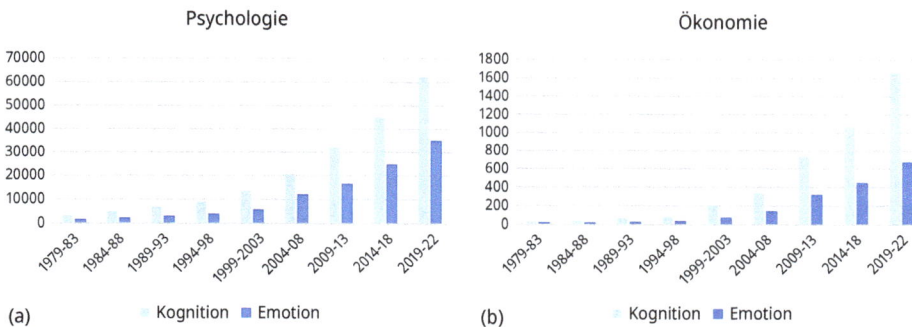

Abb. 2.5: Publikationsrate im Fünfjahresdurchschnitt in den Bereichen Emotion und Kognition.

Interessanterweise verläuft der Anstieg der Publikationsrate[1] in den untersuchten Fachgebieten insgesamt sehr ähnlich, ist jedoch für den Bereich Emotion etwa halb so hoch wie für den Bereich Kognition. In den folgenden Kapiteln werden verschiede Modelle und Theorien vorgestellt, welche die Wechselwirkungen zwischen Kognition und Emotion erklären. Die starke Verknüpfung beider Bereiche wird durch die Hirnforschung dadurch untermauert (Damásio, 1997; LeDoux, 2007), dass enge Nervenverbindungen zwischen den kognitiven Prozessen im Kortex und den subkortikalen emotionalen Vorgängen im limbischen System, Hypothalamus und Hirnstamm bestehen. Emotionen sind auch wichtige Bestandteile menschlicher Interaktionen, da sie sich sowohl auf Kognition als auch auf das Handeln auswirken. Soziale Emotionen beziehen sich auf andere Personen oder werden durch sie ausgelöst und haben verschiedene Funktionen:

---

1 Publikationsrate im Fünfjahresdurchschnitt der Suchbegriffe für die Bereiche Emotion „*emotion*" or „*emotions*" or „*emotional*" und Kognition „*cognition*" or „*cognitive*" in den Fachgebieten Psychologie (a) und Ökonomie (b) (Gesamtzitation 1979–2022: Emotion n = 488470; Kognition n = 942580. Quelle: Web of Science. Abgerufen am 26.04.2023).

- Sie unterstützen beim Lernen und bei der Einhaltung sozialer Normen und Regeln, indem sie positive oder negative Rückmeldungen vermitteln.
- Sie unterstützen beim Aufbau und der Pflege sozialer Bindungen und Beziehungen und verweisen auf die Gruppenzugehörigkeit.
- Sie unterstützen beim Lösen und Vermeiden sozialer Konflikte, indem sie ermöglichen, die Perspektive anderer einzunehmen und Kompromisse zu suchen.

Individuen können altruistisch, kooperativ und rücksichtsvoll anderen gegenüber handeln. Zudem können Präferenzen inkonsistent, kontextabhängig und emotionalen Schwankungen unterworfen sein. In unsicheren Situationen nutzen Individuen oft unvollständige Informationen bei der Entscheidungsfindung. Hinzu kommt, dass die Risikowahrnehmung oft durch kognitive Verzerrungen beeinflusst wird, was zu suboptimalem Risikoverhalten führt. Entscheidungen sind zudem von einer zeitlichen Inkonsistenz geprägt, d. h., dass sich Entscheidungen im Laufe der Zeit aufgrund von Verzerrungen in der Gegenwart ändern, wenn beispielsweise aufgrund von Defiziten bei der Selbstkontrolle kurzfristigen Verlockungen nachgegeben wird (vgl. Kap. 5.11). Personen haben bei komplexen Entscheidungen oft Schwierigkeiten aufgrund von kognitiven Einschränkungen und einem Überangebot an Informationen.

Kognition
Man verwendet den Oberbegriff Kognition, um die Gesamtheit aller Denkprozesse von Menschen zu beschreiben. In der kognitiven Psychologie umfasst der Begriff Kognition sämtliche mit Intelligenz in Verbindung stehenden Strukturen und Abläufe, die bei der Informationsverarbeitung aktiv sind. Dazu zählen **Aufmerksamkeit**, Wahrnehmung, Gedächtnis, Denken und Problemlösen, Lernen, Handlungskontrolle, Produktion und Verständnis von Sprache. In der kognitiven Psychologie werden alle kognitiven Prozesse immer aus Sicht der Informationsverarbeitung untersucht (Wickens & Carswell, 2021). Diese Verarbeitung gliedert sich in symbolische Prozesse, die sich aus bedeutungstragenden Daten und deren Manipulation zusammensetzen (z. B. Erstellung neuer Zusammenhänge durch einen Denkprozess). Der Denkprozess wird dafür in konkrete Verarbeitungsschritte mit definierten zeitlichen und funktionalen Beziehungen gegliedert.

! **Kognitive Ressourcen**
Kognitive Abläufe können mit Anstrengungen verbunden sein und als psychisch belastend empfunden werden. Eine stärkere Beanspruchung kognitiver Ressourcen fordert eine höhere Anstrengung und damit einhergehend einen höheren Aufwand. Kognitive Ressourcen wie beispielsweise Aufmerksamkeit, Gedächtnis und Entscheidungsfindung haben eine endliche Kapazität, das heißt, es stehen begrenzte Ressourcen zur Verfügung (vgl. Ranyard, Crozier, & Svenson, 1997). Bei kontrollierbarer Informationsverarbeitung müssen daher die Ressourcen bewusst eingeteilt werden.

Aus Sicht der Informationsverarbeitung wird der Mensch als aktives, organisiertes und selbstlernendes System gesehen. Es wird angenommen, dass ein intelligentes System, welches über diese Fertigkeiten verfügt, durch zweckgebundenes Handeln und Nachdenken fähig ist, ein anpassungsfähiges und vielseitiges Interagieren mit seiner vielfältigen und dynamischen Umgebung zu zeigen. Zudem besitzt es die Fähigkeit aktiv zu lernen, indem es sich mit seiner Umgebung effektiv auseinandersetzt, Wissen über die Umwelt und die Folgen seiner Handlungen erwirbt und, im Fall des Menschen, sich seiner selbst bewusst wird. Traditionellerweise arbeiten Computer nach dem Turing-Prinzip, d. h. einem universellen, aber fixen Rechenprinzip entsprechend der seriellen Verarbeitung, mit dem alle möglichen Anwendungen immer nacheinander abgearbeitet werden. Der größte Unterschied zwischen dem menschlichen Gehirn und einem Computersystem besteht darin, dass die meisten menschlichen Handlungen, abhängig von paralleler Verarbeitung, wie zum Beispiel verhandeln, überzeugen oder auch im Team arbeiten, nicht von einem Computer durchgeführt werden können. Das liegt daran, dass Computer kein Selbstbewusstsein haben, somit keine eigenen Entscheidungen treffen, welche wiederum von externen Faktoren beeinflusst werden können, und auch nicht ohne Instruktionen Handlungen auswählen bzw. ausführen können. Wesentliche Unterschiede zwischen den beiden Systemen der Informationsverarbeitung, nämlich Gehirn und Computer, können wie folgt (vgl. Tab. 2.5) zusammengefasst werden.

Tab. 2.5: Charakteristische Unterschiede zwischen Gehirn und Computer.

Aspekt	Gehirn	Computer
Informationen	eigenständige Verknüpfung von Informationen und selbsterzeugte Assoziationen	Speicherung nur der vom Menschen eingegebenen Informationen
Kapazität	eigene Kapazitätserweiterung und spontane Schaffung von neuen neuronalen Verbindungen	ausgelastete Speicherkapazität erfordert menschliches Löschen bzw. Erweitern von Speicherplatz
Entscheidung	trifft aktiv Entscheidungen; Aufgabe kann vage/nicht messbar sein	trifft keine eigenen Entscheidungen; Aufgabe muss messbar sein
Fehler	Fehler können auftreten	keine Fehler bei richtiger Konfiguration/ Programmierung
Speicherung	Informationen und Erinnerungen können vergessen werden	Abrufbarkeit von Daten/Informationen bleibt bis zum Löschen oder einer Beschädigung der Datei immer gegeben
Dauer	mit zunehmendem Alter wird die Informationsnutzung schwieriger	eventuelle Verlangsamung des Speichervorgang bei älteren Speichermedien

Tab. 2.5 (fortgesetzt)

Aspekt	Gehirn	Computer
Einflüsse	Handeln wird durch innere/äußere Einflüsse (Stimmung, Umgebung) beeinflusst	reagiert nur auf Instruktion, wann und was es tun soll
Prozessierung	verschiedene/mehrere Prozesse laufen immer parallel ab	alle Prozesse laufen immer seriell/ nacheinander ab
Lösungen	findet immer auch andere Lösungen	verwendet immer dieselbe Lösung
Geschwindigkeit	langsam bis sehr langsam	extrem schnell
Aktivität	immer aktiv, d. h. so lange am Leben	nur aktiv, wenn eingeschaltet, d. h. so lange Strom fließt

Motivation

Motivation spielt eine zentrale Rolle bei der Gestaltung des menschlichen Verhaltens und Erlebens und beinhaltet die Festlegung von Zielen und die Ausrichtung von Handlungen auf diese Ziele. Motiviertes Verhalten entsteht aus einer Kombination von persönlichen Motiven und situativen Anreizen, bei denen die anstehende Aufgabe von Bedeutung ist und der Erfolg im Rahmen der eigenen Fähigkeiten sowohl möglich als auch herausfordernd erscheint. Motivation wirkt sich auf verschiedene Weise auf das Verhalten aus, denn Motivation ...

– richtet das Verhalten auf bestimmte Ziele aus und steigert die Bereitschaft sich anzustrengen,
– lenkt das Verhalten, ist damit ein wichtiges Instrument für das Führungsverhalten und beinhaltet eine zielgerichtete Einflussnahme,
– bezieht sich nicht nur auf die Richtung, sondern auch auf die Intensität und Ausdauer des Verhaltens und wirkt sich direkt auf die Leistung und das Durchhaltevermögen der Mitarbeitenden aus,
– verbessert die Qualität der kognitiven Prozesse, indem sie sinnvolles Lernen gegenüber bloßem Auswendiglernen fördert,
– beeinflusst durch die Art der Motiviertheit (intrinsisch und extrinsisch) die wahrgenommenen Belohnungen oder Verstärkungen,
– verbessert die Lernergebnisse durch ein besseres semantisches Verständnis.

Motive bilden die Grundlage der Motivation. In der Motivationsforschung haben sich durch die Motivationstheorie von McClelland (1961) drei zentrale Motive (Leistung, Macht und Anschluss) herausgestellt. Je nach Ausprägung der drei Motive zeigen Personen ein individuelles Motivationsmuster und entsprechend unterschiedliches Verhalten. Es ist wichtig zu beachten, dass diese Ergebnisse einerseits nicht alle motivationalen Bedürfnisse eines Individuums einheitlich abdecken und andererseits das

Streben nach Autonomie vernachlässigen. Deci und Ryan entwickelten die Selbstbestimmungstheorie (*self-determination theory*) der Motivation (Deci & Ryan, 1993; Ryan & Deci, 2000). Ihr Konzept geht von drei universellen Grundbedürfnissen des Individuums aus, die als Anpassungen an seine soziokulturelle Umgebung gesehen werden können:

- Tendenz zur Kompetenz   (*effectancy*)
- Tendenz zur sozialen Eingebundenheit   (*affiliation*)
- Tendenz zur Selbstbestimmung   (*autonomy*)

Auslöser war die Feststellung, dass interessante Tätigkeiten nicht durch extrinsische Belohnungen maximiert, sondern eher minimiert werden. Intrinsische Motivation gilt als eine natürliche Tendenz, Herausforderungen aufzusuchen und individuelle Fähigkeiten selbst zu erproben. Motivationstheorien (u. a. McClelland, 1961; Ryan & Deci, 2000) weisen gemeinsame Schnittpunkte auf, wie das Streben nach sozialer Eingebundenheit (Anschlussmotiv) und das Streben nach Kompetenzerleben (Leistungsmotiv).

Es gibt zudem viele Begriffe, die im Alltag als Synonym für Motivation verwendet werden. Dazu gehören beispielsweise die Begriffe Engagement, Anstrengung, Willenskraft und Hingabe. Auch der Begriff Bedürfnis wird oft mit Motivation gleichgestellt. Bedürfnisse sind jedoch enger gefasst als Motive und beschreiben einen Mangel an etwas, z. B. Hunger. Das physiologische Ziel, den Mangelzustand auszugleichen, wird auch als Homöostase, d. h. die Erhaltung eines stabilen inneren Zustands, bezeichnet. Die Motivation ist nicht darauf ausgerichtet, die Erregung zu beseitigen, sondern im Sinne der Homöostase ein optimales Erregungsniveau zu erreichen (Zuckerman, 1979). Beispielsweise tendieren Personen dazu, neue Empfindungen zu suchen – sie hören laute Musik, probieren neue Gerichte oder lieben das Risiko.

Intrinsische Motivation

Diese Art der Motivation liegt vor, wenn Personen eine Handlung in erster Linie deshalb ausüben, weil sie sie persönlich interessant, angenehm oder erfüllend finden. Einfacher ausgedrückt: Sie tun es aus reiner Freude oder suchen die Befriedigung, die die Tätigkeit selbst mit sich bringt. Es ist, als würde man etwas tun, weil man es gerne tut, ohne dass ein äußerer Druck oder eine Belohnung einen antreibt.

Extrinsische Motivation

Diese Motivation liegt hingegen vor, wenn Personen motiviert sind, etwas von außen angeregt zu tun, weil sie extern einen Nutzen erwarten oder eine Belohnung/Bestrafung antizipieren. Dabei handeln Personen aufgrund äußerer Faktoren, etwa greifbaren Belohnungen (Geld oder Preise) beziehungsweise immateriellen Belohnungen (Lob oder Anerkennung) oder auch Strafvermeidung. In diesem Fall ist die treibende Kraft hinter der Aktivität nicht die Aktivität selbst, sondern vielmehr der erwartete externe Nutzen.

Soziale Normen

Als wichtiger Befund verhaltensökonomischer Forschung ist festzuhalten, dass das Vergleichen einen zentralen Denkprozess darstellt. So bewerten Personen unterschiedliche

Arten von Ergebnissen, indem sie sie als Gewinne oder Verluste in Bezug auf einen Referenzpunkt einschätzen (Kahneman & Tversky, 1979). Sie vergleichen ihre eigenen Leistungen und Ergebnisse mit denen anderer Personen aus der Gruppe oder mit vorherrschenden sozialen Normen (Schultz et al., 2007). Soziale Normen stellen gemeinsame Erwartungen an akzeptables Verhalten in Gruppen dar, die das beinhalten, was als kulturell wünschenswert und angemessen angesehen wird. Sie können sowohl auf informeller Verständigung beruhen als auch in Regeln oder Gesetzen ausgedrückt sein. Soziale Normen umfassen neben Werten auch Gebote und Verbote, die durch sozial geforderte Erwartungen anderer und auch durch Sanktionsmöglichkeiten zum Ausdruck gebracht werden. Die Einhaltung dieser Normen führt zu positiven und deren Verletzung zu negativen Konsequenzen. Normen sind immer verbunden mit den gegebenen Umständen, der sozialen Gruppe und bestimmten historischen Zusammenhängen.

Wert

In den Wirtschaftswissenschaften versteht man unter dem Begriff Wert die Bedeutung, die einem Gut für die Bedürfnisbefriedigung zukommt. Als wertbestimmend gelten der Nutzen, d. h. das Maß der Bedürfnisbefriedigung, und die Knappheit des Guts. Dagegen bezeichnet der philosophisch-psychologische Wertebegriff eine ausdrückliche oder implizite Vorstellung von dem, was wünschens- und erstrebenswert ist, was richtig, angemessen, echt, wichtig und positiv im Leben ist und eine Person oder eine Gruppe unverwechselbar macht. Werte wirken sich auf die Wahl der verfügbaren Methoden, Mittel und Ziele für das Handeln aus. Werte haben einen erheblichen Einfluss darauf, wie Dinge wahrgenommen werden und machen sie zu kulturell und gesellschaftlich geprägten sowie aktiv funktionierenden Konzepten der Selbstorganisation einer Person. Die Werte werden je nach individueller Bewertung des Einzelnen auf einer inneren Werteskala eher hoch oder eher niedrig angeordnet. Jedes Individuum besitzt somit ein eigenes individuelles Wertesystem. Wertesysteme sind wandelbar und gekoppelt an individuelle Erlebnisse, die Erziehung, die Gesellschaft, den Zeitgeist und die Kultur. Die eigenen Werte bzw. Wertvorstellungen dienen als Entscheidungsgrundlage für oder gegen einen Gedanken, ein Gefühl oder eine Handlung. Werte sind unerlässlich zum Organisieren und dynamischen Interpretieren des Informationsinputs (z. B. Wahrnehmung) und gleichzeitigen Steuern des Outputs (z. B. Handlungskontrolle). Somit steht das Individuum im Mittelpunkt der Betrachtung – und keine Entscheidungsformel.

Präferenzen

Bei der Entscheidungsfindung spielen soziale Präferenzen, welche Individuen für die Modellierung von Verhalten zugeschrieben werden, eine wichtige Rolle.

Eine Präferenz stellt ein vergleichendes Urteil über die relative Erwünschtheit von zwei Optionen oder Resultaten dar. Wenn eine Person die Option B der Option A vorzieht (notiert mittels der Präferenzsymbols als B ≻ A), bedeutet dies, dass die Person die Option „B besser als A" findet und sich dementsprechend B mehr wünscht als A. Drei Bedingungen gelten für alle Folgen von Präferenzen:

- **Asymmetrie:** Es darf nicht gleichzeitig B ≻ A und A ≻ B gelten.
- **Kompatibilität:** Für eine Alternative (A, B) gibt es nur eine Präferenz, entweder A ≻ B oder B ≻ A oder eine Indifferenz A ~ B.
- **Transitivität:** Wenn A ≻ B und B ≻ C, dann muss A ≻ C gelten.

Hervorzuheben ist an dieser Stelle, dass Präferenzen nicht direkt beobachtbar, sondern nur aus dem Wahlverhalten zu erschließen sind. Präferenzen oder Auswahlmöglichkeiten können auch als Ausgangspunkt für die Zuordnung von numerischen Werten verwendet werden. Von dort aus können rein formal Nutzenwerte für bestimmte Ergebnisse abgeleitet werden. Dieser Ansatz entspricht der traditionellen Sichtweise wirtschaftswissenschaftlicher Überlegungen. Präferenzen sind Vorlieben oder Verhaltensweisen, die bewirken, dass Güter unterscheidbar werden. In diesem Zusammenhang wird eine durch tatsächliches Verhalten getroffene Wahl als Ausdruck einer Präferenz angesehen. Präferenzen können persönlicher (z. B. immer gleiche Onlineplattform), sachlicher (z. B. immer eine bestimmte Automarke), räumlicher (z. B. immer die nächstgelegene Verkaufsstelle) oder zeitlicher (z. B. schnellste Lieferfähigkeit der Verkaufsstelle) Art sein (vgl. Kap. 6). Präferenzen können Abweichungen vom Standardmodell des egoistischen Homo oeconomicus erklären. Empirische Beweise widersprechen einem rein egoistisch motivierten Verhalten (May, 2011). Beispiele hierfür sind wohltätige Spenden, ehrenamtliche Tätigkeiten und das Ablehnen von niedrigen Angeboten in Ultimatum-Spielen (vgl. Kap. 9.7).

Bei der Preisentwicklung spielen beispielsweise folgende Einflussfaktoren eine Rolle (vgl. Abb. 2.6). Die Präferenz wirkt sich auf die Preisentwicklung (preisbezogene Absatzfunktion, der vollkommene Wettbewerb, die Produzentenrente, das Monopol und Oligopol) aus. Bei den externen Effekten spielt die Sparpolitik im Sinne des Monetarismus eine Rolle, welche zu Austerität führt. Hierzu zählen die Kosten, der Übertragungseffekt (*spillover effect*) und das Verursacherprinzip (*cost-by-cause effect*). Der **Übertragungseffekt** beschreibt, wie die Wahrnehmung eines Produkts innerhalb einer Marke durch die Kundschaft deren Wahrnehmung von anderen verwandten Produkten und der Marke insgesamt beeinflusst. Wird ein Produkt beispielsweise als Teil einer gut eingeführten Marke betrachtet, können seine positiven Eigenschaften auf die Marke selbst übertragen werden, was der Marke zugutekommt. Umgekehrt können negative Aspekte, die mit einem Produkt verbunden sind, der gesamten Marke schaden. Das **Verursacherprinzip** dient dazu, innerhalb einer Organisation Kosten auf der Grundlage der spezifischen Ursachen oder Aktivitäten, die diese Kosten verursachen, zu ermitteln und zuzuordnen. Dabei werden die Gesamtausgaben in verschiedene Kategorien oder Kostenfaktoren aufgeschlüsselt, so dass die Unternehmen die Hauptursachen ihrer Ausgaben verstehen können.

Unter dem Nutzenmodell sind die Prospect-Theorie (Kahneman & Tversky, 1979), die **Grenznutzentheorie** (*marginal utility theory*) oder die **Erwartungsnutzentheo-**

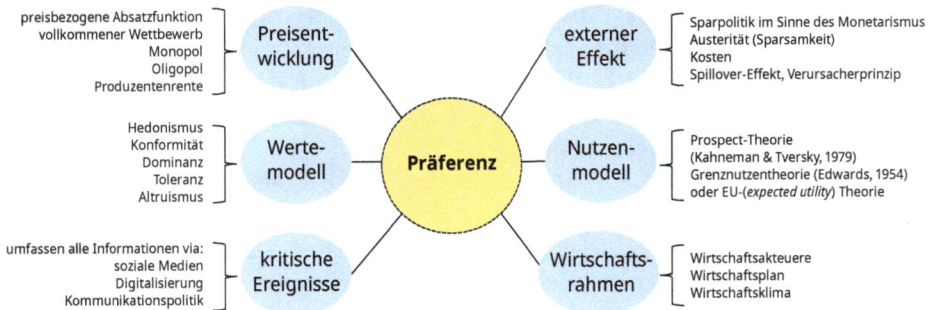

Abb. 2.6: Einflussfaktoren bei der Präferenzbildung.

rie (*expected utility theory*) inbegriffen (Hardes & Uhly, 2007). Der Wirtschaftsrahmen wird durch Wirtschaftsakteure, den Wirtschaftsplan und das Wirtschaftsklima gesetzt. Kritische Ereignisse umfassen alle Informationen, soziale Medien, die Digitalisierung und die an die Massen gerichtete Kommunikation als Ganzes, welche durch Werbung und Marketing erreicht wird.

In unterschiedlichen Lebensphasen kann die Gewichtung von Werten variieren oder die Werte selbst können sich ändern. Für Personen, die in einen neuen Beruf starten, stehen häufig berufsbezogene Leistungen bzw. Karriereambitionen im Vordergrund, während in der Phase der Familienplanung häufig Aspekte der Sicherheit und Planbarkeit im Sinne der Work-Life-Balance an Priorität gewinnen. Am Ende des Berufslebens steht häufig die Gesundheit und das Wohlbefinden im Mittelpunkt. Kritische Ereignisse im Leben selbst, z. B. durch Jobwechsel, Lottogewinn, gesundheitliche Beeinträchtigung, führen häufig zu schwerwiegenden Verschiebungen im Wertemodell des Einzelnen.

Nutzen

Das Konzept Nutzen bezieht sich im weitesten Sinne auf einen subjektiv beigemessenen positiven (Gewinn) oder negativen Wert (Verlust) und unterscheidet sich von seiner Bedeutung im alltäglichen Sprachgebrauch. Das Konzept bezieht sich, Kahneman und Snell (1992) folgend auf die Bewertung der Konsequenzen von Entscheidungen und umfasst neben affektiven Bewertungen (Erfahrungsnutzen) auch kognitive Urteile (Entscheidungsnutzen).

Diese beiden Formen des Nutzens unterscheiden sich häufig aufgrund des Grades an Ungewissheit und Unsicherheit oder aufgrund von zeitlich bedingten Veränderungen des Nutzens. Die Unterscheidung zwischen hedonischem und instrumentellem Nutzen spiegelt dies wider. Hedonischer Nutzen umfasst sämtliche affektiven Zustände. Instrumenteller Nutzen beinhaltet die Beurteilung, inwieweit Konsequenzen zielfördernd oder -schädigend sind. Nutzenwerte wiederum werden in Zahlen dargestellt und beschreiben Präferenzen numerisch. Wenn allen Folgen eindeutig Nutzenwerte zugeschrieben werden können, ergibt sich eine Nutzenfunktion. Es ist wichtig zu erwähnen, dass die Frage, ob der Nutzen als interne psychologische Realität vorhanden ist oder nicht, hierbei offenbleibt.

Personen entscheiden nicht immer nach rationalem Nutzen, welcher mathematisch berechnet wird, sondern es kommt aus psychologischer Sicht darauf an, welche Präferenzen individuell vorherrschen und wie sich daraus eine Wahl begründet.

Tabelle 2.6 verdeutlicht in diesem Zusammenhang die Unterschiede zwischen den Begriffen Nutzen, Präferenz und Wahl. Beim Nutzen erfolgt eine absolute Bewertung und führt zu einem bewertenden Urteil. Dem gegenüber stellt eine Präferenz eine relative Bewertung dar, die ein relatives Urteil mit sich bringt. Eine Wahl hingegen drückt eine Intention aus und zeigt sich in einer selektiven Handlung.

Tab. 2.6: Differenzierung zwischen Nutzen, Präferenz und Wahl.

Aspekt	Nutzen	Präferenz	Wahl
Ablauf	absolute Bewertung	relative Bewertung	Intention/Neigung
Verhalten	bewertendes Urteil „ich finde y gut"	präferiertes Urteil „ich ziehe y gegenüber x vor"	selektive Handlung „ich entscheide mich für y"

Es bleibt zu klären, ob Nutzen neben einer formalen auch eine psychologische Bedeutung hat, nach der der Begriff des Nutzens aufgeschlüsselt werden kann.

So verweisen Kahneman und Snell (1992) darauf, dass trotz des Treffens einer Entscheidung mögliche Konsequenzen erst noch eintreten, weshalb diese mittels Prognose nur zu erahnen sind. Dem folgend bezeichnen sie den Nutzen, der beim Entscheiden eintritt, als **Entscheidungsnutzen** oder Antizipationsnutzen und einen Nutzen, der beim Eintritt der Konsequenzen erlebt wird, als **Erfahrungsnutzen**. Dieser geht mit der Bewertung der erlebten Erfahrung einher. Der Entscheidungsnutzen bezieht sich auf die erwartete Zufriedenheit oder den Wert einer Entscheidung. Wenn man sich beispielsweise überlegt, einen neuen Laptop zu kaufen, und verschiedene Modelle auf Basis ihrer Funktionen und dem Image vergleicht und davon ausgeht, dass die Leistung zufriedenstellend ist, entspricht dies dem Entscheidungsnutzen. Der Erfahrungsnutzen hingegen bezieht sich auf die tatsächliche Nutzung oder Erfahrung mit dem gekauften Laptop.

2.6 Ökonomische Entscheidungen aus dem Labor auf den Kapitalmarkt

Zusammenfassend lässt sich sagen, dass die Mitte des 20. Jahrhunderts die Erkenntnis markierte, dass absolute Rationalität, wie sie in Wirtschaftstheorien gefordert wird, nicht mit dem Verhalten gewöhnlicher Menschen in der realen Welt übereinstimmt.

Gleichzeitig gewannen Laborexperimente zur Erforschung von Entscheidungsprozessen in der Ökonomie an Bedeutung. Grundlegende Meilensteine in der Entwicklung der Verhaltensökonomie werden überblicksartig dargestellt (vgl. Abb. 2.7). In den 1960er Jahren führten vorrangig Vernon Smith und Reinhard Selten vermehrt Laborexperimente zum Gleichgewicht im Wettbewerbsmarkt und zur Spieltheorie durch. Im Wettbewerbsmarkt stellt sich ein **Gleichgewicht** ein, wenn die Nachfragemenge und die Angebotsmenge eines Gutes einander entsprechen. Gleichzeitig legten sie damit den Grundpfeiler der experimentellen Ökonomie. Smiths Ansatz konzentrierte sich auf das Testen wirtschaftlicher Hypothesen und das Verständnis des realen menschlichen Verhaltens. Die Herausforderung, der sich u. a. Smith stellte, war die Auswahl einer Strategie beim Vorhandensein mehrerer Gleichgewichte im Wettbewerbsmarkt. Nach mehreren Jahrzehnten der experimentellen Laborforschung erhielten Nash, Selten und Harsanyi im Jahr 1994 und Smith im Jahr 2002 den Wirtschaftsnobelpreis. Der für die Verhaltensökonomie und deren Entwicklung wichtige Beitrag, den Selten und Harsanyi erbrachten, war das Einbeziehen psychologischer Ideen und die Durchführung ökonomischer Experimente. Dabei untersuchten sie hauptsächlich, wie sich Personen in Spielen entscheiden, die über mehrere Gleichgewichte verfügen. Die Warnungen seitens der Sozialwissenschaften und Psychologie vor allzu rationalen Annahmen gewannen an Glaubwürdigkeit. Die Entwicklungen in der Spieltheorie und die Nutzung von Laborexperimenten haben das Repertoire der Verhaltensökonomie weiter gestärkt und es ermöglicht, bestehende Theorien zu hinterfragen, Verhaltensweisen in der realen Welt zu testen und neue Einflüsse in das ökonomische Denken einzuführen. Die von Wissenschaftlern wie Selten und Smith durchgeführten Experimente unterstreichen die Vielfalt der Faktoren und Variablen, welche im Rahmen wirtschaftlicher Experimente untersucht werden können, und bieten ein wertvolles Werkzeug zur Erforschung aller Bereiche, vom individuellen Verhalten bis hin zu komplexen Institutionen. Die Entwicklung des experimentellen Zugangs ist von entscheidenden Momenten geprägt, welche die menschliche Vorstellung von Rationalität und Entscheidungsfindung verändert haben.

Nach der Entwicklung der Spieltheorie (von Neumann & Morgenstern, 1953) und dem Nash-Gleichgewicht (Nash, 1950) kritisierte Simon (1955) die vorherrschende Darstellung menschlichen Verhaltens in den Wirtschaftswissenschaften und schlug ein realistischeres Modell vor. Daraufhin führte Herbert A. Simon das Konzept der begrenzten Rationalität ein – ein Konzept, welches den begrenzten menschlichen Entscheidungsfähigkeiten Rechnung tragen sollte.

Simons Forderung, das normative Idealmodell des Homo oeconomicus zu ersetzen, wurde aufgrund mangelnder formaler Beweise zunächst kaum weiterverfolgt. Erst in den 1970er Jahren wurden vermehrt Entscheidungen unter Unsicherheit untersucht. Das von Tversky und Kahneman (1974) konzipierte *heuristics and bias* Forschungsprogramm stellte die traditionelle ökonomische Sichtweise menschlicher Rationalität und die Anwendung des subjektiv erwarteten Nutzens und subjektiver Wahrscheinlichkeiten in der Entscheidungstheorie in Frage. Der Argumentation von

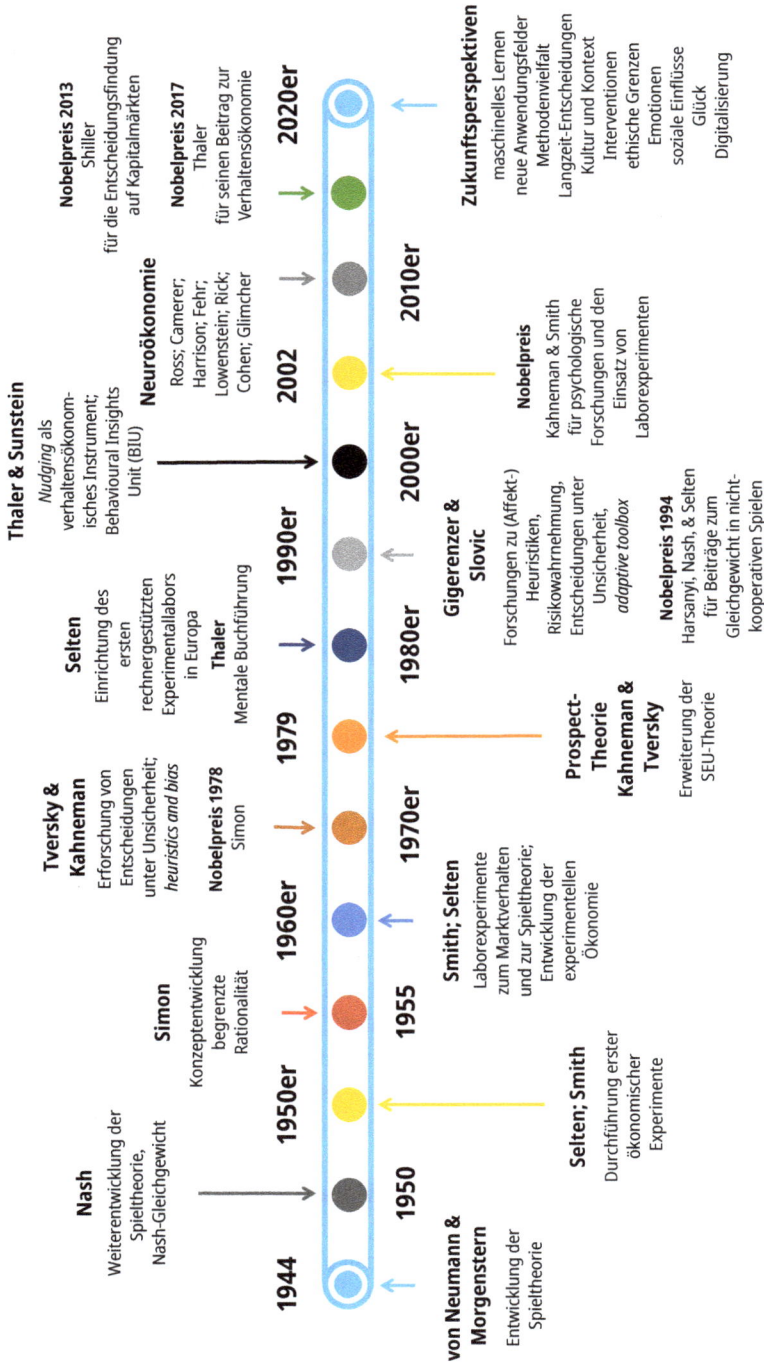

Abb. 2.7: Historischer Überblick über die Entwicklung der Verhaltensökonomie.

Tversky und Kahneman (1974) folgend entstehen subjektive Wahrscheinlichkeiten, weil man sich bei der Entscheidungsfindung auf Heuristiken verlässt. Heuristiken können komplexe Aufgaben vereinfachen, aber auch zu systematischen kognitiven Verzerrungen führen. Im Jahre 1979 entwickelten Kahneman und Tversky die Prospect-Theorie (*prospect theory*), auch bekannt als Neue Erwartungstheorie, als maßgebliche Erweiterung der neoklassischen Nutzentheorie (SEU-Theorie, *subjective expected utility*). Sie deckten systematische Verzerrungen bei der Entscheidungsfindung auf und verlagerten den Schwerpunkt von rationalen Akteuren auf die Beschreibung tatsächlicher psychologischer Tendenzen. Weiterhin zeigten ihre Forschungen (Kahneman & Tversky, 1984) zu dem Bezugsrahmen-Effekt (*framing*) auf, wie Entscheidungen durch die Art und Weise der Präsentation beeinflusst werden, und problematisierten damit traditionelle Entscheidungsmodelle. Im Jahre 2002 erhielt Daniel Kahneman den Alfred-Nobel-Gedächtnispreis für seine psychologischen Forschungen zum Entscheidungsverhalten.

In den 1990er Jahren erforschte Gerd Gigerenzer Heuristiken und die begrenzte/ ökologische Rationalität, wobei er sich darauf konzentrierte, wie Personen unter Unsicherheit Entscheidungen treffen. Paul Slovic leistete Pionierarbeit zum Verständnis menschlicher Risikowahrnehmung, einschließlich affektiver Heuristiken und anderer Verhaltensanomalien bzw. Entscheidungshilfen. In den 2000er Jahren führten Thaler und Sunstein das Konzept des *nudging* ein, bei dem verhaltenswissenschaftliche Erkenntnisse genutzt werden, um die Entscheidungen von Personen zu beeinflussen, ohne sie in ihren Wahlmöglichkeiten einzuschränken. Zusätzlich erforschten sie verhaltensorientierte Interventionen für die öffentliche Politik und die individuelle Entscheidungsfindung. Auf dieser Basis entwickelte sich die *Behavioural Insights Unit* (BIU) in London als eine staatliche Einrichtung, die verhaltenswissenschaftliche Erkenntnisse zur Information der Politik und zur Verbesserung öffentlicher Dienstleistungen einsetzt. In den 2010er Jahren entwickelte sich das Forschungsgebiet der Neuroökonomie, an dem Forschende wie Ross, Camerer, Harrison, Fehr, Loewenstein, Rick, Cohen und Glimcher beteiligt sind. Dabei werden die neuronalen Grundlagen wirtschaftlicher Entscheidungen untersucht. Der Nobelpreis 2013 wurde Robert J. Shiller für seine bahnbrechenden Arbeiten zum Verständnis der Entscheidungsfindung auf den Kapitalmärkten verliehen. Diese Anerkennung unterstreicht Shillers entscheidenden Beitrag zur Entschlüsselung des komplexen Zusammenspiels von Psychologie und Finanzwesen mit praktischen Auswirkungen für Anlegende und politisch Verantwortliche weltweit.

Bei der Erforschung des Entscheidungsverhaltens unterscheidet man grundsätzlich zwischen normativen und deskriptiven Entscheidungstheorien (vgl. Abb. 2.8). Normative Entscheidungstheorien umfassen spieltheoretische, risikobehaftete Entscheidungsregeln und Komponenten von Entscheidungen. Zusätzlich sind Entscheidungen unter Gewissheit und Ungewissheit impliziert. Werden Entscheidungen unter Unsicherheit getroffen, kommt es hauptsächlich darauf an, welcher Entscheidungsregel man folgt (vgl. Tab. 3.10). Je nach verwendeter Regel können die Wahlentscheidungen dann unterschiedlich

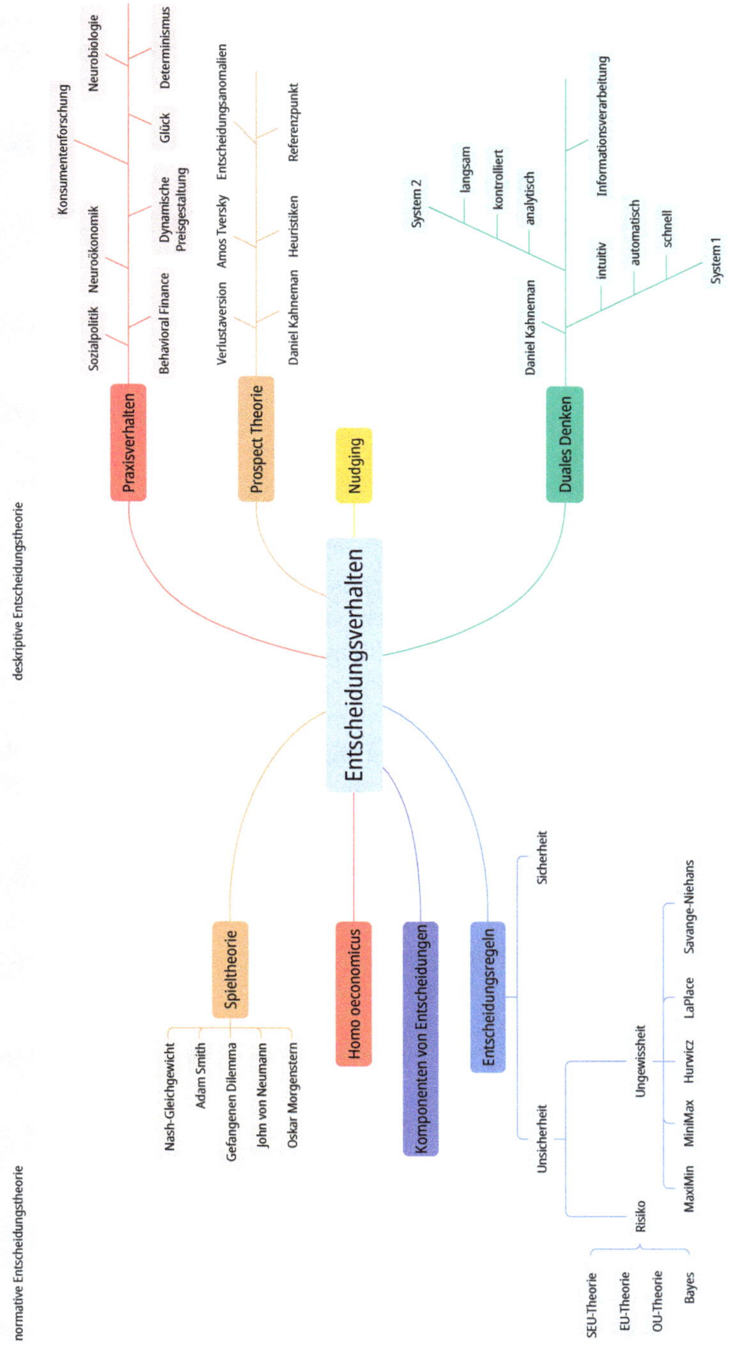

Abb. 2.8: Übersicht über die Hauptkomponenten der normativen und deskriptiven Entscheidungstheorie.

ausfallen. Dem gegenüber verfolgt die deskriptive Entscheidungstheorie das Ziel, tatsächliches Verhalten zu beschreiben, weshalb Entscheidungsheuristiken (vgl. Kap. 4) und -anomalien (vgl. Kap. 5), die Prospect-Theorie (vgl. Kap. 6), das duale Denken (vgl. Kap. 7) und die Konzeption und Anwendung *nudging*-basierter Maßnahmen (vgl. Kap. 8) den Schwerpunkt dieser Betrachtungsweise bilden. Darüber hinaus wird aufgezeigt, wie verhaltensökonomische Erkenntnisse in der Wirtschaft und Politik genutzt werden können (vgl. Kap. 10). Nicht nur praxisnahes Verhalten, sondern auch Verzerrungen und Heuristiken werden thematisiert, und damit wird tatsächliches Verhalten von Menschen in Alltagssituationen dargestellt.

2.7 Mit Verhaltensökonomie zum Nobelpreis

Der Aufstieg der Verhaltensökonomie kann als eine Reaktion auf die Kritik an den starren Modellen der neoklassischen Wirtschaftswissenschaften erklärt werden. Dies verdeutlicht, dass die Verhaltensökonomie allmählich zum Mainstream wird und eine natürliche Erweiterung der klassischen Wirtschaftsforschung darstellt. Begriffe wie „normal" oder „rational" sind dabei keine inhärenten Kriterien, sondern werden durch den historischen Kontext und die Interessendynamik geprägt. Abweichungen von rationalem Verhalten im Sinne der Nutzenmaximierung führten zur Entwicklung des Konzepts der begrenzten Rationalität.

Dieses Kapitel setzt sich ebenfalls kritisch mit dem normativen Selbstverständnis der Verhaltensökonomie auseinander. Es wird die Frage gestellt, ob durch die Verhaltensökonomie im Wesentlichen menschliches Verhalten so gesteuert werden soll, dass es besser in den bestehenden institutionellen Rahmen der Märkte passt, oder ob die Wirtschaft menschlicher gestaltet werden soll. Das für die Verhaltensökonomie als zentral geltendes Spannungsverhältnis besteht zwischen dem Einfluss wirtschaftlicher Institutionen und der Vielfalt menschlichen Verhaltens. Die Verhaltensökonomie zielt nicht darauf ab, die wirtschaftlichen Institutionen an menschlichen Werten wie Nachhaltigkeit oder soziale Verantwortungsübernahme auszurichten (Möllering, 2001; Möllering & Sydow, 2019), sondern versucht vielmehr, das vielfältige menschliche Verhalten mit all seinen Facetten und Verzerrungen so zu steuern, dass es den Marktnormen entspricht. Sie ökonomisiert den Faktor Mensch im Kontext wirtschaftlichen Handelns, anstatt wirtschaftliche Einrichtungen an einem wertebasierten Ideal auszurichten (Gleichheit, Reziprozität, Fairness, Diversität, Nachhaltigkeit).

Als kritischer Betrachter der Verhaltensökonomie geht Gerd Gigerenzer (2007; 2013) davon aus, dass in der Verhaltensökonomie zumeist angenommen wird, dass Personen leicht zu manipulieren und anfällig für Vorurteile und Verzerrungen seien. Er führt an, dass Entscheidungen, die von Heuristiken und Faustregeln beeinflusst werden, genauso gültig sein können wie solche, die von einem rationalen Ansatz geleitet werden. Gigerenzer ermutigt jeden Einzelnen, kritisches Denken zu entwickeln, insbesondere bei komplexen Finanzentscheidungen, und risikoaverse Faustregeln anzuwenden.

Einen bedeutenden Einfluss auf die experimentelle Ökonomie hatte Vernon Smith, indem er die Funktionsweise und das Design von Märkten analysierte. Der Mainstream versucht oft, neoklassische Ansätze zu verbessern, anstatt sie grundsätzlich neu zu konzipieren. Brandstätter und Güth (1994) nennen diesen Ansatz die „neoklassische Reparaturwerkstatt", die Standardmodelle um Verhaltenserkenntnisse erweitert und gleichzeitig die rationale Maximierung beibehält. Einige Ansätze unterscheiden sich durch den Grad der Distanziertheit von neoklassischen Konzepten. Es gibt auch Theorien, die die Nutzenmaximierung in Frage stellen:

- *satisficing theory* (Simon, 1955)
- *aspiration adaption theory* (Selten, 1998)
- *case-based decision making* (Gilboa & Schmeidler, 2001)
- *fast and frugal heuristics* (Gigerenzer & Goldstein, 1996).

Die Nobelpreisträger George Akerlof und Robert Shiller (2016) kritisieren moralisch fragwürdige Marktaktivitäten und stellen die traditionelle wirtschaftliche Sichtweise in Frage, wonach schlechte Entscheidungen aufgrund individueller Irrationalität verschwinden werden. Akerlof und Shiller führen eine andere Perspektive ein, indem sie argumentieren, dass Märkte nicht per se gutartiges Handeln hervorrufen oder sich die besten Produkte etablieren. Sie betonen die Balance zwischen eigennützigen Anbietenden (*phishern*) und weniger informierten oder emotional herausgeforderten Konsumierenden (*naivs*). Diese Perspektive legt nahe, dass die Existenz wirtschaftlicher Möglichkeiten in Verbindung mit dem mangelnden Bewusstsein der Konsumierenden zu suboptimalen Ergebnissen führt. Suboptimalen Entscheidungen können oft auf kognitive und emotionale Barrieren zurückgeführt werden. Weiterhin beschreiben Akerlof und Shiller die Symbiose zwischen eigennützigen Anbietenden und herausgeforderten Konsumierenden, wobei Erstere die Letzteren aufgrund institutioneller Zwänge oder psychologischer Prozesse durch Manipulation und Täuschung ausnutzen. Im Nobelpreisvortrag von Robert J. Shiller wurde die Verhaltensökonomie als humanistisches Projekt beschrieben, das darauf abzielt, das Finanzwesen durch Anpassung an das menschliche Verhalten demokratischer und menschengerechter zu gestalten. Shillers Ansicht unterstreicht einen normativen Aspekt der Verhaltensökonomie, die sich darauf konzentriert, menschliches Verhalten innerhalb etablierter Institutionen zu modifizieren, anstatt diese Institutionen umzustrukturieren. Dieser Ansatz impliziert, dass das primäre Ziel darin besteht, die Interaktion zwischen Institutionen und Individuen zu domestizieren, indem menschliches Verhalten gesteuert wird. Entscheidend ist, dass ein sozial konstruierter Verhaltensstandard angewandt wird, um objektive und humanistische Ziele zu erreichen. Anstatt die Vorstellung eines rational wählenden Subjekts fallenzulassen, zielt die Verhaltensökonomie dann darauf ab, Individuen zu befähigen, durch *nudging* zu rationalen Akteuren zu werden.

Im Gegensatz zu den traditionellen Wirtschaftswissenschaften fehlt der Verhaltensökonomie jedoch eine einheitliche, übergreifende Theorie. Dieses Fehlen eines umfassenden Rahmens kann zu Ungereimtheiten und Widersprüchen in den Ergebnissen führen, was den Bedarf an neuen theoretischen Konzepten und Modellen verdeutlicht, welche der Vielfalt des menschlichen Verhaltens Rechnung tragen. Ein wesentlicher Beitrag zum Studium der Vielfalt tatsächlichen Entscheidungsverhaltens wurde von Daniel Kahneman (1934–2024) initiiert und entscheidend weiterentwickelt. Zusammen mit Amos Tversky (1937–1996) konnten experimentell die Grundlagen für die Prospect-Theorie gelegt werden. Die Prospect-Theorie beschäftigt sich mit der Entscheidungsfindung von Individuen. Bei Betrachtung der modernen und stark technologisierten Gesellschaft stellt sich die Frage, ob und wie sich das Entscheidungsverhalten Einzelner im Zeitalter des Internets modifiziert hat. Es ist wichtig, sich des Umstands bewusst zu sein, dass nunmehr verschiedene Theorieansätze in der Verhaltensökonomie kritisch betrachtet werden und dass es heutzutage besonders wichtig ist, sich mit den verschiedenen Prinzipien der Informationsverarbeitung auseinanderzusetzen. Neben der Wirtschaftspolitik sollten auch andere Organisationen grundlegende Prinzipien der Verhaltensökonomie verinnerlichen, um zukünftige Fehler und Krisen zu vermeiden. Wenn man weiterhin das Ideal des rational handelnden Individuums verfolgt, ist es nicht verwunderlich, dass immer wieder dieselben Fehler auftreten und ähnliche Krisen ausgelöst werden.

3 Grundlagen individuellen Entscheidungsverhaltens

Man stelle sich vor, man geht während eines Urlaubs im Spätherbst in einer unbekannten Stadt spazieren. Zum ersten Mal in der Stadt, von den vielen Eindrücken abgelenkt, verliert man die Orientierung und verläuft sich. Um zurück zum Hotel zu finden, sucht man vergeblich nach bekannten Merkmalen oder Orten und gelangt schließlich an eine Kreuzung, an der man sich für den linken oder den rechten Weg entscheiden muss. An dieser Stelle werden absichtlich nur zwei Optionen vorgestellt, weil bei der großen Vielzahl von Entscheidungsmöglichkeiten das Risiko bestünde, einem Auswahlparadox (vgl. Kap. 5.5) zu unterliegen, im Zuge dessen sich Personen schlussendlich für keine der vielzähligen Optionen entscheiden.

Bevor man sich entscheidet, kann man sie sich zunächst einmal die Frage stellen, welche Kriterien man zur Entscheidungsfindung heranziehen möchte. Folgt man eher dem Bauchgefühl und handelt affektiv (Intuition) oder denkt man gründlich über die Wahl nach (Rationalität) und lässt Kriterien wie die Beschaffenheit und Zielrichtung der zur Auswahl stehenden Wege, die Art der Bebauung oder die Anzahl fußläufiger Personen in die Entscheidung miteinfließen? Die beiden Arten der Entscheidungsfindung (intuitiv und rational) sind Ausdrucksformen des dualen Denkens und werden ausführlich in Kapitel 7 behandelt.

Häufig wird rationales Entscheidungsverhalten mit bewussten und intuitives Verhalten mit unbewussten Prozessen verknüpft. Jedoch können rationale Entscheidungsmechanismen oft auch automatisch ablaufen, d. h. in sich häufig wiederholenden und gleichbleibenden Entscheidungssituationen läuft die rationale Entscheidungsfindung meist unbewusst ab. Umgekehrt wird in unbewussten Situationen die adaptive Schlauheit des Unbewussten genutzt, d. h. in unüberschaubaren bzw. dringlichen Situationen kann auf eine passende Faustregel/Bauchentscheidung zurückgegriffen werden. Letzteres wird dann auch oft als rational empfunden. Rationale Entscheidungen basieren immer auch auf unbewussten Prozessen und Intuition muss nicht zwingend rationale Handlungsfolgen ausschließen. Insofern sollte rational und bewusst sowie intuitiv und unbewusst nicht synonym verwendet werden.

Tagtäglich sind Personen mit bewussten oder unbewussten Entscheidungen konfrontiert. Entscheidungen zu treffen, gehört sowohl im privaten als auch im beruflichen Handlungsrahmen dazu. Je höher Personen in organisationalen Hierarchien stehen, desto wichtiger und von höherer Tragweite sind deren Entscheidungen. Sie wirken sich nicht nur auf die Entscheidungstragenden persönlich aus, sondern können auch andere Personen sowohl positiv als auch negativ beeinflussen. Wut und Aggression können durch Entscheidungen anderer ausgelöst werden. Manchmal kann man sich nicht in die Lage anderer versetzen und ist sich nicht aller möglichen Handlungsoptionen bewusst. Es ist bestimmt keine leichte Entscheidung für eine Geschäftsleitung, die Firma aufzulösen und im Zuge dessen viele Mitarbeitende zu entlassen. Vielleicht stößt diese Entschei-

https://doi.org/10.1515/9783110722307-003

dung bei vielen Personen, die weder mittel- noch unmittelbar von der Entscheidung betroffen sind, auf Verständnis oder möglicherweise sogar Erleichterung bei Mitbewerbenden. Gelegentlich wird angeführt, dass die Schließung einer Firma im Vergleich mit anderen möglichen Handlungsoptionen eventuell das geringere Übel darstellt. Gesamtwirtschaftlich betrachtet könnte die Entscheidung zur Firmenschließung den Arbeitsmarkt mittelfristig durch die Einführung neuer Technologien bereichern und neue Chancen kreieren. Entscheidungen haben immer mittel- oder langfristige Auswirkungen, jedoch müssen Entscheidungen im Hier und Jetzt getroffen werden, auch wenn die Konsequenzen nicht immer voraussagbar sind. Oftmals entwickeln sich Zukunfts- oder Verlustängste, die zu einer Verunsicherung oder sogar zu einer Entscheidungsparalyse führen können. Solche Situationen sind ein typisches Beispiel dafür, wie Gefühle und Entscheidungen sich gegenseitig beeinflussen. Die Prozesse der Entscheidungsfindung können emotional stärker belastet sein als die Entscheidung selbst, was auch allgemein auf Phänomene wie die Qual der Wahl oder das stetige Aufschieben der Entscheidung zutrifft (vgl. Kap. 5.5). Das Streben nach Perfektion hat einen erheblichen Einfluss auf die Entscheidungsfindung und die damit involvierten Emotionen.

Wie ist es möglich, aus Entscheidungen anderer zu lernen, und gibt es so etwas wie die perfekte Entscheidung? Wenn ja, wovon hängt sie ab und welche Faktoren spielen dabei eine Rolle? Eine Entscheidung, die interjektionell und allgemeingültig angewandt werden kann, muss nicht perfekt sein. Um dies zu versinnbildlichen werden zunächst unterschiedliche Entscheidungssituationen beschrieben. Situationen werden vorrangig danach klassifiziert, ob die Eintrittswahrscheinlichkeiten unterschiedlicher Optionen bekannt sind, d. h. Entscheidungen bei Risiko, und nach Szenarien, in denen mögliche Konsequenzen unbekannt sind, d. h. Entscheidungen bei Unsicherheit. Der Begriff Risiko bezeichnet die Kombination aus Wahrscheinlichkeit und Konsequenz eines Ereignisses. An diesem Punkt ist besonders darauf hinzuweisen, dass mit der Klassifikation keinerlei Wertung des Ergebnisses verbunden ist.

Im Folgenden werden die zur Verfügung stehenden Regeln angeführt, die zum Treffen von Entscheidungen herangezogen und jeweils situationsspezifisch zugeordnet werden. Folgende Entscheidungsregeln werden kurz erwähnt und ausführlich in Kapitel 3.5 besprochen:
- MaxiMax
- MaxiMin
- Bayes
- Hurwicz
- LaPlace
- Savange-Niehans

Formal regelbasiertes Entscheiden ist ein Kernpunkt der normativen Entscheidungstheorie (vgl. Abb. 3.1). Dieser steht die deskriptive Entscheidungstheorie gegenüber, welche die zugrundeliegenden Prozesse in realen Entscheidungssituationen näher beschreibt.

normative Entscheidungstheorie	deskriptive Entscheidungstheorie
⬇	⬇
Wie soll entschieden werden?	**Wie wird tatsächlich entschieden?**
– beschreibt nicht die Realität – schreibt Verhalten als Norm vor – geht von perfekter Rationalität aus	– beschreibt die Realität – beobachtet tatsächliches Verhalten – geht von begrenzter Rationalität aus

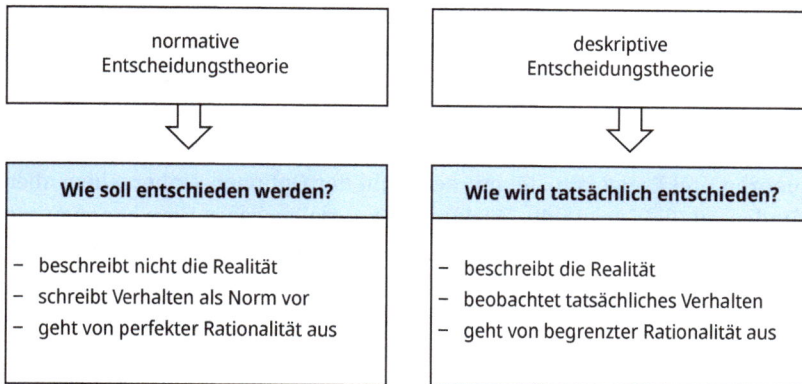

Abb. 3.1: Zwei Ansätze der Entscheidungstheorie.

Bisher stehen die beiden Theorieansätze nebeneinander und schließen sich gegenseitig aus. Die normative Theorie wird oft als Teil der Organisationslehre behandelt, und bei wirtschaftlichen Entscheidungen wird Rationalität angenommen. In den letzten Jahren hat die deskriptive die normative Theorie oftmals abgelöst. Infolgedessen wurde die normative Theorie als von der realen Welt abgekapselte Fiktion diskreditiert. Gelegentlich wird die Intuition als die beste Entscheidungsmethode erachtet. Jedoch weist auch die deskriptive Theorie Schwächen auf, die es zu berücksichtigen gilt. Wenn das Ziel ein normatives Entscheidungsideal ist, dann gilt es, die normative mit der deskriptiven Theorie zu verknüpfen. In der angewandten Verhaltensökonomie kann die Berücksichtigung der Fehler anderer genutzt werden (vgl. Kap. 10), um rationale Entscheidungsmodelle zu ergänzen. Auch beim *nudging* wird die Entscheidungsarchitektur so beeinflusst (vgl. Kap. 8), dass die Entscheidungen anderer in deren eigenem Interesse gezielt angestoßen wird.

Die deskriptive Entscheidungstheorie nutzt empirische Beobachtungen aus Psychologie und Soziologie. Hierdurch wird auch versucht, die Prozesse der Informationsverarbeitung in jeder Entscheidungsphase aufzuschlüsseln. Abschließend werden Emotionen und deren Auswirkungen auf Entscheidungen im Allgemeinen betrachtet. Dabei wird insbesondere auf risikofreudiges und risikoaverses Entscheidungsverhalten eingegangen. Da Individuen kognitive Grenzen bei der Informationsverarbeitung aufweisen, hat sich das Konzept der begrenzten Rationalität etabliert, welche die Rationalitätsannahmen der traditioneller Entscheidungstheorien hinterfragt.

3.1 Komponenten von Entscheidungsfindungen

Eine Entscheidungssituation zeichnet sich dadurch aus, dass es mindestens zwei Optionen gibt, welche von der zu entscheidenden Person als unterschiedliche Wahlmöglichkeiten wahrgenommen werden. Auch wenn die Begriffe Option und Alternative oft fälschlicherweise synonym verwendet werden, spricht man nur dann von einer Alternative, wenn mindestens zwei Optionen vorhanden sind. Optionen sind rudimentäre Entscheidungsbestandteile und können sowohl Objekte, Handlungen, Strategien oder Regeln sein. Weitere Bestandteile von Entscheidungen sind die angenommenen Konsequenzen und Ereignisse, die mit der Wahl der Optionen einhergehen, aber auch die Gründe und Ziele sowie die Wirkung unkontrollierbarer Umweltereignisse auf die Entscheidung (vgl. Abb. 3.2). Ein Ereignis kann man als Information oder Geschehnis verstehen, welches das Ergebnis einer Entscheidung beeinflusst, jedoch nicht von Entscheidenden beeinflusst werden kann. Die Wahrscheinlichkeiten für das Eintreten eines Ereignisses sind entweder bekannt oder unbekannt. Ereignisse können sowohl über die natürliche und soziale Umwelt (z. B. Vulkanausbruch oder Firmengründung) als auch über die persönliche Innenwelt (z. B. Stimmung oder Gefühle) als Informationsquelle dienen. Die Qualität und Quantität der Information beeinflusst den Grad der Unsicherheit der Entscheidung. Sichere Entscheidungen bei Gewissheit hinsichtlich aller Informationen und Konsequenzen sind eher selten.

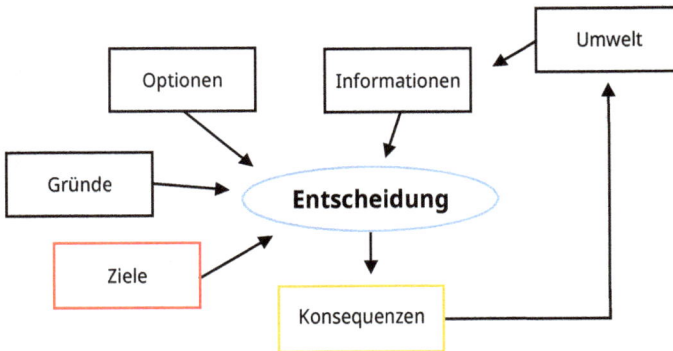

Abb. 3.2: Komponenten des Entscheidungsverhaltens.

Eine Konsequenz spezifiziert die mit der Wahl aus den vorhandenen Optionen einhergehende Folge für die Person, die entscheidet. Der Ausgang kann mehr oder weniger wünschenswert sein, da man sich zumeist für eine Option entscheidet und eine Wahl für eine andere Option wahrscheinlich zu einem anderen Ergebnis führen würde. Die Wahl wird nicht für eine Option um ihrer selbst willen getroffen, sondern aufgrund der zu erwartenden Konsequenzen der Entscheidung.

Des Weiteren sind Gründe ein wichtiger Bestandteil von Entscheidungen. Gründe beeinflussen Entscheidungen in zweifacher Hinsicht. Einerseits können Gründe der Entscheidungsfindung eine Richtung vorgeben, die bei alleiniger Berücksichtigung der Ziele und Konsequenzen nicht hergeleitet werden kann.

Ein Beispiel hierfür wäre die Täuschung. Die Perspektive der Konsequenzen und Ziele ist besonders dann unzureichend, wenn es um moralische Entscheidungen (lügen oder nicht lügen) geht. Andererseits begründen Personen ihre Entscheidungen für sich, aber auch gegenüber anderen. Die Entscheidungsfindung wird durch eine mehr oder weniger leichte oder nachvollziehbare Argumentation bzw. Rechtfertigung für die Entscheidung gelenkt. Beispielsweise neigen Führungskräfte dazu, Entscheidungen so zu treffen, dass sie im Einklang mit den angenommenen Vorstellungen ihrer Vorgesetzten ausfallen, obwohl sie intuitiv eine andere, jedoch nur schwer rechtfertigende, Entscheidung präferieren.

Ziele sind wichtig, um die Vielzahl der möglichen Optionen einzuschränken und Entscheidungskriterien zu bestimmen. Sie können entweder abstrakt (z. B. Prinzipien, Werte) oder konkret (z. B. Quartalsziel, Gehaltserhöhung) sein. In der Motivationspsychologie werden konkrete Ziele als Absichten und abstrakte Ziele als Wünsche bezeichnet. Ein Ziel versteht sich als mentales Konstrukt, das einen wünschenswerten Zustand abb1ildet, der versucht wird zu erreichen. Ziele gelten als eine Art Filter, durch den besonders wichtige Aspekte bei der Entscheidung determiniert werden. Ohne Ziele gibt es auch keine Entscheidungsprobleme, da es nicht zu einem Ist-Soll-Vergleich im Sinne der Zielerreichung kommen kann.

Zudem können Entscheidungen nach deren Merkmalen unterschieden werden. Diese werden exemplarisch in Tab. 3.1 beschrieben und beispielhaft illustriert.

Tab. 3.1: Merkmale und Beschreibung sowie Beispiele von Entscheidungssituationen.

Merkmale	Beschreibung	Beispiele
offen	Optionen müssen gesucht/ generiert werden.	Soll man eine Fachmesse besuchen oder Kontakte via LinkedIn akquirieren?
geschlossen	Optionen sind vorgegeben/ liegen vor.	Man kann nur zwischen den ausstellenden Messefirmen entscheiden.
einstufig	Entscheidung erfolgt in einem Schritt.	Soll man eine Chemie-Aktie kaufen?
mehrstufig	Entscheidung erfolgt in mehreren Schritten.	Soll ein Marktakteur, der eine Aktie veräußert, infolgedessen dann andere Investitionen tätigen?
einmalig	Entscheidung tritt nur ein einziges Mal auf.	Man entscheidet sich für eine bestimmte Berufstätigkeit (z. B. Softwareentwicklung).
wiederholt	Entscheidung tritt mehrmals auf.	Die Geschäftsleitung stellt stetig neue Personen ein.
individuell	Nur eine Person ist betroffen.	Eine Führungskraft wird befördert.
kollektiv	Mehrere Personen sind betroffen.	Ein erfolgreiches Projektteam erhält Boni-Zahlungen.

Entscheidungen lassen sich zusätzlich nach dem mit ihnen verbundenem kognitiven Aufwand unterscheiden. Es kommt darauf an, wie Informationen, die für die Entscheidungsfindung relevant sind, mental repräsentiert sind (vgl. Tab. 3.2). Es gibt zwischen größtenteils automatisierten und mühelosen Entscheidungen einerseits und dem mit viel Aufwand verbundenem Abrufen und Verarbeiten von detaillierten Informationen andererseits eine Abfolge kognitiver Anstrengungen, welche sich auf die Art und den Umfang der Nutzung kognitiver Funktionen bezieht.

Tab. 3.2: Arten der Entscheidung.

Aspekt	routineartig	stereotypisch	reflexiv	produktiv
bewusste Abrufbarkeit	nein	niedrig	hoch	hoch
Konzentration	sehr gering	gering	hoch	sehr hoch
neuartige Informationen	nein	nein	ja	ja
planmäßig	sehr hoch	hoch	hoch/mittel	gering
Flexibilität	kaum	gering	hoch	sehr hoch
Zeitablauf	schnell	schnell	lange und schnell	lange
Gedächtnisprozess	Assoziationen	Schemata	Resultate, Auswirkungen	Allgemeinwissen, Kreativität
Emotionen	angenehm & gering	simple Positiv-/ Negativaffekte	erwartete und konkrete Emotionen	emotional besetzte Werte

Routineartige Entscheidungen sind mit keinem zusätzlichen kognitiven Aufwand verbunden. Stereotypische Entscheidungen hingegen sind durch einen geringen kognitiven Aufwand gekennzeichnet. Diese werden durch Erfahrungen und Gefühle determiniert und unterscheiden sich von Routinen durch zwei Aspekte. Bei stereotypischen Entscheidungen geht es um mehrere, disponible Optionen. Diese unterliegen einem minimalen Bewertungsprozess. Diese Art von Entscheidungen werden bewusst erlebt und treten häufig in Konsumsituationen auf, wenn man beispielsweise im Supermarkt immer dieselben Produktmarken kauft.

Bei reflexiven Entscheidungen hingegen ist der kognitive Aufwand größer, da man bewusst, also explizit über Informationen nachdenken und sich zudem zusätzliche Informationen suchen muss. Zum Beispiel werden Personen häufig vor die Wahl gestellt, ob diese sich impfen lassen sollen oder nicht. Reflexive Entscheidungen zeichnen sich nicht durch ein richtig oder falsch aus, sondern dadurch, dass nachgedacht wird und die Entscheidung bewusst getroffen wird.

Bei produktiven Entscheidungen ist der kognitive Aufwand und das bewusste Abrufen von Informationen am größten, weil Optionen nicht direkt vorgegeben sind oder nicht hinreichend definiert sind. Auch kann die Entscheidungsperson oft selbst nicht klar ihre persönlichen Ziele und Werte (z. B. ob sie ihren Urlaub am Strand oder in den Bergen verbringen möchte) angeben. Diese Ambiguität kann entweder darauf basieren, dass Zielvorgaben entweder nicht möglich sind oder als nicht entscheidungsrelevant definiert werden können. Zielführende Lösungen basieren oft auf kreativen Wissensverknüpfungen. Es ist nicht unüblich, dass es bei hohem kognitivem Aufwand in den letzten beiden Entscheidungsarten zu einem Abbruch einer Entscheidung kommen kann.

Herr Müller möchte online eine Kreditaufnahme beantragen. Auf einem Vergleichsportal werden ihm 35 verschiedene Anbietende vorgestellt. Für die Wahl eines Angebots und der damit verbundenen Entscheidungsfindung müsste er die zahlreichen Details jedes Angebots prüfen. Damit geht ein hoher kognitiver Aufwand einher. Die begrenzte Aufmerksamkeitsspanne führt eventuell dazu, dass nur ausgewählte Informationen berücksichtigt werden können. Daher ist es wichtig, die Aufmerksamkeit bewusst auf die wichtigen Auswahlkriterien zu lenken. Für diese Situation ergeben sich typischerweise zwei Szenarien bei der Entscheidungsfindung: Zum einen kann er durch eine bewusste Anstrengung die Aufmerksamkeit auf alle wichtigen Informationen richten; zum anderen kann die bewusste Anstrengung für ihn als zu hohe Belastung, bzw. Überforderung empfunden werden, woraufhin er, ohne eine Entscheidung zu treffen, die Webseite verlässt.

3.2 Unsicherheit und Risiko

Idealerweise haben Entscheidungen Konsequenzen, die bekannt sind und deren Eintritt sicher ist. Was ist aber, wenn man nicht davon ausgehen kann? Oft können Personen bei Entscheidungen nur sehr schwer erkennen, welche Konsequenzen ihr Handeln tatsächlich haben könnte. Damit fällt die Entscheidung unter der Voraussetzung, dass ihre eintretenden Folgen unsicher sind. Im Zuge dieser Unsicherheit lassen sich zwei unterschiedliche Grundformen unterscheiden (vgl. Abb. 3.3).

In Risikosituationen wird anhand der verfügbaren Eintrittswahrscheinlichkeiten entschieden. Auch wenn bei Ungewissheit Eintrittswahrscheinlichkeiten nicht gegeben sind, wird eine Entscheidung getroffen.

Sind einer Person die eintretenden Konsequenzen und Umweltzustände bekannt, so kann sie jeder Handlungsmöglichkeit ein eindeutiges Ergebnis zuteilen. Somit geht es um eine Entscheidungssituation bei **Sicherheit**. Oftmals entsteht jedoch in realen Entscheidungssituationen **Unsicherheit** darüber, welches Ergebnis tatsächlich mit welcher Handlungsmöglichkeit erzielt werden kann. Dies kann der Fall sein, wenn der zukünftig eintretende Umweltzustand oder die Konsequenz zum Entscheidungszeitpunkt unbekannt ist. Betrachtet man Entscheidungen unter Unsicherheit genauer, lässt sich diese in externe und interne Varianten unterteilen. Werden der Unsicherheit externe Ereignisse zugeschrieben, so wird die Ursache als umweltbedingt gedeutet (z. B. Wetterlage, Wechselkurse). Wenn hingegen der Unsicherheit interne

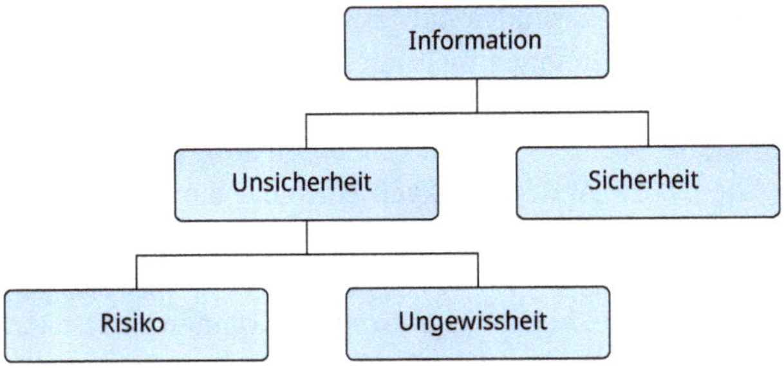

Abb. 3.3: Entscheidungslage nach dem Informationsstand über Umweltgegebenheiten.

Ereignisse zugeschrieben werden, wird die Ursache als selbstbezogen erachtet (z. B. Selbstzweifel, Glaube statt Gewissheit).

Entscheidungen, die dann unter Unsicherheit gefällt werden, lassen sich weiter in „Risiko" und „Ungewissheit" untergliedern. Bei Entscheidungen unter **Risiko** ist der eintretende Umweltzustand unbekannt, aber die Person kann den möglichen Umweltzuständen Wahrscheinlichkeiten zuteilen. Wie bei der Lotterie ist die Konsequenz und die Wahrscheinlichkeit bekannt, mit der das Ergebnis eintreten kann. Bei Entscheidungen unter **Ungewissheit** hingegen kann lediglich angegeben werden, welche Zustände zu erwarten sind. Personen verfügen jedoch keine Wahrscheinlichkeitsangaben über deren Eintritt im Fall, wenn:

- keine Informationen über die möglichen Konsequenzen vorhanden sind, d. h. man weiß nicht, welche Konsequenzen möglich sind.
- Informationen über potenzielle Konsequenzen zwar bekannt sind, jedoch Konsequenzen keine Eintrittswahrscheinlichkeiten zugeordnet werden können.

Risikosituationen kennzeichnen sich durch bekannte und/oder unterschiedliche Eintrittswahrscheinlichkeiten, die aufgrund einer Entscheidung eintreten können. Jeder Konsequenz kann eine dazugehörige Eintrittswahrscheinlichkeit zugeordnet werden.

Betrachtet man den Begriff des Risikos näher, so folgt dieser im ökonomischen, aber auch im mathematischen Kontext der Wahrscheinlichkeit, mit der ein Ereignis eintreffen kann. Zugleich ist damit keinerlei Wertung des Ereignisses verbunden. Beleuchtet man zusätzlich den Aspekt des psychologischen Alltagsverständnisses, so wird dadurch ein Unterschied deutlich. Wenn ein Verhalten als risikobehaftet beschrieben wird, impliziert dies eine immanente Gefahr, welche sich gegen andere, aber auch gegen sich selbst richten kann. Riskantes Verhalten geht somit mit der Eigen- oder Fremdgefährdung wissen- oder willentlich einher. Aus der ökonomischen Perspektive wäre eine Entscheidung bei zwei Wahlmöglichkeiten zwischen zwei Gewinnen von 10000 € mit einer Wahrscheinlichkeit von 80 % und einem Gewinn von 100000 € mit einer Wahrscheinlichkeit von 20 % als riskant einzuordnen.

An dieser Stelle wird zum besseren Verständnis von Risiko der Begriff der **Wahrscheinlichkeit** näher beleuchtet. Eine Wahrscheinlichkeit beschreibt, in welchem Ausmaß ein Ereignis eintreffen kann. Dabei ist es notwendig, zwischen subjektiver und objektiver Wahrscheinlichkeit zu unterscheiden.

Wenn es um Erfahrungen handelnder Individuen geht, spricht man von einer subjektiven Wahrscheinlichkeit. Determinierende Einflussfaktoren sind hierbei soziokulturelle Gegebenheiten sowie Lebenserfahrung, Sozialisation, das gesellschaftliche Umfeld, moralische und ethische Grundlagen. Subjektive Wahrscheinlichkeiten lassen sich daher nur schwer inter- wie auch intrapersonell gleichsetzen und hängen selten von Konsistenz ab: Bei gleichen Umständen können zu unterschiedlichen Zeitpunkten vergleichbare Situationen unterschiedliche subjektive Einschätzungen hervorrufen. Dem zu Grunde liegend hängt das Resultat von Risikoentscheidungen bei der Anwendung subjektiver Wahrscheinlichkeiten immer vom aktuellen Status quo (vgl. Kap. 4.2) der handelnden Person und der Entscheidungssituation ab.

Objektive Wahrscheinlichkeiten hingegen lassen sich mittels mathematischer Herangehensweisen feststellen, herleiten und berechnen. Dadurch sollen sie in beliebigen Situationen zu formal vergleichbaren, statistischen Größen werden. Deren Herleitung beruht allerdings auf unterschiedlichsten Berechnungsmöglichkeiten.

Es gibt eine Vielzahl von Entscheidungsproblemen, denen man täglich ausgesetzt ist. Auch wenn diese Probleme heterogen erscheinen, gibt es dennoch eine einheitliche Grundstruktur, welche bei Entscheidungsmodellen genutzt werden kann. Entscheidungsmodelle repräsentieren die formale Darstellung eines Entscheidungsproblems und erlauben Entscheidungsprobleme auf eine gemeinsame Grundstruktur zurückzuführen. Mit dieser Grundstruktur ist es möglich, jede Art von Entscheidungsproblemen zu formulieren, aber auch zu lösen. Dabei besteht das Grundmodell (vgl. Abb. 3.4), auch Entscheidungsmatrix genannt, aus den Komponenten der Zielfunktion und dem Entscheidungsfeld. Letzteres unterteilt sich in Optionen, Ergebnisse und Umweltzustände. Ein Umweltzustand versteht sich hierbei als eine Merkmalszusammenstellung, mit der die Ergebnisse betrachteter Optionen abhängen. Die Aufgabe eines Entscheidungsmodells liegt in der Ableitung der Entscheidung und der Veranschaulichung des Entscheidungs-

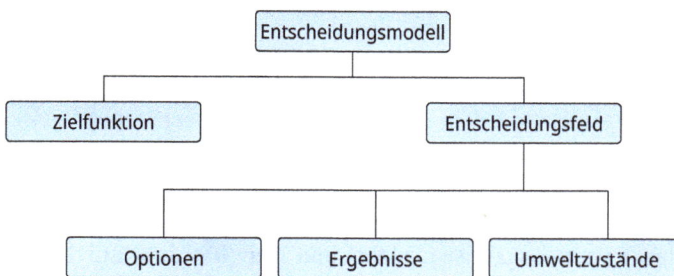

Abb. 3.4: Grundstruktur eines jeden Entscheidungsproblems bei Unsicherheit.

modells. Diese Aufgabe kann allerdings nur erfüllt werden, wenn die Vorstellung über das Ziel spezifiziert und festgehalten wird.

Ergänzend veranschaulicht Tab. 3.3 das Grundmodell einer Entscheidungssituation im Verständnis rationaler Entscheidungstheorie. Der Ausgangspunkt ist dabei ein Ziel (Z), welches potenzielle Umweltzustände (U1-U3) beinhaltet. Ungewissheit bedeutet in diesem Kontext, dass keine Wahrscheinlichkeiten für das Eintreten der unterschiedlichen Umweltzustände angegeben werden können. Eine Risikosituation liegt erst dann vor, wenn Wahrscheinlichkeiten (w) bekannt sind. Daraus resultieren verschiedene Erwartungswerte für den Nutzen (e), die sich aus den verschiedenen Umweltzuständen und Handlungsoptionen zusammensetzen.

Tab. 3.3: Grundmodell einer Entscheidungssituation (Ergebnismatrix).

Ziel		Z	
Umweltzustände U	U_1	U_2	U_3
	$w(U_1)$	$w(U_2)$	$w(U_3)$
Optionen O			
O_1	e_{11}	e_{12}	e_{13}
O_2	e_{21}	e_{22}	e_{23}
O_3	e_{31}	e_{32}	e_{33}

Bei der Berechnung des erwarteten Nutzens (μ) spielt der Erwartungswert (e) eine besondere Rolle. Da der Erwartungswert keine ausreichende Auskunft über den Nutzenwert gibt, welchen das erwartete Ergebnis für Entscheidende bringt, wird das Ergebnis in den Nutzen transformiert (Beispiel: abnehmender Grenzertrag bei sinkender Urlaubsdauer und steigendem Erholungswert). Dabei werden alle möglichen Ergebnisse e_i mit ihren dazugehörigen Wahrscheinlichkeiten p_i multipliziert und dann addiert. Formal gilt für die Nutzenfunktion:

$$\mu = \sum i = 1 n e_i \, x \, p_i$$

Die Summe der Eintrittswahrscheinlichkeiten beträgt dabei = 1. Der Erwartungsnutzen einer Handlungsmöglichkeit ist die entscheidende Grundlage für rationale Entscheidungsfindung (vgl. Kap. 3.3). Dementsprechend entscheiden sich rationale Marktakteure für die Handlungsmöglichkeit, welche mit dem höchsten Erwartungswert verbunden ist.

Der Begriff Wahrscheinlichkeit basiert auf Berechnungen, wie sie vom französischen Mathematiker Pierre-Simon Laplace (1749–1827) vorgeschlagen wurden. Nach ihm berechnet sich die Möglichkeit eines erwartbaren Resultats aus der Relation der maximal zur Verfügung stehenden Ergebnisse/Konsequenzen und den für das Individuum selbst möglichen Ergebnissen, die persönlich relevant sind. Ist $\Omega = \{w_1, w_2, ..., w_n\}$ eine begrenzte/endliche Ergebnismenge und A eine Teilmenge von Ω. Weiterhin ist $n(A) \equiv |A|$ also die Anzahl der Ergebnisse, die A einschließt, und $n = |\Omega|$ die Anzahl aller Ergebnisse in Ω, so ist die Wahrscheinlichkeit *P(A)* für das Eintreten des Ereignisses *A*, falls davon auszugehen ist, dass kein Ergebnis eine Präferenz aufweist (Bomsdorf, 2002). Es gilt:

$$P(A) = \frac{n(A)}{n} = \frac{|A|}{|\Omega|}$$

Eine weitere Herangehensweise wurde durch Arbeiten des österreichisch-amerikanischen Wirtschaftswissenschaftlers und Mathematikers Richard von Mises (1883–1953) begründet. Ihm nach entspricht der Begriff Wahrscheinlichkeit den verhältnismäßigen Mengen realer Häufigkeiten einer tatsächlichen Aufteilung, ist jedoch nicht vergangenheitsbezogen, sondern zukunftsorientiert.

Die absolute Häufigkeit, mit der ein Ereignis $A \subset \Omega$ bei n-maligem Durchführen desselben Zufallsexperiments eintritt, wird als hn(A) bezeichnet. Die relative Häufigkeit $\frac{hn(A)}{n}$ steht für die Näherung der Auftrittswahrscheinlichkeit (A):

$$P(A) \approx \frac{hn(A)}{n} = \lim_{n \to \infty} \frac{hn(A)}{n}$$

Das folgende fiktive Szenario soll beispielhaft verdeutlichen, welche Konsequenzen mit der Verwendung unterschiedlicher Wahrscheinlichkeitsbegriffe einhergehen:

Es ist der 22. Februar 2022. An diesem verregneten, windigen Tag befindet man sich in der Wahlheimat Berlin. Die Tageszeit kündigt an, dass der Sonnenuntergang alsbald erfolgen wird. Der Regen scheint nicht aufhören zu wollen. Die Hose ist durchnässt und man fängt leicht zu bibbern und zu frieren an. Man bekommt nun eine Minute, um eine Wahrscheinlichkeit dafür anzugeben, dass der Regen in zehn Minuten plötzlich aufhört und die Sonne für ein paar Minuten durch die Wolken bricht. Wenn man seit 50 Jahren in Berlin wohnt und subjektiv eine Einschätzung abgeben müsste, könnte man aufgrund gesammelter Erfahrungswerte und den zutiefst grauen Wolken am Himmel der klimatischen Besserung eine nullprozentige Wahrscheinlichkeit einräumen. Das Ereignis „Sonnenschein" gilt demnach als schier unmöglich.

Wenn man losgelöst von eigenen Wünschen, Erfahrungen und Erwartungen objektiv an die Sache herangeht, könnte man die Wahrscheinlichkeit nach Laplace berechnen: Dabei nimmt man die Menge der relevanten Ergebnisse (nass- graues Berlin) in Relation der möglich einzutretenden Ereignisse (nass-graues Berlin, sonnengeflutetes Berlin). Als Resultat ergibt sich basierend auf den zwei Optionen eine Wahrscheinlichkeit von 50 %. Man würde jedoch zu einem unterschiedlichen Ergebnis kommen, wenn man nach der Wahrscheinlichkeitsprämisse agiert (Mises, [1949]1996): Dabei wird die relative Häufigkeit zu Grunde gelegt, die sich aus der Anzahl der beobachteten Tage zusammensetzt. Durch das stetig gegen Null Strebende (nass-grau und sonnengeflutet) wäre in diesem Fall eine Kongruenz zwischen objektiver und subjektiver Entscheidung vorhanden. Statistische Wahrscheinlichkeiten beziehen sich immer auf einen wiederholbaren Ereignistyp wie etwa ein Tag im Februar. Die subjektive Wahrscheinlichkeit bezieht sich dagegen auf ein bestimmtes Ereignis oder einen bestimmten Sachverhalt wie der 22. Februar in Berlin.

⚡ Gibt es die perfekte Entscheidung?

Die Frage ist irreführend. Perfekte Entscheidungen unterstellen ein absolutes Ergebnis. Ergebnisse werden jedoch immer relativ an der Zielerreichung gemessen. Bei normativen Entscheidungen gibt es eine perfekte, d. h. rationale Entscheidung. Dabei kommt es aber darauf an, welcher Entscheidungsregel man folgt (vgl. Abb. 3.6). Je nach Wahl der Entscheidungsregel und der damit verbundenen Option kann sich ein anderer Ausgang ergeben.

Bei deskriptiven Entscheidungen, die an der Realität ausgerichtet sind, ist es weniger sinnvoll, von perfekten Entscheidungen zu sprechen, da eine stärkere Differenzierung des Entscheidungsproblems erfolgen muss und eine Vielzahl von Faktoren zu berücksichtigen sind. Es geht für Individuen vielmehr darum, situationsspezifisch die richtige Entscheidung zu treffen.

Nachfolgend werden drei prägnante Tipps aufgelistet, wie man Entscheidungen intuitiv treffen kann:

Tipp 1: Offen bleiben

Man sollte nicht beunruhigt sein, wenn einem die richtige Antwort 20 Minuten zu spät einfällt, denn es ist erwiesen, dass sich Schlagfertigkeit erlernen lässt.

Wie?

Indem man offen für den Moment bleibt und eventuell auftretende Fehler anerkennt, um aus ihnen zu lernen.

Tipp 2: Wechseln der Perspektive

Betrachtet man die Welt aus verschiedenen Blickwinkeln, so entdeckt man eventuell ein amüsantes Schild oder einen merkwürdigen Satz in einer Zeitschrift. Man kann ein Foto davon machen, es kreativ beschriften und an Freunde und Verwandte senden. Mit dieser Herangehensweise macht man das Gehirn auf spielerischem Wege mit nicht gewohnten Situationen vertraut. Neben-Effekt: Auch Freunde und Bekannte haben Spaß dabei.

Tipp 3: Auf Improvisationen einstellen

Wie Mark Twain einst sagte: „Um eine gute Stegreifrede zu halten, brauche ich drei Tage Vorbereitungszeit". Durch Improvisation werden die vorhandenen Möglichkeiten in die bestmögliche Lösung verwandelt. In Bereichen, die man gut kennt, handelt man intuitiv und verlässt sich auf das Bauchgefühl – für alles andere ist eine gute Vorbereitung der Schlüssel zum Erfolg. Improvisation gilt als die Kunst, im Moment zu sein und augenblicklich entscheiden zu können.

Zusammenfassend kommt es bei dem Begriff der Wahrscheinlichkeit also maßgeblich darauf an, welcher Entscheidungsregel man folgt und wie sich die Basis der Grundmenge bei jeglichen zu erzielenden Ereignissen zusammensetzt.

Entscheiden bedeutet demnach die aktuelle Zuordnung von Ressourcen für zukünftige Ergebnisse. Unsicherheit bei Entscheidungen besteht darin, dass man niemals das Risiko oder zukünftige Ergebnisse vollständig einschätzen kann. Wenn man beispielsweise in ein neues Projekt investieren möchte, so muss entschieden werden, ob die zu erwartende Absatzsteigerung des Produkts die zusätzlichen Investitionskosten rechtfertigt. Typischerweise wird versucht, den Grad der Unsicherheit zu kontrollieren, indem das Problem und die Entscheidung messbar gestaltet wird. Dadurch können Entscheidungen nach rationalen Kriterien ausgerichtet werden.

3.3 Normative Entscheidungstheorie

In der **normativen** Entscheidungstheorie wird davon ausgegangen, dass Personen rein rational handeln. Normative Empfehlungen dienen als Orientierungshilfen bei der Verarbeitung von Informationen. Dadurch können Entscheidungsregeln aufgestellt werden, deren Anwendung zu einer rationalen Entscheidung führt. Eine Entscheidung gilt dann als rational, wenn diejenige Handlungsoption ausgewählt wird, die in der bestehenden Situation die größte Zielerreichung zur Folge hat. In der Wirtschaft gilt als größte Zielerreichung der maximale Gewinn. Diese Richtung der Entscheidungstheorie wird als normativ bezeichnet, da sie einen Leitfaden vorgibt, wie sich eine Person in einer bestimmten Entscheidungssituation verhalten soll, um die richtigen, d. h. rationalen Entscheidungen zu treffen.

Aus normativer Sicht kann man eine perfekte Entscheidung treffen. Dies ist allerdings nur möglich, wenn gewisse Voraussetzungen gegeben n sind. Hierzu zählt, dass der Wert des erzielten Nutzens (Ereignis oder Güter) eindeutig ist und auftretende Unsicherheiten hinlänglich genaue Wahrscheinlichkeiten aufweisen (Keeney & Raiffa, 1976; Eisenführ & Weber, 2003).

Ergebnisse stellen sich demnach durch die Übertragung mathematischer Berechnungen ein, welche bestimmten normativen Standards folgen. So sollte a) jede Person eine faire Chance haben, b) jede Entscheidung effizient gefunden werden und c) die Effizienz der Entscheidungsfindung auch bei sehr unterschiedlichen Meinungen gegeben sein.

Diese Standards sind nicht direkt ersichtlich und es stellt sich weiterhin die Frage, inwiefern abstrakte mathematische Formulierungen adäquat sind, um die korrekte Erfassung empirischer Zusammenhänge im Wirtschaftsleben zu gewährleisten. Normative Theorien leiten Personen an, wie sie sich bei einem gegebenen Ziel im Idealfall richtig entscheiden soll, um den Erwartungsnutzen zu maximieren, also den angestrebten Zweck bestmöglich zu erreichen. Die normative Entscheidungstheorie verfolgt eine idealisierte Sichtweise, wie Entscheidungen getroffen werden sollten. Entscheidungsprobleme werden der normativen Theorie folgend strukturiert in einem Entscheidungsmodell abgebildet, um nach logischen Kriterien Entscheidungen abzuleiten.

Eine Person, die eine große Summe Geld auf dem Sparbuch hat, hat das gleiche Sicherheitsgefühl wie eine andere Person, die eine größere Summe Geld in Aktien angelegt hat, aber dafür ein höheres Risiko eingeht. Für die erste Person ist das hohe Sparguthaben sicher, für die zweite Person ist hingegen das Potenzial für hohe Gewinne aus den Aktien sicher. Das Sicherheitsäquivalent (SÄ) bezeichnet den Wert, der bei unsicheren Entscheidungen der risikobehafteten Konsequenz entspricht, d. h. den sicheren Betrag, bei dem die Person bereit wäre, auf die riskante Option zu verzichten. Es ist also der sichere Betrag, der einer Person den gleichen Nutzen einbringt wie eine risikobehaftete Entscheidung.

⚡ Sicherheitsäquivalent

Eine Fachkraft der Landwirtschaft überlegt, ob sie Weizen oder Mais anbauen soll.

   Ihr Ziel ist Gewinnmaximierung (Z).

   Der entscheidende Umfeldzustand ist das Wetter.

   Sie kann die Eintrittswahrscheinlichkeiten (w) für die Umweltzustände (U_j) schätzen.

Wetter	heiß/trocken w = 0,1	mild/trocken w = 0,3	mild/feucht w = 0,6
Weizen	2500	4225	14400
Mais	16900	9025	8100

Die Fachkraft der Landwirtschaft hat für jede Option und jeden Umfeldzustand eine Ergebnisfunktion und kann also anhand der Risiko-Nutzen-Funktion (RNF) die Gewinne prognostizieren. Sie verwendet die RNF $(e_{ij}) = \sqrt{e_{ij}}$. Daraus ergibt sich die Nutzenmatrix und der Erwartungsnutzen (EU).

Wetter	heiß/trocken w = 0,1	mild/trocken w = 0,3	mild/feucht w = 0,6	Erwartungsnutzen
Weizen	50	65	95	0,1 x 50 + 0,3 x 65 + 0,6 x 95 = 81,5
Mais	130	100	90	0,1 x 130 + 0,3 x 100 + 0,6 x 90 = 97

Da Mais einen höheren Erwartungsnutzen erzielt, entscheidet sich die Landwirtschaftsfachkraft für den Maisanbau. Ihr Sicherheitsäquivalent ist der sichere Betrag, der ihr den gleichen Nutzen bringt wie der Mais, also 97. Es wird der Betrag gesucht, der in die RNF eingesetzt genau 97 ergibt.

$$RNF(S\ddot{A}) = 97$$

$$\sqrt{S\ddot{A}} = 97$$

$$S\ddot{A} = 97^2 = 9409$$

Für mindestens 9409 € würde die Landwirtschaft betreibende Person auf den Anbau verzichten und beispielsweise das Land verpachten.

Die normative Entscheidungstheorie basiert auf der Rational-Choice-Theorie und normativen Modellen, die verschiedene Entscheidungssituationen unter Gewissheit, Risiko oder Ungewissheit berücksichtigen. Es gibt mehrere Beispiele für normative Entscheidungstheorien. Nachfolgend werden einige ausgewählte kurz umrissen.

Die Theorie des erwarteten Nutzens besagt, dass rationale Entscheidungen jene sind, welche den erwarteten Nutzen maximieren (vgl. Kap. 6.1). Dabei wird die Wahrscheinlichkeit mit dem Nutzen eines möglichen Ergebnisses multipliziert.

Die Spieltheorie besagt, dass rationale Entscheidungen jene sind, die die beste Reaktion auf die erwarteten Handlungen anderer Akteure in einer strategischen Situation darstellen (vgl. Kap. 9.1).

Das Bayes-Theorem geht davon aus, dass eine rationale Entscheidung die subjektiven Überzeugungen über die Wahrscheinlichkeiten von Umweltzuständen berücksichtigt und neue Informationen herangezogen werden können, um diese zu aktualisieren. Dieser Ansatz wird im nächsten Kapitel genauer betrachtet.

3.4 Bayes-Regel

Die Bayes-Regel gehört zu den wichtigsten Entscheidungsregeln innerhalb der Wirtschaftswissenschaften. Wenn man die Wahrscheinlichkeit von B unter der Bedingung von A gegeben hat, kann man mit dem Bayes-Theorem auch die bedingte Wahrscheinlichkeit berechnen, dass A eintritt, wenn B bereits eingetreten ist. Anders gesagt, ermöglicht es das Bayes-Theorem, Schlussfolgerungen von der anderen Seite aus zu betrachten: Man geht von dem bekannten Wert P(B|A) aus, ist aber eigentlich an dem Wert P(A|B) interessiert. Die Bayes-Regel berechnet folglich die umgekehrte Form der gegebenen bedingten Wahrscheinlichkeit. Sie ist nach dem englischen Mathematiker Thomas Bayes benannt, der sie erstmals in einem Spezialfall in der 1763 veröffentlichten Abhandlung *An essay towards solving a problem in the doctrine of chances* beschrieb. Sie wird auch **Regel von Bayes** oder **Bayes-Theorem** genannt.

Das Bayes-Theorem wird insbesondere bei der Informationsverarbeitung angewendet. Bezeichnet A ein bestimmtes Ereignis (z. B. zukünftige Insolvenz eines Kreditnehmenden) und B eine Information über das Ereignis (z. B. Bonitätsprüfung durch den Kreditgebenden), so folgt die Anpassung des Wahrscheinlichkeitsurteils über A (z. B. bezüglich der Insolvenz des Kreditnehmenden) rationalerweise nach dem Bayes-Theorem. Dabei wird das Urteil P(A) in das a posteriori Urteil P(B) nach der angegebenen Formel (s. u.) überführt. Kreditgebende schätzen die Wahrscheinlichkeit, dass Kreditnehmende insolvent werden (Ereignis B), auf fünf Prozent. Weiterhin wird davon ausgegangen, dass die im Hause routinemäßig vorgenommene Bonitätsprüfung mit einer Wahrscheinlichkeit von 80 % eine korrekte Beurteilung liefert. Die Prüfung fällt negativ aus (Ereignis A). Die Wahrscheinlichkeit für dieses negative Prüfungsergebnis beträgt w(A) = 0,8 x 0,05 + 0,2 x 0,95 = 0,23. Sie setzt sich aus zwei Einzelwahrscheinlichkeiten zusammen: a) die Wahrscheinlichkeit für eine korrekte Insolvenzvorhersage (0,8 x 0,05) und b) die Wahrscheinlichkeit für eine inkorrekte Insolvenzvorhersage (0,2 x 0,95). Entsprechend dem Bayes-Theorem passt der Kreditgebende sein Wahrscheinlichkeitsurteil wie folgt an:

$$P(A|B) = \frac{0,8\,x\,0,05}{0,23} = 0,174$$

Die Insolvenzwahrscheinlichkeit steigt also von anfänglich fünf Prozent auf 17,4 % an.

Personen entscheiden nicht immer nach rationalem Nutzen, welcher mathematisch berechnet wird, sondern es kommt aus psychologischer Sicht darauf an, welche Präferenzen individuell vorherrschen und wie sich daraus eine Wahl begründet. Dabei ist es wichtig, individuelle Präferenzen ordinal geordnet darzustellen, d. h., dass vom besten zum geringsten Nutzen sortiert wird. Daneben werden Nutzenfunktionen durch eine kardinale Ordnung charakterisiert. Hierbei werden Optionen nach aufsteigenden Zahlenwerten geordnet, wodurch zugleich angegeben wird, inwieweit beispielsweise ein Warenkorb einem anderen präferiert wird. Grafisch wird dies mit Hilfe von Indifferenzkurven (vgl. Abb. 3.5) dargestellt.

! Indifferenzkurve

Die Indifferenzkurve, auch bekannt als Iso-Nutzenkurve oder Iso-Nutzenfunktion, ist eine mikroökonomische Darstellung im Rahmen der Haushaltstheorie (Schumann, Maier, & Ströbele, 2011; Varian, 2016). Sie wird verwendet, um mehrere Kombinationen von Gütern zu veranschaulichen, die alle das gleiche Maß an Nutzen und den gleich Grad der Zufriedenheit für die Kundschaft bieten. Dieser Ansatz beruht auf der Annahme, dass Konsumierende keinen Wert darauf legen, welches spezifische Gut zur Befriedigung ihrer Bedürfnisse verwendet wird. Die Indifferenzkurve kann auch dazu verwendet werden, die Grenzrate der Substitution zu berechnen, die angibt, wie viel Konsumierende bereit sind, von einem Gut aufzugeben, um eine zusätzliche Einheit eines anderen Gutes zu erlangen.

Die Indifferenzkurve wird graphisch durch eine Kurve in einem Koordinatensystem abgebildet und umfasst alle Warenkombinationen, welche für Konsumierende einen gleich hohen Nutzen bringen. Dabei wird die Konsummenge des einen Gutes auf der x-Achse und die Konsummenge des anderen Gutes auf der y-Achse abgebildet. Dies bezieht sich immer auf ein Szenario, bei dem zwei Güter betrachtet werden. Dabei gibt es unzählige Kombinationen von Gütern, die Konsumierende wählen können und die für sie gleichermaßen sinnvoll sind. Die Indifferenzkurve wird durch die Verbindung all dieser Kombinationen gebildet. Sie zeigt alle austauschbaren Möglichkeiten, die zur Befriedigung von Bedürfnissen zur Verfügung stehen.

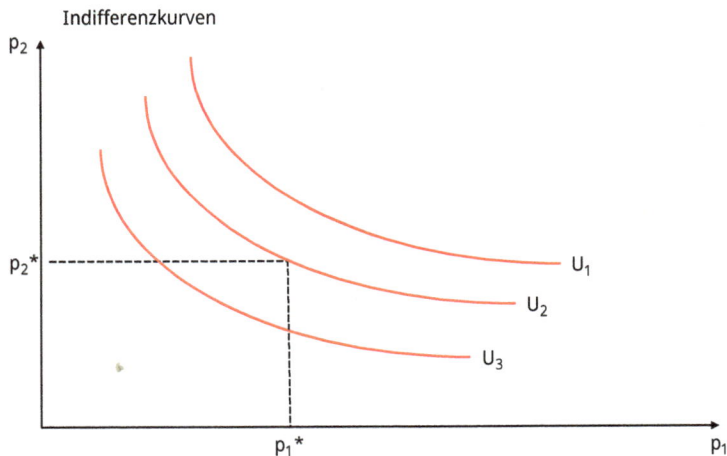

Abb. 3.5: Indifferenzkurven bei unterschiedlichen Umweltzuständen.

Die Indifferenzkurven (U_1-U_3) sind parallel zueinander versetzt und dienen zur Darstellung verschiedener Präferenzen von Konsumierenden und der entsprechenden Bedürfnisbefriedigung. Die Indifferenzkurve kann von Unternehmen und den Wirtschaftswissenschaften genutzt werden, um zu ermitteln, wie die Befriedigung von Bedürfnissen erreicht werden kann.

Es gibt weiterhin drei Nutzenfunktionen, bei denen Indifferenzkurven abgebildet werden können:
- **perfekte Substitute**
  Güter sind vollständig austauschbar und Konsumierende erzielen von jedem dieser Güter das gleiche Maß an Zufriedenheit (z. B. Streamingdienste für Musik und Film).
- **perfekte Komplemente**
  Güter ergänzen sich gegenseitig, wobei Konsumierende beide Güter benötigen, um einen Nutzen zu erzielen. Ein einzelnes Gut allein kann Konsumierenden keinen Nutzen bringen, da jedes Komplement sein entsprechendes Gegenstück benötigt, um einen Nutzen zu stiften (z. B. Brillengestell und -gläser, Brief und Briefmarke).
- **unvollkommene Substitute**
  Güter, die ein ähnliches Nutzenniveau bieten, aber wesentliche Unterschiede zum ursprünglichen Gut aufweisen (z. B. Kaffee und Tee, Füller und Kugelschreiber).

Aus der Indifferenzkurve ist auch erkennbar, inwiefern ein *trade-off* zwischen konsumierten Gütern besteht (z. B. Kauf eines iPhone statt eines Samsung Mobiltelefons).

Dies kann anhand des folgenden Beispiels zur staatlichen Förderung von BAföG empfangenden Personen verdeutlicht werden.

Für sämtliche Personen, welche BAföG-Leistungen in Anspruch nehmen, soll eine staatliche finanzielle Förderung mit zwei Vorschlägen durchgeführt werden:
1. BAföG-Empfangende erhalten monatlich einen Pauschalbetrag von 400 € ausgezahlt und zusätzlich werden die Mietkosten bis zu einer Höhe von 400 € erstattet oder
2. BAföG-Empfangende erhalten monatlich einen Pauschalbetrag von 800 € ausgezahlt.

Hieraus ergeben sich folgende Fragen:
- Welchen Vorschlag würden Studierende bevorzugen?
- Welche Regelung wird aus staatlicher Sicht angestrebt?

Basierend auf dem Indifferenzprinzip sollte es sowohl für das BAföG-Amt als auch für Studierende gleichgültig sein, für welche der beiden Vorschläge man sich entscheidet, da der höchstmögliche Auszahlungsbetrag bei beiden Vorschlägen identisch ist.

Dennoch könnte der Pauschalbetrag von 800 € für Studierende mehr Flexibilität bieten, da sie die Mittel nach ihren individuellen Bedürfnissen aufteilen können und einen wesentlich geringeren Aufwand betreiben müssen. Liegt die Miete von Studierenden unter 400 €, können sie den Restbetrag für andere Ausgaben verwenden.

Betrachtet man lediglich die Auszahlungskosten, so könnte aus staatlicher Sicht Vorschlag 1 vorschnell präferiert werden, da wahrscheinlich nicht alle Studierenden den vollen Mietkostenzuschuss geltend machen. Jedoch kann bei genauerer Betrachtung festgestellt werden, dass dieser Vorschlag sicherlich mit erhöhten Transaktionskosten (Zeit, administrative Kontrolle und Personalaufwand) einhergeht. Diese oft vernachlässigten Zusatzkosten würden vermutlich die Einsparungen aus den nicht in Anspruch genommenen Mietkostenzuschüssen übersteigen.

Das Indifferenzprinzip ist ein wichtiges Konzept, um das Verhalten konsumieren- der Personen zu analysieren und optimale Entscheidungen zu treffen. Während es die Indifferenzkurve Konsumierenden ermöglicht, Präferenzen zu veranschaulichen, können Entscheidungsregeln dazu dienen, die besten Güterkombinationen auszuwäh- len, um den Nutzen zu maximieren. Aus normativer Sicht werden Entscheidungsre- geln herangezogen, um rational die beste Wahl zu treffen, weshalb im nächsten Kapi- tel auf ausgewählte Entscheidungsregeln eingegangen wird.

3.5 Entscheidungsregeln

Unter einer Entscheidungsregel ist eine Vorgabe oder ein logisch begründetes Verfah- ren zu verstehen, nach dem Personen innerhalb ihres Entscheidungsspielraums Ent- scheidungen treffen können. Je nach Informationsstand über die jeweilige Entschei- dungs- und Umgebungssituation werden unterschiedliche Situationen betrachtet und klar definierte Regeln angegeben, wie zu entscheiden ist.

Entscheidung unter Sicherheit/Gewissheit

Entscheidungen bei Sicherheit liegen dann vor, wenn alle zur Verfügung stehenden Op- tionen und Rahmenbedingungen sowie deren mögliche Konsequenzen bekannt sind.

Entscheidungen können nach dem Maximum- oder Minimumprinzip getroffen werden. Das **Maximumprinzip** besagt, dass die Nutzung einer gegebenen Ressource (Input, z. B. Personal, Material, Kapital oder Kosten) den höchsten Output-Wert (Leis- tung, Umsatz, Gewinn etc.) erzielen kann.

Beim **Minimumprinzip** wird die Option gewählt, die den definierten Output mit den geringsten Ressourcen erzielt. Entscheidungen (ja/nein), die in der Programmie- rung oder Prozessplanung verwendet werden, können ebenfalls als logische Entschei- dungsregeln in diese Gruppe eingeordnet werden.

Entscheidungsregeln unter Risiko

Eine Risikoentscheidung liegt vor, wenn eine Person prinzipiell die möglichen Ausprä- gungen künftiger Umweltzustände kennt, jedoch vollständige Informationen darüber fehlen, welche Ausprägungen sich ereignen werden. Bei Entscheidungen unter Risiko sind die Erwartungen unsicher und die aus der Entscheidung resultierenden Konse- quenzen nicht immer vollständig prognostizierbar.

Die Wirksamkeit von Entscheidungsoptionen wird mit Wahrscheinlichkeitswerten p_i im Bereich [0, 1] bewertet. Hier bedeutet der Wert $p_i = 1{,}0$ einen sicheren Ausgang (Risiko = 0 %) und der Wert $p_i = 0$ bedeutet, dass das Risiko 100 % beträgt (Totalverlust). Zumeist wird davon ausgegangen, die Option mit dem höchsten Erwartungswert zu wählen und die Werte aller Eintrittswahrscheinlichkeiten auf 100 % zu summieren. Dies wird auch deutlich, wenn man das Bernoulli-Prinzip bei Entscheidungen berücksichtigt (vgl. Kap. 6.1). Das Entscheidungsprinzip bei Risiko besagt, dass Personen Entscheidungen treffen, indem sie den erwarteten Nutzen von verschiedenen Optionen vergleichen.

Der Erwartungswert bezieht sich auf den erwarteten Wert eines Ergebnisses, basierend auf den Wahrscheinlichkeiten für mögliche Ergebnisse. Im ersten Schritt schätzt die entscheidende Person ihre subjektive Vorstellung von dem Nutzen ein, der durch jede Option geboten wird. Dann berechnet sie den erwarteten Nutzen jeder Option, indem sie die Nutzenwerte jedes möglichen Ergebnisses mit der Wahrscheinlichkeit multipliziert, dass dieses Ergebnis eintritt. Im letzten Schritt wählt die Person die Option mit dem höchsten erwarteten Nutzen.

Entscheidungsregeln unter Unsicherheit/Ungewissheit

Wenn zukünftige Zustände bekannt sind, deren Eintrittswahrscheinlichkeiten aber unbekannt sind, dann entsteht eine andere Form von Unsicherheit, die als Ungewissheit empfunden wird. Eine Gegenüberstellung der am häufigsten verwendeten Entscheidungsregeln unter Unsicherheit ist in Abb. 3.6 dargestellt.

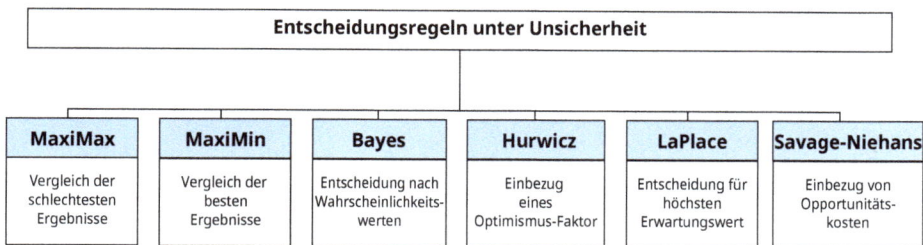

Entscheidungsregeln unter Unsicherheit					
MaxiMax	**MaxiMin**	**Bayes**	**Hurwicz**	**LaPlace**	**Savage-Niehans**
Vergleich der schlechtesten Ergebnisse	Vergleich der besten Ergebnisse	Entscheidung nach Wahrscheinlichkeits-werten	Einbezug eines Optimismus-Faktor	Entscheidung für höchsten Erwartungswert	Einbezug von Opportunitäts-kosten

Abb. 3.6: Übersicht über Entscheidungsregeln bei Unsicherheit.

In einer unsicheren Entscheidungssituation ist der Wahrscheinlichkeitswert pi unbekannt. Unter bestimmten Voraussetzungen kann ein spieltheoretischer Ansatz bei der Entscheidungsfindung aus normativer Perspektive helfen.

MaxiMax-Regel

Dabei entscheidet man sich für die Option mit dem größtmöglichen Nutzen, welcher im günstigsten Fall (*best case*) erreicht werden kann.

Es wird zwischen allen Möglichkeiten abgewogen und die Entscheidung für die Option getroffen, bei der diejenige mit dem höchsten Zahlenwert gegenüber allen Optionen mit hohen Zahlenwerten (günstige Fälle) bevorzugt wird (vgl. Tab. 3.4). Diese Regel ist für optimistische Entscheidende geeignet, da diese vom maximal zu erzielenden Erfolg ausgehen.

Tab. 3.4: Wertematrix der MaxiMax-Regel.

Optionen	Zustand 1	Zustand 2	Zustand 3	MaxiMax
Option 1	3	2	8	**8**
Option 2	7	1	6	7
Option 3	4	6	3	6

MaxiMin-Regel

Dabei entscheidet man sich für die Option mit dem größtmöglichen Nutzen, welcher im ungünstigsten Fall (*worst case*) erreicht werden kann.

Analog zu der MaxiMax-Regel werden alle Spalten miteinander verglichen, jedoch fokussiert man sich dieser Regel folgend auf jedes Zeilenminimum. Vergleicht man diese, so entscheidet man sich für den größtmöglichen Ertrag im ungünstigsten Fall (vgl. Tab. 3.5). Im schlechtesten Fall kann hierbei am wenigsten schiefgehen. Somit wird diese Regel meist von pessimistischen Entscheidenden angewendet.

Tab. 3.5: Wertematrix der MaxiMin-Regel.

Optionen	Zustand 1	Zustand 2	Zustand 3	MaxiMin
Option 1	3	2	8	2
Option 2	7	1	6	1
Option 3	4	6	3	**3**

Laplace-Regel

Die Laplace-Regel ist ein Sonderfall der Bayes-Regel. Bei dieser Regel wird angenommen, dass für das Eintreten der Wahlmöglichkeiten die Wahrscheinlichkeiten gleich sind (Indifferenzprinzip). Man entscheidet sich für die Option, deren durchschnittliches Ergebnis am höchsten ist (vgl. Tab. 3.6).

Tab. 3.6: Wertematrix der Laplace-Regel.

Optionen	Zustand 1	Zustand 2	Zustand 3	Laplace
Option 1	3	2	8	4,3
Option 2	7	1	6	**4,7**
Option 3	4	6	3	4,3

Hurwicz-Regel

Bei dieser Regel kombiniert man die MaxiMax- und MaxiMin-Regel mit einem Optimismus-Index (α), welcher subjektiv ist und je nach Entscheidungslage selbst festgesetzt wird. Damit einhergehend deuten hohe Indizes auf einen hohen Optimismus-Grad hin. Je größer α, desto höher wird das bestmögliche Ergebnis der Alternative gewichtet. Für $\alpha = 1$ stimmt das Hurwicz-Prinzip mit der MaxiMax-Regel, für $\alpha = 0$ mit der MiniMax-Regel überein. Legt man für die Entscheidungssituation beispielsweise einen Optimismus-Index von 0,8 fest, impliziert dieser Optimismus eine höhere Gewichtung des maximalen Nutzens gegenüber der negativeren Alternative (vgl. Tab. 3.7). Dabei wird folgende Formel angewandt, um den Hurwicz-Wert zu berechnen:

$$\alpha\,(\text{Max}) + (1 - \alpha)(\text{Min})$$

Die Hurwicz-Regel ist demnach für solche Entscheidende geeignet, die neben den Chancen auch abzuwägende Risiken berücksichtigen möchten.

Tab. 3.7: Wertematrix der Hurwicz-Regel.

Optionen	Zustand 1	Zustand 2	Zustand 3	Hurwicz
Option 1	3	2	8	**6,8**
Option 2	7	1	6	5,8
Option 3	4	6	3	5,4

Savage-Niehans-Regel

Wenn man der Savage-Niehans-Regel folgt, so strebt man eine Minimierung des maximalen Nachteils an, welcher aus einer falschen Entscheidung resultiert. Sie ist auch als Regel des kleinsten Bedauerns bekannt, bzw. der Schadensbegrenzung. Hierfür werden sogenannte Werte des Bedauerns für jede Handlungsoption angegeben. Diese bewerten den möglichen Schaden gegenüber dem bestmöglichen Ergebnis. Es wird diejenige Handlungsoption ausgewählt, die den kleinsten Wert des Bedauerns aufweist (vgl. Tab. 3.8). Durch die Minimierung der Nutzeneinbuße wird diese Regel von risikoscheuen Personen häufig benutzt, da lediglich die möglichen Bedauernswerte für die Entscheidungsfindung als relevant erachtet werden. Chancen oder Risiken finden hierbei keine Berücksichtigung.

Tab. 3.8: Wertematrix der Savage-Niehans-Regel.

Optionen	Zustand 1	Zustand 2	Zustand 3	Savage-Niehans
Option 1	3 − 7 = −4	2 − 6 = −4	8 − 8 = 0	**−4**
Option 2	7 − 7 = 0	1 − 6 = −5	6 − 8 = −2	−5
Option 3	4 − 7 = −3	6 − 6 = 0	3 − 8 = −5	−5

In Tab. 3.9 werden unterschiedliche Umweltzustände und die dazugehörigen Optionen dargestellt. Zudem werden die unterschiedlichen Entscheidungsregeln nebeneinandergestellt.

Tab. 3.9: Wertematrix bei verschiedenen Entscheidungsregeln.

Optionen	Umweltzustände			Maxi-Max	Maxi-Min	Laplace	Hurwicz	Savage-Niehans
	U1	U2	U3					
Option 1	3	2	8	**8**	2	4,3	**6,8**	**–4**
Option 2	7	1	6	7	1	**4,7**	5,8	–5
Option 3	4	6	3	6	**3**	4,3	5,4	–5

Wie diese Wertematrix verdeutlicht, bestimmt die bevorzugte Entscheidungsregel, welche konkrete Option aus Sicht der normativen Entscheidungstheorie gewählt wird. Die beste Wahl kann daher nicht absolut bestimmt werden, sondern richtet sich nach den Zielen bzw. den damit verbundenen Entscheidungsregeln.

Dem entgegen steht die deskriptive Entscheidungstheorie. Diese untersucht, wie Entscheidungen in der Realität getroffen werden. Hierbei ist es unerheblich, ob tatsächlich rational gehandelt oder ob (z. B. mangels klarer Zielvorgaben) emotional oder intuitiv entschieden wird. In komplexen Entscheidungssituationen stehen Personen nicht nur Informationen über Risiko und Ungewissheit zur Verfügung (vgl. Kap. 3.2). Aus den Eigenschaften komplexer Systeme ergeben sich auch noch andere Informationen, die zu Unsicherheit beitragen (Dörner & Schaub, 1995). Zu den Eigenschaften zählen:

– Neuheit/Originalität
– Zieloffenheit
– Zielkonflikt
– multiple Variablen

Ziel der deskriptiven Entscheidungstheorie ist es daher, tatsächliches Entscheidungsverhalten zu untersuchen und dann mittels empirischer Ergebnisse zu erklären. Die deskriptive Verhaltensökonomie wird stark durch die psychologische Forschung geprägt und ist evidenzbasiert.

3.6 Deskriptive Entscheidungstheorie

Neben der normativen ergibt sich mit der deskriptiven Entscheidungstheorie in der Entscheidungsforschung ein weiterer ergänzender Ansatz. Der präskriptive, bzw. normative Ansatz befasst sich damit, wie man handeln oder welche Optionen man wählen sollte, wenn bestimmte Grundannahmen des rationalen Denkens zutreffen. Dieser hat die Aufgabe, formale Regeln und Verfahren zur Strukturierung und Verarbeitung von Informationen bereitzustellen und Personen bei schwierigen Entscheidungen zu unterstützen. Beispielsweise möchte man Investitionsentscheidungen der Unternehmensleitung und Therapieentscheidungen im Gesundheitswesen unterstützen. Im Gegensatz zu normativen beschäftigen sich **deskriptive** Ansätze damit, wie Personen in realen Situationen tatsächlich Entscheidungen treffen. Personen sind in manchen Situationen nur begrenzt leistungsfähig oder werden nicht immer voll gefordert, so dass tatsächliches Verhalten im Vergleich zu Verhalten, das sich aus normativen Theorien ableiten lässt, oft nur teilweise rational ist. Deskriptive Studien liefern Theorien und Verhaltensmodelle in Entscheidungssituationen und überprüfen sie anhand empirisch gewonnener Beobachtungen. Man analysiert Entscheidungen von Führungskräften und medizinischem Fachpersonal oder Entscheidungen von Versuchsteilnehmenden in Experimenten, damit tatsächlich getroffene Entscheidungen erklärt (deskriptiver Ansatz) und vorhergesagt (präskriptiver Ansatz) werden können. Beispielsweise unterscheidet Rapoport (2004) in ähnlichem Sinn zwischen deduktiven (normativen) und induktiven (deskriptiven) Entscheidungstheorien. Diese unterscheiden sich in ihrem Denkansatz und der Regelhaftigkeit. Regeln werden bei präskriptiven Entscheidungstheorien vor der Entscheidungsfindung vorgegeben, wohingegen bei deskriptiven Entscheidungstheorien Regeln beim Nachvollziehen, also erst nach der Entscheidung, aufgedeckt werden. Allerdings sind präskriptive und deskriptive Ansätze eng miteinander verbunden. Einerseits beziehen sich präskriptive Theorien (implizit) immer auf reale, faktisch umsetzbare und beobachtbare Handlungen. Daher sollten dabei auch neue Erkenntnisse über die systematische Fehleranfälligkeit menschlichen Verhaltens berücksichtigt werden. Kahneman (2012a) folgend kann die deskriptive Forschung daher andererseits neue Ideen für empirische Probleme liefern, indem sie Modelle des begrenzt rationalen Entscheidungsverhaltens denen des rein rationalen Verhaltens gegenüberstellt.

Nachfolgend werden einige ausgewählte Varianten der deskriptiven Entscheidungstheorie kurz umrissen.

Die **Prospect-Theorie** besagt, dass Personen bei Entscheidungen unter Risiko nicht nur den erwarteten Nutzen, sondern auch Faktoren wie Verlustaversion, Referenzpunkte und Verzerrungen von Wahrscheinlichkeiten berücksichtigen (vgl. Kap. 6).

Der Ansatz von **Heuristiken und Verzerrungen** geht davon aus, dass Personen häufig simple Faustregeln (Heuristiken) verwenden, um komplexe Entscheidungen zu vereinfachen. Dabei sind Personen jedoch für systematische Fehler (Verzerrungen) anfällig, die zu irrationalen oder suboptimalen Entscheidungen führen können (vgl. Kap. 4/5).

Die Theorie der **kognitiven Dissonanz** geht davon aus, dass Personen bei der Entscheidungsfindung oft versuchen, kognitive Dissonanz (vgl. Kap. 5.4) zu verringern, indem sie ihre Einstellungen, Überzeugungen oder Verhaltensweisen an ihre Entscheidung anpassen oder mögliche Optionen abwerten.

Die deskriptive Entscheidungstheorie stützt sich also auf empirische Beobachtungen und psychologische Theorien, die zeigen, wie Entscheidungen häufig von Heuristiken, Voreingenommenheit, Gruppen und Emotionen beeinflusst werden.

3.7 Psychologie ökonomischer Entscheidungen

Die Hauptsache ist, daß man ein großes Wollen habe und Geschick und
Beharrlichkeit besitze, es auszuführen; alles Übrige ist gleichgültig.
Johann Wolfgang von Goethe (1749–1832)

Der Begriff Entscheidung bezeichnet die Wahl einer von zwei oder mehreren Handlungsmöglichkeiten, die für Personen zur Umsetzung ihrer Ziele verfügbar sind. „**Wünschen–**
Wählen–Wollen", dies charakterisiert nach Heckhausen (1987) die Motivationspsychologie insgesamt. Personen verfügen stets über eine Vielzahl von Wünschen, denen sie
einen bestimmten Wert zuteilen und von denen sie annehmen, sie mit einer gewissen
Wahrscheinlichkeit durch Handeln realisieren zu können. Angelehnt an Ach (1910) schlug
Heckhausen (1989) ein neues Motivationsmodell vor. Sein **Rubikon-Modell** der Handlungsphasen (vgl. Abb. 3.7) beinhaltete eine scharfe Trennung zwischen motivationalen
und volitionalen Prozessen. Handlungen werden im Modell in vier zeitlich aufeinander
folgende Phasen aufgeteilt: (1) prädezisionale Motivationsphase, (2) präaktionale Volitionsphase, (3) aktionale Volitionsphase und (4) postaktionale Motivationsphase.

Abb. 3.7: Das Rubikon-Modell der Handlungsphasen (angelehnt an Heckhausen, 1989).

In der prädezisionalen Handlungsphase spielt die Motivation eine große Rolle und es
werden Ziele bestimmt. Dabei werden Chancen und Risiken sowie der potenzielle Nutzen bei Zielerreichung abgewogen. Auch geht es um den Vergleich möglicher Ziele und
ihrer Priorisierung. Eine solide Auswahl ist wichtig, um sich auf die wünschenswerten
und zugleich realisierbaren Ziele zu konzentrieren. In dieser Phase entscheidet man
sich nach dem Abwägen am Ende für ein Ziel. An dieser Stelle wird in diesem Modell
von der Wunsch- zur Zielvorstellung bildlich gesprochen der Rubikon überschritten. In
der nächsten Phase, der präaktionalen oder postdezisionalen Handlungsphase, wurde
der Rubikon schon überschritten und nun werden vorrangig Strategien für die Realisie-

rung des Ziels entwickelt. Nachdem die Wünsche geklärt sind, beinhaltet diese Phase, die auch als volitional bezeichnet wird, die Planungsprozesse. Dabei geht es darum festzulegen, wie die Ziele umgesetzt werden können. Hierfür werden Wenn-Dann-Pläne zur Überwindung von Umsetzungsschwierigkeiten aufgestellt. Solche Pläne beinhalten Vorsätze und Durchführungsintentionen und tragen so zum Erreichen des angestrebten Zielzustands bei. Nach Beendigung des Abwägens und der Planung beginnt die aktionale Handlungsphase, bei der die Umsetzung der zielförderlichen Handlungen zur tatsächlichen Erreichung des angestrebten Ziels im Vordergrund steht. Daher wird in dieser Phase auch direkt von Volition gesprochen, bei der von einer andauernden Zielverfolgung und einer sich steigernden Anstrengung bei auftretenden Schwierigkeiten ausgegangen wird. Die Motive werden aktiv verwirklicht, so dass die nächste Phase eingeleitet werden kann. In der postaktionalen Handlungsphase erfolgt nach Zielerreichung die Bewertung des Handlungsergebnisses in Bezug auf das gewünschte Ziel und die Zufriedenheit bei der Umsetzung. Hierdurch wird auch die Motivation für zukünftige Handlungen direkt beeinflusst. Folgende Aspekte gelten als wesentlich bei der Bewertung des Ergebnisses:

- In welchem Umfang wurde das angestrebte Ziel erreicht.
- Haben sich die erwarteten Konsequenzen auch eingestellt.
- Kann die Handlungsintention als abgeschlossen gelten.
- Muss das Ziel ansonsten auch mit anderen Mitteln weiter angestrebt werden.

Am Ende und in dieser letzten Phase im Rubikon-Modell wird ein angestrebtes Ziel entweder deaktiviert oder neue Handlungen zur Umsetzung werden für den Fall anvisiert, dass die Zielerreichung nicht zufriedenstellend beendet werden konnte. In Ergänzung dieses Modells hat Kuhl (1984) eine dynamische Konzeptualisierung der Motivation vorgelegt. Kuhl unterscheidet zwischen motivationalen Prozessen als **Selektionsmotivation** (die Wahl von Zielen) und eher volitionalen Aspekten als **Realisierungsmotivation** (die Umsetzung von Absichten), wie sie ursprünglich auch schon von Ach (1910) präzise angesprochen worden sind. Ach konnte schon einzelne Entscheidungsschritte oder einzelne Entscheidungsphasen, wie später im Rubikon-Modell oder bei Kuhl berücksichtigt, analysieren. Zudem beschreibt Kuhl individuelle Fähigkeiten zur Selbststeuerung unter Stress als **Handlungs- und Lageorientierung**. Insgesamt beschreibt die Handlungsorientierung die Bereitschaft zur Umsetzung von Zielen, während die Lageorientierung eher eine nachdenkliche Haltung ausdrückt. Bei der Handlungsorientierung drängt eine Person darauf, ihre Absichten durch Entschlossenheit und zielgerichtete Handlungsschritte in die Tat umzusetzen. Personen mit starker Handlungsorientierung handeln direkt und effizient, ohne lange zu zögern. Im Gegensatz dazu zeigen Personen mit der Lageorientierung eine gewisse Unentschlossenheit und denken länger nach, bevor sie aktiv werden. Sie analysieren die aktuelle Situation, vergangene Erfahrungen und mögliche Zukunftsszenarien, bevor sie eine Entscheidung treffen.

Ähnlich wie die Alltagspsychologie spricht die wissenschaftliche Psychologie von Entscheidungen, wenn eine Person mit zwei oder mehr Optionen konfrontiert ist und sie eine Option einer oder mehreren anderen Optionen vorzieht. Erst ab drei Optionen kann man eine psychologische Wahl treffen, da einer Wahl mehrere Entscheidungen zwischen mehreren Wahlmöglichkeiten vorangehen. Eine Option kann ein Gegenstand (z. B. Arzneimittel, Computerzubehör, Wohnungsausstattung) oder eine Handlung (z. B. Operation, Abschalten eines technischen Systems, Unterweisung einer Person) sein. Entscheidungssituationen können sich in vielerlei Hinsicht voneinander unterscheiden. Das Ergebnis einer Entscheidung kann sicher, ungewiss oder risikobehaftet sein. Die Vielzahl möglicher Optionen, zwischen denen Entscheidungen getroffen werden, kann zu Beginn des Entscheidungsprozesses vorhanden sein oder nicht (in letzterem Fall muss dieser zu Beginn generiert werden). Entscheidungen werden in einem Schritt oder mehreren Schritten getroffen, die jeweils von den Ergebnissen des vorherigen Schritts abhängen. Entscheidungen werden einmal, mehrmals oder wiederholt getroffen (vgl. Tab. 3.1). Entscheidungen können durch Aussagen (z. B. „Ich bevorzuge X gegenüber Y") oder Handlungen (z. B. „Ich kaufe X gegenüber Y") getroffen werden (vgl. Tab. 2.6). Der Begriff Entscheidung wird allgemein mit einem mehr oder weniger überlegten, bewussten und zielgerichteten Handeln verbunden. Darauf deuten auch Kommentare wie „Da muss ich erstmal überlegen, was ich tun soll", „Ich kann mich nicht entscheiden" und „Wer wählen kann, hat die Qual der Wahl". Viele Entscheidungen werden jedoch getroffen, wenn etwa das Problem trivial ist und es sich nicht lohnt, lange darauf einzugehen, oder wenn das Problem bekannt ist und seine Lösung bereits Gewohnheit oder Routine ist. Das Problem ist dann ohne viel Nachdenken rasch erledigt. Im Folgenden geht es vor allem um Situationen, in denen „Entscheidungsbewusstsein" besteht, also Situationen, in denen sich eine Person in einer Entscheidungssituation befindet und weiß, dass die Entscheidung mehr oder weniger bewusst getroffen wird. Das bedeutet nicht, dass sich Personen aller Komponenten und Prozesse bewusst sind, die den Entscheidungsprozess charakterisieren. So können Personen bewusst miteinander sprechen, ohne dass ihnen die einzelnen Prozesse der Spracherzeugung und des Sprachverstehens bewusst sind. Die Entscheidungssituation wird durch die Charakteristika des Entscheidungsproblems und des Entscheidungstragenden (vgl. Abb. 3.8) bestimmt.

Lange Zeit wurde Entscheidung nur als der Moment oder das Ergebnis einer Entscheidung zwischen gegebenen Optionen verstanden und jeweils mit der besten Option verknüpft (*rational choice theory*; Erwartungswerttheorie; Tversky & Kahneman, 1986). Da diese Theorie jedoch viele Situationen nicht ausreichend erklären und viele empirische Beobachtungen nicht erklären konnte (z. B. Intuition, Entscheidung in der Gruppe, Heuristiken), wurden zunehmend andere weitergehende Fragen gestellt: Welche Unsicherheit besteht bei möglichen Entscheidungen und welche Folgen sind mit einer Entscheidung verbunden? Welche Rolle spielt das Umfeld bzw. der Bezugsrahmen bei Entscheidungen? Wie integrieren Entscheidungstragende einzelne Werte, die Entscheidungen unterschiedlich beeinflussen können? Werden alle Optionen geprüft oder werden nur die „erstbesten" Optionen gesucht und ausgewählt? Und schließlich: Wann und wie werden Wahlentscheidungen tatsächlich getroffen, oder warum werden sie nicht aufrechterhalten? Und wie werden Entscheidungen im Nachhinein beurteilt?

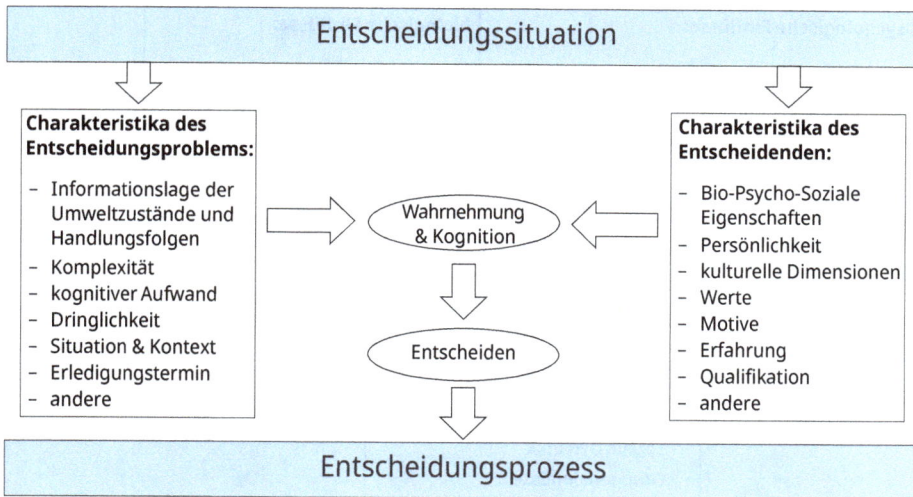

Abb. 3.8: Externe und interne Faktoren der Entscheidungssituation.

Daher wurde der Begriff der Entscheidungsfindung immer weiter ausgebaut. Die Psychologie versteht heute **Entscheidungsfindung** als einen Prozess, in dem Denken, Wahlmöglichkeiten und Urteilsvermögen, Wahrnehmung und Problemlösung zentrale Bestandteile sind. Der Prozess beginnt mit der Wahrnehmung von Wahlmöglichkeiten und der Erkenntnis, dass man immer mindestens zwei Möglichkeiten hat. Oder der Prozess beginnt damit, dass eine Person einen Unterschied zwischen einem bestimmten Zustand (Ist) und einem gewünschten Zustand (Soll) wie beim Problemlösen erkennt. Dies verleitet Personen dazu, nach Optionen zu suchen, die diese Diskrepanz ausgleichen könnten. Der Prozess endet normalerweise, wenn eine Person eine Option auswählt und sich zu dieser verpflichtet. Sie endet nicht mit einer Auswahl von Optionen (Selektion), sondern mit der nachträglichen Bewertung von Entscheidungen (postdezisionale Urteilsbildung). Der Zusammenhang zwischen den Entscheidungsphasen und der Motivlage von Personen wird anschaulich im Rubikon-Modell näher beleuchtet (s. o.).

Die Psychologie ökonomischer Entscheidungen basiert auf einem **komplexen System** individueller und sozialer Einflussfaktoren. Das Gesamtsystem (Körper) besteht aus einzelnen Teilsystemen (u. a. Nervensystem, Organe), die sich aus noch kleineren Systemen (u. a. Zellen, Molekülen) zusammensetzen. Analog zum System des menschlichen Körpers können unterschiedliche Ebenen der Analyse bzw. Systeme beim Entscheidungsverhalten unterschieden werden. Die unterschiedlichen Analyseebenen ergänzen einander und jedes Niveau ist wertvoll und wichtig, jedoch für sich allein unvollständig. Zusammengenommen beschreibt das **Bio-Psycho-Soziale Modell** menschlichen Verhaltens die engen Wechselbeziehungen zwischen Körper und Geist im sozialen Kontext (Engel, 1977), wie es in Abb. 3.9 veranschaulicht wird.

psychologische Einflüsse:	biologische Einflüsse:
– erlernte Emotionen	– genetische Prädisposition
– begrenzte Rationalität	– auf Umwelt reagierende Gene
– Erfahrung & affektive Reaktion	– Hormone
– kognitive Verarbeitung & Informationsinterpretation	– genetische Mutation
	– natürliche Selektion

Entscheidungsverhalten

soziokulturelle Einflüsse:

– soziale Normen & Regeln
– soziale Dynamik
– Gruppeneinflüsse
– Rollenmodelle
– Familie & Sozialisation

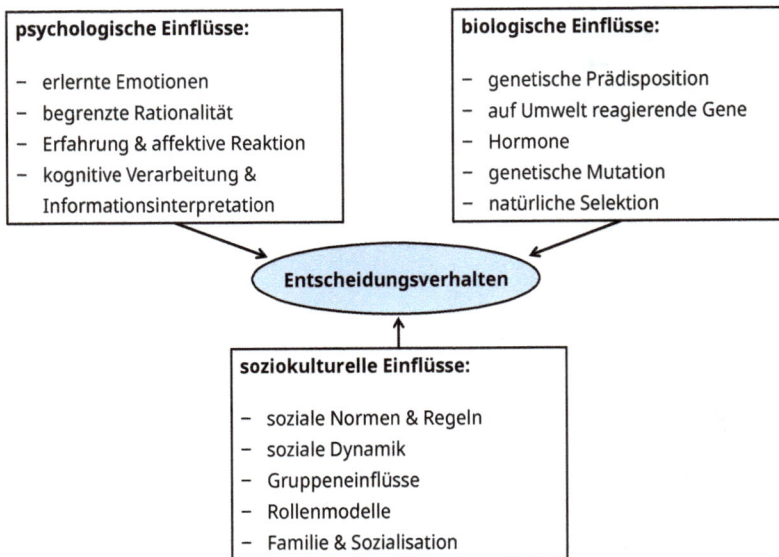

Abb. 3.9: Das Bio-Psycho-Soziale System menschlichen Entscheidungsverhaltens.

Das Bio-Psycho-Soziale System versteht den Menschen als Einheit verschiedenster Teilsysteme. Das Verhalten im Sinne eines Gesamtsystems zu verstehen ist an systemtheoretische Modelle angelehnt. Jedes Teilsystem wird traditionellerweise meist unabhängig analysiert und stellt eine eigenständige Analyseebene dar. Die Wechselwirkungen und Übergänge zwischen den Teilsystemen sind nicht immer eindeutig bestimmt, um sie auch als multidirektionale Interdependenzen zu modellieren.

Dabei ist es wichtig zu verstehen, wie Informationen auf den verschiedenen Analyseebenen verarbeitet werden. Welche psychologischen Prozesse dabei ablaufen und inwieweit Informationsverzerrungen auftreten, wird im nächsten Kapitel ausführlich dargestellt.

3.8 Prozesse der Verarbeitung und Verzerrung von Informationen

Wie individuelle Entscheidungen zu Stande kommen und wie Informationen dabei verarbeitet werden, beruht auf einem ganzheitlichen Verständnis eines mehrstufigen Prozesses der **Informationsverarbeitung** und Entscheidungsfindung. Der Entscheidungsfindungsprozess basiert auf drei Ebenen, welche nacheinander durchlaufen werden (vgl. Abb. 3.10). Die Entscheidungsfindung beginnt mit der Wahrnehmung von

Informationen, welche anschließend verarbeitet und gewichtet werden, um abschließend in eine Entscheidung zu münden.

Dabei begegnen Entscheidungstragenden in jeder der drei Ebenen bestimmte Herausforderungen. Oftmals liegen keine eindeutigen Antworten oder klare Lösungen vor und Handlungskonsequenzen sind unklar (Ungewissheit). Hinzu kommt die immense Informationsmenge, der Personen ausgesetzt sind. Unter solchen Umständen greifen Personen auf spezielle Unterstützungshilfen (**Heuristiken**) zurück, welche die Entscheidungsfindung erleichtern. Die Nutzung von Heuristiken steigert die Chance, eine Entscheidung zu treffen, indem beispielsweise Optionen reduziert werden. Auch wenn sich Heuristiken als nützliches Instrument bei der Entscheidungsfindung herausgestellt haben, können diese möglicherweise Resultate systematisch verzerren (***bias***). In den einzelnen Ebenen treten jeweils unterschiedliche Heuristiken und Verzerrungen auf.

Wahrnehmen
- Informationsquellen dienen einer Verbildlichung der Umgebung
- Ungewissheit wird durch passiven/aktiven Verlauf verringert
- Beeinträchtigung der Wahrnehmung
  - Veränderung der Risikowahrnehmung
  - selektive Wahrnehmung bestimmter Informationen
- Informationsflut basierend auf der Menge an Informationen

Verarbeiten & Gewichten
- Verarbeitung bedeutsamer Informationen
- begrenzte Ressourcen beim Verarbeitungsumfang und bei der-schnelle
- Voreingenommenheit bei der Verarbeitung
- Anwendung von Heuristiken
  - beschleunigt die Entscheidungsfindung
  - führt häufig zu Verzerrungen beim Entscheiden
- Verbalisierung der Entscheidung
- Zuhilfenahme abgerufener Informationen aus dem Gedächtnis (Top Down)

Entscheiden
- Umsetzung der Entscheidung beruht auf den vorangegangenen Schritten
- Verhaltensbeeinflussung durch reduzierte kognitive Dissonanz und Heuristiken
- getroffene Entscheidungen werden beibehalten
- Erwartungen und Einstellungen lenken Entscheidungen
- Präferenz zur Beibehaltung der Stabilität und des gegenwärtigen Zustands
- Tendenz zum sich Wohlfühlen und zum sich Selbstbestätigen

Abb. 3.10: Ebenen der Entscheidungsfindung.

Das **Wahrnehmen** von Informationen bildet die erste Ebene und initiiert den Prozess der Entscheidungsfindung. Es erfolgt eine Verbildlichung der Umwelt durch die Nutzung externer (z. B. Nachrichten) und interner Reize (z. B. Emotionen). Eine Information wird als Impuls angesehen, welcher bei der Verringerung von Ungewissheit helfen und zugleich die Entscheidungsvorbereitung unterstützen kann. Kennzeichnen sich Entscheidungen durch einen geringen Grad an Komplexität, reicht es zumeist, bereits existente Informationen aus dem Gedächtnis abzurufen. Ein hoher Grad an Komplexität erfordert hingegen eine bewusste Einholung neuer Informationen. **Selektive**

Wahrnehmung führt zu einer stärkeren Berücksichtigung all solcher Informationen, die die eigene Einstellung oder Erwartung bekräftigen. Zudem wird Informationen, die im Widerspruch zu Einstellung oder Erwartung stehen, eine geringere Relevanz beigemessen. Hinzu kommt, dass Personen zu stark auf ihre bisherige Expertise vertrauen und dazu neigen, Schlüsselinformationen zu stark zu gewichten.

Das Wahrnehmen geht nahtlos über in das **Verarbeiten und Gewichten** von Informationen, welches die zweite Ebene der Entscheidungsfindung bildet. Aufgrund der engen Verbundenheit und zum Teil nur schweren Differenzierbarkeit erfolgt für das Verarbeiten und Gewichten eine gemeinsame Betrachtung, obwohl diese beiden Phasen grundsätzlich aufeinander folgen.

Berücksichtigt man die Art und Weise, wie Informationen verarbeitet werden, dann wird die wesentliche Diskrepanz zwischen einem real Entscheidenden und dem Homo oeconomicus offensichtlich. Es ist für real Entscheidende unmöglich, sämtliche zur Verfügung stehenden Informationen zeitgleich wahrzunehmen und zu verarbeiten, weil die kognitive Kapazität zur Verarbeitung von Informationen limitiert ist. Das Verarbeiten von Informationen wird demnach nicht simultan, sondern sequenziell, d. h. mit abwechselnden Durchführungsphasen der Aufnahme und Verarbeitung, ausgeführt. Zur Entscheidungsfindung gehören somit die Prozesse des Wahrnehmens, Verarbeitens und Gewichtens, an dessen Ende die Entscheidung selbst steht. **Entscheiden** bedeutet nicht allein, eine Wahl zu treffen, sondern kann auch die Prozesse einschließen, einen Entschluss zu fassen oder ein Urteil zu fällen. Entscheiden hat neben dem Sachbezug (sich für oder gegen etwas entscheiden) auch immer einen persönlichen Bezug (sich entscheiden). Wird eine Entscheidung in eigenen Angelegenheiten getroffen, kann dies als Ausübung von Freiheit angesehen werden. Ist eine Person unfähig sich für oder gegen etwas zu entscheiden, so spricht man oft von einer **Entscheidungsparalyse** bzw. Entscheidungsblockade.

Auch wenn fehlerbehaftete Entscheidungen aus dem Einsatz von Heuristiken resultieren, ist es aufgrund

- unbekannter idealer Lösungsansätze und der kostenintensiven Ausarbeitung eines optimalen Vorgehens,
- zeitlicher Beschränkungen bei der Informationsbeschaffung,
- entscheidungshemmender Informationsflut,
- fehlerhafter Kalkulation

manchmal vernünftig und ratsam, auf Heuristiken zurückzugreifen. In der ersten Ebene werden bestimmte Informationen selektiv wahrgenommen. Erst im Anschluss werden Informationen gewichtet und verarbeitet. Dabei fördern Heuristiken die Entscheidungsfindung, können aber auch Verzerrungen hervorrufen, die allerdings auch hinderlich bei der Entscheidungsfindung sein können (vgl. Abb. 3.10 und Abb. 5.1). Kognitive Begrenztheit führt unter anderem dazu, dass bei der Verarbeitung auch vermehrt Heuristiken verwendet werden. In der dritten Ebene erfolgt dann die tatsächliche Entscheidung, welche unter anderem durch eine angestrebte Vermeidung kognitiver Dissonanzen (vgl. Kap. 5.4) beeinflusst wird. Hinzu kommt, dass Personen aus Gründen der Konformität und Konsistenz ihre einmal getroffenen Entscheidungen oft beibehalten.

Da alle Entscheidungen auf der Verarbeitung von Informationen beruhen, werden im Folgenden die **Phasen der Informationsverarbeitung** bei Entscheidungen kurz beschrieben (vgl. Abb. 3.11). Wenn Informationen über ein bestimmtes Ereignis von den Sinnesorganen zum Gehirn prozessiert werden, findet eine **Bottom Up**-Verarbeitung statt. Dieser Prozess wird auch Empfindung genannt. Aufgrund begrenzter kognitiver Kapazitäten ist es Personen nur möglich, einen Teil aller verfügbaren Informationen wahrzunehmen (selektive Wahrnehmung). Welche Informationen selektiert werden, hängt maßgeblich von situativen und personalen Faktoren ab. Unter Wahrnehmung versteht man einen Prozess, bei dem die Organisation und Interpretation selektierter Informationen erfolgt. In der nächsten Ebene werden die als wichtig erachteten Informationen grundlegenden Gestaltungsprinzipien folgend organisiert. Bestehende Vorannahmen und die Bildung von Stereotypen können dabei zu Verzerrungen führen. Während sich Vorannahmen bzw. Einstellungen auf individuelle Bewertungen bestimmter Sachverhalte oder Situationen beziehen, richten sich Werte eher auf kollektive Einschätzungen bestimmter Rahmenbedingungen des Handelns und der gesellschaftlichen Organisation. Daraufhin werden die Informationen interpretiert, indem Annahmen, u. a. über Personen und Situationen, getroffen werden und diesen entsprechende Ursachen und Konsequenzen zugeschrieben werden. An dieser Stelle erkennt man die Bedeutung und den Sinn des Wahrgenommenen. Daraufhin findet eine Entscheidung statt, welche zu einer konkreten Handlung oder zu einer Änderung eigener Einstellungen bzw. Motive führt.

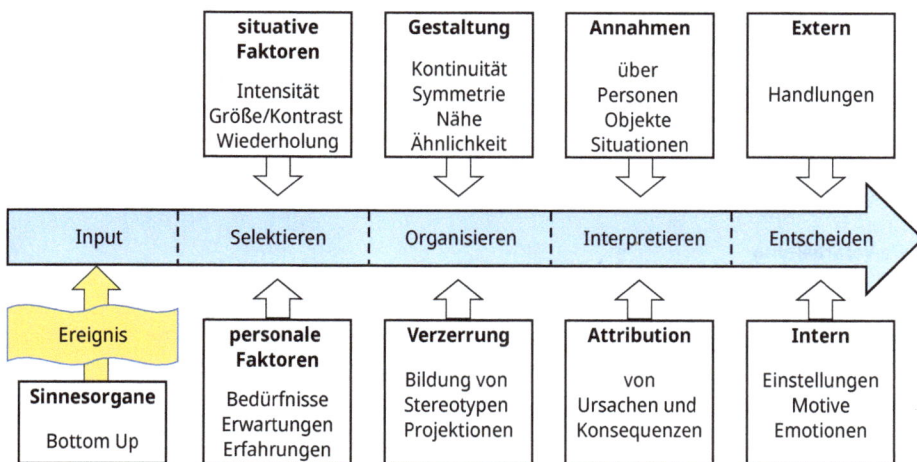

Abb. 3.11: Überblick über die Phasen und die dazugehörigen zentralen Aspekte der Informationsverarbeitung bei der Entscheidungsfindung.

Um Informationen zu verarbeiten, spielen Gedächtnisprozesse sowie Emotion und Kognition eine bedeutende Rolle. Die Phasen der Gedächtnisprozesse sind die Informationsaufnahme, das Entschlüsseln und Einprägen (Enkodierung), das Behalten (Speichern) und das Erinnern (Abruf). Die Aufnahme und Enkodierung bilden den ersten Schritt, um Informationen zu verarbeiten.

Dabei sind es maßgeblich basale Aufmerksamkeits- und Wahrnehmungsprozesse, auf denen die Enkodierung aufbaut. Es wird nur eine geringe Menge an Informationen verarbeitet, welche die Barriere der selektiven Aufmerksamkeit überwunden haben. Es ist ein mehrteiliger Ablauf, bei dem Informationen/Reize (z. B. Frequenz- und/oder Amplitudenmodulation), die auf physikalischen Abläufen (z. B. Schall- oder Lichtwellen) beruhen, zunächst auf der Empfindungsebene in einen neuronalen Code umgewandelt werden (Bottom Up-Prozessierung). Der neuronale Code kann anschließend vom zentralen Nervensystem entschlüsselt und auf der Ebene der Wahrnehmung weiterverarbeitet werden. Eine semantische Erkennung erfolgt, wenn Informationen bereits abgespeicherten Zuständen zugeordnet werden. Die Ebenen bei der Verarbeitung (*levels of processing*; Craik & Lockhart, 1972) gliedern sich in mehrere Phasen auf. Dabei werden wahrgenommene Stimuli durch verschiedene Kodierungsoperationen prozessiert. Die Analyse geht von den „oberflächlichen" physikalischen Eigenschaften des Reizes bis hin zu einer semantisch „tiefen" Bedeutungsanalyse. Eine derartige Hierarchisierung von Verarbeitungsstufen bezeichnet man als Tiefe der Verarbeitung (*depth of processing*). Je größer die Tiefe der Verarbeitung ist, desto intensiver wird der Stimulus einer semantischen oder kognitiven Analyse unterzogen. Mit zunehmender Tiefe der Verarbeitung steigt also die Intensität, mit der Informationen analysiert werden. Zugleich steigt die Anstrengung, den Sinn und die Bedeutung der aufgenommenen Information zu begreifen.

! Lernen und Verarbeitungstiefe
Lernen eines neuen Wortes, z. B. „ubiquitär", was so viel bedeutet wie „überall gleichzeitig vorhanden".

Oberflächliche Verarbeitung
Wenn man ein Wort, z. B. „allgegenwärtig", schnell liest, ohne wirklich über seine Bedeutung nachzudenken, könnte man es nach kurzer Zeit vergessen.

Tiefe Verarbeitung
Wenn man jedoch eine tiefgehende Verarbeitung vornimmt, würde man über die Bedeutung des Wortes nachdenken, es aufschlüsseln und es mit Dingen in Verbindung bringen, die man bereits kennt. Man könnte es zum Beispiel mit dem Wort „überall" in Verbindung bringen, da beide Wörter die Vorstellung vermitteln, an vielen Orten präsent zu sein. Man könnte auch an Beispiele denken wie „Smartphones sind heute überall, da fast jeder eines hat."

Merkhilfe
Um sich „ubiquitär" und das Konzept der Tiefenverarbeitung zu merken, kann man beispielsweise folgende Gedächtnisbrücke erstellen: „ubi" klingt wie *you be*, also könnte man sich an folgendes erinnern: „Klug zu sein bedeutet manchmal, auch sich überall tief mit Wörtern wie „ubiquitär" zu beschäftigen, um sich die Bedeutung besser zu merken."

Mit dieser Merkhilfe assoziiert man „ubiquitär" mit der Idee, klug zu sein und tiefgründig zu denken. Das kann dabei helfen, sich sowohl an das Wort als auch an die Bedeutung des tiefgründigen Nachdenkens über die Informationen, die man lernt, zu erinnern.

Nachdem die aufgenommene Information erkannt wurde, kann sie in Form einer Anreicherung oder Ausarbeitung weiterverarbeitet werden (Hoffmann & Engelkamp, 2016). Nachdem beispielsweise ein Wort erkannt wurde, kann es Assoziationen, Bilder oder Erinnerungen hervorrufen, die man mit diesem Wort verbindet.

Die Tiefe der Verarbeitung wird zusätzlich durch die Absichten und Wünsche der Person, durch andere Reize und die verfügbare Zeit bestimmt. Die kognitive Anstrengung nimmt mit zunehmender Verarbeitungstiefe zu. Das Abrufen von Erinnerungen wird mit steigender Verarbeitungstiefe, d. h. höherer Inhaltsanalyse, besser. So erfordern Erinnerungsaufgaben mehr Verarbeitungsressourcen als Wiedererkennungsaufgaben (Craik & McDowd, 1987). Des Weiteren nehmen Verarbeitungsressourcen mit zunehmendem Alter ab (Hoffmann & Engelkamp, 2016). Kontroverse Aspekte der Erforschung von Gedächtnisprozessen werden nachfolgend kurz benannt. Erstens ist anzunehmen, dass Semantik- und Strukturaspekte von Reizen routinemäßig kognitiv simultan prozessiert werden. Zweitens ist es herausfordernd, die Tiefe der Verarbeitung losgelöst von Ergebnissen zu messen (Erinnerungsleistung). Drittens hängt die Erinnerungsleistung auch von der Übereinstimmung der Kodierungs- und Abrufprozesse ab, was auch als transfergerechte Verarbeitung (***transfer appropriate processing***) bekannt ist. Bei einer transfergerechten Verarbeitung sollte die Art der Verarbeitung während des Lernens mit der Art der Verarbeitung beim Abruf aus dem Gedächtnis übereinstimmen, um einen besseren Abruf von Informationen zu gewährleisten, d. h. eine kongruente Beziehung zwischen der anfänglichen Kodierung von Informationen und dem späteren Abrufen von Informationen optimiert die Gedächtnisleistung (Godden & Baddeley, 1975; Morris, Bransford, & Franks, 1977; Yang et al., 2021). Daher wird die Bedeutsamkeit einer bestimmten Kodierungsoperation auch durch die Zielbestimmung für nachfolgende Suchen bestimmt. Eine präzise Entschlüsselung vorhandener Informationen durch ein ausführliches Wiederholen (***elaborative rehearsal***) verbessert das Abrufen der Informationen stärker als ein einfaches Wiederholen (Carpenter, 2009). Elaboration bezieht sich auf den Prozess der Aufbereitung von Informationen, z. B. das In-Beziehung-Setzen von Informationen mit Vorwissen. Zum einen können dafür Informationen entweder in sinnvolle und kleinere Einheiten (*chunking*) aufgeteilt werden. Zum anderen können unterschiedliche Elemente kategorial, d. h. nach Gruppen organisiert werden. Die Zuordnung erfolgt dabei durch die Verwendung ähnlicher Merkmale. Es werden mehrere Kodierungen ausgelöst, die reich an Informationen sind. Dies erhöht die Wahrscheinlichkeit einer Übertragung in das Langzeitgedächtnis (Hoffmann & Engelkamp, 2016).

Der Abruf kann über verschiedene Organisationsprinzipien (u. a. *chunking*, Ähnlichkeit, Kategorisierung) gesteuert werden, die auch während des Entschlüsselungsprozesses angewendet werden.

Das Speichern von Informationen erfolgt immer über einen gewissen Zeitraum. Speicherung bezeichnet das Behalten von Information über einen bestimmten Zeitraum hinweg. Daraus etablieren sich mentale Repräsentationen dauerhaft. Deren Existenz wird aus Daten über das Verhalten, wie der Fähigkeit, Informationen abzurufen (*recall*), abgeleitet. Wenn die Wiedergabe von Informationen fehlschlägt, spricht man von Vergessen. Hierbei ist unklar, ob die gespeicherten Informationen tatsächlich nicht mehr vorhanden sind oder lediglich nicht abgerufen werden können.

Durch Rückschlüsse aus Verhaltensdaten lassen sich Spuren des Gedächtnisses aufzeigen. Personen haben die Fähigkeit, Informationen abzurufen und wiederzugeben (*recall*). Wenn die Wiedergabe gespeicherter Informationen misslingt, bedeutet das, dass Informationen entweder gelöscht oder die Erinnerungsspuren verblasst oder verfallen sind, entweder vorübergehend oder anhaltend. Der Abruf gespeicherter Informationen wird dadurch dauerhaft mehr oder weniger stark unterbrochen. Mögliche Quellen des Vergessens sind auf den zeitlichen Abstand im Intervall zwischen dem Erwerb des Wissens und dessen späterem Abruf zurückzuführen (Gillund & Shiffrin, 1984). Beeinträchtigungen des Merkens können auch durch zuvor (proaktive Intervention) oder später erworbenes Wissen (retroaktive Intervention), durch Lernen, durch Kontextveränderungen, aber auch zwischen einer Lern- und Testsituation entstehen. Im ungünstigen Fall kann dies zu einer Amnesie führen (Chandler, 1989; Baddeley & Logie, 1999; Lafleche & Palombo, 2017).

In der nächsten Phase werden abgespeicherte Informationen extrahiert, d. h. aus dem Gedächtnis abgerufen. Wenn es bei amnestisch beeinträchtigten Personen zu einer partiellen Rückkehr des Gedächtnisses kommt, neigen sie zu Erinnerungen an lang vergangene Erlebnisse. Daraus lässt sich folgern, dass die Spur des Gedächtnisses mit Abrufschwierigkeiten zu kämpfen hatte und nicht unwiderruflich beschädigt wurde. Gespeicherte Informationen können Tulving (1989; Tulving & Schacter, 1990) folgend implizit (unbewusst) oder explizit (bewusst) abgerufen werden (vgl. Abb. 3.12). Das **explizite**, auch deklarative

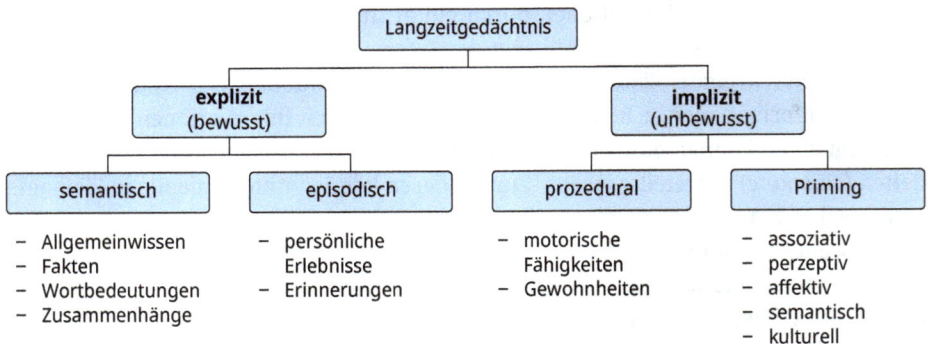

Abb. 3.12: Überblick zum Konzept des Langzeitgedächtnisses.

Gedächtnis (Hoffmann & Engelkamp, 2016) genannt, lässt sich in semantisches (Collins & Quillian, 1969) und episodisches (Tulving, 2002) Gedächtnis aufteilen („gewusst was"). Als semantisches Gedächtnis werden die Fakten, das Allgemeinwissen, Zusammenhänge und Abstraktionen der Erlebniswelt und die Bedeutungszuordnung von Wörtern und Konzepten bezeichnet. Beispielsweise bezeichnet das Wort „Stift" nicht ausschließlich einen Gegenstand zum Schreiben, sondern kann auch im Handwerk einem Nagel ohne Kopf oder auch einem Lehrling zugeordnet werden. Das episodische Gedächtnis bezieht sich auf konkrete persönliche Erlebnisse und deren Abfolge und wird daher auch als autobiografisches Gedächtnis bezeichnet. Personen können den bewussten Abruf kognitiv durch willentliches Nachdenken, Erinnern oder Wiedererkennen kontrollieren. Wenn Individuen direkt nach vergangenen Erlebnissen suchen, steuern sie ihr explizites Gedächtnis an. Wenn hingegen indirekte Tests durchgeführt werden, ist es nicht notwendig, einen bewussten Bezug zu den gesuchten Informationen zu haben. Dennoch wird das implizite Gedächtnis beeinflusst, mithin alle Abläufe, die auch zur Gedächtnisleistung beitragen. Beim **impliziten** Gedächtnis besteht kein bewusster Zugang (nicht deklarativ) zu den Wissensinhalten, sondern das Gespeicherte manifestiert sich nur im Denken oder Verhalten. Als Teil des impliziten Gedächtnisses werden bei prozeduralen Inhalten Abläufe von Handlungen oder Bewegungen (Lafleche & Palombo, 2017) abgespeichert („gewusst wie"). Wissen kann sich auch unbewusst in Verhaltensänderungen ausdrücken, wie durch indirekte Tests aus Experimenten zum Vorbereitungseffekt (*priming*) hervorgeht. Dabei kann nach der Darbietung beliebiger Reize (z. B. Bilder, Texte) schneller richtig geantwortet werden, wenn vorher ähnliche Hinweisreize oder mit ihnen assoziierte Inhalte angezeigt werden (vgl. Kap. 5.6). Insofern verweist der Vorbereitungseffekt eher auf eine gedächtnisbezogene Informationsverarbeitung als direkt auf eine Form des Gedächtnisses.

Neben externen Einflussfaktoren (z. B. zeitliche Faktoren bei der Entschlüsselung, semantische Beziehungen zwischen Lernelementen) sind interne Faktoren (z. B. Emotionen, Gemütslage) relevant. In den vergangenen Jahren wurde viel über die Auswirkungen emotionaler Faktoren auf die Gedächtnisleistung und das **zustandsabhängige** Gedächtnis (*state-dependent memory*) geforscht, jedoch mit widersprüchlichen Ergebnissen (Hoffmann & Engelkamp, 2016). Beim zustandsabhängigen Lernen geht es darum, wie Emotionen und die Umgebung das Gedächtnis beeinflussen. Wenn Personen etwas in einem bestimmten Zustand lernen, können sie sich später in einem ähnlichen Zustand besser daran erinnern (u. a. Ucros, 1989; Zarrindast & Khakpai, 2020). Auch äußere Faktoren wie die Umwelt und psychisch wirksame Substanzen spielen beim Gedächtnis eine Rolle. Bestimmte Gehirnbereiche wie der Hippocampus und die Amygdala sind an diesem Prozess beteiligt. Emotionen und Umweltbedingungen beeinflussen das Gedächtnis und das Abrufen von Informationen in ähnlichen Zuständen kann zu einer verbesserten Gedächtnisleistung beitragen. Ferner fand Ucros (1989) heraus, dass der Grad der Aufmerksamkeit während der Kodierung im Lernprozess einen unmittelbaren Einfluss auf die Stärke des zustandsabhängigen Lerneffekts hat. Dabei demonstrierten Testpersonen verbesserte Erinnerungsleistung, wenn sich diese beim

Abrufen der Informationen in der gleichen Stimmung befanden wie bei der Kodierung im initialen Lernprozess (transfergerechte Verarbeitung, s. o.). Mit anderen Worten: Wenn die Stimmung des Einzelnen zum Zeitpunkt z_1 mit der Stimmung zum Zeitpunkt z_2 während der Kodierungsphase übereinstimmt, dann spielt die Aufmerksamkeit beim Lernen eine entscheidende Rolle bei der Verbesserung der Gedächtnisleistung.

Der Erklärungswert psychologischer Modelle für das Zusammenspiel von Kognition und Emotion ist auch heute noch sehr begrenzt. Dennoch rücken Emotionen immer mehr in den Mittelpunkt psychologischer und verhaltensökonomischer Betrachtung, weshalb darauf im nächsten Abschnitt ein besonderes Augenmerk gelegt wird.

3.9 Rolle der Emotionen

Bereits am Ende des 19. Jahrhunderts verwies Wilhelm Wundt, der als einer der Begründer der Psychologie gilt, auf die rudimentäre Gewichtung von Gefühlen. Umso erstaunlicher erscheint es, dass dieses von ihm inspirierte Konzept für die Psychologie vom damaligen psychologischen Forschungskreis nicht direkt aufgegriffen wurde. Wie in Kapitel 2 beschrieben, wurden Emotionen in der ersten Hälfte des 20. Jahrhunderts wegen des von dem Black Box-Ansatz dominierten behavioristischen Menschenbilds in der Psychologie nicht zur Erklärung menschlicher Verhaltensweisen und Erlebens herangezogen. In diesem Zeitalter sind ebenfalls ökonomische Manifeste entstanden, die bis zur heutigen Zeit ihre Anwendung finden. Daher scheint es auch aus diesem Blickwinkel heraus verständlich, dass der Homo oeconomicus in seiner idealtypischen Beschreibung keinerlei Indiz dafür hergibt, von Emotionen beeinflusst zu werden.

Die Rationalitätsannahme des Homo oeconomicus wird in der Verhaltensökonomie und weiten Teilen der Sozialwissenschaften dadurch abgelöst, dass die evolutionären Grundlagen menschlichen Verhaltens erkannt und aufgegriffen wurden. Beispielsweise haben die soziobiologischen Modelle von Wilson (1980) und Dawkins (1989) dazu beigetragen, das einseitig rationale Modell des Homo oeconomicus durch die Berücksichtigung evolutionärer Prozesse beim Entscheidungsverhalten abgelöst wurden (Elworthy, 1999). Dieser Ansatz ist jedoch nicht mit der verhaltensökonomischen Sichtweise der Psychologie zur Entscheidungsfindung gleichzusetzen. Der soziobiologische Ansatz beschreibt die biologische Angepasstheit der für das Sozialverhalten und die Gruppenstrukturen verantwortlichen Verhaltensweisen von Tieren und Menschen. Unter Einbeziehung des Energieeinsatzes und Risikos stehen Überlegungen zu Kosten-Nutzen Kalkulationen im Sinne der erfolgreichen Weitergabe von Genen im Vordergrund.

Was aber hindert Forschende der Ökonomie daran, sich mit Emotionen auseinanderzusetzen? Die Ökonomie durch eine mathematische Formelsprache darzustellen, war in der ersten Hälfte des 19. Jahrhunderts das Anliegen von Antoine Augustin Cournot ([1838]1924). Seitdem wird versucht, ökonomische Zusammenhänge in mathematischen Strukturen abzubilden und zu verstehen. Der Vorteil dieses Ansatzes wird

darin gesehen, dass ökonomische Zusammenhänge mithilfe von Funktionen in expliziten Wenn-Dann-Beziehungen ausgedrückt werden können.

Emotionen sind weder berechenbar noch kann man sie operationalisieren und
anhand von Variablen in mathematische Modelle einspeisen. Emotionen werden aus
dieser an Formeln orientierten Perspektive nicht weiter berücksichtigt. Dennoch sind
in der modernen Psychologie Emotionen messbar (z. B. Ekman, 1992; Damásio, 1997)
und lassen sich durch vier Dimensionen kennzeichnen:

– ausgerichtet auf einen Gegenstand oder Bezugspunkt
  (Beispiel: sich freuen über ..., überrascht sein von ...)
– verändertes eigenes Erleben
  (Beispiel: andere Empfindungen oder andere Gedanken)
– gekoppelt mit einer körperlichen Aktivierung
  (Beispiel: u. a. Atmung, Blutdruck, Herzschlag, Magen-Darm)
– verändertes Verhalten
  (Beispiel: Zuwendung oder Abwehr, Körpersprache)

Die Grundemotionen nach Ekman (1992; 2016) sind Emotionen, die Personen von Geburt
an empfinden und ausdrücken können. Sie sind universell sowie kulturübergreifend und
zeigen sich in typischen Gesichtsausdrücken. Als Grundemotionen gelten Angst, Wut,
Freude, Trauer, Ekel, Überraschung und Verachtung (Ekman, 2016). Emotionen sind ein
unerlässlicher Bestandteil psychologischer Vorgänge, was sich auch in der für die Psychologie typischen Einteilung des Verhaltens in Denken, Fühlen, Handeln zeigt. Persönliche
Überzeugungen und Alltagsweisheiten zu Emotionen konkurrieren oft mit fachwissen-
schaftlichen Erkenntnissen. Solch populäre Glaubenssätze basieren weniger auf Lebenserfahrung, sondern auf Ängsten, Wünschen, Vorurteilen, Vorbildern oder bequemen Denkweisen (vgl. Kap. 7.3). Folgende gängige Annahmen über Emotionen werden hinterfragt:

Emotionale Reaktionen sind bei allen Menschen gleich
Obwohl es gemeinsame Muster gibt, zeigen Personen aufgrund ihrer individuellen Unterschiede und kul-
turellen Hintergründe unterschiedliche emotionale Reaktionen in verschiedenen Situationen. Auch wenn
Emotionen strukturell als universell angesehen werden können, gibt es Variationen in der emotionalen
Ausdrucksweise, die sich auf kulturelle Unterschiede zurückführen lassen (Lindquist et al., 2022).

Negative Emotionen sind schlecht
Diese Annahme geht davon aus, dass Emotionen wie Angst, Wut oder Trauer grundsätzlich unerwünscht
oder schädlich sind. Negative Gefühle sind jedoch ein natürlicher Aspekt menschlicher Erfahrung. In Wirklichkeit erfüllen diese Emotionen wichtige Funktionen, indem sie Bewältigungsstrategien initiieren und zum Umgang mit kritischen Situationen beitragen können (Folkman & Moskowitz, 2000; Seligman, 2002; David, 2016).

Emotionale Intelligenz (EQ) ist wie kognitive Intelligenz (IQ) messbar
Trotz der Popularität des Begriffs „emotionale Intelligenz" gibt es weder eine einheitliche wissenschaftliche Definition noch klare Messmethoden (emotionaler Intelligenztest; Mayer, Salovey, & Caruso, 2004),
die allgemein anerkannt sind. Jedoch gibt es kontroverse Diskussionen darüber (Boyatzis & Goleman,
2007; MacCann & Roberts, 2008), wie genau emotionale Intelligenz definiert und gemessen werden kann.

Emotionen sind biologisch festgelegt
Während biologische Faktoren einen starken Einfluss auf Emotionen ausüben (LeDoux, 1996; Damásio, 1997), gibt es zahlreiche Gründe dafür anzunehmen, dass sowohl Umwelt, Kultur und persönliche Erfahrungen einen bedeutenden Stellenwert einnehmen, wenn es darum geht, wie Emotionen entstehen, erlebt und ausgedrückt werden (Mesquita & Frijda, 1992; Barrett, 2006; Mesquita, 2022; Lindquist et al., 2022).

Denken, Fühlen und Handeln bilden die Grundlage für die Erfahrungen jedes Einzelnen und gelten für alle Lebensbereiche, so auch für das Kaufverhalten.

Jeder Kauf hat eine emotionale Komponente, und das macht sich das Neuro-Marketing zunutze. Es spricht gezielt Belohnungszentren an, indem es emotionale Bereiche im Gehirn zumeist nicht bewusst aktiviert. Als Schaltzentrale für emotionale Reaktionen gilt das limbische System.

Es gilt, zwischen den Begriffen Emotion, Affekt, Stimmung und Gefühl zu unterscheiden. Diese werden in der Alltagssprache oft als synonym gesehen und gebraucht. Auch in der Entscheidungsforschung werden diese Begriffe gelegentlich synonym genutzt, obwohl es emotionspsychologische Trennlinien gibt, die hier kurz aufgezeigt werden (Nuszbaum et al., 2010; Myers, 2014; Pfister, Jungermann, & Fischer, 2017). Affekte, aber auch Gefühle sind als ein Bestandteil erlebter Emotionen anzusehen, müssen aber nicht zwingend einer bestimmten Emotion zugeordnet werden. Ein **Affekt** bezeichnet kurze, intensive Gefühlszustände, die mit starken Verhaltenstendenzen verbunden sind (z. B. Affekttaten) und sind auf einen Bezugspunkt gerichtet. **Emotionen** weisen eine geringere Intensität als Affekte auf, dauern dafür aber länger an, sind dynamisch und eine Kombination bestehender Veränderungsreaktionen auf der Ebene des Verhaltens, der Gefühle und auch der neurophysiologischen Vorgänge. Damásio (1997) folgend, können Emotionen als Veränderungen des Körperzustands verstanden werden und Gefühle sind die Wahrnehmungen solcher Veränderungen. **Stimmungen** dagegen weisen eine geringere Intensität auf und halten auch länger an als Emotionen; wobei sie keinen Bezugspunkt haben. Stimmung kann als dauerhafte Bewertung eines Erlebnisses gesehen werden, die immer mit einem positiven oder negativen Wert versehen ist. Personen zeigen beispielsweise freudige, optimistische oder melancholische Stimmungen. Der Begriff **Gefühl** bezeichnet den erlebnisbezogenen Aspekt einer Emotion und damit die subjektive, meist bewusste, Komponente des emotionalen Zustands. Positive Handelsabschlüsse werden oft von Entscheidungen auf emotionaler Grundlage sowohl begleitet als auch beeinflusst (vgl. Abb. 3.13).

Dem Zusammenwirken von Emotionen und Kognition kommt in der kognitiven Psychologie eine besondere Bedeutung zu. Emotionen werden nicht allein in der sozialen Interaktion und in der Kommunikation als wichtig erachtet. Auch individuelles Denken und Handeln sowie emotionale Zustände stehen in enger Wechselwirkung zueinander. In diesem Zusammenhang liegt auch die Bedeutung der emotionalen Intelligenz. **Emotionale Intelligenz** bezeichnet die Fähigkeit, sowohl die eigenen Emotionen aufzunehmen und zu dirigieren als auch die Emotionen anderer Personen zu beachten und zu berücksichtigen (Empathie) sowie soziale Beziehungen zu steuern. Diese Fähigkeiten

Abb. 3.13: Freude am wirtschaftlichen Handeln.

werden durch psychologische Prozesse unterstützt wie emotionale Achtsamkeit durch die Beachtung, Benennung und Kontrolle der eigenen Emotionen und der Emotionen anderer sowie die Unterstützung anderer bei der Regulation von Emotionen. Dem Einsatz emotionaler Intelligenz kommt in der modernen Arbeitswelt eine besondere Bedeutung zu, da der kommunikative Austausch zwischen Mitarbeitenden untereinander oder mit Kundengruppen eine immer größere Rolle einnimmt (Brehm, 2001). Entscheidungen sind immer auch emotionsgebunden und werden täglich tausendfach getroffen. Personen haben das Gefühl, dass ein Plan besser ist als ein anderer Plan oder sie entscheiden sich intuitiv. Bei Entscheidungen in Unternehmen geht es immer um die Wechselwirkungen von Emotionen und Denkprozessen. Emotionen können als eine Form automatisierter Informationsverarbeitung und als notwendiges Steuerungssystem für kognitive Prozesse verstanden werden. Das Verständnis des Zusammenspiels von Emotionen und Kognition bei Entscheidungs- oder Arbeitsprozessen kann Führungskräfte dazu befähigen, die Zusammenarbeit in der Gruppe oder das Leistungsverhalten einzelner Mitarbeitenden besser zu verstehen und anzuleiten (Zapf & Holz, 2006). Ein hoher Grad von emotionaler Intelligenz ermöglicht es Personen, Kontakte und Beziehungen zu Mitmenschen leichter aufzubauen und zu gestalten. In internationalen und kulturübergreifenden Arbeitsteams aus verschiedenen Ländern kommt der emotionalen Intelligenz eine wesentliche Bedeutung in einer globalisierten Wirtschaft zu. Positive Formen der sozialen Interaktion und der emotionsgeleiteten Kommunikation werden immer häufiger gezeigt oder gefordert. Sowohl das Verständnis und die Gestaltung guter Arbeitsbeziehungen als auch das Problemlösen in Konfliktsituationen basiert auf einem hohen Grad an emotionaler Intelligenz. Besonders die Auswahl von Informationen und die Art und Weise des Denkens steht dabei immer mehr im Mittelpunkt.

Emotionale Intelligenz hat einen starken Einfluss auf die Prozesse des Denkens und Entscheidens (z. B. LeDoux, 2007; Weibler & Küpers, 2008). Oft verengen und hemmen negative Emotionen wie Angst die Informationsverarbeitung. Dagegen führen positive Emotionen wie Glück oft auch dazu, dass Personen leicht ihre Konzentration auf eine Aufgabe verlieren. In der Evolution hat sich eine handlungsleitende Funktion der Emotionen entwickelt. Emotionen spielen beine große Rolle dabei, die Folgen von Entscheidungen und den Umgang mit Risiken besser einzuschätzen.

Ökonomisches Handeln scheint durch die bedeutungsvolle Rolle von Emotionen beeinflusst zu werden. In vielen sozialen Strukturen spielt **Vertrauen** eine bedeutsame Rolle und ist ein essenzieller Faktor bei gesellschaftlichen Vorgängen und wirtschaftlichen Transaktionen. Vertrauen nicht nur zu beschreiben, sondern auch mittels neurobiologischer Verfahren messbar darzustellen, gewinnt einen zunehmenden Stellenwert innerhalb der Neuroökonomie (Javor et al., 2013; Engelmann et al., 2019). Weiterführende Besprechungen finden sich u. a. in Zak, Kurzban und Matzner (2004), Fehr (2009), Riedl und Javor (2012), Wei, Zhao und Zheng (2019) sowie Dreher (2022). In dieser Hinsicht wird von Neuromarketing gesprochen (Javor et al., 2013) und es werden vier Themen hervorgehoben, bei denen die Konsumentenforschung von der Verhaltensökonomie und auch der Hirnforschung profitiert:
- Spiel und Wetten
- Kauf und Kontrollverlust
- Vertrauen und Werbung
- Ethik und invasive Techniken

Das Thema Vertrauen wurde zunächst besonders intensiv von der psychologischen Entscheidungsforschung aufgegriffen (Rilling & Sanfey, 2011). Das Vertrauen der Konsumierenden gilt als Schlüsselfaktor bei Marketingentscheidungen. Es ermöglicht Personen, zu einer Entscheidung zu kommen, selbst wenn sie nicht voll informiert sind. Vertrauen befähigt Personen, in einer komplexen und wenig vorhersehbaren Umgebung zu handeln und mit Risiken umzugehen. Konsumierende sind darauf angewiesen, Anbietenden von Waren und Dienstleistungen zu vertrauen, da man unmöglich alle Feinheiten eines Angebots verstehen kann. Umgekehrt können Unternehmen dieses Vertrauen entweder durch Offenheit gewinnen oder es ausnutzen, indem Informationen vorenthalten werden oder minderwertige Qualität angeboten wird (Enste et al., 2016). Beispielsweise werden Finanzdienstleistungen bei der Anlageberatung reguliert, um der Angst vor Risiken entgegenzuwirken und das Vertrauen zwischen Dienstleistenden und Konsumierenden aufrecht zu erhalten. Vertrauen spielt daher auch bei dem Konzept der begrenzten Rationalität eine wichtige Rolle.

3.10 Begrenzte Rationalität

Im Konstrukt des Homo oeconomicus treffen Personen stets rationale Entscheidungen, wobei sie ihren eigenen Nutzen maximieren möchten. Vor allem lag es an dieser Annahme, dass die traditionelle Wirtschaftsforschung nur unzureichend menschliches

Entscheidungsverhalten erklären konnte. So führte Simon (1956; 1978) das Konzept der **begrenzten Rationalität** vor mehr als 60 Jahren ein. Man spricht von rationalem Verhalten, wenn eine Kongruenz zwischen den Handlungen und den verfolgten Zielen vorherrscht. Das Konzept der begrenzten Rationalität beschreibt menschliches Entscheidungsverhalten in realen Situationen, wobei statt optimaler Entscheidungen zufriedenstellende Lösungen im Vordergrund stehen. In der Alltagssprache verbindet man mit dem Begriff rational ein durchdachtes, überlegtes, aber auch vernünftiges Verhalten. Die Theorie der begrenzten Rationalität beruht auf der Tatsache, dass es keine vollkommene Rationalität im menschlichen Entscheiden geben kann, da es für Personen aufgrund von Unsicherheit, Risiko und Ungewissheit nicht möglich ist, alle Informationen zu berücksichtigen. Nach Simon (1985) ist begrenzte Rationalität nicht mit Irrationalität gleichzusetzen. Rationalität wird dabei nicht nur auf kognitive Prozesse beschränkt. Vielmehr können Personen zwar denken, dass eine bestimmte Entscheidung vernünftig ist (z. B. mit Sport anzufangen), ihr aber dennoch nicht folgen. Rational begründete Schlussfolgerungen können von starken emotionalen Impulsen überlagert werden. Das Fehlen einer vollständigen Verhaltenskontrolle ist nicht immer auf kognitive Grenzen des Verhaltens rückführbar, sondern auch auf Grenzen der Motivation (Gigerenzer & Selten, 2001b). Ferner ist das Wissen, die Verarbeitungskapazität und das Gedächtnis von Personen begrenzt. Dies legte u. a. die Basis, auf der die Prospect-Theorie (vgl. Kap. 6) aufbaut, da diese unterschiedliche Entscheidungsanomalien menschlicher Entscheidungsfindung beschreibt. Zudem wurde durch eine effektive Forschungsstrategie zu Entscheidungsanomalien das *heuristics and bias* Programm ins Leben gerufen (Tversky & Kahneman, 1974; Hertwig & Pedersen, 2015). Entscheidungsanomalien oder Heuristiken werden im wirtschaftlichen Sprachgebrauch auch als irrationales Verhalten beschrieben, wobei es nach Kahneman (2012a) als eine Abweichung zu rationalem Verhalten verstanden werden kann. Diese Abweichung führt zu Fehlurteilen und Verzerrungen (Tversky & Kahneman, 1974; 1982; Goldstein & Gigerenzer, 2002; Gigerenzer, 2007; Kahneman, 2012a). Wichtige Beispiele werden in Kapitel 5 näher betrachtet. Die Beispiele betonen die Bedeutung der Konzepte, wie begrenzte Rationalität, Heuristiken und Verzerrungen, welche dazu beitragen, menschliches Entscheidungsverhalten besser zu verstehen.

Ebenfalls umfasst begrenzte Rationalität die Anwendung von Heuristiken, damit Ziele oder Entscheidungen auch unter Unsicherheit erreicht werden können (z. B. Felser, 2015). Darüber hinaus spricht man auch von axiomatischer Rationalität, wenn es darum geht, dass logische Prinzipien (z. B. Transitivität) von Personen eingehalten werden. Jedoch werden diese normativen Modellannahmen durch menschliches Handeln verletzt, wenn

- äquivalente Optionen nicht gleichbehandelt werden,
- man sich aus unterschiedlichen Optionen für das Ergebnis entscheidet, welches mit einem geringeren Nutzen verbunden ist,
- nicht alle bereitgestellten und relevanten Informationen genutzt werden,
- die Entscheidung nicht zum selben Resultat führt wie bei Außenstehenden.

Bestimmte sensorische und motorische Fähigkeiten sind erforderlich, um verkörperte Heuristiken auszuführen. **Verkörperte Heuristiken** basieren auf Entscheidungsregeln, die auf körperliche Erfahrungen oder die physische Interaktion mit der Umwelt verweisen. Sensorische Fähigkeiten beziehen sich auf die sinnliche Wahrnehmung (u. a. hören, sehen, riechen, tasten, schmecken) von Informationen und die Übertragung in Muskelaktivität oder motorisches Verhalten. Motorisches Verhalten bezieht sich auf die Bewegungsfähigkeit des Körpers, die Fähigkeit Bewegungen zu planen, zu koordinieren und auszuführen (u. a. Texte schreiben, Objekte greifen, gehen, sitzen). Das enge Zusammenspiel von sensorischen und motorischen Fähigkeiten wird als Sensomotorik bezeichnet. Die **Blickheuristik** wird nachfolgend beispielhaft als eine verkörperte Heuristik dargestellt. Diese beinhaltet sensomotorische Koordinationsprobleme beim Erkennen von sich bewegenden Zielen, wie beispielsweise beim Fangen eines Frisbee. Es bleibt oftmals nicht die Zeit, um komplexe mathematische Formeln (wenn auch unbewusst) zu berechnen. Man verlässt sich auf seine Erfahrung und den Blickwinkel, um die Position zu antizipieren, an der man das Frisbee fangen kann (vgl. Abb. 6.3). Das Konzept der verkörperten Heuristik nach Gigerenzer (2021) besagt, dass Personen nicht allein kognitive, sondern auch körperliche und emotionale Routinen nutzen, um schnelle und effektive Entscheidungen zu treffen.

Nachfolgend werden nach dem Ansatz von Gigerenzer (Gigerenzer & Selten, 2001a; Gigerenzer, 2007) drei einfache Regeln beschrieben, welche komplexe Strukturen der Umwelt berücksichtigen und Bausteine eines effizienten Entscheidungsbaums darstellen:

– **Suchregeln**
  Einfache Suchregeln werden Schritt für Schritt ausgeführt. Es wird nicht versucht, die gesamte Bandbreite an potenziellen Optionen zu durchsuchen. Es wird sich zuerst für die offensichtliche Lösung entschieden. Der Suchprozess orientiert sich überwiegend an vorherigen Erfahrungen aus ähnlichen Entscheidungssituationen.

– **Stoppregeln**
  Einfache Stoppregeln sorgen für das Ende einer Suche. Es werden dabei keine komplexen mathematischen Berechnungen eingesetzt, wie z. B. Optimierung der Nutzenfunktionen oder Berechnung der Wahrscheinlichkeiten.

– **Entscheidungsregeln**
  Einfache Entscheidungsregeln sind hilfreich, um aus einer Reihe von Optionen die beste Wahl zu treffen, indem sie die Komplexität von Entscheidungen reduzieren. Sie basieren auf klaren Kriterien und sind leicht anzuwenden.

Ein **Entscheidungsbaum** (*decision tree*) ist ein Flussdiagramm. Es beginnt mit einer zentralen Problemstellung und gliedert sich je nach den verschiedenen Konsequenzen einzelner Entscheidungen auf. Dabei werden die möglichen Ergebnisse, Kosten und Konsequenzen komplexer Entscheidungen als grafische Darstellung analog der Baumstruktur abgebildet. Ein Vergleich der Ergebnisse ermöglicht es dann, schnell die bestmögliche Entscheidung zu treffen. Der Entscheidungsbaum kann dazu dienen, Probleme zu lösen, Kosten zu kontrollieren oder Chancen aufzudecken.

Bei der Informationssuche können Personen die Merkmale auf unterschiedliche Weise abfragen (Czerlinski, Gigerenzer, & Goldstein, 1999; Gigerenzer & Selten, 2001a; Goldstein & Gigerenzer, 2002). Entweder wird ein Merkmal als Entscheidungskriterium festgelegt oder es kann eine Kombination unterschiedlich gewichteter Merkmale genutzt werden. Die Suche wird sofort gestoppt, wenn das Kriterium oder die entscheidende Merkmalskombination erfüllt ist. Entsprechend der gewählten Entscheidungsregel, z. B. *take-the-best*, wird die Suche ausgeführt und dann gestoppt.

Nachfolgend werden die Theorien der **Anspruchserfüllung** (*satisficing*) und der **Anspruchsanpassung** (*aspiration adaption or optimizing*) näher beleuchtet.

Dabei beschreibt die Anspruchserfüllung ein von Simon (1955; 1957) eingeführtes Konzept, bei dem eine Person verschiedene Optionen in Betracht zieht, bis die Person eine akzeptable, d. h. ausreichende und zufriedenstellende, Option findet. Gigerenzer (1991) differenziert das Anspruchserfüllungskonzept, indem er explizit drei Regeln für die Informationssuche aufstellt (s. o.). Dabei nimmt dieses Modell zwei mögliche Ausgänge an (vgl. Abb. 3.14).

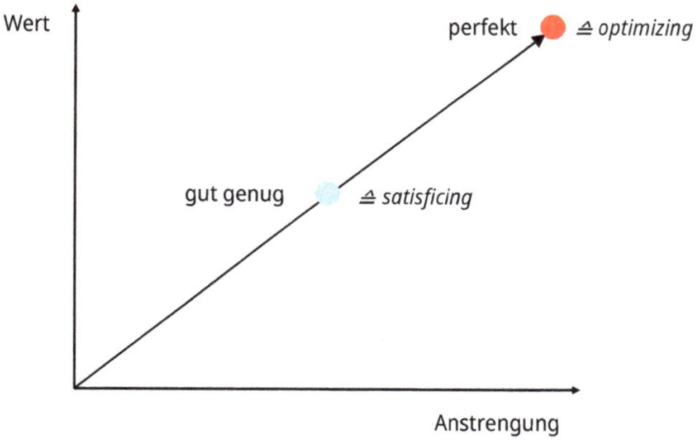

Abb. 3.14: Einfache Suchregeln zur Entscheidungsfindung.

Entweder ist das Angebot von Kaufenden oder Verkaufenden zufriedenstellend (gut genug) oder nicht zufriedenstellend (optimierbar). Wenn man sich beispielsweise ein Fahrrad kaufen möchte, dann geht man in ein Fahrradgeschäft und schaut nach einem passenden Rad. Falls man im ersten Geschäft nicht fündig wird, sucht man ein weiteres Geschäft auf. Die Theorie der Anspruchsanpassung ist eine Weiterentwicklung der Theorie der Anspruchserfüllung (Selten, 1998; Gigerenzer & Selten, 2001b). Der Wert einer Zielvariable setzt ein gewisses Anspruchsniveau voraus, bei dem eine zufriedenstellende Lösungsoption erreicht oder erfüllt werden soll. Das bedeutet, dass nicht unbedingt die beste Option gewählt wird, sondern eine, die gut genug ist, um die eigenen Ansprüche zu befriedigen. Im unternehmerischen Kontext könnten die Zielvariablen der Gewinn, die Umsatzmenge oder der Marktanteil sein. Das Besondere jedoch an der

Theorie der Anspruchsanpassung ist, dass Entscheidungsoptionen nicht vorab gegeben sind, sondern nacheinander in einem Suchprozess erst gefunden werden. Dabei läuft der Suchprozess im Idealfall so lange, bis eine perfekte Option gefunden wird, welche die gewünschten Zielvariablenwerte entweder erfüllen oder übertreffen. Die Suche nach Perfektion wird bis zum Kauf eines optimalen Rades durchgeführt. Im Sinne der Theorie der Anspruchsanpassung sucht man alle in der Nähe verfügbaren Fahrradgeschäfte auf und entscheidet sich erst für das attraktivste Rad, nachdem man alle Optionen gesehen hat. Die Theorie der Anspruchsanpassung ist nicht anwendbar, wenn Ziele nicht genau genug definiert worden sind.

Die Verhaltensökonomie beschränkt sich jedoch nicht allein auf die Annahme der begrenzten Rationalität beim menschlichen Entscheidungsverhalten, sondern geht darüber hinaus auf andere psychologische Faktoren beim Entscheiden ein, wie Motivation, Emotion und Gruppenverhalten. So wird auch davon ausgegangen, dass der motivationale Faktor Willenskraft/Volition begrenzt ist (Baumeister & Tierney, 2012; Mischel, 2015). Beispielsweise bedeutet dies, dass man unangenehm wahrgenommene Entscheidungen vertagt (Prokrastination). Zudem kann auch die Bedeutung des Eigennutzes beschränkt sein. Die Verhaltensökonomie behandelt alternative Nutzenkonzepte, wie Fairness, Reziprozität, Altruismus, aber auch Vergeltung (vgl. Kap. 9.7 und 9.8). Gerechtigkeit (*fairness*) beschreibt den drei am weitesten verbreiteten Auffassungen folgend einen Zustand, bei dem alle das Gleiche bekommen (*equality*), alle nach ihrem Bedürfnis (*need*) und alle nach dem Verdienst (*equity*) bekommen.

Begrenzte Rationalität besagt, dass Individuen in ihren Entscheidungen nicht immer vollständig rational sind, sondern durch begrenzte Informationsverarbeitungs- und Rechenkapazitäten beeinflusst werden. Verhaltensverzerrungen entstehen, wenn Individuen aufgrund dieser begrenzten Rationalität von ihren idealen Entscheidungen abweichen. Heuristiken sind einfache Regeln oder Annahmen, die Individuen verwenden, um schnell und effizient Entscheidungen zu treffen, aber sie können auch zu Verhaltensverzerrungen führen. Beide Begriffe (begrenzte Rationalität und Heuristiken) sind eng miteinander verbunden und erklären, warum Personen manchmal irrational handeln. Aus diesem Grund widmet sich das nächste Kapitel ausgewählten Heuristiken.

4 Bias und Heuristiken

Wäre es nicht das Rationalste auf der Welt, Rationalität zu hinterfragen? Doch was hemmt den Homo oeconomicus dabei? Könnte es auf Irrationalität, fehlende Informationen, Gruppeneinflüsse oder Emotionen zurückzuführen sein? Im betrieblichen Umfeld werden Entscheidungen bis heute zumeist vorrangig aus der Sichtweise ökonomischer Rationalität betrachtet, wobei diese Perspektive primär an der Nutzenmaximierung ausgerichtet ist. Wie im vorherigen Kapitel verdeutlicht, geht es jedoch um die tatsächliche und nicht um die idealtypische Funktionsweise von Entscheidungen. Menschliches Entscheidungsverhalten scheint unter der realitätsnahen Perspektive vor allem durch vereinfachte Entscheidungsregeln und spontane Verhaltenstrends beeinflusst zu sein. Diese zeichnen sich durch ihre Einfachheit und Effizienz aus, führen jedoch nicht mit absoluter Sicherheit zu einer einwandfreien Lösung. Der aus dem Griechischen stammende Begriff Heuristik bedeutet, etwas zu finden oder zu entdecken (Gigerenzer, 2007). Manche Heuristiken verletzen sogar elementare logische Prinzipien, wie etwa das Prinzip der Transitivität (vgl. Kap. 2.5). Wenn Produkt A gegenüber Produkt B und zugleich Produkt B gegenüber Produkt C vorgezogen wird, dann verlangt das Prinzip der Transitivität, dass das Produkt A gegenüber Produkt C präferiert wird und die Entscheidung keinesfalls auf Produkt C fällt. Diese für die Wirtschaftswissenschaften paradox erscheinende und im Vorhinein ausgeschlossene Wahl für das Produkt C ist jedoch beim Einsatz mancher vereinfachter Entscheidungsregeln – und damit bei vielen Konsumentscheidungen (Czerlinski, Gigerenzer, & Goldstein, 1999) – durchaus möglich.

Der englischsprachige Begriff **bias** beschreibt ein starkes Gefühl für oder gegen etwas, welches allerdings oftmals keinem rationalen Urteilsvermögen zugrunde liegt, d. h. eine irrationale Beeinflussung einer Meinung oder Entscheidung darstellt (Kahneman, 2012a). Die **kognitive Verzerrung** (*cognitive bias*) beschreibt eine Voreingenommenheit beim Denken, auf welcher menschliche Irrtümer basieren können. Die kognitive Verzerrung bezeichnet eine systematische, fehlerhafte, meist unbewusste Neigung in eine Richtung beim Wahrnehmen, Verarbeiten, Gewichten, Erinnern, Urteilen und Entscheiden. Eine Verzerrung kann zu falschen oder irrationalen Interpretationen, Schlussfolgerungen, Entscheidungen oder Handlungen führen.

Verzerrungen und Heuristiken sind zentrale Kernbereiche der Verhaltensökonomie. Die steigende Bedeutung verhaltensökonomischer Fragestellungen wird auch durch die stetige Zunahme der Publikationsrate[2] des Forschungsfeldes im Bereich Bias und Heuristiken verdeutlicht (vgl. Abb. 4.1).

---

2 Publikationsrate im Fünfjahresdurchschnitt der Suchbegriffe für die Bereiche Bias und Heuristiken „bias" or „biases" or „heuristic" or „heuristics" in den Fachgebieten Psychologie, Ökonomie und in den Anwendungsbereichen (Gesamtpublikationen 1979–2022: Bias und Heuristiken n = 310468. Quelle: Web of Science. Abgerufen am 27.04.2023).

https://doi.org/10.1515/9783110722307-004

Bias und Heuristiken

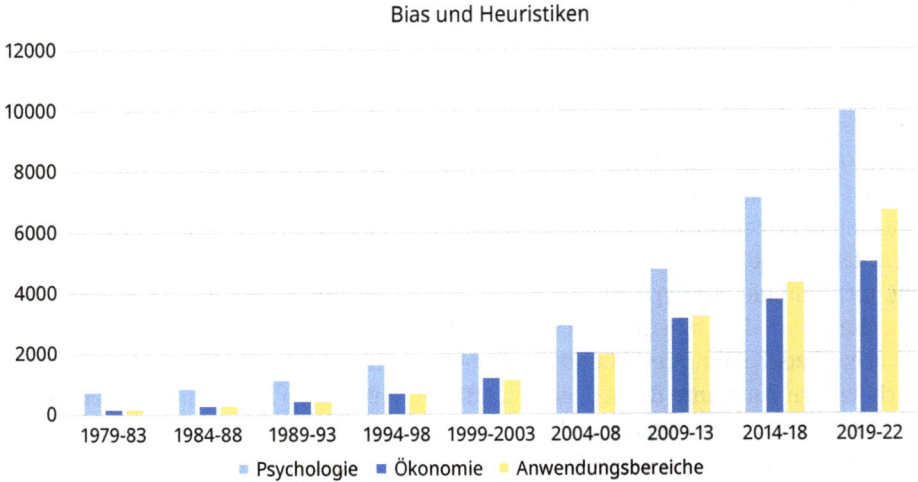

Abb. 4.1: Publikationsrate im Fünfjahresdurchschnitt in den Bereichen Bias und Heuristiken.

Besonders in den letzten beiden Jahrzehnten hat sich ein deutlicher Trend bei den Veröffentlichungen abgezeichnet. Ursprünglich in der Psychologie verwurzelt, hat sich die Forschung zu Verzerrungen und Heuristiken rasant auf die Ökonomie und ihre Anwendungsbereiche ausgeweitet. Die Grafik zeigt einen deutlichen Anstieg der Veröffentlichungen in diesen Disziplinen, was die zunehmende interdisziplinäre Ausrichtung dieses Forschungsfeldes unterstreicht. Dieser Trend deutet auf ein umfassenderes, mehrdimensionales Verständnis menschlicher Entscheidungsfindung hin.

Verschiedene Formen kognitiver Verzerrungen (z. B. Anker-Effekt, Selbstüberschätzung, Bestätigungstendenz) treten in unterschiedlichen Situationen auf und verweisen auf verschiedene Wechselwirkungen zwischen Kognition und Emotion. Ihre Entstehung kann primär sowohl auf kognitive als auch auf emotionale oder soziale Faktoren zurückgeführt werden.

Im Sinne von **Tversky** und **Kahneman** (1974) werden Heuristiken beim Empfindungserlebnis als eine Art Fehlerquelle oder außer Acht gelassene Rationalität beschrieben, welche zu Verzerrungen im Verhalten führt. Des Weiteren wird angenommen, dass lediglich auf Heuristiken zurückgegriffen wird, wenn Informationen nicht in voller Gänze zur Verfügung stehen oder wenn nicht alle Informationen genutzt werden können. Folgt man hingegen der Perspektive von **Gigerenzer** und Gaissmaier (2011), so werden Heuristiken als Optimierung in Form von Faustregeln verstanden (vgl. Kap. 4.8).

Entsprechend der Definition von Heuristiken nach Tversky und Kahneman (1974) sind diese zumeist intuitive und universelle Verallgemeinerungen, welche in engem Zusammenhang zu fehlerverursachenden Verzerrungen menschlichen Verhaltens stehen und zu systematischen Fehlern im menschlichen Entscheidungsverhalten führen können. Dieser Auffassung nach sind Heuristiken, die zu Urteilsverzerrungen führen können, negativ konnotiert. Hingegen sind Heuristiken nach der Auffassung von Gigerenzer (1996a) als hilfreiche, gedankliche Vereinfachung zu verstehen und weisen somit einen positiven Charakter auf. Ferner stuft Gigerenzer (2008) Heuristiken als effiziente Entscheidungshilfen ein, die manchmal ebenso genaue oder in manchen Situationen sogar bessere Ergebnisse erzielen, als es komplexe Algorithmen tun.

Heuristiken sind zudem nach wichtigen Merkmalen zu kategorisieren. Wie in Tab. 4.1 veranschaulicht, können ihrem Auftreten nach unbeabsichtigte und beabsichtigte Heuristiken unterschieden werden.

Unbeabsichtigte Heuristiken wirken unbewusst und damit ohne wissentliche Nutzung. Sie sind vorprogrammiert und das Ergebnis evolutionärer Entwicklung. Sie wirken zudem bei allen Personen systematisch mehr oder weniger in gleicher Weise und werden durch System 1 (vgl. Kap. 7.2; Kahneman, 2012a) gesteuert.

Beabsichtigte Heuristiken hingegen werden bewusst und willentlich eingesetzt. Im Gegensatz zu unbewussten Heuristiken entwickeln sich diese direkt mittels Lernvorgängen und werden durch Erfahrungen kultiviert. Sie sind dabei nicht systemisch, d. h. bewusste Heuristiken können von Person zu Person variieren und durch System 2 (vgl. Kap. 7.2) gesteuert werden.

Tab. 4.1: Form und Merkmale von Heuristiken.

unbeabsichtigte Heuristiken	beabsichtigte Heuristiken
unwissentliche und unbewusste Nutzung	wissentliche und bewusste Nutzung
Entwicklung durch Evolution	Entwicklung durch Lernen
intern vorprogrammiert	Kultivierung durch Erfahrung
systematisch bei allen Menschen in gleicher Weise	unsystematisch von Mensch zu Mensch unterschiedlich
automatisch/spontan	strategisch/geplant
angekoppelt an das assoziative System 1	angekoppelt an das regelbasierte System 2

Neben den hier aufgeführten Unterscheidungsmerkmalen ist es an dieser Stelle erwähnenswert, dass unbeabsichtigte Heuristiken nicht artikuliert werden und grundsätzlich auf der individuellen Ebene ablaufen. Nähere Ausführungen zu den unbeabsichtigten Heuristiken finden sich in empirischen Studien zur Verfügbarkeit (Ambos et al., 2020; Chen, Cheng, Lin, & Peng, 2017), zur Verankerung (Graffin, Boivie, & Carpenter, 2013; Martin, Wiseman, & Gomez-Mejia, 2016; Rusetski, 2014), zur Repräsentativität (Caramelli & Carberry, 2014; Ambos et al., 2020) und zum Affekt (Pham & Avnet, 2009; Skagerlund et al., 2020). Beabsichtigte Heuristiken dagegen können ausgesprochen, aber auch nicht artikuliert werden, wobei sie sowohl auf individueller als auch auf organisationaler Ebene erfasst werden können (Atanasiu, 2021).

Die Anwendung von Heuristiken geht mit einer Verringerung des Aufwands für das Abrufen und Speichern von Informationen im Gedächtnis einher. Dabei wird der

Entscheidungsprozess vereinfacht, indem die Menge an Informationen, die für die Urteilsfindung notwendig sind, reduziert wird. Dieser Prozess ist anfällig für Verzerrungen im Verhalten und kann in Fehlentscheidungen oder verfälschten Urteilen resultieren. Heuristiken erscheinen systematisch und vorhersagbar. Dennoch sind Faustregeln, (vor)eilige Schlüsse (vgl. Kap. 5.1) und mentale Abkürzungen fester Bestandteil menschlicher Entscheidungsfindung. Wann und wie genau dabei welche Heuristiken zur Verkürzung von Problemlösungs- und Entscheidungsprozessen beitragen oder Verzerrungen verursachen und damit Urteile verfälschen, wird in diesem Kapitel näher erläutert.

4.1 Limitierte Informationswahrnehmung und -verarbeitung

Mit der Wahrnehmung, d. h. der Aufnahme von Informationen, beginnt der Prozess Informationsverarbeitung. Unter **Wahrnehmung** versteht man den Prozess, der alle Informationen so interpretiert und organisiert, dass es Personen ermöglicht wird, Ereignisse und Gegenstandsbedeutungen zu erkennen. Es werden sowohl externe als auch interne Informationen über Personen und Ereignisse wahrgenommen, um damit ein Gesamtbild der Umwelt zu erstellen. Medienbotschaften können dabei als externe Reize verstanden werden, während die inneren Reize jene sind, die durch Emotionen hervorgerufen werden. Informationen können oft als Signale interpretiert werden, welche zur Reduktion von Unsicherheit und zur Entscheidungsvorbereitung dienlich sind. Das Bewusstsein über mögliche Informationen kann auf aktives oder unbeabsichtigtes Suchen zurückgeführt werden, wenn man sich beispielsweise Zeitschriften ansieht (passive Wahrnehmung von Informationen). Wenn Personen alle verfügbaren Informationen verarbeiten könnten, dann müssten sie damit einhergehend die Fähigkeit grenzenloser Wahrnehmung und Kognition besitzen. Jedoch zeigen wissenschaftliche Untersuchungen starke Einschränkungen des menschlichen Gehirns (vgl. Hoffmann & Engelkamp, 2016; Wickens & Carswell, 2021). Komplexe Informationsfunktionen zur schnellen Verarbeitung sinken jedoch nach kurzer Zeit. In diesem Zusammenhang spricht man von selektiver Wahrnehmung, da Personen nie alle Informationen wahrnehmen bzw. verarbeiten können, sondern Informationen auswählen und filtern.

Wenn Informationen den eigenen Erwartungen widersprechen, werden diesen auch weniger Bedeutung beigemessen als solchen Informationen, welche die eigene Erwartung bestätigen. Zudem führen routinemäßiges Verhalten und eigene Erfahrungen dazu, dass man sich auf seine erworbenen Fertigkeiten beruft und deshalb neue Informationen außer Acht lässt. Darüber hinaus neigen Personen zu einer Überbewertung von Schlüsselinformationen. Ähnlich werden aus zweidimensionalen Bildern (Straßenmalerei) Schlüsselinformationen so organisiert, dass dreidimensionale Wahrnehmungen (U-Bahn Eingang mit Treppe) als Raumillusion entstehen (vgl. Abb. 4.2). Entscheidende Informationen zur dreidimensionalen Wahrnehmung sind Hinweisreize für Tiefe wie Licht und Schatten, die relative Größe sowie die Verdeckung und

Zentralperspektive. Bei Straßenbildern können die entscheidenden Hinweisreize nur aus einem Blickwinkel einen dreidimensionalen Eindruck erwecken.

Abb. 4.2: Optische Täuschung durch Schlüsselinformationen nach Julian Beever.

Julian Beever versteht es wie kein anderer, räumliche Hinweisreize auf beeindruckende Weise so anzuordnen, dass seine kreativen zweidimensionalen Straßenbilder als realistische dreidimensionale Szenen (optische Täuschungen) wahrgenommen werden.

Schlüsselinformationen kommt bei der Wahrnehmung und Entscheidungsfindung eine besonders wichtige Rolle zu. Die Vielzahl der wahrgenommenen Informationen wird durch **Aufmerksamkeit** gefiltert. Dabei werden einzelne Informationen besonders gewichtet und bevorzugt verarbeitet (Schlüsselinformationen). Aufmerksamkeit kann als eine Ressource verstanden werden, die begrenzt ist. Dabei kommt es bei der Bottom Up-/Top Down-Verarbeitung zu einer unterschiedlichen Art und Weise der Gedächtnisbildung, welche mit Limitationen verbunden ist. So werden bei **Bottom Up**-Prozessen die Informationen von den Sinnesorganen über die Nerven in die Gehirnzentren geleitet. Dem gegenüber beginnt die **Top Down**-Prozessierung durch zentral gesteuerte Gehirnprozesse, deren Informationen dann in die Körperorgane weitergeleitet werden. Dabei dienen Erwartungen und gemachte Erfahrungen (Top Down) als eine Art Filter, durch welchen Sinnesinformationen (Bottom Up) in der Wahrnehmung geordnet und sinnhaft konstruiert werden (vgl. Abb. 4.3). Zudem wirken sich Kontext-Effekte auf die Wahrnehmung aus. Wenn man sich dazu vorstellt, dass man ein Geräusch hört, welches von den Worten „–ut und günstig" unterbrochen wurde, könnte man in diesem Zusammenhang das unterbrochene Wort wahrscheinlich als „gut" wahrnehmen. Sind die Worte stattdessen „–ut und Schirm", dann hört man wahrscheinlich „Hut". Somit wird durch den Kontext eine gewisse Erwartung

hervorgerufen, welche sich, der Top Down-Prozessierung folgend, auf die Wahrnehmung auswirkt (Grossberg, 1999). Insofern ergänzen sich Wahrnehmung und Gedächtnis wechselseitig. Einer der sensibelsten Teile einer Erinnerung ist deren Herkunft. Daher kann es vorkommen, dass Personen von etwas träumen, ohne sich im
Nachhinein sicher zu sein, ob es wirklich passiert ist. Wenn eine Erinnerung fälschlicherweise einer nicht erlebten Erfahrung zuschrieben wird, spricht man von der sogenannten **Quellenamnesie** (Schacter, Harbluk, & McLachlan, 1984). Diese Fehlattri-
bution führt zu falschen Erinnerungen und verdeutlicht, wie beeinflussbar das
menschliche Gedächtnis ist. Eine gute Einführung in die Grundlagen dieser Prozesse
findet sich bei Hoffmann und Engelkamp (2016).

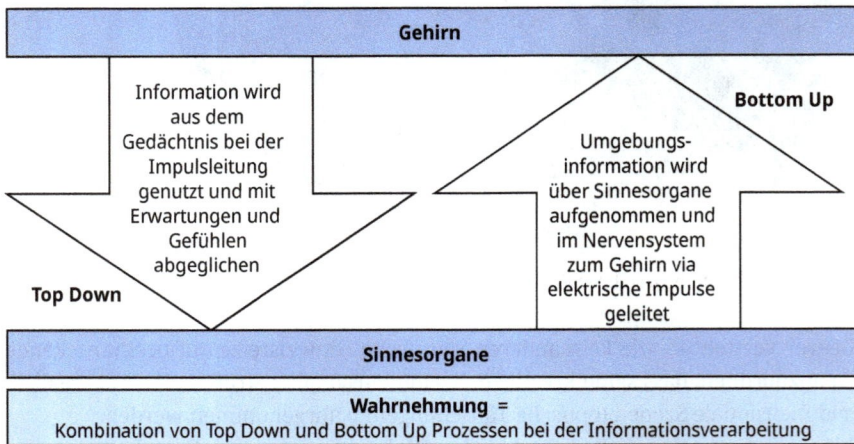

Abb. 4.3: Prozesse der Informationsverarbeitung bei der Wahrnehmung.

Der Auffassung von Gigerenzer und Gaissmaier (2006) folgend empfiehlt es sich dann
sogar, nicht alle Informationen bei einer Entscheidung unter Unsicherheit zu berücksichtigen, um akzeptable Prognosen treffen zu können. Auf Einfachheit fokussierte Heuristiken, bei denen man sich ausschließlich auf den besten Grund konzentriert und alle
anderen Optionen bewusst ignoriert, erleichtern die Konzentration auf die übermittel-
ten Informationen.

Zudem können auch aktuelle Annahmen des gegenwärtigen Zustandes unser Urteilsvermögen beeinflussen oder verzerren, weshalb im nächsten Kapitel näher auf
die Beibehaltungstendenz eingegangen wird.

4.2 Beibehaltungstendenz

Eine Person, welche seit Jahren die Angewohnheit hat, jeden Donnerstagabend dasselbe Restaurant zu besuchen, weil es eine vertraute und zugleich bequeme Gewohnheit darstellt, hört von anderen lokalen Restaurants mit abwechslungsreichen Speisekarten. Wenn die Person dennoch weiterhin in das vertraute Restaurant geht, könnte die Entscheidung durch die Beibehaltungstendenz unbewusst initiiert worden sein.

Die **Beibehaltungstendenz** (*status quo bias*) beschreibt eine Neigung, die zum Beibehalten des gegenwärtigen Verhaltens führt. Personen möchten Dinge so aufrechterhalten, wie diese zum aktuellen Zeitpunkt sind. Diese Verzerrung führt häufig auch dazu, dass bei einer Wahl zwischen einer Veränderung und dem aktuellen Zustand die Entscheidung gegen die Veränderung ausfällt und man den gegenwärtigen Zustand präferiert (Kahneman, Knetsch, & Thaler, 1991). Man behält also den aktuellen Zustand, den Status quo, bei, da vor allem Wechselkosten, Wahlschwierigkeiten, Präferenzstabilitäten und antizipiertes Bedauern Änderungen des Verhaltens hemmen (vgl. Abb. 4.4).

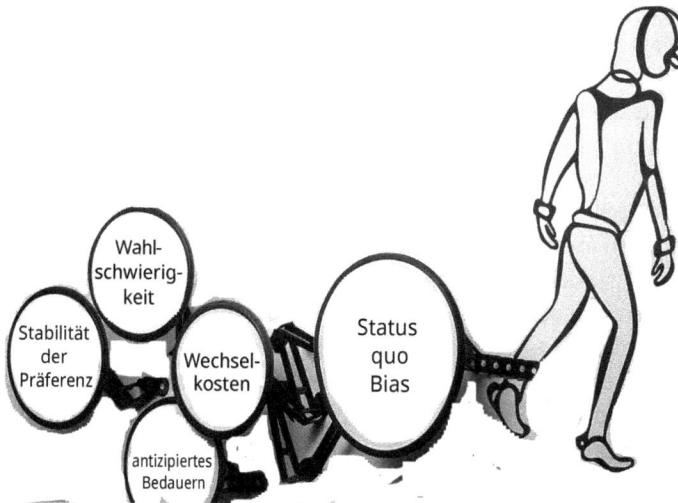

Abb. 4.4: Einflussfaktoren beim Status quo Bias.

Sicherlich ist diese Tendenz, oftmals „Macht der Gewohnheit" genannt, den meisten Personen im Alltag geläufig, wenn es beispielsweise darum geht, ein neues Mobiltelefon oder ein neues Auto zu kaufen. So neigen Personen, die seit mehreren Jahren ein iPhone nutzen, dazu, sich erneut das aktuelle Modell desselben Herstellers zu sichern. Analog dazu tendieren Personen, die seit Jahrzehnten einen Volkswagen fahren, auch dazu, sich einen neuen Volkswagen anzuschaffen. Wenn Personen seit 20 Jahren die CDU wählen, dann werden sie höchstwahrscheinlich bei der nächsten Bundestagswahl auch wieder die CDU wählen. Ferner führt die Präferenz, den bestehenden Zustand beizubehalten, dazu, dass bei Wahlen Amtsinhabende bevorzugt gewählt werden. Die Beibehaltungstendenz könnte einen Erklärungsansatz dafür leisten, warum es bei gewissen Produkten zu höheren Preisunterschieden kommt, obgleich diese nicht vom Wettbewerb zu erwarten sind. Wenn sich jemand für ein hochpreisiges Produkt entscheidet und diese Wahl zur Gewohnheit macht, ist diese Person wahrscheinlich zukünftig eher bereit, einen höheren Preis zu zahlen. Wenn es zu Preisveränderungen bei Produkten kommt, könnte die Beibehaltungstendenz dafür verantwortlich sein, dass eine langsame und zögerliche Reaktion beim Kauf hervorgerufen wird. Veränderungen des Preises werden in Abhängigkeit vom Referenzpunkt bewertet. Kaufentscheidungen werden demnach nicht ausschließlich auf Basis des Vergleichs vorhandener Optionen getroffen, sondern anhand eines direkten Vergleichs des Status quo (Altmann, Falk, & Marklein, 2009).

Daneben könnte der Besitz-Effekt (vgl. Kap. 5.8) die Wirksamkeit der Beibehaltungstendenz untermauern und einen Erklärungsansatz für den Erfolg von Probefahrten liefern. Wenn man ein Auto für eine Woche zur Probe fährt, so wird der Besitz des Fahrzeugs zum Status quo und es fällt der Person schwerer, das Produkt wieder zurückzugeben. Aber auch die Verlustaversion (Kahneman & Tversky, 1979; Tversky & Kahneman, 1992; Altmann, Falk, & Marklein, 2009; Li, Liu, & Liu, 2016) könnte in diesem Fall zur Beibehaltungstendenz beitragen. Wenn man mit seiner Entscheidung zur Rückgabe des Fahrzeugs einen Verlust antizipiert, wird eher der aktuelle Zustand, das Auto zu besitzen, als Status quo bevorzugt. Hier ergänzen sich die Beibehaltungstendenz und der Besitz-Effekt. Neben der Verfügbarkeitsheuristik (vgl. Kap. 4.5) wirkt sich auch die Beibehaltungstendenz verstärkt auf technologiebezogene Entscheidungen aus (Kim & Kankanhalli, 2009).

Die Beibehaltungstendenz wurde als einer der Gründe für eine häusliche Energieknappheit herausgestellt (Lorenc et al., 2013). Demnach halten Personen mit einem geringen Einkommen an teuren Energietarifen fest und vermeiden es, auf einen günstigeren Tarif umzusteigen. Wie Mohn (2021) feststellt, führt die Beibehaltungstendenz dazu, dass trotz umweltschädlicher Bedenken die Nutzung fossiler Brennstoffe vorangetrieben wird. Dies widerspricht dem mehr und mehr angestrebten Ziel erneuerbare Energien zu fördern. Die beschriebenen Beispiele und Studien verdeutlichen die Verhinderung von Veränderungen sowohl auf individueller als auch auf kollektiver Ebene, weshalb im Folgenden Gegenmaßnahmen vorgestellt werden, die den Effekt der Beibehaltungstendenz verringern oder ausgleichen können.

Auf individueller Ebene schlagen Bekir und Doss (2020) das Erzählen von Erfolgsgeschichten vor. Dabei verweisen die Autoren auf Machbarkeitsbeispiele, die sich aus erfolgreichen Erfahrungen renommierter Unternehmen bilden. Außerdem ist es förderlich, den wahrgenommenen Grad der Veränderungen durch gezielte Kommunikation zu verringern. Dazu könnte beispielsweise bei Einführung eines neuen Produkts dezidiert darauf hingewiesen werden, dass die damit verbundene Veränderung geringfügig ist. Eine weitere Möglichkeit bietet sich durch den Einsatz mentaler Simulationen. Damit ist die Schaffung einer Situation gemeint, bei der sich die potenzielle Kundschaft die Nutzung einer Dienstleistung oder eines Produkts vorstellen kann. So soll eine Identifikation erreicht werden (Heidenreich & Kraemer, 2015). Auf diese Weise kann ein neuer Status quo geschaffen werden. Liegt das Problem in einem Informationsmangel hinsichtlich der Veränderung, so empfehlen Linnerud et al. (2019) Pilotprojekte, Produkttests oder Workshops durchzuführen oder finanzielle Anreize zu setzen. Hierfür ist die Abwrackprämie ein gutes Beispiel. Wie allerdings von Korn, Malul und Luski (2015) festgehalten wird, sind nicht immer finanzielle Anreize nötig. Im Bildungsbereich kann man den Status quo als unattraktiv darstellen, wodurch niedrig qualifizierte Arbeitskräfte zur Weiterbildung angeregt werden können.

Beibehaltungstendenz in der Unternehmenspraxis
Ein Unternehmen bietet eine automatische Verlängerung eines Abonnements oder einer Mitgliedschaft an. Es nutzt die Beibehaltungstendenz, indem es den Konsumierenden eine bequeme Option bietet, bei der sie keine aktive Entscheidung treffen müssen und dadurch eher dazu neigen, das Abonnement oder die Mitgliedschaft zu verlängern.

Die Beibehaltungstendenz kann als ein gutes Beispiel dafür angesehen werden, wie sich einzelne Verzerrungen oder Heuristiken offensichtlich überlagern bzw. verstärken können, wie hier beschrieben mit dem Besitz-Effekt, der Stabilitätspräferenz oder der Veränderungsaversion. Die Unterscheidung dieser durch Voreingenommenheit geleiteten kognitiven Verzerrungen ist oftmals schwierig. Diese mögen durchaus auf gemeinsamen Grundprozessen beruhen. Interessanterweise haben auch Oeberst und Imhoff (2023) in diesem Sinne vorgeschlagen, die zahlreichen Arten von Verzerrungen und Heuristiken als Ausdruck der persönlichen Bestätigungstendenz von wenigen erlebnisbezogenen Grundüberzeugungen, wie etwa „meine Weltsicht ist richtig", „ich bin gut", „meine Gruppe ist ein verlässlicher Bezugspunkt und die Gruppenmitglieder sind auch gut", anzusehen. Es wird der Versuch unternommen, die unterschiedlichen benannten Verhaltensanomalien vorrangig auf einen einzelnen Mechanismus, nämlich die starke Tendenz zum Status quo oder zur Beibehaltung der persönlichen Ansichten und Überzeugungen (*fundamental beliefs*) zurückzuführen. Auch wenn der Ansatz (Oeberst & Imhoff, 2023) eine gewisse Anziehungskraft besitzt, da die oftmals rein deskriptive Beschreibungsebene für Bias und Heuristiken verlassen wird und eine methodenkritisch eher sparsamere Erklärungsebene vorgeschlagen wird, bleibt der rein abstrakte Bezug auf wenige Ansichten und Überzeugungen zunächst eher spekulativ. Im Unterschied hierzu sollte ihr wichtiges Anliegen der sparsamen Erklärungen eher auf der kognitiv-prozessualen Ebene der Informationsverarbeitung angesiedelt werden. Hierfür stehen bereits lang etablierte Konzepte, wie u. a. Informationssicherheit, Wechselkosten, Wahlschwierigkeiten, antizipierte Attributionen, Emotionsbezug oder Dissonanzvermeidung, zur Verfügung. Die notwendige Klassifizierung und sparsame Begründung der meist fragmentarisch vorliegenden Bias und Heuristiken ergibt sich dann selbstschließend, wenn diese durch Prinzipien und Mechanismen der Informationsverarbeitung erklärt werden.

> **!** **Merkhilfe** **Beibehaltungstendenz**
> Phase   Entscheidung
> Ursprung   emotional
> Tendenz   Veränderungsaversion, Stabilitätspräferenz, Besitz-Effekt
> Faustregel Wenn Entscheidungen zur Veränderung einer Situation führen, dann gilt es zu
>   berücksichtigen, dass Personen eine Tendenz zur Beibehaltung der gegenwärtigen Situation
>   (Status quo) haben. Um diese Voreingenommenheit zu überwinden, ist es wichtig,
>   Entscheidungen regelmäßig zu überdenken und Alternativen in Betracht zu ziehen. Anstatt an
>   Gewohntem festzuhalten, sollte man aktiv prüfen, ob die aktuelle Situation immer noch die
>   beste Option ist oder ob es bessere Alternativen gibt. Dies könnte bedeuten, Entscheidungen
>   regelmäßig mit neuen Augen zu evaluieren und zu reflektieren. Berechtigten Veränderungen
>   gegenüber offen zu sein, erleichtert es, den gegenwärtigen Status zu überdenken.

4.3 Repräsentativitätsheuristik

Was wie ein Vogel aussieht, wie ein Vogel singt und wie ein Vogel fliegt, wird wohl auch ein Vogel sein. Die Zugehörigkeit eines Gegenstandes zu einer bestimmten Kategorie wird nach der Ähnlichkeit bewertet, die der Gegenstand mit der Kategorie hat. Die **Repräsentativitätsheuristik** beschreibt eine Tendenz, die Häufigkeit oder Wahrscheinlichkeit eines Ereignisses danach zu beurteilen, inwieweit es dem typischen Fall ähnelt. Wenn man sich stark darauf verlässt, führt dies dazu, andere Faktoren zu ignorieren, welche die tatsächlichen Häufigkeiten und Wahrscheinlichkeiten stark beeinflussen, wie beispielsweise Zufallsereignisse oder statistische Regelhaftigkeiten (Dale, 2015). Die Repräsentativitätsheuristik folgt dabei im weitesten Sinne dem Ähnlichkeitsprinzip.

Das nachfolgende Beispiel ist an ein klassisches Experiment der Verhaltensökonomie angelehnt (Tversky & Kahneman, 1983). Die Testpersonen sollten entscheiden, ob eine Person eher im Bankwesen oder in der Softwareentwicklung tätig ist: Peter ist 47 Jahre alt, verheiratet und hat drei Kinder; er ist sehr genau, zielstrebig und konservativ; er interessiert sich für politische Themen und gesellschaftlichen Fragen im Allgemeinen; zudem nutzt er einen großen Teil seiner Freizeit, um zu angeln, Gartenarbeit zu verrichten und Sudoku-Aufgaben zu lösen.

Bevor diese Informationen den Testpersonen mitgeteilt werden, erhalten sie vorab eine Zusatzinformation. Peter kommt aus einer Gruppe von 100 Personen, von denen 70 im Bankwesen und 30 in der Softwareentwicklung tätig sind. Diese Zusatzinformation wird jedoch bei der Entscheidungsfindung praktisch nicht berücksichtigt. Das sieht man daran, dass Peter mit höherer Wahrscheinlichkeit als Softwareentwickler gesehen wird, weil er eher „entwicklertypische" Eigenschaften aufweist. In diesem Fall entspricht Peter nicht dem Stereotyp eines Bankangestellten und repräsentiert demzufolge auch nicht diese Gruppe. Die meisten Beispiele für Verzerrungen durch Nutzung der Repräsentativitätsheuristik basieren dabei auf der Missachtung statistischer Regelhaftigkeit (z. B. Wahrscheinlichkeitsverteilungen).

Wie würde man sich bei einem Investment in ein Start-Up entscheiden, wenn man die Wahl zwischen den ❓
Kryptowährungen KodakCoin und MazdaCoin hat?

Wenn man mit dem Namen Kodak einen Firmenzusammenbruch verbindet, dann wird die Entscheidung wahrscheinlich dadurch beeinflusst werden, auch wenn die Kryptowährung KodakCoin völlig unabhängig von der Firma Kodak besteht.

Belegen Studierende mit einem grauen Hosenanzug, einer weißen Bluse und einem Aktenkoffer an der ❓
Universität eher die Studienrichtung Betriebswirtschaftslehre (BWL) oder Pädagogik?

Typischerweise wird angenommen, dass Studierende der Betriebswirtschaftslehre das hier beschriebene Outfit tragen.

Die Repräsentativitätsheuristik bezieht sich auf die Wahrscheinlichkeit der Zugehörigkeit einer Information I zu einer Rubrik A oder darauf, dass ein Vorfall F durch einen Vorgang V verursacht worden ist. Die Wahrscheinlichkeit wird höher eingeschätzt, je typischer die Information I für Stereotype A ist oder je ähnlicher der Vorfall F für den Vorgang V ist.

Man vernachlässigt die Basisrate und begeht damit den **Basisratenfehler** (Anteil der BWL-Studierenden an allen eingeschriebenen Personen), indem man nicht alle relevanten Informationen, wie Wahrscheinlichkeiten und Regelhaftigkeiten, berücksichtigt.

Bezüglich des Basisratenfehlers haben Kahneman und Tversky (1972) die Verbindung zwischen Ereignisvorhersagen und charakteristischen Merkmalen anhand eines Taxi-Szenarios untersucht. Dabei war ein Taxi bei einem Verkehrsunfall beteiligt. Des Weiteren ist bekannt, dass 15 % der Taxis in der Region grün und 85 % blau sind. Der Aussage einer Zeugin nach soll das in den Unfall verwickelte Taxi blau gewesen sein. Um ihre Glaubwürdigkeit zu bewerten, wurde sie einem Identifikationstest unterzogen. Dabei identifizierte sie in 80 % aller Fälle die Farbe des Fahrzeugs bei Dunkelheit richtig, also zu 20 % falsch. Wie hoch wird allgemein die Wahrscheinlichkeit für die Unfallbeteiligung des grünen Taxis eingeschätzt? In den meisten Fällen würden Personen 15 % sagen. Hierbei ist es wichtig, die Zuverlässigkeit der Zeugenaussagen zu berücksichtigen. Wenn die Informationsquelle als zuverlässig erachtet wird, dann bleibt die Basisrate häufig unberücksichtigt. Jedoch wird die Basisrate bei Informationen aus unzuverlässigen Quellen weit weniger ignoriert. Wenn Ungewissheit über die Zuverlässigkeit herrscht, empfiehlt es sich, die Informationen zur Basisrate und zum Vorfall gleichermaßen zu gewichten. Wenn die bezeugende Person annimmt, sie habe ein blaues Taxi gesehen, dann berechnet sich die Wahrscheinlichkeit nach Bayes im Sinne der Basisrate wie folgt:

i

w(g)	= 0,85	[Wahrscheinlichkeit: grünes Taxi beteiligt]
w(b)	= 0,15	[Wahrscheinlichkeit: blaues Taxi beteiligt]
w(Zg | g)	= 0,80	[zu 80 % richtige Identifikation eines grünen Taxis]
w(Zb | b)	= 0,80	[zu 80 % richtige Identifikation eines blauen Taxis]

$$\text{FORMEL: } w(b|Zb) = \frac{w(Zb|b) \times w(b)}{w(Zb|b) \times w(b) + w(Zb|g) \times w(g)} = \frac{0,8 \times 0,15}{0,8 \times 0,15 + 0,2 \times 0,85} = 0,414$$

Häufig tendieren Personen im Alltag dazu, die Basisrate zu vernachlässigen und situative Informationen zu bevorzugen. Dies trifft zu, wenn die Basisrate unbekannt ist oder nicht explizit genannt wird. Folglich wird die Basisrate häufig bei Alltagsentscheidungen nicht ausreichend einbezogen. Es hängt von unterschiedlichen Faktoren ab, wann und inwiefern Informationen zur Basisrate in die Entscheidung einbezogen werden (Pfister, Jungermann, & Fischer, 2017). Einer dieser Faktoren ist die **Salienz** (Auffälligkeit, Wahrnehmung), bei der die Informationen eine kognitive und emotionale Bedeutung erhalten. Wenn man eine Person ein paar Monate vor ihrer Hochzeit fragt, wie hoch die Wahrscheinlichkeit einer Scheidung ist, könnte die Person schätzen, dass jede dritte Ehe geschieden wird (ca. 34 % der Ehen). Fragt man dieselbe Person allerdings am Hochzeitstag selbst, dann wird sie mit höchster Wahrscheinlichkeit eine andere Einschätzung geben. Die persönliche Involvierung und die vollkommene Zuversicht führt dazu, dass der Basisrate eine nachrangige bzw. keine Bedeutung beigemessen wird.

Neben der Basisrate wird im Zusammenhang der Repräsentativitätsheuristik häufig von dem **Konjunktionsfehlschluss** (*conjunction fallacy*) gesprochen. Dabei überschätzt man die Wahrscheinlichkeit von Konjunktionen, welche die Verknüpfung zweier oder mehrerer Aussagen bezeichnen. Allgemein wird eine Konjunktion als zutreffend bezeichnet, wenn jede einzelne Aussage zutrifft. Dies wurde von Tversky und Kahneman (1983) in der sogenannten „Linda-Problematik" beispielhaft verdeutlicht und entfachte zugleich eine kritische Auseinandersetzung mit der Rationalität von Heuristiken.

Im Beispiel wird Linda, die 31 Jahre alt ist, als kluge, freimütig redende und alleinlebende Person beschrieben, die Philosophie studierte und sich während ihrer Studienzeit leidenschaftlich sozialen Problemen und sozialer Benachteiligung widmete und an Anti-Kernkraft-Demonstrationen teilnahm. Nach dieser Kurzbeschreibung sollten folgende Aussagen ihrer Wahrscheinlichkeit nach geordnet werden. Linda ist ...

a) ... in einer Bank tätig,

b) ... in der Frauenbewegung aktiv,

c) ... in einer Bank tätig und in der Frauenbewegung aktiv.

Rein statistisch betrachtet, wird die Eintrittswahrscheinlichkeit eines Ereignisses mit jeder zusätzlichen Spezifikation geringer (vgl. Abb. 4.5). Objektiv betrachtet, sollte die Wahrscheinlichkeit der Einzelaussagen a) und b) höher sein als die der verknüpften Aussage (Konjunktion) c).

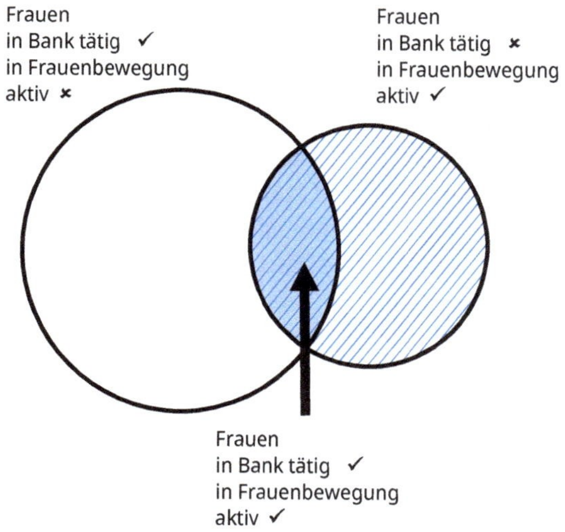

Frauen
in Bank tätig ✓
in Frauenbewegung
aktiv ✗

Frauen
in Bank tätig ✗
in Frauenbewegung
aktiv ✓

Frauen
in Bank tätig ✓
in Frauenbewegung
aktiv ✓

Abb. 4.5: Wahrscheinlichkeiten für Einzelaussagen und für kombinierte Aussagen (Linda-Problematik).

Nachfolgend wird ein weiteres Beispiel angeführt, bei dem zwischen zwei Aussagen die wahrscheinlichere ausgewählt werden soll:

– Aufgrund von Bauarbeiten an einer wichtigen Verbindungsbrücke bei Wiesbaden konnte die Mehrzahl der Züge nicht in den Bahnhof Wiesbaden einfahren, weshalb dieser stillgelegt wurde.

– Züge aus Frankfurt haben den Hauptbahnhof Wiesbaden in der Corona-Pandemie während eines Lockdowns nicht angefahren. Zudem sind weitere Verbindungen ausgefallen.

Zwischen August und Dezember des Jahres 2021 war der Wiesbadener Fernbahnhof tatsächlich geschlossen. Wer sich nicht mehr an die Nachrichten erinnert, oder selbst nicht von der Schließung betroffen war, stimmt höchstwahrscheinlich der zweiten Aussage zu. Tatsächlich aber war der Grund für die Schließung, dass die wichtige Verbindungsbrücke eingebrochen war und die Züge deshalb weder den Bahnhof verlassen noch anfahren konnten. Hier wird die Gefahr der Repräsentativitätsheuristik deutlich. Dadurch, dass die zweite Aussage kohärent und schlüssig erscheint, wird diese gewählt, je weiter das Ereignis in die Vergangenheit und zugleich aus dem Gedächtnis rückt. Ausfälle während eines coronabedingten Lockdowns nehmen Personen als wahrscheinlicher an als tatsächlich aufgetretene Baumängel, die behoben werden mussten.

Anwendungen zum Konjunktionsfehlschluss finden sich häufig im E-Commerce. Bei fast allen Online-Handelsplattformen (z. B. Amazon) sind Bewertungsoptionen eingerichtet, bei denen sich Kaufende und Verkaufende gegenseitig bewerten. Hierbei steht allerdings, im Vergleich zu den Anfängen, inzwischen nicht nur das eigentliche Produkt im Fokus der Bewertung, sondern der **ganzheitliche Verkaufsprozess**.

Hierzu zählen der Transport, Mängel an der Verpackung, die Terminierung, aber auch die Erreichbarkeit des Kundenservices und die Bearbeitungsdauer von Reklamationen. Somit liegt ein stärkeres Augenmerk auf der Bewertung der einzelnen Schritte des Kundendiensts (*after service*). Gleichzeitig ist aber auch festzuhalten, dass die Frequenz der Rezensionen über das eigentliche Produkt stark zunimmt. Insbesondere bei Kaufentscheidungen mit einem niedrigen Involvement werden in der Regel nicht beide Bewertungen zur Entscheidung herangezogen, da ein höherer Wert auf die Bewertung der Verkaufsperson gelegt wird. Der Konjunktionsfehlschluss beschreibt hierbei, dass von der Bewertung der Verkaufsperson und der einzelnen Prüfkomponenten auf die Qualität und Preiswürdigkeit der Ware geschlossen wird, was ausschlaggebend für das hervorgerufene Gefühl bei der Kaufentscheidung ist (Altmann, Falk, & Marklein, 2009; Beck, 2014). Der Effekt des Konjunktionsfehlschlusses wird von E-Commerce Anbietenden genutzt, um den Kaufprozess aktiv zu beeinflussen. Kundenrezensionen wirken sich auf Kaufentscheidungen aus. Dabei bildet ein gutes Gefühl die Grundlage bei der Kaufentscheidung. Wesentlich stärker beeinflussen heute allerdings der Kundendienst und vor allem dessen Bewertung (z. B. Fairness, Zufriedenheit, *Customer Relationship Management*, etc.) die Entscheidungsfindung, ebenso wie die Beantwortungszeit bei Rückfragen und die Erreichbarkeit des Kundenservices. Demnach führen mehrere Ereignisse zu einem facettenreichen Gesamteindruck. Folgendes Szenario verdeutlicht die immense Diskrepanz zwischen den Wahrscheinlichkeiten für das Eintreten von Einzelereignissen und dem Auftreten des zusammentreffenden Gesamteindrucks aller Ereignisse. Wenn bei drei Ereignissen jedes Ereignis mit einer Wahrscheinlichkeit von 80 % eintritt, beträgt die Gesamtwahrscheinlichkeit für das Zusammentreffen aller drei Ereignisse 51 %. Aus diesem Grunde ist die intuitive Gesamtbetrachtung aller Szenarien mit mehreren Variablen sehr problematisch und bedarf jeweils einer tieferen Analyse. Die Repräsentativitätsheuristik wird eher häufiger genutzt, wenn wenige Informationen zur Ware bei geringem unmittelbarem Involvement beim Kauf vorherrschen.

!	**Merkhilfe**	**Repräsentativitätsheuristik**
	Phase	Verarbeitung und Gewichtung
	Ursprung	kognitiv
	Tendenz	Basisratenfehler, Konjunktionsfehlschluss , Bezugsrahmen-Effekt
	Faustregel	Bei der Urteilsbildung neigen Personen dazu, die Übereinstimmung zwischen einer Teilmenge und der Grundgesamtheit oder einem Element und der Kategorie zu überschätzen. Die Häufigkeit oder Wahrscheinlichkeit eines singulären Ereignisses wird spontan als repräsentativ für die Gesamtheit aller Ereignisse erachtet, d. h. Rückschlüsse aus Einzelereignissen werden pauschal auf andere Ereignisse übertragen. Um diese Voreingenommenheit zu überwinden, empfiehlt es sich, diverse Informationen einzubeziehen, Basisraten zu berücksichtigen und bestehende Stereotype zu hinterfragen, Kritik zuzulassen und aktiv andere Meinungen zu beachten.

4.4 Rekognitionsheuristik

Bei dem Vorhaben, in einer Buchhandlung ein neues Buch zu kaufen, stehen zwei Optionen zur Auswahl: a) einen bekannten Bestseller zu kaufen, dessen Autorin und Titel in den Medien vorgestellt wurde, oder b) ein weniger bekanntes Buch mit einem ansprechenden Umschlag von einer anderen Person zu kaufen, deren Namen man noch nie zuvor gehört hat. Falls man sich für Option a) entscheidet, nur weil man den Namen der Autorin kennt und unbewusst davon ausgeht, dass dieses Buch besser sein müsste, könnte die Entscheidung aufgrund der Rekognitionsheuristik unbewusst initiiert worden sein.

Die **Rekognitionsheuristik** (*recognition heuristic*) ist auch als Wiedererkennungsheuristik bekannt und beschreibt die Tendenz, sich bei einer Wahl zwischen zwei Objekten für dasjenige zu entscheiden, welches bekannter erscheint (Gigerenzer & Goldstein, 1996; Goldstein & Gigerenzer, 1999; 2002). Sie funktioniert immer dann, wenn die Wahrscheinlichkeit, mit der etwas bekannt vorkommt, mit dem entscheidungsrelevanten Objektmerkmal zusammenhängt (kriterienbezogene Auswahl). Die kriterienbezogene Auswahl kann durch Mediatoren, wie z. B. Medien, das Internet oder soziale Netzwerke, zu einer genaueren oder schnelleren Gedächtnisbildung führen und so die Wiedererkennung erleichtern (vgl. Abb. 4.6).

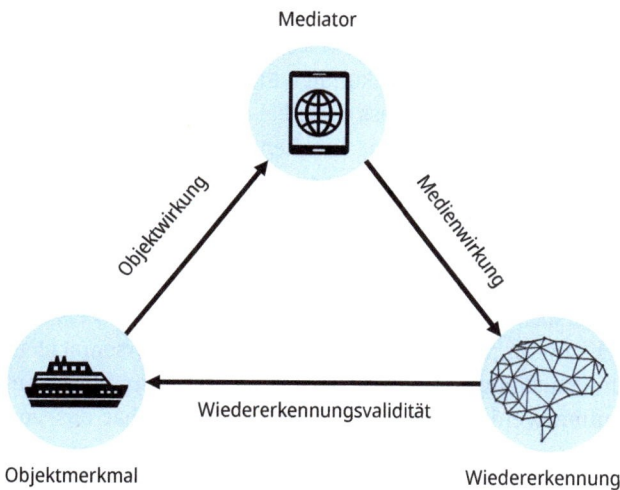

Abb. 4.6: Schema der durch Medienwirkung beeinflussten kriterienbezogenen Auswahl bei der Wiedererkennung.

Die Rekognitionsheuristik gilt als Teil des adaptiven Werkzeugkastens und unterstützt bei der Entscheidungsfindung intuitive Urteile, persönliche Wahlen und Schlussfolgerungen (Gigerenzer, 2007). Der Begriff **adaptiver Werkzeugkasten** (*adaptive toolbox*) ist eine Metapher und verweist auf das kognitive System als eine Art Sammelstelle für Heuristiken, die, angepasst an verschiedene Umgebungen und Aufgaben, für eine effiziente Entscheidungsfindung zur Verfügung stehen. Ein Urteil wird zu einer Schlussfolgerung, wenn es ein einziges und eindeutiges Kriterium gibt, um dieses zu bestimmen und anzugeben, ob das Urteil zutrifft oder nicht, wie beispielsweise die Vorhersage, ob der DAX diese Woche sinken wird oder ob ein Fußballteam die *Champions League* gewinnen wird. Diese Schlussfolgerungen können sich entweder als richtig oder als falsch erweisen, was zu Gewinnen oder Verlusten führen kann. Gibt es hingegen kein leicht überprüfbares Einzelkriterium, wird es zu einer persönlichen Entscheidung kommen, wie beispielsweise bei der Wahl einer Hose, eines Lebensstils oder eines Partners. Persönliche Entscheidungen beruhen eher auf individuellen Vorlieben als auf objektiver Richtigkeit, auch wenn die Grenzen zwischen beiden manchmal verschwimmen können.

In vielen Situationen beruhen Entscheidungen einfach auf dem Argument: „Das kenne ich, davon habe ich schon einmal gehört". Das bloße Wiedererkennen eines Objekts wirkt oft so überzeugend, dass weitere Entscheidungskriterien außer Acht gelassen werden. Dabei kommt es nicht darauf an, dass man weiß, warum man sich an die betreffende Sache erinnert. Das bloße Gefühl des Wiedererkennens ist ausreichend. Die wählende Person wägt also alle Optionen ab und wählt demnach diejenige aus, die sie am schnellsten erkennt (Mir-Artigues, 2022). Bei der Produktwahl ist zum Beispiel die Qualität eines Produkts ein solches naheliegendes Kriterium, denn der Bekanntheitsgrad einer Marke wird stark mit der Qualität verbunden. Daher kann sich die Anwendung der Rekognitionsheuristik als nützlich erweisen.

In einer Studie (Borges et al., 1999), bei der unkundige Kapitalmarktakteure sich für Aktienpakete entscheiden sollten, zeigte sich, dass diese bei der Auswahl dem Prinzip der Rekognitionsheuristik folgten. Personen ohne Fachkenntnisse wählten die Aktien, die sie kannten, und mieden solche, die sie nicht kannten. Fachkundige können diese Regel „Bekanntes hat sich bewährt und ist gut" nicht anwenden, da ihnen alle Aktien bekannt sind. Sie folgen Regeln, die durch ihr fachspezifisches Wissen entstanden sind. Gleichwohl erzielten die Portfolios, die auf Basis der reinen Wiedererkennung erstellt wurden, in mehreren Untersuchungen (Serwe & Frings, 2006; Gigerenzer, 2008) bessere oder mindestens gleich gute Ergebnisse wie die Portfolios von Börsenfachleuten. Dabei kam man bei der Untersuchung zu Geschlechterunterschieden zu interessanten Ergebnissen. Frauen kannten weniger Aktien als Männer, jedoch hat das von Frauen geschnürte Paket höhere Gewinne eingefahren als das von Männern erstellte Paket. Die Ergebnisse decken sich mit denen aus vorangegangenen Studien, aus denen hervorgeht, dass Frauen ein geringeres Vertrauen gegenüber ihren Finanzmarktkenntnissen haben, aber dennoch bessere Resultate erzielen (Sanders, 2003). Diese Heuristik kann zudem zu einer kontraintuitiven Situation führen, in welcher diejenigen, denen mehr Informationen vorliegen, schlechter abschneiden als diejenigen, denen weniger Informationen zur Verfügung stehen. Dies beschreibt der sogenannte **weniger-ist-mehr-Effekt** (*less-is-more effect*; Goldstein & Gigerenzer, 1999). Fehlendes Wissen kann demnach als eine Grundlage der Rekognitionsheuristik gesehen werden, da sie nur Anwendung findet, wenn bestimmte Objekte nicht erkannt werden. Jedoch ist nicht jegliche Form fehlenden Wissens ausreichend, wenn es darauf ankommt, die richtige Entscheidung zu treffen. Das Ziehen genauer Schlüsse bedarf einer systematischen und nicht zufälligen Unwissenheit.

So findet bei der Rekognitionsheuristik ein Mechanismus Anwendung, bei dem sich Wissensdefizite als nützlich erweisen. Dies wurde auch in einer Studie zum Entscheidungsverhalten (Volz et al., 2006) verdeutlicht, bei der Urteile in 84 % aller Fälle der Rekognitionsheuristik folgten. Die Versuchspersonen sollten bei der Wahl zwischen zwei Optionen im einfachsten Fall angeben, welche Option anhand eines vorgegebenen Entscheidungskriteriums besser geeignet ist. Wenn die Versuchsteilnehmenden dabei teilweise unwissend waren, haben sie mehr richtige Antworten gegeben, als wenn sie alle Informationen kannten. Das Ausmaß dieser Fehleinschätzungen wird als Rekognitionsvalidität (Goldstein & Gigerenzer, 1999; Gigerenzer & Gaissmaier, 2006) bezeichnet. Die Validität beschreibt das Verhältnis richtiger zur Anzahl aller Schlussfolgerungen (richtig oder falsch).

Es werden jedoch durch die Rekognitionsheuristik nicht per se gute oder vorteilsbringende Entscheidungen getroffen, wie anhand des folgenden Beispiels verdeutlicht werden soll.

In welcher Stadt wohnen ihrer Meinung nach mehr Personen?
    Frankfurt oder Mannheim?

Sicher werden die meisten von Ihnen auf Frankfurt tippen, womit sie richtig liegen. Frankfurt ist mit etwa 750000 gemeldeten Personen die größte Stadt Hessens und nimmt auch unter den deutschen Großstädten eine führende Stellung ein. Dem gegenüber ist Mannheim in Deutschland weniger bekannt. Es handelt sich um eine Stadt in Baden-Württemberg mit etwas mehr als 300000 gemeldeten Personen. Die Rekognitionsheuristik hat Sie richtig entscheiden lassen.

In welcher Stadt wohnen ihrer Meinung nach mehr Personen?
    Frankfurt oder Krakau?

Wenn Sie sich wieder für Frankfurt entscheiden, weil ihnen der Name bekannter vorkommt, dann liegen Sie diesmal falsch. Krakau ist nach Warschau die zweitgrößte Stadt Polens und zählt knapp 780000 gemeldete Personen. Das bedeutet, dass mit der Rekognitionsheuristik aufgrund der subjektiven Wiedererkennung Fehleinschätzungen oder Verzerrungen einhergehen können.

Heuristiken können auch als Zeichen für eine mentale Abkürzung (*shortcut*) bezeichnet werden (Dale, 2015; Cialdini, 2017). Beispielsweise kann hier das Stereotyp „teuer gleich gut" als bewährter *shortcut* eingeordnet werden. Dieser besagt, dass ein höherer Preis in der Regel mit einer höheren Qualität verbunden ist. Die Rekognitionsheuristik wird von dem Gefühl ausgelöst sich zu erinnern. Die Verfügbarkeitsheuristik beruht auf der Erfahrung einer mehr oder weniger flüssigen Informationsverarbeitung. Ein wesentlicher Unterschied zwischen beiden Heuristiken liegt in den beteiligten Gedächtnisprozessen. Die Verfügbarkeitsheuristik braucht ein spontanes Erinnern (*recall*), die Rekognitionsheuristik dagegen kann nur angewendet werden, wenn der Gegenstand schon vorliegt und entschieden werden muss, ob man ihn wiedererkennt oder nicht (*recognition*). In diesem Zusammenhang untersuchten Craik und McDowd (1987) altersbedingte Unterschiede bei Erinnerungs- und Wiedererkennungsprozessen. Sie stellten fest, dass ältere Testpersonen im Vergleich zu jüngeren bei der gleichzeitigen Ausführung von zwei Aufgaben (*multi-tasking*; Primär- bzw. Sekundäraufgaben) eine Leistungsabnahme verzeichnen. Aufgaben, bei denen Informationen abgerufen werden sollten, beeinträchtigten die Leistung bei sekundären Aufgaben stärker als bei Aufgaben, bei denen Informationen wiedererkannt werden sollten. Demnach erfordern Erinnerungsaufgaben mehr Aufmerksamkeit bzw. kognitive Verarbeitungsressourcen als Wiedererkennungsaufgaben. Da ältere Personen über eine geringere Verarbeitungskapazität verfügen, werden sie folglich bei gedächtnisbezogenen Aktivitäten unverhältnismäßig stark belastet und überproportional benachteiligt. Aufgaben, die zudem mehr Eigenaktivität erfordern, sind für ältere Personen besonders anstrengend. Der Alterungsprozess wirkt sich auf die Verfügbarkeit von kognitiven Ressourcen aus und damit auch auf das ressourcenabhängige Erinnerungsvermögen älterer Personen. Das Zusammenwirken eng verflochtener Faktoren, wie etwa Alter, Erinnerung, Wiedererkennung und kognitive Ressourcen, ist auch für die Verarbeitungsflüssigkeit und damit für die Verfügbarkeit von Informationen von großer Bedeutung, weshalb im nächsten Kapitel vertieft auf die Verfügbarkeitsheuristik eingegangen wird.

❗	**Merkhilfe**	**Rekognitionsheuristik**
	Phase	Verarbeitung und Gewichtung
	Ursprung	kognitiv
	Tendenz	Vorbereitungseffekt, Ankerheuristik, Bestätigungstendenz
	Faustregel	Wenn bei der kriterienbezogenen Auswahl zwischen zwei Objekten oder Ereignissen zu entscheiden ist, dann wird unbewusst dasjenige ausgewählt, welches spontan wiedererkannt bzw. erinnert wird.

4.5 Verfügbarkeitsheuristik

Bei der Planung des nächsten Urlaubs werden die Reiseziele A und B in Betracht gezogen. Dabei erinnert man sich, vor kurzem einen Dokumentarfilm über die vielfältigen Erholungsmöglichkeiten im idyllischen Reiseziel A gesehen zu haben. Das wenig bekannte Reiseziel B ruft hingegen keine Erinnerungen hervor. Wenn man sich für das Reiseziel A entscheidet, weil das Abrufen der Information leichter erfolgte, dann könnte die Entscheidung aufgrund der Verfügbarkeitsheuristik unbewusst initiiert worden sein.

Die **Verfügbarkeitsheuristik** beschreibt die Tendenz, nach welcher die Wahrscheinlichkeit oder Häufigkeit eines Ereignisses bezüglich der Leichtigkeit beurteilt wird, mit der relevante Informationen bewusst werden. Es wird von der Annahme ausgegangen, dass, wenn man sich an etwas erinnert, es auch für die Lösung wichtig sein müsste. Entscheidungstragende verlassen sich dabei auf Wissen, das leicht verfügbar ist, anstatt alternative Informationen zu suchen oder andere Verfahren zu überprüfen. Aus diesem Grund neigen Personen dazu, ihre Entscheidungsurteile zu gewichten. Infolgedessen werden neue Einstellungen in Richtung dieser vor kurzem erinnerten Informationen beeinflusst oder verzerrt. Je einfacher gewisse Informationen aus dem Gedächtnis abgerufen werden können, desto höher bemisst man ihre Auftretenswahrscheinlichkeit (Tversky & Kahneman, 1974; Dale, 2015; Dierks & Tiggelbeck, 2019).

Der Einfluss der Verfügbarkeitsheuristik wurde von Tversky und Kahneman (1973) anhand einer Aufgabe verdeutlicht, bei der ein englischsprachiges Wort gewählt werden sollte, das aus mindestens drei Buchstaben besteht und zufällig ausgewählt wird. Auf die Frage: „Ist es wahrscheinlicher, dass

a) … der erste Buchstabe ein „k" ist oder

b) … der dritte Buchstabe ein „k" ist?"

wurde von den meisten Testpersonen die Antwort a) als wahrscheinlicher eingeschätzt. Personen fällt es leichter an ein Wort zu denken, das mit dem Buchstaben „k" beginnt, als sich an Wörter zu erinnern, bei denen sich der Buchstabe „k" an dritter Stelle befindet. Tatsächlich gibt es im englischsprachigen Wortschatz 200 % mehr Wörter, die ein „k" an dritter Stelle vermerken.

Demnach beruht der Indikator für ein weiteres Merkmal auf der Verfügbarkeit der Information. Wenn Personen etwas zügig und mit wenig Nachdenken einfällt, berücksichtigen sie dies früh und es erweckt den Eindruck, dass diese Information eher relevant, bedeutend oder wahrscheinlicher ist. Auf der anderen Seite werden Informationen als unwahrscheinlich erachtet, deren Abruf mühselig und mit viel Aufwand verbunden ist (Felser, 2015). Die Wiedererkennung wird von Gigerenzer (2008) als die Fähigkeit definiert, welche das bereits Erlebte von dem Unbekannten unterscheidet. Die Verfügbarkeit bei der Informationsverarbeitung ist u. a. abhängig von statistischen Häufigkeiten, individuellen Erfahrungen sowie Interessen und auch emotionalen und kognitiven Bewertungen (vgl. Abb. 4.7).

Wenn Personen gewisse Eigenschaften zu bestimmten Objektkategorien (z. B. Vögel, Möbel) abrufen können, weil diese unmittelbar verfügbar sind und demnach leichter aus dem Gedächtnis abgerufen werden können, dann tragen diese Erinnerungen zur Verfügbarkeitsheuristik bei (Baddeley & Logie, 1999; Jonas, Hewstone, & Stroebe, 2014; Pfister, Jungermann, & Fischer, 2017). Können Informationen einfach und schnell aus dem Gedächtnis abgerufen werden, dann kann eine zügigere Entscheidungsfindung erfolgen.

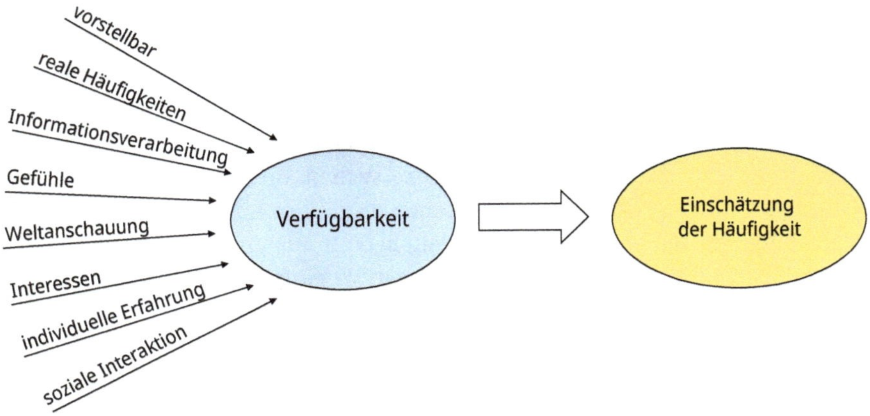

Abb. 4.7: Einflussfaktoren bei der Verfügbarkeitsheuristik.

In einer Studie erhielten 42 Versuchspersonen die Aufgabe, Wörter aus vorgegebenen Buchstaben zu konstruieren (Tversky & Kahneman, 1973). Die Testpersonen sollten zuerst einschätzen, wie viele Wortbildungen sie in zwei Minuten nennen könnten. In der zweiten Phase erhielten 28 Testpersonen die gleiche Aufgabe, jedoch mit vorgegebenen Themenfeldern. Die Verfügbarkeit von Wörtern wurde dann anhand abgerufener oder erstellter Beispiele innerhalb der einzelnen Kategorien gemessen. So machen sich Personen ein Bild von der Welt anhand der Einfachheit, mit der ihnen entsprechende Beispiele einfallen. Die Verfügbarkeit ist somit eng mit einem Prozess verbunden, bei dem Häufigkeiten aufgrund der erinnerten Leichtigkeit von Beispielen eingeschätzt werden. Dabei werden Informationen, welche zügig in den Sinn kommen, eher als relevant und wichtig wahrgenommen. Hingegen werden Informationen mit gering empfundener Auftrittswahrscheinlichkeit abgewertet (Morris, Bransford, & Franks, 1977; Felser, 2015; Pfister, Jungermann, & Fischer, 2017). Im Extremfall können diese Informationen sogar ganz ausgeblendet werden. Die Wirkungsweise der Verfügbarkeitsheuristik kann beispielsweise erklären, wieso es sich für innovatives Unternehmertum als sehr schwierig herausstellt, Fremdkapital zu akquirieren. Wenn kapitalanlegende Personen von einem aufstrebenden Start-Up bislang noch nichts gehört oder gelesen haben, dann ist es mit einem hohen kognitiven Aufwand verbunden, sich den Erfolg des Unternehmens bildlich vorstellen zu können.

Auch die Art und Weise, wie anschaulich oder lebhaft etwas dargestellt wird, beeinflusst die Verfügbarkeit von Ereignissen oder Wörtern. So sind besonders lebendige und immersive Ereignisse, in die man selbst involviert war und die noch nicht weit in der Vergangenheit liegen, leicht verfügbar und abrufbar. Stellt man sich dazu vor, dass man den Sieg des Basketballteams am Vortag selbst in der Halle miterlebt hat, so könnte man jetzt fragen, für wie wahrscheinlich man Siege des Teams hält. Die Einschätzung läge vermutlich höher als die einer Person, die schon seit längerer Zeit keinen Sieg ihrer Mannschaft erleben konnte. Personen werden dadurch beeinflusst, wie präsent ihnen ein gewisses Ereignis ist (vgl. Abb. 4.8). Die Urteilsbildung ist eng damit verbunden, wie oft man von einem Ereignis hört (z. B. regelmäßige Werbung mit Jubel und Freude über einen Lottogewinn). Dabei neigt man dazu, die tatsächliche Häufigkeit bestimmter Ereignisse außer Acht zu lassen, da die subjektiven Eintritts-wahrscheinlichkeiten meist nicht mit den tatsächlichen Vorkommnissen in Überein-stimmung sind.

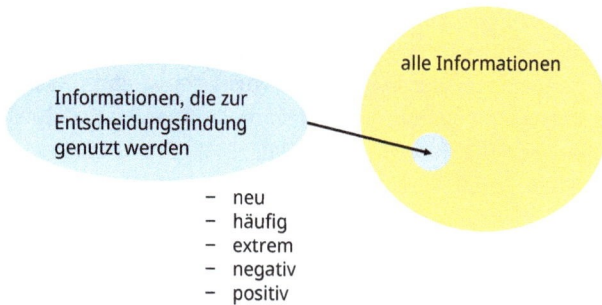

alle Informationen

Informationen, die zur
Entscheidungsfindung
genutzt werden

- neu
- häufig
- extrem
- negativ
- positiv

Abb. 4.8: Zur Entscheidungsfindung herangezogene Informationen.

Die Verfügbarkeitsheuristik tritt allgemein und weit verbreitet in Erscheinung und ist an zahlreichen Entscheidungssituationen beteiligt. Genaue Verarbeitungsweisen (vgl. Abb. 3.10 und Abb. 3.11) der mit der Verfügbarkeitsheuristik einhergehenden Gedächtniseffekte variieren ebenfalls je nach Kontext, Leichtigkeit, Zugänglichkeit, emotionalem Inhalt, Quantität oder anderen Merkmalen des Gedächtnisses.

Merkhilfe	**Verfügbarkeitsheuristik**
Phase	Wahrnehmung, Verarbeitung
Ursprung	kognitiv
Tendenz	Dispositionseffekt, Anker-, Bezugsrahmen-, Halo-Effekt
Faustregel	Personen tendieren dazu, die Bedeutung von Informationen auf Basis ihres Vorstellungsvermögens bzw. des Auftretens erahnter Wahrscheinlichkeiten zu determinieren. Je wahrscheinlicher Informationen vorstellbar sind, desto eher sind diese verfügbar. Wenn man sich bei der kriterienbezogenen Auswahl zwischen zwei oder mehreren Optionen entscheiden muss, dann wählt man spontan diejenige aus, die einem schneller bewusst wird bzw. leichter in den Sinn kommt.

4.6 Ankerheuristik

Man möchte sich ein neues Smartphone kaufen. Im Geschäft stellt eine Person der Verkaufsabteilung ein Smartphone der neuesten Generation vor, welches 1500 € kostet. Sie klärt zudem über alle fortschrittlichen Funktionen und Möglichkeiten des

Geräts auf. Da diese Option das geplante Budget übersteigt, erkundigt man sich nach einer preisgünstigeren Alternative, woraufhin die Verkaufsabteilung ein Smartphone für 600 € anbietet. Allerdings hatte man ursprünglich lediglich ein Budget von 400 € vorgesehen. Wenn man nun jedoch, im Vergleich zu dem 1500 € teuren Smartphone, das Gerät für 600 € als günstig erachtet und es schlussendlich kauft, dann könnte diese Kaufentscheidung durch den Anker-Effekt unbewusst initiiert worden sein.

Der **Anker-Effekt** beschreibt die Tendenz, unter Unsicherheit die Wahrscheinlichkeit oder die Häufigkeit eines Ereignisses an einem quantitativen Ausgangspunkt, dem sogenannten Anker, zu beurteilen. Der dabei gesetzte Ankerwert dient als Orientierung und der Endwert wird vom Ankerwert ausgehend entweder nach unten oder nach oben angepasst. Dies geschieht entweder bewusst oder unbewusst selbst dann, wenn der Ankerwert für die korrekte Entscheidungsfindung irrelevant ist (Tversky & Kahneman, 1974; Pohl, Hardt, & Eisenhauer, 2000; Rusetski, 2014; Dale, 2015). Die numerische Information führt zu einer systematischen Verzerrung der Schätzung. Die Studienergebnisse von Simmons (2010) legen nahe, dass Personen sich zudem nicht darüber im Klaren sind, in welche Richtung sie sich von dem gesetzten Ankerwert entfernen können. Diese Unsicherheit führt dazu, dass man dazu neigt, sich zu weit von dem gesetzten Anker zu entfernen. Bei der Beeinflussung des Urteilsvermögens kann zwischen vorgegebenen (typisch für numerische Ankerstudien) und selbst generierten Ankerwerten unterschieden werden (Epley & Gilovich, 2005; 2006). Ein typisches Beispiel für vorgegebene Ankerwerte wird in einer Studie von Tversky und Kahneman (1974) deutlich, bei der Testpersonen nach dem Anteil von den in der UNO vertretenen afrikanischen Staaten gefragt worden sind. Dabei wurde ihnen ein Glücksrad vorgesetzt, welches manipuliert wurde und entweder auf der Zahl 65 oder auf der Zahl 10 stehen blieb. Bevor die Testpersonen antworteten, mussten sie an dem Glücksrad drehen. Interessanterweise schätzen die Testpersonen, bei denen das Glücksrad 65 anzeigte, den Prozentsatz durchschnittlich auf 45 %. Hingegen schätzten die Testpersonen, bei denen das Glücksrad auf der 10 stehen blieb, den Anteil auf 25 %, ungeachtet der Tatsache, dass das Glücksrad darüber keine Informationen liefern konnte.

Wenn scheinbar irrelevante Ankerwerte sich auf die Produktbewertung oder die Erfahrung auswirken, spricht man Ariely, Loewenstein und Prelec (2003) folgend von einer **willkürlichen Kohärenz** (*coherent arbitrariness*). Hierdurch werden traditionelle ökonomische Annahmen in Frage gestellt, da die Ergebnisse nahelegen, dass Verhalten …

– keine rationale Reaktion auf Informationen ist,
– infolge der Erfahrung mit einem bestimmten Produkt nicht zurückgeht,
– nicht zwingend durch Marktkräfte abgeschwächt wird,
– nicht ausschließlich auf Geldwerte beschränkt ist.

Insbesondere die Ankerheuristik scheint in unsicheren Situationen mit nur wenig verfügbaren Informationen Anwendung zu finden. In diesen Fällen werden alle numerischen Informationen (Ankerwerte) genutzt, auch wenn sie für eine Entscheidung, wie am Beispiel des Glücksrads verdeutlicht, irrelevant sind. Dieses Phänomen wird auch als *basic anchoring* (Wilson et al., 1996; Brewer & Chapman, 2002) bezeichnet. Auch wenn Personen darüber in Kenntnis gesetzt wurden, dass der Ankerwert für die Lösung der jeweiligen Aufgabe irrelevant ist, führt die spontane Übernahme eines numerischen Werts zu einer verzerrten Schätzung, die sich dem Ankerwert annähert. Es fällt Personen schwer, sich dem Einfluss des Anker-Effekts zu entziehen, denn sie leugnen den Einfluss des Ankers auf die Schätzung selbst bei gegebenen Anreizen.

Der Anker-Effekt ist stärker, wenn Entscheidungen unter Zeitdruck getroffen werden müssen. Zudem kann neben der Glaubwürdigkeit einer Quelle (Wegener et al., 2010) auch die Verantwortlichkeit (Lerner & Tetlock, 2003) und die Selbstbestätigung (Sherman & Cohen, 2006) die Stärke des Anker-Effekts beeinflussen. Weiterhin kann die Wirkungsweise der Ankerheuristik mit der des Vorbereitungseffekts (*priming*; vgl. Kap. 5.6) verglichen werden, da beide Heuristiken sehr ähnliche Zusammenhänge beschreiben, automatisch ablaufen und direkt die Wahrnehmung beeinflussen.

Der Anker-Effekt findet auch in der Werbepsychologie Anwendung. Wenn in einem Supermarkt ein Produkt mit einem durchgestrichenen Preis beworben wird, dann wird dieser Wert als Anker herangezogen. Ein Unternehmen verwendet oft einen hohen Ausgangspreis für ein Produkt, bevor es einen Preisnachlass anbietet. Dadurch wird ein höherer Ankerwert gesetzt, der die Wahrnehmung des tatsächlichen Produktpreises beeinflusst und diesen dadurch attraktiver erscheinen lässt. Tversky und Kahneman (1974) baten Personen, das Ergebnis der Multiplikation einer Zahlenreihe 1 x 2 x 3 x 4 x 5 x 6 x 7 x 8 zu schätzen. Die durchschnittliche Schätzung lag bei 512. Zudem baten sie Personen, das Ergebnis der Multiplikation bei umgekehrter Zahlenreihe 8 x 7 x 6 x 5 x 4 x 3 x 2 x 1 zu schätzen. Überraschenderweise lag nun der durchschnittliche Schätzwert bei 2250. Tatsächlich beträgt das korrekte Ergebnis 40320 (vgl. Abb. 4.9). Diese beiden sehr verschiedenen Ergebnisangaben können auf den Effekt eines selbst generierten Ankers zurückgeführt werden. Bei der ersten Schätzung wurden die niedrigen Zahlen 1 x 2 und bei der zweiten Schätzung die hohen Zahlen 8 x 7 als Anker herangezogen.

Wie viele Nullen hat ein Zettabyte?
An dieser Stelle sei angemerkt, dass der Sender einer Nachricht durch mitgeteilte Informationen die Verarbeitung unter Unsicherheit beeinflussen kann. Man stelle sich zwei Gruppen vor, welche dieselbe Frage beantworten müssen. Jedoch werden die jeweiligen Fragen mit einem unterschiedlichen Anker präsentiert. Gruppe A wird die Frage gestellt, ob ein Zettabyte mehr oder weniger als 12 Nullen hat. Gruppe B wird gefragt, ob ein Zettabyte mehr oder weniger als 33 Nullen hat.

Wenn die Gruppen nicht gerade durch im Bereich Informatik spezialisierte Personen „verzerrt" sind, so wird sich ihre Einschätzung an der vom Sender kommunizierten Zahl (dem Ankerwert) ausrichten (vgl. Kapitelende 4.6).

So orientieren sich Personen beim Urteil über unbekannte Häufigkeiten an dem gesetzten Ankerwert. Der Anker-Effekt führt neben der Fehleinschätzung bei numerischen Größen auch zu Erinnerungsverzerrungen (Pohl, 1992; Rusetski, 2014; Beck, 2014; Pfister,

	Schätzwert (Durchschnitt)
1 x 2 x 3 x 4 x 5 x 6 x 7 x 8	512
8 x 7 x 6 x 5 x 4 x 3 x 2 x 1	2250
Antwort:	**40320**

Abb. 4.9: Durchschnittliche Schätzwerte bei verschiedenen Ankerwerten.

Jungermann, & Fischer, 2017) und zum Rückschaufehler (vgl. Kap. 5.10). Dazu kann man sich ein Szenario vorstellen, bei dem nach der Länge der Donau gefragt wird. Nach etwas Bedenkzeit wird eine Länge von 2300 km genannt. Eine Woche später wird die tatsächliche Länge der Donau, nämlich 2850 km, bekanntgegeben. Danach wird man gebeten, sich an die vor einer Woche genannte Länge zu erinnern. Nun wird eine Länge von 2500 km genannt. Da man nicht zu 100 % die vorherige Schätzung abrufen kann, „erinnert" man sich an eine Schätzung von 2500 km. Rückwirkend betrachtet, hat sich die erinnerte Flusslänge an den tatsächlichen Wert im Sinne eines Ankers angepasst.

Der Anker-Effekt tritt auch im Finanzsektor und in spekulativen Märkten, wie z. B. im Aktienmarkt, auf. Anlegende Personen im Aktienmarkt werden erheblich durch die Verankerung von Preisen beeinflusst. Vor allem dann, wenn wenig Informationen verfügbar sind, neigen Anlegende dazu, sich an historischen Kursverläufen und früheren Aktienwerten zu orientieren und den Zeitpunkt zu bestimmen, bei dem man entweder die Aktie erwerben oder veräußern möchte. Während das Marktverhalten als Reaktion auf bestimmte Nachrichten kohärent und vernünftig erscheinen mag, kann das Gesamtniveau einzelner Aktien und des Marktes als Ganzes willkürliche Komponenten enthalten (Shiller, 1999; Ariely, Loewenstein, & Prelec, 2003). Betrachtet man den DAX–Kursverlauf der Jahre 1992–2012 (vgl. Abb. 4.10)[3], so nutzen Anleger Tiefpunkte als Ankerwerte, um in den Markt einzusteigen und möchten im besten Fall bei historischen Höchstwerten die Aktie veräußern.

Bestimmte Zahlen werden von Anlegenden – bewusst oder unbewusst – als Referenzpunkt genutzt, wie beispielsweise zu Beginn des Jahrhunderts das Erreichen der 8000er Marke beim Dax. Auch wenn dieser Meilenstein als willkürlich gesetzt empfunden werden kann, so hat dieser Bezugspunkt in den Köpfen vieler Anlegenden Gewicht, da er sich maßgeblich darauf auswirkt, wie Anleger den Markt wahrnehmen und Investitionsentscheidungen treffen. Es ist jedoch zu erwähnen, dass es unerheblich ist, wo genau man vor zehn Jahren eingestiegen ist, denn bis heute hat sich der Wert erheblich gesteigert (DAX Tageswert 07.06.2024: 18555,02, Quelle: www.boerse-frankfurt.de).

---

3 Quelle: https://www.ariva.de/dax-index/chart/chartanalyse?t = free&start = 01.06.1992&end = 20.06.2012&boerse_id = 12&compare = None&searchname = Name%2C%20WKN%2C%20ISIN&type = Close&scale = log&resolution = auto&events = None&savg = 0&band = None&avgType1 = None&avgVal1 = 0&indicator = None&volume = 1&volume = 0&grid = 1&grid = 0&displayHighLow = 0&antiAlias = 1&antiAlias = 0&ISSC = &save_presets = 0&idstring = x&recall = 1&recent_list_pos = 0&resolutionInfo = 86400. Abgerufen am 20.06.2022.

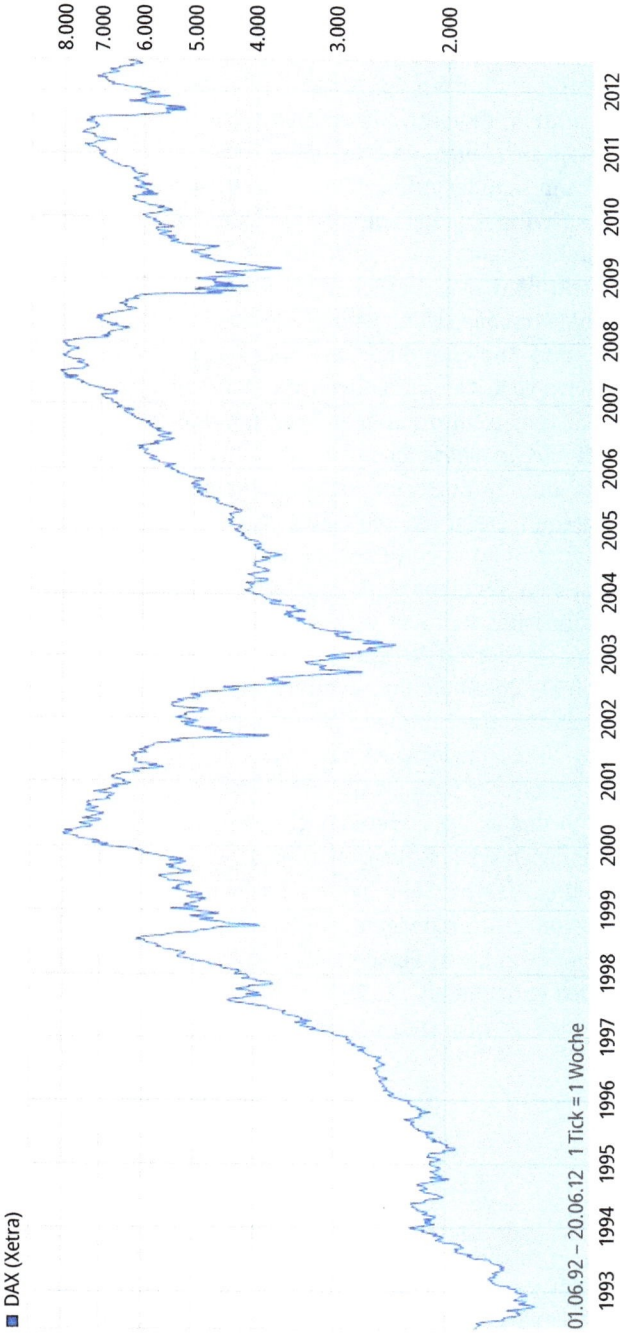

DAX (Xetra)

01.06.92 – 20.06.12 1 Tick = 1 Woche

Abb. 4.10: DAX-Kursverlauf der Jahre 1992–2012.

Der Anker-Effekt kann auch in Verhandlungen eine Rolle spielen. Im unternehmerischen Kontext wirkt der Anker-Effekt häufig bei Gehaltsverhandlungen und bei Produkteinführungen. Bei Gehaltsverhandlungen ist diejenige Person im Vorteil, die zuerst ihre Gehaltsvorstellung mitteilt, da dann dieser Ankerwert als Ausgangswert der Verhandlungen dient, an denen sich Personen orientieren (Galinsky & Mussweiler, 2001). Bei Kaufentscheidungen kann sich der Anker-Effekt sowohl positiv als auch negativ auf den finalen Kaufpreis auswirken, je nachdem auf welcher Seite der Verhandlungen (Kaufender oder Verkaufender) man sich wiederfindet (Carlson, 1990; Green et al., 1998). Neben dem Anker-Effekt können sicherlich auch geschickte Marketingkonzepte und Alleinstellungsmerkmale (*unique selling point*, USP) den Kaufpreis entscheidend mitbestimmen. Starbucks- und Appleprodukte sind Beispiele hierfür. Am wichtigsten ist der direkte Preisvergleich zu konkurrierenden Unternehmen, und die Marke ist dabei wichtiger als die Qualität, wenn Informationen begrenzt sind. Hierbei spricht man von einer **Markenheuristik** (*brand heuristic*), bei der man denkt, dass das Branding auch mit ausgezeichnet wird und im Entscheidungsprozess an Relevanz gewinnt (Rusetski, 2014). Zusätzlich konnte aufgezeigt werden (Sánchez, González, & Avenzaño, 2019) heraus, dass die Entscheidungsfindung von Führungskräften der Keramikindustrie vorrangig durch die Heuristiken Verfügbarkeit, Repräsentativität und Verankerung beeinflusst wird. Die Beeinflussung kann zu verzerrten Entscheidungen führen. Auch wenn gelegentlich zwischen Anker-Effekt (Information als Vorbereitungsreiz) und Ankerheuristik (Information als Entscheidungsregel) unterschieden wird, so sind die genauen Schritte der Informationsverarbeitung in beiden Fällen oft kaum zu trennen. In sozialen Situationen wird diese Schwierigkeit besonders deutlich.

Wenn das Verhalten einer anderen Person als direktes Vorbild gesehen oder genutzt wird, dann ahmt man das Verhalten des anderen nach (Gigerenzer & Gaissmaier, 2006), d. h. das Verhalten des anderen wird sozusagen zum Ankerpunkt des eigenen Verhaltens. Hierbei spielt auch die affektive Seite bei der Entscheidungsfindung und bei der Steuerung eigener Erwartungen eine bedeutende Rolle. Das Entscheidungsverhalten und der affektive Zustand der anderen Person ruft eigene Erwartungen hervor und kann so einen positiven Affekt antizipieren. Die Bedeutung der affektiven Faktoren bei der Entscheidungsfindung wird im nächsten Kapitel anhand der Affektheuristik näher beleuchtet.

! | **Merkhilfe Ankerheuristik**
Phase	Verarbeitung und Gewichtung
Ursprung	kognitiv
Tendenz	Beibehaltungstendenz, Vorbereitungseffekt, Rückschaufehler,
	Verfügbarkeitsheuristik, soziale Einflussnahme, Bezugsrahmen-Effekt
Faustregel	In unsicheren Situationen neigt man dazu, sich an vorgegebenen oder selbstgesetzten
	Vorgaben als Anker zu orientieren. Wenn numerische Entscheidungen getroffen werden,
	dann gilt es zu berücksichtigen, dass Personen eine Tendenz zur Übernahme kürzlich
	aktivierter Zahlen als Ankerwerte haben.

Übrigens lautet die Antwort auf die vorherige Frage:

Ein Zettabyte entspricht 10^{21} Bytes, d. h. ausgeschrieben 1.000.000.000.000.000.000.000 Bytes.

4.7 Affektheuristik

Beim Einkauf im Supermarkt gilt es, beispielsweise sich zwischen den Frühstückscerealien A und B zu entscheiden. Beide Marken werden zum selben Preis angeboten. Die bunte und fröhlich wirkende Verpackung von A mit Bildern glücklicher Kinder löst bei Personen eine positive emotionale Reaktion aus. Die Verpackung von B hingegen hat eine schlichte und unattraktive Verpackung ohne bunte Bilder, die bei Personen keine positive bzw. emotionale Reaktion hervorruft. Wenn sich Personen für A entscheiden, weil die positive emotionale Reaktion auf die bunte Verpackung das Urteil bezüglich der Qualität und des Geschmacks beeinflusst hat, dann könnte die Entscheidung aufgrund der Affektheuristik unbewusst initiiert worden sein.

Fragt man sich, warum man dazu neigt, bei Entscheidungen dem Bauchgefühl zu folgen, dann bietet die **Affektheuristik** einen Erklärungsansatz. Wenn Personen angenehme Gefühle bei einer Sache haben, dann werden die Vorteile als hoch, die Risiken als gering eingeschätzt und umgekehrt. Die Affektheuristik trägt dazu bei, direkt und schnell zu reagieren, wenn es darum geht, Entscheidungen zu treffen. Ein Affekt beschreibt eine spontane und meist nicht bewusst gesteuerte Reaktion auf einen auslösenden Reiz. Wird der Affekt als positiv empfunden, so verbindet man in diesem Zusammenhang auch andere Ereignisse und andere Dinge mit positiven Gefühlen. Stellt sich der Affekt hingegen als negativ dar, so werden auch andere Aspekte des aktuellen Erlebnisses als negativ angesehen. Hierbei sind Handlungen maßgeblich durch Gefühle und Emotionen geleitet anstatt von Fakten und Wahrscheinlichkeiten (Slovic et al., 2002; 2007; Skagerlund et al., 2020). Basierend auf Affekten und unbewussten Gefühlsausdrücken können Personen gegenüber anderen deren emotionale Gefühlslage erahnen. Nach einer erfolgreichen Shopping Tour wird Freude häufig durch Lächeln signalisiert (vgl. Abb. 4.11a). Nach einem Lottogewinn nimmt die Freude nochmals an Intensität zu (vgl. Abb. 4.11b).

Gefühle geben darüber Auskunft, was in Individuen vorgeht. Indem Affekte gespiegelt werden, wird dem Gegenüber vermittelt, dass man über ihr Gefühlsleben im Klaren ist. Dies führt zu einer gemeinsamen emotionalen Basis, welche die Grundlage künftiger Kommunikation darstellt. Affekte können demnach Beziehungen initiieren oder stabilisieren.

Eine emotionale Verarbeitung von Informationen erfolgt unbewusst, wobei Personen ihre emotionalen Reaktionen auf Ereignisse spontan verarbeiten. Je komplexer Situationen werden, desto einflussreicher wird die Stimmung bei der Bewertung und Reaktion (Dale, 2015). Es konnte gezeigt werden, dass Gefühle Entscheidungen stärker beeinflussen als Gewinn- und Verlustüberlegungen (Charpentier et al., 2016). Die Af-

Abb. 4.11: Ausdruck der Freude nach Kauf (a) und nach Lottogewinn (b).

fektheuristik kann als eng mit den Schritten der Informationsverarbeitung im Sinne der dualen Prozesstheorie (vgl. Kap. 7) verbunden gesehen werden. System 1 verarbeitet dabei unbewusst Assoziationen, Bilder und Erfahrungen und ist oft mit Gefühlen und Emotionen verbunden. Informationen werden dabei schnell, automatisch und anstrengungslos verarbeitet (Kahneman, 2012a). Die Gesamtheit aller Assoziationen bildet eine affektive Einstellung gegenüber einer Sache oder einem Unternehmen, und zwar auch ohne vorherige kognitive Bewertung. Dies führt dazu, dass man Sympathie oder Antipathie entwickelt. Ähnlich wie bei anderen Heuristiken wird die Affektheuristik eingesetzt, um Entscheidungsprozesse zu vereinfachen. Wenn man einem Unternehmen positiv gegenübersteht, geht man meist auch automatisch davon aus, dass sich eine Investition in dieses lohnt. Das kann aber auch zu falschen Einschätzungen führen. Auf mühsame und komplexe Berechnungen etwa einer Aktienrendite wird irrigerweise oft verzichtet, wenn man in ein Unternehmen investieren möchte.

Werden Entscheidungen aus dem Kopf oder dem Bauch heraus getroffen?
Emotionen und Gefühle sind in heutigen Überlegungen untrennbar mit Kognition verbunden, auch wenn es darum geht, Entscheidungen zu treffen. Dieser Zusammenhang wurde jedoch nicht immer so gesehen. Vor den 1990er Jahren galten Emotionen als störender Einfluss auf rationale, kognitive Entscheidungsprozesse. Der berühmte Fall von Phineas Gage (1823–1860) veranschaulicht den erheblichen Einfluss von Emotionen auf Entscheidungen (Damásio et al., 1994; Macmillan & Lena, 2010). Am 13. September 1848 erlitt er einen Unfall, bei dem eine zwei Meter lange und sechs Kilogramm schwere Eisenstange seinen Schädel von der linken Wange bis zum Stirnbereich (Frontallappen) durchbohrte. Nur kurz war er bewusstlos, aber nach einigen Minuten wieder wach und aufmerksam. Entgegen jeglichen Erwartungen überlebte er diesen Unfall. Als der Arzt John Harlow eintraf, saß Phineas Gage aufrecht auf einem Stuhl und konnte Fragen zum Unfall beantworten. Jedoch veränderte sich sein Leben nach und nach, denn Phineas Gage musste mit tiefgreifenden psychischen Veränderungen leben. Er wies erhebliche Persönlichkeitsveränderungen, emotionale Abstumpfung und negative Gefühlsausbrüche auf, und sein Sozialverhalten war irreversibel gestört. Vor allem

aber verlor er die Fähigkeit, Entscheidungen zu treffen. Obwohl er das Für und Wider ausführlich analysieren und abwägen konnte, war er nicht mehr in der Lage, sich auf eine Entscheidung festzulegen und sie auszuführen. Man könnte sagen, er verharrte im Status quo.

Emotionen liefern Personen Informationen, um schnelle Entscheidungen zu treffen und relevante Aspekte zu erkennen und zu bewerten. Daher sind intuitive Entscheidungsprozesse ebenso wertvoll wie rationale Techniken. Wirksame Entscheidungen erfordern oft eine Kombination aus Intuition und Nachdenken. In bestimmten Situationen kann es von Vorteil sein, sich auf sein Bauchgefühl zu verlassen, insbesondere wenn das Entscheidungsumfeld komplex und überwältigend ist, wenn man über viel Erfahrung verfügt oder wenn schnelle Entscheidungen erforderlich sind (z. B. im Sport). Bei solchen Bauchentscheidungen kann es schwierig sein, die eigene Entscheidung zu erklären oder zu rechtfertigen – sie fühlt sich einfach richtig und gut an. Dieses Gefühl wird als natürlicher Teil des Entscheidungsprozesses empfunden.

Sowohl Kopf als auch Bauch – bildlich gesprochen – spielen für die Entscheidungsfindung immer eine entscheidende Rolle. Sicherlich gibt es kein Patentrezept für die Entscheidungsfindung. Entscheidungen werden unter anderem besonders von den Charakteristika der Person, der Situation und sozialen Regeln geprägt.

Wie bei allen Heuristiken verlaufen affektive Heuristiken zügig, automatisch, meist kaum bewusst und liefern spontane Urteile in unsicheren Situationen. Zum Beispiel sind bei Hochrisikotechnologien Vorteile (Nutzen) und Nachteile (Risiken) in der Regel statistisch positiv korreliert. Mit anderen Worten, je größer der potenzielle Gewinn, desto größer ist das damit verbundene Risiko. Wenn sich Personen glücklich fühlen, neigen sie eher dazu Risiken einzugehen oder neue Dinge auszuprobieren. Dieser Umstand sollte bei der Bewertung angemessen berücksichtigt und bei der Kompromissfindung beachtet werden.

Diese Heuristik emotionalen Ursprungs deutet darauf hin, dass Entscheidungen oft auf der Grundlage von Intuition getroffen werden (Gigerenzer, 2007). **Intuition** meint einen unmittelbare, impulsive und offensichtliche Eingebung. Intuition ist bildlich gesprochen eine Abkürzung des Denkvorgangs, der ohne prüfendes Nachdenken erfolgt. Es ist ein plötzlich ahnendes Erfassen eines Sachverhalts oder komplizierten Vorgangs und basiert auf einem über die Jahre angesammelten Erfahrungsschatz. Die Intuition wird in den letzten Jahren vermehrt wieder als Kompetenz angesehen (vgl. Abb. 4.12). Intuition basiert auf Vorlieben und Abneigungen statt auf Wahrscheinlichkeiten und Evidenzen. So werden Argumente, welche eine affektive Grundeinstellung zu einem bestimmten Thema bestätigen, oder Informationen, welche im Einklang zu der eigenen emotionalen Einstellung sind, automatisch ohne bewusstes Nachdenken durchaus positiv bewertet.

Die Affektheuristik wird dabei im Marketing und im E-Commerce genutzt. Wenn man zum Valentinstag einen romantischen Restaurantbesuch geplant oder einen Blumenstrauß für eine liebgewonnene Person gekauft hat, dann kann die Entscheidung in vielen Fällen mit der Affektheuristik in Verbindung gebracht werden. Allein die Vorstellung des Valentinstags kann positive Gefühle auslösen, die dann einen starken Einfluss auf Kaufentscheidungen ausüben. Im Bereich E-Commerce ist man sich be-

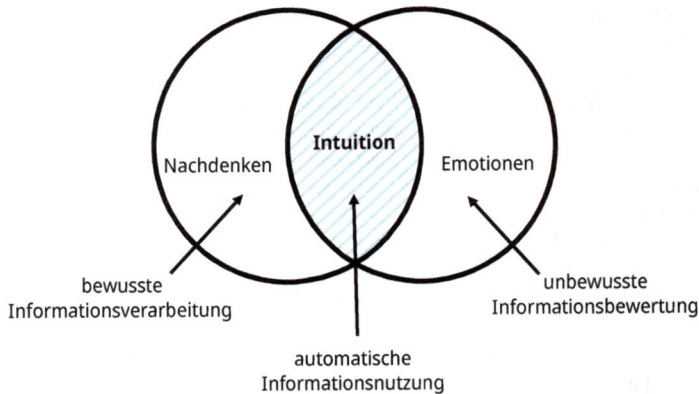

Abb. 4.12: Verortung der Intuition.

wusst, dass eine Einstellung zu einem Produkt schwieriger durch rationale Argumente beeinflusst werden kann als durch Verweise, die emotional etwa an Kindheitserinnerungen anknüpfen. Dabei spricht man von einer affektiven Einstellungskomponente.

Auch in der Automobilbranche wird dieser Effekt genutzt, indem die Freude am Fahren eines Elektroautos durch z. B. künstliche Motorgeräusche und ein ansprechendes Design emotional intensiviert wird. Versicherungen heben gerne das Schadensrisiko und dessen Unvorhersehbarkeit hervor, wodurch die Eintrittswahrscheinlichkeit eines Schadens überschätzt wird und zu steigender Zahlungsbereitschaft führen soll. Die Beziehung zwischen Nutzen und Risiko ist nicht immer eindeutig positiv, sondern auch abhängig von der Situation. Es besteht eine negative Beziehung zwischen Risiko und Nutzen bei Wahrnehmung von Gefahrensituationen (Finucane et al., 2000). Diese negative Beziehung verstärkte sich vor allem unter Zeitdruck.

Die Affektheuristik ist eine kognitive Abkürzung auf emotionaler Grundlage, die es ermöglicht, schnelle Entscheidungen auf der Basis von Gefühlen und Stimmungen zu treffen, ohne alle Informationen einzubeziehen. Die Heuristik kann zu systematischen Verzerrungen oder Denkfehlern führen, aber sie kann auch nützlich sein, wenn Entscheidungen bei Zeitdruck oder Unsicherheit getroffen werden müssen.

!	**Merkhilfe**	**Affektheuristik**
	Phase	Verarbeitung und Gewichtung
	Ursprung	emotional
	Tendenz	Selbstüberschätzung, Herdenverhalten
	Faustregel	Wenn man sich bei der Wahl zwischen zwei Optionen für eine entscheiden muss, dann wählt man unbewusst diejenige aus, welche mit einem positiven Gefühl verbunden ist, und vermeidet diejenige, welche mit einem negativen Gefühl einhergeht.

4.8 Urteilsverzerrung vs. frugale Heuristik

In der Forschung zu Heuristiken haben sich zwei unterschiedliche Ansätze entwickelt. Dabei sind Heuristiken nach Kahnemans Auffassung als Urteilsverzerrung anzusehen, welche zu Fehlentscheidungen führen (Tversky & Kahneman, 1974; Kahneman & Tversky, 1979). Gigerenzer vertritt in Bezug auf Heuristiken eine dezidiert andere Sichtweise als Kahneman (Gigerenzer, 1991; 1996b; Goldstein & Gigerenzer, 1999). Gigerenzers Beitrag wird oft unter den Beispielen Kahnemans subsummiert. Es ist jedoch anzuerkennen, dass Gigerenzer sehr bedeutende und wichtige Ergänzungen zu Kahneman leistet. Während bei **Kahneman** die Verzerrung von Denkprozessen in den Vordergrund gestellt und damit Heuristiken eine negative Bewertung beigemessen wird, geht **Gigerenzer** von dem Grundsatz „weniger ist mehr" aus. Wenn man nicht in der Lage ist, alle Merkmale zu berücksichtigen, so sollte man sich im Sinne Gigerenzers entsprechend dem *take-the-best*-Prinzip (Gigerenzer & Goldstein, 1996) auf die wichtigsten Aspekte konzentrieren. Während für Kahneman Heuristiken dem sogenannten Bauchgefühl gleichgestellt werden können, sind für Gigerenzer Heuristiken unmittelbar vereinfachte Entscheidungsregeln, insofern frugal. Der von Gigerenzer vertretene Ansatz *fast-and-frugal* sieht in der Verwendung von Heuristiken eine evolutionär bedingte Stärke und betrachtet sie als effiziente Entscheidungshilfen. Diese gehen nicht immer zu Lasten der Genauigkeit, d. h. der Qualität. Sie liefern manchmal ebenso genaue oder sogar bessere Ergebnisse als komplexe Algorithmen. Diese Perspektive stellt die Allgemeingültigkeit der direkten bzw. linearen Beziehung (vgl. Kap. 6.2) zwischen Genauigkeit und Aufwand in Frage (Gigerenzer & Gaissmaier, 2011; Artinger et al., 2015). Vielmehr konzentriert man sich auf das fallspezifische Testen der heuristikbezogenen Ergebnisse im Vergleich zu algorithmusbezogenen komplexen Entscheidungskalkulationen (Gigerenzer, 2016). Mit Hilfe von Wettbewerbstests haben Studien in dieser Richtung Beispiele für Heuristiken identifiziert, die – wenn auch nur geringfügig – genauer sind als komplexe Kalkulationen (DeMiguel, Garlappi, & Uppal, 2009; Aikman et al., 2021).

Dabei gilt es, zwischen Heuristiken und den in der digitalen Welt zunehmend an Bedeutung gewinnenden Algorithmen zu differenzieren. Heuristiken können eine schnelle und sparsame Informationsverarbeitung (*fast-and-frugal*-Ansatz) als Grundlage für entsprechende Entscheidungen ermöglichen. Dadurch dass Heuristiken oft unbewusst ablaufen, können sie als Intuition verankert sein (vgl. Abb. 4.12). In einer Entscheidungssituation benötigt man drei Arten von heuristischen Prinzipien (Gigerenzer, 2008), welche zugleich als **Entscheidungsstrategien** verstanden werden können (vgl. Kap. 3.10).

Die Suchregeln geben dabei an, wo und wie nach Informationen gesucht werden soll. Stoppregeln geben an, wann die Suche beendet werden soll, und Entscheidungsregeln bestimmen, was genau zu tun ist (Gigerenzer & Gaissmaier, 2011; Artinger et al., 2015). Die Anwendung des *fast-and-frugal*-Ansatzes in der Entscheidungsforschung wurde von Bingham und Eisenhardt (2011) durch das Prinzip der Einfachregel (*simple rule*) ergänzt. Die Bedeutung dieser Regeln für wirtschaftliche Entscheidungen, z. B. bei Investitionsverhalten, Preisbildung, Marktverhalten, Marketing, Werbung und Kundenbindung, wurden vielfach aufgegriffen (Artinger et al., 2015; Atanasiu, Ruotsalainen, & Khapova, 2023). In diesem Kontext führen DeMiguel, Garlappi und Uppal (2009) das **Bias-Varianz-Dilemma** an. Dieses liefert eine allgemeine statistische Erklärung dafür, warum einfache Heuristiken besser sein können als rationale und komplexe Strategien. Die Erklärung ist an das Motto „weniger ist mehr" (*less-is-more effect*) angelehnt (Goldstein & Gigerenzer, 1999; 2002; Norton, Frost, & Ariely, 2007). Einfache Heuristiken sind im Allgemeinen komplexen Algorithmen überlegen, wenn eine höhere Unsicherheit in der Vorhersage vorliegt, die Stichprobengröße gering ist und die Rahmenbedingungen instabil sind.

Entscheidungen unter Unsicherheit werden nach Tversky und Kahneman (1974) durch Entscheidungsregeln beeinflusst. Diese Regeln können als stark vereinfachte Annahmen über Wahrscheinlichkeiten angesehen werden und führen zu schnellen und fehleranfälligen Entscheidungen. Die Wahrscheinlichkeiten sind im Alltag ansonsten mathematisch äußerst schwierig zu ermitteln, wie die Beispiele zur Repräsentativitäts-, Verfügbarkeits- und Ankerheuristik von Tversky und Kahneman zeigen (Kahneman, 2012a). Im Vergleich zu Gigerenzers Ansicht verbinden Tversky und Kahneman mit Heuristiken Entscheidungsanomalien, die Urteilsverzerrungen nach sich ziehen. Sowohl Erfahrung als auch Wissen über die Urteilsverzerrungen können diese nicht ausschließen. Wenn ein daraus resultierendes Verhalten als erfolgreich erlebt wurde, so verwundert es nicht, dass diese Verhaltensweisen trotz Urteilsverzerrung beibehalten werden. Dies Erfahrungswissen betont die immensen Auswirkungen der kognitiven Einstellung auf die Anwendbarkeit entscheidungsrelevanter Heuristiken. Wie etwas wahrgenommen wird, hängt oftmals von der Perspektive und dem Darstellungsrahmen (vgl. Kap. 5.7) ab. So auch welche Sichtweisen auf Heuristiken bestehen (vgl. Abb. 4.13).

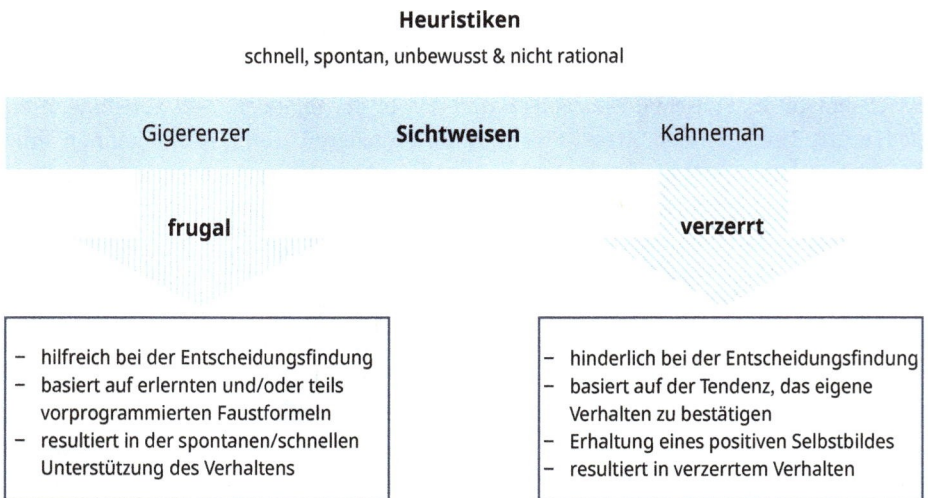

Heuristiken

schnell, spontan, unbewusst & nicht rational

Gigerenzer	**Sichtweisen**	Kahneman
frugal		**verzerrt**

– hilfreich bei der Entscheidungsfindung – basiert auf erlernten und/oder teils vorprogrammierten Faustformeln – resultiert in der spontanen/schnellen Unterstützung des Verhaltens

– hinderlich bei der Entscheidungsfindung – basiert auf der Tendenz, das eigene Verhalten zu bestätigen – Erhaltung eines positiven Selbstbildes – resultiert in verzerrtem Verhalten

Abb. 4.13: Sichtweisen zu Heuristiken.

Kahneman (2012a) versteht unter einer Heuristik oder einem *bias* eine Verzerrung menschlichen Verhaltens bei der Entscheidungsfindung. Ferner führt diese Verzerrung meist zu Verhaltensfehlern, die in manchen Situationen besonders durch die die Tendenz, einen (antizipierten) Verlust zu erleben (Verlustaversion), ausgelöst werden. Im Ansatz von Gigerenzer (2021) hingegen stellen Heuristiken nützliche und teils durch die Evolution vorprogrammierte Eigenschaften dar, die auch bei knappen Informationen und unsicherer Lage nützliche Faustformeln bereitstellen.

In Gigerenzers (1991; 1996b) Kommentaren zum *heuristics and bias* Programm von Tversky und Kahneman (1974) liegt der Fokus darauf Fehler zu finden, Erklärungen zu hinterfragen, und die Gültigkeit der experimentellen Methoden in Frage zu stellen. Darüber hinaus wird die Verallgemeinerung der Befunde zu kognitiven Illusionen hinterfragt. Die Bedenken hinsichtlich der einseitigen Sichtweise, der mangelnden Vorhersagekraft und der Künstlichkeit der experimentellen Bedingungen werden hervorgehoben:

– **einseitiger Blick**
   Der Fokus liegt zu stark auf Verzerrung und Fehlverhalten anstatt auf einer Lösungsfindung. Dies führt zu einer übermäßig negativen Sicht des Entscheidungsvermögens.

– **mangelnde Erklärungskraft**
   Es werden retrospektive Erklärungen gegeben, die lediglich beobachtete Phänomene wiedergeben. Die Gründe sind unzureichend, um klare und überprüfbare Vorhersagen zu machen, was eine systematische Untersuchung erschwert.

– **künstliche Versuchsbedingungen**
   Es findet eine vorsätzliche Irreführung oder Täuschung bei Experimenten statt. Außerdem werden ungeeignete Materialien oder Probleme für die Untersuchung verwendet. Dies führt zu dem Versäumnis, Situationen der realen Welt genau darzustellen. Zuzüglich werden die tatsächlichen Kenntnisse oder Fähigkeiten teilnehmender Personen vernachlässigt. Des Weiteren finden fragwürdige oder willkürlich gewählte Standards für üblicherweise gewünschtes Verhalten Anwendung.

Gigerenzer hält die Arbeiten von Kahneman, Tversky und anderen für zu pessimistisch und zu wenig realitätsnah. Er vertritt die Auffassung, dass Personen oft mit einfachen Heuristiken, trotz begrenzter Information und Rationalität, gute Entscheidungen treffen können. Kognitive Verzerrungen, die Kahneman beschrieben hat, ergeben sich nach Gigerenzer aus unrealistischen Versuchsbedingungen, welche die Komplexität und Unsicherheit der realen Welt nicht adäquat berücksichtigen.

Im nächsten Kapitel wird ein ganzheitlicheres Bild intuitiver Urteilsbildung dargestellt. Dafür werden ausgewählte Entscheidungsparadoxien und Verhaltensanomalien erläutert.

5 Entscheidungsparadoxien und Verhaltensanomalien

Entscheidungsparadoxien und Verhaltensanomalien sind zwei verwandte, aber dennoch unterschiedliche Konzepte, die sich mit dem Verhalten in Entscheidungssituationen beschäftigen. **Entscheidungsparadoxien** treten in Situationen auf, in denen es schwierig oder unmöglich ist, eine rationale Entscheidung zu treffen. Kriterien, die zur Bewertung der Optionen dienen, stellen sich unvollständig oder unklar dar. Die Paradoxie in Entscheidungssituationen beinhaltet einen Widerspruch zwischen dem beobachteten und dem erwarteten Verhalten einer Person oder Gruppe. Diese Paradoxien können irrationale oder suboptimale Entscheidungen initiieren, welche den eigenen Zielen oder Interessen entgegenstehen. Beispiele dafür sind:

- **Zuschauer-Paradoxon (*bystander paradox*)**
  Je mehr Personen einen Unfall bezeugen können bzw. Notsituationen beiwohnen, desto stärker sinkt die Wahrscheinlichkeit, dass jemand aktiv hilft. In solchen Fällen wird die Verantwortung für die Hilfeleistung auf andere übertragen, die Notwendigkeit zur Hilfe heruntergespielt oder man richtet sich an der Nichtbeteiligung anderer aus (Latané & Nida, 1981; Stroebe, Jonas, & Hewstone, 2014).

- **Placebo-Paradoxon**
  Die Wirksamkeit eines Placebos (Scheinbehandlung ohne medizinischen Wirkstoff) hängt von den Erwartungen behandelnder Personen ab. Je mehr Behandelnde an die Wirkung des Placebos glauben, desto besser fühlen sie sich (Schneider, 2005; Stroebe, Jonas, & Hewstone, 2014).

Verhaltensanomalien dagegen bezeichnen Abweichungen vom rationalen Entscheidungsmodell der traditionellen Wirtschaftstheorie. Verhaltensanomalien können zu suboptimalen oder irrationalen Entscheidungen führen, die den eigenen Nutzen nicht maximieren und die Kosten nicht minimieren. Im weiteren Verlauf werden hierfür zahlreiche Beispiele (u. a. Bestätigungstendenz, Besitz-Effekt, irrationale Beharrlichkeit, Kontrollillusion) näher dargestellt.

Auf allen Ebenen des Entscheidungsfindungsprozesses (vgl. Kap. 3.8) zeigen Entscheidungsparadoxien und Verhaltensanomalien ihre Wirkung. Das Entscheidungsverhalten resultiert aus einem dreistufigen Prozess ganzheitlicher Informationsgewinnung und -verarbeitung. Beginnend mit der **selektiven Wahrnehmung** von Informationen (vgl. Abb. 3.10 und Abb. 5.1) erfolgt anschließend deren **Bewertung** sowie kognitive Verarbeitung und dann eine **Entscheidung**. Es ist zu berücksichtigen, dass Heuristiken nicht immer trennscharf zu definieren sind oder sich ausschließlich auf eine Phase des Entscheidungsprozesses beziehen. Die Einordnung in einzelne Phasen des Entscheidungsprozesses beruht auf eigenen Analysen und der Auswertung der Forschungsliteratur. Sicherlich wird die weitere Erforschung der Heuristiken eine genauere Spezifikation der kognitiven Prozesse und eine Zuordnung zu einzelnen bzw.

https://doi.org/10.1515/9783110722307-005

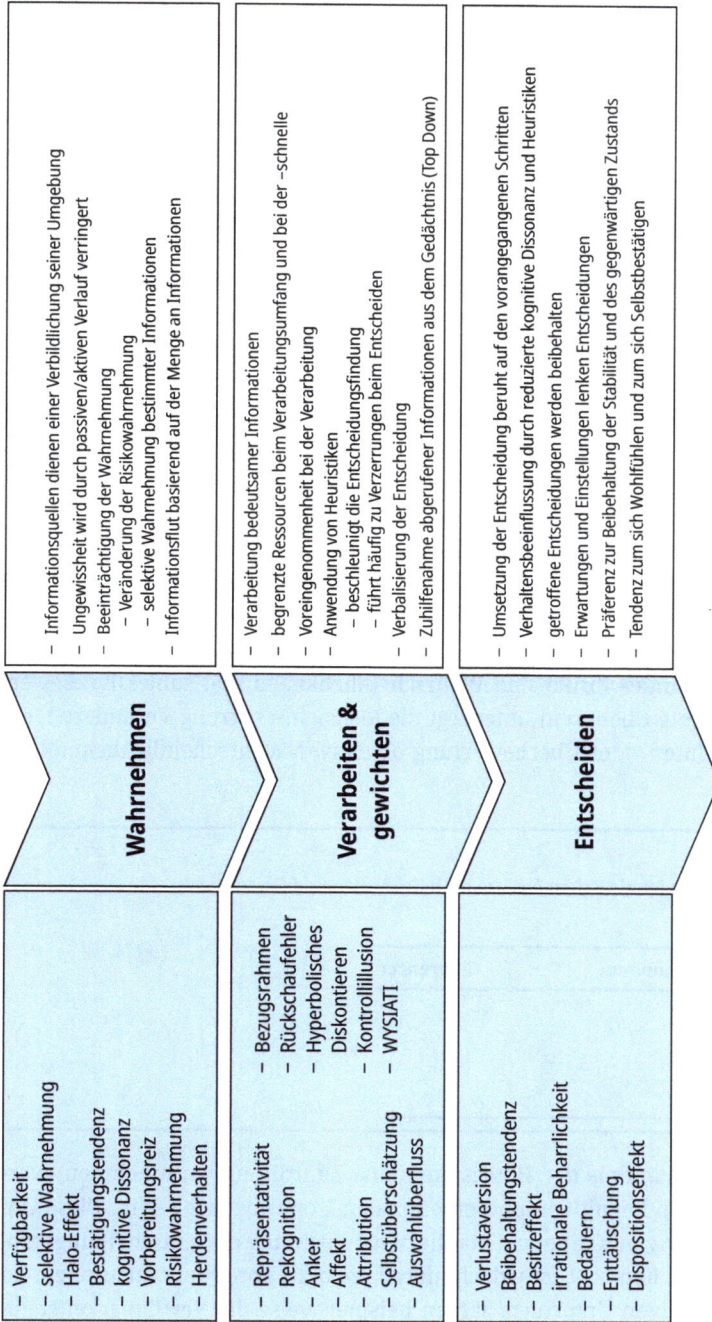

Wahrnehmen

- Informationsquellen dienen einer Verbildlichung seiner Umgebung
- Ungewissheit wird durch passiven/aktiven Verlauf verringert
- Beeinträchtigung der Wahrnehmung
  - Veränderung der Risikowahrnehmung
  - selektive Wahrnehmung bestimmter Informationen
- Informationsflut basierend auf der Menge an Informationen

- Verfügbarkeit
- selektive Wahrnehmung
- Halo-Effekt
- Bestätigungstendenz
- kognitive Dissonanz
- Vorbereitungsreiz
- Risikowahrnehmung
- Herdenverhalten

Verarbeiten & gewichten

- Verarbeitung bedeutsamer Informationen
- begrenzte Ressourcen beim Verarbeitungsumfang und bei der –schnelle
- Voreingenommenheit bei der Verarbeitung
- Anwendung von Heuristiken
  - beschleunigt die Entscheidungsfindung
  - führt häufig zu Verzerrungen beim Entscheiden
- Verbalisierung der Entscheidung
- Zuhilfenahme abgerufener Informationen aus dem Gedächtnis (Top Down)

- Repräsentativität
- Rekognition
- Anker
- Affekt
- Attribution
- Selbstüberschätzung
- Auswahlüberfluss

- Bezugsrahmen
- Rückschaufehler
- Hyperbolisches Diskontieren
- Kontrollillusion
- WYSIATI

Entscheiden

- Umsetzung der Entscheidung beruht auf den vorangegangenen Schritten
- Verhaltensbeeinflussung durch reduzierte kognitive Dissonanz und Heuristiken
- getroffene Entscheidungen werden beibehalten
- Erwartungen und Einstellungen lenken Entscheidungen
- Präferenz zur Beibehaltung der Stabilität und des gegenwärtigen Zustands
- Tendenz zum sich Wohlfühlen und zum sich Selbstbestätigen

- Verlustaversion
- Beibehaltungstendenz
- Besitzeffekt
- irrationale Beharrlichkeit
- Bedauern
- Enttäuschung
- Dispositionseffekt

Abb. 5.1: Heuristiken während verschiedener Phasen im Entscheidungsverhalten.

mehreren Schritten der Informationsverarbeitung ermöglichen. Es ist davon auszuge-hen, dass je nach Fragestellung und gewähltem Ansatz eine unterschiedliche Eintei-lung und Zuordnung der Heuristiken sinnvoll sein kann.

Im ersten Schritt der Informationsverarbeitung (Wahrnehmung) wird vermehrt auf Heuristiken **kognitiven** und gelegentlich **emotionalen Ursprungs** zurückgegriffen (vgl. Abb. 5.1), wobei die verfügbare Information einen besonders hohen Stellenwert be-sitzt. Die Anwendung der Verfügbarkeitsheuristik erfolgt vor dem Hintergrund der Festlegung von Eintrittswahrscheinlichkeiten in Verbindung mit dem Vorstellungsver-mögen. Informationen, die Personen schnell einfallen, werden als wahrscheinlicher erachtet als solche, die mit hohem kognitiven Aufwand verbunden sind. In durch von Unsicherheit gekennzeichneten Situationen sind Personen innerhalb der jeweiligen Prozessschritte einer immensen Menge an Informationen ausgesetzt. Angesichts der In-formationsflut nutzen Personen in solchen Situationen hilfreiche Faustregeln (Tversky & Kahneman, 1974; Kahneman & Tversky, 1984; Goldstein & Gigerenzer, 1999; Gigeren-zer, 2007; 2008) und unterziehen Wahrscheinlichkeiten einer subjektiven Bewertung. Die Vorbereitung einer Entscheidung wird durch die Anwendung von Heuristiken be-günstigt. Hierdurch wird Komplexität abgebaut, die Anzahl der Handlungsoptionen re-duziert, wodurch Entscheidungen wahrscheinlicher werden. Obwohl Heuristiken bei der Entscheidungsvorbereitung dienlich sind, können sie auch paradoxerweise zu ver-zerrten Ergebnissen führen. Somit tritt eine Entscheidungsanomalie auf. Auch bei der Entscheidungsfindung unter Risiko sind Wahrscheinlichkeiten und subjektive Bewer-tungen ausschlaggebend. Obendrein unterliegt die Risikoeinschätzung Veränderungen, welche durch eine Unter- oder Überbewertung objektiver Wahrscheinlichkeiten her-vorgerufen werden.

? Frage zum Verständnis
Worin unterscheiden sich die heuristischen Ansätze nach Kahneman und Gigerenzer?

Thema	Kahneman	Gigerenzer
Nützlichkeit		
Ursprung		
Ergebnis		
Selbstbild		

Um zum besseren Verständnis der Heuristiken eine Zuordnung vorzunehmen, wer-den diese in Heuristiken kognitiven und emotionalen Ursprungs eingeteilt. Diese Un-terscheidung ähnelt der von Kahneman etablierten Zuordnung der Entscheidungspro-zesse in System 1/2 (vgl. Kap. 7.2), ist jedoch hierzu nicht als kongruent anzusehen. Zu den Heuristiken kognitiven Ursprungs zählen beispielsweise die Verfügbarkeitsheu-ristik und die Risikowahrnehmung. Beide haben gemeinsam, dass eine mit ihnen ver-bundene Fehleinschätzung von Wahrscheinlichkeiten erfolgt. Die selektive Wahrnehmung und der Bezugsrahmen-Effekt hingegen beruhen auf falsch eingeschätzten Informationen. Auch die Affektheuristik, die ihren Ursprung in emotionalen Zuständen hat, führt zu verzerrter Informationsverarbeitung.

5.1 Einfache Heuristiken

Es ist ein sonderbares Ding um den ersten Eindruck,
er ist immer ein Gemisch von Wahrheit und Lüge.
Johann Wolfgang von Goethe

Der Halo-Effekt ist als spezielle Form einer kognitiven Verfügbarkeitsheuristik zu verstehen. Begrifflich stammt *halo* aus dem Englischsprachigen und kann als Mondring, Glorien-/Heiligenschein verstanden werden.

Der **Halo-Effekt** beschreibt eine Wahrnehmungs- und Urteilsverzerrung, bei welcher ein vorrangig wahrgenommener visueller Reiz sowohl positiv als auch negativ auf andere Sinneseindrücke oder die Gesamtsituation übertragen wird. Unter anderem konnten Nisbett und Wilson (1977) die unbewusste Beeinflussung von Werturteilen durch den Halo-Effekt nachweisen. In ihrer Studie wurden zwei unterschiedliche Videointerviews mit demselben englischsprechenden Dozenten durchgeführt. In Interview A verhielt er sich warm und freundlich, in Interview B hingegen kalt und distanziert. Die Testpersonen, die das erste Interview A sahen, bewerteten sein Aussehen, Auftreten und seinen sprachlichen Ausdruck als ansprechend, während diejenigen, die das zweite Interview B sahen, dieselben Eigenschaften als irritierend bewerteten. Die Ergebnisse deuten darauf hin, dass eine einzelne primär wahrgenommene Eigenschaft die Gesamtbewertung und die Bewertung anderer Eigenschaft stark beeinflusst. Der erste wahrgenommene Eindruck von einer Person färbt demnach unbewusst auf weitere Einschätzungen von Persönlichkeitseigenschaften ab (vgl. Abb. 5.2). Nehmen Personen jemanden anfangs als warmherzig wahr, dann werden dieser Person weitere positive Eigenschaften zugeschrieben. Wird eine Person hingegen als kaltherzig wahrgenommen, so werden weitere Urteile negativ ausfallen. Zudem hängt der erste Eindruck von unterschiedlich vielen Kriterien bei der Beurteilung ab. Dabei können nicht immer alle erfasst und wahrgenommen werden.

Durch Verweis auf den Halo-Effekt wird verständlich, warum man bei Personen, die als attraktiv wahrgenommen werden, auch annimmt, dass diese erfolgreich sind, obwohl Informationen zu letzterem nicht zur Verfügung stehen. Im Kontext organisationaler Beurteilungen von Mitarbeitenden kann die wahrgenommene Freundlichkeit fälschlicherweise dazu führen, dass diese Person auch als zuverlässig und fachkompetent angesehen wird. Zuverlässigkeit und Qualifikation wird in der Wahrnehmung dieser Person durch Freundlichkeit überstrahlt und ersetzt. Umgekehrt kann Freundlichkeit auch zu einer negativen Übertragung Anlass geben; dann kann freundlichem Auftreten auch Unsicherheit oder Schwäche zugeordnet werden. Die Leistungsbeur-

Tendenz, jemanden aufgrund eines besonders auffallenden und sachlich irrelevanten Merkmals insgesamt positiv zu beurteilen.

Abb. 5.2: Wirkung des Halo-Effekts beim Vorstellungsgespräch.

teilung von Personen wird demzufolge durch den Halo-Effekt beeinflusst. In einer Studie wurde männlichen Personen wurden Aufsätze, die sich maßgeblich in ihrer Qualität unterschieden, vorgelegt (Landy & Sigall, 1974). Den Aufsätzen wurden attraktive, unattraktive oder keine Portraits der Autorinnen beigelegt. Bei der anschließenden Bewertung der Aufsätze zeigte sich, dass die durch die männlichen Testpersonen als attraktiv beschriebenen Autorinnen auch bessere Aufsatzbeurteilungen erhielten als die als weniger attraktiv beschriebenen. Dabei lagen die Bewertungen der Testpersonen, die kein Portrait erhielten, zwischen den guten und schlechten Bewertungen. Erstaunlicherweise kristallisierte sich der Effekt bei den am schlechtesten formulierten Aufsätzen besonders deutlich heraus. Die Attraktivität einer Person, welche eine Aufgabe erledigt, beeinflusst die Art und Weise, wie andere Personen die Leistung und die Person selbst bewerten. Leistung und Attraktivität stehen jedoch de facto in keinem Zusammenhang. Attraktivität beeinflusst nicht allein, wie Personen kommunizieren, sondern auch wie deren Kompetenzen bewertet werden. Daraus wurde geschlossen, dass die Attraktivität einer Person eine unbewusste Einflussnahme auf die Kommunikation und Beurteilung ausübt.

Tatsächlich vorhandene Eigenschaften von Personen werden dem Halo-Effekt folgend durch die subjektive Wahrnehmung einzelner vorrangiger Eigenschaften verzerrt. Eine als positiv wahrgenommene Eigenschaft überlagert demnach die sachbezogene Bewertung weiterer Eigenschaften. Spezifizieren lässt sich der Halo-Effekt zudem nach der Sach- und Beziehungsebene bei der Wahrnehmung.

Sachebene

Bei der Wahrnehmung der Sachebene geht es um Eigenschaften, wie z. B. Verlässlichkeit, Vertrauen oder Pünktlichkeit. So kann eine interessierte Person bereits im ersten persönlichen Kontakt punkten, wenn diese einen Anzug mit Krawatte anzieht, selbstsicher und kompetent auftritt. Damit wird ein eventuell auftretendes Fehlverhalten entschuldigt.

Kommt eine interessierte Person hingegen zu spät zum ersten Kennenlernen, so zeigt der Halo-Effekt auch in die andere Richtung Wirkung, und eventuelles Fehlverhalten würde den ersten negativen Eindruck verstärken.

Beziehungsebene

Bei der Beziehungsebene geht es nicht um persönliche Eigenschaften, sondern vielmehr um Ansichten über spezifische Themengebiete, welche sich auf das Beziehungsverhältnis von Personen auswirken. Wenn man beispielsweise über politische Ansichten spricht und als langjähriger CDU-Wähler erfährt, dass eine andere Person SPD wählt, kann dies dazu führen, dass er eine Abneigung gegenüber dieser Person empfindet. Erfährt er hingegen, dass eine andere Person dieselbe Partei wählt, dann entwickelt er durch vermeintlich gleiche Ansichten eher eine Zuneigung.

Diese Urteilsverzerrung verdeutlicht auch, weshalb Personen bei börsennotierten *blue chip* Unternehmen mit hervorragendem Aktienkurs auch davon ausgehen, dass deren Produkte von hoher Qualität zeugen. Wenn in einem Einstellungsprozess als erstes ein attraktives Bewerbungsfoto einer Person gesehen wird, bevor man sich ein Bild über deren Qualifikationen gemacht hat, neigen Personen auch hier zu Fehlurteilen.

Merkhilfe	Halo-Effekt	
Phase	Wahrnehmung	**!**
Ursprung	kognitiv	
Tendenz	selektive Wahrnehmung	
Faustregel	Wenn man eine Person kennenlernt, neigt man dazu, die Gesamtwahrnehmung der Person von einer als positiv oder negativ wahrgenommenen Eigenschaft überstrahlen zu lassen. Um diesen Effekt zu verringern, empfiehlt es sich, bei der Bewertung von Situationen oder Personen den Gesamteindruck von initial wahrgenommenen Charakteristika zu trennen.	

Attributionstheorien

Attributionstheorien beschäftigen sich mit Fragen nach dem Warum und den damit verbundenen Schlussfolgerungen über Ursachenzuschreibungen von individuellem und sozialem Verhalten. Das aus dem Lateinischen stammende Wort Attribution (*attribution)* kann wortwörtlich als Zuschreibung übersetzt werden. Attributionen können als fundamentaler Bestandteil sozialer Wahrnehmung angesehen werden. Nach Heider und Simmel (1944) handelt es sich um den Einfluss, den kausale Attributionen auf das wahrgenommene Verhalten anderer ausüben, wie im Titel ihres Artikels „*social perception and phenomenal causality*" paradigmatisch formuliert ist. Die grundlegende Ausarbeitung der Attributionstheorie ist auf Fritz Heider (1958) zurückzuführen. Besonders hervorzuheben ist die Annahme, dass sich die wahrgenommene

Kausalität unmittelbar auf das Verhalten der beobachtenden Person auswirkt. Die Attributionsforschung befasst sich damit, welche Interpretationen beobachtende Personen aus dem direkten Verhalten anderer ableiten, und nicht mit der unmittelbaren Beschreibung menschlichen Verhalten (Jonas, Stroebe, & Hewstone, 2014). Sie beschäftigt sich mit den subjektiven Zuschreibungen bzw. Annahmen über das Verhalten anderer, d. h. welche Vorstellungen beobachtende Personen darüber haben, warum Akteure das tun, was sie tun. Die Attributionstheorie nach Heider (1958) beschreibt, dass man das Verhalten einer Person erklären kann, indem man die Ursache einer Wirkung entweder der Situation (external) oder der Veranlagung der betreffenden Person (internal) zuschreibt. Es geht vorrangig um die Zuschreibung von subjektiv angenommenen Ursache-Wirkung-Beziehungen und nicht um objektive, wissenschaftlich analysierte und getestete, Kausalbeziehungen. Heiders zweite Kernaussage befasst sich mit der Identifizierung bestimmter Zuschreibungsfehler. Diese entstehen durch die Art und Weise, wie Personen Kausalschlüsse ziehen. Im Folgenden veranschaulicht ein Beispiel aus dem Alltag, wie leicht man fundamentalen Fehlschlüssen verfallen kann.

Man stelle sich vor, dass man vor einem Kaufhaus steht. Plötzlich rennt ein Akteur (junger Mann) aus diesem heraus und eine Verkaufsperson schreit ihm hinterher: „Stopp, junger Mann!". Wahrscheinlich attribuiert man nun internal und nimmt an, dass der Akteur etwas gestohlen hat und deshalb weggerennt. Wenn man nun situative Faktoren berücksichtigt, klärt sich auf, dass der Akteur seinen Zug nicht verpassen wollte und die Verkaufsperson ihm nur nachgerufen hat, weil er seine EC-Karte vergessen hat. Mit den zu Grunde liegenden Informationen attribuiert man external, d. h. man bezieht sich auf die Umwelteinflüsse oder die Situation, die den Grund des Handelns bestimmen.

Der **fundamentale Attributionsfehler** beschreibt die Neigung, dass Beobachtende bei der Interpretation des Verhaltens einer Person den Einfluss der Situation unter- und den Einfluss der persönlichen Eigenarten überbewerten (Ross, 1977). Als weiteren Zuschreibungsfehler bezeichnet der **Akteur-Beobachter-Effekt** die Neigung von Personen, ihre eigenen Handlungen externalen Ursachen zuzuschreiben („Meine Leistungsbeurteilung ist nur deswegen so schlecht ausgefallen, weil meine Führungskraft nicht fair geurteilt hat"). Beobachtende führen hingegen dieselben Handlungen anderer auf interne Ursachen der anderen Personen zurück („Seine Leistung wurde schlecht bewertet, weil er seine Ziele nicht erreicht hat"; Kanouse & Hansen, 1972). Nach Heider besagt ein weiterer Zuschreibungsfehler, die **eigennützige Voreingenommenheit** (*self-serving-bias*), dass Personen ihren eigenen Erfolg internalen Faktoren zuschreiben, während externale und unkontrollierbare Faktoren herangezogen werden, um das eigene Scheitern zu erklären (Miller & Ross, 1975). Wenn Mitarbeitende befördert werden, dann schreiben sie den Erfolg ihrem Talent zu. Nicht beförderte Mitarbeitende schreiben den Misserfolg zumeist einem ungerechten Management zu.

Kelley (1967) entwickelte Heiders Attributionstheorie mittels des Kovariationsprinzips weiter. Das Prinzip impliziert, dass ein Effekt (z. B. im Entscheidungsverhalten) immer dann einer möglichen Ursache zugeschrieben wird, wenn Effekt und Ursache wiederholt gemeinsam beobachtet werden. Beim **Kovariationsprinzip** wird ein Ereignis mit dem Faktor ursächlich verknüpft, mit dem es über die Zeit kovariiert. In Erweiterung der Attributionstheorie nach Heider differenziert Kelley zwischen drei Faktoren (Person, Zeit, Situation), deren Merkmale durch unterschiedliche Arten von Informationen (Konsensus, Konsistenz und Distinktheit) gekennzeichnet sind (vgl. Tab. 5.1).

Tab. 5.1: Attributionstheorie nach Kelley (1967), unterteilt nach dem Informationstyp.

Informationstyp	Beschreibung	Faktor
Konsensus	andere Personen verhalten sich in vergleichbaren Situationen ähnlich hoch = fast alle verhalten sich so wie man selbst niedrig = niemand verhält sich so wie man selbst	Person
Konsistenz	Verhalten wiederholt sich in gleichen Situationen hoch = Verhalten wird immer gezeigt niedrig = einmalig oder sehr selten	Zeit
Distinktheit	Verhalten tritt nur durch einen bestimmten Reiz auf hoch = Verhalten tritt nur in dieser Situation auf niedrig = Verhalten tritt auch in anderen Situationen auf	Situation

Der **Konsensus** beschreibt, ob andere Personen in der gleichen Situation das gleiche Verhalten zeigen. Zeigen diese in der gleichen Situation das gleiche Verhalten, dann ist die Ausprägung des Konsensus hoch. Beispielsweise ist von einem hohen Konsensus auszugehen, wenn eine Führungskraft auch von anderen Mitarbeitenden in vergleichbaren Situationen als leicht reizbar wahrgenommen wird.

Die **Konsistenz** beschreibt, ob ein gleiches Verhalten in unterschiedlichen Situationen wiederholt auftritt. Tritt das Verhalten regelmäßig als Reaktion in diesen Situationen auf, ist die Ausprägung der Konsistenz hoch. Tritt das Verhalten nur einmalig auf, ist die Ausprägung der Konsistenz gering. War die Führungskraft auch in der Vergangenheit unabhängig von der Situation häufig leicht reizbar, schreiben Beobachtende häufig die Reizbarkeit direkt der Führungskraft zu.

Die **Distinktheit** beschreibt, ob ein Verhalten nur in einer bestimmten Situation gezeigt wird. Ist das Verhalten spezifisch für diese Situation, dann ist die Ausprägung der Distinktheit hoch. Tritt das Verhalten hingegen auch in anderen Situationen auf, dann ist die Ausprägung der Distinktheit gering. Ist die Führungskraft also nicht nur bei der Arbeit, sondern auch zu Hause leicht reizbar, ist die Ausprägung der Distinktheit gering.

Je nach Zusammensetzung dieser drei Informationstypen findet eine Attribution statt. Durch die Anwendung des Kovariationsprinzips in Kombination mit den drei

Informationstypen können einseitige Attributionen und Ungereimtheiten aufgedeckt werden. Dennoch liegt ein Kritikpunkt in der nicht umfänglichen Einbeziehung begrenzter Rationalität, denn Personen liegen zumeist nicht alle Informationen vor. Es werden auch nicht alle Informationen herangezogen, die zur Verfügung stehen. Dies kann zu einem *bias* führen und somit Entscheidungsverhalten verzerren (vgl. Kap. 4.1).

Meist wird internal attribuiert, d. h. die Ursache einer bestimmten Wirkung wird der Person zugeschrieben. Am ehesten läuft dieser kognitive Prozess bei geringem Konsens, hoher Konsistenz und geringer Distinktheit ab. Attributionen werden aufgrund kognitiver Schemata vorgenommen. Personen haben durch Erfahrungen und damit verbundenen expliziten bzw. impliziten Lernprozessen eine Vielzahl kausaler Schemata hinsichtlich Ursache-Wirkung-Zusammenhängen abgespeichert. Ein weiterer Beitrag zur Attributionsforschung wurde von Weiner (1979; 1986) im Kontext der Leistungsmotivation erbracht (vgl. Tab. 5.2). Er befasste sich mit den Ursachen für Handlungen in einer leistungsbezogenen Situation. Situationen können nach Erfolg und Misserfolg unterschieden werden.

Tab. 5.2: Dimensionen der Kausalattribution nach Weiner (1986).

Dimension	internal	external
Konsensus	gering	hoch
Konsistenz	hoch	hoch/gering
Distinktheit	gering	hoch
Ursache	Akteur	Situation

Dabei können Personen, basierend auf ihren Zuschreibungen der Gründe für das Verhalten nach dem Eintreten eines Ereignisses, emotional (positiv oder negativ) auf Erfolg oder Misserfolg reagieren. Weiner erweiterte die Attributionstheorien durch die besondere Beachtung des Zeitfaktors und der emotionalen und motivationalen Folgen des Handelns. Er geht davon aus, dass sich Zuschreibungen im Laufe der Zeit und je nach Situation ändern können.

Konträr zu den eher statischen Attributionsmodellen von Heider und Kelley, lieferte Weiner einen dynamischeren Erklärungsansatz. Dieser verdeutlicht, inwieweit **Kausalattributionen** zukünftige Erwartungen und Emotionen sowie die Leistung beeinflussen. Die Dimensionen von Weiner beeinflussen die Ergebnisse der Attribution, indem sie die emotionalen und motivationalen Konsequenzen der Attribution berücksichtigen.

Jeder Erfolg oder Misserfolg einer Aufgabenerledigung initiiert laut Weiner (1986) die Suche nach der Ursache entlang dreier Dimensionen:
- **Lokalität** (internal vs. external)
- **Stabilität** (stabil vs. instabil)
- **Kontrollierbarkeit** (kontrollierbar vs. unkontrollierbar)

Weiners Dimension der Lokalität wurde von Heider als Kausalzusammenhang bezeichnet. Inhaltlich beschreiben beide Begriffe dasselbe. Interne Attributionen führen bei Erfolg zu höherem Selbstwertgefühl, bei Misserfolg hingegen zu einem niedrigeren. Externale Attributionen schirmen bei Misserfolg das Selbstwertgefühl ab, verringern jedoch bei Erfolg das Selbstwertgefühl. Die Dimension Stabilität erinnert an Kelleys Ansatz. Jedoch formuliert Weiner diesen klarer. Damit möchte er erklären, dass die Kausalanalyse dann den größten Informationsgehalt hat, wenn stabile Ursachen identifiziert werden. Stabile Attributionen gehen mit einer konstanten Erwartung einher, unabhängig von dem aktuellen Ergebnis des Verhaltens. Variable Attributionen lösen unabhängig vom aktuellen Ergebnis wechselhafte Erwartungen aus.

Die Berücksichtigung der Dimension Kontrollierbarkeit (vgl. Tab. 5.3) ist ebenfalls wichtig, weil Personen nicht ausschließlich beantworten möchten, warum etwas passiert ist, und somit eine kausale Zuschreibung durchführen. Kontrollierte Attributionen bewirken ein Gefühl höherer Verantwortlichkeit, verbunden mit Emotionen wie Stolz oder Schuld. Dahingegen gehen unkontrollierte Attributionen mit einer geringeren Verantwortlichkeit einher, verbunden mit Emotionen wie Dankbarkeit oder Mitleid. Ferner möchten Personen in der Zukunft liegende Ereignisse kontrollieren. Unterschiedliche leistungskontextuelle Kombinationen der Dimensionen Lokalität, Stabilität und Kontrollierbarkeit sind mit Attributionen der vier Faktoren Fähigkeit, Anstrengung, Aufgabenschwierigkeit und Glück/Zufall verbunden.

Tab. 5.3: Dimensionen und Faktoren der Leistungsmotivation.

	internal		external	
	stabil	**variabel**	**stabil**	**variabel**
unkontrollierbar	Fähigkeit	Stimmung	Aufgabenschwierigkeit	Zufall
kontrollierbar	Anstrengung (konstant)	Anstrengung (akut)	Voreingenommenheit	unerwartete Hilfe anderer Personen

Das folgende Beispiel aus dem beruflichen Alltag soll die Zuordnung der Faktoren veranschaulichen (Hewett et al., 2018).

Wahrscheinlich wird eine Verkaufsperson eine Fähigkeitsattribution durchführen („Mein Verkaufsgespräch ist schlecht gelaufen, weil ich den Verkauf nicht abgeschlossen habe"), wenn die Ursache für das Scheitern als stabil angesehen wird („Ich bin keine gute Verkaufsperson") und die Faktoren kontrollierbar („Ich hatte alle notwendigen Ressourcen, um den Verkauf erfolgreich abzuschließen") sind.

Ausgewählte andere Theorien der Attribution befassen sich mit verschiedenen Aspekten der Ursachenzuschreibung:
- Die Theorie korrespondierender Inferenzen von Jones und Davis (1965) beschäftigt sich damit, wie Personen aus dem beobachteten Verhalten auf die Absichten

und Persönlichkeitsmerkmale des Akteurs schließen. Die Autoren berücksichtigen dabei Faktoren wie die Wahlfreiheit, die soziale Erwünschtheit und die erwarteten Folgen des Verhaltens.

- Die Theorie der erlernten Hilflosigkeit von Seligman (1999) erklärt die Attribution von Misserfolg und Depression. Er fand heraus, dass Personen, die wiederholt unkontrollierbaren aversiven Reizen ausgesetzt sind, eine erlernte Hilflosigkeit entwickeln, die sich durch eine pessimistische Attribution auszeichnet. Misserfolg wird internen, stabilen und generellen Ursachen zugeschrieben, während Erfolg mit externen, variablen und spezifischen Ursachen attribuiert wird.

- Die Theorie der Handlungsphasen von Heckhausen (1987) befasst sich mit den motivationalen und volitionalen Prozessen der Attribution (vgl. Kap. 3.8). In jeder der vier Phasen (prädezisional, präaktional, aktional und postaktional) spielen unterschiedliche Attributionen eine Rolle für die Zielsetzung, Handlungswahl, Handlungsausführung und Handlungsbewertung.

Die Art und Weise, wie Personen das eigene Verhalten und das anderer erklären, beeinflusst die Selbstwahrnehmung und das Selbstvertrauen. Gute Erfahrungen werden eher internal und negative Erfahrungen eher external attribuiert, wodurch das Selbstvertrauen eher gestärkt wird. Diese Zuschreibungen werden als selbstwertdienliche Verzerrungen bezeichnet. Erfolg wird eigenen Fähigkeiten oder Anstrengungen zugeordnet, während Misserfolg externen Faktoren wie Glück oder Schwierigkeit zugerechnet wird. So schützen Personen ihr Selbstwertgefühl. Allerdings kann diese Art der Zuschreibung auch zu Selbstüberschätzung führen, wenn beispielsweise die eigenen Fähigkeiten oder Leistungen unrealistisch hoch eingeschätzt werden. Selbstüberschätzung als Form der kognitiven Verzerrung wird im nächsten Kapitel ausführlich behandelt.

⚠	**Merkhilfe**	**Attribution**
	Phase	Verarbeitung und Gewichtung
	Ursprung	kognitiv
	Tendenz	Bezugsrahmen-Effekt
	Faustregel	Bei der Zuschreibung von Ursache-Wirkung-Zusammenhängen neigt man dazu, eine Ursache eher einer Person statt der Situation zuzuschreiben.
		Zur Überwindung dieser Voreingenommenheit ist es ratsam, mehrere Faktoren zu berücksichtigen und zudem einer anderen Person nicht voreilig die Verursachung zuzuweisen, sondern auch auf situative Faktoren zu achten.

5.2 Selbstüberschätzung

Der wunderbarste Irrtum aber ist derjenige,
der sich auf uns selbst und unsere Kräfte bezieht.
Johann Wolfgang von Goethe

Sicherlich liegt dem obigen Zitat eine Ambiguität zu Grunde. Personen können verkennen, wozu sie im Stande sind, weil sie sich bzw. ihre Fähigkeiten weitgehend zum einen unterschätzen oder zum anderen überschätzen.

Bei der Informationsverarbeitung und -bewertung kommt es bei der **Selbstüberschätzung** (*overconfidence*) zu einer Überschätzung kognitiver Fähigkeiten, Leistungen, Erfolgschancen und Kontrollmöglichkeiten. Zudem neigen Personen dazu, sich selbst zu überschätzen, wenn sie glauben, dass sie besser als andere sind. Geht es um die Richtigkeit der eigenen Überzeugungen, so sind Personen sich dessen übermäßig gewiss, dass sie richtig liegen. Vor allem dann, wenn nach numerischen Antworten gefragt wird. Die eigene Antwort wird als besser oder exakter bewertet als die, die der objektive Sachverhalt verlangt. Andererseits kommt es häufig vor, dass Personen die tatsächliche Eigenleistung entweder (a) überschätzen, (b) im Vergleich zu anderen überbewerten oder (c) zu übertrieben an der Richtigkeit der eigenen Überzeugungen festhalten (Moore & Healy, 2008). Dieser Irrglaube führt dazu, dass eigene Auffassungen oder Überzeugungen nicht aufgegeben oder korrigiert werden. Ferner neigen Personen bei systematischer Selbstüberschätzung dazu, auch inkorrekte Aussagen nicht zu hinterfragen. In diesem Sinne definieren Diamond und Vartiainen (2007) Selbstüberschätzung als eine Tendenz, die eigenen (relativen) Fähigkeiten und die sich daraus ergebenden Ergebnisse überzubewerten. **Überoptimismus** hingegen bezeichnet allgemein die Überschätzung bezüglich der zukünftigen Aussichten auf den Ausgang von Ereignissen. In seiner elementaren Form lässt sich Selbstüberschätzung als ungerechtfertigtes Vertrauen in die eigenen intuitiven Argumente, Urteile und kognitiven Fähigkeiten zusammenfassen. Das Konzept der Selbstüberschätzung wird in psychologischen Experimenten überprüft (Moore & Healy, 2008), bei denen Testpersonen sowohl ihre eigenen Vorhersagefähigkeiten als auch die Genauigkeit der Informationen, die sie erhalten haben, überschätzen (im Wesentlichen als kognitive Schwächen bezeichnet). So führen diese fehlerhaften Kognitionen zu emotional geladenem Verhalten, wie z. B. übermäßige Risikobereitschaft (vgl. Abb. 5.3), und daher wird die Selbstüberschätzung eher als emotionale und weniger als kognitive Verzerrung eingestuft. Oft glauben Personen, dass sie schlauer sind und bessere Informationen haben, als es tatsächlich der Fall ist (Pompian, 2012). Beispiele von Fehlverhalten und Missmanagement hat Kanning (2020) anschaulich zusammengetragen und hinterfragt.

Selbstüberschätzung bezieht sich auf personelle Faktoren, wohingegen sich unrealistischer Optimismus auf situative Faktoren und verzerrte Wahrscheinlichkeiten bezieht. Hier einige Beispiel zur Illustration: Der eigene Verein gewinnt jedes Spiel, auch gegen die beste Spitzenmannschaft. Im Sommerurlaub wird immer die Sonne scheinen, und im Winterurlaub wird in den Alpen die ganze Zeit sicher genügend

Abb. 5.3: Beispiel für Selbstüberschätzung.

Schnee zum Skifahren liegen (Sharot, 2014). Vor einer Klausur hegen Studierende oft die Hoffnung, dass sie sich entweder an heißen Tagen im Schwimmbad oder nur am letzten Wochenende vor der Klausur ausreichend vorbereiten können und doch hervorragende Ergebnisse erzielen. Im Allgemeinen nehmen Personen an, dass sie sich klüger, schneller und besser als andere verhalten.

Angenommen, Personen erhalten einen Tipp von ihrem Finanzberater und treffen auf Grund dieser vermeintlich sachkundigen Meinung (Wissensvorsprung, vgl. Kap. 10.1) eine Investitionsentscheidung. In diesem Zusammenhang kann auf die Selbstüberschätzung vieler Sachkundigen verwiesen werden (Richter, Ruß, & Schelling, 2018), die fest davon überzeugt sind, dass sie künftige Marktentwicklungen zuverlässig vorhersagen können, obwohl dieselben Sachkundigen ohne Wissen der Kundschaft in der Vergangenheit fatale Fehlentscheidungen getroffen haben.

Aktuelle Befunde zeigen, dass Selbstüberschätzung auch durch die Tendenz, bereits vorhandenes Wissen bestätigen zu wollen, hervorgerufen werden kann (Ting et al., 2023). Die Kenntnis des Zusammenhangs zwischen der Selbstüberschätzung und der damit eng verbundenen Verhaltensanomalie der Selbstbestätigung trägt zu einem besseren Verständnis menschlichen Entscheidungsverhaltens bei. Selbstüberschätzung und Selbstbestätigung sind psychologische Phänomene, die sich beide auf die Wahrnehmung und Bewertung des eigenen Selbst beziehen. Im nächsten Kapitel wird daher auf das Phänomen der Bestätigungstendenz genauer eingegangen.

Merkhilfe	**Selbstüberschätzung**
Phase	Verarbeitung und Gewichtung
Ursprung	kognitiv
Tendenz	Überoptimismus, Risikowahrnehmung, Affektheuristik
Faustregel	Man neigt dazu, die eigenen Fähigkeiten oder das eigene Wissen zu überschätzen. Indem man aktiv Feedback und andere Meinungen berücksichtigt, schafft man es, realistischere Einschätzungen zu treffen.

5.3 Vorbereitungseffekt

Es hört doch jeder nur, was er versteht.
Johann Wolfgang von Goethe

Wenn man in ein Restaurant geht und vor dem Eingang Bilder von frischem Obst und Gemüse und einer Botschaft sieht, die für gesunde Ernährung wirbt, dann könnte dieser visuelle Reiz unbewusst dazu anregen, bei der Bestellung ein gesundes Gericht auszuwählen. Infolgedessen wird man vielleicht eher ein Gericht mit Obst und Gemüse als eines mit weniger gesunden Optionen auswählen, weil man gedanklich auf eine gesunde Ernährung eingestimmt wurde. In diesem Fall wirkt die anfängliche Konfrontation mit den Bildern und der Botschaft über gesunde Ernährung wie eine Art Grundierung, die das weitere Verhalten im Restaurant beeinflusst.

Der **Vorbereitungseffekt** (*priming*) wird von Newell und Shanks (2014) als der Einfluss von früheren unterschwelligen (subliminalen) Reizen (z. B. Wörter, Bilder, Gerüche) oder Ereignissen auf späteres Verhalten (Urteile, Eindrücke, Einstellungen, Entscheidungen oder jede andere offenkundige und beobachtbare Handlung) definiert. Der Vorbereitungseffekt kann in verschiedenen Kontexten auftreten und Wahrnehmungen, Einstellungen, Gefühle und Verhaltensweisen auf der Grundlage früherer Erfahrungen oder Vorbereitungsreize beeinflussen, indem es bestimmte Assoziationen oder Erinnerungen im Gedächtnis hervorruft. Bereits auf der Ebene der Wahrnehmung wirken Kontext- oder Erinnerungseffekte, wie direkt durch Abb. 5.4 veranschaulicht. Durch Verschiebung der Aufmerksamkeit kann der Fokus auf jeweils andere Merkmale des Bildes gerichtet werden. Diese Fokusverschiebung führt dann zu unterschiedlich wahrgenommenen Figu-

Abb. 5.4: Mehrdeutige Bildmuster im Sinne von perceptual priming.

ren bei einem wechselnden Hintergrund. Identische Bildmuster können völlig unterschiedliche Wahrnehmungseindrücke erzeugen.

Die Bedeutung des Vorbereitungseffektes besteht darin, dass eine damit verbundene Leichtigkeit einhergeht, mit welcher die durch den Vorbereitungsreiz aktivierte Information in den Sinn kommt. Die motivationale Bedeutung des Vorbereitungseffekts und die Mehrdeutigkeit der Ergebnissituation beeinflussen die Wirkung des vorbereitenden Reizes. Bei der Auswertung zahlreicher Studien zum Vorbereitungseffekt bei geldbezogenen Reizen konnte Vohs (2015) mindestens zwei Haupteffekte aufzeigen:
– Im Vergleich zu neutralen subliminalen Reizen nehmen Personen in einer Situation mit monetären Vorbereitungsreizen anschließend weniger soziale Informationen auf. Sie verhalten sich weder prosozial und fürsorglich noch warmherzig und meiden den wechselseitigen Austausch.
– Personen, denen monetäre Vorbereitungsreize präsentiert werden, wechseln eher Berufs-, Geschäfts- und Arbeitseinstellungen. Sie strengen sich bei anspruchsvollen Aufgaben eher an, zeigen gute Leistungen und fühlen sich leistungsfähig. Der monetäre Vorbereitungseffekt hat nicht dieselbe Wirkung wie der Vorbereitungseffekt durch andere Reize und kann größere Auswirkungen haben, wenn eine direkte Verbindung zwischen dem Selbstwertgefühl und dem Besitz von Geld besteht.

Der psychologische Einfluss von Geld und seine Auswirkungen wurden in den letzten Jahren vermehrt untersucht (Breier, 2017; Müller, 2017; Stajkovic, Greenwald, & Stajkovic, 2022). Geld kann nicht nur als Tauschmittel gesehen werden, sondern auch als Symbol für Erfolg, Sicherheit, Anerkennung und Freiheit, jedoch auch für Dependenz, Isolation und Angstgefühle. Mit Geld können Emotionen wie Stolz, Neid, Freude, Schuld, Furcht oder Trauer einhergehen. In Entscheidungssituationen kann Geld beispielsweise die Bewertung von Kosten und Nutzen verzerren, indem es kognitive Verzerrungen wie den Kompromiss-Effekt (vgl. Kap. 10.2), irrationale Beharrlichkeit (vgl. Kap. 5.9), die Bestätigungstendenz (vgl. Kap. 5.3) oder die Verlustaversion (vgl. Kap. 6.3) hervorruft. Geld wirkt auf das Selbstwertgefühl des Einzelnen und den sozialen Vergleich, so dass die Einstellung einer Person zu sich selbst und zu anderen verändert werden kann. Der psychologische Einfluss von Geld ist nicht eindeutig und einheitlich zu bestimmen, sondern hängt von vielen Faktoren (u. a. Menge, Herkunft, Verwendung, Zeithorizont, Zielen, Erwartungen) ab.

Fast täglich hantieren Personen mit Geld, etwa mit Bargeld oder mit Karte an der Supermarktkasse oder auch via App bei einer E-Scooter-Buchung. Geld ist leicht zugänglich, weshalb bei monetärem Vorbereitungseffekt bereits wenige subliminale Reize genügen, um veränderte Resultate zu erzielen. Dies wird anhand des nächsten Beispiels verdeutlicht, welches sich so in einer Büroküche einer Universität zugetragen hat (Bateson, Nettle, & Roberts, 2006). Mehrere Jahre lang wurde der von den Mitarbeitenden konsumierte Kaffee und Tee auf Vertrauensbasis bezahlt. Zusätzlich wurden Preisvorschläge auf einer Liste festgehalten. Ohne vorherige Bekanntmachung wurde eines Tages kommentarlos ein Poster über die Preisliste gehängt. Über zehn Wochen hinweg wurde wöchentlich ein neues Posterbild gezeigt. Es waren abwechselnd Blumen oder Augen auf den Bildern zu erkennen. Es schien so, als ob die betrachtende Person von den Augen förmlich angestarrt wurde. Niemand der Mitarbeitenden äußerte sich zu den Posterbildern. Das Experiment begann in der ersten Woche (Bild 1) mit einem Augenbild (vgl. Abb. 5.5). Im Durchschnitt bezahlten Mitarbeitende in dieser Woche 70 Pence. In der zweiten Woche wurde ein Blumenbild gezeigt (Bild 2) und es wurden durchschnittlich 15 Pence eingezahlt. Über zehn Wochen hinweg stellte sich heraus, dass in den Wochen mit Augenbildern (1, 3, 5, 7, 9) fast dreimal so viel Geld in die Kaffeekasse eingezahlt wurde als in den Wochen mit den Blumenbildern (2, 4, 6, 8, 10).

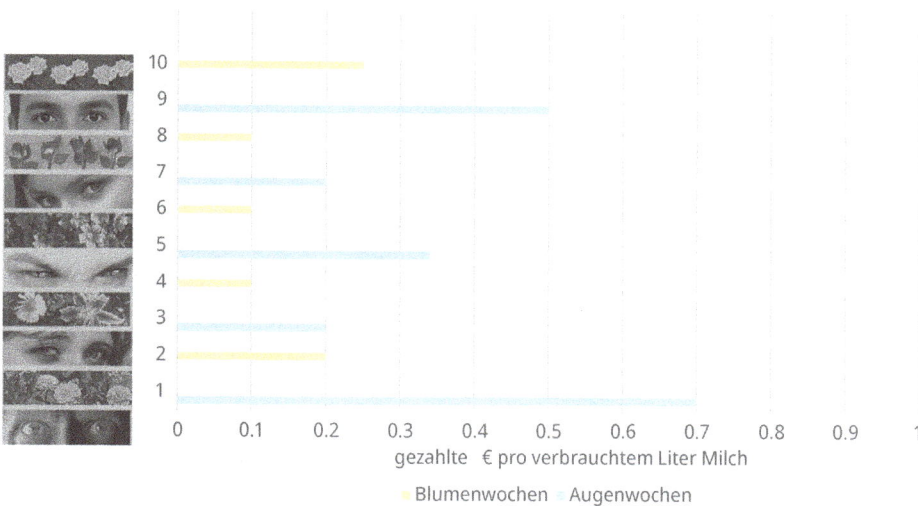

Abb. 5.5: Spendebereitschaft in Abhängigkeit von Augen- bzw. Blumenbildern.

Die Ergebnisse von Bateson, Nettle und Roberts (2006) demonstrieren, wie Bilder mit Augenpaaren, welche scheinbar das Verhalten beobachten, Konsumierende dazu anleiten, sich von ihrer besten Seite zu zeigen, indem man die auf Vertrauensbasis aufgestellte Kaffeekasse freiwillig spendabel befüllt.

Der Vorbereitungseffekt kann mentale Modelle oder einen bestimmten Bezugsrahmen aktivieren. Nach Dittrich (Mar 2017) dienen mentale Modelle dazu, unterschiedliche kognitive Leistungen auf der Basis von vorhandenem Wissen verständlich zu machen. Sie bilden den kognitiven Rahmen ganzheitlicher analoger Repräsentationen, die zur Organisation von Informationen, zum Verständnis von Erfahrungen und zur Anleitung von Handlungen beitragen. Unterschwellige Reize oder Hinweise aktivieren dabei unbewusst mentale Modelle, welche wiederum Auswirkungen auf das Urteilsvermögen haben und Verhalten auslösen können. Beispielsweise antwortet eine Mehrzahl von Personen auf die Frage: „Was trinken Kühe?" im direkten Anschluss an vorherige Fragen nach weißen Gegenständen irrigerweise mit „Milch" (vgl. Abb. 5.6). Mentale Modelle sind nicht objek-

Zucker
Schnee
Brautkleid
Mehl
Handcreme

Was trinken Kühe?

Abb. 5.6: Beispiel für den Vorbereitungseffekt und ein mentales Modell.

tive oder universale Konstrukte, sondern sie sind subjektiv und von individuellen Erfahrungen geprägt. Denken und Lernen kann auch als gedankliche Simulation in mentalen Modellen angesehen werden.

Typische Techniken des Vorbereitungseffekts sind zum einen direkte Aufforderungen an Personen, über bestimmte Konzepte nachzudenken oder sich an vergangene Erfahrungen zu erinnern. Zum anderen werden implizite Ansätze genutzt, um Sätze, Hintergrundmusik und -bilder, Gerüche und unterschwellige Reize zu entschlüsseln (Cohn & Maréchal, 2016). Der Vorbereitungseffekt wird als ein Mechanismus verstanden (Bargh, 2006), bei welchem externe Reize einen kognitiven Bezugsrahmen aktivieren (vgl. Kap. 5.7). Externe Reize im Sinne des Vorbereitungseffekts können eine Reihe psychologischer Bereiche wie Motive und Ziele (Bargh et al., 2001), Entscheidungen (Bargh, Chen, & Burrows, 1996) und Verhaltensweisen (Vohs, Mead, & Goode, 2006) beeinflussen.

Die meisten Forschungsarbeiten im Bereich E-Commerce beziehen sich auf bewusst rationale Kognition (Strack & Mussweiler, 1997; Adaval & Wyer, 2011). Jedoch können auch Kaufentscheidungen durch den Vorbereitungseffekt beeinflusst werden, was auch unter dem Begriff digitales *nudging* geführt wird. Es wird dabei zwischen zwei Arten des Vorbereitungseffekts, dem numerischen und semantischen Priming, unterschieden, die durch werbungsähnliche Inhalte auf einer E-Commerce-Website angezeigt werden. Dennis et al. (2020) berichten, dass numerisches Priming einen kleinen, aber signifikanten Effekt auf die Zahlungsbereitschaft der Konsumierenden hat, wenn der Wert des Produkts unklar ist. Jedoch gibt es keine signifikanten Effekte, wenn Produkte mit einem empfohlenen oder einem festen Verkaufspreis gekennzeichnet werden. Semantisches Priming hat eine signifikant größere Auswirkung auf die Zahlungsbereitschaft der Konsumierenden, diese ist jedoch geringer, wenn eine unverbindliche Preisempfehlung vorgegeben wird. Den größten Einfluss auf die Zahlungsbereitschaft hat jedoch eine Kombination aus numerischem und semantischem Priming. Ergebnisse der Studien zum numerischen und semantischen Priming sind übertragbar und haben hohe Relevanz für den Verkaufskanal E-Commerce (Neely, 1977; Mussweiler & Strack, 1999; Wood & Neal, 2009; Adaval & Wyer, 2011). Bei Online-Auktionen können Verkaufspersonen ihre Kundschaft dazu bringen, mehr für Produkte zu bezahlen, bei denen der Wert unklar ist, indem sie deutlich gekennzeichnete Produkte mit zugleich hohen Preisen neben Produkten zeigen, nach denen die Kundschaft sucht (Krishna et al., 2006). Diese Strategie hat jedoch nur minimale Auswirkungen bei Aktionsverkäufen von Produkten, deren Preis bekannt ist und keine Auswirkungen auf Produkte mit klar ausgewiesenen Preisen (z. B. Amazon).

Der Vorbereitungseffekt wird neben betrieblichen Anwendungsfeldern (u. a. Marketing, Vertrieb, Management) auch in der Psychologie und in der Verhaltensökonomie genutzt. Dennoch gilt der Vorbereitungseffekt als Technik in vielen Wirtschaftsbereichen (z. B. öffentliche Verwaltung) als Neuerung (Ngoye et al., 2018). Zudem findet der Vorbereitungseffekt als nützliche Forschungstechnik in der Verhaltens-, Sozial- und Kognitionspsychologie Anwendung (Stajkovic, Greenwald, & Stajkovic, 2022). Als eine durch wissenschaftliche Designs abgesicherte Methode wird der Vorbereitungseffekteingesetzt, um kognitive Prozesse wie Wahrnehmung, Urteilsvermögen und Entscheidungsfindung zu untersuchen. Der Einfluss von Motivation und individuellem Verhalten sowie Entscheidungsfindung in der öffentlichen Verwaltung (Führungskräfte, Kundschaft oder politisch Verantwortliche) beruht in der Regel auf subjektiven Erfahrungen beziehungsweise auf Selbstauskünften. Ein Vorbereitungsreiz wird als Referenzpunkt im Modell der Verankerung und Anpassung (vgl. Kap. 4.6) positioniert (Tversky & Kahneman, 1974; Epley & Gilovich, 2006). Vom Referenzpunkt ausgehend orientieren sich Personen an ihrer Umwelt beim Abrufen zusätzlich aktivierter Informationen aus dem Gedächtnis. Bei diesem Automatismus kann sowohl die Wirkung des Vorbereitungsreizes als auch das ausgelöste Verhalten zurzeit noch nicht genau vorhergesehen beziehungsweise kontrolliert werden. Seit einigen Jahren ist **emotionales Priming** (*emotional priming*) in den Mittelpunkt des Interesses gerückt. Wenn Personen nicht genügend Informationen haben oder unter Zeitdruck stehen, verlassen sie sich oft auf ihre Emotionen statt auf rationale Überlegungen. In Situationen, in denen das Urteilsvermögen aufgrund unzureichender Informationen oder unter Zeitdruck komplex ist, neigen Personen dazu, ihre eigenen emotionalen Reaktionen auf das Ziel zu übertragen. Diese emotionale Reaktion ergibt sich aus der (Fehl-) Interpretation früherer Erfahrungen. Wenn die Quelle dieser Gefühle jedoch angezweifelt wird, nimmt die Zuverlässigkeit des emotionalen Inputs ab (Chen et al., 2020). Unbewusstes emotionales Priming bezieht sich auf die Tendenz von Personen, ihre Entscheidungen auf Basis ihrer emotionalen Reaktionen zu treffen.

Der Vorbereitungseffekt ist vor allem in den ersten beiden Dekaden dieses Jahrhunderts verstärkt auch in anderen hoch komplexen Bereichen wie der Sozialpsychologie oder Verhaltensökonomie als **soziales Priming** (*social priming*) eingesetzt worden (Ferguson & Mann, 2014; Barsalou, 2016; Cohn & Maréchal, 2016; Chivers, 2019). Darunter versteht man, dass durch gezielt gesetzte Vorbereitungsreize bestimmt Gedanken und Emotionen im sozialen Kontext ausgelöst werden, die auf früheren Erinnerungen und Erfahrungen beruhen. In den letzten Jahren wurden jedoch ernstzunehmende Einwände, beginnend mit Simmons, Nelson und Simonsohn (2011) und anderen (Molden, 2014; Payne, Brown-Iannuzzi, & Loersch, 2016; Schimmack, 2020), gegen einer Vielzahl von einflussreichen Studien einiger Forschenden (u. a. Francesca Gino, Dan Ariely, Amy

Cuddy) in diesem Feld der Verhaltensökonomie vorgebracht (z. B. methodische Schwächen, selektive Auswahl von Daten, vorzeitiger Abbruch der Studien bei scheinbar eindeutiger Ergebnistendenz, Manipulation von Daten, unkontrollierte Übertragungseffekte). Auch wenn das Phänomen des Vorbereitungseffekts im Bereich der kognitiven Psychologie empirisch als fest etabliert gelten kann, so müssen die Mechanismen und die diesbezüglichen Theorien noch als ungesichert gelten. Hinsichtlich sozialer Fragestellungen sind auch die beschriebenen Phänomene des Vorbereitungseffekts empirisch noch nicht ausreichend belegt, so dass selbst die Bezeichnung soziales Priming in Frage zu stellen ist (Sherman & Rivers, 2021). Als entscheidendes Gütekriterium wissenschaftlicher Methodik gilt die Forderung nach Replizierbarkeit der Ergebnisse. Vielzitierte Befunde zum sozialen Priming konnten dieses Kriterium nicht oder zumindest nicht ausreichend erfüllen. Der Vorbereitungseffekt selbst kann als wichtige kognitive Routine gelten, und daher ist es wichtig, deren Reichweite und deren genaue Mechanismen im Einzelnen sowie ihre Rolle für die Verhaltensökonomie und ihre Grenzen aufzuklären.

Merkhilfe	**Vorbereitungseffekt**
Phase	Wahrnehmung
Ursprung	kognitiv
Tendenz	Bezugsrahmen-Effekt, Verfügbarkeitsheuristik, Rekognitionsheuristik
Faustregel	Dieser Effekt beschreibt den unbewussten Einfluss unterschwelliger Reize auf die zukünftige Wahrnehmung.

5.4 Bestätigungstendenz

Man sieht nur, was man weiß.
Johann Wolfgang von Goethe

Bei der Suche nach Informationen und bei der Informationsverarbeitung werden häufig Informationen besonders beachtet, die das bestätigen, was Individuen bereits glauben oder kennen. Im alltäglichen Sprachgebrauch verweist der Begriff der Bestätigung auf einen Nachweis, der die Glaubwürdigkeit einer Annahme erhöht. Die Tendenz zur Bestätigung wird als ein bekanntes Denkmuster bezeichnet (Nickerson, 1998; Peters, 2022), bei dem Personen dazu neigen, sich entweder auf Informationen zu konzentrieren, die ihre bestehenden Überzeugungen bestätigen, oder Informationen zu ignorieren oder herunterzuspielen, die diesen Überzeugungen widersprechen (vgl. Abb. 5.7). Dies kann zu Problemen bei dem Erwerb genauer Kenntnisse führen und die Korrektur falscher Ansichten erschweren oder verhindern.

Die ersten Studien zur **Bestätigungstendenz**, auch Bestätigungsfehler (*confirmation bias*) genannt, gehen auf Wason (1960; 1968) zurück.

Eine der Hauptstrategien, die Individuen bei der Evaluierung von Annahmen oder Hypothesen nutzen, wurde mittels folgendem Aufgabentyp erforscht (Wason, 1960; 1968):

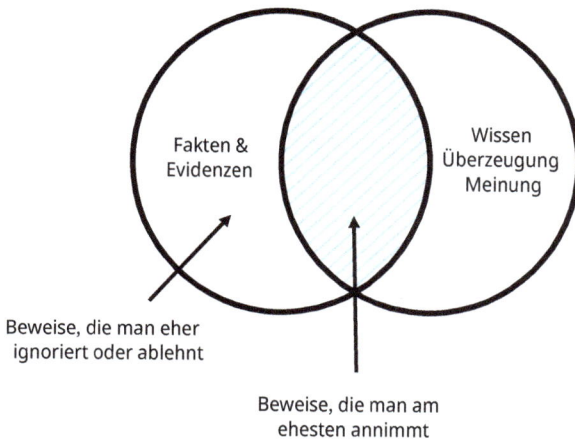

Abb. 5.7: Übersicht zur Bestätigungstendenz.

Versuchspersonen wurden drei Ziffern (2–4–6) gezeigt, und es wurde ihnen mitgeteilt, dass die Ziffernfolge durch eine Regel erzeugt worden ist. Die Aufgabe bestand darin, die Regel zu finden und die Zahlenreihe weiterzuführen beziehungsweise eine andere Ziffernfolge gemäß der Regel zu bilden. Die von der Versuchsleitung aufgestellte, aber nicht mitgeteilte Regel der obigen Ziffernfolge hieß: „Drei beliebige Zahlen mit aufsteigendem Wert."

Interessanterweise gingen über 80 % der Versuchsteilnehmenden von falschen Hypothesen für die Regel aus („die Zweier-Reihe aufsteigend"), auch wenn es im Grunde für alle ein sehr leicht zu lösendes Problem darstellte. Die Antwort auf die Frage, warum Personen bei einer leichten Aufgabe so schlecht abschneiden, konnte größtenteils auf die Bestätigungstendenz bei der Überprüfung ihrer Hypothesen zurückgeführt werden. Sie suchten nach Belegen, die ihre Hypothese bestätigen, nicht aber nach Belegen, die ihre Hypothese falsifizieren konnten. Versuchspersonen neigten jedoch dazu anzunehmen, dass die Zahlen in Zweiereinheiten von der anfänglichen Ziffer aufsteigen. Sie nannten Zifferfolgen wie „10–12–14", „50–52–54" und „5–7–9", die zwar aufgabenkonform mit der Aufforderung übereinstimmten, jedoch zur irrigen Annahme führten, dass ihre angenommene Regel auch zutrifft. Dies war jedoch nicht der Fall, denn das Problem beinhaltete, dass Ziffernfolgen wie „2–4–6" und „5–7–9" durch ganz unterschiedliche Regeln gebildet werden können. Die einzige Möglichkeit, falsche Hypothesen bzw. Regeln auszuschließen, hätte darin bestanden zu versuchen, sie mit widersprüchlichen Nachweisen zu falsifizieren. Um ihre angenommene Regel eines „Anstiegs in Zweierzahlen" prüfen zu können, hätte eine widersprüchliche Lösung wie „1–2–3" angegeben werden müssen. Diese hätte die Versuchsleitung als korrekt bewertet. Die Übereinstimmung dieser Zahlenfolge mit der zu findenden Regel hätte die von einer Versuchsperson angenommene Regel als falsch verwerfen lassen. Auch wenn das Prinzip der Falsifikation für das Annehmen oder Verwerfen von Hypothesen entscheidend ist, so neigen Personen verstärkt dazu, nur nach bestätigenden Informationen zu suchen und diese dann als Nachweis der Richtigkeit ihrer Hypothese anzunehmen.

Die Tendenz menschlichen Denkens zur Bestätigung wird von Nickerson (1998) als ein zentrales Problem bei der Entscheidungsfindung angesehen und trägt möglicherweise erheblich zu Konflikten und Missverständnissen zwischen Einzelpersonen, Gruppen und sogar Nationen bei. Dadurch wird es Individuen erschwert, eigene Überzeugungen zu hinterfragen.

Zudem ist die Bestätigungstendenz auf ein komplexes Zusammenspiel psychologischer Faktoren zurückzuführen. Personen sind bestrebt, ihre Überzeugungen mit ihren Präferenzen übereinstimmen zu lassen. Hinzu kommt der Wunsch nach Konsistenz (Lefford, 1946; Weinstein, 1989). Wäre Konsistenz nicht entscheidend für ein gemeinschaftliches Miteinander, so müssten Überzeugungen nicht mit widersprüchlichen Informationen abgeglichen werden. Konsistenz wird als ein wesentlicher Aspekt der Rationalität angesehen. Paradoxerweise kann der Wunsch nach Konsistenz so stark sein, dass er die objektive Bewertung neuer Beweise in Bezug auf eine bestimmte Position erschweren kann (Kunda, 1990). Die Tendenz zur Bestätigung eigener Ansichten geht oft mit einer Selbsttäuschung einher.

Wissensstrukturen, wie z. B. Erinnerungen, Überzeugungen und Regeln, die mit gewünschten Folgen übereinstimmen, können durch Handlungsziele leichter zugänglich werden. Zwar kann die Motivation eine Verzerrung hervorrufen, jedoch wird das Ausmaß dieser Verzerrung auch durch kognitive Faktoren wie vorhandene Überzeugungen und Regeln beeinflusst. Somit kann das verzerrte Abrufen von Erinnerungen als wichtiger Prozess zur Erklärung bewussten Verhaltens angesehen werden. Die Bestätigungstendenz tritt in zwei unterschiedlichen Formen (bewusst und unbewusst) auf. Die bewusste Bestätigungstendenz tritt auf, wenn Personen selektiv und absichtlich nach Beweisen suchen, um eigene Überzeugungen zu bestätigen, die sie aufrechterhalten wollen. Eine unbewusste Bestätigungstendenz tritt auf, wenn Individuen unbewusst Informationen bei der Suche nach Beweisen selektieren.

Die Bestätigungstendenz kann als übergeordnetes Denkmuster für eine Reihe von Verhaltensanomalien angesehen werden:

- **voreingenommene Informationssuche (*search bias*)**
  Es werden nur Informationen gesucht, die den eigenen Standpunkt stützen.
- **voreingenommene Interpretation (*interpretation bias*)**
  Informationen werden so interpretiert, dass diese zur vorhandenen Einstellung passen.
- **voreingenommene Erinnerung (*recall bias*)**
  Es werden nur die Informationen erinnert, die mit den eigenen Ansichten übereinstimmen.

Zahlreiche Erklärungen zur Bestätigungstendenz weisen auf kognitive Einschränkungen als Ursache hin. Es ist jedoch wahrscheinlich, dass sowohl motivationale als auch kognitive Faktoren eine Rolle spielen und dass sich beide wechselseitig beeinflussen können.

Trotz der Darbietung von gegenteiliger Information halten Personen oft an ihren Überzeugungen fest. Lord, Ross und Lepper (1979) untersuchten, wie sich eine ausgeglichene Literatur mit genauso vielen Pro- wie Kontraargumenten zum Thema Todesstrafe auf die Einstellung der Testpersonen auswirkt. Dabei war die Hälfte der Testpersonen gegen und die andere Hälfte für die Todesstrafe. Obwohl alle denselben Text als Information erhielten, ergab sich nach dem Lesen ein erstaunliches Ergebnis. Sowohl Befürwortende als auch Gegner der Todesstrafe fühlten sich noch stärker in ihrer bereits bestehenden Überzeugung bestätigt. Es wurden die Informationen am meisten gewichtet, welche mit der eigenen Überzeugung übereinstimmen, während gegenteilige Informationen stark abgelehnt wurden. Je mehr Gründe für die Bestätigung der eigenen Überzeugung vorlagen, desto stärker hielten die Testpersonen an ihrer Einstellung fest. Vorurteile konnten demnach als eine Folge der Bestätigungstendenz gesehen werden. Wenn sich eine Überzeugung erst einmal festgesetzt hat und ausgesprochen wurde, dann bedurfte es größerer kognitiver Anstrengungen, um sie aufzulösen, als dies bei ihrer ersten Entstehung erforderlich war. Als Lord, Lepper und Preston (1984) das Experiment wiederholten, instruierten sie einen Teil der Testpersonen, „möglichst objektiv und unvoreingenommen" zu sein. Die voreingenommene Bewertung der Information konnte dadurch nicht aufgelöst werden, d. h. die Bestätigungstendenz blieb erhalten. Eine zweite Gruppe bekam die Instruktion, sich für den ihnen vorliegenden Text widersprechende Informationen vorzustellen und zu bewerten. Diese Gruppe war wesentlich weniger durch bereits bestehende Ansichten voreingenommen. Der Grad der Voreingenommenheit konnte dadurch deutlich reduziert und Überzeugungen geändert werden.

Im Kontext unternehmerischen Handelns ist dieses Phänomen auch bei Führungskräften zu beobachten (Kanning, 2020). Dabei neigen sie dazu, aktiv nach Informationen zu suchen, die ihre bereits bestehenden Standpunkte unterstützen, und übersehen dabei oft widersprüchliche Daten. Diese Voreingenommenheit kann beispielsweise die Unternehmensführung daran hindern, widersprüchliche Informationen kritisch zu analysieren und frühe Warnzeichen zu erkennen. In ihrer schwerwiegendsten Ausprägung kann diese Tendenz zu einer erheblichen Krise innerhalb eines Unternehmens beitragen. Vor allem Liquiditätskrisen entstehen häufig aus vorangegangenen strategischen Krisen, bei denen Entscheidungstragende des Unternehmens Informationen außer Acht gelassen haben, die ihre gewählten Strategien in Frage stellten. Besonders in der Phase der Restrukturierung bzw. des Turnarounds spricht man von existenzbedrohenden Stolperfallen (u. a. selektive Wahrnehmung, Kommunikationsfalle, Vertrauensfalle, Selbstbetrugsfalle und Einschätzungsfalle). Man spricht von dem **Pollyanna-Prinzip**, wenn angenehme Gedanken und Erinnerungen gegenüber unangenehmen leichter abgerufen werden (Matlin & Stang, 1978). Personen neigen unbewusst dazu, sich auf positive Aspekte zu konzentrieren.

Während der Bestätigungsfehler eine Tendenz widerspiegelt, nach Informationen zu suchen, welche die bestehenden Überzeugungen stützen, gibt kognitive Dissonanz Aufschluss darüber, wie Personen mit widersprüchlichen Gedanken und Überzeugungen umgehen. Es besteht ein Zusammenhang zwischen Bestätigungstendenz und kognitiver Dissonanz, indem die Bestätigungstendenz eine mögliche Ursache oder Folge der kognitiven Dissonanz sein kann. Aus diesem Grund behandelt das nächste Kapitel, wie Personen mit dem Unbehagen widersprüchlicher Einstellungen und Meinungen umgehen und welche Strategien zur Reduktion von Dissonanz verwendet werden können.

Merkhilfe	Bestätigungstendenz
Phase	Wahrnehmung
Ursprung	kognitiv
Tendenz	Beibehaltungstendenz, Affektheuristik
Faustregel	Es wird vorrangig nach Informationen gesucht, welche die bereits bestehende Perspektive oder Überzeugung bestätigen. Widersprüchliche Informationen werden ignoriert oder vernachlässigt.
	Um diese Voreingenommenheit zu entzerren, ist es ratsam, aktiv verschiedene Perspektiven und Befunde einzubeziehen. Wenn man offen dafür ist, bestehende Überzeugungen auf Basis neu gewonnener Informationen zu revidieren und nicht nur nach Informationen zu suchen, welche lediglich das bereits Geglaubte bestätigen, ergeben sich situationsgerechte, neue Möglichkeiten der Entscheidungsfindung.

5.5 Kognitive Dissonanz

Es gibt indes wenige Menschen, die eine Phantasie für die Wahrheit des Realen besitzen, vielmehr ergehen sie sich gern in seltsamen Ländern und Zuständen, wovon sie gar keine Begriffe haben und die ihre Phantasie ihnen wunderlich genug ausbilden mag.
Johann Wolfgang von Goethe

Die Bestätigungstendenz kann dazu führen, dass Personen kognitive Dissonanz erleben, wenn sie mit widersprüchlichen Informationen konfrontiert werden, die ihre bestehenden Überzeugungen in Frage stellen. Umgekehrt kann kognitive Dissonanz dazu führen, dass Personen die Bestätigungstendenz verstärken, indem sie solche Informationen suchen oder so interpretieren, dass ihre Überzeugung bestätigt und die Dissonanz verhindert oder verringert wird.

Der von Festinger (1957) aufgestellten Theorie der kognitiven Dissonanz folgend, führt die Wahl zwischen zwei gleichermaßen anstrebenswerten Optionen zu einer konfliktbehafteten psychischen Anspannung bei der Entscheidung. Die Entscheidung steht im Konflikt mit den interessanten Merkmalen der nicht ausgewählten Option und den uninteressanten Merkmalen der ausgewählten Option. Die psychische Anspannung kann auf Grundlage dieser Theorie reduziert werden, wenn nach der Entscheidung die Optionen in einer Art und Weise beurteilt werden, welche in Harmonie zur getroffenen Wahl steht. Aronson (1969) entwickelte die Theorie dadurch weiter, dass er die Rolle des Selbstkonzepts bei der kognitiven Dissonanz hervorhob. Er betonte, dass die kognitive Dissonanz eher auftritt, wenn das Verhalten oder die Überzeugung einer Person in Widerspruch zu dem positiven Selbstbild (intelligent, moralisch, vernünftig) gerät (Sharot, 2014).

Kognitive Dissonanz bezeichnet das unangenehme Gefühl, dass sich einstellt, wenn zwei oder mehr widersprüchliche Kognitionen, wie Einstellungen, Überzeugungen, Werte oder erlebtes Verhalten, miteinander in Konflikt stehen. Die Übertragung des Konzepts der kognitiven Dissonanz auf den Faktor Zeit zeigt, dass die Bevorzugung kurzfristiger Belohnung bei Personen gegenüber der Verfolgung langfristiger Vorteile zur Entstehung einer kognitiven Dissonanz führen kann (vgl. Kap. 5.11). Stehen Personen vor der Wahl, sich entweder für gesunde Nahrungsmittel wie Obst und Gemüse oder für kalorienhaltige Süßigkeiten zu entscheiden, so fällt die Wahl zumeist auf die kurzfristig belohnenden Süßwaren. Personen tendieren dazu, langfristigen Erfolg sehr schnell kurzfristigen Belohnungen unterzuordnen (McClure et al., 2004). Das Essen von Obst ermöglicht langfristig betrachtet ein gesundes Leben, wird jedoch durch das Verspeisen von Süßwaren konterkariert. Ein Schokoladenkuchen wird gegenüber einer gesunden Option präferiert, weil er kurzfristig ein Glücksempfinden auslöst, auch wenn er den Stoffwechsel belastet. Hirnregionen, die durch Dopamin bestimmt sind, gewinnen spontan und kurzfristig die Oberhand, können aber mit einem erhöhten stimmungsbezogenen Spannungszustand („schlechtes Gewissen") verbunden sein (Dittrich & Libelt, 2020).

Konzeptuell kann kognitive Dissonanz bei selektiver Wahrnehmung auch als die Verbindung ausgewählter Entscheidungen, die sich ausschließen oder sich widersprechen, gesehen werden. Kognitive Dissonanz beschreibt diesen Zustand als unangenehm empfundenes Spannungsfeld zwischen einzelnen Elementen menschlicher Kognition (Einstellungen, Wissen, Präferenzen) bzw. des Verhaltens und führt zu einer spannungsreduzierenden Aktivierung. Dissonanz kann zu Gedanken führen, welche menschliches Handeln zur Reduktion der Dissonanz ausrichtet, um die gedankliche Inkonsistenz in Einklang mit menschlichen Handlungen zu bringen (vgl. Abb. 5.8).

Dies geschieht beispielsweise nachträglich durch eine Anpassung der Einstellung an das Handeln. Um die Dissonanz zu reduzieren oder zu verhindern, können unterschiedliche Strategien genutzt werden:
- Änderung einer oder mehrerer Kognitionen
- Suche nach zusätzlichen Informationen, welche die Dissonanz verringern oder aufheben
- Vermeidung oder Abwertung von Informationen, welche die Dissonanz verstärken
- Betonung oder Hervorhebung von Informationen, welche die Dissonanz mindern

Werden Personen Einstellungen und neue Informationen mitgeteilt, die nicht ihren Handlungen oder ihren Perspektiven entsprechen, verschließen sie sich meist – entweder bewusst oder unbewusst – vor besserem Wissen. Sollte das Wissen angenommen werden, so führt dies zu gesteigertem Wohlbefinden und einer Verringerung der kognitiven Dissonanz, die sowohl vor (selektive Wahrnehmung) als auch nach (selektive Entscheidung) der Entscheidung auftreten kann. Idealerweise führt eine Reduktion der Dissonanz auch zu einer kognitiven Konsonanz bzw. harmonischen Bewer-

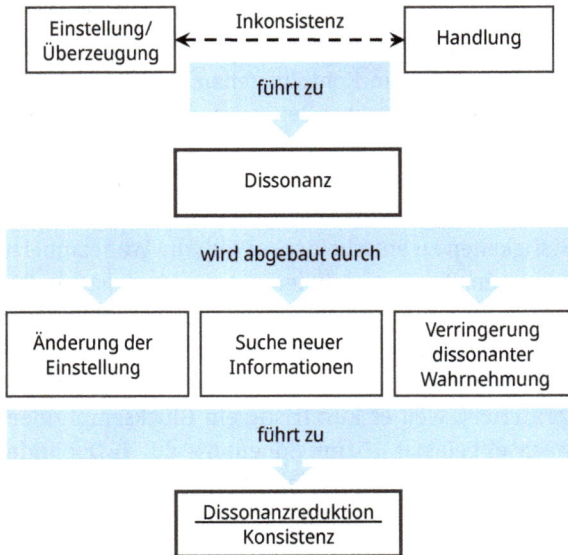

Abb. 5.8: Übersicht über Prozesse im Konzept der kognitiven Dissonanz.

tung der Handlungen und Einstellungen. Bevor eine Entscheidung getroffen wird, werden Personen dazu verleitet, ihre Wahrnehmung selektiv auf solche Informationen zu lenken, die auch von ihnen wahrgenommen werden wollen (vgl. Abb. 5.9). Ferner werden Informationen, welche nicht im Einklang mit der eigenen Einstellung oder dem Verhalten sind, schlichtweg ignoriert. Damit werden objektive Situationsbewertungen verhindert.

Abb. 5.9: Kognitive Dissonanz bei der Informationswahl.

Bei Aufrechterhaltung der kognitiven Dissonanz kann einerseits von der Bestätigungstendenz, andererseits aber auch von einer Änderungsresistenz gesprochen werden. Häufig ist es die beste Lösung, wenn Personen sich selbst gegenüber ehrlich sind, ihr

Verhalten entsprechend der Situation ändern beziehungsweise dazulernen. Dies setzt jedoch voraus, dass Personen mit Kritik konstruktiv umgehen können und bereit sind, Fehler zuzugeben. Wie weitgehend unbewusste Denkprozesse menschliches Handeln beeinflussen, wird in zahlreichen psychologischen Theorien (z. B. über Aufmerksamkeit: Greenwald, 1992; Debner & Jacoby, 1994; Lernen: Funke & Frensch, 2006; Gedächtnis: Maier & Huber, 2021; Handlungskontrolle: Cleeremans, 2002) und Forschungsergebnissen beschrieben, beispielsweise beim impliziten Assoziationstest (*implicit association test*, IAT: Greenwald, McGhee, & Schwartz, 1998; Nosek, Greenwald, & Banaji, 2005; Schimmack, 2021). Festinger (1957) beschreibt kognitive Dissonanz als einen motivierenden Zustand. Er vergleicht diesen mit einem Hungergefühl, welches eine Person zum Essen antreibt. In diesem Kontext kann eine Person durch auftretende Dissonanzen Verhalten oder eine Einstellung ändern. Jedoch führt er auch in diesem Zusammenhang an, dass es fast immer möglich sei, etwas Essbares zu finden. Die Reduktion von Dissonanzen hingegen stellt sich oftmals als schwierig, wenn nicht sogar als unmöglich heraus, da sich konfligierende Verhaltensweisen über einen längeren Zeitraum verfestigt haben. Der Präferenzwechsel kann als eine weitere Strategie zur Reduktion von Dissonanz angesehen werden. Wenn eine Dissonanz erlebt wird, werden konsistente Informationen herangezogen, welche die eigene Ansicht stärken und gleichzeitig zu einer Verringerung der Dissonanz führen.

Kognitive Dissonanz kann sowohl auf der Ebene des Verhaltens als auch der der Einstellung ausgelöst werden. Eine Wertung, ob Entscheidungen als positiv oder negativ empfunden werden, hängt nicht von rationalem Verhalten ab. Die Bewertung ergibt sich vielmehr aus der Situation und der individuellen Perspektive. Das Gefühl der kognitiven Dissonanz tritt nicht nur in konkreten Wahlsituationen, sondern in vielen Bereichen (wie etwa im Beziehungs- und Sozialverhalten, Kaufverhalten, Wirtschaftskontext oder Selbstmanagement) auf.

In Entscheidungssituationen kann neben der kognitiven Dissonanz auch der Auswahlüberfluss zu einer Verringerung des Wohlgefühls bzw. zu einer psychischen Spannung führen. Der Einfluss einer Vielzahl von Wahlmöglichkeiten auf das Entscheidungsverhalten wird im nächsten Kapitel ausführlicher betrachtet.

Merkhilfe	**Kognitive Dissonanz**	
Phase	Wahrnehmung	❗
Ursprung	kognitiv	
Tendenz	selektive Wahrnehmung, Bestätigungstendenz, Affektheuristik	
Faustregel	Ein als unangenehm empfundenes Spannungsfeld entsteht, wenn Informationen im Widerspruch zu den eigenen Handlungen oder Überzeugungen stehen. Kognitive Dissonanz kann durch die Änderung der Einstellung vermindert werden, durch die Suche nach neuen Informationen oder durch die Vermeidung von Dissonanz erzeugenden Informationen. Kognitive Konsonanz kann erreicht werden, indem eigene Überzeugungen an neue Informationen angepasst oder unterschiedliche, sich widersprechende Informationen in Einklang gebracht werden.	

5.6 Auswahlüberfluss-Effekt

> *Die Wahl ist schwerer als das Übel selbst,*
> *die zwischen zweien Übeln schwankend bebt.*
> Johann Wolfgang von Goethe

Im Bereich des Projektmanagements sah sich Sarah Cloud mit einer großen Auswahl an Projektmanagement-Software überschwemmt. Jede Plattform zeichnete sich durch einzigartige Funktionen, Integrationen und Preisstrukturen aus. Die Fülle der Möglichkeiten stellte Sarah Cloud vor eine gewaltige Aufgabe, als sie versuchte, das am besten geeignete Tool für ihr Team auszuwählen. Die Informationsflut führte zu einer analytischen Lähmung und Unzufriedenheit, die den Entscheidungsprozess verzögerte und den Fortschritt des Teams behinderte. Die Fülle der Optionen erleichterte eine fundierte Entscheidung nicht, sondern trug eher zu einem Gefühl der Überforderung, Frustration und Unentschlossenheit bei.

Der **Auswahlüberfluss-Effekt** (*too-much-choice*) beschreibt ein Phänomen der Entscheidungsfindung, bei dem entweder die Motivation für eine Wahl bei einer zu großen Auswahl an Optionen sinkt oder die Anzahl der Wahlmöglichkeiten zu einer Überlastung bei der Entscheidungsfindung führt und gegebenenfalls eine Entscheidung gänzlich verhindern kann (**Wahlparalyse** oder **Auswahlparadoxon**). Von einer spezifischen Belastung in Entscheidungssituationen (z. B. Komplexität, Schwierigkeit, Budgetverantwortung) kann eine allgemeine Überlastung der kognitiven Fähigkeiten aufgrund der Menge der vorhandenen Informationen unterschieden werden. In solchen Fällen steht weniger die Paralyse als die Entscheidung zwischen vertrauten und bekannten Wahlmöglichkeiten. Zudem verringert sich dadurch die Zufriedenheit erheblich. Aktuelle Ansätze aus Wirtschaft, Psychologie und Marketing legen jedoch die affektiven und motivationalen Auswirkungen als positive Faktoren bei persönlichen Wahlmöglichkeiten nahe (Runia et al., 2019). Der Vorzug von Wahlmöglichkeiten ergibt sich daraus, dass Personen dadurch die Möglichkeit haben, ihre Präferenzen, Meinungen und Ziele auszudrücken und umzusetzen. Wahlmöglichkeiten gehen mit dem Gefühl von Autonomie, Kompetenz und Zufriedenheit einher, wenn sie an den Bedürfnissen und Werten der Personen ausgerichtet sind. Mehrere Wahlmöglichkeiten führen zu einer höheren Motivation, einer höher wahrgenommenen Kontrolle, Aufgabenerfüllung und allgemeiner Zufriedenheit, was nicht der Fall ist, wenn nur wenige Optionen zur Verfügung stehen (Deci, 1975; Deci & Ryan, 1985; Iyengar & Lepper, 2000). Im Marketing wird von der Annahme ausgegangen, dass im Allgemeinen mehr Auswahlmöglichkeiten von der Kundschaft als besser werden (Scheibehenne, Greifeneder, & Todd, 2009; Runia et al., 2019). Auch aus diesem Grund wird auf Online-Kaufportalen kurz vor dem Kauf eine begrenzte Anzahl von vergleichbaren Produkten angezeigt, um die Kaufmotivation zu fördern. Entscheidungstragende profitieren davon, eine gewisse Auswahl zu haben.

In Feld- und Laborstudien konnte jedoch gezeigt werden, dass Personen eher bereit sind, Gourmet-Konfitüre oder Schokolade zu kaufen sowie Aufsätze zu schreiben, wenn ihnen eine begrenzte Mehrfachauswahl von sechs Optionen statt von 30 Optionen angeboten wird. Hinzu kommt, dass Versuchspersonen im Nachhinein zufriedener mit ihrer Auswahl waren und bessere Aufsätze schrieben, wenn die ursprüngliche Auswahl begrenzt war (Iyengar & Lepper, 2000). Im Anschluss daran stellten Sethi-Iyengar, Huberman und Jiang (2004) fest, dass die Beteiligung an Fondplänen höher ist, wenn nur eine Handvoll Optionen angeboten wird, und dass die Quote der Teilnehmenden sinkt, sobald zehn oder mehr Optionen zur Auswahl stehen. Marktteilnehmende können bei der Entscheidungsfindung gehemmt werden, wenn sie von Wahlmöglichkeiten überflutet werden. Optimale Entscheidungen werden folglich durch mehrere Optionen beziehungsweise Informationsangebote begünstigt, die jedoch in der Anzahl, Vielfalt und Komplexität begrenzt sein sollten.

Wahlfreiheit   !

- Wer genau weiß, was er will, profitiert von mehr Auswahl.
- Werden Personen gefragt, ob ihnen mehr oder weniger Auswahl lieber sei, entscheiden sie sich für mehr Auswahl.
- Wer aber unter vielen Optionen auswählen muss, hat dabei große Schwierigkeiten.
- Ein angemessenes Maß an Wahlmöglichkeiten wirkt motivierend und begünstigt das Gefühl von Freiheit.

Die Vielzahl möglicher Wahlalternativen gilt zwar auf der einen Seite als Indikator wirtschaftlichen Erfolgs, auf der anderen Seite führt es zu Unzufriedenheit bei den Wählenden. So beschreibt die „Qual der Wahl" redensartlich einen **Konfusionseffekt** (*consumer confusion*), welcher durch **Informationsüberlastung** (*information overload*) auftritt (vgl. Abb. 5.10).

Abb. 5.10: Die Qual der Wahl.

Für das Phänomen der Informationsüberlastung führt Barry Schwartz (2006) das Konzept der paradoxen Wahl (*paradox choice*) ein und diskutiert ausführlich, wann und wie Personen wählen, warum sie dennoch unzufrieden sind und was sie dagegen tun können. Dabei führt er vier Gründe für ihre Unzufriedenheit an:

Bedauern

Selbst wenn Personen die Wahlparalyse überwunden haben und eine Entscheidung treffen, sind sie weniger zufrieden mit dem Ergebnis der Auswahl, als wenn sie die Möglichkeit gehabt hätten, sich zwischen weniger Möglichkeiten zu entscheiden. Es ist einfach sich vorzustellen, dass Personen eine andere Entscheidung hätten treffen können, die besser gewesen wäre. Personen können ihre Entscheidung bedauern oder bereuen. Bedauern wirkt sich negativ auf die Zufriedenheit aus, denn je mehr Möglichkeiten es gibt, desto einfacher ist es, die getroffene Wahl zu bedauern.

Opportunitätskosten

Opportunitätskosten stehen für entgangene Gewinne oder Nutzen, die dadurch entstehen, dass man andere Wahlmöglichkeiten nicht realisiert. Opportunitätskosten senken die Zufriedenheit, die Personen durch ihre Auswahl erleben, auch wenn das, was sie ausgesucht haben, ein hervorragendes Produkt ist. Je mehr Wahlmöglichkeiten es gibt, desto mehr attraktive Eigenschaften der unterschiedlichen Wahlmöglichkeiten werden in den Opportunitätskosten berücksichtigt. Ein „Ja" für etwas beinhaltet auch immer ein „Nein" zu etwas anderem. Als Kostenfaktor gilt der Wert der besten Option, die man verworfen hat.

Erwartungshaltung

Das Hinzufügen von Möglichkeiten erhöht zwangsläufig die Erwartungen, die Personen in Bezug darauf haben, wie gut diese Möglichkeiten sein werden. Und dies führt zu einer geringeren Zufriedenheit mit den Ergebnissen, auch wenn die Ergebnisse gut sind. In einer industrialisierten und technisierten Welt mit relativ hohem Wohlstand entwickeln Personen durch Konsumanreize und Werbebotschaften immer höhere Erwartungen und streben nach einer perfekten Wahl. Man wünscht sich immer das Beste und vor allem, dass alle Dinge den eigenen Erwartungen entsprechen.

Selbstbeschuldigung

Wenn es viele Optionen gibt, ist man eher mit seiner Entscheidung unzufrieden, weil man eine andere Wahl hätte treffen können, die besser hätte sein können. Kauft man sich ein qualitativ minderwertiges Produkt, z. B. ein unbequemes und schlecht geschnittenes T-Shirt, weil es nur diese eine Art von Produkt zu kaufen gibt, dann wird die Ursache für die Entscheidung in der Umwelt gesehen, d. h. man attribuiert external. Sind jedoch 50 unterschiedliche Arten von T-Shirts verfügbar, fragt man sich enttäuscht, wie es zum Kauf des minderwertigen Produkts gekommen ist. Es folgt eine internale Attribution, d. h. die Person hatte schließlich die Wahl und hätte sich besser entscheiden können.

Mitchell und Valenzuela (2005) führen an, dass Konsumierende mit immer mehr Informationen zu immer mehr Produkten versorgt werden und diese zudem über immer mehr Kanäle (Multi-Kanal, *omni channel*) beworben werden. In diesem Kontext gewinnt der Begriff der **Marktverwirrung**, welche sich aus Markenähnlichkeit, Informationslast und irreführender oder mehrdeutiger Informationen zusammensetzt (vgl. Abb. 5.11), zunehmend an Bedeutung.

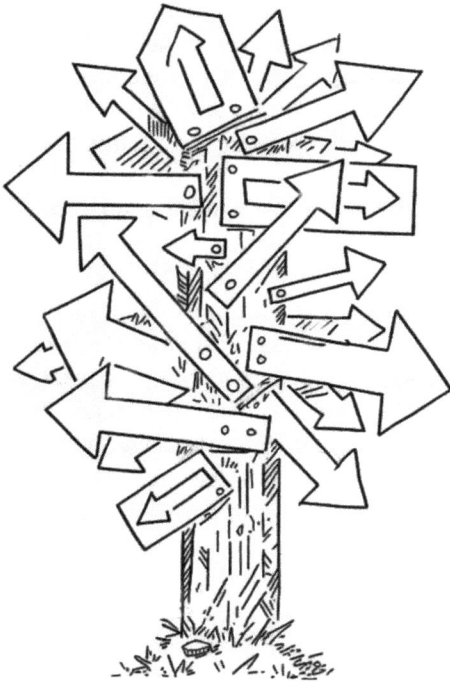

Abb. 5.11: Beispiel für Auswahlüberfluss und Marktverwirrung.

Bestehende Messverfahren zur Feststellung einer vorherrschenden Verwirrung haben sich fast ausschließlich auf kognitive Auswirkungen der Verwirrung fokussiert und die Rolle des Affekts, welcher ebenfalls zu einer Verwirrung führen kann, ignoriert. Kruger und Vargas (2008) konnten in einem Experiment verdeutlichen, dass relationale Preisangaben zu Verwirrungen führen können und entweder die Wahrscheinlichkeit erhöhen oder verringern, sich für ein Produkt zu entscheiden. In ihrem Beispiel führen sie an, dass ein Motorroller eher verkauft wurde, wenn Kaufwillige nicht den neuen B (1500 €) mit dem alten A (1000 €), sondern den alten A mit dem neuen B Motorroller vergleichen. Der subjektiv wahrgenommene Preisunterschied zwischen einem 1500 € und einem 1000 € Motorroller nahm zu, wenn das 1500 € Modell als 50 % teurer dargestellt wurde als das 1000 € Modell. Der Preisunterschied wurde hingegen subjektiv als geringer wahrgenommen, wenn das 1000 € Modell als 33 % günstiger als das 1500 € Modell dargestellt wurde. Auch wenn Kruger und Vargas (2008) von einem Konfusionseffekt ausgehen, könnte dieses Ergebnis auch auf Verhaltensanomalien wie den Anker-Effekt (vgl. Kap. 4.6) oder den Bezugsrahmen-Effekt (vgl. Kap 5.7) zurückgeführt werden. Interessanterweise hängt eine Informationsüberlastung nicht allein von der Anzahl der Wahlmöglichkeiten, sondern auch von strukturellen Faktoren ab (z. B. Anordnung der Informationen, Korrelation von Eigenschaften, Ähnlichkeit von Optionen, Leichtigkeit des Abrufens von Information: vgl. Lurie, 2004; Kahn & Wansink, 2004; Lee & Lee, 2004).

Wollte man vor 20 Jahren einen Kaffee trinken, wählte man bei der Bäckerei um die Ecke zwischen einem Kaffee, Milchkaffee, Cappuccino oder Espresso. Heute zeichnet sich eine moderne Gesellschaft durch einen hohen Grad von Individualisierung aus. So schätzt man in Kaffeebars bei der Kombination von Röstgraden und Herkunftsländern, dass es etwa 20–30 verschiedene Kaffeesorten zur Auswahl gibt und noch weit mehr, wenn man zusätzlich die Zubereitungsart und die individuellen Personalisierungsmöglichkeiten berücksichtigt.

Der Begriff der Individualisierung wurde von Ulrich Beck (1986) dafür geprägt, dass Personen ihr Leben nach ihren eigenen Vorstellungen ausrichten, folglich nach dem, was sie für angemessen oder falsch halten oder welchen Vorlieben oder Abneigungen sie nachgehen. Damit liegt die Verantwortung des Einzelnen immer mehr in den eigenen Händen. Jede Person muss bei einer wachsenden Vielfalt an Möglichkeiten Entscheidungen über oft nicht eindeutige Angelegenheiten in allen Lebensbereichen treffen. Die starke Zunahme an Möglichkeiten bestätigt sich auch in der Wirtschaft; denn die Zahl der Start-Ups ist seit dem Jahr 2016 beispielsweise von 54000 auf jeweils 70000 in den Jahren 2018 und 2019 stark gestiegen (Metzger, 2022). Erfolgreiche Beispiele für die ökonomischen und ökologischen Herausforderungen stellen innovative Neugründungen in technologieorientierten und produktionsnahen Sektoren der *Green Economy* dar. Der Trend zur Individualisierung zeigt sich drastisch am Beispiel des Erwerbs eines Getränks (*coffee to go*) bei Starbucks. Das Unternehmen wirbt damit, dass Personen ihr Heißgetränk aus bis zu 80 Tausend(!) verschiedenen Kombinationen individualisiert zusammenstellen lassen können. Dieser Trend hat zwar viele neue Gestaltungsmöglichkeiten eröffnet, ging jedoch auch mit einem Verlust an bewährten und selbstverständlichen Werten und Überzeugungen einher. Normen und Konventionen können nicht mehr als selbstverständlich vorausgesetzt werden. Den sich dadurch ergebenden Chancen (z. B. individualisierte Angebote) stehen mindestens ebenso zahlreiche potenzielle Risiken gegenüber (z. B. Verpackungsmengen und Umweltbelastungen) gegenüber. Beck (1986) spricht von einer „Risikogesellschaft", welche durch einen rasant wachsenden technisch-ökonomischen Fortschritt ein Stadium erreicht, in der die Möglichkeiten zugleich eine Bedrohung des Gesamtsystems mit sich bringen. Mit der wachsenden Eigenverantwortlichkeit ist immer auch ein zunehmendes Risiko bei jeder Einzelentscheidung verbunden.

Der Erfolg des *car-to-go* Konzepts beruht darauf, dass die Vielzahl von miteinander verbundenen Einzelentscheidungen (z. B. bei der Ausstattung eines PKWs) auf ein Minimum reduziert wird. Das Angebot einer Fertiglösung beim Autokauf vereinfacht die Wahl stark, indem Unsicherheiten durch die Vielzahl der miteinander verbundenen Einzelentscheidungen reduziert werden. Diese Lösungen zeichnen sich dadurch aus, dass sie unmittelbar zur Verfügung stehen und dadurch direkt konsumiert oder benutzt werden können.

Merkhilfe	**Auswahlüberfluss-Effekt**
Phase	Verarbeitung und Gewichtung
Ursprung	kognitiv
Tendenz	Verfügbarkeitsheuristik, kognitive Dissonanz, Ankerheuristik, Bezugsrahmen-Effekt
Faustregel	Bei zu vielen Wahlmöglichkeiten kann es zu einer Wahlparalyse kommen und zu Unentschlossenheit oder Unzufriedenheit mit der Entscheidung führen.

5.7 Bezugsrahmen-Effekt

Die Geschichte irgendeines Wissens zu schreiben ist immer eine bedenkliche Sache. Denn bei dem redlichsten Vorsatz kommt man in Gefahr, unredlich zu sein; ja, wer eine solche Darstellung unternimmt, erklärt im Voraus, daß er manches ins Licht, manches in den Schatten setzen werde.
Johann Wolfgang von Goethe

Im Supermarkt sieht eine Person an der Frischetheke zwei Arten von Rinderhackfleisch zur Auswahl. Die eine Packung wird mit „95 % mager" und die andere Packung mit „5 % Fett" beworben. Die Packungsinhalte sind identisch und die Angaben vermitteln objektiv dieselbe Information. Lediglich die Art und Weise der Darstellung unterscheidet sich. Die Wortwahl und die Darstellungsweise des Sachverhalts können die Wahrnehmung, Einstellung und das Verhalten einer Person beeinflussen. Die Verpackung mit „95 % mager" wird als gesünder oder erstrebenswerter wahrgenommen als die Verpackung mit „5 % Fett", obwohl objektiv das gleiche Produkt in beiden Packungen angeboten wird. Der positive Bezugsrahmen des als mager beworbenen Produktes beeinflusst Personen dahingehend, dass dieses als die gesündere Wahl angesehen wird.

Der Bezugsrahmen-Effekt oder Darstellungseffekt (*framing*) besagt, dass eine sich in der Art und Weise unterscheidende Präsentation eines identischen Sachverhalts zu gänzlich unterschiedlichen Entscheidungen führen kann. Zum Bezugsrahmen-Effekt zählen die Anordnung vorliegender Informationen, deren grafische Gestaltung sowie deren kontextuale Einbettung. Der Bezugsrahmen-Effekt wurde von Kahneman und Tversky (1984) sowie Tversky und Kahneman (1986) in den Mittelpunkt gerückt und diese Urteilsverzerrung wurde im Rahmen ihrer Studien zu der Prospect-Theorie (vgl. Kap. 6) hervorgehoben. Basierend auf der klassischen SEU-Theorie sollten Personen in spezifischen Situationen ihre Entscheidungen nicht ändern, wenn ein Problem bzw. eine Aufgabeunterschiedlich dargestellt wird. Die unterschiedliche Darstellung sollte für die Entscheidungsfindung irrelevant sein, falls die Information, die für die Entscheidung relevant ist, inhaltlich unverändert bleibt. Dies wird von Tversky und Kahneman (1986) als **deskriptive Invarianz** bezeichnet. Dabei baut sich der Entscheidungsrahmen sowohl durch die Informationsverarbeitung und -wahrnehmung als auch durch vorhandenes Wissen auf, welches zu einem bestimmten Zeitpunkt aktiviert wird. Unterschiedliche Darstellungen eines Entscheidungsproblems können den Bezugsrahmen ändern und damit Präferenzen selbst oft umkehren. Der Bezugsrahmen kann somit zu einer systematischen Änderung der Präferenzen führen.

Eines der einflussreichsten Experimente zum Bezugsrahmen-Effekt behandelt das fiktive Problem der asiatischen Krankheit (*asian disease problem*: Tversky & Kahneman, 1981). Personen sollten sich jeweils für eine von zwei Lösungsmöglichkeiten entscheiden.

Problem der asiatischen Krankheit
Folgende Problemsituation wurde Personen vorgestellt:
Eine bis dato unbekannte asiatische Krankheit breitet sich rasant aus. Man ist sich darüber im Klaren, dass auch das eigene Land in nicht allzu langer Zeit von dieser Krankheit betroffen sein wird, und Prognosen folgend werden 600 Personen daran sterben. Führende Fachleute der Epidemiologie und ärztliches Personal haben in kurzer Zeit unterschiedliche Programme zur Prävention entwickelt. Nun muss man sich entscheiden, welches der folgenden Präventionsprogramme Anwendung finden soll:

Die Vorlage eins beinhaltet zwei Präventionsprogramme:
Programm A: Beim Einsatz dieses Programms werden 200 Menschenleben gerettet.
Programm B: Beim Einsatz dieses Programms werden 600 Menschenleben mit einer Wahrscheinlichkeit von 33 % gerettet und mit einer Wahrscheinlichkeit von 67 % wird niemand gerettet.

Wenn man für Programm A stimmt, würde man sich wie die meisten anderen Versuchspersonen entscheiden.

Die zweite Vorlage beinhaltet zwei weitere Präventionsprogramme:
Programm C: Beim Einsatz dieses Programms werden 400 Menschen sterben.
Programm D: Beim Einsatz dieses Programms werden mit einer Wahrscheinlichkeit von 33 % keine Menschen sterben und mit einer Wahrscheinlichkeit von 67 % sterben 600 Menschen.

Wenn man nun für Programm D stimmt, dann würde man sich wie die meisten anderen Versuchspersonen entscheiden.

Wie kommen diese Entscheidungen zu Stande?

Bei genauerer Betrachtung erkennt man, dass beide Vorlagen inhaltlich gleichwertig sind. Programm A ist gleichwertig gegenüber Programm C und Programm B ist gleichwertig gegenüber Programm D. Wie lässt es sich nun erklären, dass zum einen die Wahl auf das Programm A gefallen ist, welches 200 Menschen rettet, und zum anderen das Programm D gewählt wird, bei dem zu einer Wahrscheinlichkeit von 33 % niemand stirbt? Nach Tversky und Kahneman (1981) bildet Programm A einen positiv formulierten Rahmen (Menschenleben werden gerettet), während Programm B einen negativ formulierten Rahmen (Menschen sterben) setzt. Die unterschiedliche Darstellung des Problems führt zur Bildung unterschiedlicher Präferenzen. Programm A führt zu einer Interpretation im Sinne eines Gewinnes und Programm B zu der im Sinne eines Verlustes. Als Gewinn dargestellte Konsequenzen führen eher zu risikoaversen Entscheidungen, um so durch wenig Risiko vermeintlich an den Gewinnen festhalten zu können. Als Verlust dargestellte Konsequenzen dagegen führen eher zu risikoaffinen Entscheidungen in der Erwartung, durch viel Risiko die Verluste umgehen zu können.

Das dargestellte Problem der asiatischen Krankheit beweist jedoch nicht die Verletzung des Prinzips der deskriptiven Invarianz durch die Versuchsteilnehmenden. Die Darstellung, dass 200 Menschleben gerettet werden, stimmt logisch und sprachlich nicht mit der Darstellung, dass 400 Menschen sterben werden, überein.

Der Bezugsrahmen-Effekt lässt identische Informationen in Abhängigkeit von der Darstellung als mehr oder weniger vorteilhaft erscheinen. Dieser Effekt hat sich in vielen Bereichen der Psychologie, Ökonomie, den Sozialwissenschaften und in betrieblichen Anwendungsfeldern (z. B. Marketing, Vertrieb, Berichtswesen) als ausgesprochen einflussreich erwiesen. Dabei gibt es zahlreiche Möglichkeiten, sich den Bezugsrahmen-Effekt zu Nutze zu machen, z. B. bei Entscheidungsprozessen, bei der Bildung von Präferenzen, beim Erreichen von Zufriedenheit und bei der Vermarktung von Lebensmitteln in Supermärkten (vgl. Abb. 5.12). Zudem kann das Verhalten von Stakeholdern (u. a. Investierenden, Produzierenden, Konsumierenden, Lieferanten, Führungskräften) durch die Darstellungsweise von Informationen beeinflusst und auch untersucht werden.

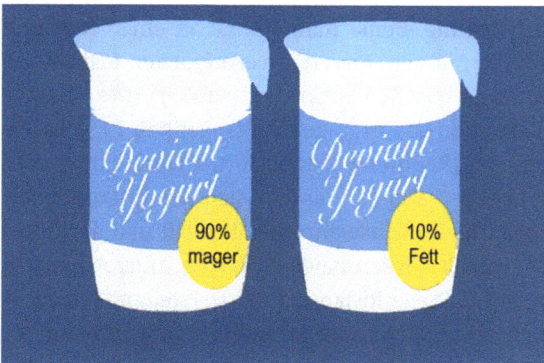

Abb. 5.12: Bezugsrahmen-Effekt bei der Vermarktung von Jogurt.

Der Effekt begegnet Personen in zahlreichen Alltagssituationen. Beispiele hierfür werden in Tab. 5.4 aufgelistet.

Tab. 5.4: Entscheidungsverhalten in Abhängigkeit vom Bezugsrahmen.

90 % mager	10 % Fett
Entwicklungspotenzial	Schwäche
85 % Baumwolle	15 % Polyester
halb voll	halb leer
90 %ige Chance zu überleben	10 %iges Risiko zu sterben

Der Sender einer Botschaft kann je nach Wahl eines bestimmten Bezugsrahmens bei dem Empfänger entweder eine Ablehnung oder eine Zustimmung bewirken. Differenzierte Entscheidungen werden dadurch hervorgerufen, indem man die Situation, in der eine Entscheidung getroffen werden soll, entweder positiv (versäumter Gewinn) oder negativ (Verlust) formuliert (Kahneman & Tversky, 1979). Insbesondere neigen Individuen dazu, sich Problemen gegenüber entweder, wenn diese als positiv ausgerichtet dargestellt werden (z. B. Gewinne betreffen), risikoavers zu verhalten oder risikofreudig, wenn Probleme in negativer Richtung präsentiert werden (z. B. Verluste betreffen). **Invertierte Risikobereitschaft** bezeichnet eine Verschiebung der Tendenz, hinsichtlich Entscheidungen mit wechselndem Risiko aufgeschlossen gegenüberzustehen. Nachrichtensendungen können Personen eine invertierte Risikobereitschaft vermitteln. Personen fürchten negative Ereignisse, die sie in den Nachrichten gesehen haben, weil sie starke emotionale Reaktionen hervorrufen (z. B. Flugzeugabsturz, Explosion). Jedoch sind Ereignisse, die wegen ihrer Außergewöhnlichkeit einen hohen Nachrichtenwert haben, selten Ereignisse, die bei Personen Furcht auslösen sollten. Im Gegenteil, Risiken, die von Personen gefürchtet werden sollten, sind diejenigen, die zu häufig auftreten, um Nachrichtenwert zu erhalten (z. B. Fahrradunfall, häusliche Unfälle).

Die systematische Darstellungsweise eines Sachverhalts beeinflusst mittels des Bezugsrahmen-Effekts die Entscheidungsfindung. Denkt man einmal an einen Arzt und eine Ärztin, die in einem Vorgespräch die mit der Operation verbundenen Risiken unterschiedlich hervorheben. Die erste medizinische Fachkraft formuliert ihre Aussage wie folgt: „Bei dieser komplizierten Operation gab es in der Vergangenheit 10 % Todesfälle." Die andere Fachkraft sagt hingegen: „Bei dieser komplizierten Operation gibt es eine 90 %ige Überlebenswahrscheinlichkeit." Objektiv ändert sich das Risiko keineswegs, lediglich die Perspektive wechselt. Die Eintrittswahrscheinlichkeit und der Informationsgehalt bleiben unverändert – jedoch wirken beide Aussagen unterschiedlich. Laut einer Studie wird das subjektiv empfundene Risiko bei der Darstellung von 10 % Todesfällen sowohl von der ärztlichen als auch von der zu behandelnden Person als höher eingeschätzt (Tversky & Kahneman, 1981). Der Bezugsrahmen-Effekt wirkt bei mit Statistik vertrauten Studierenden und bei renommiertem medizinischen Personal nicht schwächer als bei Personen, die sich in ärztlicher Behandlung befinden. Aus praktischer Sicht kann der Effekt im Kontext von Überzeugungsarbeit genutzt werden, wenn Optionen absichtlich in gezielter Weise so dargestellt werden, dass gewisse Entscheidungen initiiert werden.

Im Anwendungsfeld der Medienberichterstattung kann der Bezugsrahmen-Effekt bei der Meinungsbildung eingesetzt werden, indem bestimmte rhetorische Darstellungsweisen zur Prägung einer öffentlichen Meinung genutzt werden (Iyengar, 1991; Scheufele, 1999; Scheufele & Iyengar, 2014). Wenn es nicht möglich ist, die Situation zu ändern, können gezielt ausgearbeitete und individualisierte Narrative für das Zielpublikum einen gewünschten situativen Kontext bilden. Häufige Wiederholungen einer Aussage haben sich dabei als bewährtes Instrument erwiesen. Dies beschreibt der **Darbietungshäufigkeitseffekt** (*mere-exposure-effect*; Felser, 2015). So hinterlassen auch Informationen, die nur beiläufig aufgenommen werden, Spuren im Gedächtnis. Diese Spuren können die spätere Informationsverarbeitung unbewusst beeinflussen. Oft hat eine frühere Informationsverarbeitung Einfluss auf Werturteile. Personen bewerten all jene Informationen, die sie bereits früher verarbeitet haben, als günstiger. Der Darbietungshäufigkeitseffekt wirkt auch dann besonders stark, wenn sich Personen nicht bewusst an die früheren Darbietungen erinnern. Auch wenn z. B. Werbung sehr häufig oft nur beiläufig wahrgenommen wird, prägt der Darbietungshäufigkeitseffekt dennoch das Kundenverhalten nachhaltig.

Beispielsweise kann sich die Konzentration auf kurzfristige Börsenkursbewegungen bei einem tendenziell langfristig orientierten Investierenden ergeben. Wenn Aktionäre ausschließlich auf kurzfristige Kursbewegungen achten, kann eine langfristig anlegende Person durch Medienberichte unangemessen beeinflusst werden. Die anlegende Person könnte beispielsweise andere Faktoren vernachlässigen, welche sich maßgeblich auf das Risiko oder die Rendite auswirken. Die Wahl des Bezugsrahmens kann auch beeinflussen, inwieweit die Botschaft als überzeugend wahrgenommen wird. Eine Person, die ein politisches Amt neu ausüben will, könnte beispielsweise ein Thema so darstellen, dass dessen Bedeutung für Wählende hervorgehoben wird, während Kandidierende der Regierungspartei dasselbe Thema so darstellen könnten, dass dessen Bedeutung heruntergespielt wird.

Mentale Buchführung

Der Erfolg von Unternehmen hängt maßgeblich von der lückenlosen Dokumentation aller mit Werten zusammenhängender Geschäftsvorgänge im zeitlichen Verlauf ab. Die Buchführung, ein spezieller Bereich im Unternehmen, ist dafür verantwortlich, das zahlenmäßige Spiegelbild eines Unternehmens abzubilden. Analog dazu spricht man bei der wertmäßigen Allokation und bei finanziellen Transaktionen im Denken von mentaler Buchführung. Personen können verschiedenen Lebensbereichen (u. a. Urlaub, Freizeit, Hobby, Sicherheit, Luxus, Ernährung, Familie, Sozialleben, Kultur) unterschiedliche reale und/oder fiktive Budgets zuordnen und mehr oder weniger strikt einhalten. Zum Beispiel werden 200 € pro Monat gedanklich für Freizeitaktivitäten eingeplant. So beschließt man, eine Konzertkarte für 150 € zu kaufen, so dass noch 50 € übrigbleiben. Später im Monat stößt man auf ein günstiges Angebot für eine weitere Konzertkarte zum Preis von 80 €. Obwohl beide Karten insgesamt 230 €

kosten, zögert man vielleicht, sich die zweite Karte zu kaufen, weil zu diesem Zeitpunkt mental nur noch 50 € für Freizeitaktivitäten zur Verfügung stehen. In diesem Fall zeigt sich der Effekt mentaler Buchführung bei der Entscheidungsfindung. Man zögert, einen höheren Betrag als für den jeweiligen Lebensbereich vorgesehen auszugeben, auch wenn die Kosten durchaus im Rahmen des Gesamtbudgets liegen.

Der Preis einer Ware wird von verschiedenen Käufergruppen unterschiedlich wahrgenommen. Richard Thaler (1985; 1999) sprach hierbei von mentaler Buchführung . Das Konzept der mentalen Buchführung (*mental accounting*) beschreibt die Tendenz, persönliche Ausgaben aufgrund von Zuordnungen zu verschiedenen Budgets unterschiedlich zu behandeln. Wenn Individuen ihre Ausgaben in verschiedene Kategorien einteilen, wie z. B. Auto, Wohnung, Essen, Freizeit oder Hobby, und diese Kategorien mit verschiedenen Budgets versehen, kann das dazu führen, dass gleiche Geldbeträge subjektiv unterschiedliche Werte haben. Dies kann zu vermeintlich irrationale Entscheidungen nach sich ziehen. Dieser Ansatz wurde von Tversky und Kahneman (1981) initiiert, indem sie beispielhaft zeigten, dass Individuen unter vergleichbaren Umständen unterschiedlich handeln, je nachdem, ob der Preis einer Ware als Verlust oder als notwendige Ausgabe wahrgenommen wird. Sie baten Versuchspersonen, sich die folgenden beiden Situationen vorzustellen und jeweils zu entscheiden, ob sie einen Verlust ausgleichen würden:

A) Für einen Theaterbesuch wurde eine Karte (10 €) gekauft. An der Kasse bemerkt man, dass die Theaterkarte verloren gegangen ist. Würde man sich jetzt eine neue Karte zum Theaterbesuch kaufen?

B) Für einen Theaterbesuch wurde eine Karte (10 €) reserviert. An der Kasse bemerkt man, dass der zur Bezahlung vorgesehene 10 € Geldschein verloren gegangen ist. Würde man jetzt trotzdem eine Karte zum Theaterbesuch kaufen?

In der Situation A waren lediglich 46 % der Teilnehmenden bereit, sich eine neue Karte zu kaufen, und 54 % brachen den Theaterbesuch ab. In Situation B hingegen waren 88 % der Teilnehmenden bereit, sich eine Theaterkarte zu kaufen. Während in Situation A nur ein mentales Konto (Theater) vorherrschte, gab es in Situation B zwei mentale Konten (Bargeld und Theater). Mental bezahlten die Teilnehmenden in Situation A 10 € für die Eintrittskarte und hatten damit das fiktive Budget Theater bereits ausgeschöpft. In Situation B hingegen hatten die Teilnehmenden 10 € im mentalen Konto Bargeld verbucht und hatten trotz Verlust des Geldscheins fiktiv das Budget Theater noch nicht belastet.

Für einzelne Lebensbereiche gibt es vermeintlich jeweils ein Budget, für das mehr oder weniger fixe Kosten alloziert und im Marketing trivialerweise mit Gehirnbereichen verknüpft werden (vgl. Abb. 5.13).

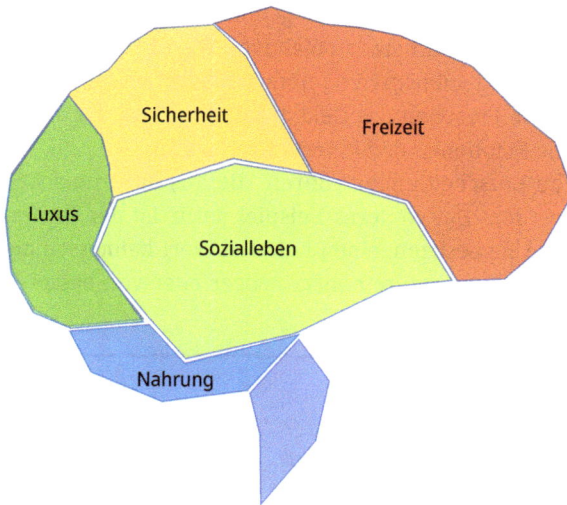

Abb. 5.13: Schematische Skizzierung ausgewählter Bereiche bei der mentalen Kontoführung.

Anwendungsbezug

Die mentale Buchführung kann leicht zu Fehlern führen, wenn unerwartet Geld eingenommen wird, wie beispielsweise durch Steuerrückerstattungen, Boni oder Lotterien. Dieses Geld sollte nach den gleichen strikten Regeln wie das regulär erarbeitete Geld eingesetzt und investiert werden. Personen tendieren jedoch dazu, Geldbeträge, die sie unerwartet, temporär oder zusätzlich erhalten haben, eher auszugeben oder zu investieren als solche, die sie erwartet, dauerhaft oder regulär erhalten haben. Im Risikomanagement bedeutet dies beispielsweise, dass man nicht die „gewonnene" Marge direkt für Preissenkungen verwenden sollte, wenn die Ausfallquote niedriger ist als erwartet. Umgekehrt sollte man, wie auch beim Fehler der irrationalen Beharrlichkeit (vgl. Kap. 5.9), besonders bei deutlich über dem Budget liegenden Investitionsprojekten sicherstellen, dass man nicht noch mehr Geld für ein Projekt aufwendet, das zukünftig keinen positiven Ertrag erwarten lässt. Es gilt daher, genau zu prüfen, inwiefern weiteres Geld investiert und ein positiver Ertrag erwirtschaftet werden kann. Hierzu bedarf es einer objektiven Abwägung unter bewusster Berücksichtigung kognitiver Verzerrungen, wie z. B. mentaler Buchführung oder irrationaler Beharrlichkeit.

Mentale Buchführung kann Aufschluss darüber geben, wie Personen bei Missachtung grundlegender ökonomischer Prinzipien Geld in verschiedenen Situationen einen unterschiedlichen subjektiven Wert zuschreiben. Zum Beispiel kann ein Geldbetrag, der als Einkommen, als Geschenk, als Erbe oder als Gewinn verbucht wird, diverse Effekte auf die Bereitschaft haben, Geld auszugeben oder zu sparen, was sich auch direkt auf die Zufriedenheit der Personen auswirkt. Ein weiteres Beispiel für die mentale Buchführung ist die Art und Weise, wie Personen mit einem 13ten Monatsgehalt (z. B. Urlaubsgeld, Weihnachtsgeld) umgehen. Obwohl das Weihnachtsgeld formal Teil des Einkommens ist, wird es von vielen Personen als ein separates mentales Konto behandelt, welches für besondere Ausgaben und Anlässe beiseitegelegt wird. Es wird eher für Geschenke, Reisen oder besondere Vergnügungen genutzt, als dass es gespart oder investiert wird. Auch wenn Geld dauerhaft einen objektiven Wert hat, ist die Art und Weise, wie Personen es ausgeben, oft subjektiv von unterschiedlichen Regeln geprägt. Diese sind abhängig davon, wie Personen das Geld erhalten haben, wie sie es zu nutzen beabsichtigen und welche Emotionen damit verbunden sind.

In einigen Fällen kann dies zu Entscheidungen führen, die aus ökonomischer Sicht als irrational empfunden werden. Ein weiteres Beispiel dafür ist der Besitz-Effekt, bei dem Personen Gütern, die sie besitzen, einen höheren Wert beimessen als Gütern, die sie nicht besitzen, selbst wenn letztere höherwertiger oder von besserer Qualität sind.

!	**Merkhilfe**	**Bezugsrahmen-Effekt**
	Phase	Verarbeitung und Gewichtung
	Ursprung	kognitiv
	Tendenz	Vorbereitungseffekt, Verfügbarkeitsheuristik, Ankerheuristik
	Faustregel	Wenn bei einer identischen Bedeutung eines Ereignisses eine in Art und Weise jedoch unterschiedliche Präsentation erfolgt, ruft der unterschiedliche Darstellungsrahmen eines ansonsten inhaltlich gleichen Ereignisses unterschiedliche Entscheidungen hervor.

5.8 Besitz-Effekt

Was ich besitze, mag ich gern bewahren:
Der Wechsel unterhält, doch nutzt er kaum.
Johann Wolfgang von Goethe

Man kauft sich eine Konzertkarte (150 €) für eine Musikveranstaltung. Jedoch erkältet man sich kurz vorher und kann die Musikveranstaltung deshalb nicht besuchen. Wenn man sich überlegt, diese Karte nun zu verkaufen, hätte man vielleicht das Gefühl, dass sie mehr als 150 € wert ist, weil sich die Karte im persönlichen Besitz befindet. Vielleicht würde man sogar 170 € oder 180 € dafür verlangen, auch wenn dieser Wert über dem Betrag liegt, für welchen man die Karte ursprünglich erworben hat. Wenn man umgekehrt die Eintrittskarte nicht besitzt und sie von einer Person für 150 € angeboten wird, könnte man eventuell zögern oder das Angebot ablehnen, weil es als zu teuer erscheint, 150 € für diese Musikveranstaltung zu bezahlen.

Diese Tendenz, etwas einen höheren Wert beizumessen, nur weil man es besitzt, verglichen mit der Bewertung desselben Gegenstandes, wenn er sich nicht im eigenen Besitz befindet, veranschaulicht der Besitz-Effekt.

Der **Besitz-Effekt** (*endowment effect*) beschreibt die Tendenz, den subjektiven Wert eines im Besitz befindlichen und erworbenen Gutes höher zu bewerten als das noch nicht erworbene Gut (Thaler, 1980; Kahneman, Knetsch, & Thaler, 1991). Dies gilt auch, wenn Personen das Gut nochmals kaufen sollen. Sie neigen dazu, weniger zu zahlen als die subjektiv durchgeführte Wertbeimessung oder Wertschätzung (vgl. Abb. 5.14).

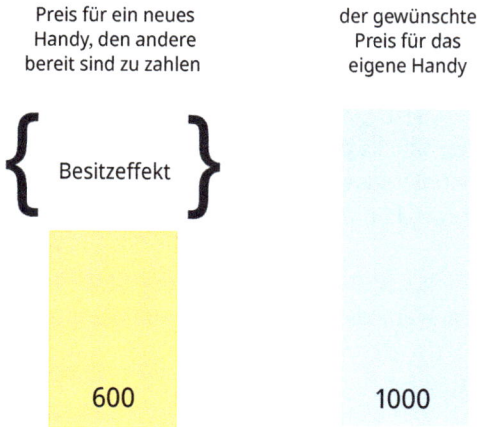

Abb. 5.14: Veranschaulichung des Besitz-Effekts.

Im deutschsprachigen Raum wird für den Begriff Endowment-Effekt (*endowment effect)* neben dem Begriff Besitz-Effekt auch der Ausdruck Besitztumseffekt verwendet (z. B. Weber, 1993; Nitzsch, 1998). Die Annahmen der traditionellen Ökonomie werden durch diesen Effekt verworfen. Entsprechend der klassischen ökonomischen Theorie wird der Wert der Güter nicht mit deren Besitz verknüpft. Tatsächlich wird jedoch neben dem intrinsisch beigemessenen Wert auch die Bindung an das zu erwerbende oder erworbene Gut von Individuen mitberücksichtigt.

Als ein möglicher Erklärungsansatz kann die Prospect-Theorie herangezogen werden (Earl, 2018). Von einem Referenzpunkt aus bewerten Personen Verluste gravierender als Gewinne von identischen Beträgen. Verkauft man etwas aus seinem Besitz, dann nimmt man es als Verlust wahr. Bei Verlust oder drohendem Verlust erhöht sich die Bemessung des subjektiven Werts stärker als die veranschlagte Wertzuschreibung bei einem Neuerwerb des Produkts. Der Prospect-Theorie folgend kann ein Kauf als ein Gewinn verstanden werden.

Als populäres Beispiel für den Besitz-Effekt beschreiben Kahneman, Knetsch und Thaler (1991) einen weinbegeisterten Wirtschaftswissenschaftler. Dieser kaufte einige sehr gute Bordeaux-Weine zu dem günstigen Preis von je 10 $ pro Flasche. Der Wert der Weine ist nach dem Kauf stark angestiegen. Bei einer Auktion hätte ein Verkaufspreis von 200 $ pro Flasche erzielt werden können. Dieser Wirtschaftswissenschaftler war aber weder bereit den Wein zum Auktionspreis zu verkaufen noch eine zusätzliche Flasche zu dem neuen Verkaufspreis zu kaufen. Oft verlangen Personen viel mehr, wenn sie ein Objekt verkaufen, als sie selbst bereit wären zu zahlen.

Der Besitz-Effekt kann als direkte Konsequenz aus Ereignissen und den Erinnerungen an diese Ereignisse verstanden werden (Liberman et al., 2009). In diesem Sinne ist der Besitz-Effekt vorrangig mit Gedächtnisprozessen verbunden. Positive Erfahrungen, wie frisch verliebt zu sein, die Geburt des eigenen Kindes zu erleben, ein lang ersehntes Ziel zu erreichen oder einen perfekten Sonnenuntergang zu beobachten, führen zu einem erhöhten Erinnerungsvermögen. Der Besitz-Effekt kann auch als kognitive Verzerrung mit stark emotionalem Bezug (*affective endowment*) angesehen werden, welcher zur Steigerung des eigenen Glücks dienlich sein kann. Im Umkehrschluss können sich schlechte Erfahrungen, wie etwa Krankheiten, Enttäuschungen, verpasste Chancen oder Konflikte, negativ und hemmend auf die Erinnerungsfähigkeit und auch das Glücksempfinden auswirken.

Bei Geld anlegenden Personen zeigt sich der Besitz-Effekt dergestalt, dass sie einer Sache einen größeren Wert beimessen, wenn sie selbst diese mental „besitzen", als wenn die Sache jemand anderem gehört (Furche & Johnstone, 2006). In diesem Sinne kann der Besitz-Effekt auch als motivational, d. h. im Sinne einer Bewertung von Ereignissen, verstanden werden.

Verkaufsfachleute nutzen die Wirkungsweise des Besitz-Effekts, indem zuerst die positiven Eigenschaften stärker hervorgehoben werden als andere Aspekte. Mit dem Vorschlag zur intraindividuellen Bedingungssituation (*within-participants-design*), d. h. einem Versuchsplan mit Messwiederholungen bei allen Teilnehmenden, erweitern Collard et al. (2020) die Möglichkeiten, die Hintergründe des Besitzeffekts tiefgehender zu untersuchen. Beispielsweise wäre es interessant, genauer herauszufinden welche situativen Faktoren den Besitz-Effekt bei Personen abschwächen oder verstärken. Angenommen der Effekt beruht auf der Fähigkeit einer Verkaufsperson, auf die Attribute eines im Besitz befindlichen Gegenstandes zu verweisen, so sollten Situationen, die diese Möglichkeit verhindern, den Besitz-Effekt abschwächen. Dies geschieht ähnlich wie bei der Reduktion des Selbstreferenz-Effekts im Gedächtnis durch eine Überlastung von **Aufmerksamkeitsressourcen** (Turk et al., 2013). Offene Fragen bezüglich des Besitz-Effekts sind beispielsweise Untersuchungen der Auswirkung von kulturellen Unterschieden beim Verhandeln allgemein oder gezielt beim Feilschen auf dem Markt. In Japan ist es nicht üblich, in Einzelgesprächen zwischen anbietenden und verkaufenden Personen zu feilschen. Es wird sogar als gesellschaftlich inakzeptabel angesehen zu verhandeln. In Studien zum Besitz-Effekt auf Märkten fanden Collard et al. (2020) heraus, dass ein höheres Handelsvolumen erzielt werden konnte, wenn der Effekt eine geringe Rolle einnimmt. Wenn also unerfahrene Verkaufspersonen (z. B. auf dem Flohmarkt) einen hohen Preis für ihre eigenen Waren veranschlagen, dann werden eher geringere Gütermengen verkauft. Professionelle Verkaufspersonen dagegen sind eher in der Lage, marktgerecht ihre Produkte preisgünstig abzusetzen. Jedoch könnte das unterschiedliche Marktverhalten auch auf eine strategische Herangehensweise von sowohl verkaufenden als auch kaufenden Personen zurückzuführen sein. Wie beim Anker-Effekt (vgl. Kap. 4.6) verdeutlicht, orientieren sich Gehaltsverhandlungen an dem initial gesetzten Anker. Aus dieser Perspektive erscheint es vernünftig, sich eine gute Verhandlungsbasis zu sichern. Verkaufspersonen starten meist mit einem etwas teureren Preis, Kaufende hingegen mit einem niedrigeren Preis. Beide verschaffen sich dadurch einen Verhandlungsspielraum. Verstärkt tritt der Besitz-Effekt eher bei Privatverkäufen (z. B. bei Ebay Kleinanzeigen) als bei Verkaufsfachleuten auf.

Ein Unternehmen bietet beispielsweise einen personalisierten Service an, bei dem interessierte Personen ihr Produkt (z. B. Kaffeebecher, Luxusuhren) mit eigenen Namen oder Fotos gestalten können. Beim Autokauf gibt eine Probefahrt die Möglichkeit, vor dem Kauf ein Fahrzeug zu testen. Neben der Testmöglichkeit kann die Probefahrt auch den Besitz-Effekt bei potenziellen Kaufenden auslösen, indem das Gefühl erzeugt, dass das Fahrzeug bereits in seinem Besitz sei. Dieser personalisierte Service nutzt die Tendenz zum Besitz-Effekt, indem interessierte Personen dazu gebracht werden, den Wert des Produkts höher einzuschätzen, da es ihnen bereits als persönlicher Besitz erscheint.

Die Überbewertung von Verlusten in Relation zu einem Referenzpunkt, wie etwa beim Besitz-Effekt, findet auch in anderen Zusammenhängen statt. Im Zusammenhang mit Ausgaben und Investitionen empfinden Personen den Verlust einer Investition als gravierender als potenzielle Gewinnchancen. Dies kann dann dazu führen, dass Projekte mit unrealistischen Gewinnchancen aufrechterhalten werden. Aus diesem Grund veranschaulicht das folgende Kapitel die kognitive Verzerrung der irrationalen Beharrlichkeit.

Merkhilfe	**Besitz-Effekt**
Phase	Entscheidung
Ursprung	emotional
Tendenz	Beibehaltungstendenz, Bezugsrahmen-Effekt, Affektheuristik
Faustregel	Im Besitz befindliche Gegenstände werden übermäßig hoch bewertet, weshalb es manchmal schwer fallen kann, sich von diesen Gegenständen zu trennen.

!

5.9 Irrationale Beharrlichkeit

> *Es ist besser, das Richtige zu tun und auf halbem Weg zu scheitern,*
> *als das Falsche unbeirrt weiterzuverfolgen.*
> John F. Kennedy (1917–1963)

Eine Produktionsunternehmen hat einen erheblichen Betrag an Kapital, Zeit und Ressourcen in die Entwicklung einer neuen Produktlinie investiert. Bei Produkteinführung zeigen Marktforschung und das Verhalten von Personen, dass sich die Präferenzen Konsumierender von den Produktmerkmalen abwenden. Trotz dieser Veränderung im Konsumentenverhalten und der Möglichkeit, dass der Markt das neue Produkt nicht wie erwartet annimmt, könnte das Unternehmen zögern, das Projekt einzustellen. Ein

Filmstudio hat einen neuen Action Film für 400 Millionen € produziert und zusätzlich 50 Millionen € in die weltweite Vermarktung investiert. Der Film brachte nicht den gewünschten Erfolg und spielte an den Kinokassen lediglich 150 Millionen € ein. Der Leiter des Filmstudios wollte den Misserfolg des Projekts nicht wahrhaben, weshalb er weitere 20 Millionen € für eine zweite Werbeaktion aufgewendet hat, um den gewünschten Erfolg herbeizuführen. Entgegen der Erwartung stiegen die Verluste an.

Der Effekt der **irrationalen Beharrlichkeit**, auch versunkener oder **irreversibler Kosten-Effekt** (*sunk cost effect*) genannt, beschreibt die Neigung von Personen, Aktivitäten zu bevorzugen oder weiter in jene zu investieren, bei denen zuvor Ressourcen (Arbeitskraft, Zeit, Geld) investiert wurden. Die Wahl einer Entscheidung beruht nicht auf den relativen Gewinnmöglichkeiten, die durch die neu zu allokierenden Ressourcen möglich gemacht werden, sondern hängen stark von den bereits investierten Ressourcen ab (vgl. Abb. 5.15). Je mehr man schon investiert hat (daher auch **Ausgaben-Effekt** genannt), desto eher sind Personen auch bereit, weitere Investitionen zu tätigen.

Abb. 5.15: Veranschaulichung des Ausgaben-Effekts.

Dieses Verhalten wird als irrational angesehen, da „gutes Geld schlechtem hinterhergeworfen wird" und kann als Form der Verlustaversion (vgl. Kap. 6.3) im Sinne der Prospect-Theorie verstanden werden. Die Berücksichtigung bereits investierter Kosten impliziert eine Retrospektive, die die Vergangenheit vergegenwärtigt, dabei wären zukunftsweisende Fragen zu stellen. Handelt man nach dem Ausgaben-Effekt, so neigen Individuen dazu, für die aktuelle Entscheidung irrelevante und bereits getätigte Ausgaben in den Mittelpunkt zu stellen.

Testpersonen erhielten eine Situationsbeschreibung, bei welcher die Geschäftsleitung einer Fluggesellschaft entscheiden musste, ob 1 Million € in die Weiterentwicklung eines neuen Flugzeugs investiert werden sollte. Zudem ist bekannt, dass das direkte Konkurrenzunternehmen bereits einen nennenswerten Vorsprung aufbauen konnte. Bei dieser Beschreibung hätten nur 17 % der befragten Testpersonen entsprechend investiert. Das änderte sich jedoch, als sie erfuhren, dass die Gesellschaft in dieses Projekt bereits 9 Millionen € investiert hatte. Infolge dieser neuen Information hätten nun 85 % aller Befragten das Projekt mit der geplanten Investition weitergeführt (Arkes & Blumer, 1985).

Als praktisches Beispiel aus der Wirtschaft kann die Herstellung des ersten Überschall-Passagierflugzeugs Concorde angeführt werden (Arkes & Ayton, 1999; Gigerenzer & Selten, 2001b). Lange Zeit vor der Fertigstellung dieses Flugzeugs waren die schlechten Finanzaussichten des Projekts bekannt. Dennoch beschlossen die beiden projektfinanzierenden Regierungen, das gemeinsame Projekt weiterhin mit 475 Millionen Pfund (BPS) zu finanzieren, da bereits 350 Millionen Pfund (BPS), inklusive 26.000 Arbeitsplätze, in das Projekt investiert worden waren (UK Government Draft White Paper, 1971). In diesem Zusammenhang spricht man auch vom **Concorde-Fehlschluss** (*Concorde fallacy*).

Jedoch kann es durchaus Situationen geben, bei denen es sich lohnt, trotz hoher Kosten an einem Projekt festzuhalten (McAfee, Mialon, & Mialon, 2010; Baliga & Ely, 2011). Personen, die über die Fortsetzung oder den Abbruch einer Handlung entscheiden müssen, bewerten bereits getätigte Kosten als sehr entscheidend. Die irrationale Beharrlichkeit beschreibt die Tendenz, dass eine nachteilige Handlungsweise fortgesetzt wird, weil man in der Vergangenheit erhebliche, unwiederbringliche Ressourcen in sie investiert hat (Schanbacher et al., 2021). Die irrationale Beharrlichkeit kann jede vorherige Investition von Geld, Mühe oder Zeit betreffen. Wenn Personen unzufrieden sind, sei es im Beruf oder in privaten Beziehungen, und dennoch keine Veränderung vornehmen, liegt es unter anderem daran, dass sie bereits sehr viel Zeit und andere Ressourcen dafür aufgewendet haben. Der Effekt kann dazu führen, dass Personen Entscheidungen treffen, die für ihr Wohlergehen suboptimal sind.

Die Auswirkungen von irrationaler Beharrlichkeit auf die Entscheidungsfindung können aus der Perspektive der klassischen Ökonomie im Sinne der normativen Entscheidungstheorie deshalb als irrational angesehen werden, weil diese von der Annahme ausgeht, dass Personen Entscheidungsoptionen immer auf der Basis von schrittweisen (inkrementellen) Gewinnen und Verlusten bewerten. Grundsätzlich werden dabei alle versunkenen (irreversiblen) Kosten als Konstante gesehen, da sie bereits entstanden und nicht rückholbar sind. Unabhängig davon, ob man sich für die Fortsetzung oder den Abbruch der Handlung entscheidet, stellen irreversible Kosten den nicht wieder erlangbaren Teil der fixen Kosten dar (Garland & Newport, 1991). Daher sollte die Berücksichtigung bereits getätigter Kosten nicht in die Entscheidung über die Fortsetzung einer Aufgabe oder Aktivität einfließen.

Die Tendenz zur irrationalen Beharrlichkeit besteht, weil Personen früheren Investitionen zu viel Aufmerksamkeit widmen, ohne zu berücksichtigen, wie sich andere Faktoren auf das Ergebnis ihrer Entscheidung auswirken könnten. Ferner beschreiben Emich und Pyone (2018), dass Personen, die über eine höhere kognitive

Flexibilität verfügen, mehr relevante Entscheidungsfaktoren berücksichtigen. Dies führt dazu, dass sich irrationale Beharrlichkeit weniger auf ihre Entscheidungsergebnisse auswirkt, da sie jeweils mehrere Handlungsoptionen in Ergänzung des Kostenfaktors berücksichtigen können.

Kognitive Verzerrungen, die sich auf eine irrationale Verarbeitung vergangener Ereignisse beziehen, treten nicht nur hinsichtlich getätigter Ausgaben auf, sondern auch bei der Verarbeitung erinnerter Informationen. Während die irrationale Beharrlichkeit zu einem Ausufern des Engagements führen kann, geht die Überschätzung einer erinnerten Information oft mit einer Verringerung der Lernfähigkeit oder Vermeidung von Verantwortung einher. Im nächsten Kapitel wird daher näher auf die Irrtümer bei der Erinnerung prognostizierter Ereignisse eingegangen.

! **Merkhilfe** **Irrationale Beharrlichkeit**
Phase   Entscheidung
Ursprung   kognitiv
Tendenz   Verfügbarkeitsheuristik, Bezugsrahmen-Effekt, Affektheuristik, Selbstüberschätzung
Faustregel   Trotz nicht vorhandener Erfolgsaussichten kann aufgrund bereits investierter Ressourcen
               (z. B. Geld, Zeit) die Entscheidung getroffen werden, weiterhin Investitionen zu tätigen.

5.10 Rückschaufehler

> *Das Gedächtnis mag immer schwinden,*
> *wenn das Urteil im Augenblick nicht fehlt.*
> Johann Wolfgang von Goethe

Eine Gruppe von befreundeten Personen versucht, den Ausgang eines Basketballspiels zwischen Team A und Team B vorherzusagen. Vor dem Spiel werden Meinungen diskutiert und die Vorhersagen getroffen. Mannschaft A, der Favorit, hat die ganze Saison über gute Leistungen gezeigt. Jedoch gewinnt unerwartet Team B das Spiel. Einige der befreundeten Personen rufen aus: „Ich wusste, dass Team B gewinnen würde! Es war so klar!" Nachdem das tatsächliche Ergebnis bekannt ist, haben viele Personen das Gefühl, dass auch sie das Ergebnis hätten vorhersagen können. Vor dem Spiel hätten ihre Vorhersagen vielleicht anders ausgesehen, aber im Nachhinein haben sie das Gefühl, dass ihre Vorhersage tatsächlich dem Ergebnis entspricht bzw. nahekommt.

Der Rückschaufehler (*hindsight bias*: Slovic & Fischhoff, 1977; *knew-it-all-along-effect*: Wood, 1978) kann beobachtet werden, wenn Personen im Nachhinein ihre Erinnerung an etwas dem tatsächlichen Ereignis entsprechend annähern. Auch wenn die Finanzkrise 2008 im Jahre 2009 im Nachhinein von vielen Forschenden der Ökonomie als voraussehbar angesehen wurde (Weidmann, 2017), war der amerikanische Ökonom Nouriel Roubini einer der ganz wenigen, die die Finanzkrise bereits im Jahr

2006 prognostizierten (Mihm, 2008). Der **Rückschaufehler** beschreibt eine Tendenz von Personen, im Nachhinein zu glauben, dass sie ein in der Vergangenheit stattgefundenes Ereignis richtig vorhergesagt hätten. Diese Voreingenommenheit kann dazu führen, dass Personen ihre Fähigkeit, die Zukunft vorherzusagen, überschätzen und die Rolle des Zufalls und der Unsicherheit bei Ereignissen unterschätzen. Es ist wichtig, sich der Voreingenommenheit im Nachhinein bewusst zu werden, da sie ansonsten zu einem verzerrten Verständnis der Vergangenheit führt. Diese Heuristik kognitiven Ursprungs erschwert es Personen zudem, aus ihren Fehlern zu lernen, weil sie ihren Irrtum nicht als solchen erkennen, sondern von ihrer mehr oder weniger zutreffenden Prognose des Ereignisses ausgehen.

Zur Untersuchung des Rückschaufehlers (Pohl, 1992; 2000) haben sich zwei Versuchsanordnungen, namentlich das Urteilsdesign und das Gedächtnisdesign, etabliert. Im Urteilsdesign wird die Lösung der gestellten Frage vor Abgabe der Schätzung präsentiert. Die Testpersonen sollen dann eine von der Lösung unabhängige Schätzung abgeben, so als ob sie die gerade präsentierte Lösung nicht kennen würden. Im Vergleich zu Kontrollitems, welche ohne Lösungen dargeboten wurden, zeigen die Schätzungen bei Experimentalitems aber dennoch eine Verzerrung in Richtung der tatsächlichen Lösung. Im Gedächtnisdesign hingegen geben die Testpersonen als erstes ihre Schätzungen ab. Nach einer Dauer von meist mehreren Tagen erfolgt die Lösungsdarbietung, und im Anschluss werden die Testpersonen gebeten, sich an ihre ursprünglichen Schätzungen zu erinnern. Beispielsweise wird nach den geschätzten Kosten (1500 €) für ein Fahrrad gefragt, welches beim Kauf tatsächlich 2000 € kostet. Im Nachhinein wird jedoch angegeben, dass man die Kosten auf 1700 € geschätzt hätte (vgl. Abb. 5.16). Auch in diesem Design ist zu beobachten, dass eine systematische Verzerrung der erinnerten Schätzungen in Richtung der tatsächlichen Lösung auftritt. Der Rückschaufehler besteht demnach in beiden Designs in einer Annäherung der generierten bzw. der erinnerten Schätzungen an die tatsächlichen Lösungen.

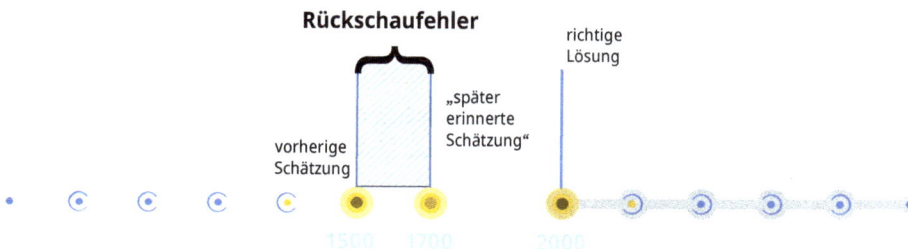

Abb. 5.16: Veranschaulichung des Rückschaufehlers.

Das tatsächlich zutreffende Ereignis scheint als Anker für die Erinnerung an die Schätzung zu fungieren (vgl. Kap 4.6). Wenn man den Ausgang eines Ereignisses kennt, so überschätzt man auch die Fähigkeit anderer, den Ausgang des Ereignisses vorherzusagen. Diese Form der Ergebnisverzerrung wird auch *outcome effect* genannt. Bei einer Evaluation der Entscheidung, bei der bereits Konsequenzen eingetreten sind, besteht die Gefahr einer Ergebnisverzerrung (Baron & Hershey, 1988). Demnach neigen Personen bei einer anstehenden Entscheidung dazu, Informationen eines antizipierten Ausgangs zu berücksichtigen. Bei Bewertung der Qualität einer Entscheidung wird oftmals lediglich das Ergebnis statt aller zum Zeitpunkt der Entscheidung verfügbaren Informationen herangezogen.

Als Entscheidungsszenario hatten Akteure riskante Finanzentscheidungen zu treffen und gegenüber ihrem Vorgesetzten (Prinzipal) zu rechtfertigen (König-Kersting et al., 2021). Es zeigte sich, dass die Bewertung durch den Prinzipal und die finanziellen Boni vom Ergebnis der Investitionsentscheidungen abhingen, auch wenn die Investmentstrategie ganz unabhängig vom Ergebnis hätte bewertet werden können. Vergleichbare Investitionsentscheidungen führten je nach Ergebnis, über welches Mitarbeitende (Agenten) keine Kontrolle hatten, zu völlig unterschiedlichen Bewertungen durch den Prinzipal (vgl. Kap. 9.4). Dieser **Wirkungseffekt** (*outcome effect*) zeigte sich selbst dann, wenn die Vorgaben des Prinzipals berücksichtigt wurden. Folgte der Agent nicht den Vorgaben des Prinzipals und erzielte einen Gewinn, so war der Prinzipal zufrieden. Wenn der Agent umgekehrt den Vorgaben des Prinzipals folgte und einen Verlust erzielte, so war der Prinzipal unzufrieden. Die Neigung höhere Risiken einzugehen entsteht, weil Ereignisse als vorhersagbar erachtet werden. Diese Annahme verleitet zum Glauben, dass man fähig ist, immer hervorragende Prognosen zu treffen. Ferner führt dies oft dazu, dass Fehler beschönigt beziehungsweise internal dem einzelnen Mitarbeitenden attribuiert werden (Mitchell & Kalb, 1981), und so erkennen Personen in manchen Fällen nicht, dass die getroffene Entscheidung durch die Gruppe beeinflusst wurde.

Der Rückschaufehler kann die Urteilsfähigkeit beeinträchtigen, wenn Personen sich selbstgefällig, übermütig oder nachlässig verhalten. Diese Verzerrung beeinflusst die Zeitpräferenz. Unter **Zeitpräferenz** versteht man die Art und Weise, wie Personen den Nutzen verschiedener Optionen zu verschiedenen Zeitpunkten bewerten. Die Verzerrung lässt Personen glauben, dass sie in der Vergangenheit bessere Entscheidungen getroffen hätten, als es tatsächlich der Fall war, oder in der Zukunft bessere Entscheidungen treffen würden, als es wahrscheinlich der Fall wäre. Auf die Rolle und die Auswirkungen verzerrter Zeitpräferenz wird im nächsten Kapitel näher eingegangen.

⚠ Merkhilfe **Rückschaufehler**

Phase	Verarbeitung und Gewichtung
Ursprung	kognitiv
Tendenz	Risikowahrnehmung, Besitz-Effekt, Ankerheuristik
Faustregel	Man nimmt an, das vergangene Ereignisse vor deren Eintritt genauer vorhersehbarer sind, als dieses tatsächlich der Fall ist.

5.11 Hyperbolisches Diskontieren

Auch der Aufschub hat seine Freuden.
Johann Wolfgang von Goethe

Angenommen, eine Person wird vor die Wahl gestellt, entweder heute 100 € oder in einem Monat 150 € zu erhalten. Häufig entscheiden sich Personen für den sofortigen Erhalt der 100 €, statt auf den Betrag von 150 € zu warten, obwohl das längere Warten zu einem größeren finanziellen Gewinn führen würde. Diese Situation kann mit einer Entscheidung zur privaten Altersvorsorge verglichen werden. Viele Personen sorgen nicht genug für ihr Alter vor, weil sie die kurzfristigen Nachteile des Sparens stärker gewichten als die langfristigen Vorteile einer sicheren Altersvorsorge.

Der Kerngedanke **hyperbolischen Diskontierens** liegt darin, dass Personen, kurzfristig gesehen, zu einem ungeduldigen Verhalten tendieren und zu einem Konsumaufschub erst bei entsprechenden Anreizen bereit sind. Langfristig gesehen sind Personen dagegen geduldiger und verlangen vergleichsweise weniger Entschädigungen für den Aufschub des Konsums. Dieser Kerngedanke bietet einen Erklärungsansatz dafür, warum sich Personen zum Jahreswechsel gute Vorsätze vornehmen, welche sie aber schon bei der nächsten Verlockung nicht einhalten. Dabei ist der Apfel die gesunde Alternative, die uns unseren sportlichen Zielen näherbringt. Wenn ein Ereignis in geraumer Zukunft als sehr fern erscheint, bedarf es lediglich eines geringen Aufwands, damit die Entscheidung auf den Verzicht fällt. Wenn der Verzicht hingegen kurz bevorsteht, ist ein höherer Aufwand gefordert, um sich gegen den Verzicht zu entscheiden (Beck & Wüst, 2009). Ein zukünftiger Nutzen ist zeitpunktabhängig, während Personen kurzfristigen Versuchungen oft nicht widerstehen können. Je zeitlich ferner eine Konsequenz zum Tragen kommt, desto geringer wird ihr Nutzen aktuell empfunden. Diskontieren beschreibt die zeitbedingte Reduzierung des Nutzens. Die Diskontierungsrate ergibt sich aus dem Tempo der Nutzenabnahme.

So beschließt man etwa, nur noch eine letzte Süßigkeit zu genießen, um schließlich mit einer gesunden Ernährung und sportlichen Aktivitäten zu beginnen, verfolgt dies Vorhaben aber letzten Endes doch nicht (vgl. Kap. 10.5). Mit anderen Worten: Kurzfristige Belohnungen werden zumeist langfristigen Gesundheitsvorteilen vorgezogen (vgl. Abb. 5.17).

Bei Sparplänen siegt die akute Bedürfnisbefriedigung in Form von Konsum vor der langfristigen Alterssicherung. In der Ökonomie spricht man hierbei auch von der Diskontierungsrate *(disconting rate*: Sharot, 2014). Personen halten dabei die Gegenwart für bedeutender als die Zukunft. In der Ökonomie verbindet man eine hohen *disconting rate* mit einer damit einhergehenden Impulsivität von Personen, d. h. je höher die Diskontierungsrate , desto impulsiver ist eine Person.

Die Entscheidungsfindung wird von Ainslie und Haslam (1992) metaphorisch als ein Spiel verschiedener Ichs dargestellt, welche jeweils eine bestimmte Zeitperiode

Abb. 5.17: Wahl zwischen Obst oder Schokolade.

verkörpern. So entscheidet das Selbst s am Zeitpunkt z_1 was zum Zeitpunkt z_x getan wird. Das Ziel besteht darin, den eigenen hyperbolisch diskontierten Nutzen zu maximieren. Es erfolgt eine Berücksichtigung voraussichtlicher Handlungen des späteren Selbst. Hierbei spricht Selten (2001) von einem teilspielperfekten Gleichgewicht. Die Besonderheit dabei ist, dass es zu mehreren Gleichgewichten kommen kann: Wenn (1) das Selbst zum jetzigen Zeitpunkt (sz_1) und alle zukünftigen Formen des Selbst (sz_x) sich weiterhin ungesund ernähren oder (2) das Selbst sich zum jetzigen Zeitpunkt (sz_1) gesund ernährt und alle zukünftigen Formen des Selbst (sz_x) dem Beispiel folgen.

Entscheidet man sich zu jeweils unterschiedlichen Zeitpunkten zwischen zwei Möglichkeiten, ändert sich auch dann die Entscheidung nicht, wenn die beiden Möglichkeiten um den gleichen Zeitabstand entweder nach vorne oder nach hinten verschoben werden. Wenn eine Person heute sagt, dass sie vorzugsweise 13 Monate auf 1010 € statt 12 Monate auf 1000 € wartet, dann wird sie bei zeitkonsistentem Verhalten auch in exakt einem Jahr vorzugsweise noch einen Monat auf 1010 € warten, anstatt dann die sofortige Auszahlung von 1000 € zu wählen. Jedoch wurde in zahlreichen Studien (Rachlin, Raineri, & Cross, 1991; Myerson et al., 2003; McClure et al., 2004; Doyle, 2013) aufgezeigt, dass sich Individuen zeitinkonsistent verhalten. Zum einen werden die 1010 € in 13 Monaten präferiert, zugleich ziehen Personen nach einem Jahr die sofortige Auszahlung der 1000 € vor, statt noch einen Monat zu warten. Dieses Verhalten widerspricht der Prämisse der Zeitkonsistenz (Thaler, 1981). Je eher ein Ereignis bevorsteht, desto größer wird die Differenz gering diskontierter Optionen sein. In diesem Fall favorisieren Personen, die sofortige Option zu wählen. Wenn ein Ereignis hingegen in weiter Zukunft liegt, dann wird der Unterschied zwischen den beiden über die Zeit geringer rabattierten Optionen als verringert wahrgenommen. Dadurch sind Personen eher zum Verzicht auf den in Aussicht gestellten höheren Betrag (z. B. zusätzliche 10 €) bereit.

Viele Studierende kennen das Phänomen, dass sie sich am Anfang des Semesters mehr Zeit für die Prüfungsvorbereitung vornehmen, als sie dann tatsächlich für das Lernen aufwenden. Studierende verwenden signifikant weniger Zeit für ihre Klausurvorbereitung, als sie sich vorgenommen haben – ein deutliches Anzeichen zeitinkonsistenten Verhaltens.

Dieses Verhalten verweist auf den Effekt des hyperbolischen Diskontierens. Die Grundidee besteht darin, dass Personen auf kurze Sicht Ungeduld zeigen, zu einem Aufschub ihres Konsums also nur gegen einen hohen Anreiz bereit sind. Auf lange Sicht hingegen sind sie geduldiger und verlangen eine vergleichsweise geringere Kompensation für einen Aufschub (Huber & Runkel, 2004). Diskontieren bezeichnet dabei die Bewertung in der Gegenwart für eine zukünftig zu erwartende Auszahlung. Eine mögliche Antwort auf diesen Drang, kurzfristig zu konsumieren, stellt die Möglichkeit der bewussten Selbstkontrolle dar.

Eines der bekanntesten psychologischen Experimente zur **Impulskontrolle** und zum Belohnungsaufschub ist der Marshmallow-Test (Mischel, 2012; 2015). Im Test wurden vierjährigen Kindern Süßigkeiten in zwei Situationen angeboten. Kinder wurden vor die Wahl gestellt, die Süßigkeit entweder sofort zu erhalten oder bei Verzicht auf den prompten Genuss eine weitere Süßigkeit zu bekommen. Ein Teil der Kinder konnte der Versuchung zum sofortigen Genuss widerstehen. Dem anderen Teil gelang der Belohnungsaufschub nicht. Mischel konnte mit seinen Studien (Mischel, Cantor, & Feldmann, 1996; Mischel, 2012; 2015) aufzeigen, wie wichtig die Impulskontrolle und die Fähigkeit, eine Belohnung aufschieben zu können, für den akademischen und beruflichen Erfolg ist. Eine direkte Beziehung zwischen der Dauer des Bedürfnisaufschubs bei der Selbstkontrolle und dem akademischen Erfolg stellt jedoch eine zu starke Vereinfachung dar. Zum einen umfasst der Marshmallow-Test nicht vollständig, was man unter Selbstkontrolle versteht (Duckworth, Tsukayama, & Kirby, 2013). Zum anderen spielen weitere Faktoren wie Herkunft und Umgebung der Kinder eine entscheidende Rolle für den akademischen Erfolg (Watts, Duncan, & Quan, 2018). Impulskontrolle ist die Fähigkeit, auf akute Versuchungen zu verzichten, damit langfristig verfolgte Ziele erfolgreich erreicht werden. Einen Erklärungsansatz dafür liefert die **Theorie der Persönlichkeitsmerkmale** (*trait theory*), derzufolge Personen jeweils für sie typische Verhaltensmerkmale aufweisen (Buss, 1989; McCrae & Costa, 1995). Diese prägen die Art und Weise, wie man denkt, fühlt und handelt. Kognitive Prozesse werden zudem unbewusst durch das Belohnungssystem gehemmt, gestärkt, adjustiert oder moduliert.

Um auftretende monetäre Auswirkungen eines Projekts zu unterschiedlichen Zeitpunkten vergleichbar zu machen, kann man den Diskontierungssatz beispielsweise bei einer Kosten-Nutzen-Analyse heranziehen. Um einen fairen Vergleich anzustellen, werden die durch die Diskontierung auftretenden Auswirkungen auf ein gemeinsames Jahr umgerechnet. Spricht man rationalen Entscheidungstragenden konsistentes Verhalten zu, auf Basis dessen sie in der Lage sind, den Nutzen zu messen und die Bewertung von Zeit und Geld zu trennen, kann der diskontierte Nutzen durch folgende mathematische

Formel für die hyperbolische Diskontierung des Nutzens $U(c_0, c_1, \dots c_T)$ aus dem Konsum von Gütern c zum Zeitpunkt t aufgestellt werden:

$$U(c_0, c_1, \dots c_T) = \sum_{t=0}^{T} \left(\frac{1}{1 + i \cdot t} \right)^t U(c_t)$$

Um den Gesamtnutzen einer Person zum aktuellen Zeitpunkt zu bestimmen, wird der zukünftige Konsum in seiner Gesamtheit aufaddiert. Zuvor wurde der zeitabhängige Konsum im Betrachtungszeitraum t mit dem entsprechenden Diskontierungsfaktor $\left(\frac{1}{1 + \text{it}} \right)^t$ auf den aktuellen Zeitpunkt abgezinst. Für alle zukünftigen Zeitintervalle kalkulieren Personen ihren Konsum. Dabei gewichten sie den zukünftigen Konsum mit einem individuellen Diskontierungsfaktor, wobei zukünftigem Konsum ein geringeres Gewicht als dem aktuellen Konsum beigemessen wird. Basierend auf der Nutzenfunktion $U(c_t)$ konsumieren Personen ihre Verbrauchsgüter nicht alle unmittelbar, auch wenn der Nutzen des Konsums abnehmend ist (Grenznutzen; vgl. Kap. 6.1). Der aktuelle Konsum kann in die Zukunft verschoben werden, da er auch zukünftig einen Nutzen erbringt. Je mehr von einem Verbrauchsgut genutzt wird, desto gravierender sinkt der Nutzen jeder weiteren Verbrauchseinheit. Aus diesem Grund kann es sinnvoll sein, den Konsum auf eine in der Zukunft liegende Zeitperiode zu verschieben. Beispielsweise kann der Nutzen von sieben Eisbechern als höher empfunden werden, wenn man sieben Tage lang je einen Eisbecher verzehrt anstatt sieben Eisbecher an einem Wochentag.

Um die **soziale Diskontierungsrate** zu ermitteln, können zwei grundlegende Ansätze Anwendung finden. Zum einen kann die soziale Opportunitätskostenrate und zum anderen die soziale Zeitpräferenzrate herangezogen werden. Beide basieren auf Wirtschaftsmodellen und sollen aufzeigen, wie sich Personen im Laufe der Zeit zwischen Ausgaben und Investitionen entscheiden.

Bei Investitionen wird die soziale Opportunitätskostenrate herangezogen. Diese gibt die Höhe des Ertrags an, welcher durch den heutigen Konsumverzicht erzielt werden kann. Dabei wird davon ausgegangen, dass zugeteilte Mittel für ein öffentlich ausgeschriebenen Projekt private Ausgaben oder Investitionen substituieren könnten. Der Diskontierungssatz hängt davon ab, ob die privaten Ausgaben oder Investitionen getätigt werden. Zudem wird davon ausgegangen, dass ideale Märkte existieren, bei denen weder externe Effekte noch Unsicherheiten oder Verzerrungen im Verhalten wirken.

Mit dem Jahr, in dem die jeweilige Zinszahlung erfolgen soll, wird der Diskontierungszinssatz multipliziert. Dieser ist somit zeitpunktabhängig. Je weiter ein Ereignis in der Zukunft liegt und je mehr Geduld aufgebracht wird, desto eher besteht die Bereitschaft, noch länger auf dieses Ereignis zu warten.

Damit geht einher, dass, je weiter das Ereignis, welches man diskontieren will, in der Zukunft liegt, desto größer die Zeit t ist, mit welcher der Zinssatz i im Nenner multipliziert wird. Dadurch verringert sich der gesamte Diskontierungsfaktor und lässt eine hohe Präferenz vermuten.

Kontinuierliches Diskontieren beeinflusst die Zeitpräferenz und die Entscheidungsfindung, denn die Gegenwart wird zu stark bevorzugt und die Zukunft zu stark vernachlässigt. Eine weitere Verzerrung der Zeitpräferenz besteht darin, dass Personen ihre Fähigkeiten und Verantwortung für Entscheidungen und zukünftige Folgen über- oder unterschätzen. Dabei werden die Risiken oder Chancen ignoriert oder verzerrt wahrgenommen, wie beispielsweise beim Aberglauben, die Lottozahlen oder das Wetter beeinflussen zu können. Das folgende Kapitel verdeutlicht, zu welchen Verzerrungen der Irrglaube, zufällige oder natürliche Ereignisse kontrollieren zu können, führen kann.

Merkhilfe	**Hyperbolisches Diskontieren**
Phase	Verarbeitung und Gewichtung
Ursprung	kognitiv
Tendenz	Risikowahrnehmung, Affektheuristik, Selbstüberschätzung
Faustregel	Man bevorzugt kurzfristige Belohnungen gegenüber größeren, aber in der Zukunft liegenden Belohnungen.

5.12 Kontrollillusion

Die Meister sehen die Dinge, wie sie sind,
versuchen jedoch nicht, sie zu kontrollieren.
Laotse (ca. 571–471 v. Chr.)

Angenommen, jemand spielt in einem Kasino an einem Spielautomaten. Obwohl die Person sich darüber bewusst ist, dass der Gewinn an einem Spielautomaten auf dem Zufallsprinzip beruht und nichts mit den eigenen Handlungen zu tun hat, werden Rituale verwendet, wie zum Beispiel die Wahl bestimmter Spielzeiten, bestimmter Automaten oder bestimmter Glückszahlen, um die Gewinnchancen zu erhöhen. Die Person glaubt fest daran, dass diese Handlungen das Spielergebnis auf irgendeine Art und Weise beeinflussen, obwohl die Ergebnisse zufällig sind und sich der Kontrolle der spielenden Person völlig entziehen.

Personen neigen häufig dazu, ihre Wahrnehmung von Kontrollmöglichkeiten als zu hoch einzuschätzen. Thompson und Schlehofer (2007) definieren **Kontrollillusion** (*illusion of control*), auch bekannt unter dem Begriff illusorische Kontrolle, als die Überschätzung persönlicher Kontrolle. Die Illusion beruht auf der fehlerhaften Annahme, dass man in einer rein zufälligen Situation die Kontrolle habe. Man überschätzt die Wirksamkeit eigener Strategien, um ein gewünschtes Ergebnis zu erzielen oder ein Unglück zu vermeiden. Diese Definition verdeutlicht, dass die wahrgenommene Ereigniskontrolle zufällig und unabhängig von individuellem Verhalten stattfindet. Langer (1975) nimmt an, dass Kontrollillusionen dadurch entstehen, dass Personen Fähigkeits-

und Gelegenheitssituationen verwechseln, so dass sie zufälligen (Gelegenheits-)Situationen Elemente zuordnen, die eigentlich mit fähigkeitsabhängigen Situationen verbunden sind (z. B. Engagement, Wettbewerb). Durch diese Zuordnung kommen Personen zu der illusionären Schlussfolgerung, dass die absichtliche Kontrolle ihres Verhaltens die Erfolgswahrscheinlichkeit eines zufälligen Ereignisses maximiert, welches an sich nicht kontrolliert werden kann (vgl. Abb. 5.18).

Abb. 5.18: Veranschaulichung der Kontrollillusion im Sport.

Eine der ersten Studien, die das Phänomen der Kontrollillusion demonstrierten, wurde von Jenkins und Ward (1965) durchgeführt. In einem ihrer Versuche gab es zwei Schalter für eine Lampe, mit der die Versuchspersonen vermeintlich das Licht an- oder ausschalten konnten. Das Licht wurde jedoch von der versuchsleitenden Person kontrolliert. Trotzdem waren die Versuchspersonen der festen Überzeugung, dass sie für das An- und Ausschalten der Lampe durch ihre Handlungen verantwortlich waren.

Die Illusion der Kontrolle besteht in der Überschätzung des Einflusses, den menschliches Verhalten auf unkontrollierbare Ergebnisse ausübt. Insofern stellt die Kontrollillusion eine besondere Form der Selbstüberschätzung dar. Es gibt Hinweise darauf, dass ein wichtiger Faktor bei der Entwicklung dieser Illusion die persönliche Beteiligung der Versuchspersonen ist, die versuchen, ein bestimmtes Ergebnis zu erreichen. Es kann davon ausgegangen werden, dass dies auf soziale Beweggründe und den Schutz des Selbstwertgefühls zurückzuführen ist. Yarritu, Matute und Vadillo (2014) schlagen vor, dass dies auf eine Verzerrung der Kontingenzerkennung zurückzuführen sein könnte. Diese tritt auf, wenn die Wahrscheinlichkeit einer potenziellen Ursache hoch ist. In der Tat könnte das persönliche Engagement häufig mit der Handlungswahrscheinlichkeit verwechselt worden sein, da Versuchspersonen, die stärker involviert sind, dazu neigen, häufiger zu handeln als diejenigen, für die das Ergebnis irrelevant ist und die daher zu bloß beobachtenden Personen werden. Diejenigen Personen, die häufiger selbst handeln, um ein Ergebnis zu erreichen, entwickeln stärkere Illusionen.

Wahrscheinlich haben Personen ihr Leben insgesamt weniger unter Kontrolle, als sie denken. Einige Personen haben die Illusion, dass sie beispielsweise mit Schwingungen gute Gedanken verschicken können, denn sie wollen Dinge damit beeinflussen, auf die sie objektiv keinen Einfluss haben. Die Kontrollillusion beschreibt genau dieses Phänomen der vermeintlichen Einflussnahme auf an sich unkontrollierbare Sachverhalte. Personen sind im Hinblick auf solche Ereignisse optimistischer, bei denen sie glauben, etwas kontrollieren zu können (Sharot, 2014). Zusätzlich verdeutlicht Peyrolón (2020) die starke Verankerung menschlicher Kontrollbedürfnisse, die Personen denken lässt, über etwas Kontrolle zu haben. Im unternehmerischen Kontext tritt die Illusion z. B. bei Führungskräften auf, die meinen, alles kontrollieren zu können. Je mehr Macht und Einfluss eine Führungskraft hat, desto stärker ist dieser Denkfehler ausgeprägt – teilweise mit gravierenden Folgen für das Unternehmen. Dabei missachten Führungskräfte externe Einflussfaktoren (Gehrig & Breu, 2013), weil sie davon überzeugt sind, den Projektverlauf selbst steuern zu können.

Eine besondere Form der Entscheidungsbeeinflussung liegt vor, wenn Gewinne und Verluste involviert sind. Die Kontrollillusion kann die Wahrnehmung und die Präferenzen hinsichtlich antizipierter Gewinne oder Verluste verändern. Sie kann damit die Einstellung zum Risiko verstärken oder abschwächen, je nachdem, ob Personen glauben, zukünftige Gewinne oder Verluste beeinflussen zu können. Auch unabhängig von der Kontrollillusion findet in Situationen, welche durch Risiko oder Unsicherheit gekennzeichnet sind, eine subjektive Bewertung der Wahrscheinlichkeiten statt, wie im nächsten Kapitel ausführlich dargestellt.

Merkhilfe **Kontrollillusion** !

Phase	Verarbeitung und Gewichtung
Ursprung	kognitiv
Tendenz	Beibehaltungstendenz, Bestätigungstendenz, Selbstüberschätzung
Faustregel	Man ist überzeugt, dass man mehr Einfluss oder Kontrolle über Ereignisse hat, als es die tatsächlichen Fakten belegen.

6 Prospect-Theorie

Wenn die Folgen in manchen Situationen unsicher sind, dann sind oft unterschiedliche Optionen möglich. Im einfachsten Fall kann eine Konsequenz eintreten oder ausbleiben. Optionen können unterschiedliche Wahrscheinlichkeiten und Risiken haben und mit verschiedenen Konsequenzen verbunden sein. Mit Situationen und Entscheidungen, die durch Unsicherheit geprägt sind, beschäftigt sich die Prospect-Theorie, ein zentraler Pfeiler der Verhaltensökonomie, die sich als eigenständige Theorie des Entscheidungsverhaltens etabliert hat. Im Folgenden werden sowohl die Kernaussagen der Prospect-Theorie und ihre konzeptuelle Einbettung als auch ihre Rolle bei der Erklärung kognitiver Verzerrungen bei der Entscheidungsfindung dargelegt.

Die Theorie des subjektiv erwarteten Nutzens (**Erwartungsnutzentheorie**, SEU – *subjective expected utility*) beinhaltet die Analyse der Entscheidungsfindung unter Risiko. Sie wurde allgemein als normatives Modell der rationalen Wahl akzeptiert und wird weithin als Modell des wirtschaftlichen Verhaltens angewendet. So wird angenommen, dass alle rational handelnden Personen sich die meiste Zeit auch entsprechend der Annahmen der Theorie verhalten. Mit der Prospect-Theorie werden mehrere Kategorien von Entscheidungsproblemen beschrieben, bei denen Präferenzen systematisch gegen die Annahmen der Erwartungsnutzentheorie verstoßen. Somit stellt die Prospect-Theorie (Kahneman & Tversky, 1979) eine der wichtigsten Revisionen der SEU-Theorie dar. Daniel Kahneman, im Jahr 2002 mit dem „Alfred-Nobel-Gedächtnispreis für Wirtschaftswissenschaften" ausgezeichnet, versteht die Prospect-Theorie – anders als traditionelle Erwartungsnutzentheorien – als rein deskriptive Theorie. Der Kern liegt dabei im Beschreiben von tatsächlich aufgetretenem Verhalten und dem besseren Verständnis von Entscheidungsparadoxien und Verhaltensanomalien. Letztere werden aus Sicht klassischer Wirtschaftstheorien einfach als irrationales Verhalten bezeichnet. Die Prospect-Theorie dagegen beschreibt unvoreingenommen Entscheidungen, wie Personen sie tatsächlich treffen (Poulton, 1994). Sie berücksichtigt verschiedene Arten von Entscheidungspräferenzen (vgl. Kap. 2.5); diese sind:

- **aufgaben- oder prozessorientiert**
  Fokus auf Ergebnis oder Ziel der Entscheidung, z. B. Nutzenmaximierung, Kostenminimierung, Leistungsoptimierung
  oder
  Fokus auf Weg oder Methode der Entscheidung, z. B. Einhaltung von Standards, Regeln, Fairness oder Beteiligung von Stakeholdern
- **konservierend oder modifizierend**
  Fokus auf Optionen, die den Status quo erhalten und nur geringfügige Änderungen zulassen (vergangenheitsorientiert)
  oder
  Fokus auf Optionen, die Innovation, Wandel und Herausforderung fördern (zukunftsorientiert)

https://doi.org/10.1515/9783110722307-006

- **individuell oder kollektiv**

  Fokus auf z. B. persönlichen Interessen, Bedürfnissen, Wünschen einer Person

  oder

  Fokus auf z. B. gemeinsamen Interessen, Bedürfnissen, Wünschen einer Gruppe oder Organisation
- **intuitiv oder evidenzbasiert**

  Fokus auf Optionen, die auf dem Bauchgefühl, der Intuition oder einer Vision basieren (spontan und impulsiv)

  oder

  Fokus auf Optionen, die auf Fakten, Daten und Beweisen basieren (gründlich und analytisch)

Das Wissen um die persönlichen Präferenzen kann auch den Zugriff auf andere kognitive Kapazitäten ermöglichen und durch eine größere Vielfalt die Entscheidungsqualität verbessern.

Zusätzlich erfolgt eine kognitive Transformation von Wahrscheinlichkeiten solcher Ereignisse, die für das Auftreten der Konsequenzen bedeutsam sind. Durch diese Transformation wird das Konzept der rein subjektiven Wahrscheinlichkeit um eine Entscheidungsgewichtung wesentlich erweitert. Weiterhin werden tatsächliche Gewinne und Verluste aus subjektiver Sicht in positive und negative Werte übersetzt. Bei der Multiplikation dieser Werte mit den Entscheidungsgewichten ergeben sich subjektive Erwartungswerte, welche Präferenzen abbilden können.

Zum Verständnis der Prospect-Theorie werden die wichtigsten Aspekte der Theorie bei Entscheidungen unter Unsicherheit vorgestellt. Für ein ganzheitliches Verständnis wird zuerst die subjektive Nutzenfunktion als eine psychologische Erweiterung der objektiven Nutzenfunktion veranschaulicht. Danach werden die wichtigsten Prinzipien kognitiver Verarbeitung der Prospect-Theorie erläutert. Diese sind unterschiedliche Editierungsmechanismen bei der Informationsverarbeitung für Gewinne und Verluste, d. h. es gibt verschiedene Verarbeitungsschritte zum Kodieren, Transformieren und Abspeichern. Auf diesen Schritten aufbauend findet eine individuelle Entscheidungsgewichtung statt, die in einer Wertfunktion abgebildet werden kann. Der Nutzen wird nicht absolut an einem Endzustand gemessen, sondern an Veränderungen im Verhältnis zu einem subjektiv gesetzten Referenzpunkt. Anschließend wird die Verlustaversion erläutert und erklärt, warum Personen Verluste relativ zum Referenzpunkt stärker empfinden als gleichwertige Gewinne oder warum Personen besonders bestrebt sind, Verluste zu vermeiden.

6.1 Subjektive Nutzenfunktion

Die subjektive Nutzenfunktion besagt, dass Personen den größten erwarteten Gewinn oder den kleinsten erwarteten Verlust wählen. Der Begriff Nutzen (vgl. Kap. 2.5) entstammt der Mikroökonomie und beschreibt das Maß an individueller Bedürfnisbefriedigung. In der Alltagssprache hingegen versteht man darunter die Brauchbarkeit oder Nützlichkeit eines Gutes oder den erhofften Vorteil einer Sache. Ein positiver Nutzen wird mit einem Gewinn verbunden, wohingegen ein negativer Nutzen einen Verlust abbildet. In der Psychologie beschreibt dieser Begriff einen kognitiven Zustand von Zufriedenheit (Pfister, Jungermann, & Fischer, 2017). Nutzen wird von Kahneman (2012a) als das Begehren des Geldes beschrieben. Die Theorie des erwarteten Nutzens, auch als Bernoulli'sche Werttheorie oder Nutzentheorie bekannt, besagt, dass Individuen ihre Entscheidungen auf der Grundlage des erwarteten Nutzens, d. h. des erwarteten Wertes oder Gewinns, treffen und nicht auf der Grundlage des tatsächlichen Nutzens. Dieser Ansatz wurde bereits im Jahr 1738 von Daniel Bernoulli vorgestellt und betont, dass Individuen die Wahrscheinlichkeit und den subjektiven Wert von möglichen Ergebnissen berücksichtigen, um den erwarteten Nutzen einer Entscheidung zu bestimmen.

Die SEU-Theorie (Edwards, 1954) betont, dass Individuen ihre Entscheidungen auf der Grundlage subjektiver Wahrscheinlichkeiten (Unsicherheit) und subjektiver Präferenzen (Nutzen) treffen. In den 1960er-Jahren wurden die Ansätze der SEU-/SEV-Theorie entwickelt (vgl. Tab. 6.1), um die Theorie des erwarteten Nutzens weiter zu verfeinern (Grant & Zandt, 2009). Traditionellerweise wurde bei der objektiven **Erwartungswert-theorie** von objektiven Nutzenwerten und objektiven Wahrscheinlichkeiten ausgegangen, während die Theorie des subjektiv erwarteten Werts (subjektive Erwartungswert-theorie, SEV – *subjective expected value)* davon ausgeht, dass Individuen subjektive Wahrscheinlichkeiten und objektive Konsequenzen verwenden.

Tab. 6.1: Verschiedene Arten von Nutzenfunktionen.

		Bewertung der Konsequenzen	
		objektiv	subjektiv
Wahrscheinlichkeiten	**objektiv**	*expected value* (EV) Erwartungswert	*expected utility* (EU) Erwartungsnutzen
	subjektiv	*subjective expected value* (SEV)	*subjective expected utility* (SEU)

Angenommen, drei Personen nehmen an einer Lotterie teil und jede Person gewinnt dabei 10000 €. Für die Person A mit bereits 7 Millionen € auf dem Konto ist der Gewinn weniger bedeutend. Für Person B, die 100000 € auf dem Konto hat, ist es ganz erfreulich, zusätzliche 10000 € zu gewinnen. Hat jemand jedoch wie Person C einen Kontostand von 100 €, dann freut sich die Person immens über den Gewinn. Dieses Beispiel verdeutlicht den Unterschied zwischen dem Erwartungswert und dem Erwartungsnutzen. Der Erwartungswert ist für alle drei Personen identisch bei 10000 €. Der Unterschied zwischen Nutzenfunktion und Erwartungswert ist, dass die Nutzenfunktion eine mathematische Funktion ist, die die Präferenzen einer Person für verschiedene Güter oder Ereignisse beschreibt, während der Erwartungswert der gewichtete

Durchschnitt der möglichen Ergebnisse ist (z. B. Lotterie). Der Erwartungsnutzen hingegen ist abhängig von der gegenwärtigen Lage des Einzelnen und seinen individuellen Präferenzen.

Ein Beispiel für eine Wertfunktion ist die lineare Wertfunktion, die den Wert (v) eines Attributs proportional zu seinem Niveau bestimmt. Diese Wertfunktion ist definiert als:

$$v(x_i) = a_i + b_i x_i$$

Dabei ist x_i das Niveau des Attributs i, und a_i und b_i sind Konstanten, die die Form der Wertfunktion bestimmen. Die Konstante ai gibt den Wert des Attributs an, wenn es null ist, und die Konstante bi gibt die Steigung der Wertfunktion an.

Die Präferenzen eines Wirtschaftssubjekts können durch eine Nutzenfunktion modelliert werden, die jedem möglichen Güterbündel eine reelle Zahl zuordnet, die den Nutzen (U) des Wirtschaftssubjekts aus diesem Güterbündel misst. Je höher die Zahl ist, desto höher ist der Nutzen. Eine Nutzenfunktion kann zum Beispiel so aussehen:

$$U(x, y) = x + 3y$$

Dabei ist x die Menge von Gut 1 (z. B. ein Liter Milch) und y die Menge von Gut 2 (z. B. ein Kilogramm Brot), die das Wirtschaftssubjekt konsumiert. Diese Nutzenfunktion sagt aus, dass das Wirtschaftssubjekt Gut 2 dreimal so sehr schätzt wie Gut 1. Der Nutzen für x = 3 Liter Milch und y = 2 Kilogramm Brot wäre dann beispielsweise:

$$U(3, 2) = 3 + 3 \times 2 = 3 + 6 = 9$$

Der Nutzen für x = 9 Liter Milch und kein Brot (y = 0) wäre genauso hoch:

$$U(9, 0) = 9 + 3 \times 0 = 9 + 0 = 9$$

Einem Wirtschaftssubjekt mit dieser Nutzenfunktion ist es egal, ob es drei Liter Milch und zwei Kilogramm Brot konsumiert oder alternativ neun Liter Milch – der Nutzen ist identisch. Mit der Nutzenfunktion können zwei oder mehr Güterbündel verglichen werden, bei dem das Wirtschaftssubjekt das Güterbündel mit dem höchsten Nutzen auswählt. Die Nutzenfunktion von Geld ist eine spezielle Nutzenfunktion, die nur von der Menge des Geldes abhängt, die das Wirtschaftssubjekt besitzt. Die Nutzenfunktion von Geld kann zum Beispiel so aussehen:

$$U(G) = \sqrt{G}$$

Dabei ist G die Menge des Geldes, die das Wirtschaftssubjekt hat. Diese Nutzenfunktion sagt aus, dass der Nutzen aus Geld mit der Wurzel aus der Geldmenge steigt. Das bedeutet, dass der zusätzliche Nutzen, den das Wirtschaftssubjekt aus einer zusätzlichen Geldeinheit erhält, mit steigendem Geldbestand abnimmt. Dies wird als abnehmender Grenznutzen von Geld bezeichnet. Der Grenznutzen (MU) von Geld ist die erste Ableitung der Nutzenfunktion von Geld nach dem Geldbestand:

$$MU(G) = \frac{dU(G)}{dG} = \frac{1}{2\sqrt{G}}$$

Der Grenznutzen von Geld ist also umgekehrt proportional zur Wurzel aus dem Geldbestand. Das bedeutet: Je mehr Geld das Wirtschaftssubjekt bereits hat, desto weniger zusätzlichen Nutzen bringt ihm eine zusätzliche Geldeinheit. Zum Beispiel hat ein Wirtschaftssubjekt mit 100 € einen Nutzen von:

$$U(100) = \sqrt{100} = 10$$

und einen Grenznutzen von:

$$MU(100) = \frac{1}{2\sqrt{100}} = \frac{1}{20} = 0{,}05$$

Wenn das Wirtschaftssubjekt eine zusätzliche Geldeinheit erhält, steigt der Gesamtnutzen auf:

$$U(101) = \sqrt{101} \approx 10{,}05$$

und der Grenznutzen sinkt auf:

$$MU(101) = \frac{1}{2\sqrt{101}} \approx 0{,}0498$$

Die Nutzenfunktion von Geld kann verwendet werden, um die Präferenzen eines Wirtschaftssubjekts für verschiedene Lotterien (L) zu analysieren. Eine Lotterie ist eine Situation, in der das Wirtschaftssubjekt eine bestimmte Wahrscheinlichkeit hat, eine bestimmte Geldmenge zu gewinnen oder zu verlieren. Zum Beispiel könnte eine Lotterie wie folgt aussehen:

$$L = \begin{cases} 200\ Euro\ mit\ Wahrscheinlichkeit\ 0,5 \\ -100\ Euro\ mit\ Wahrscheinlichkeit\ 0,5 \end{cases}$$

Das bedeutet, dass das Wirtschaftssubjekt mit einer Wahrscheinlichkeit von 50 % 200 € gewinnt und mit einer Wahrscheinlichkeit von 50 % 100 € verliert. Der erwartete Wert (E) dieser Lotterie ist der gewichtete Durchschnitt der möglichen Geldbeträge, multipliziert mit ihren Wahrscheinlichkeiten:

$$E(L) = 0{,}5 \times 200 + 0{,}5 \times (-100) = 50$$

Der erwartete Wert dieser Lotterie ist also 50 €. Das bedeutet, dass das Wirtschaftssubjekt im Durchschnitt 50 € gewinnt, wenn es diese Lotterie mehrmals spielt. Der erwartete Nutzen (EU) dieser Lotterie ist der gewichtete Durchschnitt der Nutzen aus den möglichen Geldbeträgen, multipliziert mit ihren Wahrscheinlichkeiten:

$$EU(L) = 0{,}5 \times U(200) + 0{,}5 \times U(-100) = 0{,}5 \times \sqrt{200} + 0{,}5 \times \sqrt{-100}$$

Der erwartete Nutzen dieser Lotterie ist jedoch nicht definiert, da die Nutzenfunktion von Geld für negative Geldbeträge keinen Sinn ergibt. Um dieses Problem zu lösen, kann man eine alternative Nutzenfunktion von Geld verwenden, die auch für negative Geldbeträge definiert ist, zum Beispiel:

$$U(G) = \ln(G + 1000)$$

Dabei ist G die Menge des Geldes, die das Wirtschaftssubjekt hat, und 1000 ist eine Konstante, die dafür sorgt, dass die Nutzenfunktion von Geld für alle Geldbeträge größer als -1000 definiert ist. Diese Nutzenfunktion von Geld sagt aus, dass der Nutzen aus Geld mit dem Logarithmus aus der Geldmenge plus 1000 steigt. Das bedeutet, dass der zusätzliche Nutzen, den das Wirtschaftssubjekt aus einer zusätzlichen Geldeinheit erhält, mit steigendem Geldbestand abnimmt, aber nicht so stark wie bei der Wurzelfunktion. Der Grenznutzen von Geld ist die erste Ableitung der Nutzenfunktion von Geld nach dem Geldbestand:

$$MU(G) = \frac{dU(G)}{dG} = \frac{1}{2\sqrt{G}} = \frac{1}{G + 1000}$$

Der Grenznutzen von Geld ist also umgekehrt proportional zum Geldbestand plus 1000. Das bedeutet: Je mehr Geld vorhanden ist, desto weniger Nutzen bringt eine zusätzliche Geldeinheit, aber der Grenznutzen von Geld wird nie null oder negativ. Zum Beispiel hat ein Wirtschaftssubjekt mit 100 € einen Nutzen von:

$$U(100) = \ln(100 + 1000) \approx 7{,}0031$$

und einen Grenznutzen von:

$$MU(100) = \frac{1}{100 + 1000} \approx 0{,}000909$$

Wenn das Wirtschaftssubjekt eine zusätzliche Geldeinheit erhält, steigt der Nutzen auf:

$$U(101) = \ln(101 + 1000) \approx 7{,}0040$$

und der Grenznutzen sinkt auf:

$$MU(101) = \frac{1}{101 + 1000} \approx 0{,}000908$$

Die Nutzenfunktion von Geld kann verwendet werden, um die Präferenzen eines Wirtschaftssubjekts für verschiedene Lotterien zu analysieren. Der Erwartungsnutzen einer Lotterie sagt aus, wie viel Nutzen das Wirtschaftssubjekt aus der Lotterie erwartet. Das Wirtschaftssubjekt wird die Lotterie spielen, wenn der Erwartungsnutzen höher ist als der Nutzen aus dem sicheren Geldbetrag, den es hat. Das Wirtschaftssubjekt wird die Lotterie ablehnen, wenn der Erwartungsnutzen niedriger ist als der Nutzen aus dem sicheren Geldbetrag, den es hat. Das Wirtschaftssubjekt wird indifferent sein, wenn der Erwartungsnutzen gleich dem Nutzen aus dem sicheren Geldbetrag, den es hat, ist. Zusammenfassend kann man sagen, dass die Nutzenfunktion und der Erwartungswert zwei verschiedene Konzepte sind, die verwendet werden, um die Entscheidungen eines Wirtschaftssubjekts unter Unsicherheit zu analysieren. Die Nutzenfunktion ist eine subjektive Funktion, die die Präferenzen des Wirtschaftssubjekts für verschiedene Güterbündel oder Lotterien beschreibt. Der Erwartungswert ist ein objektiver Wert, der den Durchschnittswert einer Lotterie angibt. Der Erwartungsnutzen ist ein abgeleiteter Wert, der den Nutzen aus einer Lotterie unter Berücksichtigung der Nutzenfunktion und der Wahrscheinlichkeit angibt.

Um die Grenzen der Erwartungswertregel aufzuzeigen, formulierte Nikolaus Bernoulli im Jahre 1713 ein interessantes Problem, das **St. Petersburger Paradoxon**. Als Lösung für dieses berühmte Paradoxon verwendete sein Cousin Daniel Bernoulli einen logarithmischen Nutzenindex. Er schlug vor, dass nicht der Erwartungswert des Gewinns, sondern der Erwartungswert des Nutzens, der sich aus dem Gewinn ergibt, ausschlaggebend ist. Der Nutzen steigt logarithmisch mit dem Geldbetrag, d. h. jeder zusätzliche € bringt weniger Nutzen als der vorherige. Das Paradoxon entsteht, weil bei dem Glücksspiel mit einem unendlichen Erwartungswert nur ein geringer Nutzen für Spielende entsteht, die nicht bereit sind, eine beliebige Teilnahmegebühr zu bezahlen. Bei dem Glücksspiel wird eine Münze so lange geworfen, bis zum ersten Mal Kopf erscheint. Der Gewinn berechnet sich in Abhängigkeit von der Anzahl der Würfe. Wenn die Münze beim ersten Wurf Kopf anzeigt, beträgt der Gewinn 1 €, beim zweiten Wurf 2 €, beim dritten Wurf 4 €. Der Gewinn verdoppelt sich bei jedem weiteren Wurf. Wenn man sich beispielsweise zwischen zwei Optionen mit demselben erwarteten Gewinn oder Verlust entscheidet, so sollten Personen dieser Theorie folgend jede Option etwa gleich häufig wählen. Personen, die der normativen Theorie nicht folgen, begehen den **Erwartungsnutzenfehler**. Die meisten Personen begehen diesen Irrtum, wenn sie zwischen zwei Optionen mit demselben erwarteten Gewinn oder Verlust wählen. Dabei bevorzugen sie einen Gewinn mit hoher Wahrscheinlichkeit, einen Verlust hingegen mit einer geringen Eintrittswahrscheinlichkeit. Bei sehr geringen Wahrscheinlichkeiten kehren sich die Präferenzen um. Die meisten Personen kaufen ein Lotterielos, welches nur einen sehr unwahrscheinlichen Gewinn verspricht. Sie kaufen eine Versicherung, um einen sehr unwahrscheinlichen Verlust zu vermeiden. Auch werden große Gewinne und Verluste im Vergleich zu kleinen Gewinnen und Verlusten unterbewertet. Verluste spielen eine größere Rolle als Gewinne.

Weder die Erwartungsnutzentheorie noch die Prospect-Theorie können jedoch alle Mehrheitsentscheidungen, wenn Gewinne und Verluste in derselben Untersuchung vermischt sind, berücksichtigen. Die Preisgestaltung von Optionen kann die Präferenzen zwischen Optionspaaren umkehren. Zukünftige Ereignisse werden auch deshalb falsch eingeschätzt, weil die aktuellen Gefühle und Einstellungen auf die erwarteten Gewinne oder Verluste projiziert werden. Personen neigen dazu, die Intensität und Dauer ihrer emotionalen Reaktionen auf zukünftige Ereignisse zu überschätzen. Diese Voreingenommenheit wird als **Reaktionskontraktionsverzerrung** (*response contraction bias*) bezeichnet und beeinflusst die Entscheidungsfindung, indem sie Personen zu unrealistischen Erwartungen oder falschen Präferenzen verleitet. Tatsächlich jedoch sind die Reaktionen auf zukünftige Ereignisse oft weniger intensiv oder dauerhaft als erwartet, weil sich Personen immer wieder auf neue Situationen einstellen und andere Faktoren ihre Erlebnisqualität beeinflussen. Die Reaktionskontraktionsverzerrung führt dazu, dass das gleichzeitige Auswählen von Versicherungspaketen sowohl der Erwartungsnutzentheorie als auch der Prospect-Theorie zugeschrieben werden können (Kahneman & Tversky, 1979; Poulton, 1994). Diese Verzerrung kann dazu führen, wichtige Entscheidungen aufzuschieben oder zu vermeiden, weil man glaubt, die Konsequenzen nicht ertragen zu können. Auch die Zufriedenheit hinsichtlich getroffener Entscheidungen kann beeinträchtigt werden, wenn die Realität den eigenen Vorstellungen nicht entspricht und dies zu Enttäuschung oder Bedauern führt.

Angenommen, man wählt zwischen zwei gleich wahrscheinlichen Gewinnen oder Verlusten, von denen einer größer ist als der andere, entscheidet man sich entsprechend der normativen Theorie des subjektiv erwarteten Nutzens für den größeren Gewinn oder den kleineren Verlust. Wenn man zwischen zwei gleich großen Gewinnen oder Verlusten wählt, von denen einer wahrscheinlicher ist als der andere, entscheidet man sich der normativen Theorie des subjektiv erwarteten Nutzens folgend für den wahrscheinlicheren Gewinn oder den weniger wahrscheinlichen Verlust. Sobald die Bedingungen der Entscheidungen aufgezeigt werden, scheint die Wahl aus normativer Sicht offensichtlich. Sowohl die Gewinne als auch die Verluste und deren Wahrscheinlichkeiten sind zwar unterschiedlich, das Produkt aus Gewinn oder Verlust multipliziert mit der jeweiligen Wahrscheinlichkeit bleibt jedoch gleich. Dieses Produkt nennt man den erwarteten Gewinn oder Verlust. Gemäß der normativen Theorie des subjektiv erwarteten Nutzens entscheiden sich Personen bei gleichbleibendem erwartetem Gewinn oder Verlust durchschnittlich für jede Option gleich häufig, vorausgesetzt sie wählen rational und verfügen über unbegrenzte monetäre Ressourcen. Die meisten Personen verfügen jedoch nicht über unbegrenzte Mittel und haben keine Vorstellung davon, welches Verhalten in den Wirtschaftswissenschaften als rational bezeichnen würde.

Sind Entscheidungen nicht in Übereinstimmung mit der normativen Theorie des subjektiven Erwartungsnutzens, spricht man von dem Erwartungsnutzenfehler (Poulton, 1994). Im Verlauf der Entwicklung der Prospect-Theorie haben Kahneman und Tversky (1979) im Entscheidungsverhalten kognitive Verzerrungen und Heuristiken erstmals systematisch untersucht und damit zu einem besseren Verständnis des Erwartungsnutzenfehlers beigetragen.

In einer großangelegten **Replikationsstudie** mit über 4000 Versuchspersonen aus 19 Ländern konnten Ruggeri et al. (2020) über 90 % der ursprünglichen Ergebnisse bestätigen und die empirische Grundlage der Prospect-Theorie maßgeblich untermauern.

6.2 Prinzip der Informationssuche

Nutzentheorien wurden für einfache Situationen mit monetären Ergebnissen und angegebenen Wahrscheinlichkeiten entwickelt, lassen sich jedoch auch auf komplexere Entscheidungen anwenden. In der Prospect-Theorie werden zwei Phasen im Entscheidungsprozess unterschieden, nämlich die **Editierungsphase** und eine anschließende **Bewertungsphase** (Kahneman & Tversky, 1979). Die Editierungsphase besteht aus einer vorläufigen Analyse der angebotenen Optionen, die häufig zu einer vereinfachten Darstellung der Optionen führt. In der zweiten Phase wird das bereits Editierte bewertet und die Option mit dem höchsten Wert ausgewählt. Die Hauptaufgabe der Editierungsphase ist es, Optionen so zu organisieren und umzuformulieren, damit eine anschließende Bewertung und Auswahl vereinfacht wird. Die Bearbeitung besteht aus der Anwendung von mehreren Operationen von Ergebniswahrscheinlichkeiten, die mit den angebotenen Optionen verbunden sind. Es werden zunächst die beiden unterschiedlichen Phasen im Entscheidungsfindungsprozess bei der Wahl von zwei oder mehr als unsicher geltenden Optionen beschrieben. In der ersten Phase können sechs Operationen der Editierungsphase unterschieden werden. Nachfolgend werden bestimmte Regeln aufgeführt, denen zufolge ein Problem verschlüsselt, transformiert und anschließend mental repräsentiert wird. Daraufhin findet eine Evaluation der editierten Optionen statt. Dabei wird jeder Option ein subjektiver Wert zugeteilt, und daraus resultiert die Wahl einer bestimmten Option. Kognitive Abläufe vereinfachen in der Editierungsphase die Enkodierung dargebotener Informationen:

- **Kodierung** (*coding*)
Grundlegende Erkenntnisse der Prospect-Theorie zeigen, dass Personen Resultate im Regelfall als Gewinne und Verluste wahrnehmen und nicht als Endzustand von Vermögen. Gewinne und Verluste werden relativ zu einem Referenzpunkt definiert. Dieser Bezugspunkt entspricht in der Regel der aktuellen Vermögenslage. In diesem Fall entsprechen die Gewinne und Verluste den tatsächlich bezahlten oder erhaltenen Beträgen. Die Lage des Referenzpunktes und die daraus folgende Kodierung der Ergebnisse als Gewinne oder Verluste können jedoch durch die Formulierung der angebotenen Optionen und von den Erwartungen der entscheidungstragenden Personen beeinflusst werden.

- **Kombinationen** (*combination*)
Entscheidungen können manchmal vereinfacht werden, indem die Wahrscheinlichkeiten, die mit identischen Ergebnissen verbunden sind, addiert werden. Beispielsweise kann die Aussicht bei zwei Optionen auf einen Gewinn von 200 € mit einer Wahrscheinlichkeit von 25 % auf eine Option reduziert werden. Diese kombinierte Option beinhaltet nun eine Wahrscheinlichkeit von 50 % auf einen Gewinn von 200 €.

- **Aufteilung** (*segregation*)
Einige Entscheidungen enthalten eine risikofreie Komponente, die bei der Bearbeitung in der Editierungsphase von der risikoreichen Komponente getrennt wird. Entweder kann die entscheidende Person mit einer Wahrscheinlichkeit von 80 % 300 € oder mit einer Wahrscheinlichkeit von 20 % 200 € gewinnen. Für die entscheidende Person stellt sich die Situation wie folgt dar: Man rechnet mit einem sicheren Gewinn von 200 € in Verbindung mit einer zusätzlich 80 %igen Gewinnaussicht von 100 €.

– **Annullierung** (*cancellation*)
Das Wesentliche der zuvor beschriebenen Isolationseffekte ist die des Verwerfens von Komponenten, die gleich sind. Somit bezieht sich die Auswahl nur auf sich unterscheidende Optionen.

– **Vereinfachung** (*simplification*)
Nicht runde Wahrscheinlichkeiten werden zu runden Werten entweder ab- oder aufgerundet. Beträgt die Aussicht, mit einer Wahrscheinlichkeit von 51 % 101 € zu gewinnen, rechnet man mental mit einer 50 % Möglichkeit 100 € zu gewinnen. Ergebnisse, deren Erreichung mit einer hohen Unwahrscheinlichkeit verbunden ist, werden der Vereinfachung folgend ganzheitlich eliminiert.

– **Exklusion dominierter Optionen** (*detection of dominance*)
Schneidet eine Option in jeglicher Hinsicht schlecht ab, spricht man von einer Dominanz der alternativen Optionen. Als Resultat wird die dominierte Option bei künftigen Überlegungen nicht weiter berücksichtigt.

Die Editierungsphase beeinflusst die Genauigkeit und die Anstrengung der Entscheidungsfindung, da sie die Komplexität der Entscheidungsprobleme reduziert, aber auch zu kognitiven Verzerrungen führen kann.

In der Regel gibt es eine Beziehung zwischen Genauigkeit und Aufwand. Je mehr Anstrengung man investiert, desto präziser ist die Entscheidung. Da Aufwand in der Regel zeit- und energieintensiv ist, wünschen sich Personen bei der Entscheidung, möglichst wenig Anstrengung aufwenden zu müssen, um eine möglichst präzise Entscheidung zu treffen. Man muss demnach also zwischen dem Aufwand und der erreichten Qualität abwägen. Es findet ein **Kompromiss zwischen Aufwand und Qualität** (*trade-off*) statt.

Die Balance zwischen Aufwand und Genauigkeit kann nicht allgemein festgelegt werden, sondern sollte immer in Abhängigkeit von der Situation betrachtet werden. Zum Beispiel wird bei höherem Komplexitätsgrad der Aufgabe die Informationssuche nicht gleichbleibend ansteigen, sondern im Gegenteil abnehmen. Die Informationssuche kann sogar ohne Auswirkungen auf die Qualität der Entscheidung abnehmen (Kerstholt, 1992). Bei der Informationssuche gilt es, die Art der Quellen und Erhebungsmethoden sowie die Kosten in Betracht zu ziehen. Die Qualität der Entscheidung hängt von der Qualität der Information als Entscheidungsgrundlage ab, die durch die Informationsbeschaffung und das Entscheidungssystem beeinflusst wird. Die Qualität der Information wird anhand verschiedener Kriterien bewertet, wie z. B. Vollständigkeit, Genauigkeit, Aktualität, Relevanz, Objektivität und Glaubwürdigkeit. Das Entscheidungssystem umfasst alle Strukturen und Prozesse, die zur Entscheidungsfindung beitragen. Dadurch wird festgelegt, wer für welche Entscheidung zuständig ist, wie Information beschafft und genutzt wird, nach welchen Regeln und Kriterien die Entscheidung getroffen wird und wie die Entscheidung umgesetzt und kontrolliert wird. Gute Entscheidungen hängen auch von der Entscheidungsfähigkeit ab, d. h. der Fähigkeit, aus den verfügbaren

Optionen die richtigen Informationen auszuwählen und die optimale Entscheidung zu treffen. Entscheidungen können als schlecht bezeichnet werden, wenn relevante Informationen ignoriert werden oder Entscheidungen rein zufällig zu Stande kommen. Nach Payne, Bettman und Johnson (1993) kann die **relative Genauigkeit** dadurch erfasst werden, dass die Genauigkeit der jeweiligen Entscheidungsregel zwischen der Zufallsregel (untere Grenze) und der optimalen Regel (obere Grenze) bestimmt wird. Die relative Genauigkeit gibt also an, inwieweit eine Entscheidung präziser ist als durch den Zufall vorgegeben, d. h. die Genauigkeit wird relativiert durch die Differenz zwischen der optimalen und der zufälligen Regel.

Der kognitive Aufwand bezieht sich auf die geistige Anstrengung, die bei der Ausführung einer Aufgabe erforderlich ist. Es ist intuitiv ersichtlich, dass einige Aufgaben einfacher und mit weniger Anstrengung zu erledigen sind als andere. Um ein Modell für die Abwägung von Genauigkeit und Aufwand zu entwickeln, ist jedoch eine präzise Definition von kognitiver Anstrengung erforderlich. Einige Autoren (Kahneman, 1973; Shugan, 1980; Cooper-Martin, 1994; Yeo & Neal, 2008; Sweller, 2020) haben vorgeschlagen, den kognitiven Aufwand als Berechnungsaufwand zu definieren, indem sie das kognitionspsychologische Modell der Informationsverarbeitung heranziehen (vgl. Abb. 3.11), nach dem kognitive Prozesse durch eine begrenzte Anzahl elementarer Informationsprozesse beschrieben werden können (vgl. Kap. 3.8). Eine ausführliche Darstellung der elementaren Informationsverarbeitungsprozesse findet sich bei Dörner (1979) und bezogen auf Entscheidungsregeln bei Payne, Bettman und Johnson (1993). Beim Lösen einer Aufgabe bildet ein kognitives System zunächst eine mentale Repräsentation des Ausgangs- und des gewünschten Zielzustands, und der kognitive Aufwand hängt davon ab, wie viele und welche Informationsprozesse erforderlich sind, um die Aufgabe zu lösen.

Situative Faktoren, wie beispielsweise die Zeit, der Ort, die Stimmung, die Motivation, das Umfeld, die Gruppenzugehörigkeit und die Zielvorgaben, können die Anzahl der verfügbaren Regeln dadurch beeinflussen, dass durch sie Einschränkungen für den erforderlichen kognitiven Aufwand festgelegt oder Mindestanforderungen für die Genauigkeit eingeführt werden. Beispielsweise kann Zeitdruck dazu führen, dass komplexe Regeln nicht umgesetzt werden können, da für deren Anwendung nicht genug Zeit zur Verfügung steht. Auch Anforderungen an die Begründung oder Legitimierung von Entscheidungen können dazu führen, dass ein bestimmter Mindeststandard an Genauigkeit eingehalten werden muss.

Die Wertfunktion

Die Wertfunktion der Prospect-Theorie ist eine mathematische Funktion, die den Nutzen oder die Zufriedenheit, die eine Person mit einem Gewinn oder Verlust verbindet, relativ und in Bezug auf einen Referenzpunkt bestimmt. Die Wertfunktion bezieht die Verlustaversion, die Risikoaversion im Gewinnbereich und die Risikofreude im Verlustbereich als typisch für das Verhalten in unsicheren Situationen mit ein. Die Form der Wertfunktion wird wie folgt dargestellt:

$$V(z) = \begin{cases} z^\alpha & \text{wenn } z \geq 0 \\ -\lambda(-z)^\alpha & \text{wenn } z < 0 \end{cases}$$

Dabei ist z das Ergebnis, das als Gewinn oder Verlust gegenüber einem Referenzpunkt interpretiert wird, α stellt einen Parameter dar, welcher die Krümmung der Wertfunktion, und λ einen Parameter, welcher die Verlustaversion angibt. Im Gewinnbereich ist die Wertfunktion konkav und im Verlustbereich konvex, d. h. der marginale Nutzen von Gewinnen nimmt ab und der marginale Nutzen von Verlusten nimmt zu. Außerdem zeigt die Wertfunktion im Verlustbereich einen steileren Verlauf als im Gewinnbereich, d. h. Verluste werden stärker gewertet als Gewinne. Je nach individuellen Präferenzen der Person variieren die Parameter α und λ. Für durchschnittliche Entscheidungstragende haben sich α = 0,88 und λ = 2,25 als typische Werte erwiesen (Tversky & Kahneman, 1992). Die Wertfunktion ist durch die Abweichungen vom Referenzpunkt definiert. Bei Gewinnen bildet sich ein konkaver Verlauf und bei Verlusten ein konvexer Verlauf, wobei die Steigung bei Verlusten steiler ist als bei Gewinnen (vgl. Abb. 6.1). Die s-förmige Wertfunktion ist am Referenzpunkt am steilsten.

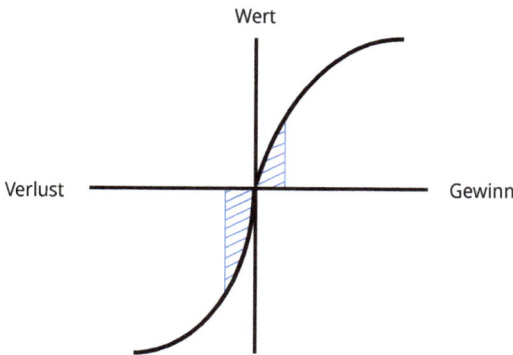

Abb. 6.1: Wertegewichtungsfunktion der Prospect-Theorie.

Im Vergleich zur subjektiven Nutzenfunktion (SEU) ist die tatsächliche Skalierung deutlich komplizierter, da durch die Prospect-Theorie Entscheidungsgewichte eingeführt werden. Entscheidungsgewichte könnten beispielsweise selbst bei einer linearen Wertfunktion zu Risikoaversion und Risikobereitschaft führen. Wird die von Bernoulli verwendete Nutzenfunktion auf Risikosituationen angewendet, so spricht man von der **Risiko-Nutzen-Funktion**. Da von Neumann und Morgenstern das Bernoulli-Prinzip axiomatisch begründet haben, spricht man auch von der **von Neumann-Morgenstern-Erwartungsnutzen-Funktion**:

$$R(x) = \sum_{i=1}^{n} p_i U(x_i)$$

Für den erwarteten Nutzen einer Lotterie stellt x die Lotterie dar, die aus n-möglichen Auszahlungen besteht, p_i die Wahrscheinlichkeit der Auszahlung i und $U(x_i)$ die Nutzenfunktion dar, die den Nutzen der Auszahlung i angibt. Die Erwartungsnutzen-Funktion gibt an, wie viel Nutzen eine Person aus der Teilnahme an einer Lotterie erwartet.

Lotterie als Beispiel für den von Neumann-Morgenstern-Erwartungsnutzen

Eine Person hat die Möglichkeit, an einer Lotterie teilzunehmen, die ihr mit 50 % Wahrscheinlichkeit 10000 € und mit 50 % Wahrscheinlichkeit 0 € auszahlt. Ihre Nutzenfunktion ergibt sich aus der Formel:

$$U(x) = \sqrt{x}$$

Hierbei spiegelt sich der Grenznutzen von Geld wider.

Die Risiko-Nutzen-Funktion für die Lotterie berechnet sich wie folgt:

$$R(x) = 0{,}5 \times U(10000) + 0{,}5 \times U(0) = 0{,}5 \times \sqrt{10000} + 0{,}5 \times \sqrt{0} = 50$$

Der erwartete Nutzen der Person aus der Teilnahme an der Lotterie beträgt 50. Wenn die Person risikoneutral ist, verhält sie sich indifferent zwischen der Teilnahme an der Lotterie und dem Erhalt von 50 €. Ist eine Person hingegen risikoavers, bevorzugt sie die sichere Auszahlung von 50 €. Risikofreudige Personen präferieren die Teilnahme an der Lotterie.

Kahneman und Tversky (1979) verweisen auf die wichtigsten Eigenschaften der Wertfunktion, welche in einer detaillierten Analyse der von Neumann-Morgenstern-Erwartungsnutzen-Funktion für Vermögensänderungen beschrieben wurden. Dabei waren die meisten Nutzenfunktionsverläufe für Gewinne konkav und für Verluste konvex. Dabei ist der Referenzpunkt von entscheidender Bedeutung, da dieser die wichtigste Modifikation der Bernoulli-Nutzenfunktion darstellt. Konsequenzen werden immer relativ zum Referenzpunkt bewertet und nicht als absolute Veränderung betrachtet, so wie es die Bernoulli-Nutzenfunktion beschreibt.

Man stelle sich eine Prüfungssituation vor (Pfister, Jungermann, & Fischer, 2017), in der eine Klausur geschrieben wird. Wenn man davon ausgeht, die Note 1 zu erhalten, man tatsächlich aber mit der Note 3 bewertet wird, dann ist man höchstwahrscheinlich mit dem Ergebnis nicht zufrieden. Wenn man jedoch lediglich die Note 4 erwartet, wird man wahrscheinlich froh darüber sein, wenn man die Note 3 erhält. Demnach bewerten Personen den subjektiven Nutzen gemessen an dem Referenzpunkt, welcher im ersten Beispiel die Note 1 und im zweiten Beispiel die Note 4 ist. Ergebnisse, die oberhalb des Referenzpunkt liegen, werden als Gewinn wahrgenommen und unterhalb liegende Ergebnisse als Verlust.

In der Prospect-Theorie wird der Wert eines jeden Ergebnisses mit einer Entscheidungsgewichtung multipliziert. Subjektive Entscheidungsgewichtungen werden aus der Wahl zwischen verschiedenen Optionen abgeleitet. Entscheidungsgewichte sind jedoch nicht mit Wahrscheinlichkeiten gleichzusetzen. Sie richten sich nicht nach

Wahrscheinlichkeitsaxiomen und sollten daher nicht als Maßstab für die eigene Überzeugung angesehen werden. Wenn man bei einem Glücksspiel mit einer Münze bei
jedem Wurf entweder 1000 € oder nichts gewinnen kann, so beträgt die Wahrscheinlichkeit auf einen Gewinn für eine rational handelnde Person 50 %. In diesem Fall wird
die Wahrscheinlichkeit nicht durch die Wahl von Kopf oder Zahl beeinflusst und bleibt
bei jedem Münzwurf jeweils 50 %. In der Prospect-Theorie werden Entscheidungsprobleme anhand numerischer Wahrscheinlichkeiten formuliert, und Entscheidungsgewichte können in Abhängigkeit der angegebenen Wahrscheinlichkeiten ausgedrückt
werden. Zugeordnete Entscheidungsgewichtungen können auch durch andere Faktoren
beeinflusst werden, wie beispielsweise durch die Ambiguität einer Darstellung oder
durch situative Faktoren (z. B. Zeitdruck).

Ein wesentliches Merkmal der Prospect-Theorie ist, dass relative Wertveränderun-
gen des Ausgangszustandes berücksichtigt werden und nicht absolute Endzustände.
Diese Annahme entspricht somit den Grundprinzipien menschlicher Wahrnehmung.
Wahrnehmung ist auf die Bewertung von Veränderungen oder Unterschieden und
nicht auf die Bewertung von absoluten Größen hin ausgelegt. Wenn Personen auf Eigenschaften wie Helligkeit oder Temperatur reagieren, definiert der vergangene und
gegenwärtige Erfahrungskontext einen Referenzpunkt. Unterschiedliche Reize werden
in Bezug auf diesen Referenzpunkt wahrgenommen. So kann ein Objekt mit einer bestimmten Temperatur als heiß oder kalt empfunden werden, je nachdem, an welche
Temperatur man sich vorher gewöhnt hat. Das gleiche Prinzip gilt offensichtlich auch
für latente Konstrukte wie Gesundheit, Ansehen und Reichtum. Je nach Vermögens-
stand kann ein gleiches Maß an Geld für eine Person Armut und für eine andere großen
Reichtum bedeuten (vgl. Kap. 5.6). Die Betonung von Veränderungen als Ausgangspunkt
der Wertfeststellung bedeutet nicht, dass sich der Wert einer bestimmten Veränderung
unabhängig von der Ausgangslage ergibt. Streng genommen sollte der Wert als eine
Funktion von zwei Parametern behandelt werden: a) von der als Referenzpunkt geltenden Position und b) von der Größe der Veränderung (positiv oder negativ) bezogen auf
den Referenzpunkt.

Die Einstellung einer Person zu Geld kann anhand eines Buches versinnbildlicht
werden, in dem jede Seite widerspiegelt, wie über Veränderungen der finanziellen Situation gedacht wird. Die erste Seite in diesem Buch bildet den Referenzpunkt, d. h. den
Ausgangswert, von dem aus Veränderungen im Vermögen bewertet und wahrgenommen werden.

6.3 Verlustaversion

Wenn man sich mit der Nutzenfunktion von Geld auseinandersetzt, stellt man fest,
dass diese nur unzureichend die Auswirkungen spezieller Umstände bei der Präfe-
renzwahl berücksichtigt. Die Nutzenfunktion einer Person, die noch 60000 € für den
Hauskauf benötigt, kann einen steilen Anstieg in der Nähe des kritischen Wertes, d. h.

des Kaufpreises, aufweisen. In ähnlicher Weise kann die Aversion einer Person gegen Verluste in Verlustnähe stark ansteigen, woraufhin sich die Person gezwungen fühlt, das Haus zu verkaufen und sich in einer weniger wünschenswerten Gegend anzusiedeln. Daher spiegelt die abgeleitete Wertefunktion einer Person nicht immer die tatsächliche Einstellung zu Geld wider. Es ergeben sich zusätzliche Konsequenzen, die mit bestimmten Geldwerten einhergehen. Dies führt dazu, dass konkave Verläufe der Wertfunktion bei Gewinnen und konvexe Verläufe der Wertfunktion für Verluste auftreten. Konvexe Verläufe bei Verlusten treten möglicherweise häufiger auf und große Verluste erfordern zumeist einen veränderten Lebensstil. Ein besonderes Merkmal bei der Einstellung zu Vermögensveränderungen ist, dass Verluste schwerer wiegen als Gewinne. Den Ärger, den man bei dem Verlust einer Geldsumme empfindet, scheint größer zu sein als die Freude, die mit dem Gewinn der gleichen Summe verbunden ist. In der Tat finden die meisten Personen Zweiwegwetten (50:50-Chance) ausgesprochen unattraktiv. Außerdem steigt die Abneigung gegen diese Wetten im Allgemeinen mit der Höhe des Einsatzes. Verlustaversion bezeichnet die psychologische Neigung, Verluste stärker zu empfinden als Gewinne derselben Größe (Kahneman, Knetsch, & Thaler, 1991). Die Verlustaversion kann das Entscheidungsverhalten von Personen dahingehend beeinflussen, dass ihre Risikobereitschaft und ihre Präferenzen verändert werden.

Die SEU und die Prospect-Theorie gelten als die prominentesten Ansätze zum Verständnis des erwarteten Nutzens. Dennoch gibt es zusätzliche Erweiterungen, weshalb nachfolgend auf ausgewählte weitere Ansätze eingegangen wird, die emotionale Faktoren einbeziehen, namentlich die **Theorie der Enttäuschung** (*disappointment theory*) und die **Theorie des Bedauerns** (*regret theory*).

Konsequenzen, die sich aus Entscheidungen ergeben, führen manchmal zu negativen Emotionen. Dies kann der Fall sein, wenn sich eine Entscheidung im Nachhinein als falsch erweist oder wenn das erzielte Entscheidungsergebnis nicht den Erwartungen entspricht. Bedauern und Enttäuschung sind die beiden Emotionen, die in den nachfolgend beschriebenen Theorien des subjektiv erwarteten Nutzens im Mittelpunkt stehen.

Obwohl diese Emotionen viele Gemeinsamkeiten aufweisen, unterscheiden sie sich auch in einer Weise, die für die Entscheidungsfindung relevant ist (Bell, 1985). Die Antizipation von Bedauern und Enttäuschung beeinflusst das Verhalten anders, als von dem Erwartungsnutzenmodell vorhergesagt.

Negative Emotionen entstehen oft, wenn sich die aktuelle Situation subjektiv als schlechter herausstellt, als ursprünglich erwartet. Zusammenhängend mit der Entscheidungsfindung gibt es mindestens zwei Möglichkeiten, wie nicht eingetroffene Erwartungen zu negativen Emotionen führen. Der erste Fall betrifft Situationen, in denen die gewählte Option am Ende als schlechter empfunden wird als abgelehnte Optionen. Dies ist der Fall, wenn eine bestimmte Handlungsoption gewählt wurde, weil Personen erwartet haben, dass die Option die beste sei, sich aber herausstellt, dass eine andere Handlungsweise besser gewesen wäre. Nach einer solch schlechten Entscheidung werden Personen wahrscheinlich Bedauern über die empfinden. Im zweiten Fall führt die gewählte Option zu einem Ergebnis, das sich als schlechter als erwartet herausstellt. Dies führt dann häufig zu einer Enttäuschung über das Ergebnis.

Theorie der Enttäuschung

Im Jahresgespräch wird man von der Führungskraft für eine hervorragende Leistung gelobt, die man im letzten Jahr erbracht hat. Sie ist sehr zufrieden und sichert einen Bonus von 5000 € zu. Wird man zufrieden sein?

Wenn man mit keinem Bonus gerechnet hat, wird man sich wahrscheinlich freuen. Wenn man allerdings einen Bonus von 10000 € erwartet hat, wird man höchstwahrscheinlich enttäuscht sein, da die subjektive Zufriedenheit mit dem Bonus von den vorherigen Erwartungen abhängt. Je höher persönliche Erwartungen sind, desto enttäuschter wird man sein. Zudem können Personen mit einer ausgeprägten Abneigung gegenüber Enttäuschungen eine pessimistische Sichtweise bezüglich zukünftiger Situationen entwickeln. Dadurch entsteht eine geringe Erwartungshaltung, durch welche möglichen Enttäuschungen vorgebeugt werden soll.

Wenn man eine 50:50-Wette zwischen 0 € und 2000 € annimmt, besteht eine Wahrscheinlichkeit von 50 %, dass man enttäuscht sein wird, weshalb man dazu neigt das Lotterielos lieber gegen einen garantierten Betrag von 950 € einzutauschen. Dies liegt zumeist nicht an dem negativen Grenzwert, sondern vielmehr an der Möglichkeit, eine potenzielle Enttäuschung zu vermeiden. Personen verhalten sich risikoavers, indem sie eine Prämie zahlen, um der Möglichkeit einer Enttäuschung zu entgehen. Sicherlich kann eine Person, die glaubt, dass der „Nervenkitzel des Sieges" die möglichen „Qualen der Niederlage" kompensiert, auch eine gegenteilige Wahl treffen. Die Theorie der Enttäuschung geht jedoch davon aus, dass es nicht allein auf die direkte Konsequenz (Gewinn oder Verlust) der Entscheidung ankommt, sondern zusätzlich von einem zweiten Faktor abhängt, der die emotionale Bewertung einschließt.

Personen bilden Erwartungen bezüglich zukünftiger Ereignisse. Diese Erwartungen dienen als Referenzpunkt, mit dem die eingetretene Konsequenz abgeglichen wird. Neben dem Nutzen, der sich als direkte Konsequenz der Entscheidung selbst ergibt, wird zusätzlich ein Nutzen in Hinblick auf die emotionale Bewertung der Konsequenz in Betracht gezogen. Wenn das tatsächliche Ergebnis schlechter als die Erwartung ausfällt, dann entsteht Enttäuschung, also eine als negativ empfundene Emotion, die zugleich den Nutzen mindert. Enttäuschung kann damit als eine psychologische Reaktion auf eine Konsequenz bezeichnet werden, welche nicht den Erwartungen entspricht. Dabei ist es zum Verständnis wichtig festzuhalten, dass sich die emotionale Bewertung auf eine erwartbare, bereits vorweggenommene (antizipierte) Emotion bezieht. Sicherlich ist diese Vorstellung eines emotionalen Nutzens nicht unähnlich dem ökonomischen Nutzenkonzept (Erwartungsnutzen), bei dem Kahneman und Snell (1992) auch von Vorhersagenutzen (*predicted utility*) sprechen. Die ursprüngliche Theorie der Enttäuschung (Bell, 1985) wurde von Loomes und Sugden (1986) ergänzt.

Bei deren Ansatz setzt sich der Gesamtnutzen aus zwei Faktoren zusammen, namentlich dem ökonomischen und dem emotionalen Nutzen.

Der erwartete Gesamtnutzen berechnet sich dabei wie folgt:

$$U_i = \sum_{j=1}^{n} p_j \left[u(x_j) + D(u(x_j) - E_i) \right]$$

Es gilt:

U_i Gesamtnutzen der Option i

p_j Wahrscheinlichkeit des Ereignisses j (aus allen n Ereignissen)

$u(x_j)$ direkter Nutzen der Entscheidung selbst

$D(u(x_j) - E_i)$ Enttäuschungsfaktor als Differenz zwischen direkter und erwarteter Konsequenz

Je größer die Diskrepanz zwischen tatsächlichem und antizipiertem Resultat ist, desto stärker fällt die Enttäuschung aus, wobei kleine Abweichungen weniger starke Auswirkungen haben. Neben einer rein ökonomischen Begründung kann die Theorie der Enttäuschung erklären, warum sich Personen risikoavers verhalten, wenn sie zwischen sicheren und unsicheren Optionen wählen, die einen identischen Erwartungswert beinhalten.

Zwei Personen mit gleichem Vermögen und identischen Vorlieben für bestimmte Konsumgüter können bei Nutzenabwägungen eine völlig unterschiedliche Gesamtnutzenbewertung vornehmen (Bell, 1985; Gul, 1991). Person A wird als schüchtern, nervös und voller Selbstzweifel, Person B hingegen als kontaktfreudig, selbstbewusst und zielstrebig angesehen. Es ist anzunehmen, dass Person A weniger risikofreudig ist als Person B. Neben der Enttäuschung wurden auch Auswirkungen des Bedauerns als emotionaler Faktor der Risikoeinstellung untersucht.

Theorie des Bedauerns

Das Bedauern ist eine psychologische Reaktion auf die empfundenen Konsequenzen einer Entscheidung im Vergleich zu anderen nicht realisierten Optionen. Während Enttäuschung durch den Vergleich eines Ergebnisses mit früheren Erwartungen hervorgerufen wird, wird Bedauern durch den Vergleich eines Ergebnisses mit den Konsequenzen hervorgerufen, die man bei einer günstigeren Entscheidung realisiert hätte (verpasste Option). Werden verpasste Optionen als besser empfunden als die realisierte Option, so stellt sich Bedauern als emotionale Reaktion ein (Bell, 1985; Loomes & Sugden, 1986; Connolly & Zeelenberg, 2002). Wird umgekehrt die realisierte Option im Vergleich mit anderen möglichen Optionen als besser bewertet, so wird Freude empfunden. Die emotionalen Reaktionen als Ergebnis des Vergleichs zwischen aktuellen und möglichen Konsequenzen beeinflussen zusätzlich zum Nutzen der direkten Konsequenzen die zukünftigen Präferenzen und die Entscheidungsfindung. Der Gesamtnutzen einer Entscheidung hängt somit immer auch von den möglichen Konsequenzen der anderen möglichen, aber nicht gewählten Optionen ab. Auch hierbei ist anzumerken, dass die Gefühle für andere Entscheidungsmöglichkeiten gedanklich vorweggenommen werden. Jede Entscheidung ist somit eng in einen Gesamtzusammenhang möglicher Optionen und ihrer Konsequenzen eingebettet (Kontextabhängigkeit). Um nur Bedauern und keine Enttäuschung zu empfinden, müsste das Ergebnis der gewählten Option deckungsgleich mit der eigenen Erwartung sein, aber geringer sein als das, was man bei einer alternativen Option hätte erreichen können. Die Theorie des Bedauerns wurde von Loomes und Sugden (1982), Bell (1982) und Fishburn (1982) unabhängig voneinander entwickelt.

Der erwartete Gesamtnutzen berechnet sich dabei wie folgt:

$$U_i = \sum_{j=1}^{n} p_j \left[u_{ij} + R\left(u_{ij}, u_{mj}\right) \right]$$

Es gilt:
U_i Gesamtnutzen der Option i
p_j Wahrscheinlichkeit des Ereignisses j (aus allen n Ereignissen)
u_{ij} direkter Nutzen der gewählten Option i bei Eintritt von Ereignis j
u_{mj} direkter Nutzen der möglichen Option m bei Eintritt von Ereignis j
R Bedauernsfaktor

Für beide Theorien, die der Enttäuschung und die des Bedauerns, gilt, dass eine emotionale Bewertung der Konsequenzen einer Entscheidung stattfindet. Der Unterschied zwischen beiden Theorien liegt darin, dass Bedauern durch den Vergleich von realisierten und möglichen Entscheidungsoptionen entsteht und Enttäuschung beim Vergleich der tatsächlichen und erwarteten Konsequenzen einer Entscheidung. In beiden Theorien geht es um antizipierte, sozusagen vorgestellte Emotionen und deren subjektive Bewertung und nicht um gemessene tatsächliche Emotionen.

Angenommen, eine Person hat die Möglichkeit, zwischen zwei Urlaubszielen zu wählen:
a) Reise nach Island,
b) Reise zu den Malediven.

Beide Reisen kosten gleich viel und haben dieselbe Dauer. Die Person entscheidet sich für Island, weil sie denkt, dass es eine einmalige Gelegenheit ist. Nachdem sie ihre Entscheidung getroffen hat, erfährt sie, dass es zur Reisezeit auf den Malediven sonnig und warm ist, während es in Island sehr feucht und nebelig sein soll. Zudem wird verstärkte Vulkanaktivität für Island angekündigt. Außerdem hört die Person von Freunden, dass diese eine großartige Zeit auf den Malediven verbracht haben. Wie fühlt sich die Person jetzt?

Der Theorie des Bedauerns folgend würde sie wahrscheinlich Bedauern empfinden, sich nicht für die Malediven entschieden zu haben. Sie würde sich fragen, wie viel Spaß sie gehabt hätte, wenn sie sich anders entschieden hätte. Auch würde sie sich ärgern, dass sie zu hohe Erwartungen an die Reise nach Island hatte und die

Wahrscheinlichkeit schlechten Wetters und eines Vulkanausbruchs unterschätzt hat. Die Person würde also einen niedrigeren Gesamtnutzen aus ihrer Entscheidung ziehen, als sie ursprünglich erwartet hat.

Die Theorie des Bedauerns trägt zum Verständnis dazu bei, warum investierende Personen dazu neigen, gewinntragende Aktien zu früh zu verkaufen und verlustbringende Aktien zu lange zu halten, da sie das Bedauern darüber, eine falsche Entscheidung getroffen zu haben, vermeiden wollen. Investierende Personen folgen auch dem Herdentrieb, um das Bedauern zu vermeiden, schlechter abzuschneiden als andere.

Kumulative Prospect-Theorie

Man stelle sich vor, an der Börse mit Aktien zu handeln. Aufgrund der aktuellen geopolitischen Lage fängt der Aktienkurs an leicht zu fallen. Wie verhält man sich?

Unkundige Personen werden ihre Aktien wahrscheinlich abstoßen, da sie gravierende Verluste vermeiden wollen. Fachkundige hingegen wissen, dass genau dieses amateurhafte und kurzsichtige Reagieren auf lange Sicht zu Verlusten führt.

Tversky und Kahneman (1992) haben die Prospect-Theorie in mehrfacher Hinsicht erweitert, indem sie die Konzepte der sogenannten rangplatzabhängigen Nutzentheorie (*rank-dependent utility*) anwenden. Die rangplatzabhängige Nutzentheorie ist eine verallgemeinerte Erwartungsnutzentheorie, die das Entscheidungsverhalten unter Unsicherheit erklären soll (Quiggin, 1982). Die rangplatzabhängige Nutzentheorie berücksichtigt, dass Personen die Wahrscheinlichkeiten der möglichen Ergebnisse nicht linear, sondern verzerrt gewichten, je nachdem, wie wahrscheinlich oder unwahrscheinlich deren Eintritt ist. Es wird davon ausgegangen, dass Wahrscheinlichkeiten über- oder untergewichtet werden, je nachdem, ob die damit verbundene Konsequenz eher erwünscht oder unerwünscht ist, d. h. die Wahrscheinlichkeitsgewichtung erfolgt in Abhängigkeit vom Nutzen der Konsequenzen. Damit wird eine Voraussetzung der Erwartungsnutzentheorie aufgegeben, nach der die Bewertung des Nutzens und die Beurteilung der Wahrscheinlichkeit von Konsequenzen vollständig unabhängig erfolgt. Es werden kumulative Wahrscheinlichkeitsverteilungen in Entscheidungsgewichte transformiert, anstatt in Gewinn und Verlust getrennte Entscheidungsgewichte zu berücksichtigen. In der ursprünglichen Fassung der Prospect-Theorie basieren die Wahrscheinlichkeitsgewichte ausschließlich auf der Höhe der zugehörigen Wahrscheinlichkeiten. In den rangplatzabhängigen Nutzentheorien hingegen werden sie durch die Transformation der Verteilungsfunktion ebenfalls durch den Rang der jeweiligen Konsequenz bestimmt, daher die Bezeichnung „rangplatzabhängige Nutzentheorie". Die kumulative Prospect-Theorie gilt sowohl für unsichere als auch für riskante Entscheidungsoptionen mit einer beliebigen Anzahl von Ergebnissen und erlaubt unterschiedliche Gewichtungsfunktionen für Gewinne und für Verluste. Dabei sind zwei Prinzipien entscheidend: die Sensitivität und die Verlustaversion. Diese werden zur Erklärung der charakteristischen Krümmung der Wertfunktion und der Gewichtungsfunktionen herangezogen (x-Achse: p; y-Achse: $\pi(p)$). Die Gewichtungsfunktion zeigt einen konvexen Verlauf, und dies gilt als risikoavers bzw.

pessimistisch. Der Ansatz der subjektiven Wahrscheinlichkeit wird durch das sogenannte Entscheidungsgewicht ersetzt. Das angenommene Gewicht drückt die Bedeutung des Eintretens der Ereignisse für die Entscheidung aus. Die Funktion π drückt aus, welches Gewicht einer bestimmten Wahrscheinlichkeit p bei einer Entscheidung zukommt. Eine typische Entscheidungsgewichtungsfunktion in der kumulativen Prospect-Theorie beschreibt einen invertierten s-förmigen Verlauf, bei dem die Funktion von einem anfangs konkaven in einen konvexen Verlauf übergeht (vgl. Abb. 6.2). Der Gewichtung von kleineren Wahrscheinlichkeiten wird eine überproportional große Bedeutung gegeben (z. B. Flugzeugabsturz, Lottogewinn). Hohen Wahrscheinlichkeiten wird eine unproportional niedrige Bedeutung beigemessen (z. B. Aktienkursverluste, lebensstilgeprägte Gesundheitsrisiken).

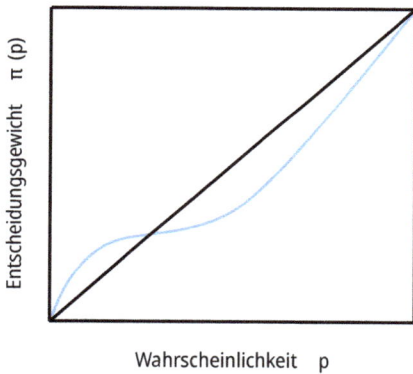

Abb. 6.2: Entscheidungsgewichtungsfunktion der kumulativen Prospect-Theorie.

Studien haben gezeigt, dass die Risikoeinstellung von der Höhe der möglichen Gewinne oder Verluste abhängig ist (Cohen, Jaffray, & Said, 1987; Tversky & Kahneman, 1992; Tversky & Fox, 1995; Gonzales & Wu, 1999). Die Ergebnisse der Studien können anhand einer Vierfeldertafel für unterschiedliche Risikoeinstellungen verdeutlicht werden (vgl. Tab. 6.2). Die Risikoeinstellung bestimmt sich durch die Entscheidung, ob bei der Wahl zwischen einer sicheren und unsicheren Option entweder die unsichere oder sichere Option vorgezogen wird. Wird die sichere Option bevorzugt, verhält sich die Person risikovermeidend, andernfalls risikofreudig. Eine Risikovermeidung für Gewinne und eine Risikobereitschaft für Verluste tritt bei hohen Wahrscheinlichkeiten auf. Wenn die Wahrscheinlichkeit für einen Gewinn als gering erachtet wird, ist man eher bereit Risiken einzugehen. Hingegen vermeidet man, Risiken bei Verlusten einzugehen, wenn diese mit geringer Wahrscheinlichkeit erwartet werden. Mögliche Umweltzustände werden nicht nach objektiven Eintrittswahrscheinlichkeiten, sondern mittels einer Wahrscheinlichkeitsgewichtungsfunktion subjektiv bewertet. Äußerst unwahrscheinlichen Ereignissen kommt tendenziell ein zu hohes Gewicht und solchen mit extrem hohen Wahrscheinlichkeiten ein zu geringes Gewicht zu.

Tab. 6.2: Verschiedene Formen der Risikoeinstellung.

	Wahrscheinlichkeit	
	hoch	**niedrig**
Gewinne	Risikovermeidung	Risikobereitschaft
Verluste	Risikobereitschaft	Risikovermeidung

Personen gewichten die Wahrscheinlichkeiten möglicher Ereignisse nicht direkt, sondern kumulativ, indem sie die Wahrscheinlichkeiten der Ergebnisse in auf- oder absteigender Reihenfolge addieren und dann die Differenzen zwischen den kumulativen Wahrscheinlichkeiten gewichten. Dies führt zu einer Verzerrung der Wahrscheinlichkeiten, die als **kumulative Wahrscheinlichkeitsgewichtungsfunktion** bezeichnet wird. Der rangplatzabhängige Nutzen als Grundlage für die kumulative Prospect-Theorie berechnet sich wie folgt:

$$RDU(x) = \sum_{i=1}^{n} w(p_i) \, u(x_i)$$

Es gilt:
RDU rangplatzabhängiger Gesamtnutzen
p_i Wahrscheinlichkeit des Ereignisses i (aus allen n Ereignissen)
$w(p_i)$ Gewichtungsfunktion, welche die kumulative Wahrscheinlichkeit des Ereignisses i verzerrt
$u(x_i)$ direkter Nutzen der Entscheidung selbst
Die Gewichtungsfunktion definiert sich folgendermaßen:

$$w(p_i) = \begin{cases} w^+(p_i) & \text{wenn } x_i \geq 0 \\ w^-(p_i) & \text{wenn } x_i < 0 \end{cases}$$

Die Gewichtungsfunktion für Gewinne (w^+) verzerrt die dekumulative und die Gewichtungsfunktion für Verluste (w^-) verzerrt die kumulative Wahrscheinlichkeit. Die dekumulative Wahrscheinlichkeit verweist auf ein bestimmtes Ergebnis oder einen kleineren Wert.

Die kumulative Wahrscheinlichkeitsgewichtungsfunktion ist nicht linear, sondern umgekehrt s-förmig, d. h. sehr wahrscheinliche oder sehr unwahrscheinliche Ereignisse werden unterbewertet und mittelmäßig wahrscheinliche Ergebnisse werden überbewertet.

Der Unterschied zwischen der ursprünglichen Prospect-Theorie und der kumulativen Prospect-Theorie liegt in ihren Anwendungsbereichen, ihren Annahmen und darin, wie Wahrscheinlichkeiten gewichtet werden. Die ursprüngliche Prospect-Theorie konzentriert sich in erster Linie auf Optionen mit zwei oder drei Konsequenzen, während die kumulative Prospect-Theorie diese Einschränkung aufhebt. Die Annahmen hinsichtlich der Editiermechanismen und der Wertfunktion sind auf die ursprüngliche Prospect-Theorie zurückzuführen. Die Annahmen zur Entscheidungsgewichtungsfunktion und zur Risikoeinstellung entsprechend der Vierfeldertafel (vgl. Tab. 6.2) hingegen sind auf die Ergebnisse der kumulativen Prospect-Theorie rückführbar. Bei der Prospect-Theorie selbst werden Wahrscheinlichkeiten direkt gewichtet, und in der kumulativen Prospect-Theorie werden die Wahrscheinlichkeiten zusammengefasst und kumulativ in Abhängigkeit von den Entscheidungsgewichten bewertet. Während sich die Prospect-Theorie auf Lotterien mit zuvor bestimmten Wahrscheinlichkeiten bezieht, erweitert die kumulative Prospect-Theorie den Anwendungsbereich auf Entscheidungen mit unklaren Wahrscheinlichkeiten, wobei ein zweistufiges Modell verwendet wird, bei dem zuerst subjektive Wahrscheinlichkeiten angenommen werden, die im zweiten Schritt mit Hilfe der Gewichtungsfunktion transformiert werden. Für die Transformation ist zudem der Ursprung der Wahrscheinlichkeiten von Bedeutung. Dazu zählt vor allem eine dezidierte Bewertung der **Ursprungspräferenz** (*source preference*), welche sich auf die Glaubwürdigkeit, Zuverlässigkeit oder Vertrauenswürdigkeit der Quelle bezieht. Die Ursprungspräferenz beschreibt eine Neigung, bei der einer seriösen und renommierten Quelle mehr Gewicht beigemessen wird als den Informationen, die zufällig sind oder von einer unbekannten Quelle stammen. Indem die kumulative Prospect-Theorie unterschiedliche Gewichtungen von Wahrscheinlichkeiten auf der Grundlage ihres Ursprungs berücksichtigt, trägt sie der **Ambiguitätsaversion** (*ambiguity aversion*) Rechnung (Camerer & Weber, 1992; Fox & Tversky, 1995). Die Ambiguitätsaversion beschreibt die Tendenz, präzisen Wahrscheinlichkeiten mehr Gewicht beizumessen als unklaren oder mehrdeutigen Wahrscheinlichkeiten, und gilt als eine Sonderform der Ursprungspräferenz.

Insgesamt erweitert die kumulative Prospect-Theorie die ursprüngliche Prospect-Theorie, indem sie mehrere Konsequenzen, nicht-lineare Gewichtungsfunktionen, subjektive Wahrscheinlichkeiten und unterschiedliche Gewichtungen von Wahrscheinlichkeiten auf der Grundlage ihrer Eindeutigkeit oder der Seriosität der Quelle berücksichtigt. Die kumulative Prospect-Theorie erweist sich im Vergleich zu der ursprünglichen Prospect-Theorie als die allgemeinere und konsistentere Theorie, da sie empirisch besser gestützt wird und das Entscheidungsverhalten – zumindest in Laborsituationen – präziser abbildet.

6.4 Effekte im Entscheidungsverhalten

Die Prospect-Theorie gilt als bedeutendste Modifikation der Bernoulli'schen Erwartungsnutzentheorie und bildet einen Grundpfeiler verhaltensökonomischer Überlegungen (Breuer, Gürtler, & Schumacher, 2010; Richter, Ruß, & Schelling, 2018; von Holle, 2018). So wurde die von Kahneman und Tversky (1979) verfasste Studie *Prospect Theory: An analysis of decision under risk* (Google Scholar, Stand 24.03.2024, 82582 Zitationen) in 43 Jahren weitaus häufiger zitiert als das von Keynes (1937) vorgelegte und seitdem für die Wirtschaftswissenschaften bedeutende Grundlagenwerk *The general theory of employment* (Google Scholar, Stand 24.03.2024, 10946 Zitationen) in knapp 90 Jahren.

Mit der Prospect-Theorie sind verschiedene Effekte im Entscheidungsverhalten verbunden (vgl. Kap. 4/5), wie beispielsweise der Bezugsrahmen-Effekt, der Referenzpunkt, der Anker-Effekt und die Beibehaltungstendenz.

Die in der Prospect-Theorie auftretenden Effekte (z. B. Verlustaversion) werden oftmals vorschnell und zu stark verallgemeinert mit zahlreichen anderen verzerrten Entscheidungskonsequenzen (z. B. versunkene Kosten) gleichgesetzt (Tversky & Kahneman, 1974; 1992). Dies impliziert fälschlicherweise, dass die Prospect-Theorie als einzige oder primäre Erklärung herangezogen wird, wenn es sich um bestimmte Konsequenzen oder Folgen handelt. Dabei sind Referenzpunkte bei der Informationsverarbeitung auch unabhängig von der Prospect-Theorie wichtig.

Der Anker-Effekt, bei dem eine anfängliche Information nachfolgende Entscheidungen erheblich beeinflusst, hängt stark davon ab, wann die Information präsentiert wird. Dieser Effekt legt oft einen mentalen Bezugspunkt fest, der nachfolgende Urteile beeinflusst. Die Prospect-Theorie hingegen ist nicht so stark an den Zeitpunkt gebunden. Stattdessen stützt sie sich in hohem Maße auf einen Bezugspunkt oder einen Vergleichsrahmen, der zwar durch den Zeitpunkt beeinflusst werden kann, aber nicht ausschließlich von ihm abhängig ist.

Die Wirksamkeit der Prospect-Theorie hängt maßgeblich von der Annahme eines Referenzpunktes ab, der als Maßstab zur Bewertung potenzieller Gewinne oder Verluste verwendet wird. Ohne diesen Bezugspunkt könnten die Prinzipien der Prospect-Theorie nicht erklären, wie Personen in unsicheren Situationen Entscheidungen treffen. Der Vergleich mit dem Referenzpunkt beeinflusst Entscheidungen wesentlich und betont den relativen Charakter der Entscheidungsfindung.

Die Verlustaversion stellt ein Schlüsselkonzept der Prospect-Theorie dar, und für diese Neigung im Entscheidungsverhalten gibt es Erklärungen sowohl auf kognitiver als auch auf emotionaler Ebene. Auf der emotionalen Ebene versuchen Personen aktiv, Enttäuschungen oder Bedauern zu vermeiden, und dennoch werden Entscheidungen getroffen, die zu Konsequenzen mit negativen Emotionen wie Bedauern oder Frustration führen können. Entscheidungen können negative Emotionen auslösen, wenn die Konsequenzen nicht den Erwartungen oder Präferenzen entsprechen. Diese Diskrepanz zwischen erwarteten emotionalen Zuständen und tatsächlichen Konsequenzen betont die Komplexität sowie die potenziell auftretenden Konflikte, die mit der Entscheidungsfindung einhergehen können. Trotz aktiver Bemühung, negative Emotionen zu vermeiden, können Entscheidungen, die zur Erreichung bestimmter Ziele getroffen werden, unabsichtlich zu Konsequenzen führen, die negative Emotionen auslösen. Daher ist es wichtig, eigene Entscheidungen zu überprüfen und zu evaluieren, indem man die Vor- und Nachteile, die Risiken und Chancen, die Optionen und Konsequenzen abwägt. Zudem gilt es, die eigenen Erwartungen und Ziele anzupassen, indem man sich an realistischen und erreichbaren Vorgaben ausrichtet.

Dadurch, dass sich die Prospect-Theorie vorrangig auf Lotterien bezieht (Pfister, Jungermann, & Fischer, 2017), wird sie auch als **Theorie des Als-ob** (*as if theory*) bezeichnet. Kurzfristige Ergebnisse einzelner Lotterien sind ungewiss, denn bei einer einmaligen Spielteilnahme ist jeglicher Spielausgang möglich. Die Erkenntnisse der Prospect-Theorie werden jedoch erst bei mehrfacher Spielteilnahme langfristig deutlich und zeigen vorhersehbare Muster in Entscheidungstendenzen trotz der kurzfristigen Unvorhersehbarkeit einzelner Spielverläufe. Außerdem bildet ein Vergleich von Lotterien, bei denen viele Informationen vorhanden sind, nicht alle Entscheidungssituationen des tatsächlichen Lebens ab. Im Alltag dagegen begegnen Personen oft komplexen und nicht immer klaren Situationen oder Problemen. Unzureichend vorliegende Informationen, kulturelle Hintergründe, Wünsche, Ängste, soziale Beziehungen und moralische Normen spielen bei der Entscheidungsfindung eine entscheidende Rolle und können in ihrer Komplexität nicht durch simple Multiplikationen von Erwartungswerten mit Wahrscheinlichkeiten abgebildet werden.

Die Prospect-Theorie wird gelegentlich auch als wenig originell, nicht belegt sowie als unnötig kompliziert und zu wenig kritisch beleuchtet angesehen (Kühberger, 1994; Rossiter, 2019). Die verwendeten mathematischen Gleichungen und Berechnungen werden für den Alltagsbezug als zu unübersichtlich und unverständlich angesehen. Insbesondere gilt die kumulative Prospect-Theorie als komplizierte und mathematisch anspruchsvolle Theorie, die viele Parameter und Annahmen erfordert, um das Entscheidungsverhalten zu erfassen. Daher kann die kumulative Prospect-Theorie nicht intuitiv angewendet werden, sondern erfordert eine hohe Rechenleistung oder fachliche Expertise. Darüber hinaus wird die unzureichende Untersuchung der Informationsverarbeitung bei realen Auswahlentscheidungen (z. B. bei Produkten und Dienstleistungen) angemerkt. Dies geht mit fehlendem Praxisbezug bei wichtigen Produkt- und Dienstleistungsentscheidungen einher, die von Konsumierenden getroffen werden. Zudem wird dies anhand der Erwartungswertformel, welche sich aus der Multiplikation von der Wahrscheinlichkeit mit dem subjektiven Erwartungswert ergibt, deutlich. Vor allem der Erfolgswahrscheinlichkeitsfaktor ist bei realen Entscheidungen wenig transparent und meist nur durch verbale Beschreibungen zugänglich. Konkrete kognitive Mechanismen der Entscheidungsfindung werden in der Prospect-Theorie oft nur ungenügend berücksichtigt. So sind kognitive Abläufe nicht als wesentlicher Bestandteil der Theorie vorgesehen; diese sollten jedoch zukünftig im Einzelnen interdisziplinär erforscht werden. Auch die modifizierte Variante der Prospect-Theorie basiert auf empirischen Beobachtungen, die oft auf Laborexperimenten oder Befragungen beruhen und so nicht die Realität und Komplexität von Entscheidungssituationen im Alltag abbilden. Insofern kann die Prospect-Theorie die zugrundeliegenden Mechanismen oder Motive des Entscheidungsverhaltens nicht erklären, sondern nur beschreiben.

Zusätzlich hinterfragt Rossiter (2019) die aus der Prospect-Theorie abgeleitete Technik des Bezugsrahmen-Effekts. Seiner Meinung nach werden Informationen dabei einseitig präsentiert. Dies könnte in vielen Situationen unethisches Verhalten von Konsumierenden fördern. Der Bezugsrahmen-Effekt geht stets mit einer systematischen

Beeinflussung einher. Die Prospect-Theorie liefert Erklärungsansätze, die vor allem auf verbalen Beschreibungen aufbauen, um Entscheidungsprobleme adäquat mental zu repräsentieren. Es gibt zahlreiche Forschungsansätze zu kognitiven Abläufen hinsichtlich Entscheidungen unter Unsicherheit (Pachur, Suter, & Hertwig, 2017; Pachur et al., 2018). Wie bereits in Abbildung 3.9 veranschaulicht, ist der Entscheidungsprozess immer auch im Kontext des Bio-Psycho-Sozialen Modells zu verstehen.

Trotz kognitiver Forschungsansätze wird dennoch häufig vereinfacht davon ausgegangen, dass sich menschliches Verhalten ausschließlich an Berechnungen orientiert, die zur Erreichung des größten subjektiven Nutzens herangezogen werden. In diesem Zusammenhang führt Gigerenzer (2007; Mousavi & Gigerenzer, 2014) an, dass Personen manchmal schlichtweg nicht ausreichend kognitive Ressourcen zur Verfügung stehen, um komplexe mathematische Formeln zur Lösung von Problemen zu berechnen. Beispielsweise hat eine Person, die Baseball spielt und versucht, einen Ball zu fangen, nicht die Zeit, um dessen genaue Flugbahn mittels Zuhilfenahme einer komplexen mathematischen Formel zu berechnen (McLeod & Dienes, 1996). Man verlässt sich vielmehr auf die eigene Erfahrung und passt die Laufgeschwindigkeit so an, dass der Blickwinkel des Auges zum Ball konstant bleibt. Somit kann man spontan und intuitiv via Faustregel (**Blickheuristik**) entscheiden bzw. antizipieren, wo der Ball wahrscheinlich landen wird (vgl. Abb. 6.3).

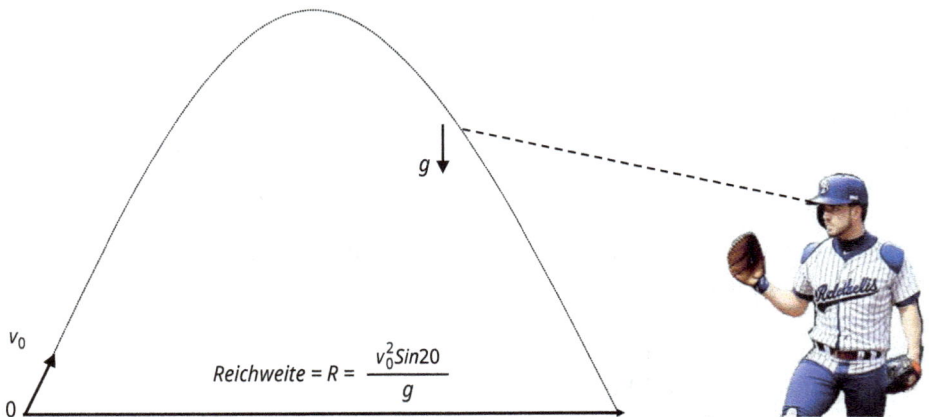

Abb. 6.3: Veranschaulichung der Blickheuristik beim Fangen eines Balls.

Der Erfolg der Blickheuristik hängt sehr stark von der Fähigkeit ab, die Aufmerksamkeit bewusst auf die Flugkurve des Balles zu lenken. Das Konzept der Aufmerksamkeit erklärt, wie Personen ihre begrenzten kognitiven Ressourcen (vgl. Kap. 2.5) auf unterschiedliche Aspekte einer Entscheidungssituation verteilen.

Zum Verständnis des Entscheidungsverhaltens, insbesondere auch der Verlustaversion, gilt es, die Rolle der Aufmerksamkeit zu beachten.

Die Zuteilung von Aufmerksamkeit für Informationen über Wahrscheinlichkeiten und Ergebnisse ist sehr stark durch individuelle Kapazitäten geprägt. Eine Analyse dieser individuellen Sensitivität (**Sensitivitätsanalyse**) identifiziert Parameter der Aufmerksamkeit und deren Einfluss auf das Ergebnis beim Entscheidungsverhalten (Pachur, Suter, & Hertwig, 2017; Pachur et al., 2018). Dadurch soll Aufschluss darüber gegeben werden, welchen Einfluss die Variablen tatsächlich auf das Ergebnis von Gewinn und Verlust haben. Dabei spricht man auch von einer „**Was-wäre-wenn-Analyse**" (*what if analysis*). Das Ziel der Sensitivitätsanalyse liegt darin aufzuzeigen, wie genau welche Faktoren ein Ergebnis beeinflussen, und daher wird sie in der Finanzbranche häufig zur Aktien- und Wertpapierberechnung herangezogen.

Aufmerksamkeit kann sowohl unwillkürlich durch auffällige und neuartige Reize ausgelöst werden oder auch bewusst, je nach Zielen, Bedürfnissen, Interessen und Präferenzen, gelenkt werden. Aufmerksamkeit kann dazu führen, dass Personen zwischen System 1 und 2 oder System 2 und 1 wechseln und allgemein die Balance zwischen den beiden Systemen regulieren. Zum besseren Verständnis der beiden Systeme werden im nächsten Kapitel die Hintergründe und Zusammenhänge des dualen Denkens näher ausgeführt.

7 Duales Denken

Der menschliche Geist ist mehr intuitiv als logisch und begreift mehr, als er koordinieren kann.
Luc de Clapiers, Marquis de Vauvenargues (1715–1747)

Bereits in den Anfängen des 18. Jahrhunderts erahnte der Marquis die Unterschiedlichkeit von intuitivem und logischem Denken. Heutzutage sind Personen mit einer Vielzahl von alltäglichen Entscheidungssituationen konfrontiert. Geht man beispielsweise in ein neu eröffnetes italienisches Restaurant, so entscheidet man sich vermutlich spontan, zur Erprobung der Qualität, das Lieblingsgericht zu bestellen. Impulse verleiten zu intuitivem und raschem Handeln, ohne dass man sich bewusst zu macht, was die tatsächliche Absicht ist und was man wirklich möchte. Wenn man bewusst in dem am Hafen gelegenen Restaurant seinen Platz einnimmt und sich in das Ambiente einfühlt, entscheidet man sich schließlich nach einigem Überlegen, aus dem reichhaltigen Angebot der Speisekarte, das Gericht „Empfehlung des Hauses" zu wählen. Entscheidungen, die nicht rein intuitiv getroffen werden, gehen oft mit kognitiver Anstrengung einher und sind mehr oder weniger zeitaufwendig, wie Henderson und Dittrich (1998) experimentell mittels Reaktionszeitmessungen nachweisen konnten. Interessanterweise schlagen Fuchs, Göhner und Seelig (2007) vor, dass anspruchsvolle Aufgaben, welche die volle Konzentration erfordern, am besten vormittags erledigt werden sollten, da man am späten Nachmittag und Abend dafür bereits meist zu erschöpft ist. Immerhin gibt es Schätzungen (Graf 2018), die von bis zu 20000 Entscheidungssituationen pro Tag ausgehen.

Das Zusammenspiel zwischen intuitivem und bewusstem Denken ist ein grundlegender Aspekt menschlicher Kognition und bietet entscheidende Einblicke in die Art und Weise, wie Personen Entscheidungen treffen und Probleme lösen. Indem kognitive Mechanismen erforscht werden, die intuitives und überlegtes Denken steuern, können Personen ein tieferes Verständnis des Denkens erlangen. Dabei werden vor allem Prozesse der Informationsverarbeitung von der Wahrnehmung über die Gewichtung und Bewertung kognitiver Verzerrungen bis hin zur Entscheidungsfindung und Problemlösung sowie Handlungssteuerung beleuchtet. Dieses Wissen ermöglicht es, effektivere Strategien bei der Bewältigung komplexer Herausforderungen umzusetzen und Entscheidungsprozesse zu verbessern.

ℹ Rückblick

Entscheidend neue Impulse zur Rolle intuitiver und automatischer Prozesse bei der Entscheidungsfindung ergaben sich mit dem Ansatz von Tversky und Kahneman (1974). Sie entwickelten das Konzept der Heuristiken und Verzerrungen als Erweiterung des Ansatzes der begrenzten Rationalität. Personen neigen häufig dazu, sich auf mentale Abkürzungen (Heuristiken) zu verlassen, die zu systematischen Fehlern (Verzerrungen) bei der Beurteilung und Entscheidungsfindung führen können. Es wurden kontraintuitive Ideen erforscht und Entscheidungsszenarien entwickelt, bei denen intuitive Antworten oft nicht zur Problemlösung

https://doi.org/10.1515/9783110722307-007

beitragen. Sie verweisen auf direkte emotionale Reaktionen, die bei unterschiedlichen Problemdarstellungen Entscheidungen beeinflussen.

In ihrem Design des dualen Denkens haben Stanovich (1999) sowie Stanovich und West (2000) die zugrundeliegenden kognitiven Mechanismen als System 1/2 unterschieden. Sie unterscheiden dabei zwischen einem System 1, das schnell, automatisch und intuitiv ist, und einem System 2, das langsam, kontrolliert und analytisch ist. Diese Theorie bot einen umfassenden Rahmen für das Verständnis des Zusammenspiels zwischen automatischen und kontrollierten kognitiven Prozessen. Weitere Entwicklungen in der Theorie der dualen Prozesse haben sich auf die Verfeinerung der Definitionen und Merkmale der Prozesse von System 1 und System 2 konzentriert (Wason & Evans, 1974; Evans & Stanovich, 2013). Prozesse in System 1 arbeiten autonom und greifen offensichtlich auf keine Kapazitäten des Arbeitsgedächtnisses und der Aufmerksamkeit zu, während Prozesse in System 2 Kapazitäten des Arbeitsgedächtnisses und der Aufmerksamkeit erfordern und eine kognitive situative Entkopplung und mentale Simulation ermöglichen. Unter kognitiver Entkopplung versteht man die Fähigkeit, sich vom unmittelbaren Wahrnehmungs- oder Situationskontext zu lösen und abstraktes, hypothetisches oder kontrafaktisches Denken anzuwenden. Dazu gehört, dass man sich gedanklich vom gegenwärtigen Moment löst und alternative Möglichkeiten oder Perspektiven in Betracht zieht.

Mentale Simulation hingegen bezieht sich auf den Prozess der mentalen Repräsentation und Manipulation von Informationen, um Erfahrungen, Ereignisse oder Szenarien zu simulieren oder nachzubilden. Dabei werden mentale Modelle oder Simulationen möglicher zukünftiger Situationen oder hypothetischer Szenarien erstellt, um die Entscheidungsfindung, die Problemlösung oder das Verständnis zu erleichtern (Gazzaniga, Ivry, & Mangun, 2014).

In den letzten 50 Jahren zogen verschiedene Modelle des dualen Denkens das Forschungsinteresse auf sich (vgl. Abb. 7.1)[4]. Die Theorie des dualen Denkens wurde verwendet, um verschiedene Aspekte menschlicher Rationalität zu untersuchen, beispielsweise die Rolle individueller Unterschiede, die Beziehung zwischen Intelligenz und Gedankenmustern, die Effekte von kognitiver Belastung, den Einfluss von Emotionen oder die disziplinübergreifende Anwendung in so unterschiedlichen Bereichen wie Sport, Moral und Politik. Die Theorie des dualen Denkens beschreibt, wie Personen Informationen verarbeiten, gewichten und Entscheidungen treffen. Es gibt verschiedene Prozesstheorien in der Psychologie (vgl. Tab. 7.1), die davon ausgehen, dass es zwei verschiedene Arten oder Systeme des Denkens gibt, die sich in ihrer Geschwindigkeit, ihrem Aufwand, ihrer Kontrolle und ihrer Rationalität unterscheiden.

---

4 Publikationsrate für die Suchbegriffe „dual process theory" OR „dual-process theory" OR „dual processes" OR „dual processing" im Fachgebiet Psychologie (Gesamtpublikationen 1979–2022: 18.878. Quelle: Web of Science. Abgerufen am 28.04.2023).

Als weitere Einflussfaktoren gelten die Aufgabenschwierigkeit, der Grad an Gewissheit oder Unsicherheit, die Motivation und Ziele, der kognitive Stil und der emotionale Zustand.

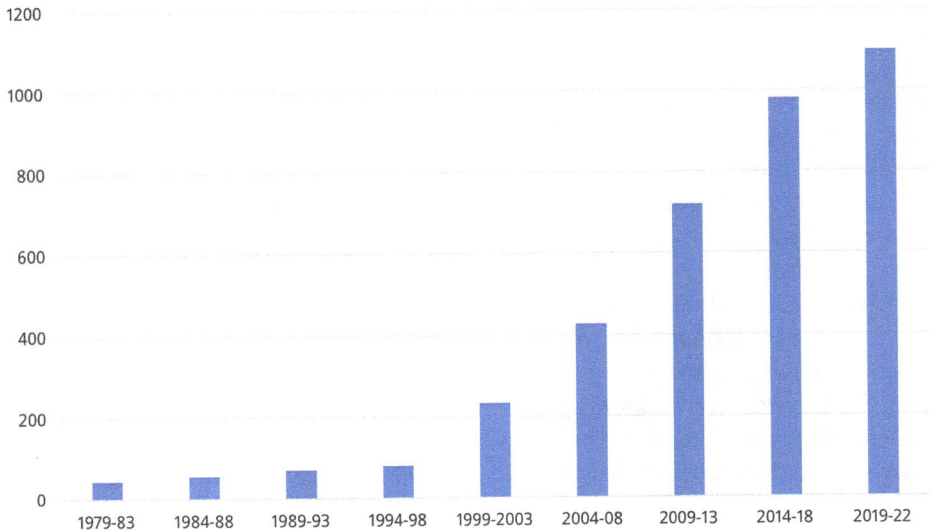

Abb. 7.1: Publikationsrate im Fünfjahresdurchschnitt für den psychologischen Bereich duales Denken.

Seitdem haben sich Theorien über duale Denkprozesse vervielfacht und weiterentwickelt (Kahneman, 2012b; De Neys, 2021; Dewey, 2023), wobei Erkenntnisse aus verschiedenen Disziplinen wie der kognitiven Psychologie (Hoffmann & Engelkamp, 2016), den Neurowissenschaften (Bear, Connors, & Paradiso, 2016; Freberg, 2019; Dreher, 2022) und den kognitiven Neurowissenschaften (Martin, 2006; Gazzaniga, Ivry, & Mangun, 2014) einbezogen wurden. Zusätzlich wurden die Domänenspezifität und Generalisierbarkeit als Charakteristika von Prozessen in System 1 und in System 2 identifiziert. Diese Prozesse unterscheiden sich jedoch in ihrer Generalisierbarkeit. System-1-Prozesse werden häufig als bereichsspezifisch bezeichnet, d. h. sie sind auf bestimmte Aufgaben oder Kontexte spezialisiert und werden daher auch als Module bezeichnet (vgl. Kap. 7.2). Im Gegensatz dazu gelten Systems-2-Prozesse eher als bereichsübergreifend und ermöglichen die Anwendung analytischen Denkens bei unterschiedlichen Aufgaben und Kontexten.

In Anlehnung an Stanovich (1999) etikettiert Kahneman (2012a) in seinem Bestseller „Schnelles Denken, langsames Denken" die Dichotomie menschlichen Denkens als System 1 und System 2 bei der Informationsverarbeitung und Entscheidungsfindung. System 1 gilt als zuständig für schnelles und intuitives Denken, System 2 hingegen für langsames und analytisches Denken. System 2 geht mit subjektivem Erleben von Entscheidungsfreiheit und bewusster Handlungsfähigkeit einher und erfordert daher hohe Aufmerksamkeit (Kahneman, 2012a; 2012b). So können ständige Unterbrechungen durch **Reaktanz** zu Unproduktivität oder Fehlern führen. Unter Reaktanz versteht man die innere Abwehr gegen Einschränkungen der Handlungsfreiheit, die durch Verbote oder äußeren Druck entstehen. Reaktanz führt dazu, gerade das zu tun, was jemandem verwehrt wird. Aktuell vorrangige und verfügbare Informationen ziehen die Aufmerksamkeit direkt auf sich (System 1) und priorisieren die Ressource, wodurch System-2-Prozesse unterbrochen werden können (vgl. Kap. 4.5). In diesem Fall hat die Dringlichkeit den Vorrang vor der Wichtigkeit eines Handlungsplans (Ebert & Freibichler, 2017). Auch durch Anker-Effekte kann die Entscheidungsfindung stark beeinflusst werden (vgl. Kap. 4.6). In Verbindung mit der Bestätigungstendenz (vgl. Kap. 5.3) neigen Personen zusätzlich dazu, ihre ursprünglich gesetzten Ankerwerte bestätigt zu bekommen und gegensätzliche Informationen zu ignorieren oder zu verdrängen. Ein initialer Ankerwert beeinflusst dergestalt oft die finale (Kauf-) Entscheidung. Menschliche Aufmerksamkeit und die Kodierung von Informationen im Gedächtnis sind bedeutsame kognitive Mechanismen, die auch bei der Entscheidungsfindung eine zentrale Rolle spielen.

Der Entscheidungsprozess kann an unterschiedlichen Stellen der Informationsverarbeitung, wie dem Wahrnehmen, Verarbeiten und Gewichten sowie Entscheiden, stark beeinflusst werden (vgl. Abb. 5.2). Dies geschieht entweder aufeinander folgend oder gleichzeitig durch unterschiedliche kognitive Heuristiken oder Verzerrungen. In der kognitiven Psychologie wird die Informationsverarbeitung als ein kontinuierlicher und in Stufen unterteilter Prozess verstanden.

7.1 Zwei Systeme der Informationsverarbeitung

Auf den unterschiedlichen Ebenen werden dabei Informationen in miteinander verknüpften, aber in voneinander unabhängigen Bereichen bzw. Modulen verarbeitet. Der Kerngedanke basiert auf der Vorstellung, dass menschliches Denken nicht in einem komplexen, in sich geschlossenem System entsteht, sondern dass sich unterschiedliche Bereiche des Denkens mit unterschiedlichen Aufgaben befassen. Seit Jahrzehnten bereits beschäftigt sich die kognitive Psychologie mit der Art und Weise, wie Personen verschiedene Aspekte des Denkens, Fühlens und Handelns repräsentieren, Entscheidungen treffen und die dafür notwendigen Informationen verarbeiten.

Bei der Untersuchung der verschiedenen Arten von Denkprozessen, um Urteile und Entscheidungen zu treffen, griff Kahneman (2012a; 2012b) besonders auf die Unterscheidung zweier grundlegender kognitiver Mechanismen (System 1 und System 2) zurück. So entstand **Kahnemans „Zwei-System-Modell"**. Seit den Anfängen der Psychologie gibt es duale Prozesstheorien des Denkens. Auch William James ([1890]2020), einer der Begründer der Psychologie, hat bereits zwischen dem rein reproduktiven oder assoziativen und dem schlussfolgernden oder echten Denken unterschieden. Das Studium menschlicher Informationsverarbeitung hat zu zahlreichen dualen Modellvariationen geführt (Wason & Evans, 1974; Evans & Stanovich, 2013). Die Theorie des dualen Denkens von Stanovich (1999) ist nicht die einzige Theorie, die diese Art der Unterscheidung vorschlägt. Zahlreiche andere Forschende haben ähnliche oder alternative Ansätze vorgeschlagen (vgl. Tab. 7.1). Diese unterscheiden sich zwar hinsichtlich der Bezeichnungen, der zugeschrieben Eigenschaften und der Interaktionen der Systeme, teilen alle jedoch die grundlegende Vorstellung, dass es zwei verschiedene Arten des Denkens gibt, die das Entscheidungsverhalten beeinflussen. Verschiedene Variationen, die erfolgreich den dualen Denkansatz weiterentwickelt haben, und als System 1/2 durch Kahneman popularisiert wurden, werden nachfolgend aufgelistet. Kahnemans Zwei-System-Modell baut auf mehreren ganz ähnlichen Theorien auf (Stanovich & West, 2003; Evans, 2008), welche in der Kognitionspsychologie wiederum auf die klassische Unterscheidung von kontrollierten und automatischen Prozessen sowie prozeduralem und deklarativem Wissen (Schneider & Shiffrin, 1977; Anderson, 1983) einerseits und heuristischen und analytischen Denkprozessen (Wason & Evans, 1974) andererseits zurückgeführt werden können.

Tab. 7.1: Unterschiedliche Modellansätze des dualen Denkens.

Zwei System Ansätze		System 1	System 2
Cattell	1963	kristalline Intelligenz	fluide Intelligenz
Reber	1967	implizite Denkprozesse	explizite Denkprozesse
Wason & Evans	1974	heuristische Denkprozesse	analytische Denkprozesse
Schneider & Shiffrin	1977	automatisch	kontrolliert
Posner & Snyder	1975	automatische Aktivierung	bewusste Verarbeitung
Johnson-Laird	1983	implizite Inferenzen	explizite Inferenzen
Evans	1984	heuristische Verarbeitung	analytische Verarbeitung
Norman & Shallice	1986	Handlungsauslösung	Aufmerksamkeitslenkung
Epstein	1994	erfahrungsbasiertes System	rationales System
Levinson	1995	interaktionelle Intelligenz	analytische Intelligenz
Sloman	1996	assoziatives System	regelbasiertes System
Hammond	1996	intuitive Kognition	analytische Kognition
Henderson & Dittrich	1998	vorgeplante Handlung	entscheidungsbedingte Handlung
Nisbett et al.	2001	holistisch	analytisch

Das in der Entscheidungspsychologie bekannteste Zwei-System-Modell ist von Daniel Kahneman (2012a) in Anlehnung an Stanovich (1999) als System 1/2 bezeichnet worden und hat sich zur Einordnung und Erklärung einer Vielzahl bislang unverbundener Phänomene als nützlich erwiesen. Die unterschiedlichen Studien und Modelle des dualen Denkens verweisen allgemein auf die Flexibilität und Dualität menschlichen Denkens, auch wenn diese Modellansätze nicht immer unmittelbar mit System 1 und System 2 gleichzusetzen sind.

7.2 Modell System 1/2 nach Kahneman

Menschliches Denken und Handeln lässt sich nach Kahneman (2012a) vereinfacht in zwei Bereiche aufteilen, intuitives und schnelles Denken sowie kognitives und langsames Denken. Das schnelle Denken, System 1 genannt, reagiert auf Emotionen und Affekte. Es lässt sich nur schwer beeinflussen und ausrichten. Das Modell zweier Denksysteme hängt eng mit der Vorstellung der **Modularität** bestimmter Hirnfunktionen zusammen. Modulare Systeme lassen sich allgemein wie folgt kennzeichnen:
– domänspezifisch
– obligatorisch
– schnell
– hierarchisch organisiert
– begrenzt zugreifbar
– informationell abgeschlossen
– ontogenetisch weitgehend eigenständig ablaufend
– autonom
– funktional eindeutig verschaltet
– nur eine Funktion
– vereinfachter Output

Die duale Prozesstheorie besagt, dass menschliche Denkprozesse in zwei separate Systeme unterteilt sind: System 1 und System 2 (vgl. Abb. 7.2). Als charakteristische Merkmal von System 1 gilt bei einem auslösenden Reiz die autonome Verarbeitung ohne notwendigen Input von höheren Kontrollsystemen. Es steht für automatisches, schnelles und weitgehend unbewusstes Denken und Handeln, welches ohne großes Nachdenken Gefühle, Emotionen und Handlungen spontan auslöst. Es ist stark mit den autonomen Prozessen der Wahrnehmung und der emotionalen Regulation verbunden und arbeitet schnell und unbewusst, um die massive Flut an Informationen zu bewältigen und zu verarbeiten. Diese Prozesse sind nicht von zentralen Verarbeitungskapazitäten abhängig und gehen mit spontan assoziativen oder impliziten Lernvorgängen sowie stark überlerntem Verhalten einher. Von überlerntem Verhalten spricht man, wenn ein angesteuertes Lernergebnis erreicht ist und das Üben dennoch fortgesetzt wird. Zugleich beinhaltet das System 1 Verbindungen und Netzwerke, die sich im Laufe der Evolution als besondere Anpassung an spezifische Herausforderungen oder Problemstellungen herausgebildet haben (Over, 2003; Möllering, 2021). Es wird auch als schnelles Denken bezeichnet. Hierfür wird oft zur Veranschaulichung das Bild des Hasen verwendet (vgl. Abb. 7.2).

System 2 hingegen nutzt zentrale, nicht-autonome Ressourcen für kognitive Aktivitäten, die auf eine bewusste Aufmerksamkeit angewiesen sind, wie beispielsweise bei komplexen Berechnungen und Bewertungen von Situationen. Es ist für anstrengende kognitive Aufgaben zuständig, die bewusst erfolgen und Personen als kontrolliert erscheinen lassen. Diese Art der Informationsverarbeitung ist meist langsam (Bild der

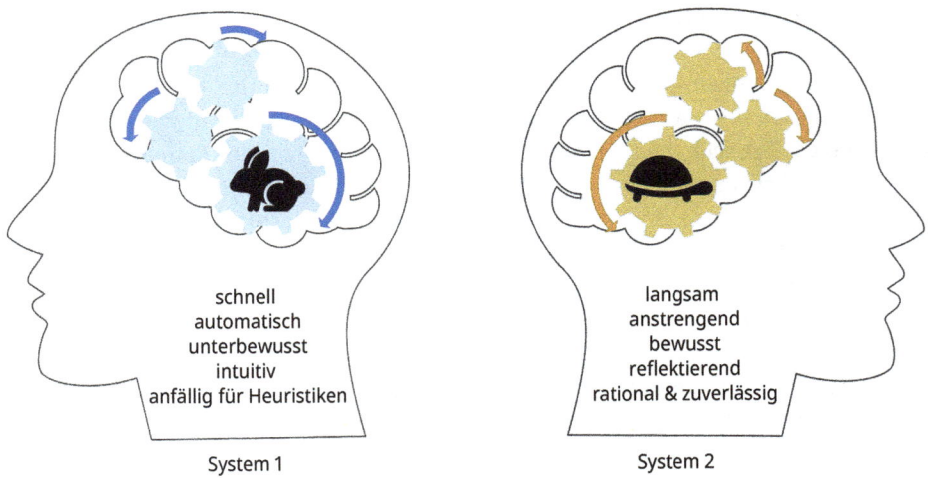

schnell
automatisch
unterbewusst
intuitiv
anfällig für Heuristiken

langsam
anstrengend
bewusst
reflektierend
rational & zuverlässig

System 1

System 2

Abb. 7.2: Veranschaulichung der Zwei-System-Theorie des dualen Denkens.

Schildkröte) und benötigt viele kognitive Verarbeitungsressourcen (u. a. Wahrnehmung, Lernen, Gedächtnis, Handlungssteuerung). Es aktiviert die Aufmerksamkeit und Konzentration und führt zu willentlichen Entscheidungen und Handlungen. Ein wichtiger Unterschied zwischen den beiden Systemen ist, dass System 2 hauptsächlich auf serieller Verarbeitung beruht und durch erlernte Programmierung aktiviert werden kann. Die Rolle von System 2 besteht daher besonders in der Bereitstellung neuartiger und situationsangemessener Antworten für komplexe Entscheidungssituationen in dynamischen und sich schnell ändernden Umwelten. Als besonderes Merkmal für System 2 gilt, dass es die Abläufe von System 1 sowohl unterbrechen als auch überschreiben kann. Die Unterdrückung der Antworten von System 1 erscheint immer dann sinnvoll, wenn Antworten als das Ergebnis von bewussten Denkvorgängen oder zielorientierten Handlungsplänen, die beide als einzigartige Prozesse nur in System 2 auftreten, Vorrang erlangen.

Es ist anzunehmen, dass System 1 und System 2 sich gegenseitig bedingen. Zwar arbeiten sie eigenständig, interagieren dennoch häufig miteinander. Sie können sich gegenseitig ergänzen, stärken, unterstützen, aber auch blockieren oder sogar völlig entgegengesetzt arbeiten. Im Rahmen des Konzepts des dualen Denkens können manche Herausforderungen bzw. Aufgaben sowohl von System 1 als auch von System 2 bearbeitet werden, interessanterweise mit einer letztendlich jeweils unterschiedlichen Antwort. Die Rolle von System 1 besteht überwiegend in der schnellen und auf Anpassung beruhenden Beantwortung von Herausforderungen, die in einer stabilen und bekannten Umwelt entstehen. Die Antworten können sowohl in der spontanen Auslösung (z. B. Heuristiken) als auch in der Richtungsweisung bzw. Lenkung von Verhalten (z. B. durch Emotionen) liegen. Es kann so zu erheblichen Abweichungen von rationalem Handeln kommen (Denkfehler). Dies ist die Grundlage für manche

Konflikte im Denken, bei denen Handlungen und Entscheidungen getroffen werden, die aus rein rationaler Sicht nicht verständlich sind.

Trotz seiner Beliebtheit steht das duale Prozesskonzept vor mehreren Herausforderungen. Eine grundlegende Herausforderung ist die komplizierte Beziehung zwischen intuitiven und bewussten Denkprozessen. Es ist zwar weithin anerkannt, dass beiden Modi des Denkens eine große Bedeutung beigemessen wird, dennoch sind die Mechanismen ihres Zusammenspiels (wie und wann interagieren sie?) und die Rolle, die sie in bestimmten Denkprozessen einnehmen, noch nicht gut verstanden. Arbeiten beide Prozesse von Anfang an gleichzeitig, oder verlassen Personen sich zunächst auf die Intuition und schalten bei Bedarf auf die Überlegung um? Wie stellt man fest, wann eine Überlegung erforderlich ist und wann umgeschaltet wird? Was sind die Anzeichen dafür, wann und wie die Interaktion stattfindet? Es ist zu erwarten, dass der Umschaltprozess durch viele Faktoren beeinflusst wird. Inwieweit welche Heuristiken diesen Umschaltprozess hemmen oder fördern, das bleibt ein spannendes zukünftiges Forschungsfeld.

Kontroverse Betrachtung des Zwei-System-Modells

Obwohl die duale Prozesstheorie von Kahneman (2012a; 2012b) eine wichtige und einflussreiche Rolle in der Psychologie und den Verhaltenswissenschaften spielt, gibt es auch einige kritische Aspekte:

– **Übersimplifizierung**

Eine strikte Trennung zwischen System 1 und System 2 ist möglicherweise eine zu starke Vereinfachung menschlicher Kognition, da es Situationen gibt, in denen diese Systeme miteinander interagieren und sich überlappen können.

– **kulturelle Einflüsse**

Die Theorie wurde größtenteils in westlichen Kulturen entwickelt und getestet, und es gibt Bedenken hinsichtlich ihrer Anwendbarkeit auf andere kulturelle Kontexte, in denen kognitive Prozesse anders funktionieren könnten.

– **komplexe Entscheidungen**

Die Theorie könnte Schwierigkeiten haben, die Vielschichtigkeit und Komplexität bestimmter Entscheidungsprozesse, insbesondere in wirtschaftlichen und sozialen Kontexten, angemessen zu erklären.

– **konzeptuelle Verwirrung**

Dualen Denktheorien mangelt es oft an klaren und präzisen Definitionen der beteiligten Prozesse, wobei diese auch nicht weiter erläutert werden.

– **Fokus auf Fehler und Verzerrungen von System 1/2**

Die Vorteile und Stärken von System 1 werden, wie die Schwächen und Fehler von System 2 vernachlässigt. System 1 ist nicht nur eine Quelle der Irrationalität, sondern auch eine Quelle der Intuition und Anpassungsfähigkeit. System 2 führt nicht nur zu rationalen Überlegungen, sondern auch zu Trägheit, Überheblichkeit und Rechtfertigung.

– **Beschränkung auf die individuelle Ebene**
  Die Denksysteme sind nicht nur von den persönlichen Eigenschaften und Präferenzen des Einzelnen abhängig, sondern auch von den Erwartungen, Normen
  und Werten der Gruppe sowie von der Umwelt.

Allgemein betrachtet, können duale Prozesstheorien konzeptionell nicht immer als
eindeutig angesehen werden (Evans, 2016; 2019). Eine inkonsistente Verwendung von
Bezeichnungen, Kategorien und Merkmalen erschwert eine einheitliche Bewertung
und Vergleichbarkeit der kognitiven Prozesse. Das Verständnis kognitiver Mechanismen kann nicht nur durch eine Vielzahl uneinheitlich etikettierter Prozesstheorien
beeinträchtigt werden, sondern auch dann, wenn kognitive Abläufe in ihrer Komplexität unterschätzt werden, ihre Bedeutung und Relevanz heruntergespielt wird, eine
übermäßige Vereinfachung stattfindet und Missverständnisse zu Fehlinterpretationen
führen. Das folgende Kapitel veranschaulicht unterschiedliche Methoden und Formen
der Trivialisierung des Systems 1/2 und führt Beispiele aus der Wirtschaft an.

7.3 Trivialisierung des Modells System 1/2

Der von Kahneman (2012a) popularisierte Ansatz des dualen Denkens greift auf ein
lang etabliertes und einflussreiches Konzept in der kognitiven Psychologie zurück. Er
bietet ein nützliches Modell für das Verständnis verschiedener kognitiver Denkprozesse, die an der Entscheidungsfindung und -beurteilung beteiligt sind. Es ist jedoch
wichtig zu beachten, dass die Unterscheidung zwischen System 1 und System 2 lediglich eine vereinfachte Darstellung komplexer mentaler und kognitiver Prozesse darstellt und die Arbeitsweise des Gehirns keineswegs in nur zwei Systeme aufgeteilt
werden kann. Aufgrund der gestiegenen Bedeutung der dualen Prozesstheorie und
des Stellenwerts der beiden Systeme 1/2 in der Verhaltensökonomie, wird im Folgenden beispielhaft auf die Mechanismen der Popularisierung und Trivialisierung des
Zwei-System-Modells eingegangen, das einen ansonsten aus der Forschungsperspek-
tive wertvollen Denkansatz darstellt.

Eine zu drastische Vereinfachung des Denkmodells der zwei Systeme nach Kahneman (2012a) bedeutet oftmals eine Trivialisierung komplexer menschlicher Kognition.
Eine simple Aufteilung menschlichen Denkens in zwei Systeme 1/2 führt zu einer Sichtweise, bei der sämtliche Entscheidungen entweder mit der schnellen oder der langsamen Denkweise verbunden werden. Diese Einteilung wird sogar allzu häufig wortwörtlich so verstanden, als ob es im Gehirn tatsächlich nur zwei Denksysteme gäbe, ohne
dass dabei der metaphorische Charakter der Begrifflichkeit System 1/2 berücksichtigt
wird. Diese Sichtweise verleitet dazu, wichtige Aspekte der Theorie zu vernachlässigen.
Die komplexen Nervenmuster und Interaktionen in und zwischen neuronalen Netzwerken entziehen sich der eindimensionalen Etikettierung durch die beiden Denksysteme
1/2. Auch der Einfluss situativer, kultureller sowie individueller Faktoren und deren un-

terschiedliche Auswirkungen auf das Denken verliert dann oft die notwendige Beachtung. Das folgende Beispiel illustriert eine gravierende Trivialisierung des dualen Denkens:

Trivialisierung

Die duale Prozesstheorie von Kahneman ist wie eine Art „Zwei-Schalter-System" für das Gehirn. Man stelle sich vor, zwei Knöpfe im Kopf zu haben: Knopf 1 aktiviert den schnellen, automatischen Modus – man sieht eine Katze und denkt sofort „Katze". Das Gehirn befindet sich quasi im Autopiloten-Modus, in dem es ohne viel Aufwand blitzschnelle Entscheidungen trifft. Knopf 2 hingegen aktiviert den langsamen, tiefgründigen Modus – man verwendet ihn, wenn man etwa über Rechenaufgaben oder komplizierte Probleme nachdenkt. Das Gehirn ist dann sozusagen in den manuellen Modus übergegangen.

Folgende rhetorische Stilmittel deuten auf eine Trivialisierung hin:
- **Vergleich**
  Die Theorie wird mit einem simplen Schalter- oder Knopfsystem verglichen, was das Konzept veranschaulicht und auf einfache Weise erfassbar macht, aber jeglicher neurobiologischen Grundlage entbehrt.
- **Metapher**
  Die Vorstellung von Knöpfen und Schaltern im Kopf dient als bildliche Darstellung der beiden Systeme. Dies macht die Theorie zwar greifbarer und weniger komplex, verleitet aber auch dazu, es wortwörtlich zu verstehen und tatsächlich anzunehmen, dass ein Schaltmechanismus (an/aus), wie man ihn vom Lichtschalter kennt, im Gehirn existiert. Durch eine Metapher wird die Bedeutung der Aussage mittels eines bildlichen Vergleichs direkt übertragen.
- **Vereinfachung**
  Komplexe psychologische Konzepte („automatisches Denken" und „bewusstes Denken") werden auf banale Begriffe („Autopiloten-Modus" und „manueller Modus") reduziert, was die Idee zwar leichter verständlich macht, aber auch übermäßig einengt.
- **Alltagssprache**
  Die Beschreibung nutzt alltägliche Begriffe („Katze", „Rechenaufgaben" und „komplizierte Probleme"), um die Beispiele zu veranschaulichen und um eine Verbindung zum realen Leben herzustellen, entzieht sich jedoch dem Standard akademischen Schreibens.

Zusätzlich zu den genannten Stilmitteln finden darüber hinaus folgende rhetorische Techniken Verwendung:
- **Analogien**
  Wiederholung von Anfangslauten bei aufeinanderfolgenden Worten
- **Hyperbeln**
  starke Übertreibung von Gefühlen, Situationen oder Ereignissen
- **Wortspiele**
  witzige und kreative Verwendung von Worten
- **Euphemismen**
  Verwendung von beschönigenden, abmildernden oder verschleiernden Worten für negative Sachverhalte

All diese rhetorischen Mittel ermöglichen es, einerseits komplexe und schwer begreifbare Wissensfelder aufzubrechen und einem breiten Publikum zugänglich zu machen, können andererseits aber auch in unsachgemäßer Weise als Mittel zur Trivialisierung eingesetzt werden und Missverständnisse durch Fehlinterpretationen hervorrufen (*fake news*).

So kommt es bemerkenswerterweise bei ihrer kommerziellen Verwendung in der Verkaufspsychologie, im Marketing oder auf Internetseiten zu einer Trivialisierung komplexer psychologischer Sachverhalte. So ergibt sich bei der Anwendung verhaltensökonomischer Prinzipien oft die fatale Alternative zwischen kommerzieller Trivialisierung und kostenintensiver Anlehnung an die Psychologie als Wissenschaft. Nachfolgend werden ausgewählte Beispiele hinsichtlich ihres Bedeutungsgehalts und verwendeter rhetorischer Stilmittel analysiert. Ausgehend von den zahlreichen Formen der Trivialisierungen zu System 1/2 und zu Heuristiken, wird an dieser Stelle auch allgemein auf die Facetten der Trivialisierung akademischer Texte hingewiesen:

– **oberflächliche Betrachtung**
   Ein komplexes Thema oder eine wichtiges Schlüsselkonzept wird nur oberflächlich behandelt, ohne auf die tieferen Aspekte, Hintergründe, Ursachen oder Folgen einzugehen.

– **ungerechtfertigte Vereinfachung**
   Ein Thema wird ohne triftigen Grund übermäßig vereinfacht. Dies könnte auf eine absichtliche Auslassung wichtiger Informationen oder Details hindeuten, um tiefgründige Diskussionen zu vermeiden.

– **unvollständige Darstellung von Fakten**
   Entscheidende Fakten, Daten oder Informationen, die für ein umfassendes Verständnis des Themas notwendig sind, werden weggelassen.

– **übermäßiger Fokus auf unwichtigen Aspekten**
   Weniger wichtige Elemente eines Themas erhalten zu viel Aufmerksamkeit, während zentrale oder kritische Aspekte ignoriert werden.

– **Humor oder Sarkasmus auf Kosten der Wichtigkeit**
   Ein ernstes Thema wird durch humorvolle oder sarkastische Kommentare salopp dargestellt, ohne die Ernsthaftigkeit des Themas angemessen zu berücksichtigen.

– **mangelnde Anerkennung der Komplexität**
   Die Komplexität eines Themas wird nicht angemessen gewürdigt und stattdessen wird eine zu stark vereinfachte Lösung oder Erklärung präsentiert.

– **Vernachlässigung von Fachmeinungen**
   Obwohl evidenzbasiertes Fachwissen und Fachmeinungen zu einem besseren Verständnis beitragen, wird es missachtet und herabgesetzt.

– **Fehlen einer ausgewogenen Diskussion**
   Wenn es keinen Raum für eine faire Auseinandersetzung mit unterschiedlichen Meinungen, Standpunkten und Sichtweisen gibt und stattdessen eine einseitige Darstellung begünstigt wird, kann auch dies ein Hinweis auf Trivialisierung sein.

Texte, die aus einem wissenschaftlichen und sachbezogenen Rahmen fallen und die neben den hier erwähnten Facetten Stilmittel der Trivialisierung nutzen, enthalten zudem häufig typische Denkfallen, wie etwa fehlende Quellenangaben, fehlende Evidenzen, unpassende Verwendung von Synonymen, unzutreffende Assoziationen, größtenteils Alltagssprache und anekdotische Belege.

Wird ein Sachverhalt trivialisiert, so begünstigt dies wiederum die weitere Verbreitung von Trivialisierung, vor allem dann, wenn man sich auf unkritische Aussagen stützt und diese weiterverwendet. Die angeblich bestätigte Aussage, dass Entscheidungsfindung zu 10 % rational und zu 90 % emotional ablaufe (vgl. Peterson, 2020), scheint auf den ersten Blick glaubwürdig. Betrachtet man hingegen genauer die angegebene Quelle (Grant, 2014), so fällt auf, dass die Aussage *„the science of behavioural economics suggests that decision making is 10% rational, 90% emotional."* durch keine Quellenangabe bzw. Evidenz gestützt ist. Manchmal wird die Meinung fachkundiger Personen überbewertet, so dass man ohne weitere kritische Auseinandersetzung lediglich auf das Hörensagen vertraut und dann die Auffassung teilt (vgl. Scheier & Held, 2007), dass Kaufentscheidungen zu 95 % durch das implizite System gesteuert werden. In anderen Publikationen wiederum wird davon ausgegangen, dass „56 % durch emotionale Faktoren (davon 53 % positiv, 3 % negativ) und lediglich zu 44 % auf der Basis rationaler Faktoren getroffen" (Zweigle & Heinl, 2023) werden. Auch die unpassende Verwendung von Synonymen führt zu einer inhaltlich inkorrekten Darstellung komplexer Sachverhalte. So werden intuitive Prozesse (Intuition, aber auch Emotionen) mit System 1 gleichgesetzt (vgl. Peterson, 2020; Zweigle & Heinl, 2023). Der Umfang und der Grad der Trivialisierung, d. h. das Spektrum verwendeter Facetten und rhetorischer Stilmittel, variiert bei wissenschaftlichen Publikationen unterschiedlich stark. Während in manchen Publikationen (z. B. Grant, 2014; Peterson, 2020; Zweigle & Heinl, 2023) bestimmte Sachverhalte nur vereinzelt trivialisiert werden, fällt in anderen Veröffentlichungen (z. B. Scheier & Held, 2007) die Vielzahl verwendeter Facetten und rhetorischer Mittel zur Trivialisierung deutlich auf. Neben Vereinfachungen und der Alltagssprache werden auch humorvolle Analogien (Scheier & Held, 2007), wie beispielsweise: „Der Code dieses Systems ist Action". Auch werden triviale Aspekte (z. B. 11 Millionen Bits und 40 Bits), die keinen Erklärungscharakter aufweisen, übermäßig hervorgehoben. Sachverhalte werden zudem ohne angemessenen Grund vereinfacht und führen zu Fehlinterpretationen bzw. zu dem Glauben: „Es gibt im Gehirn zwei fundamental unterschiedliche Systeme". Fakten werden unzureichend dargestellt und die Komplexität psychologischer Sachverhalte wird nur ungenügend anerkannt. Des Weiteren fehlt ein ausgewogener Diskurs, denn die duale Prozesstheorie wird zuweilen so dargestellt, als ob sie jegliches Entscheidungsverhalten beschreiben und erklären könne. Zusätzlich wird mit Übertreibung, einer irreführenden Darstellung von Fakten und Abbildungen und falscher Interpretation von Korrelation, nämlich fälschlicherweise als Beweis für Kausalität, gearbeitet.

Insofern ist eine Skepsis angemessen, wenn allzu schnell und voreilig von System-1- oder System-2-Entscheidungen bzw. im Marketing sogar von System-1/2-Produkten (vgl. Scheier & Held, 2007) gesprochen wird. Ebenso wird gelegentlich eine subjektive Einschätzung der Schädlichkeit einzelner Heuristiken im Finanzsektor als numerischer Index (z. B. Schulnoten) festgehalten (vgl. Daxhammer & Fascar, 2017).

Derartige Versuche zur Quantifizierung des Risikos suggerieren zwar Genauigkeit, und rufen einen leserfreundlichen und anschaulichen Eindruck hervor, müssen jedoch als eine allzu grobe Vereinfachung ohne Evidenz und damit als triviale Mutmaßung ohne tatsächlichen Nutzen für (Finanz-) Beratungen angesehen werden.

---

i Interessenten, welche die aufgeführten Formen der Trivialisierung selbst auffinden und überprüfen sowie Hinweise zum angemessenen Verfassen akademischer Texte suchen, können u. a. folgende Texte von Kolmer und Rob-Santer (2002), Eco (2010), Bartsch et al. (2013), Franck (2022) empfohlen werden. Dabei dienen die nachfolgenden kritischen Fragen als Leitfaden:
- Welche Formen der Trivialisierung werden genutzt?
- Welche Formen der Trivialisierung werden in Abbildungen ersichtlich?
- Welche Informationen zu den angegebenen Texten benötigen Sie, um Trivialisierung zu vermeiden?
- Bitte formulieren Sie selbst bestimmte Textstellen ohne Trivialisierung.
- Welche kritischen Fragen haben Sie in den Texten gefunden bzw. welche sind Ihrer Meinung nach angebracht?
- Bitte heben Sie sachliche und evidenzbasierte Ausführungen hervor.

Es besteht ein Zusammenhang zwischen der Trivialisierung und Anwendung von Heuristiken. Beide führen zu einer Vereinfachung der Realität, die manchmal nützlich und manchmal auch irreführend sein kann. Zudem können sich beide gegenseitig verstärken. Beispielsweise werden bei trivialisierten Sachverhalten wichtige Informationen unbeachtet gelassen, die für die Bildung von Heuristiken unerlässlich sind. Umgekehrt können auch Heuristiken zu voreiligen Schlüssen führen, die dann eine Trivialisierung rechtfertigen könnten. Um den Risiken der Trivialisierung oder der Heuristiken vorzubeugen oder sie zu minimieren, gilt es, Annahmen zu überprüfen, mehrere Blickwinkel einzunehmen, zusätzliche Informationen und Evidenzen zu suchen sowie kritisch zu hinterfragen.

Wissenschaftliche Exaktheit wird durch die Trivialisierung verzerrt, und der Zugang zu den wahren Ursache-Wirkungs-Beziehungen wird dadurch erschwert bzw. blockiert. Zur Trivialisierung trägt bei, dass Aspekte wie Simplifizierung und kulturelle Einflüsse vernachlässigt werden und die Komplexität von Entscheidungen nicht berücksichtigt wird.

In einer Welt voller Fehlinformationen und einer Vielzahl unbewusst wirkender und offensichtlicher Voreingenommenheit erscheint es umso wichtiger, den Schwerpunkt auf Genauigkeit und Wahrheitssuche zu legen, indem man Präzision, kritisches Nachfragen, Reflexion und evidenzbasiertes Vorgehen in den Mittelpunkt der Entscheidungsfindung rückt. Evidenzbasiertes Handeln und reflektiertes Denken bilden eine solide Grundlage, um fundierte Entscheidungen zu treffen, und tragen zur Problemlösung bei. Ein solches Vorgehen ermöglicht Personen und Organisationen, die Ursache von Problemen zu ermitteln, Lösungen zu testen und Strategien auf der Basis empirisch gestützter Erkenntnisse anzupassen. Zudem wird eine kontinuierliche Optimierung gefördert, indem vorherige Entscheidungen analysiert und bewertet werden. Die richtigen Rückschlüsse aus den Fehlern und Erfolgen ermöglichen zukünftig die

Realisierung effektiverer Lösungen. Die bewusste Kombination dieser Ansätze kann dazu beitragen, die Trivialisierung von Sachverhalten zu erkennen und abzuwenden, indem der Fokus auf stichhaltige und durch Fakten untermauerte Argumente und widerspruchsfreie Schlussfolgerungen gelegt wird. Dies ist vor allem in Bereichen wichtig, in denen Entscheidungen eine Vielzahl von Personen maßgeblich betreffen oder die mit gravierenden Auswirkungen einhergehen. Wenn zudem in der Wissenschaft eine zu starke Vereinfachung oder ein trivialisierendes Vorgehen Akzeptanz findet, werden irreführende oder falsche Befunde und Tatsachen vermittelt, die zu realitätsfremden Annahmen und Überzeugungen führen und letztlich angemessene Entscheidungen und zum Erfolg führende Handlungen verhindern.

8 Nudging

Heuristiken beeinflussen spontan das Entscheidungsverhalten in vielfältiger Weise. Eine zielgerichtete Änderung des Entscheidungsverhaltens stellt eine große Herausforderung dar, für die zahlreiche Ansätze und Methoden zur Verfügung stehen, auch wenn es keine allgemeingültigen oder einfachen Lösungen gibt (Jonas, Stroebe, & Hewstone, 2014; Roth, 2019; Strassheim & Beck, 2019). Eine Verhaltensänderung erfordert auf individueller Ebene Motivation, Selbstdisziplin, Bewusstsein, Planung, Unterstützung und Anpassungsfähigkeit. Durch die Modifizierung der Umgebung oder der Informationen, welche das Verhalten beeinflussen, kann auch eine Verhaltensänderung erleichtert werden. Die umgebungs- oder informationsbezogene Änderung wird auch als *nudging* (Anstupsen) bezeichnet.

Nudging, als Konzept der Verhaltensökonomie, beinhaltet die subtile Beeinflussung von Entscheidungen des Einzelnen, ohne seine Wahlmöglichkeiten einzuschränken. Es zielt darauf ab, das Verhalten in Richtung vorteilhafterer Ergebnisse für das Individuum bzw. die Gesellschaft insgesamt zu lenken, ohne Zwang auszuüben. Ein Beispiel aus dem täglichen Leben ist die strategische Platzierung von gesünderen Lebensmitteln auf Augenhöhe in einer Cafeteria, um gesündere Essgewohnheiten zu fördern. Der Zweck des *nudging* besteht darin, die Entscheidungsfindung sanft in Richtung positiver Entscheidungen zu lenken. Oft basiert *nudging* auf psychologischen Automatismen, um das vermeintliche Wohl der Person oder ein Gesamtergebnis zu verbessern, ohne dabei Restriktionen oder Einschränkungen aufzuerlegen.

Wie bereits in den Ausführungen zur kognitiven Dissonanz (vgl. Kap. 5.4) herausgestellt, können direkte Anweisungen oder Appelle zu einer Abwehrhaltung führen und das angestrebte Ziel, ein gewünschtes Verhalten hervorzurufen, verhindern. Schafft man es eventuell eher, Personen durch subtiles Anstoßen bzw. Anstupsen zu einem bestimmten Verhalten hinzuleiten? Wenn Personen eher die Treppe statt der Rolltreppe benutzen sollen, ist es wenig zielführend, ein Schild aufzustellen, welches auf die gesundheitliche Förderung durch das Treppensteigen hinweist. Vielmehr ist es im Sinne des *nudging* erfolgsversprechender, die Treppenstufen wie Klaviertasten optisch zu markieren und damit eine interaktive Nutzung durch Tonfolgen anzuregen (vgl. Abb. 8.1).

Ein *nudge* kann gemäß der Definition von Sunstein (2014) als ein freiheitserhaltender Ansatz verstanden werden, der Entscheidungen von Personen in eine bestimmte Richtung lenkt, es ihnen aber auch freistellt, ihren eigenen Weg zu gehen. Um als *nudge* zu gelten, muss die Möglichkeit gegeben sein, sich gegen sie zu entscheiden. Deshalb fallen rechtliche Interventionen durch Geld- oder Haftstrafen, Subventionen und Steuern nicht unter das Konzept des *nudging*.

Menschliches Verhalten wird im Sinne der Verhaltensökonomie dabei ohne Verbote und direkte Aufforderungen gelenkt. Es wird vielmehr eine **Entscheidungsarchitektur** (*choice architecture*) geschaffen, welche durch bestimmte Rahmenbedin-

https://doi.org/10.1515/9783110722307-008

Abb. 8.1: Treppenstufen mit Markierung als interaktive Klaviertasten in der U-Bahnstation in Guangzhou, China.

gungen Personen zu einem angemesseneren Verhalten hinführen soll. Die Entscheidungsarchitektur besteht Thaler, Sunstein und Balz (2012) folgend aus einer Anordnung menschlicher Wahlmöglichkeiten. Dadurch sollen Personen zu vermeintlich guten Entscheidungen geführt werden und zugleich die Möglichkeit haben, sich anders zu entscheiden (Arvanitis, Kalliris, & Kaminiotis, 2022). *Nudges* basieren auf der Erkenntnis, dass Personen systematisch von einem präferenzbefriedigenden Verhalten abweichen können. *Nudging* reguliert weder hart, noch setzt es direkte finanzielle Anreize. Aus einer wirtschaftlichen Perspektive beschreibt Schubert (2015) *nudging* als kostengünstige Intervention, die Verhalten lenken kann. Dabei soll die Entscheidungsfreiheit nicht beeinträchtigt werden. *Nudging* kann zudem als ein Verhaltensstimulus verstanden werden. Er wirkt durch die Gestaltung der Verhaltenssituation, also der Architektur einer Entscheidungssituation. Änderungen des Status quo werden durch offene Anspielungen bzw. Hinweise statt durch direkte Anweisungen versucht zu erreichen. Indirekte *nudging* Hinweise wirken besser als direkte Aufforderungen im traditionellen Sinn (vgl. Tab. 8.1).

Das Prinzip *nudging* wird verstärkt auf staatlicher Ebene genutzt, um das Verhalten von Staatsangehörigen zu lenken (Halpern, 2015). Hierbei wird unterstellt, dass Personen für sich oft ungünstige Entscheidungen treffen, da ihnen zumeist nur unvollständige Informationen vorliegen. Im Kontext sozial-politischer Maßnahmen wird von einem sanften Anstupsen hin zu einem rationaleren und langfristig vorteilhafteren Verhalten gesprochen.

Für seine empirische Arbeiten über Verhaltensanomalien in der klassischen Ökonomie erhielt Richard Thaler im Jahr 2017 den „Alfred-Nobel-Gedächtnispreis für

Tab. 8.1: Verhaltensgestaltung durch traditionelle Hinweise im Vergleich zu *nudging*.

traditionelle Hinweise	nudging
in den Werbepausen werben	Produktplatzierung in der Sendung
Premium Verkauf (*upselling*) des gewünschten Ergebnisses/Produkts	Abwählen (*opt-out*) der Standardeinstellung hinsichtlich des gewünschten Ergebnisses
Bußgelder für zu schnelles Fahren	mehr Geschwindigkeitshindernisse einrichten
Risikoaufklärung für hohen Salzkonsum	die Größe der Salzbeutel verringern

Wirtschaftswissenschaften". Sein Fokus lag auf der Analyse mentaler Buchführung (vgl. Kap. 5.7), und zusammen mit Cass Sunstein prägte er den Begriff des libertären Paternalismus für den *nudge*-basierten Ansatz im Bereich der Wirtschaftspolitik (Sunstein & Thaler, 2003). Mit diesem verhaltensökonomischen Ansatz konnten sie sich auch bei etablierten Forschenden der Ökonomie außergewöhnlich erfolgreich durchzusetzen (Earl, 2018).

Auch wenn in Deutschland erst relativ spät rezipiert und umgesetzt (auf Regierungsebene seit Anfang 2015), bietet *nudge*-Management Organisationen unter anderem die Möglichkeit, das Selbstmanagement der Beschäftigten zu fördern. Gelingendes Selbstmanagement ist ein entscheidender Erfolgsfaktor wirtschaftlichen Funktionierens. Unbewusstes Mitarbeiterverhalten kann unproduktives Verhalten fördern. Aus organisationaler Perspektive sind befehlsartige Anweisungen oder Aufforderungen meist wenig erfolgversprechend. Vielmehr gilt es, effiziente Entscheidungsarchitekturen zu gestalten. Veränderte Rahmenbedingungen (z. B. Digitalisierung, Arbeit 4.0) bieten aktuell die Basis für eine leistungsorientierte und wertschätzende Kommunikation, die den Faktor Mensch voll einbezieht. Prinzipien der Verhaltensökonomie können Führungskräften helfen, in unterschiedlichen Situationen angemessen zu handeln (Freibichler, Ebert, & Schubert, 2017). Das Wissen um aktuelle neurologische, psychologische und verhaltensökonomische Erkenntnisse führt zu einer gesteigerten kognitiven und geistigen Leistungsfähigkeit, unterstützt selbstorganisiertes Verhalten und hat direkte, umgehende Auswirkungen bei einfacher Skalierbarkeit und Kosteneffizienz.

Das folgende Kapitel spezifiziert zunächst die auf *nudging* bezogenen Prinzipien der Informationsverarbeitung. Deren Rolle gewinnt bei der Gestaltung von Entscheidungsstrukturen im digitalen Informationszeitalter zunehmend an Bedeutung. Anschließend wird veranschaulicht, wie sich unterschiedliche *nudge*-Effekte auf menschliches Entscheidungsverhalten und die Selbstbestimmung auswirken. Ergänzend werden die wichtigsten *nudges* beispielhaft angeführt. Dabei wird anhand aktueller Forschungsergebnisse auf das Konzept menschlicher Autonomie eingegangen. Dadurch, dass *nudging* für politische Entscheidungen von immer höherem, nutzbringendem Interesse ist, wird vertieft auf den libertären Paternalismus eingegangen. Abschließend wird das Kapitel mit einer Evaluation, die zugleich als kontroverse Betrachtung verstanden werden kann. Dabei wird auf wirtschaftspolitische, ethische und soziale Herausforderungen, aber auch Risiken, Chancen und Probleme eingegangen, die mit *nudging* einhergehen.

8.1 Prinzip der Informationsverarbeitung

Wie viel Kilobyte (KB) konnte eine Diskette im Jahr 1999 speichern? 8 Bit entsprechen einem Byte. 1024 Byte werden als 1 Megabyte (MB) bezeichnet.

17 Jahre später führte Cisco den Begriff Zettabyte (ZB) ein.

Welchen Exponentialfaktor hat ein Zettabyte (ZB) aus Kapitel 4.6? 10 hoch … ?

Wie viele Nullen hat ein Zettabyte (ZB)?

Betrachtet man weltweit das Volumen der jährlich generierten digitalen Datenmenge seit dem Jahr 2010 (IDC, 2023), dann erkennt man eine exponentielle Zunahme der gesamten Datenkapazität – von 2 ZB im Jahr 2010 über 16 ZB im Jahr 2015, 64 ZB im Jahr 2020 bis 104 ZB im Jahr 2022. Für das Jahr 2027 werden 284 ZB prognostiziert.

Eine stetig zunehmende Informationsüberlastung (vgl. Kap. 5.5) bedarf im Zeitalter datenwissenschaftlicher Erkenntnisse und deskriptiver Handlungsweisen einer individualisierten Berücksichtigung und Spezifizierung bei der Informationsverarbeitung.

Bevor nun auf analoge und digitale Prinzipien der Informationsverarbeitung eingegangen wird, ist es nutzbringend, den Zusammenhang zum dualen Denksystem (vgl. Kap. 7) zu berücksichtigen. Wenn *nudges* eine gewünschte Handlung einer Person spontan initiieren, dann werden System-1-Prozesse aktiviert. Wenn *nudges* hingegen durch eine bewusste Entscheidung umgesetzt werden, so sind immer System-2-Prozesse einbezogen. Wenn in beiden Systemen *nudges* verinnerlicht werden, spricht man von Internalisierung. **Internalisierung** bezeichnet den Vorgang, bei dem Werte, Normen, Einstellungen und Sichtweisen einer externen Quelle (z. B. andere Person, Gruppe oder Gesellschaft) als eigene Verhaltensweisen und Einstellungen übernommen und damit als Teil der eigenen Identität angesehen werden. Durch Internalisierung besteht die Möglichkeit zur Verhaltensänderung, ohne dass Personen dazu gedrängt oder incentiviert werden. *Nudges* können auch zu **Dichotomisierung** führen, d. h. Sachverhalte werden in Entweder-oder-Schablonen (Schwarz-Weiß-Denken) unterteilt. Die Komplexität der Sachverhalte mit ihren vielen Facetten wird dadurch stark vereinfacht, so dass einzelne Aspekte einer Situation oder Person ignoriert werden. Sowohl Internalisierung als auch Dichotomisierung können die Aufmerksamkeit einer Person beeinträchtigen und sofortige Reaktanz hervorrufen (vgl. Kap. 7). Durch diese Beeinträchtigung der Aufmerksamkeit können sanfte *nudges* ihre Wirkung kaum entfalten. Bei verringerter Aufmerksamkeit wird Dringlichkeit vor Wichtigkeit oder Aufwand vor Genauigkeit Priorität gegeben. Folglich ist es wichtig, über einen längeren Zeitraum aufmerksam zu sein, da Unaufmerksamkeit zu ständigen Unterbrechungen und damit einhergehender Unproduktivität führen kann. Da aktuell verfügbare Informationen als dringlich angesehen und priorisiert werden, tendieren Personen zu ständiger Reaktanz (vgl. Kap. 4.5). Die Verbindung zwischen *nudging* und Internalisierung besteht darin, dass *nudging* die Möglichkeit eröffnet, eine Internalisierung anzustoßen, und Personen so dazu gebracht werden, eine gewünschte Handlung auszuführen. Dadurch werden

Personen positive Erfahrungen und Rückmeldungen vermittelt. Wenn Personen die Handlung als sinnvoll, angenehm oder nützlich empfinden, können sie die dahinterstehenden Werte, Normen und Ziele als ihre eigenen übernehmen und sie in ihr Selbstkonzept integrieren. Somit kann *nudging* nicht nur zu kurzfristigen, sondern auch zu langanhaltenden Verhaltensänderungen führen. Der *nudging*-Effekt kann somit unmittelbar an Mechanismen der Informationsverarbeitung geknüpft werden. Generell wird hier der Ansatz verfolgt, dass die zahlreichen Phänomene oder Verhaltensanomalien, wie sie in der Verhaltensökonomie zwar systematisch erfasst aber oft fragmentiert dargestellt werden, direkt auf einheitliche Prinzipien und Mechanismen der Informationsverarbeitung zurückzuführen sind.

Zum Verständnis der Kognition ist es sinnvoll, zwischen analoger und digitaler Informationsverarbeitung zu unterscheiden. Analog vereint hierbei interpersonales Verhalten, gegenseitiger Gedankenaustausch und auch sensorische Stimuli (z. B. Werbung im Kaufhaus, visuelle und auditive Warnhinweise). Digitales Anstoßen (*digital nudging*) kann zum Verständnis des Mechanismus beitragen, wie ein Preis als Ankerwert im Sinne eines Vorbereitungseffekts (vgl. Kap. 5.6) wirkt. Zwei Erklärungsansätze (numerischer und semantischer Vorbereitungseffekt) sind mit dem digitalen Anstoßen, welches weitaus häufiger als analoges *nudging* genutzt wird, verbunden (Freibichler, Ebert, & Schubert, 2017; Dennis et al., 2020). Das Wissen um Mechanismen von Verhaltensanomalien und -verzerrungen ermöglicht es, gewinnbringende Kaufentscheidungen im E-Commerce herbeizuführen oder schädliche abzuwenden. Unabhängig von seinem semantischen oder numerischen Charakter (vgl. Kap. 5.6) wird die nachfolgende Wahrnehmung oder das nachfolgende Verhalten durch einen **subliminalen Vorbereitungsreiz** beeinflusst. Beim **numerischen Vorbereitungsreiz** wird eine für die Kaufentscheidung relevante Zahl dargeboten (z. B. bei Online-Auktionen oder Vergleichsportalen). Der Konsumierende, der sich entscheidet, welchen Preis er für das Produkt zu zahlen bereit ist, lässt sich von numerischen Vorbereitungsreizen beeinflussen. So können Verkaufspersonen ihre Kundschaft dazu verleiten, mehr für Produkte zu bezahlen, deren Wert unbestimmt ist, indem sie diese Produkte neben hochpreisigen anderen Produkten anzeigen, welche die Kundschaft auch gesucht hat.

Diese Strategie wirkt nur geringfügig bei Auktionen von Produkten, deren Preis bekannt ist und zeigt keinerlei Wirkung bei Produkten mit klar ausgewiesenen Preisen (z. B. Amazon: vgl. Dennis et al., 2020).

Bezogen auf das Zwei-System-Modell lassen sich für das digitale Anstoßen interessante Verbindungen aufzeigen. Rezipieren Personen digitale Produktinformationen, entscheiden sie sich oftmals spontan und direkt für oder gegen einen Kauf, ohne alle vorhandenen Produktmerkmale und -optionen gründlich abzuwägen. Um diesen initialen numerischen Anker durch einen Anpassungsprozess abzuschwächen, sind Prozesse des Systems 2 erforderlich. Auch wenn Prozesse des Systems 2 letztendlich die Preisvorstellung bestimmen, bleibt die Kaufentscheidung dennoch an dem initialen Anker ausgerichtet. Bei Darbietung des **semantischen Vorbereitungsreizes** geht es darum, Konsumierende zu veranlassen, sich intensiv und tiefgründig (System 2) mit den Produktmerkmalen zu beschäftigen. Zahlungsbereitschaft entsteht, wenn die Informationen in das Arbeitsgedächtnis aufgenommen werden und somit leichter zugänglich sind. Dabei löst die Beschaffenheit eines hochwertigen oder niedrigwertigen Produkts ein Nachdenken über Produkteigenschaften aus, welches die Zahlung eines höheren oder niedrigeren Preises rechtfertigen würde. Die Verkaufsmethode des Premium-Verkaufs (*upselling*) und des Querverkaufs (*cross-selling*) basieren auf eben diesen Prinzipien der Stimulation des Nachdenkens über Produkteigenschaften oder -optionen. Während auf Online-Verkaufsportalen die Methode des Premium-Verkaufs im Sinne des digitalen Anstoßens mit semantischen Vorbereitungsreizen vor besonderen Herausforderungen steht, kann die Methode des Querverkaufs durch zahlreiche automatisierte Möglichkeiten der Verlinkung (z. B. ähnliche Artikel, Zubehör) gefördert werden. Technische Mittel, die Möglichkeiten zum Premium-Verkauf bieten, sind stark begrenzt, und zudem kann die Kundschaft durch Filtereinstellungen Preisobergrenzen festlegen. Jesse und Jannach (2021) untersuchten digitales Anstoßen durch automatisierte Empfehlungssysteme (Produktvorschläge, verwandte Produkte), bei denen unterschiedliche Aspekte der Entscheidungsarchitektur betont wurden. Sie beschreiben 87 *nudging*-Mechanismen, von denen nur ein geringer Teil im Kontext von Empfehlungssystemen untersucht und eingesetzt wurde. Demzufolge bietet die Einbindung von *nudging*-Mechanismen ein großes Potenzial für ihre Integration in automatisierten Empfehlungssystemen. In einem umfassenden Überblick über empirische Befunde zum digitalen *nudging* berichteten Bergram et al. (2022), dass in den letzten fünf Jahren digitales *nudging* um das Zehnfache angestiegen ist. Sie betonten die Rolle der Personalisierung und der Verflechtung einzelner *nudges* miteinander für die Entscheidungsarchitektur. Besonders bei sozialen *nudges* ist Transparenz und der Informationsaustausch innerhalb der Gruppe von großer Bedeutung für die Akzeptanz des *nudging* und die Änderung der Entscheidungsarchitektur anderer Gruppenangehöriger. Es werden zwei Stufen der Personalisierung unterschieden. Stufe 1 geht mit der Abfrage von persönlichen Daten einher, wohingegen bei Stufe 2 persönliche Daten genutzt werden, um die Entscheidungsarchitektur individuell anzupassen (z. B. durch die Art der Mitteilung auf dem Smartphone, die Art und den Anlass der akustischen Signale oder durch die Information: „Das haben andere Kunden auch gekauft.“). Der Hauptteil der ausgewerteten Studien stammt aus den Bereichen Datenschutz/Sicherheit, E-Commerce/Marketing und soziale Medien. Bertram et al. (2022) identifizieren auf Grund der umfassenden Literaturauswertung folgende Problemfelder:

– Übertragbarkeit auf andere Bereiche (z. B. Gesundheit, Politik)
– Einfluss kultureller Faktoren
– Wirksamkeit personalisierter und verknüpfter Entscheidungsarchitektur
– Optimierung personalisierter *nudges* durch Echtzeitdaten
– ethische Grenzen bei der Personalisierung
– Rolle des Vertriebssystems bzw. -kanals

– Bewertung digitalen Anstoßens bei Kaufabschluss bzw. -abbruch oder bei einmaligem bzw. wiederholtem Kauf
– Verständnis der Verflechtung einzelner *nudges* miteinander

Obwohl *nudging* in den Bereichen Ängstlichkeit, Täuschung und Leistungsbereitschaft häufig Anwendung findet, fehlen offensichtlich empirische Untersuchungen hierzu. Selten führt digitales Anstoßen zu einem völligen Blockieren des Verhaltens. Daher empfehlen Bertram et al. (2022) die anstoßbezogene Kontrolle sowohl des äußeren Verhaltens als auch der inneren Einstellung.

Ein besonderer *nudging*-Mechanismus bei der Entscheidungsfindung ist der **Köder-Effekt** (*decoy effect*) (Herne, 1997). Dieser Effekt beschreibt den Einfluss, den eine zusätzliche Wahlmöglichkeit (der Köder) auf die Entscheidung zwischen zwei Optionen ausübt. Wenn die Einführung dieses Köders zu einer höheren Präferenz für die Zieloption führt, spricht man auch von einem asymmetrischen Dominanz-Effekt, wie er von Huber, Payne und Puto (1982) beschrieben wurde. Der mit dem Köder verbundene Effekt widerspricht der traditionelle Rational-Choice-Theorie, die nahelegt, dass sich Präferenzen zwischen zwei Optionen durch das Vorhandensein oder Fehlen anderer Wahlmöglichkeiten nicht ändern sollten.

Personen neigen dazu, Entscheidungen auf der Grundlage von Vergleichen und kontextabhängig zu treffen, anstatt Optionen unabhängig voneinander zu bewerten (vgl. Abb. 8.2).

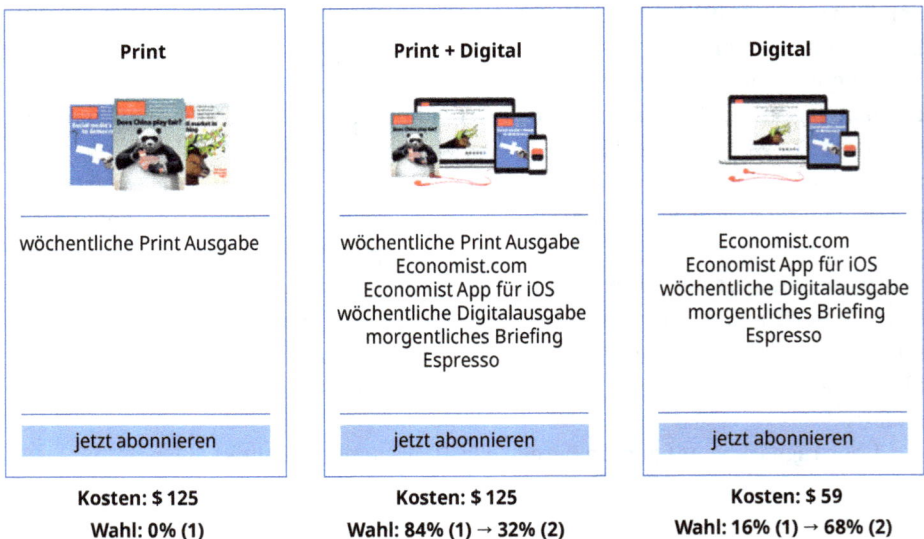

Print	Print + Digital	Digital
wöchentliche Print Ausgabe	wöchentliche Print Ausgabe Economist.com Economist App für iOS wöchentliche Digitalausgabe morgentliches Briefing Espresso	Economist.com Economist App für iOS wöchentliche Digitalausgabe morgentliches Briefing Espresso
jetzt abonnieren	jetzt abonnieren	jetzt abonnieren
Kosten: $ 125	Kosten: $ 125	Kosten: $ 59
Wahl: 0% (1)	Wahl: 84% (1) → 32% (2)	Wahl: 16% (1) → 68% (2)

Abb. 8.2: Marketingbeispiel für digitales *nudging* mit zwei Entscheidungsarchitekturen (1) und (2).

Dieses Beispiel zeigt eine erste Entscheidungsarchitektur mit drei Optionen. Nachdem man später eine zweite Entscheidungsarchitektur mit nur zwei Optionen (Print + Digital vs. Digital) vorlegte, ergaben sich vollständig geänderte Präferenzen: Digital 68 % und Print + Digital 32 %. Diese Präferenzumkehr wird als Beleg für den Köder-Effekt interpretiert, da es ansonsten keine Änderung der Wahlsituation bzw. psychologischer Faktoren gab. Auch bei Apple-Produkten sowie Reise- und Finanzprodukten (u. a. Josiam & Hobson, 1995; Cui, 2022; Okumura et al., 2023) wurde in gleicher Weise der Köder-Effekt nachgewiesen.

Die letzten Beispiele verdeutlichen die Rolle der Entscheidungsarchitektur bei der Entscheidungsfindung. Auf den großen Einfluss der Entscheidungsarchitektur wird im nächsten Kapitel ausführlich eingegangen.

8.2 Nudge-Effekte im Entscheidungsverhalten

Die aktuelle Verhaltensökonomie umfasst sowohl strukturelle und wirtschaftliche Faktoren als auch psychologische Phänomene sowie eine solide Entscheidungsarchitektur. Diese erfordert eine durchdachte Gestaltung aller Faktoren, welche die Entscheidungsfindung positiv oder negativ beeinflussen könnten (Thaler & Sunstein, 2008). Eine geringfügige Änderung in der Wahlumgebung, welche die Wahlmöglichkeiten selbst nicht verändert, führt zu einer großen Veränderung des Verhaltens. Auf einen allgemeinen Spendenaufruf für wohltätige Zwecke wird zwar positiv reagiert, wenn man Versuchspersonen jedoch eine Liste von bekannten Wohltätigkeitsorganisationen zeigt, verdoppeln sich sowohl die Zahlen der Spendenden als auch die Einnahmen für die jeweiligen Wohltätigkeitsorganisationen (Schulz, Thiemann, & Thöni, 2018). Da die Auswahlmöglichkeiten in beiden Fällen nicht eingeschränkt sind, kann diese Verteilung nicht mit Standardtheorien erklärt werden, die Kosten von psychologischen Faktoren abstrahieren. Dadurch bieten sich zusätzlich unterschiedliche Interventionsmöglichkeiten bei der Beeinflussung des Entscheidungsverhaltens. *Nudges* können Abläufe sowohl in System 1 als auch in System 2 beeinflussen.

Es wird zwischen transparenten oder intransparenten *nudges* unterschieden (Hansen & Jespersen, 2013). Transparente *nudges* sind jene offengelegten Intentionen, mit denen im Sinne des Allgemeinwohls eine Verhaltensänderung angestrebt wird und auch erwartet werden kann. Diese können sich zusätzlich auf die Selbstbestimmung auswirken. Ein bekanntes Beispiel ist die Fliege-im-Urinal oder Fußabdrücke auf dem Boden, die in Richtung einer Treppe führen. Ein intransparenter *nudge* hingegen ist dadurch charakterisiert, dass die angestrebte Verhaltensänderung in der Situation nicht erkennbar ist. Beispielhaft kann hier das Entfernen von Mülleimern in Kantinen angeführt werden, welches zu einer Müllreduktion führen soll. In einem anderen Zusammenhang können Personen dazu veranlasst werden, mehr Obst zu essen, wenn dieses bei der Essensausgabe in greifbarer Nähe angeboten wird (vgl. Abb. 8.3).

Abb. 8.3: Platzierung von Obst, welches leicht greifbar ist.

Zudem können Süßwaren an schwer erreichbaren Stellen platziert werden, wodurch auch weniger Süßigkeiten konsumiert werden. Ein weiteres Beispiel ist zugleich eine der weitverbreitetsten *nudging*-Methoden, die *default*-Regel. Sie beeinflusst Entscheidungen, indem Standardoptionen (*default*) von einem *opt-in* zu einem *opt-out* geändert werden. Die Verwendung entscheidungsgestaltender Wahlmöglichkeiten von Standardoptionen durch *opt-in/opt-out*-Maßnahmen beeinflussen beispielsweise Entscheidungen zu Organspenden. Die meisten Personen entscheiden sich für die Standardoption (Gregor & Lee-Archer, 2016). Personen tendieren dazu, die einfachste und die mit dem geringsten Aufwand verbundene Option zu wählen, wodurch auch der Status quo häufig beibehalten wird (vgl. Kap. 4.2). Länder wie Österreich und Belgien, in denen die Organspende als Standardoption vorgeschrieben ist (*opt-out*-Ansatz), haben eine deutlich höhere Organspende-Rate (über 90 %). Hingegen verzeichnen Länder mit einem *opt-in*-Ansatz eine deutlich geringere Organspende Rate von weniger als 15 % (Johnson & Goldstein, 2004; Davidai, Gilovich, & Ross, 2012). Es ist anzunehmen, dass nudging besonders bei solchen Testpersonen wirksam ist, die dazu neigen, intuitive Entscheidungen zu treffen, also vorrangig ihr heuristisches System 1 nutzen (Schulz, Thiemann, & Thöni, 2018). Somit werden Heuristiken, welche für die Steuerung von Spenderentscheidungen zuständig sind, durch die Architektur der Entscheidungssituation beeinflusst. Daneben wirken sich auch Publikumseffekte und sozialer Druck im Sinne sozialer Normsetzung auf die Spendenbereitschaft aus. Eine Übersicht über die wirkungsvollsten und am meisten verwendeten Instrumente des *nudging* (vgl. Viale, 2022) ist in Abbildung 8.4 zusammengestellt.

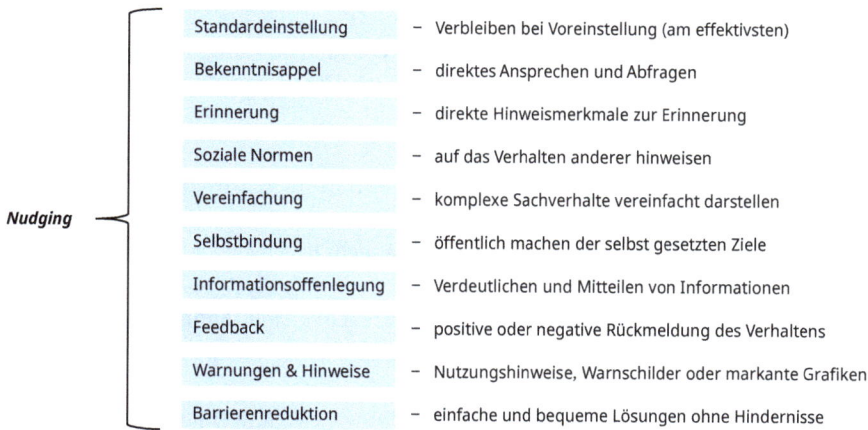

Nudging	Standardeinstellung	– Verbleiben bei Voreinstellung (am effektivsten)
	Bekenntnisappel	– direktes Ansprechen und Abfragen
	Erinnerung	– direkte Hinweismerkmale zur Erinnerung
	Soziale Normen	– auf das Verhalten anderer hinweisen
	Vereinfachung	– komplexe Sachverhalte vereinfacht darstellen
	Selbstbindung	– öffentlich machen der selbst gesetzten Ziele
	Informationsoffenlegung	– Verdeutlichen und Mitteilen von Informationen
	Feedback	– positive oder negative Rückmeldung des Verhaltens
	Warnungen & Hinweise	– Nutzungshinweise, Warnschilder oder markante Grafiken
	Barrierenreduktion	– einfache und bequeme Lösungen ohne Hindernisse

Abb. 8.4: Übersicht zu den meistverwendeten Instrumenten des *nudging*.

Die Wirkung der *nudging*-Maßnahmen richtet sich nicht nur nach der Handlungs-fähigkeit und individuellen Persönlichkeitsmerkmalen, sondern auch nach Umge-bungsmerkmalen, wie beispielsweise dem politischen Kontext. Beide Merkmalstypen beeinflussen die Entscheidungsfindung und -wahl, da sie wie eine Art Filter einge-hende Informationen selektieren und bewerten. Unterschiede in der Bereitschaft, Blut zu spenden, kann auf das Persönlichkeitsmerkmal Gewissenhaftigkeit anhand des Big-Five-Persönlichkeitstests zurückgeführt werden (Stutzer, Goette, & Zehnder, 2011). In Studien zum Selbstschutzverhalten in den USA während der COVID-19 Pande-mie wurde festgestellt, dass, im Hinblick auf soziale Normen als *nudging*-Instrument, Wählende der republikanischen Partei eine geringere Bereitschaft zeigten Masken zu tragen, sozialen Abstand zu halten und sich impfen zu lassen (Van Bavel et al., 2020; Van Bavel et al., 2022).

Der Einfluss individueller Selbstbestimmung und die Wirkungsweise einzelner *nudging*-Instrumente (vgl. Abb. 8.4) werden im folgenden Kapitel näher ausgeführt.

8.3 Nudge-Effekte in der Selbstbestimmung

Gezieltes *nudge*-Management kann Organisationen bei der Förderung von Selbstma-nagement beschäftigter Personen unterstützen. Dadurch wird es den Personen ermög-licht, selbstbestimmt zu entscheiden. Selbstmanagement bezeichnet die Fähigkeit, die eigenen Ziele, Pläne, Strategien und Ressourcen zu bestimmen, zu verfolgen und zu bewerten, um die eigene Leistung, Zufriedenheit und Gesundheit zu verbessern. Aus-gewählte *nudging*-Instrumente, die gewünschtes Verhalten anstoßen können, werden nachfolgend beschrieben:

– **Standardeinstellungen**
Als eines der effektivsten *nudges* gilt die Standardeinstellung, da bei nicht vorherrschender Präferenz Personen eher dazu tendieren, bei der Standardoption zu verbleiben.
Beispiel:
Die Bereitschaft zur Organspende in Österreich ist im Vergleich zu anderen Ländern deutlich höher, da die Aufhebung der Standardeinstellung mit einem Registereintrag einhergeht, in dem die Person als nicht organspendend geführt wird.

– **Bekenntnisappell**
Wenn Handlungsvorhaben unmittelbar abgefragt werden, dann wird damit die Wahrscheinlichkeit erhöht, dass Personen der Handlung nachgehen.
Beispiel:
Personen handeln eher im Sinne der Handlungsabsicht, wenn sie direkt danach gefragt werden: „Möchten Sie eine Aktie kaufen und der Investorengemeinschaft beitreten?" oder „Möchten sie ein E-Bike kaufen und die Umwelt schonen?"

– **Erinnerungen**
Untätigkeit wird oft durch Vergesslichkeit, Zeitmangel und Prokrastination begünstigt. Gewünschtes Handeln kann durch subtile, kleine Erinnerungen angestoßen werden.
Beispiel:
Grüne Schuhabdrücke auf dem Gehweg zum Mülleimer an öffentlichen Plätzen.

– **Soziale Normen**
Menschliches Verhalten lässt sich durch das Verhalten anderer beeinflussen.
Beispiel:
Hinweise in Hotelzimmern, wie „8 von 10 unserer Gäste nutzen ihr Handtuch mehrfach"

– **Vereinfachung**
Eine klare und vereinfachte Darstellung von sonst oftmals komplex dargestellten Sachverhalten schafft Akzeptanz und Transparenz.
Beispiel:
Behörden sollten ihren Fachjargon und die Verwendung komplizierter Worte vermeiden. Behördliche Schreiben sollen einfach und verständlich formuliert werden.

– **Selbstbindung**
Selbst gesetzte Ziele zu erreichen fällt Personen oftmals schwer. Macht man diese jedoch publik, dann erhöht sich die Umsetzungswahrscheinlichkeit.
Beispiel:
Durch die Registrierung auf einer Website, z. B. der eigenen Gemeindewebsite, kann man öffentlich für zu erledigende Aufgaben Verantwortung übernehmen.

– **Informationsoffenlegung**
Die Information sollte im Einzelnen offengelegt werden, um damit gewisse Entscheidungen herbeizuführen.

Beispiel:

Nachhaltiges Verhalten kann durch die Offenlegung der Kosten pro Nutzungseinheit gefördert werden, beispielsweise durch die Gegenüberstellung der Umweltkosten von regionalen und nicht-regionalen Produkten.

- **Feedback**

Diese Form des Anstoßens orientiert sich an der Bewertung des Verhaltens (z. B. positiv oder negativ) als eine Art Rückkopplung.

Beispiel:

Energiesparkonto mit Rückmeldung über den genutzten Energieverbrauch. Im Straßenverkehr gibt es Anzeigetafeln mit Smileys über die aktuelle Fahrgeschwindigkeit.

- **Warnungen und Hinweise**

Indem die Aufmerksamkeit durch Nutzungshinweise, Warnschilder oder auffällig gestalteten Grafiken erhöht wird, können *nudges* zur Verhaltenssteuerung utilisiert werden.

Beispiel:

Schockierende Bilder auf Zigarettenverpackungen. Zwei-Meter-Abstandslinien in Kaufhäusern.

- **Barrierenreduktion**

Personen bevorzugen die Wahlmöglichkeit, die mit weniger Aufwand und Zeit für die Entscheidung einhergeht. Der Zugang zu präferiertem Verhalten wird möglichst einfach, bequem und ohne Hindernisse ausgestaltet.

Beispiel:

Zugang zu Informationen via Internet, Bereitstellung von Fahrradstellplätzen durch Unternehmen, leichte Erreichbarkeit von gesunden Lebensmitteln im Supermarkt.

Selbstmanagement erfordert bewusste Anstrengung, Aufmerksamkeit und Kontrolle, die dem langsamen Denken (System 2) entsprechen. *Nudging* kann Prozesse in System 1 anstoßen, die wiederum Prozesse in System 2 triggern. *Nudging* unterstützt Prozesse, welche die Motivation, die Disziplin, die Gewohnheiten und die Selbstregulation fördern, die für eine erfolgreiche Verhaltensänderung unabdingbar sind. An dieser Stelle ist anzumerken, dass es nicht immer möglich ist, strikt zwischen Effekten des Entscheidungsverhaltens und der Selbstbestimmung zu trennen, da die Übergänge teilweise fließend sind. Wie am Beispiel zu den Standardoptionen veranschaulicht wurde, können sich Änderungen der Standardoption auch auf die Selbstbestimmung auswirken. Es stellt sich die Frage, ob *nudges* die Selbstbestimmung unterstützen oder beeinträchtigen. Arvanitis, Kalliris und Kaminiotis (2022) verwenden die Selbstbestimmungstheorie als Rahmen (vgl. Kap. 2.5), um zu untersuchen, wie *nudges* die drei psychologischen Grundbedürfnisse nach Selbstbestimmung, Kompetenz und sozialer Eingebundenheit erfüllen oder unterlaufen. Sie verwendeten zwei Arten von *nudges*, um die Wahl von Studierenden zwischen verschiedenen Kursen zu testen. Zum einen wurde ein *nudge* als

Standardoption und zum anderen ein *nudge* als besondere Empfehlung für die beste Option angeboten. Die Empfehlungsoption unterstützte die Selbstbestimmung der Studierenden, indem die empfundene Wahlmöglichkeit und die intrinsische Motivation höher ausgeprägt war. Die Standardoption senkte die Wahrscheinlichkeit, mit der Personen sich selbst als verantwortliche Entscheidende betrachteten und verringerte die intrinsische Motivation. Demnach können nur solche *nudges* die Selbstbestimmung fördern, die mit empfundener Wahlmöglichkeit einhergehen. Um beispielsweise Ablenkungen zu verhindern, damit man aufmerksam an einer Sache arbeiten kann, nutzen einige Unternehmen die Möglichkeit, die Windows-Standardoption für E-Mail-Benachrichtigungen umzustellen, so dass nicht jede E-Mail in einem kleinen Fenster am unteren rechten Bildschirmrand angezeigt wird (Freibichler, Ebert, & Schubert, 2017). Auch wenn einige Mitarbeitende selbstbestimmt die Standardoption zurücksetzen, wird die Mehrheit der Mitarbeitenden mit der voreingestellten Option arbeiten. In vielen Ländern folgt die Mehrheit der Personen einer Standardoption, als Organspendende eingetragen zu sein oder in eine Krankenversicherung aufgenommen zu werden (durch die Regierung oder das Unternehmen). Dabei hat jede Person die Möglichkeit sich auszutragen, d. h. zu beantragen, dass sie von der vorgegebenen Liste mit der Standardeinstellung entfernt wird.

Heuristiken basieren vielfach auf Voreingenommenheit, Denkfehlern und kognitiven Verzerrungen. Kritik wird hinsichtlich ausgeübter Manipulation und Beeinträchtigung der persönlichen Autonomie geäußert. Interessanterweise merkt Schubert (2015) an, dass sich *nudging* weniger manipulativ im Sinne eingeschränkter Autonomie auswirkt, sondern vor allem Personen davon abhält, aktiv ihre Wahlmöglichkeiten auszuüben. In dieser Hinsicht liegt der Nachteil des *nudging* nicht in der Manipulation der Präferenzen, sondern darin, dass aus Gründen der Bequemlichkeit keine aktive eigene Entscheidung getroffen wird. So birgt *nudging* die Gefahr der Untergrabung menschlicher Handlungsfähigkeit, also der Fähigkeit, sich im Laufe der Zeit selbst kreativ zu entfalten und selbstbestimmt zu handeln. Diese Neuausrichtung kann weitreichende Implikationen für die Ethik der Verhaltenspolitik im Allgemeinen und besonders für den libertären Paternalismus haben.

Eine Klärung unterschiedlicher Autonomiekonzepte in der Debatte um *nudging* kann zu einem besseren Verständnis ethischer Aspekte führen. *Nudges* können die individuelle Autonomie sowohl untergraben als auch stärken. In einer Metaanalyse von 33 Zeitschriftenartikeln zur Ethik des *nudging* aus identifizierten Vugts et al. (2020) 280 Autonomieansätze (Textstellen mit z. B. Autonomie, Freiheit und Selbst), die sie mit 790 eindeutigen Autonomie-Codes (z. B. Bewusstsein, Verhaltenseinschränkung, Versuchung) versehen und unter 61 eindeutigen Super-Codes (z. B. Wahl, (Ir-) Rationalität, Freiheit, Manipulation, Würde) gruppiert haben. Daraus resultieren drei übergeordnete Konzeptualisierungen von Autonomie, namentlich Wahlfreiheit, Handlungsfreiheit und Selbstbestimmung.

Die Freiheit der Wahl bezieht sich auf die Verfügbarkeit von Optionen, die durch die Entscheidungsarchitektur zugänglich gemacht werden. Dadurch wird die Möglichkeit geschaffen, eine Wahl zu treffen. Die Entscheidungsarchitektur bezieht sich auf äußere wahlbeeinflussende Umstände. Die Wahlfreiheit wird offensichtlich dann untergraben, wenn Alternativen eliminiert werden und Personen dadurch gezwungen werden, auf eine bestimmte Art und Weise zu handeln. Dies ist der Fall, wenn Personen keine echte Wahl haben. Personen können auch erst dann eine selbstbestimmte Wahl treffen, wenn sie in der Lage sind, *nudges* nicht zu folgen. Dies bedeutet, dass man sich auch anders entscheiden kann. Wenn also ein *nudge* keine Wirkung entfaltet, wird dadurch die Wahlfreiheit beibehalten. Dies führt dazu, dass autonome und selbstbestimmte Entscheidungen getroffen werden können. Die Idee der Wahlfreiheit ist auch in Thaler und Sunsteins (2008) Definition von *nudging* enthalten. *Nudges* können wiederum die Wahlfreiheit fördern, indem sie Unterschiede zwischen den angebotenen Optionen deutlich hervorheben und einen Kontext mit einer Vielzahl von Wahlmöglichkeiten schaffen.

Neben dem Kontext und der Entscheidungsarchitektur erfordert Autonomie zugleich die Fähigkeit, zu überlegen und selbst zu entscheiden, was zu wählen ist. Dies wird auch als Handlungsfähigkeit bezeichnet. Handlungsfähigkeit impliziert, dass man in der Lage ist, ein eigenständiges Leben zu führen und basierend auf Absichten und Zielen zu handeln. Dies geht mit den Überlegungen einher, welche Optionen zwecks der verfolgten Ziele zu präferieren sind. Die Fähigkeit, praktische Überlegungen zu anstrebenswerten Zielen anzustellen und das eigene Leben zu steuern, ist ein elementarer Bestandteil von Autonomie. Wenn jedoch *nudges* gezielt die Schwächen des Denkvermögens ausnutzen, können sie auch eine Form der Manipulation darstellen. Auf der anderen Seite können *nudges* die Handlungsfähigkeit von Personen stärken, indem sie irrationales und rein spontanes Entscheiden verhindern und somit Personen dazu befähigen, eine bewusste Entscheidung zu treffen.

Personen treffen bewusste Entscheidungen auf Basis der geplanten Ziele und präferierten Wertvorstellungen. Im Mittelpunkt stehen dabei die Authentizität und Individualität einer Person. Die Selbstbestimmung kann durch Indoktrination gefährdet werden, wenn man durch Zwang oder Verführung Werte und Konzepte übernimmt, die nicht den eigenen entsprechen.

So versuchen beispielsweise manche Marketingstrategien Personen dazu zu verleiten, gewisse Vorlieben zu entwickeln und auf der Basis eines Firmenimages Entscheidungen zugunsten bestimmter Produkte vorzunehmen. Die Autonomie könnte durch manipulative Methoden bedroht sein. Zudem könnten *nudges* die Autonomie untergraben, wenn sie mehr oder weniger unbewusst zur Bildung neuer Vorlieben und Wertvorstellungen beitragen. Methoden des *nudging* finden nicht nur auf individueller Ebene Anwendung, beispielsweise im Selbstmanagement, Kundenmanagement im Marketing und Vertrieb, sondern werden auch zunehmend auf gesellschaftlicher Ebene von politischen Entscheidungstragenden eingesetzt. Auf gesellschaftlicher Ebene besteht die Herausforderung darin, das Verhalten von gesellschaftlichen Gruppen zu ändern, ohne auf Methoden der Manipulation oder Täuschung zurückzugreifen. Im nächsten Kapitel werden die Chancen und Herausforderungen des *nudging* auf gesellschaftlicher Ebene näher erörtert.

8.4 Libertärer Paternalismus

Angesichts einer weit verbreiteten Konfusion im bestehenden politischen System entstehen einerseits antiliberale und antidemokratische Strömungen, andererseits neue Formen von Regierungstechniken, wie **der libertäre Paternalismus.** Typischerweise besagt der Liberalismus, dass sich jede Person über ihr eigenes Interesse und ihre eigenen Präferenzen am besten bewusst ist und deren Umsetzung verfolgt. Im Gegensatz dazu geht die Verhaltensökonomie oft davon aus, dass sich Personen statt für ihr Wohlergehen insgesamt oft für temporären Genuss und auf Basis von Voreingenommenheit und Verzerrungen entscheiden. Aus diesem Grund schlagen Thaler und Sunstein (2008) vor, dass Regierungen stärker in die individuelle Entscheidungsfindung intervenieren sollten. Nach ihrer Vorstellung sollen Fachkundige (*choice architects*) durch die Gestaltung einer Entscheidungsarchitektur oder der Umgebung in den Entscheidungsprozess eingreifen, um damit das Gesamtwohl der Entscheidenden zu fördern, indem die Betroffenen bei ihrer Entscheidung durch spezifische Maßnahmen angeleitet werden. Der libertäre Paternalismus ist eine normative Theorie, die davon ausgeht, dass die Regierung oder andere Entscheidungsbefugte Personen zu deren eigenen Wohl oder dem Gemeinwohl anleiten. Der libertäre Paternalismus unterscheidet sich von anderen Formen des Paternalismus, die sich auf Zwang oder Anreize gründen, dadurch, dass er die Selbstbestimmung und persönliche Handlungsfähigkeit respektiert und damit auch die Möglichkeit eröffnet, vorgeschlagene Optionen abzulehnen oder zu ignorieren.

Es gibt bereits ein breites Spektrum an politischen Maßnahmen (vgl. Rachlin, 2015), die wirtschaftliche und verhaltensorientierte Komponenten enthalten (z. B. die Ausgestaltung einer Steuer oder eines Anreizes). Viele gesellschaftliche Probleme – vielleicht sogar die meisten – sind sowohl auf wirtschaftliche als auch auf verhaltensbezogene Faktoren zurückzuführen, wie beispielsweise die unternehmerische Nutzung von Vorurteilen Konsumierender („Nur was teuer ist, ist auch das Beste!" oder „Wer die neuste Technik besitzt, der gehört auch dazu!"). Die Verhaltensökonomie kann die Politikgestaltung auf vielfältige Weise beeinflussen (z. B. Konsumentenforschung, *nudge*-Arbeitsgruppen), wobei *nudging* wohl der bekannteste, jedoch nicht der stärkste Mechanismus ist (Loewenstein & Chater, 2017). Allerdings ist *nudging* nicht die einzige Möglichkeit zur Umsetzung des libertären Paternalismus, denn es gibt andere Arten von Interventionen, die auf das langsame und analytische Denken (System 2) ausgerichtet sind und die mehr Informationen, Bildung oder Beratung zur Verfügung stellen.

Als ein Instrument der gemeinsamen Entscheidungsfindung können im Gesundheitswesen *nudges* mit zugänglichen Informationen für Patienten über Optionen bereitgestellt werden, um eine bessere Versorgung zu fördern. In der Tat gibt es Hinweise darauf, dass in einigen Kontexten die gemeinsame Entscheidungsfindung Personen, die in ärztlicher Behandlung sind, dabei helfen kann, ihre Optionen besser zu verstehen; gegebenenfalls können so sogar Kosten gesenkt werden (Gorin et al., 2017). Aus diesen Gründen (z. B. Beteiligung von behandelten Personen, Kostensenkung) ist die Förderung der gemeinsamen Entscheidungsfindung durch die Politik ein willkommener Fortschritt.

Es gibt dafür eigens eingerichtete *nudge*-Arbeitsgruppen innerhalb von Regierungen. Anfangs versuchte die Politik, vor allem im Vereinigten Königreich und den Vereinigten Staaten, Personen durch die Methode des *nudging* zu einem gewünschten Verhalten zu bewegen, indem Erkenntnisse aus den Verhaltenswissenschaften genutzt wurden (vgl. Kap. 10. 2). Das Ziel ist die Beeinflussung von Entscheidungen durch Maßnahmen politischer Entscheidungsfindung. Für den praktischen Einsatz von *nudging*-Maßnahmen in unterschiedlichen Umgebungen wurden von der *nudge*-Arbeitsgruppe anwendungsbezogene Gestaltungsmodelle wie MINDSPACE (vgl. Tab. 8.2) und EAST (vgl. Kap. 10.2) entwickelt. Für Verhaltensänderungen bezogen auf die Anwendungsbereiche Sicherheit und Gesundheit wurde das MINDSPACE-Modell (Vlaev et al., 2016) herangezogen. Jedoch ist festzuhalten, dass ein Bedarf an der langfristigen Evaluierung der verschiedenen Instrumente des *nudging* besteht.

Tab. 8.2: Übersicht über das Gestaltungsmodell MINDSPACE (angelehnt an Vlaev et al., 2016.).

	Instrument	Verhaltensweise	Reaktion
M	*Messenger* (Sender)	Einfluss des Senders	spontan
I	*Incentives* (Anreize)	Reaktion durch Anreiz	spontan
N	*Norms* (Normen)	Beeinflussung durch Handlung anderer	spontan/ eingeübt
D	*Default* (Standardeinstellung)	voreingestellte Standardoption	spontan
S	*Salience* (Salienz)	Aufmerksamkeitssteuerung	eingeübt
P	*Priming* (Hervorhebung)	Beeinflussung durch subliminale Hinweise	eingeübt
A	*Affect* (Affekt)	Bildung emotionaler Assoziationen	spontan
C	*Commitment* (Verbindlichkeit)	öffentliche Selbstverpflichtung	spontan/ eingeübt
E	*Ego* (Ich-Bezug)	Verbesserung des Selbstwertgefühls	spontan

Das MINDSPACE-Modell ist in den Verhaltenswissenschaften verankert. Verhalten kann in spontane und eingeübte Reaktionen unterteilt werden. Spontane Reaktionen beziehen sich in diesem Zusammenhang auf motivationale und emotionale Prozesse (z. B. Wohlgefühl, Sicherheit, Furcht, Freude, Trauer, Ekel, Selbstwert). Eingeübte Reaktionen hingegen sind das Ergebnis von mehr oder weniger langen Lernprozessen, die sowohl motorische als auch mentale Prozesse der Informationsverarbeitung lenken und sich auch in Gewohnheiten manifestieren können. Bei der praktischen Anwendung von *nudges* werden oft verschiedene Instrumente zur Verhaltensänderung genutzt, wie z. B. Begrenzung von Wahlmöglichkeiten oder unterschiedliche Anreize, so dass sich die Wirkung der einzelnen Instrumente des *nudging* überlappt. Es ist davon auszugehen, dass die beste Wirkung von *nudges* durch die gezielte Kombination verschiedener Instrumente eintritt. Hierbei gilt es zu beachten, dass die Zusammensetzung der Instrumente von Aufgabe zu Aufgabe variieren kann und auf ethische Annehmbarkeit geprüft werden sollte.

Die richtigen Anreize sollen Personen zu der Wahl einer wirtschaftlich vorteilhafteren Option hinleiten. Beispielsweise wäre es aus politischer Sicht wünschenswert, wenn Personen im Sinne ihres Wohlergehens insgesamt dazu gebracht werden könnten, für den Ruhestand zu sparen, sich gesünder zu ernähren und ihre Steuern pünktlich zu zahlen. Seit 2010 verzeichnen durchgeführte *nudging*-Projekte einen zehnfachen Anstieg ihrer Umsetzung. Mehr als 20 Länder haben *nudging*-Projekte durchgeführt oder ihr Interesse daran bekundet (vgl. Kap. 10.2). Daraus ergeben sich wichtige Hinweise zur Anwendung. Hierfür ist es notwendig, die Zustimmung wichtiger politisch Entscheidender und anderer Stakeholder einzuholen; gleichzeitig birgt die simultane Erprobung mehrerer Interventionsstrategien gesundheitliche und finanzielle Vorteile. Auch wenn noch keine detaillierten Kosten-Nutzen-Analysen zur Verfügung stehen, wird geschätzt, dass Behörden durch verhaltensorientierte Interventionen Hunderte von Millionen $ pro Jahr sparen können (Halpern, 2015). Die Autonomie kann durch *nudges* sowohl gefestigt als auch beeinträchtigt werden (Vugts et al., 2020). Von politisch Entscheidungstragenden konzipierte und angewendete *nudges* sollten sich optimalerweise positiv auf die Autonomie auswirken.

Folgt man Sunstein (2014), so plädiert er für eine Ausnahme von John Stuart Mills Grundsatz, dass der Staat niemals in die Entscheidungsfreiheit einer Person zu deren eigenen Wohl eingreifen sollte, es sei denn, die Entscheidung würde auch anderen schaden. Wenn eine bestimmte staatlich auferlegte Bedingung eher sanft als hart ist, wenn sie eher auf Mittel als auf Ziele einwirkt, wenn alle Optionen verfügbar bleiben und wenn sich die Person letztlich selbst für die am leichtesten zu wählende Option entscheidet, dann kann diese staatliche Maßnahme als *nudge* und nach Sunstein als zulässig angesehen werden.

Der Aufstieg Chinas zur Technologiemacht ist inzwischen unbestritten. Seit den frühen 2000er-Jahren hat die chinesische Regierung massiv in die Informations- und Kommunikationstechnologie investiert. Dabei setzt die Regierung darauf, führenden Kommunikationsunternehmen neue digitale Dienste anzubieten, von denen viele den Lebensstil von Personen verbessern, während einige andere darauf ausgelegt sind, dass Personen ihre Loyalität gegenüber der Nation ausdrücken. Der chinesische Parteistaat hat dabei eine neue Lösung gefunden, um seine Kontrolle zu behaupten und eine digitale Zivilisation zu erschaffen. Er stützt sich auf die Metapher der Flutkontrolle, um zu zeigen, wie das Verhalten in Richtung digitaler Lebensstile umgelenkt oder gestupst wird. Ähnlich wie bei einer Flutmauer werden kleine, gezielte Interventionen eingesetzt, um das Verhalten zu lenken. Zu den Interventionen gehören die

Vielzahl von QR-Codes, mobilen Zahlungssystemen, das soziale Kreditpunktesystem, die mobile Applikation *Strong Nation* (*xuexi qiangguo*) und das Huawei *Harmony*-Betriebssystem (OS) (Keane & Su, 2019). So wie eine Flutmauer Personen vor Überschwemmungen bewahren soll, dienen Verhaltensinterventionen dazu, Personen im Sinne des Gemeinwohls vor schlechten Entscheidungen zu schützen.

Die chinesische Regierung hat die Herausforderungen der Technologie angenommen, anstatt sie zu blockieren, und hat dabei neue Wege gefunden, das Verhalten von Personen zu beeinflussen. Jedoch bedient sie sich in vielen Fällen der totalen Überwachung. Diese Art der aufdringlichen Personenüberwachung wird um Praktiken ergänzt, die es Personen ermöglichen, sich aus einem Katalog regulierter Lebensstile für einen Weg zu entscheiden und dadurch am Entstehen einer digitalen Zivilisation teilzuhaben.

Die Überwachung führt zu veränderten Normen und übt konstant indirekten Zwang auf die chinesische Bevölkerung aus. Wer beispielsweise seine Steuern nicht rechtzeitig zahlt und negative Scores erhält, wird öffentlich von anderen Staatsangehörigen denunziert. Staatsangehörige haben die Möglichkeit, via App den Sozialpunktestatus von allen anderen Staatsangehörigen einzusehen.

Diese technokratisch totalitäre Dystopie duldet keine Systemkritik und erschwert selbstbestimmtes Handeln, aber auch Meinungsfreiheit, und kann als antilibertär betrachtet werden. Es ist für Individuen mit demokratischen Grundwerten und Moralvorstellungen sicherlich keine Staatsform, in der man sich wohlfühlen würde, geschweige denn die eigene dafür eintauschen würde. Eine vergleichbare Art der Datentransparenz findet sich allerdings auch in demokratischen Staaten wie Norwegen (Bø, Slemrod, Thoresen, 2015), wo alle Staatsangehörigen seit 2001 einen direkten Zugang zu den Steuerbescheiden aller anderen Staatsangehörigen haben. Eine hohe Datentransparenz wird in den skandinavischen Ländern auch als Zeichen einer offenen Gesellschaft angesehen (Robinson, 2020). Aus dem sehr unterschiedlichen Einsatz von *nudges* ergeben sich vielfältige Fragen zur Bewertung der Verhaltensinterventionen und darüber hinaus grundsätzliche Kontroversen bei der Anwendung verhaltensökonomischer Instrumente. Diese werden im anschließenden Kapitel diskutiert.

8.5 Kontroverse Betrachtung

Durch kleine Veränderungen in der Umgebung oder der Art der Darstellung von Informationen für Verhaltensänderungen hat sich *nudging* als spezifische Art von Intervention herausgestellt, die in vielfältiger Form Verhaltensänderungen herbeiführen kann. *Nudging* wurde beispielsweise dafür genutzt, die Gesundheit, die Nachhaltigkeit und die soziale Gerechtigkeit zu fördern oder die persönliche Einstellung zu lenken. Dies wurde maßgeblich auch durch die Gestaltung der Entscheidungsarchitektur erreicht. Hier ergeben sich ungenutzte Potenziale, die vor allem von Führungskräften und Personen, die ein politisches Amt ausüben, erschlossen werden können. Die dafür notwendige Grundvoraussetzung beinhaltet, sich von herkömmlichem Wirtschaften und traditioneller Wirtschaftspolitik zu lösen. Mit herkömmlich ist hier gemeint, dass man sich bei Problemen ausschließlich auf wirtschaftliche Lösungen (z. B. Formen der Besteuerung, Anreize, Regulierung, Bonus) verlässt (Loewenstein & Chater, 2017) und die Wirkung von Verhaltensanomalien und Heuristiken außer Acht lässt.

Menschliche Probleme können allerdings nicht immer wirtschaftlich gelöst werden. Wirtschaftliche Probleme können nicht ohne Berücksichtigung des Faktors Mensch gelöst werden. Mehr Informationen über Wirtschaftsdaten reichen nicht aus, da Emotion, Kognition, Normen, Regeln und Gewohnheiten des Einzelnen oft entscheidend wirtschaftliche Abläufe mitbestimmen. Jedoch werden diese persönlichen Faktoren oftmals als Randfaktoren vernachlässigt. Durch die Wirkungsweise des *nudging* wird die Bedeutung dieser Faktoren jedoch besonders in den Mittelpunkt gestellt.

Die öffentliche Akzeptanz von auf *nudging* basierender Verhaltenspolitik scheint nicht immer gesichert zu sein, und auch deshalb wird *nudging* kontrovers diskutiert (Loewenstein & Chater, 2017). Personen, die den *nudging*-Ansatz kritisieren, haben vor einem negativen Potenzial gewarnt und sprechen davon, dass ein illiberales Kontrollsystem geschaffen wird, welches in seinen Auswirkungen nur schwer vorhersagbar ist. Es wurden auch Bedenken hinsichtlich des Fehlens von Beweisen für die Wirksamkeit von *nudge*-Interventionen, deren Transparenz sowie deren Verantwortbarkeit, geäußert (Kosters & van der Heijden, 2015). Wenn Regierungen *nudging*-Maßnahmen verwenden, um Entscheidungen auf unbewusster Ebene zu beeinflussen und Personen zu einer Wahl zu verleiten, welche sie normalerweise nicht treffen würden, könnte es möglicherweise kontraproduktiv sein, wenn eine Regierung konkrete Absichten direkt bekanntgibt. Durch *nudging* wird allerdings die Transparenz politischer Entscheidungen untergraben (Sunstein & Thaler, 2007; Thaler & Sunstein, 2008). Ohne Transparenz ist die Rechenschaftspflicht von *nudging* umstritten, und es besteht die Gefahr, dass Fehler nicht behoben werden und die Regierungsvertretung sich nicht an einen vertrauenswürdigen Pfad hält. *Nudges* wirken auch trotz Transparenz. Als kritisch gilt die vermeintliche Manipulation von Entscheidungen der Staatsangehörigen und deren eingeschränkte Wahlfreiheit, die mit *nudging* in Verbindung gebracht wird. Geht *nudging* mit einer Reduktion von Optionen einher, so kann sich dies direkt auf die Wahlfreiheit des Einzelnen auswirken. Jedoch kann die Reduktion von Wahlmöglichkeiten auch die Handlungsfähigkeit von Personen stärken, indem die Wahl vereinfacht wird. Eine differenziertere Betrachtung zeigt jedoch, dass die Vereinfachung der Wahl nicht automatisch mit weniger kognitivem Aufwand und dadurch schnellerer Handlungsfähigkeit einhergeht. Wenn man beispielsweise die Anzahl der angebotenen Lebensmittelprodukte einer Sorte von zehn auf fünf reduziert oder gezielt nur drei von zehn Produkten hervorhebt, wird der Informationsflut (vgl. Kap. 5.5) entgegengewirkt. Somit wird zwar die Entscheidungsfreiheit durch die begrenzte Auswahl eingeschränkt, jedoch kann es auch dazu führen, dass man sich über die zu treffende Wahl mehr Gedanken macht. In Restaurants wird häufig zusätzlich zur regulären Menükarte eine Tageskarte mit wenigen ausgewählten Gerichten angeboten. Auch wenn gelegentlich die Auswahl durch die Tageskarte erleichtert wird, ist es nicht ungewöhnlich, wenn sich die Informationssuche und -verarbeitung durch die Tageskarte erheblich intensiviert.

Gleichzeitig hat *nudging* aber auch ethische Bedenken aufgeworfen, welche sich insbesondere auf autonome Entscheidungen auswirken. Hinzu kommt, dass sich in dieser Debatte auf unterschiedliche Auffassungen oder Dimensionen von Autonomie berufen wird (Schubert, 2015; Vugts et al., 2020; Arvanitis, Kalliris, & Kaminiotis, 2022). Ob *nudges* die Autonomie stärken oder gefährden, hängt nicht allein von der Art der *nudges* oder der Situation ab, sondern auch von dem Verständnis von Autonomie (Krisam, von Philipsborn, & Meder, 2017). Die Diskussion über *nudges* betont häufiger die Aspekte der Manipulation im Vergleich zu den autonomiestärkenden Faktoren. Sehr interessant ist jedoch auch der Zusammenhang zwischen *nudging* und der Bequemlichkeit im Sinne des Vermeidens eigener Entscheidungen. Es gilt festzuhalten, dass die Effekte von *nudging* nicht allgemeingültig, sondern nur für jeweils spezifische Maßnahmen und konkrete Situationen beurteilt werden können und müssen.

Entscheidungen auf politischer Ebene können das Leben von Personen verbessern und die Gesundheit fördern. Allerdings besteht die Gefahr, dass bestimmte *nudges*, welche aus Sicht einer Regierung sinnvoll erscheinen, zu übermäßigem Optimismus und resoluter Überzeugung auf staatlicher Seite führen können. Es ist möglich, dass Maßnahmen ergriffen werden, die interessengeleitet (z. B. Lobbyismus) sind und als vorteilhaft betrachtet werden, jedoch nicht dem Allgemeinwohl dienen und/oder von der Bevölkerung nicht unterstützt werden. Daher ist es wichtig, auf politischer Ebene umsichtig zu sein und durch *nudging*-Maßnahmen Verständnis bei den Betroffenen aufzubauen und nicht allein auf Anordnungen zu setzen. Ein politisches System wird letztendlich durch die Beteiligung und Akzeptanz der Bevölkerung gestärkt.

Wenn Thaler und Sunstein (2008) davon ausgehen, dass Individuen oft ziemlich schlechte Entscheidungen treffen – Entscheidungen, die sie nicht getroffen hätten, wenn sie die volle Aufmerksamkeit und vollständige Informationen, unbegrenzte kognitive Fähigkeiten und vollständige Selbstkontrolle besessen hätten – dann lassen sie mit *nudging* indirekt einen normativen Ansatz erkennen. Genau hier werden die größten Schwächen des Libertären Paternalismus und des propagierten *nudging*-Ansatzes gesehen. Als kritisch gilt die Normativität des Ansatzes und letztlich das Festhalten am Idealbild des Homo oeconomicus als Rollenmodell. Diese Kritikpunkte scheinen nur unzureichend in der Diskussion berücksichtigt zu werden (Dold & Schubert, 2018). Der normative Ansatz ist in der Sozialethik auch als **informierte Wunschtheorie** bekannt. Wunschtheorien gehen davon aus, dass etwas zum Wohl einer Person beiträgt, wenn es deren informierte Wünsche erfüllt. Informierte Wünsche hat sie unter bestimmten idealen Umständen (z. B. Informiertheit, Autonomie, Rationalität). Das Wohlbefinden wird an den Grad der Befriedigung von Wünschen gebunden (Harsanyi, 1982; Griffin, 1986). Es bleibt jedoch unklar, woher politische Instanzen wissen können, welche Wünsche oder Präferenzen ein vollständig informiertes Individuum in einer gegebenen

Entscheidungssituation realisieren möchte. Diese Unbestimmtheit führt zu einer willkürlichen Ad-hoc-Bestimmung hypothetischer Präferenzen und kann dazu führen, dass der Wohlfahrtsbegriff nur mittels selektiv gewählter sozialer Normen konkretisiert wird. Es stellt sich wiederum die Frage, inwiefern reale Menschen mit all ihren Informationslücken und kognitiven Verzerrungen dem allwissenden Homo oeconomicus entsprechen können und sollten.

Eine weitere Frage, die gestellt werden sollte, bezieht sich darauf, ob und wie der Staat das Verhalten und die Entscheidungen von Personen beeinflussen sollte oder nicht. Es geht nicht nur darum, ob dies überhaupt geschehen sollte, sondern auch darum, welche Entscheidungstragenden in der Gesellschaft dazu legitimerweise berechtigt sind. Dies kann eine wichtige Debatte sein, da es entscheidend ist, wer die Verantwortung und auch die Autorität haben sollte, Entscheidungen zu treffen und umzusetzen, die die gesellschaftliche Entwicklung als Ganzes und den Alltag des Einzelnen im Sinne der Autonomie prägen. Um die Herausforderungen staatlicher Institutionen oder Autoritäten bei der Legitimierung des Eingriffs in individuelle Entscheidungen herauszustellen, wird im Folgenden kurz auf die politischen Grundlagen westlicher Demokratien eingegangen.

Die moderne Demokratie beruht im Wesentlichen auf zwei zentralen Grundsätzen:
– Autonomie des freien und selbstbestimmten Individuums
– Vorstellung des Volkssouveräns, der über legitimierte Verfahren (z. B. demokratische Wahlen) zu Stande kommt

Zudem muss die Ausübung von Herrschaft in der Demokratie gegenüber Staatsangehörigen gerechtfertigt und von diesen auch legitimiert werden. Politisch Entscheidungstragende müssen daher in regelmäßigen Abständen Rechenschaft über ihre Politik ablegen und sich die gesellschaftliche Akzeptanz ihrer Entscheidungsgewalt bestätigen lassen. Allerdings geht mit der Machtausübung des Volkssouveräns auch die Verpflichtung einher, demokratische Institutionen und Verfahren daraufhin zu prüfen, inwieweit ihre demokratischen Funktionen noch erfüllt und in reale Politik umgesetzt werden. Diese Verpflichtung zur Selbstkontrolle wird besonders dann unausweichlich, wenn zunehmend Interessengruppen oder der Lobbyismus direkten Einfluss auf die Machtausübung des Volkssouveräns gewinnen. Zu diesen Gruppen zählen nicht gewählte Eliten (z. B. Produktlobby, Technokraten) und elitär sowie moralisch auftretende Organisationen (z. B. Deutsche Umwelthilfe, The Body Shop). Demokratische Verfahren politischer Herrschaftsausübung können nicht durch Geltendmachung moralischer Prinzipien ersetzt werden (Kneip & Merkel, 2017). Insofern sind moralische Begründungen für *nudging* im Sinne des Gemeinwohls oder Wohlbefindens des Einzelnen sicherlich notwendig, aber letztlich nicht hinreichend, um den Eingriff in individuelle Freiheiten zu rechtfertigen. Es muss immer eine sorgfältige Abwägung zwischen der Einschränkung und dem Zweck vorgenommen werden, der die konkreten Umstände und die Interessen der Beteiligten berücksichtigt. Neben dieser Notwendigkeit gilt es, Faktoren zu bewerten, wie die Art, das Ausmaß, die Intensität und Dauer der *nudging*-Maßnahmen sowie deren Folgen und mögliche Alternative. Diese Abwägung kann zu unterschiedlichen Ergebnissen führen, je nachdem wie die Faktoren gewichtet und interpretiert werden. Daher kann es zu Kontroversen und Konflikten zwischen gesellschaftlichen Gruppen kommen.

Freiheit ist mehr als die Möglichkeit, Konsumgüter zu erwerben. Es geht darum, dass Freiheit auch in anderen Bereichen, wie beispielsweise bei politischen Entscheidungen, der Meinungsfreiheit und persönlicher Entfaltung zum Tragen kommt (vgl. Kap. 10.12). Der Begriff Gemeinwohl bezieht sich auf das Wohl der gesamten Gesellschaft. Die Mehrheit der Gesellschaft sollte demokratisch den Begriff Gemeinwohl durch entsprechende Entscheidungen mit Inhalt füllen. Es geht darum, dass nicht nur eine Spitzengruppe oder besonders hervorgehobene Individuen (z. B. Technokraten, Lobbyisten), sondern die Gesellschaft als Ganzes entscheiden sollte, welche legitimen Zwecke und Maßnahmen im Interesse des Gemeinwohls ergriffen werden sollen.

Die Auswirkungen verhaltensbasierter Regulierungen wirken sich je nach dem Ziel und dem Kontext der Interventionen sowohl auf individuelle als auch auf gruppenbezogene Entscheidungen aus. Bei Entscheidungen in Gruppen sind zusätzliche Faktoren zu berücksichtigen, die sich daraus ergeben, dass Personen sich treffen, miteinander interagieren, kommunizieren und kooperieren, um eine gemeinsame Entscheidung oder unterschiedliche Entscheidungen zu treffen. Unterschiede zwischen individuellen und gruppenbezogenen Entscheidungen werden im nächsten Kapitel genauer dargestellt.

9 Entscheidungsverhalten in Gruppen

Alltäglich müssen Personen Entscheidungen treffen und unter einer Vielzahl von Optionen die für sie vorteilhaftesten auswählen. Beispielsweise fragt man sich, nachdem man aufgestanden ist, wie man sich heute kleidet und was man frühstücken wird. Manche Entscheidungen fallen einer Person leichter, wenn die Entscheidung regelmäßig und routiniert getroffen wird. Hingegen erfordern neuartige und zugleich komplexere Aufgabenstellungen eine höhere kognitive Anstrengung oder Konzentration (vgl. Kap. 2.5). Dies trifft sicher auf viele individuelle Entscheidungen zu. Wie aber steht es um das Entscheidungsverhalten, wenn sich eine Person in Gruppen bewegt oder sie als vertretende Person im Namen anderer Gruppenangehöriger entscheiden muss? In diesem Fall wirkt sich die endgültige Entscheidung nicht nur auf Entscheidungstragende selbst, sondern auch auf andere Gruppenangehörige aus. So trägt die vertretende Person der Gruppe auch die Verantwortung für andere Personen. Wird die Entscheidung nur einer Person überlassen, haben Entscheidungstragende nicht immer die Möglichkeit, die ihnen gegebene Verantwortung weiterzugeben. Und selbst wenn die Verantwortung übertragen wird, gibt es wieder oder immer noch andere verantwortlich Entscheidungstragende. Allerdings können Gruppenentscheidungen auch als anonyme Entscheidungen verstanden werden, für die keine Einzelperson Verantwortung übernimmt (**Verantwortungsdiffusion**). Unter einer **Gruppe** versteht man eine Struktur mit gewissen Merkmalen und gemeinsamen Prozessen der Informationsverarbeitung, beispielsweise die gemeinsame und/oder für alle Gruppenangehörigen verbindliche Entscheidungsfindung (Badke-Schaub, Hofinger, & Lauche, 2008). Eine besondere Form der Gruppe stellt ein **Team** dar. Charakteristische Merkmale eines Teams sind die gemeinsamen Werte- und Zielsetzungen der Gruppenangehörigen. Damit einher gehen eine hohe Koordination unter ihnen, spezialisierte Teamrollen und eine intensive Kommunikation sowie Anpassungsstrategien, um gemeinsam auf Veränderungen reagieren zu können (Paris, Salas, & Cannon-Bowers, 2000). Einzelne Personen entscheiden sich für risikofreudigere Optionen, wenn die Entscheidungen nach einer Gruppendiskussion getroffen werden (Wallach & Kogan, 1965). Vertreten Repräsentanten einer Gruppe geldbezogene Entscheidungen, so tendieren sie zu risikoaversem Verhalten (Wang et al., 2017). Neben der individuellen Verantwortung gibt es die interorganisationale Verantwortung als kollektive Verpflichtung, deren Beziehungsgeflecht und empfundene Nützlichkeit jedoch in der Realität schwer evaluierbar sind (Henry & Möllering, 2019). Werden individuelle, risikobehaftete Entscheidungen bei oder nach der Interaktion mit anderen verändert, spricht man von dem **Risikoschub-Effekt** (vgl. Kap 9.6). Dadurch wird das Verantwortungsgefühl als mit allen Gruppenzugehörigen geteilt gesehen (Wang et al., 2017), was schlussendlich zu einem risikofreudigeren Verhalten führen kann.

Der Unterschied zwischen individuellen und gruppenbezogenen (kollaborativen) Entscheidungen kann anhand verschiedener Merkmale herausgestellt werden:

https://doi.org/10.1515/9783110722307-009

- **Qualität der Entscheidung**
  Dies betrifft die Güte, Richtigkeit und Wirksamkeit der Entscheidung, um ein bestimmtes Ziel zu erreichen oder ein bestimmtes Problem zu lösen.
- **Geschwindigkeit der Entscheidung**
  Dies betrifft die Zeit, die für die Entscheidungsfindung benötigt wird, um eine bestimmte Situation zu bewältigen oder eine Gelegenheit zu nutzen.
- **Akzeptanz der Entscheidung**
  Dies betrifft die Zustimmung, die Unterstützung und die Zufriedenheit der Betroffenen mit der Entscheidung, um deren Umsetzung und Nachhaltigkeit zu gewährleisten oder zu erhöhen.

Je nach Interpretation der Merkmale kann man zu unterschiedlichen Bewertungen über den Unterschied zwischen individuellen und gruppenbezogenen Entscheidungen kommen. Allgemein können folgende Vor- und Nachteile der beiden Entscheidungsformen benannt werden: Individuelle Entscheidungen haben den Vorteil, dass sie schneller, einfacher und flexibler sind, da sie keine Abstimmungen oder Kompromisse mit anderen erfordern. Als Nachteil kann angeführt werden, dass sie als weniger qualitativ, weniger kreativ und weniger akzeptiert gelten, da sie weniger Informationen, Perspektiven und Rückmeldungen berücksichtigen. Diese als Nachteile angeführten Faktoren können sich im Umkehrschluss als Vorteile von Gruppenentscheidungen erweisen. Gruppenentscheidungen können dadurch nachteilig sein, dass sie langsamer, komplizierter und unflexibler sind, da sie Abstimmung und Interaktion mit anderen erfordern. Unterschiede zwischen beiden Entscheidungsformen sind daher nicht eindeutig oder allgemeingültig, sondern hängen von den Zielen, Situationen und Präferenzen der Beteiligten ab. Hingegen wird Gruppen bei der Entscheidungsfindung im organisationalen Kontext eine zunehmend praktische Relevanz zugesprochen, da mit Gruppenentscheidungen eine erhöhte Akzeptanz der Entscheidung und eine erhöhte Legitimation einhergeht. Das in Gruppen vorhandene Wissen und die Fülle an kombinierbaren Fähigkeiten ist dabei höher als bei Individuen (Synergie). Dadurch können fehlerhafte Schlussfolgerungen meist ausgeschlossen werden. Jedoch können dominante und als kompetent erachtete Gruppenmitglieder gute Entscheidungen blockieren, indem sich, ungeachtet der eigenen Auffassung, Einzelne durch Anpassungs- und Konformitätsdruck der Position oder dem Urteil der dominanten Personen anschließen (**Gruppendenken**). Das übermäßige Streben nach Einmütigkeit kann zu einer völligen Assimilation der Einzelmeinungen und einer stilschweigend akzeptierten Gruppenmeinung führen (vgl. Kap. 9.5). Bei Gruppenentscheidungen kommt es zudem auf den zeitlichen Aufwand der Entscheidungsfindung und die Problemkomplexität an. Diese Faktoren determinieren u. a. die Höhe der mit Entscheidungen verbundenen Opportunitätskosten. Durch diese Faktoren ergibt sich auch eine Vielzahl an möglichen Entscheidungskombinationen. Zugleich können Schwierigkeiten mit der Anzahl möglicher Kombinationen zunehmen. In der Folge können Verhaltensverzerrungen und die Dominanz einzelner

Akteure zu Fehlentscheidungen führen und die Entscheidungsfindung zeitlich in die Länge ziehen.

Eine besondere Form der Modellierung, Lösung und Beeinflussung von Gruppenentscheidungen kann durch Spiele abgebildet werden. In Spielen können die Struktur, die Präferenzen und die Ergebnisse von Gruppenentscheidungen formal beschrieben werden, die optimalen oder rationalen Strategien und die Folgen von Gruppenentscheidungen bestimmt und bewertet werden sowie die Möglichkeiten und Grenzen von externen und internen Interventionen auf Gruppenentscheidungen untersucht und modelliert werden. Beispielsweise kann untersucht werden, wie Gruppenentscheidungen durch Anreize, Sanktionen, Regeln, Normen und *nudges* verändert oder verbessert werden, wie sie durch Unsicherheit, Risiko, Zufall beeinflusst oder beeinträchtigt werden und wie sie durch Lernen, Kommunikation, Koordination oder Konflikte angepasst oder optimiert werden können. Im nächsten Kapitel wird eine Theorie vorgestellt, in der solche Entscheidungssituationen modelliert sind, in denen mehrere Beteiligte (Spielende) miteinander interagieren und sich mit ihren Entscheidungen (Strategien) gegenseitig beeinflussen. Ursprünglich ein Teilgebiet der Mathematik, findet diese Theorie inzwischen vielfältige Anwendungsfelder in den Wirtschafts-, Sozial- und Naturwissenschaften.

9.1 Spieltheorie

Stellt man sich zwei konkurrierende Unternehmen (A und B) vor, die in derselben Branche tätig sind und sich beide um einen lukrativen Vertrag mit einem Unternehmen bemühen, so kann man davon ausgehen, dass beide Unternehmen sich darüber im Klaren sind, dass sie sich den Auftrag sichern können, wenn sie den niedrigsten Preis anbieten. Sie wissen aber auch, dass das Unternehmen nicht nur auf den Preis, sondern auch auf die Qualität der Dienstleistung und die schnelle Lieferung Wert legt.

Wenn beide Unternehmen zusammenarbeiten, indem sie ihre Angebote angemessen bepreisen, eine faire Gewinnspanne anstreben und gleichzeitig einen Qualitätsservice gewährleisten, könnten sich beide den Auftrag sichern und ihre Rentabilität erhalten. Es besteht jedoch ein Risiko, wenn ein Unternehmen beschließt, den Preis des anderen deutlich zu unterbieten.

Wenn Unternehmen A beschließt, seinen Preis drastisch zu senken, könnte es den Auftrag zu Lasten der Rentabilität erhalten. Als Reaktion darauf könnte Unternehmen B, welches von der aggressiven Preisstrategie erfahren hat, nachziehen, um wettbewerbsfähig zu bleiben, was in einen Preiskrieg münden könnte. Diese Situation könnte zu geringeren Gewinnspannen für beide Unternehmen führen und möglicherweise die Qualität der erbrachten Dienstleistungen beeinträchtigen.

Das Dilemma liegt in der Ungewissheit über die nächsten Schritte anderer im Wettbewerb. Jedes Unternehmen versucht, im Wettbewerb die Konkurrenz zu unterbieten, da es ansonsten Verluste befürchtet. Eine faire Zusammenarbeit könnte jedoch für beide von Vorteil sein und langfristig eine stabilere und rentablere Geschäftsbeziehung fördern.

Allgemein betrachtet, handelt es sich bei der Spieltheorie um eine Erweiterung der Entscheidungstheorie. Es geht darum, was Entscheidungen in Gruppensituationen bedeuten, aber auch darum, wie man am besten Entscheidungen in Situationen trifft, in denen die Entscheidung einer Person nicht nur von ihren eigenen Präferenzen, sondern auch von den Handlungen anderer Personen abhängt. Die Spieltheorie untersucht, wie rationale Akteure in Konflikt- oder Kooperationsspielen agieren und reagieren, um ihre Ziele zu erreichen. Es wird zwischen kooperativen und nicht kooperativen Spielen unterschieden. In kooperativen Spielen gehen Spielende untereinander bindende Vereinbarungen ein, um gemeinsame Interessen zu verfolgen. In nicht kooperativen Spielen treffen Spielende unabhängig voneinander Entscheidungen, ohne verbindliche Verträge einzugehen. Die Spieltheorie wurde im Wesentlichen von John von Neumann und Oskar Morgenstern in den Jahren zwischen 1938 und 1944 in Princeton entwickelt und bezieht sich auf die Überlegungen der Mathematiker Karl Menger und Abraham Wald, deren Ansätze auf statistischen Schätzungen beruhen, welche das maximale Risiko minimieren können (von Neumann & Morgenstern, 1953). Ihr primäres Ziel war es dabei, die Wirtschaftswissenschaften auf eine mathematische Grundlage zu stellen und Strategien modellhaft abzubilden, so dass man diese auf reale Situationen anwenden kann. Zudem geht es darum, Entscheidungen zu evaluieren, d. h. zu prüfen, ob man gute oder schlechte Entscheidungen getroffen hat. Die Spieltheorie soll dabei grundsätzliche Problemlösungen für alltägliche oder berufliche Entscheidungen (z. B. an der Börse) zur Verfügung stellen. Eine Besonderheit liegt darin, dass es sich um Entscheidungen handelt, bei denen mehrere Spielende involviert sind. Jeder Akteur verfolgt eigene Interessen, Absichten und Ziele, welche auch konträr zu denen anderer Akteure sein können. Dabei kann im Extremfall eine Zielantinomie auftreten, was bedeutet, dass, wenn ein Ziel erreicht wird, ein anderes Ziel nicht erreicht werden kann. Jeder Akteur hat zudem ein Verständnis davon, was ein schlechtes aber auch gutes Spielergebnis sein kann.

Im Folgenden wird die grundlegende Logik der Theorie vorgestellt, indem vereinfachte, typische Beispiele beschrieben werden. Für eine tiefergreifende anwendungsbezogene Auseinandersetzung mit der Spieltheorie, die auf komplexen mathematischen Formeln beruht, wird auf grundlegende Zusammenstellungen verwiesen (Holler & Illing, 2000; Sieg, 2005; Winter, 2019). Wenn Entscheidungen mathematisch beschrieben werden, werden beispielsweise soziokulturelle und psychologische Phänomene außer Acht gelassen. Die **Definition des Spiels** umfasst eine Anzahl von Spielenden, eine Anzahl möglicher Strategien für jeden Spielenden und eine Auszahlungsfunktion, welche die Auszahlungserwartung für jede mitspielende Person, abhängig von den Strategien aller Spielenden, bestimmt. Oft wird implizit angenommen, dass sich Spielende risikoneutral und rein eigennützig verhalten. Unter dieser Annahme wird auch von den von Neumann-Morgenstern-Nutzenwerten gesprochen (vgl. Kap. 6.2). Verschiedene Formen der Unsicherheit entstehen beim Spiel durch Zufall, vielfältige Kombinationsmöglichkeiten und durch den unterschiedlichen Informationsstand einzelner Spielender. Dabei wird zwischen reinen Zufallsspielen (Glücksspielen) und Spielen mit strategischer Unsicherheit (z. B. Schere–Stein–Papier) und kombinatorischen Spielen (z. B. Schach) unterschieden. Bei einem reinen Glücksspiel (z. B. Würfelspiel) hängt es nur von den individuellen Entscheidungen und Chancen ab, ob und wie viel Spielende gewinnen oder verlieren. In einem Spiel mit strategischer Unsicherheit durch die Kartenzuteilung (z. B. Poker) kommt unvollständige Information als zusätzlicher Faktor hinzu. Man kann nicht vorhersagen, was andere Spielende tun werden. Da in diesem Kapitel Gruppenverhalten näher untersucht werden soll, gilt das Augenmerk den Spielen mit strategischer Unsicherheit. Damit diese aber verständlicher werden, wird zunächst erläutert, wie man allgemeine Prinzipien rationalen Verhaltens auf Spiele mit reinem Zufall anwendet.

Angenommen, man wird aufgefordert, eine Wette auf den gleichzeitigen Wurf von zwei Würfeln zu platzieren. Man erhält 10 €, wenn man eine Doppel-6 würfelt. Bei jedem anderen Ergebnis muss man hingegen 1 € zahlen. Macht es Sinn, die Wette anzunehmen? Um die Frage zu beantworten, wird mit einer einfachen Wahrscheinlichkeitsrechnung begonnen. Durchschnittlich erscheint eine Doppel-6 einmal bei 36 Würfen. Folglich können Personen erwarten, dass sie bei 36 Würfen einmal 10 € gewinnen und 35 Mal 1 € verlieren. Der daraus resultierende mathematische Erwartungswert stellt einen Verlust von 25 € dar (35 x 1 – 1 x 10). Auf einen Wurf heruntergerechnet, wäre dies Ergebnis äquivalent zu einem Verlust von 0,69 € pro Wurf (negativer Erwartungswert). Wenn man sich ausschließlich nach den Quoten richtet, die immer auf mathematischen Berechnungen basieren, würde man sicherlich darauf verzichten, die Wette unter solchen Bedingungen einzugehen, da der Erwartungswert, wenn man nicht spielt, gleich Null ist und somit höher als – 0,69 €.

Nur dann wird man nicht schlechter gestellt sein, als es bei einer nicht getätigten Wette der Fall wäre. Wetten ist allerdings weitverbreitet, wobei die Risiken meist aus Gewohnheit oder Überoptimismus vernachlässigt werden. Personen schließen Wetten beim Roulette ab oder nehmen an einer Lotterie teil, bei der ein negativer Erwartungswert vorliegt. Beispielsweise stehen die Chancen auf einen Lottohauptgewinn bei ungefähr 1:140 Millionen. Umgerechnet entspricht dies einer Wahrscheinlichkeit von 0,00000072 %. Eine rational handelnde Person entscheidet sich manchmal gegen eine Wette mit einem positiven Erwartungswert, z. B. bei n Sportwetten mit sehr niedrigen Quoten und damit hoher Gewinnwahrscheinlichkeit, aber für eine Wette mit einem negativen Erwartungswert, z. B. Lotto mit einer extrem niedrigen Gewinnwahrscheinlichkeit.

Wie gestalten sich dem demgegenüber Entscheidungen, deren Folgen auch von anderen Akteuren abhängen? Das wohl bekannteste spieltheoretische Problem bei Entscheidungen mit mindestens zwei Personen ist das **Gefangendilemma.**

Folgende fiktive Situation soll dieses gesellschaftliche Dilemma veranschaulichen: Nach einem Banküberfall werden in der Nähe des Tatortes zwei bewaffnete Personen von der Polizei gestellt und vorläufig festgenommen. Es liegen keine Beweise, sondern nur Indizien vor. Sie werden getrennt voneinander verhört, so dass sie nicht miteinander kommunizieren können. Jeder der Verdächtigen bekommt ein Angebot unterbreitet. Die Person, die gesteht, kommt frei und verbüßt keine Haftstrafe. Wenn jedoch beide schweigen, bekommen sie jeweils eine einjährige Haftstrafe. Gestehen jedoch beide, dann bekommt jeder Verdächtige dadurch eine fünfjährige Haftstrafe auferlegt. Wenn hingegen ein Verdächtiger schweigt, während sein Komplize gesteht, dann droht diesem eine zehnjährige Haftstrafe. Betrachtet man als außenstehende Person die möglichen Optionen, so scheint es offensichtlich, dass Schweigen die beste Strategie wäre und somit jede verdächtige Person eine einjährige Haftstrafe verbüßen müsste und die Summe der Jahre im Gefängnis insgesamt am niedrigsten wäre (1 + 1 = 2). Dieses Verhalten bezeichnet man als Kooperation. Das Dilemma besteht darin, dass für jeden Einzelnen ein Geständnis stark incentiviert ist (keine Haft), aber aufgrund der getrennten Befragung keiner weiß, ob der Mittäter geständig ist oder nicht (10-jähriges Haftrisiko). Obwohl es nun für beide besser wäre zu schweigen, werden beide Verdächtige aufgrund der individuellen Auszahlungsmatrix (*pay-off-matrix*) gestehen. In diesem Fall spricht man auch von defektieren, d. h. die Zusammenarbeit ablehnen. Somit befinden sich die beide Tatverdächtige in einem Dilemma.

Jedem Verdächtigen stehen zwei Strategien (schweigen oder kooperieren) zur Auswahl. Dies wird in der nachfolgenden vier Felder Matrix (vgl. Abb. 9.1) verdeutlicht.

		Person A	
		schweigen	gestehen
Person B	schweigen	1 / 1	0 / 10
	gestehen	10 / 0	5 / 5

Abb. 9.1: Auszahlungsmatrix beim Gefangenendilemma.

Gesamtheitlich betrachtet wäre Kooperation durch Schweigen die beste Entscheidung. Wenn allerdings die verdächtige Person B die Matrix aus ihrer Perspektive betrachtet, so scheint sich die Entscheidung zu gestehen in jeder Hinsicht zu lohnen. Wenn A schweigt, bekommt B eine einjährige Haftstrafe, wenn sie ebenfalls schweigt, und sie kommt frei, wenn sie gesteht und damit ihren Komplizen verrät. Wenn A sie verrät, bekommt B nämlich zehn Jahre aufgebüßt. Wenn sie jedoch gesteht, bekommt sie nur fünf Jahre, wenn A zugleich gesteht. Wie auch immer sich A entscheidet, ist es für B von strategischem Interesse zu gestehen in Anbetracht dessen, dass B keine Kenntnis von der Entscheidung von A hat. Auch A kommt zu derselben Schlussfolgerung, dass sich Gestehen in jedem Fall lohnt. Da beide zum selben Schluss gelangen, löst sich das Gefangenendilemma durch doppeltes Gestehen auf, und somit wird beiden Verdächtigen eine fünfjährige Haftstrafe auferlegt. Die Möglichkeit zur Besprechung zwischen Spielenden im Spielverlauf führt nicht grundsätzlich zu einer anderen Situation.

Keine spielende Person könnte ohne Zusatzannahmen sicher sein, dass sich die andere Person an die Absprache hält. Niemand hätte irgendeinen Anreiz, die Absprache einzuhalten, denn es zahlt sich aus, sich nicht daran zu halten.

Bei dem iterativen Gefangendilemma wird das Spiel wiederholt gespielt, und es besteht die Möglichkeit, aus den vorherigen Interaktionen zu lernen. Hierbei können mehrere Strategien berücksichtigt werden, die sich je nach Gegenstrategie entweder durchsetzen und somit dominant sind oder andernfalls der Gegenstrategie unterlegen sind. Eine bestimmte Vorgehensweise gilt dann als vorherrschend, wenn sich jede beteiligte Person für eine Strategie entschieden hat, die besser ist als jede andere verfügbare Möglichkeit. In vielen Fällen ist dies jedoch nicht möglich (Winter, 2019). Es gibt Strategien, die so unvorteilhaft sind, dass sie von den Beteiligten niemals gewählt werden sollten. Vorteilhafte Strategien berücksichtigen, andere Personen nicht als Erstes zu denunzieren, auf die Strategien anderer zu reagieren, den anderen nicht unbedingt besiegen zu müssen und komplizierte Strategien zu vermeiden.

9.2 Nash-Gleichgewicht

Preiskrieg und Nash-Gleichgewicht

In einer Kleinstadt befinden sich zwei benachbarte Tankstellen A und B. Bei einem Preis von 1,80 € pro Liter liegt die tägliche Benzinnachfrage bei 1000 Litern. Sie sinkt mit jedem Cent Preisanstieg und steigt mit jedem Cent Preisnachlass um 100 Liter pro Tag. Beide Tankstellen haben identische Grenzkosten von 1,72 € je Liter. Obwohl sie unabhängig voneinander agieren, verfolgt jede Tankstelle die Preise der anderen Tankstelle und passt sich entsprechend an. Die Gewinne für die beiden Tankstellen bei verschiedenen Preisniveaus setzen sich wie folgt zusammen:

Tab. 9.1: Gewinnberechnung (pay-off-matrix) für zwei konkurrierende Tankstellen.

Preis A	Preis B	Gewinn A	Gewinn B
1,80 €	1,80 €	80 €	80 €
1,80 €	1,79 €	0 €	150 €
1,79 €	1,80 €	150 €	0 €
1,79 €	1,79 €	70 €	70 €

Dieses Szenario veranschaulicht, dass bei einem Preis von 1,79 € pro Liter für beide Tankstellen ein Nash-Gleichgewicht entsteht. Bei diesem Preisniveau kann keine der beiden Tankstellen ihre Gewinne durch eine Preisänderung steigern, vorausgesetzt, die andere Tankstelle behält ihren Preis bei. Jegliche Preiserhöhung führt dazu, dass ein Kundenkreis die Leistungen der konkurrierenden Tankstelle in Anspruch nimmt. Zwar geht mit einer Preissenkung eine Steigerung des Absatzvolumens einher, kompensiert jedoch nicht in ausreichendem Maße die niedrigeren Einnahmen pro Liter.

Der Mathematiker John Nash (1950; 1951; 1953) erweiterte entscheidend die Spieltheorie und erhielt für seine mathematische Formalisierung kooperativer Spiele im Jahre 1994 zusammen mit Reinhard Selten und John Harsanyi den Nobelpreis für Wirtschaftswissenschaften. Die beiden letzteren haben das Nash-Gleichgewicht weiter verfeinert (Berninghaus, Ehrhart, & Güth, 2010). Selten (1965; 1975) hat das **teilspielperfekte** und das **perfekte Gleichgewicht** definiert. Diese Verfeinerungen bestimmen, dass nur robuste Nash-Gleichgewichte zugelassen werden. Beim robusten Nash-Gleichgewicht geht es darum, wie widerstandsfähig dieses Gleichgewicht gegenüber Störungen oder Unsicherheiten ist. Harsanyi (1967/1968) entwickelte Methoden für Spiele mit unvollständiger Information, bei denen 2 x 2- bzw. 2 x n-Spiele mittels des Nash-Gleichgewichts gelöst werden können. Nash konnte nachweisen, dass es bei mehreren Akteuren einen Punkt gibt, bei dem es keinen Sinn für sie macht, die gewählte Strategie zu ändern. Dies wird auch als das Nash-Gleichgewicht bezeichnet. Der Begriff Gleichgewicht definiert sich als diejenige Kombination von Strategien, die aus Sicht der Spielenden ein optimales Resultat erzielt. Das Nash-Gleichgewicht bezeichnet eine Kombination von Strategien, mit der keine der spielenden Personen einen Anreiz hat, als einzige Person von der Gleichgewichtskombination abzuweichen. Es steht für eine optimale Kombination von Strategien, bei der die Akteure ihre gewählte Strategie im Nachhinein nicht mehr ändern möchten, auch nachdem sie darüber in Kenntnis gesetzt worden sind, wie sich die andere Person entschieden hat. Folglich wird diese Strategiekombination zu einem gewissen Grad als stabil angesehen, daher die Bezeichnung Gleichgewicht. Der Begriff Gleichgewicht wird in der Spieltheorie synonym zu dem Begriff Nash-Gleichgewicht verwendet.

Im Beispiel des Gefangendilemmas (vgl. Kap. 9.1) bildet die Strategie des beidseitigen Gestehens das Nash-Gleichgewicht. Diese Lösung ist für die beiden Verdächtigen nicht die beste. Durch Kooperation hätten beide Verdächtige bei Schweigen jeweils eine einjährige Haftstrafe erhalten. Das Gefangenendilemma dient als Entscheidungshilfe und lässt sich auch auf viele unternehmerische Fragestellungen übertragen. Die zugrundeliegende Auszahlungsmatrix lässt die möglichen Verhaltensmuster der Vertragsparteien besser verstehen. Als Beispiele können hier Kooperationen zur Produktentwicklung und Preiswettbewerbe für Produkte angeführt werden. Hierbei ist es entscheidend zu verhindern, dass sich eine Partei auf Kosten der anderen bereichert. Dies kann mit einem gezielten Vertragswerk verhindert werden. Die alleinige Gefahr des Defektierens sorgt schon dafür, dass nutzbringende Transaktionen nicht ausgeführt werden. Daher gewinnt die Sichtweise des Gefangenendilemmas auch in betriebswirtschaftlichen Zusammenhängen an Bedeutung. Das Nash-Gleichgewicht war ursprünglich ein rein mathematisches Konzept, welches inzwischen aber als ein bedeutender Ansatz in den Sozial- und Wirtschaftswissenschaften (u. a. in der theoretischen Ökonomie, der Entscheidungstheorie, im Marketing, in Politik, Finanzwesen, Soziologie und Psychologie) angesehen wird.

Während in der Spieltheorie Gruppenprozesse wesentlich unter dem Gesichtspunkt kooperativer und nicht kooperativer Interaktionen untersucht werden, gibt es darüber hinaus weitere charakteristische Faktoren und Abläufe, die sich auf Entscheidungen in Gruppen auswirken. Ausgewählte Prozesse, Strukturen und ihre Wechselwirkungen im Entscheidungsverhalten von Gruppen werden im nächsten Kapitel genauer dargelegt.

9.3 Überblick über Gruppenprozesse

Projektarbeit

Im Zuge einer Umstrukturierung wird ein neues Projektteam eingerichtet. Bei den regelmäßigen Treffen zur Entscheidungsfindung spielen auch Gruppenprozesse eine wichtige Rolle. Täglich trifft sich das Team, um den Projektfortschritt zu besprechen und Entscheidungen zu treffen.

Die Teamzugehörigen tauschen ihre Gedanken, Meinungen und Vorschläge über die Ausrichtung des Projekts, die Aufgaben und Herausforderungen aus. Durch Dialog und Verhandlungen arbeitet das Team daran, einen Konsens über wichtige Entscheidungen wie Projektprioritäten oder Vorgehensweisen zu erzielen. Sobald eine Entscheidung getroffen ist, teilt das Team auf Grundlage des vereinbarten Projektplans die Aufgaben und Verantwortlichkeiten auf. Während das Projekt voranschreitet, bewertet das Team die getroffenen Entscheidungen regelmäßig neu, bezieht Rückmeldungen mit ein und passt die Projektabläufe und Ziele gegebenenfalls an.

Diese täglichen Interaktionen und Prozesse innerhalb des Teams verdeutlichen, wie die einzelnen Teamangehörigen miteinander zusammenarbeiten, kommunizieren, Entscheidungen treffen und sich aneinander anpassen, um die Ziele des Projekts zu erreichen.

Unter **Gruppenprozessen** versteht man die zeitlichen Abläufe von Aktivitäten und Verhaltensweisen einer Gruppe, mit denen sie ihre Kooperation gestaltet, ihre Aufgaben bearbeitet und mit denen sie die dafür notwendigen Ressourcen, Rollen, Spielregeln, Werte sowie Entscheidungen entwickelt und modifiziert. Gruppenprozesse umfassen verschiedene, wie z. B. Zusammensetzung, Kommunikation, Führung, Werte, Normen, Regeln, Rollen, Konflikte, Kohäsion und Leistung von Gruppen. Eine Gruppe bezeichnet eine Mehrzahl von Personen, die unmittelbar miteinander interagieren und sich gegenseitig beeinflussen. Gruppenprozesse können je nach den Zielen, Bedingungen und Präferenzen der Gruppenzugehörigen sehr unterschiedlich verlaufen. Obwohl die Begriffe Gruppe und Team oft undifferenziert synonym verwendet werden, zeichnen sich Teams durch die besondere Art der wechselseitigen Einflussnahme aus. Teams sind immer aufgabenzentriert, d. h. Teams sind artifiziell zusammengesetzt, um spezifische Aufgaben zu lösen. Auch wenn in diesem Kapitel nicht näher auf externe sozio-ökonomische Faktoren (z. B. Organisationsumfeld, Wettbewerb, Markt) eingegangen wird, ist es wichtig zu erwähnen, dass diese externen Faktoren nicht nur einen Einfluss auf die Gruppenzusammensetzung haben, sondern sich auch auf die Interaktionsprozesse der Gruppe auswirken. Durch Interaktionseffekte wird auch die Stärke des Gruppenzusammenhalts bestimmt, welcher sich zusätzlich auf sich stetig entwickelnde Gruppenstrukturen auswirkt. Hier werden spezifische Beziehungsgebilde mit eigenen Normen, Standards und Zielen geformt (Jonas, Stroebe, & Hewstone, 2014). Die Bildung von individuellen Gruppennormen ist dabei wichtig, um Gruppen voneinander abzugrenzen. Dadurch entwickelt jede Gruppe zugleich ihre eigene Identität. Gruppenidentität zeichnet sich durch ein Wir-Gefühl aus, das oft in deutlicher Abgrenzung zu anderen Gruppen erreicht wird. Zudem umfasst die Gruppenidentität die Art und Weise, wie Personen sich und andere in Bezug auf eine bestimmte andere Gruppe definieren und wahrnehmen. Dies kann sich auf verschiedene Aspekte wie Ethnizität, Religion, Beruf, Alter und Geschlecht beziehen. Charakteristika der Gruppe und der Gruppenprozesse, die maßgeblich zum Erfolg der Gruppe beitragen, sind in Abb. 9.2 veranschaulicht.

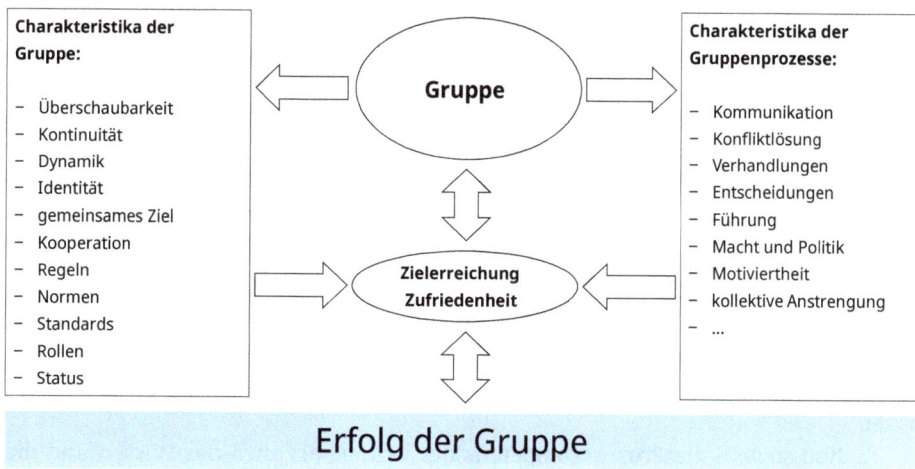

Charakteristika der Gruppe:

- Überschaubarkeit
- Kontinuität
- Dynamik
- Identität
- gemeinsames Ziel
- Kooperation
- Regeln
- Normen
- Standards
- Rollen
- Status

Gruppe

Zielerreichung Zufriedenheit

Charakteristika der Gruppenprozesse:

- Kommunikation
- Konfliktlösung
- Verhandlungen
- Entscheidungen
- Führung
- Macht und Politik
- Motiviertheit
- kollektive Anstrengung
- ...

Erfolg der Gruppe

Abb. 9.2: Übersicht zu Merkmalen und Prozessen erfolgreicher Gruppen.

Normen bestimmen innerhalb der Gruppe, welche Verhaltens- und Denkweisen erwartet werden können. Zudem richten sich Normen in Arbeitsgruppen zum einen auf den eigenen Verantwortungsbereich, zum anderen auch auf organisatorische Regelungen und die Unternehmenspolitik aus.

Ein **Standard** beschreibt gewisse Verhaltenserwartungen, Regeln und Erwartungen, die vorwiegend in informellen Richtlinien und Richtwerten festgelegt sind. Sie dienen dazu, das Verhalten der Mitglieder einer Gruppe besser an die Normen anzupassen (z. B. durch die Festlegung einer informellen Tagesleistung in Akkordgruppen oder der Zahl der akzeptierten Fehlzeiten pro Jahr). Im Alltagsverständnis sind Standards meist leichter zugänglich als Normen und werden häufiger kommuniziert. Das Nichteinhalten von Gruppennormen kann eher zum Ausschluss von Gruppenmitgliedern führen als die Unterlassung von Standards.

Gruppen werden auch aufgrund von Strukturmerkmalen unterschieden. Ein besonders wichtiges Merkmal stellt die Rollenstruktur dar. Der Begriff **Rolle** kann als eine

Bündelung von Verhaltenserwartungen definiert werden, welche an Personen in bestimmten Positionen herangetragen werden. Es gibt Erwartungen an das Verhalten, die allgemein gelten und unabhängig von einzelnen Personen sind. Diese Regeln haben eine besondere Bindungswirkung. Rollenerwartungen beziehen sich nicht nur auf beobachtbares Verhalten, sondern auch auf innere Einstellungen, verinnerlichte Normen und persönliche Überzeugungen (z. B. wird von Pressesprechenden der Pharmabranche erwartet, die Kritik an Pharmaprodukten nicht zu unterstützen). Weiterhin stellt sich die Frage, ob Gruppen produktiver sind als dieselbe Anzahl von Einzelpersonen. Dafür werden nachfolgend mögliche Faktoren beleuchtet, die zum **Gruppenerfolg** beitragen, aber auch hinderlich sein können.

In einer Studie zur Lösung komplexer Kooperationsaufgaben in Gruppen fand Bachmann (2019), dass es auch unabhängig von der Qualität des Gruppenprozesses einen klaren Leistungsvorteil der Gruppe im Vergleich zu Einzelpersonen gab. Auch wenn einzelne Personen in Gruppen schlechtere Ergebnisse erzielten, so profitierten über alle Gruppen hinweg 80 % der Gruppenmitglieder von der Gruppenarbeit. Das Erkennen und das effektive Nutzen des Fachwissens der Gruppenangehörigen erwies sich als entscheidend für eine erfolgreiche Gruppenarbeit. Interessanterweise zeigte sich, dass außergewöhnliche Gruppenleistungen, die über die Fähigkeiten des Einzelnen hinausgehen, unter bestimmten Bedingungen unabhängig von der Fachkompetenz der Gruppenangehörigen erbracht werden können. Es war jedoch unklar, wie genau dies geschieht. Hinsichtlich agiler Arbeitskonzepte, die auf kurzen Innovationszyklen und unmittelbaren Rückmeldungen aufbauen, wurde deutlich, dass es für den Gruppenerfolg entscheidend ist, die Vielfalt der Gruppenzugehörigen effektiv einzusetzen.

Es sind sowohl die Prozesskompetenz der Gruppe als auch das Wissen und die Expertise einzelner Gruppenzugehörigen, welche wichtig für erfolgreiche Gruppenarbeit sind. Es ist unklar, in welchen Situationen die Verwendung des einen oder des anderen Faktors von Vorteil ist, da Erfolg von vielen Aspekten abhängt, wie z. B. von der Aufgabenstellung und der Zusammensetzung der Gruppe. Es scheint jedoch wichtig zu sein, dass Gruppen und Arbeitsteams Prozesskompetenz entwickeln, d. h. eine positive Arbeitskultur und eine effektive Zusammenarbeit, um die Vorteile von Teamarbeit vollständig auszuschöpfen. Dies erfordert echten Konsens und nicht nur oberflächliche Übereinstimmung, um Konflikte zu vermeiden. Ungelöste Konflikte sind einer effektiven Zusammenarbeit und Entscheidungsfindung abträglich. Bachmann (2019) betont den immensen Wert von Fachwissen bei der Lösung von Gruppenproblemen und hebt die Notwendigkeit hervor, das Fachwissen in einem kollaborativen Umfeld effektiv zu nutzen, Konflikte zu bewältigen und unterschiedliche Perspektiven im Sinne der Diversität einzubeziehen.

Die Leistung einer Gruppe hängt von verschiedenen Faktoren ab (z. B. Sympathie und Kooperation). Sympathie bezieht sich darauf, wie gut Gruppenzugehörigen miteinander auskommen, während Kooperation die Bereitschaft der Gruppenzugehörigen beschreibt, zusammenzuarbeiten und sich gegenseitig zu unterstützen. Beide Faktoren haben einen linearen Einfluss auf die Gruppenleistung, d. h. je mehr Sympathie und Kooperation vorhanden sind, desto besser ist die Leistung der Gruppe. Während die Kooperationsbereitschaft bei unterschiedlichen Gruppengrößen (n = 4 bis 100) allgemein gleich zu bleiben scheint, tritt ein deutlich geschlechtsspezifischer Effekt auf (Artinger & Vulkan, 2016). Unabhängig von dem Alter und anderen individuellen Persönlichkeitsunterschieden sowie von der Tendenz, Risiko zu vermeiden, zeigen Frauen mit zunehmender Gruppengröße eine gesteigerte Kooperation, wohingegen bei Männern die Kooperationsfähigkeit abnimmt.

Ein weiterer wichtiger Faktor ist die kollektive Anstrengung bzw. der Konsens innerhalb der Gruppe. Der Konsens bezieht sich darauf, wie sehr die Meinungen und Ansichten der Gruppenzugehörigen übereinstimmen. Im Gegensatz zu Sympathie und Kooperation verhält sich der Einfluss von Konsens jedoch kurvenlinear. Das bedeutet, dass sowohl ein zu geringer als auch ein zu hoher Konsens negative Auswirkungen auf die Gruppenleistung haben kann. Wenn die Meinungen der Gruppenzugehörigen zu sehr voneinander abweichen (Dissens), kann die Gruppe ihre Aufgabe nicht erfolgreich lösen, da es schwierig ist, sich auf gemeinsame Lösungen zu einigen. Wenn die Meinungen jedoch zu sehr übereinstimmen (übermäßiger Konsens), besteht die Gefahr, dass die Gruppe in ihren Ansichten verharrt und kein neues Wissen entsteht.

Es ist also wichtig, dass bei schlecht strukturierten Aufgaben eine angemessene Diversität innerhalb der Gruppe vorhanden ist, um neues Wissen zu generieren. Eine zu große Diversität kann die Kommunikation erschweren und verhindern, dass sich die Gruppe auf gemeinsame Lösungen einigt. Gegenseitige Sympathie, Kooperationsbereitschaft und förderliche Einflussnahme von der Gruppenleitung können dazu beitragen, dass der Arbeitsprozess erfolgreich verläuft. Für immer mehr Personen ist ein wertschätzendes Arbeitsumfeld von hoher Bedeutung. Diverse Teams können maßgeblich durch ein breites Spektrum an Fähigkeiten und Sichtweisen zum Unternehmenserfolg beitragen. Bereits bei der Neueinstellung gilt es großen Wert darauf zu legen, unterschiedliche Personen für das Unternehmen zu gewinnen (vgl. Abb. 9.3).

Abb. 9.3: Diversität bei der Personalauswahl.

Die Rolle der Heterogenität, auch oft als Diversität bezeichnet, erhält in der Sozialpsychologie und Unternehmensentwicklung eine besondere Aufmerksamkeit (Ely & Thomas, 2001; van Knippenberg & Mell, 2016; Garcia Martinez, Zouaghi, & Garcia Marco, 2017). Es gibt mindestens drei Gründe für die zunehmende Bedeutung von Diversität in Unternehmen:

- Die Tendenz zur Abflachung von Hierarchien und zur abteilungsübergreifenden Projektarbeit führt zu einer Zunahme multidisziplinärer Arbeitsgruppen,
- die Internationalisierung der Unternehmen führt zu einer Zunahme kulturell diverser Teams,
- das Interesse an Diversität basiert auf Fragen der Fairness und Verhinderung von Diskriminierung, wie z. B. im Hinblick auf Geschlecht, Alter oder Hautfarbe.

Die Wirkung von Diversität ist vielschichtig. Einerseits kann sie bestimmte Leistungsaspekte fördern (z. B. Wachsamkeit, Kreativität, Qualität), andererseits kann sie andere Aspekte beeinträchtigen (z. B. Schnelligkeit, Kommunikationsdichte: Watson, Kumar, & Michaelsen, 1993). Das Bedürfnis der Gruppenmitglieder nach Reflexion und expliziter Informationsverarbeitung hat einen wesentlichen Einfluss auf die Auswirkungen von Diversität (Kearney, Gebert, & Voelpel, 2009). Je höher das Bedürfnis nach Reflexion und expliziter Informationsverarbeitung ist, desto positiver wirken sich Alters- und Bildungsunterschiede auf den Teamerfolg aus. Es ist jedoch wichtig zu beachten, dass die als divers empfundenen Verhaltensweisen dynamisch sind und von der Gruppe beeinflusst werden können, indem Individuen ihr Verhalten – zumindest bis zu einem gewissen Grad – dem Gruppenverhalten angleichen.

Im Wesentlichen ist zu beachten, dass sowohl die Kompetenz der Gruppe selbst als auch das Wissen und die Fachkenntnisse der einzelnen Gruppenzugehörigen eine entscheidende Rolle bei einer erfolgreichen Gruppenarbeit spielt. Ob der Arbeit der Gruppe insgesamt oder dem Expertentum einzelner Gruppenzugehöriger ein höherer Stellenwert zukommt, hängt stark von der jeweiligen Aufgabe, der Zusammensetzung der Gruppe und anderen Faktoren (z. B. Diversität, Arbeitskultur, Agilität, Erfahrung) ab. Die Ergebnisse deuten stark darauf hin, dass die Förderung der Prozesskompetenz in Gruppen und Arbeitsteams von größter Bedeutung ist. Dazu zählen die Förderung einer unterstützenden Unternehmenskultur und einer systematischen Zusammenarbeit. Erst dann kommt der Leistungsvorteil der Gruppe realiter zum Tragen. Am wichtigsten ist, dass dies einen tatsächlichen Konsens voraussetzt und nicht nur eine oberflächliche Zustimmung, um Harmonie vorzuspielen (Hall & Watson, 1970; Edmondson & Lei, 2014; Bachmann, 2019). Ungefilterte Diskussionen, Meinungsverschiedenheiten und konstruktive Konflikte gelten als unerlässlich, um das Fachwissen innerhalb einer Gruppe offenzulegen oder gemeinsame Lösungen zu erarbeiten, auch wenn auf keine expliziten Fachkräfte zurückgegriffen werden kann.

Während ungefilterte Diskussionen und unterschiedliche Perspektiven die gemeinschaftliche Problemlösung fördern und kollektives Fachwissen zur Geltung bringen, werden Organisationen oft vor die Herausforderung gestellt, mit Informationsungleichgewichten umzugehen. Trotz der Meinungsvielfalt und offener Kommunikation in Gruppen gibt es innerhalb von Organisationsstrukturen nach wie vor wichtige Informationen, die nicht jedem Gruppenmitglied zugänglich sind. Daher beleuchtet das nächste Kapitel, wie Informationsungleichgewichte entstehen können und wie diesen vorgebeugt werden kann.

9.4 Informationsasymmetrien in Organisationen

Beauftragung einer Marketingagentur
Die Geschäftsführung eines Unternehmens möchte eine Marketingagentur mit der Durchführung ihrer Werbekampagnen beauftragen. In diesem Fall ist die Geschäftsführung der Auftraggebende und erhofft sich durch eine Werbekampagne, den Umsatz und die Marktanteile zu maximieren. Die Marketingagentur ist als Agent für die Gestaltung und Umsetzung der Marketingstrategie verantwortlich.

Die Geschäftsführung wünscht sich eine kosteneffiziente Marketingstrategie, um den Absatz zu steigern, während die Marketingagentur möglicherweise eher dazu neigt, ihre eigenen Gewinne in den Vordergrund zu stellen oder dem Unternehmen die kosteneffizientesten Strategien nicht vollständig offenzulegen. Die Agentur könnte sich für Strategien entscheiden, die ihre Einnahmen maximieren (z. B. Schaltung von Premiumanzeigen), und nicht für jene Strategien, die für das Unternehmen am vorteilhaftesten sind. Die unterschiedlichen Ziele und das Informationsungleichgewicht können zu einer Intransparenz oder zu einem Interessenkonflikt zwischen Auftraggebenden und Auftragnehmenden führen.

Ungleichgewichte im Informationsstand beeinflussen nicht nur Geschäftsbeziehungen, sondern können auch innerhalb eines Unternehmens zu Interessenkonflikten führen. Wenn beispielsweise eine Führungskraft ein wichtiges Projekt an eine mitarbeitende Person delegiert und diese nicht vollständig über die allgemeinen Projekt- oder Unternehmensziele informiert, können Disparitäten im Informationsniveau dazu führen, dass Mitarbeitende vorrangig persönliche Interessen oder Ziele verfolgen und die übergeordneten Unternehmensziele vernachlässigen. Infolgedessen könnten Mitarbeitende Entscheidungen treffen, die unmittelbar ihrem eigenen beruflichen Fortkommen zugutekommen, anstatt sich an der Unternehmensstrategie zu orientieren. Solche Handlungen haben möglicherweise nachteilige Auswirkungen auf den Erfolg des Projekts oder die Gesamtausrichtung des Unternehmens. In den Wirtschaftswissenschaften ist diese Herausforderung unter dem Begriff des **Prinzipal-Agent-Dilemmas** (*principal-agent-dilemma*) bekannt. Der Prinzipal (die auftraggebende Person) vertraut dabei dem Agenten (der auftragnehmenden Person) eine bestimmte Aufgabe oder Tätigkeit an. Der Agent ist damit beauftragt, dieser Aufgabe nachzugehen, um Ergebnisse im Sinne des Prinzipals zu erbringen. Grundsätzlich verfügt der Agent über mehr Wissen als der Prinzipal, weil er einen besseren Zugang zu Informationen hat. Somit liegen asymmetrische Informationen vor, die dem Prinzipal schaden könnten. Mit dem folgenden Modell (vgl. Abb. 9.4) sollen die Beziehungen zwischen Prinzipal und Agenten erklärt werden. Dabei können zwei Probleme für den Agenten entstehen:

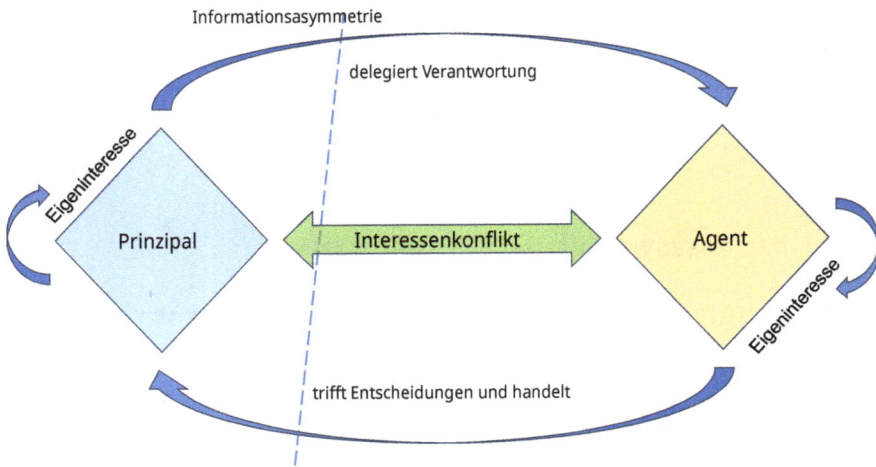

Abb. 9.4: Darstellung der Prinzipal-Agent-Theorie.

Zum einen kann vor dem Vertragsschluss eine **adverse Selektion** (*adverse selection*) und zum anderen nach dem Vertragsschluss ein **moralisches Risiko** (*moral hazard*) auftreten.

Bei der adversen Selektion geht es um versteckte Eigenschaften des Agenten. Es kann vorkommen, dass der Prinzipal den Agenten nicht kennt und daher auch nicht seine Fähigkeiten, Fertigkeiten und Qualifikationen einschätzen kann. Das heißt, dass der Prinzipal nicht zu 100 % sicher sein kann, wen er an seiner Seite hat. Um das Problem der **versteckten Merkmale** (*hidden characteristics*) zu lösen, gibt es drei verschiedene Lösungsansätze:

– **Signalisierung** (*signalling*)
  Bei der Signalisierung muss der Agent eindeutige Signale aussenden, dass er besser ist als andere Agenten. Diese Signalisierung kann beispielsweise das Vorzeigen eines guten Abschlusszeugnisses oder guter Zusatzqualifikationen beinhalten, über die andere Agenten nicht verfügen.

– **Selbstauswahl** (*self-selection*)
  Der Prinzipal legt dem Agenten mehrere unterschiedliche Verträge vor, aus denen der Agent einen aussuchen muss. Daraus kann der Prinzipal bereits seine Schlüsse ziehen und sich ein Bild machen.

– **Prüfung** (*screening*)
  Prüfung bedeutet, dass der Prinzipal beispielsweise ein Assessment Center durchführt, bei dem er seine möglichen Agenten genauer überprüft, um somit die beste Wahl zu treffen.

Nachdem sich der Prinzipal nun für eine Person entschieden hat, die sehr gute Qualifikationen und einen sehr guten Berufsabschluss hat, kann nun ein zweites Problem entstehen, namentlich **versteckte Handlungen** (*hidden action*). Dieses verborgene Handeln bedeutet, dass der Agent über bestimmte Spielräume verfügt, die der Prinzipal nicht überwachen kann. Gleichzeitig kann der Prinzipal nicht immer überprüfen, ob der Agent zu jeder Zeit ein gewünschtes Verhalten an den Tag legt. Auch hier gibt es vier Möglichkeiten, um dem moralischen Risiko vorzubeugen:

- **Überwachung** (*monitoring*)
  Dies entspricht einer Art Kontrolle. Hierbei versucht der Prinzipal, im weitesten Sinne seinen Agenten zu überwachen. Beispielsweise können Meilensteine gesetzt werden, deren Erreichung erwartet wird.
- **Bindung** (*bonding*)
  Hier spricht man von bestimmten Vertragsklauseln, die den Handlungsspielraum des Agenten eingrenzen sollen. Zum Beispiel können hier im Zuge der Abfolge von Direktiven Hierarchien gestaltet werden.
- **Incentivierung** (*incentives*)
  Hier werden gewisse Anreize gesetzt, um erfolgreiches Handeln zu fördern. Damit soll schlechtem Management vorgebeugt werden. Die Anreize unterstützen den Agenten bei korrektem Verhalten.
- **psychologischer Vertrag** (*psychological contract*)
  Der psychologische Vertrag ist eine Übereinkunft, die nicht schriftlich erfolgt, sondern ein implizites Verständnis erfordert, das die Erwartungen, Überzeugungen, Einstellungen, Ambitionen und Verpflichtungen beinhaltet, welches das Beschäftigungsverhältnis kennzeichnet. Auch wenn der psychologische Vertrag rein technisch beziehungsweise formal nicht vorhanden ist, kommt ihm eine hohe Bedeutung zu. Der Arbeitsvertrag regelt die Rechte, Verantwortlichkeiten, Pflichten, Arbeitsbedingungen sowie das Gehalt in schriftlicher Form. Der psychologische Vertrag ist zwar keine schriftlich festgehaltene Vereinbarung, beeinflusst aber das Arbeitsverhalten in psychologischer Hinsicht (z. B. das Denken und Fühlen). Es ist unmöglich, den psychologischen Vertrag bei Arbeitsbeginn einzufordern. Dieser beginnt schon lange vor der Einstellung. Eine besondere Rolle spielt die Kultur und das Image des Unternehmens. In diesem Sinne kann die Unternehmensmarke den Vertrag schon vor Arbeitsbeginn maßgeblich prägen, so dass die Kontrolle über den Vertrag nicht direkt in den Händen der Mitarbeitenden (hier: der Agenten) liegt.

Das Prinzipal-Agent-Modell zeigt auf, wie man den gesamtwirtschaftlichen Nutzen aller Akteure maximieren kann. Agenten profitieren durch eine erhöhte Kompensation, wenn sie sich beispielsweise an die vertraglich vereinbarten Vorschriften halten, und können im Extremfall bei Nichteinhaltung entlassen werden (Kenning & Wobker, 2012; Strotebeck, 2020). Erst in der letzten Dekade ist der besondere Stellenwert nicht monetärer Anreize sowie die psychologisch verankerte Bindung an das Unternehmen in den Vordergrund gerückt. Auch dieser Aspekt verweist auf die immer größere Bedeutung des Ansatzes „Faktor Mensch im Nexus der Entscheidung".

Die Digitalisierung kann die Informationsasymmetrien in Anhängigkeit von der Verfügbarkeit, Qualität und Nutzung der Informationen sowohl verringern als auch verstärken. Ungleichgewichtige Informationsniveaus werden verringert, indem der Zugang zu Informationen (z. B. durch Online-Plattformen, Suchmaschinen, soziale Medien) erleichtert wird, die Transparenz der Informationen (z. B. durch digitale Zertifikate, Bewertungen, Blockchain-Technologie) erhöht wird und sich die Kommunikation und Kooperation zwischen den Beteiligten (z. B. durch Netzwerke, Foren, virtuelle Besprechungstools) intensiviert. Informationsasymmetrien werden verstärkt, indem sich die Komplexität und Unübersichtlichkeit der Informationen (z. B. Big Data, KI, Algorithmen) erhöht, die Manipulation und Verzerrung der Informationen (z. B. Fake News, Deep Fakes, Echokammern) kaum Einschränkungen unterliegen und sich die Kontrolle und Macht über Informationen (z. B. durch digitale Monopole, Datenmissbrauch, Überwachung) zunehmend konzentriert. Die Digitalisierung kann sich sowohl positiv als auch negativ auf Informationsasymmetrien auswirken, die je nach Kontext und Blickwinkel unterschiedlich bewertet werden können.

Die Herausforderung besteht darin, Chancen und Risiken der digitalen Transformationen zu erkennen, zu verstehen und zu gestalten, um eine faire und nachhaltige Informationsgesellschaft zu ermöglichen.

Digitale Transformation bezeichnet einen Prozess, bei dem die Anwendung von digitalen Technologien zu grundlegenden Veränderungen in den Geschäftsmodellen, Prozessen, Strukturen und Kulturen von Organisationen führt. Die digitale Transformation verändert die Art und Weise, wie Entscheidungen sowohl auf individueller als auch auf kollektiver Ebene getroffen und Probleme gelöst werden. Im nächsten Kapitel wird näher darauf eingegangen, wie Gruppenmitglieder ihr Entscheidungsverhalten an die Gruppensituation anpassen.

9.5 Gruppendenken

Swissair

Vor 50 Jahren wurde die Swissair als so stabil wie eine Schweizer Bank angesehen, weshalb sie auch „fliegende Bank" genannt wurde. Die Ereignisse rund um den Zusammenbruch der Swissair im Jahr 2001 veranschaulichen die entscheidende Rolle kompetenter und verantwortungsvoller Management- und Verwaltungsstrukturen in Unternehmen. Die ehrgeizigen Strategien der Fluggesellschaft, die von einflussreichen Vorstandsmitgliedern befürwortet und vom Verwaltungsrat formell genehmigt wurden, führten zu einer Reihe riskanter Unternehmensübernahmen, die zu finanzieller Instabilität beitrugen und letztlich den Konkurs herbeiführten. Mit Ausnahme einer Fluggesellschaft befanden sich alle erworbenen Unternehmen in einem desolaten finanziellen Zustand. Das Gesamtengagement für den Erwerb von Airline-Beteiligungen betrug zwischen 1995 und Ende 2001 schließlich CHF 5.9 Milliarden.

Das kollektive Vertrauen des Vorstands in die getroffenen Entscheidungen ließ trotz der Warnzeichen ein Gefühl der Unbesiegbarkeit aufkommen. Das Vertrauen des Vorstands in eine Strategie ohne angemessene Prüfung von Alternativen führte dazu, dass abweichende Meinungen nicht berücksichtigt worden sind. Die Strategie wurde nicht durch ein professionelles Risikomanagement überwacht. Außerdem wurde das Investitionsrisiko vom Vorstand auf das Unternehmen verlagert, was zu einer Verschärfung der Liquiditätskrise beitrug. Schließlich verschlimmerten externe Ereignisse wie die Anschläge vom 11. September 2001 trotz aller Umstrukturierungsversuche die schlechte Lage des Unternehmens. Hermann und Rammal (2010) führten verfehltes strategisches Entscheidungsverhalten, insbesondere Gruppendenken, als entscheidenden Faktor für den Untergang von Swissair an.

Entscheidungen, die von einer Gruppe mit stark ausgeprägtem Zusammenhalt und einem zu harmonischen Beziehungsgeflecht getroffen werden, können dazu führen, dass Meinungen, die sich von der Mehrheitsmeinung unterscheiden, unterdrückt werden und dadurch wichtige Alternativen nicht erwogen werden. Dieses Phänomen wird oft als **Gruppendenken** bezeichnet und kann zu problematischen Entscheidungen führen. Gruppendenken ist dann gegeben, wenn in einer stark kohäsiven Gruppe Personen mit einer vereinnehmenden Einstellung derart dominieren, dass in der Gruppe die Sichtweise auf die Realität verzerrt wird. So werden inkonsistente Informationen, welche die dominante Meinung in Frage stellen, ignoriert beziehungsweise abgewertet. Die Realitätsverzerrung findet sowohl auf der intraindividuellen Ebene (Selbstzensur) als auch auf der interindividuellen Ebene (Konformitätsdruck) statt. Insgeheim gehegte Bedenken werden nicht geäußert und alle Gruppenmitglieder stimmen der dominanten Meinung direkt (Zustimmung) oder indirekt (Stillschweigen) zu (vgl. Abb. 9.5).

Abb. 9.5: Ein Beispiel für Gruppendenken mit Angabe des in der Gruppe Gesagten (umrandet) und der unausgesprochenen eigenen Meinung oberhalb des Gesagten.

Ein bekanntes Beispiel hierfür ist die Entscheidung von Präsident Kennedy und seiner Beratergruppe, dem Vorschlag der CIA zu folgen und eine Invasion in Kuba einzuleiten, die später als katastrophale Fehlentscheidung angesehen wurde. Es wird angenommen, dass, wenn auch nur eine Person der Beratergruppe sich gegen die Entscheidung ausgesprochen hätte, diese vermutlich nicht umgesetzt worden wäre.

Janis (1982) hat nach einer gründlichen Untersuchung von Entscheidungsprozessen, die im Jahr 1961 zur Kuba-Invasion führten, acht allgemeine Merkmale des Gruppendenkens identifiziert:

- eine falsche Annahme von Einmütigkeit in der Gruppe, die zu der Illusion von Unbesiegbarkeit und übertriebenem Optimismus führt,
- ein unbedingter Glaube an die moralische Integrität der Gruppe, der dazu führt, dass die ethischen Konsequenzen von Entscheidungen nicht in Betracht gezogen werden und alles, was die Gruppe entscheidet, automatisch als gerechtfertigt angesehen wird,
- Rationalisierung, bei der Argumente und Fakten, die der Meinung der Gruppe widersprechen, ignoriert oder negativ bewertet werden,
- Stereotypisierung von Feinden und Außenstehenden, die dazu führt, dass sie durchgängig negativ wahrgenommen werden und es als unnötig angesehen wird, ernsthaft mit ihnen zu diskutieren,
- Selbstzensur, bei der Gruppenzugehörige ihre eigenen Zweifel an der Meinung der Gruppe unterdrücken,
- Gruppenzensur, bei der Gruppenzugehörige, die gegen die vorherrschende Meinung der Gruppe sind, unter Druck gesetzt werden.
- Meinungswächter, also bestimmte Gruppenzugehörige, die potenzielle Dissidenten unterdrücken, bevor sie die herrschende Meinung in Frage stellen können,
- Illusion der Einmütigkeit, die durch Selbstzensur und Gruppendruck entsteht, und die Vorstellung von uneingeschränkter Einmütigkeit bei allen Gruppenangehörigen, besonders bei der Gruppenleitung.

Um den Entscheidungsprozess als mangelhaft zu bezeichnen, hat Baron (2005) vier Kriterien aufgestellt:

- Versäumnis einer Notfallplanerstellung
- Nutzung mangelhafter Informationen
- verzerrte Bewertung der Kosten und des Nutzens
- unvollständige Abwägung aller Entscheidungsoptionen

Zur Vermeidung des Gruppendenkens ist es essenziell, die Dimensionen und Faktoren dieser kognitiven Verzerrung zu verstehen. Eine Hauptdimension umfasst die Rolle der **Anonymität** in der Gruppe. Große Anonymität innerhalb der Gruppe geht oft mit einer erhöhten sozialen Einflussnahme einher, denn wenn Gruppenzugehörige nicht identifiziert werden können, tendieren sie eher dazu, abweichende Meinungen offen kundzutun. Verringerte Anonymität geht mit einer gesteigerten Tendenz zum Gruppendenken einher. Als eine weitere Dimension kann die **soziale Identität** und die Wahrnehmung der Meinung eines Gruppenmitglieds durch die anderen Gruppenzugehörigen angesehen werden. Die Theorie der sozialen Identität geht davon aus, dass ein Teil des Selbstkonzepts einer Person davon abhängt, welcher Gruppe sie angehört, d. h. wie sich Personen selbst sehen, wird von der Gruppe geprägt, mit der sie sich identifizieren. Als weitere Einflussgröße kann die **Gruppenkohäsion** angeführt werden. Je höher der Grad der Kohäsion ist, desto stärker steigen die positiven Gefühle hinsichtlich der Gruppenentscheidung. Je stärker Gruppenzugehörige darauf bedacht sind, neue soziale Beziehungen einzugehen und eine stärkere Kohäsion zu bilden, desto weniger Gelegenheiten ergeben sich dafür, abweichende Meinungen oder Sichtweisen einzubringen. Eine hohe Gruppenkohäsion verstärkt durch eine gesteigerte Identifikation mit der sozialen Gruppe die Neigung zum Gruppendenken, d. h. die Leistung der Gruppe verschlechtert sich meist mit zunehmender Gruppenkohäsion. Diese Form der kognitiven Verzerrung verdeutlicht die Notwendigkeit, Effektivität und Qualität der Gruppenentscheidungen dadurch zu steigern, dass abweichende Meinungen und Diversität aktiv in die Entscheidungsfindung eingebunden werden. Um Gruppendenken zu vermeiden oder zu reduzieren, gibt es verschiedene Methoden, die je nach Art, Umfang oder Gruppenkontext angewendet werden können. Hierzu zählen die Bildung heterogener Gruppen und die Zurückhaltung der Führungskräfte oder dominanter meinungsführender Personen hinsichtlich eigener Stellungnahmen, welche die Entscheidungsfindung der Gruppe beeinflussen könnten. Stattdessen sollten diese eine neutrale oder unterstützende Rolle einnehmen. Des Weiteren gilt es, Gruppenzugehörige zu ermutigen, Einwände, Zweifel oder Bedenken frei zu äußern und Entscheidungsalternativen einzubeziehen. Bei Gruppenentscheidungen in Unternehmen wird häufig mit mehreren Ansätzen versucht, dem Gruppendenken vorzubeugen. Zum einen kann explizit ein *Advocatus Diaboli* bestimmt werden, der Entscheidungen oder Urteile offen und direkt hinterfragt. Diese Funktion beinhaltet, dass diese Person bei einer Diskussion oder einem Konflikt bewusst die Position der Gegenseite einnimmt, um die eigenen Aussagen zu schärfen oder um zu provozieren. Die Person stellt die Gegenposition dar, die oft als unpopulär und unbequem angesehen wird. Zum anderen werden Pro- und Kontra-Diskussionsgruppen gebildet, welche die möglichen Positionen aus mehreren Blickwinkeln beleuchten. Im Projektmanagement bietet es sich an, für das Zielprojekt unterschiedliche Projektvorschläge auszuarbeiten und gegeneinander abzuwägen. Auch die Einbeziehung von externen Fachleuten oder Beratungsagenturen, die kompetent eine unabhängige Sicht einbringen, wird häufig in Betracht gezogen, um dem Gruppendenken vorzubeugen.

Gruppendenken kann zu einer falschen Einschätzung oder Vernachlässigung der Risiken führen, was dann auf andere Personen übertragen wird, die dafür nicht verantwortlich sind oder davon Vorteile haben. Wie individuelle Bewertungen und Präferenzen der Gruppenzugehörigen bei der Entscheidungsfindung verzerrt oder übergangen werden, wird im nächsten Kapitel verdeutlicht.

9.6 Risikoverschiebung

Risikoverschiebung

In einem Unternehmen wird während einer Vorstandssitzung, in der eine potenziell risikoreiche Investition erörtert wird, die Streuung der Verantwortung deutlich. Im Laufe der Entscheidungsfindung nehmen die Gruppenzugehörigen wahr, dass die Folgen der Investition kollektiv vom Vorstand getragen werden. Dies führt zu einer höheren Risikoakzeptanz, da sich der Einzelne weniger für die Ergebnisse verantwortlich fühlt, was eine kollektive Toleranz für höhere Risiken fördert.

Außerdem ermöglicht die Gruppendiskussion einen intensiveren Informationsaustausch. Jedes Mitglied trägt Erkenntnisse, Daten und Perspektiven bei, was die Unsicherheit über die Investition verringert. Im weiteren Verlauf der Diskussion spielt jedoch der Einfluss der Unternehmensführung eine entscheidende Rolle. Ein Vorstandsmitglied, welches in der Regel risikoscheuer ist als die Gruppe, neigt dazu, skeptische Argumente vorzubringen. Paradoxerweise könnte diese Vorsicht andere Mitglieder dazu veranlassen, für die risikoreichere Option zu plädieren, um den Konservatismus des Vorstandsmitglieds auszugleichen.

Außerdem erhält das Risiko innerhalb der Gruppendynamik einen sozialen Wert. Einige Mitglieder werden durch die Anwesenheit anderer beeinflusst und zögern nicht, um nicht als feige oder übermäßig vorsichtig zu erscheinen. Dieser soziale Druck beeinflusst ihre Entscheidungsfindung und führt dazu, dass sie risikoreichere Entscheidungen treffen, um der wahrgenommenen Gruppennorm zu entsprechen, die ein risikofreudiges Verhalten vorzieht.

Es wird normalerweise erwartet, dass Gruppen tendenziell weniger risikofreudig entscheiden als Einzelpersonen. Mut und Risikobereitschaft werden normalerweise Einzelpersonen und nicht Gruppen zugeschrieben. Die experimentelle Gruppenforschung weist jedoch seit mehreren Jahren darauf hin, dass Gruppen tendenziell risikoreichere Entscheidungen treffen als Einzelpersonen (Vaubel, 2006; Bierhoff & Rohmann, 2017; Füllbrunn & Luhan, 2020; Morone, Santorsola, & Tiranzoni, 2023). Diese Tendenz wird als **Risikoverschiebung/-verlagerung** (*risk/risky shift*) oder **Gruppenpolarisation** (*group polarization*) bezeichnet. Um dieses Phänomen zu erklären, wurden mehrere Ansätze (Wallach & Kogan, 1965; Stoner, 1968) entwickelt. Hier die bekanntesten:

- **Diffusion der Verantwortung**
  Ein höheres Risiko wird akzeptiert, weil die Konsequenzen von der ganzen Gruppe getragen werden.
- **höheres Informationsniveau**
  Die Gruppendiskussion bringt viele Informationen zusammen und reduziert die Unsicherheit.
- **Führerschaft**
  Führungspersonen sind tendenziell risikofreudiger als Gruppenmitglieder und tragen deshalb mehr Pro-Risiko-Argumente vor.
- **Risiko als sozialer Wert**
  Die Anwesenheit anderer Personen führt dazu, dass man für mehr Risikofreude votiert, um nicht als feige zu gelten.

Die Risikoverlagerung kann nicht ausschließlich einem psychologischen Faktor zugeschrieben werden, sondern wird durch eine Vielzahl faktorieller Kombinationen hervorgerufen. Solche Kombinationen und deren subjektive Gewichtung betreffen u. a. Faktoren wie Gruppengröße/-dynamik, Gesprächsdauer, Komplexität der Entscheidung, Motivation des Entscheidenden und sicherlich auch die Folgen der Entscheidung. Die meisten bisherigen Erklärungen hinsichtlich der Risikoverlagerung waren nur begrenzt gültig und mehr oder weniger beliebig, so dass das Phänomen aus methodischen Gründen in den letzten Jahren experimentell kaum weiter untersucht wurde. Dies erscheint umso erstaunlicher, als die Risikoverlagerung am deutlichsten durch experimentelle Anordnungen herbeigeführt werden kann. Vor der Konsensfindung in Gruppendiskussionen beeinflussen bestimmte Faktoren das Phänomen der Risikoverschiebung:

– Die Informationen über Risiken, die andere Gruppenmitglieder einzugehen bereit sind, beeinflussen die Risikotoleranz des Einzelnen.
– Die emotionale Dynamik in der Diskussion kann die Gruppe dazu veranlassen, sich risikoreicheren Optionen zuzuwenden.

Die Zustimmung zu einer Gruppenentscheidung scheint die Verantwortung des Einzelnen zu mindern und auf die Gruppe zu verlagern, was zu einer Tendenz führt, kollektiv mehr Risiken zu akzeptieren und einzugehen (Wallach & Kogan, 1965).

Auf sozialen Commerce-Plattformen (z. B. etsy.com) hat die soziale Identifikation von Nutzenden einen erheblichen Einfluss darauf, wie sie die mit dem Kauf und der Teilnahme an Diskussionen verbundenen Risiken wahrnehmen und wie sie reagieren. Je stärker sich die Nutzenden mit der Gemeinschaft verbunden fühlen, desto geringer wirken sich eigene Bedenken bezüglich bestehender Risiken auf ihre Entscheidungen aus (Farivar, Turel, & Yuan, 2018). Dies deutet darauf hin, dass ein Gefühl von Zugehörigkeit und Verbundenheit innerhalb des sozialen Umfelds der Plattform rationale Entscheidungen beeinträchtigt.

Die Risikoverlagerung wird interessanterweise meist dann bei risikofreudigen Entscheidungen beobachtet, wenn diese von der Gesellschaft als positiv bewertet werden (z. B. bei unternehmerischen Pionierentscheidungen). Bei Entscheidungen, die von der Gesellschaft als negativ bewertet werden, ist eher das Gegenteil der Fall und in der Gruppe votieren Personen tendenziell für das geringere Risiko. Diesbezüglich spricht Stoner (1968) von einer **vorsichtigen Verschiebung** (*cautious shift*) in dem Sinne, dass Personen in solchen Situationen bei selbstbezogenen Entscheidungen weniger risikoavers, jedoch bei gruppenbezogenen Entscheidungen stärker risikoavers sind.

9.7 Altruismus

Prosoziales Verhalten

Personen neigen dazu, sich großzügiger und hilfsbereiter zu verhalten, wenn sie das Gefühl haben, beobachtet zu werden, weil sie ihr soziales Ansehen nicht gefährden möchten. Dafür ist nicht zwingend ein physischer Blickkontakt notwendig, da selbst subtile Hinweise wie Augenbilder (vgl. Kap. 5.6) ausreichen, um hilfsbereiteres Verhalten hervorzurufen. Es kamen jedoch Zweifel an der Stärke dieses Effekts auf. Aus diesem Grund replizierten Kelsey, Vaish und Grossmann (2018) in einer Studie den Effekt und wollten in einem Kindermuseum überprüfen, ob andere menschliche Hinweise eine ähnliche Wirkung erzielen wie Augenbilder. Dazu wechselten sie die Spendenschilder wöchentlich und zeigten Augen, Nasen, Münder oder nichtmenschliche Objekte. Die Ergebnisse legen nahe, dass bei Augenbildern mehr gespendet wurde als bei nicht-menschlichen Objekten, was den Einfluss der Augen als soziales Signal bestätigte. Besonders wichtig ist, dass die Spendenbereitschaft bei Augen größer war als bei anderen menschlichen Reizen (Nasen und Münder). Dies deutet darauf hin, dass Augen eine besondere Rolle bei der Förderung der Zusammenarbeit beigemessen wird, wahrscheinlich indem sie Beobachtung signalisieren und ein Verhalten fördern, welches das soziale Ansehen gewährleistet.

Altruismus bezieht sich auf Verhalten, bei dem jemand eine Handlung ausführt, die dem Wohl einer anderen Person dient, ohne dass eine direkte Gegenleistung oder ein Vorteil erwartet wird. Wenn jemand freiwillig für eine gemeinnützige Organisation arbeitet, ohne dafür bezahlt zu werden, oder wenn jemand einem Mitmenschen hilft, ohne dass er oder sie dafür eine Gegenleistung erwartet. In beiden Fällen handelt die Person aus reiner Selbstlosigkeit, um das Wohl einer anderen Person zu fördern. Altruismus bedeutet also, dass man selbstlos und freiwillig zum Wohle einer anderen Person handelt, selbst wenn es für die helfende Person mit Kosten oder Nachteilen verbunden ist. Altruismus lässt sich auf zwei Denkansätze zurückführen. Zum einen lässt sich Altruismus aus der Neigung von Personen zur **Vergesellschaftung** ableiten. Dies beinhaltet die dynamische Adaptierung an die Werte, Normen, Regeln sowie Rollen im Zuge der Wechselwirkung menschlichen Handelns in der Gruppe. Nach Max Weber ([1922]1980) ist die Vergesellschaftung durch ein soziales Verhältnis gekennzeichnet, bei dem das soziale Handeln zum rationalen Interessenausgleich führt. Er unterscheidet drei wesentliche Typen der Vergesellschaftung:
- Tauschbeziehungen (z. B. Arbeit, Konsum)
- zweckrational bestimmte Zweckverbände (z. B. Sport)
- wertrational bestimmte Gesinnungsverbände (z. B. Partei, religiöse Gemeinschaften)

Zum anderen kann Altruismus im Sinne **prosozialen Verhaltens** als Gegenpunkt zu egoistischem Verhalten gesehen werden. Dem Bild vom egoistischen Erfolgsmenschen steht das tief verankerte menschliche Bedürfnis nach Fairness und Kooperation entgegen. Mit Hilfe der Spieltheorie (vgl. Kap 9.1) beschäftigt sich die Verhaltensökonomie mit den Motiven menschlichen Verhaltens in ökonomischen Entscheidungssituationen. Altruistisch Handelnde wählen die für sie persönlich nachteiligere, für die

Gruppe aber mittelfristig vorteilhaftere Variante. **Egoismus** bezeichnet eine Haltung, bei der man ausschließlich an sich selbst denkt und keine Rücksicht auf die Mitmenschen nimmt. Altruismus und Egoismus werden oft als Gegensätze gesehen, aber sie können auch miteinander vereinbar sein. Zum Beispiel zeigen Personen altruistisches Verhalten, weil sie annehmen, dass es für ihr eigenes Glück oder die eigene Moral vorteilhaft ist. Sie können sich auch egoistisch verhalten, weil sie davon ausgehen, dass es auch anderen nützlich sein oder das Gemeinschaftsgefühl stärken könnte. Die Motive und Folgen von altruistischem und egoistischem Verhalten können sich je nach Situation und Blickwinkel verändern. Egoismus oder Altruismus – der Mensch ist zu beidem in der Lage. Welches Verhalten man wählt, hängt sehr von den jeweiligen Bedingungen ab.

Altruistisch handelnde Personen steigern ihren eigenen Nutzen, indem sie sich um das Wohlergehen anderer Personen sorgen, d. h. es soll anderen Personen gut gehen. Ein wichtiger Aspekt von Altruismus besteht darin, dass keine Gegenleistungen für soziales Verhalten gefordert werden; man tut also jemandem nicht einen Gefallen, um dafür eine Gegenleistung zu erhalten. Altruistisches Verhalten gründet auf empathischer Motivation (Jonas, Stroebe, & Hewstone, 2014). Man kann Altruismus als selbstloses Verhalten verstehen (vgl. Abb. 9.6).

Abb. 9.6: Beispiel für selbstloses Verhalten.

Die Entscheidungen von Personen im sozialen Kontext, z. B. die freiwillige Rettung der Begleitperson trotz eigener Gefährdung, wird spieltheoretisch in Situationen nachgebildet, in denen es um die Verteilung von Ressourcen geht. Das Ultimatum-Spiel untersucht die empfundene Gerechtigkeit von Personen, wie sie sich verhalten, wenn sie sich unfair behandelt fühlen. Es wird auch die Bereitschaft untersucht, Benachteiligungen, die durch andere Personen verursacht werden, bestrafen zu können. Die theoretischen Überlegungen von Rubinstein (1982) wurden erstmals von Güth, Schmittberger und Schwarze (1982) experimentell umgesetzt. In diesem Spiel soll eine Geldsumme zwischen zwei Spielenden aufgeteilt werden und beide kennen die möglichen Folgen ihrer Entscheidungen. Der Anteil, den Person B erhält, wird von Person A festgelegt und Person B entscheidet daraufhin, ob dieses Angebot ablehnt oder angenommen wird. Lehnt Person B, die auch die Gesamtsumme kennt, den angebotenen Anteil ab, dann verliert auch Person A den eigenen Anteil. In diesem Fall gewinnt weder Person A noch B. Die rationale Entscheidungstheorie sagt voraus, dass Person B jegliches Angebot annehmen wird, weil es besser ist, als nichts zu erhalten. Dennoch zeigen die tatsächlichen Ergebnisse, dass Person A in der Regel einen Anteil zwischen 40 % und 50 % (im Sinne des gerechten Verteilens) anbietet. Je geringer jedoch das Angebot ausfällt, desto wahrscheinlicher wird es abgelehnt. Dieser Befund entspricht nicht den Annahmen des menschlichen Egoismus, da Person B bei einer Ablehnung Geld verliert, statt im Sinne des Egoismus einen geringfügigen Gewinn zu akzeptieren. Jedoch entscheidet sich Person B eher dafür, Person A für ein zu geringes Angebot und eine als ungerecht empfundene Verteilung des Geldes zu bestrafen. Dies belegt, dass Fairness eine Rolle in der Entscheidungsfindung und in der Ergebnisbewertung des Spiels einnimmt (Rubinstein, 1982; Güth, Schmittberger, & Schwarze, 1982; Camerer & Thaler, 1995). Betrachtet man das Verhalten von Ultimatum-Spielenden, so wird vermutet, dass Altruismus einen Faktor bei hohen Angeboten durch eine der Personen darstellt (Grötker, 2009). Dieser Faktor allein kann als nicht ausreichend angesehen werden, um das Verhältnis zu anderen Personen zu erfassen. Wenn man das Verhalten von Testpersonen in anderen Spielen untersucht, wie beispielsweise in Vertrauensspielen oder öffentliche-Güter-Spielen, die Bestrafungsmöglichkeiten bieten, kann man beobachten, dass diese Personen unkooperativ mitspielende Personen bestrafen, auch wenn ihnen dadurch Kosten entstehen. Es ist davon auszugehen, dass neben Altruismus auch andere Emotionen (z. B. Neid, Missgunst) das Entscheidungsverhalten beeinflussen (Kirchsteiger, 1994; Dreher, 2022). Inwieweit das Engagement für altruistische Verhaltensweisen das Wohlbefinden der helfenden Personen fördert, untersuchten Wang et al. (2019). Dabei konzentrierten sie sich darauf, wie altruistisches Verhalten die eigenen Empfindungen von bedrohlichen körperlichen Erfahrungen (z. B. Schmerzen) beeinflussen kann. Sie berichteten, dass verschiedene Formen des altruistischen Verhaltens, wie beispielsweise das Spenden für Erdbebenopfer oder die aufgewendete Zeit für Kinder mit Migrationshintergrund, Schmerzen der Helfenden lindern können. Demnach kann altruistisches Verhalten eine wichtige Rolle bei der Verarbeitung körperlicher Erfahrung in bedrohlichen Situationen spielen. Darüber hinaus kann altruistisches Verhalten das Gefühl der eigenen Bedeutung und Zufriedenheit stärken, was wiederum in schwierigen Situationen dazu beiträgt, unangenehme Empfindungen zu verringern. Hilft eine Person einer anderen Person, die nicht verwandt ist, in der Hoffnung oder Erwartung, dass diese Person ihr in der Zukunft hilft, so spricht man **von reziprokem Altruismus**. Die Kultur einer Gesellschaft kann die helfende Person dazu bewegen, altruistisch oder reziprok altruistisch zu handeln, wenn sie die Situation als dringend, notwendig oder gerecht empfindet oder wenn sie dem kulturellen Hintergrund, den Erwartungen oder den Normen (soziale Anerkennung) der empfangenden Person entsprechen will. Auf die besondere Rolle der Reziprozität wird im nächsten Kapitel eingegangen.

9.8 Reziprozität

Wie du mir, so ich dir

Einige Unternehmen bieten in der Regel Treuekarten an. Bei diesen Treuekarten bekommt die Kundschaft bei dem zehnten Kauf eines bestimmten Produkts dieses Produkt kostenlos. Hierdurch wird der Kundschaft etwas gegeben, was sie als wertvoll oder nützlich empfindet. Neben dem Anbieten von Anreizen und Belohnungen können sowohl das Signalisieren von Fairness und Vertrauen als auch das Schaffen von Bindung und Zugehörigkeit die Geschäfts- und Kundenbeziehungen stärken. Gegenseitige Unterstützung kann das Verhalten und die Kooperation von Personen in verschiedenen wirtschaftlichen Situationen beeinflussen, wie z. B. in Kollektivgütern, Arbeits- und Kundenbeziehungen.

Auf dem **Reziprozitätsprinzip**, auch Gegenseitigkeits- oder Wechselseitigkeitsprinzip genannt, baut die Grundlage des modernen Markts auf, nämlich der Tauschhandel. Es gelten für alle Tauschakteure folgende Regeln:
- Die Interaktion wird durch einen Anfangsbeitrag eingeleitet.
- Der Beitrag muss akzeptiert werden (oft normgeleitet).
- Ein Rückbeitrag als Entgegnung ist notwendig.

Zudem lässt sich Wechselseitigkeitsprinzip nach der Unmittelbarkeit zwischen den Tauschakteuren in direkte und indirekte Reziprozität unterteilen (vgl. Abb. 9.7).

Bei der indirekten Reziprozität kann zwischen aufsteigender (*upstream*) und absteigender (*downstream*) Reziprozität unterschieden werden (Boyd & Richerson, 1989). Die aufsteigende Reziprozität basiert auf einer aktuellen positiven Erfahrung. Eine Person B, der gerade geholfen wurde, erbringt daraufhin eine Hilfeleistung für Person C. Absteigende Reziprozität beruht allein auf der Reputation einer Person. Eine Person A half zuvor einer Person B und erhält deshalb Hilfe von einer Person C.

Reziprozität bildet die Grundlage für die Kooperation zwischen Personen (Fehr, 2002; Fehr & Fischbacher, 2005; Samuelson, 2005; Burnham & Hare, 2007; Silk & House, 2011). Diese soziale Tendenz hat das Überleben und die Ausbreitung der menschlichen Spezies begünstigt (Mir-Artigues, 2022), weil sie Erfolg ermöglicht und garantiert, interne Spannungen abzubauen. Sie versetzt kohäsive Gruppen in die Lage, Bedrohungen aus der natürlichen Umwelt und insbesondere von anderen rivalisierenden Gruppen zu begegnen.

direkt

A hilft B

B hilft A

A   B

indirekt

C   C

B hilft C danach   C hilft A danach

A hilft B zuerst   A half B zuerst

A   B   A   B

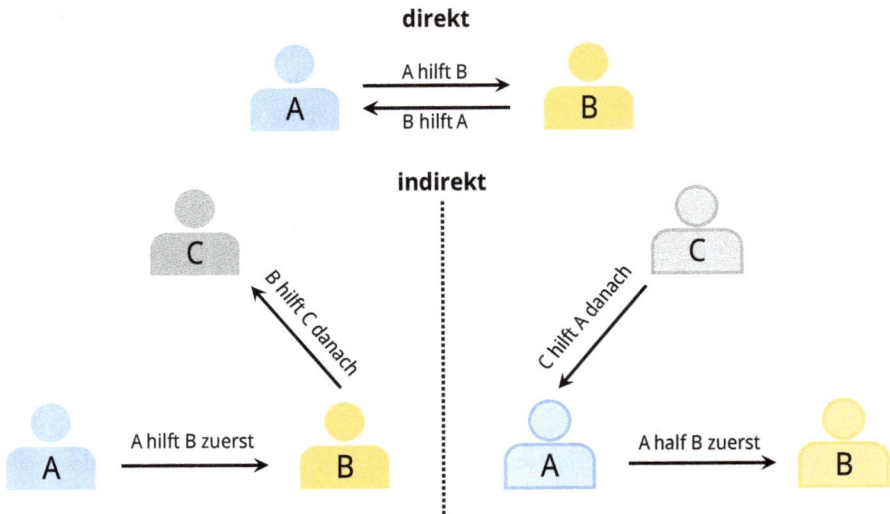

Abb. 9.7: Veranschaulichung der direkten und indirekten Reziprozität.

Reziprozität bezieht sich auf die Tendenz, Personen gegenüber kooperativ zu sein, die gegenüber einem selbst kooperativ sind (positive Reziprozität), und Personen, welche die Normen der Kooperation verletzen, zu bestrafen (negative Reziprozität). Im Gegensatz zu bestrafendem Verhalten, üben Personen reziprokes Handeln auch dann aus, wenn ihnen daraus kein materieller Gewinn entsteht (Fehr & Gächter, 1998; Fehr & Gächter, 2000). Positive Reziprozität kann in Vertrauensspielen und *Gift-Exchange*-Spielen beobachtet werden, während negative Reziprozität in Ultimatum-Spielen vorkommt. Die Existenz von Personen, die Reziprozität als Strategie nutzen, kann dazu beitragen, soziale Normen durchzusetzen. Egoistische Personen können dann ihr Verhalten ändern und kooperativer werden, jedoch nicht, weil sie moralisch bessere Menschen werden, sondern weil sie dadurch bessere Ergebnisse erzielen können. Beispiele für negative Reziprozität sind Vergeltungsmaßnahmen oder Racheakte. Reziproke Handlungen werden oft dazu verwendet, kooperatives Verhalten zu erzwingen und sich damit langfristig Vorteile zu sichern. Die Tendenz, auf kleine Geschenke mit entsprechendem Entgegenkommen zu reagieren, illustriert eine Form positiver Reziprozität. Es ist üblich, dass Spendenaktionen mit kleinen Geschenken, wie zum Beispiel Kalendern oder Weihnachtskarten, als Dankeschön für eine Spende an die betreffende Organisation verbunden werden. Letztendlich kann man Reziprozität als Ausdruck einer spieltheoretisch erfolgreichen ***tit-for-tat*-Strategie** betrachten. In der Spieltheorie bezeichnet *tit-for-tat*, d. h. ein gleicher Austausch von Vergünstigung oder Benachteiligung, eine Strategie, bei der eine Person mit einem kooperativen Zug beginnt und dann jeweils den letzten Zug einer anderen Person nachspielt. Diese Strategie ist oft in wiederholten Spielen erfolgreich, weil dadurch Kooperation gefördert und Ausnutzung verhindert wird. Starke Reziprozität (*strong reciprocity*) bezeichnet Situationen, bei denen eine Person eine andere Person für ihr Verhalten belohnt oder bestraft, auch wenn es für die erste Person kostspielig ist und keinen strategischen Vorteil bringt.

Zudem besteht bei der Reziprozitätsregel ein Gefühl des Sich-verpflichtet-fühlens, das kulturell weit verbreitet ist (Cialdini, 2017). Kulturelle Vorgaben können dazu anregen, reziprok zu handeln, um soziale und moralische Anerkennung, Zugehörigkeit, Belohnung zu erlangen oder um negative Konsequenzen wie Schuld, Scham oder Bestrafung zu vermeiden. Eine bestimmte Form der Reziprozität stellt die Enthüllungsreziprozität (*disclosure reciprocity*) dar. Demnach neigen Personen dazu, das Niveau der Selbstenthüllung, also all jene Informationen, die sie über sich selbst preisgeben, an das Selbstenthüllungsniveau anderer anzugleichen (Cunningham, Strassberg, & Haan, 1986). Wenn eine Person Informationen über sich mitteilt, neigen andere Personen im Gegenzug dazu, auch mehr Informationen über sich selbst mitzuteilen. Reziprozität kann durch verschiedene Faktoren, wie etwa soziale Normen, Erwartungen, Motive oder Emotionen, ausgelöst oder verstärkt werden. Fehlende Reziprozität bedeutet, dass das Gegenseitigkeitsprinzip missachtet wird, da es zu keiner Ausgleichshandlung kommt. Sind Personen zu sehr darauf fixiert, dass die Gegenseite ihnen einen Gefallen tut, so kann dies im schlimmsten Fall bei regelmäßiger Enttäuschung zu einer Krise führen. Reziprozität hat sich in wirtschaftlichen Beziehungen auch als vorteilhaft erwiesen. Sie kann das Vertrauen und die Bindung zwischen Personen stärken, indem sie einen Eindruck von Fairness, Anerkennung und Zugehörigkeit schafft. Sie kann die Leistung und das Wohlbefinden von Personen verbessern, indem sie die Motivation, die Zufriedenheit und die Loyalität erhöht. Auch kann die Innovation und Kreativität gefördert werden, indem Reziprozität die Kommunikation, Kooperation und den Informationsaustausch erleichtert.

10 Angewandte Verhaltensökonomie

Vertrauensbildung durch Abbau von Unsicherheit

Zwei Personen (A und B) möchten jeweils ein Dienstleistungsunternehmen damit beauftragen, sie zum Flughafen zu befördern. Person A ruft dazu ein Taxi-Unternehmen an und bekommt die Information, dass das Taxi gleich da sei. Nach fünf Minuten Wartezeit ruft die Person besorgt das Taxi-Unternehmen an, um sich nach dem Status zu erkundigen.

Person B bucht sich via Smartphone ein Uber-Taxi. Über die App kann Person B in Echtzeit nachverfolgen, wie weit das Fahrzeug noch entfernt ist und wann es genau ankommen wird. Durch die Bereitstellung transparenter und verlässlicher Produktinformationen werden Unsicherheiten verringert.

Der Abbau von Unsicherheiten kann auch bei der Terminplanung förderlich sein. Der Hersteller Hyundai ermöglicht es beispielsweise der Kundschaft seiner Automarke Genesis, den Status der Auslieferung von der Bestellung, Produktion bis zur Lieferung vor die eigene Haustür zeitgenau nachzuverfolgen. Auch wird das Auto im Falle von Reparaturen oder Wartungen abgeholt, ein kostenloses Ersatzfahrzeug zur Verfügung gestellt und nach der Reparatur ebenfalls wieder vor die eigene Tür geliefert. Für die Kundschaft erübrigt es sich demnach, einen Werkstatttermin, den Hin- und Rückweg bzw. einen Mietwagen zu organisieren. Die Bereitstellung genauer und zuverlässiger Informationen fördert Vertrauen und baut Unsicherheit ab. Hingegen führen falsche oder fehlende Informationen zu einem Vertrauensverlust. Zutreffende und zuverlässige Informationen wirken vertrauensfördernd.

Diese Beispiele verdeutlichen, wie Informationen eingesetzt werden können, um durch den Abbau von Unsicherheit Vertrauen zu stärken, zusätzlichen Mehrwert zu schaffen und damit Wettbewerbsvorteile zu erreichen.

Betrachtet man den Entscheidungsprozess einer Person, die ein neues Auto kaufen möchte, so fällt auf, dass während dieses Prozesses verschiedene Vorurteile und Heuristiken auftreten können, welche die Wahrnehmung, Bewertung von Informationen, Optionen oder Risiken und schließlich die Entscheidung beeinflussen. Nachfolgend werden die Stufen einer Kaufentscheidung, auftretende Verzerrungen und mögliche Maßnahmen, um diese zu reduzieren, aufgeführt:

Stufe 1: Beschaffung und Wahrnehmung von Informationen

In dieser Phase erkennt die Person die Notwendigkeit eines Autoneukaufs und beginnt Informationen über verschiedene Marken, Modelle und Preise zu sammeln.

Die Person kann jedoch nicht alle Informationen aufnehmen und verarbeiten, weshalb nur ein begrenzter Teil der verfügbaren Informationen wahrgenommen wird (limitierte Informationswahrnehmung). Möglicherweise konzentriert sich die Person nur auf Informationen, die ihre vorgefassten Meinungen über eine bestimmte Marke oder ein bestimmtes Automodell stützen (Bestätigungstendenz) und verlässt sich auf leicht verfügbare Informationen (Verfügbarkeitsheuristik), anstatt gründliche Recherchen durchzuführen. Zudem erfolgt eine Beeinflussung durch den als erstes angegebenen Kaufpreis (Ankerheuristik) eines bestimmten Automodells.

https://doi.org/10.1515/9783110722307-010

Um diese Effekte zu reduzieren, sollte die Person verschiedene Informationen einholen, eine gründliche Recherche durchführen und mehrere Optionen vergleichen, anstatt sich ausschließlich auf eine Quelle zu verlassen.

Stufe 2: Verarbeitung und Gewichtung selektierter Informationen

In dieser Phase bewertet die Person die unterschiedlichen Optionen hinsichtlich ihrer persönlichen Präferenzen und der allgemeinen Produktmerkmale.

Die Beurteilung könnte auf dem Ruf einer Automarke basieren, welcher repräsentativ für Qualität, Prestige oder Zuverlässigkeit angesehen werden kann (Repräsentativitätsheuristik). Auch könnten potenzielle Verluste (z. B. Wertverluste), die mit der Wahl einhergehen, überbewertet werden und mögliche Vorteile (z. B. Effizienz) dadurch außer Acht gelassen werden (Verlustaversion). Auch die Art und Weise, wie Informationen präsentiert werden, beeinflusst die Bewertung (Bezugsrahmen-Effekt). So kann beispielsweise der Fokus auf die Kraftstoffeffizienz und nicht auf die gesamten Betriebskosten gelegt werden.

Um diese Effekte zu reduzieren, sollte die Person bei der Bewertung objektive Kriterien wie Kraftstoffeffizienz, Sicherheitsmerkmale und Wartungskosten berücksichtigen. Zudem sollte sie über den Gesamtwert und nicht nur über den genannten Vorabpreis nachdenken.

Stufe 3: Entscheidung

In dieser Phase wird die Auswahl eingegrenzt und die Person trifft eine endgültige Entscheidung für den Kauf eines bestimmten Autos.

Fährt sie seit 20 Jahren eine bestimmte Automarke, könnte dies dazu führen, dass sie sich erneut ein Auto derselben Marke kauft (Beibehaltungstendenz). Andererseits könnte dies auch dazu führen, das aktuelle Auto zu behalten. Die Person könnte möglicherweise zögern, sich von ihrem aktuellen Fahrzeug zu trennen, weil sie bereits viele Ressourcen in dieses investiert hat (irrationale Beharrlichkeit). Deshalb könnte sie sich entscheiden, weiterhin Geld in Reparatur und Wartung des aktuellen Autos zu investieren, auch wenn der Kauf eines neuen Fahrzeugs langfristig kosteneffizienter wäre. Eine Entscheidung könnte auch vermieden werden, wenn zukünftiges Bedauern antizipiert wird (Theorie des Bedauerns).

Um diese Effekte zu reduzieren, sollte sich die Person den Rat von Fachleuten einholen, Probefahrten durchführen und die langfristigen Kosten berücksichtigen. Auch sollte die Person für andere Optionen offen sein, wenn neue Informationen darauf hindeuten, dass eine andere Wahl besser wäre.

Stufe 4: Bewertung und Zufriedenheit nach dem Kauf

Nach dem Autokauf bewertet die Person ihre Entscheidung und die gesammelten Erfahrungen im Sinne einer Ergebnisrückmeldung und Selbstbewertung. Selbstbeobachtung, -bewertung und -verstärkung bilden drei wesentliche Dimensionen der Selbstkontrolle. Die Fähigkeit zur Selbstkontrolle beeinflusst unmittelbar den Grad der Zufriedenheit.

In Alltagssituationen wie einem Autokauf können mehrere Heuristiken und Entscheidungsparadoxien gleichzeitig auftreten. Nach dem Kauf konzentrieren sich Personen häufig auf die positiven Aspekte des gewählten Autos oder können sich nicht von einem negativen Aspekt lösen (selektive Wahrnehmung). Hinzu könnten Informationen ignoriert oder abgeschwächt werden, die der eigenen Einstellung entgegenstehen (Bestätigungstendenz). Hierdurch kann ein Spannungsverhältnis zwischen wahrgenommener und tatsächlich vorhandener Information über das Auto vermieden oder reduziert werden (kognitive Dissonanz). Aufgrund der zur Verfügung gestellten Informationen erwartete die Person ein Auto, welches auf 100 km fünf Liter Kraftstoff verbraucht. Tatsächlich werden jedoch sieben Liter verbraucht. Nach einigen Wochen antwortete ein Teil der Kundschaft auf Nachfrage, dass das Auto eigentlich nicht mehr als sechs Liter verbrauchen sollte (Rückschaufehler). Wenn Personen aus Gewohnheit ihre Fahrzeuge bisher bei ihrem Autohaus vor Ort gekauft haben, ist die Wahrscheinlichkeit hoch, auch zukünftig dort das neue Auto zu kaufen (Beibehaltungstendenz).

Um diese Effekte zu reduzieren, sollte die Person eine realistische Bewertung und einen Vergleich der Leistung des ausgewählten Fahrzeugs mit den ursprünglichen Erwartungen durchführen. Es erweist sich als vorteilhaft, eine ausgewogene Perspektive beizubehalten und sowohl positive als auch negative Aspekte zu berücksichtigen. Dazu gehört es, einen Schritt zurückzutreten, schnelle Entscheidungen unter Druck zu vermeiden und sich Zeit zum Nachdenken zu nehmen. Das Budget sollte verbindlich im Voraus festgelegt werden. Bevor der Kauf abgeschlossen wird, kann es oft ratsam sein, sich eine zweite Meinung einzuholen.

Im Beispiel des Autokaufs können in verschiedenen Abschnitten des Entscheidungsprozesses unterschiedliche Verzerrungen und Heuristiken auftreten. Indem Personen sich dieser Vorurteile bewusst sind und aktiv daran arbeiten, deren Auswirkungen zu neutralisieren, können sie fundiertere Entscheidungen treffen. Wenn man den Entscheidungsprozess im Sinne von Gigerenzer betrachtet, dann werden Heuristiken als adaptive Werkzeuge genutzt und helfen bei der Entscheidungsfindung. Dabei nutzt man einfache Suchregeln. Beispielsweise kann man sich bei der Entscheidung auf Erfahrungswissen und Intuition stützen, um schnell und einfach eine Entscheidung zu treffen. Zudem kann man entweder nach dem Prinzip der Anspruchserfüllung (*satisficing*) oder Anspruchsanpassung (*optimizing*) handeln. Die Anspruchsanpassung entspricht dabei einer klassisch rationalen Wahl, d. h. einer optimalen Wahl. Dabei legt man sich verschiedene Kriterien fest (z. B. Preis, Kraftstoffverbrauch, Fahrkomfort, Sicherheit) und entscheidet sich erst, nachdem alle Optionen berücksichtigt worden sind. Handelt man gemäß der Anspruchserfüllung, so besteht die Möglichkeit, zwischen unterschiedlichen Entscheidungsstrategien zu wählen. Handelt man gemäß dem *take-the-best*-Prinzip, so konzentriert man sich auf ein Schlüsselkriterium (z. B. Sicherheit). Wenn man im ersten Autohaus ein Fahrzeug mit dem höchsten Sicherheitsstandard gefunden hat, entscheidet man sich dafür. Um eine schnelle Entscheidung zu treffen, kann man auch nach dem *fast-and-frugal*-Prinzip vorgehen. Dabei konzentriert man sich auf die Erfüllung festgelegter Schlüsselkriterien und vordefinierter Such- und Stoppregeln. Die Suche kann entweder kriterienbezogen, d. h. die Suche wird beendet, wenn ein Fahrzeug alle Kriterien erfüllt, oder zeitbezogen sein, wenn beispielsweise die zuvor festgelegten zwei Minuten für die Suche abgelaufen sind.

Die Verhaltensökonomie liefert dabei einen wichtigen Beitrag, um das Wissen über die Grenzen und Verzerrungen des Denkens aufzudecken und in die Entscheidungsfindung direkt einzubeziehen. Dies betrifft Maßnahmen zur Verbesserung des gesellschaftlichen und individuellen Wohlergehens, mit dem die Effizienz, die Fairness und die Nachhaltigkeit von Märkten, Institutionen und politischen Projekten gefördert wird. Ebenso gilt dies für die Erhöhung der persönlichen und organisatorischen Leistungen, wodurch die Motivation, die Zufriedenheit und die Kreativität von Mitarbeitenden, Kundschaft und Führungskräften gesteigert wird. Nicht zuletzt sind auch Maßnahmen zur Verringerung von Risiken und Unsicherheiten inbegriffen, um die Prävention, die Anpassung und die Überwindung von Krisen, Konflikten und Katastrophen zu unterstützen. Die praktische Anwendung verhaltensökonomische Prinzipien wird in den folgenden Kapiteln beispielhaft vorgestellt.

10.1 Verhaltensökonomie in der Praxis

Wissen zu nutzen, ist heute wichtiger denn je. Durch den Prozess der Digitalisierung, den Einsatz von Maschinen und Robotern, die Internationalisierung und Globalisierung sowie die Zunahme der Komplexität der Arbeitsaufgaben wird die traditionelle körperliche Arbeit immer mehr durch wissensbasierte Arbeitsmethoden abgelöst. Wie KI-Systeme als *nudge* beim Wissenstransfer in unsicherer Umgebung genutzt werden kann, wird von Dittrich und Schulz (2020) aufgezeigt. Künstliche Intelligenz und kognitive Maschinen ermöglichen nicht nur den schnellen Transfer von Wissen innerhalb verschiedener Gruppen, sondern können auch intellektuelle Defizite ausgleichen und begrenzen. Industriespezifische Lösungen, die auf einer Anzahl von Kerntechnologien (z. B. Machine Learning, natürliche Sprachverarbeitung, Bilderkennung) und Infrastruktur-Voraussetzungen (Cloud Computing, Internet der Dinge, Big Data) basieren und mit neuartigen Fähigkeiten ausgestattet sind, lassen sich in Analogie zu Hirnprozessen auch als höherstufige kognitive Prozesse beschreiben und werden daher als kognitive Maschinen bezeichnet. Um aufgrund des Globalisierungsdrucks schnelle Lösungen für immer neue Probleme oder Marktentwicklungen zu finden, wird es für Mitarbeitende notwendig, sich schnell und virtuell hinsichtlich des Wissenstransfers zu verständigen. Wirtschaftskreisläufe sind zunehmend vernetzt und erstrecken sich über den gesamten Globus. Dieser Trend birgt das Risiko, dass insbesondere komplexes Wissen durch mangelnde Absicherung verloren geht oder nicht vollständig von einer Stelle zur anderen transferiert wird. Komplexe Prozesse der Informationsverarbeitung sind ebenfalls anfällig für kognitive Verzerrungen und heuristische Prozesse (vgl. Kap. 4/5). Zukünftig werden sich Unternehmen auf folgende Herausforderungen einzustellen haben:

– Die demografische Entwicklung führt dazu, dass die X-, Y- bzw. Z-Generationen in der Regel jeweils kleiner sind als die Babyboomer-Generation. Zusätzlich gibt es einen Mangel an Fach- und Führungskräften, der nicht nur aufgrund des sinkenden Bevölkerungswachstums ein Problem darstellt, sondern auch aufgrund mangelnder Ausbildungsmöglichkeiten.

– Es besteht eine Diskrepanz zwischen der Bedeutung an Wissen (Wissensbedarf), insbesondere, was die Entwicklung von Künstlicher Intelligenz betrifft, und der schnellen Zunahme und immer höheren Komplexität von Wissen (Wissensverfügbarkeit). Es ist schwierig, mit dieser Wissensexplosion Schritt zu halten und das Wissen angemessen zu nutzen, um den Anforderungen von Technologie- und Geschäftsentwicklung gerecht zu werden.

– Die Entwicklung von Industrie 4.0 und Arbeitswelt 2.0 verändert mittels der Digitalisierung die wirtschaftlichen Abläufe entscheidend. Diejenigen, die über Wissen verfügen, sind auf der einen Seite für Unternehmen wertvoller als jemals zuvor, auf der anderen Seite können sie aber auch häufiger und unvorhergesehen zu einem anderen Unternehmen wechseln. Chancen der Jobfluktuation bzw. deren Verhinderung sind zu einem unumgänglichen Faktor unternehmerischen Handelns sowohl für die Unternehmensleitung als auch Mitarbeitende selbst geworden.

Organisationen müssen dem Wissensmanagement und der innerbetrieblichen Transparenz eine höhere Priorität zugestehen, um im Wettbewerb erfolgreich zu sein. Wirtschaftsbezogenes Wissen betrifft Patente, Prozesse, Technologien, Fähigkeiten und Erfahrungen von Mitarbeitenden sowie Informationen über Kundschaft, Märkte, Lieferanten und politisch-rechtliche Rahmenbedingungen. Wirtschaftsbezogenes Wissen wird heute als entscheidender Produktionsvorteil angesehen und ist kein isolierter Faktor, sondern das konstitutive Element, um die Qualität von Produkten und Dienstleistungen zu garantieren bzw. zu steigern. Daher wurde in der neuen Norm DIN EN ISO 9001:2015 (September 2015) erstmals verlangt, dass mit Wissen bewusst und geplant umgegangen werden soll. Es muss identifiziert, gespeichert und verbreitet werden, um den Unternehmen ständig Zugriff darauf zu ermöglichen. Das Wissensmanagement kann somit als die um die Wissensperspektive vervollständigte Ergänzung des traditionellen strategischen Managements angesehen werden. Wissen wird zur neuen zentralen Ressource des strategischen Managements, um in immer kürzeren Wirtschaftszyklen zielführend und vorausschauend die Unternehmensaktivitäten steuern zu können. Für die Unternehmensstrategie sind insbesondere grundlegende Entscheidungen zur Behandlung der Wissensressource und ihrer Bedeutung ausschlaggebend. Zu nennen sind Themen wie:

– Substantiierung der unternehmensweiten Wissensorientierung

- Fundierung der Wissensperspektive in den Unternehmensgrundsätzen
- Entwicklung der Wissensstrategie und der Wissenstechniken
- Entwicklung der wissensorientierten Unternehmenskultur

Die Vernachlässigung der Wissensperspektive führt nicht allein zu einem Entwicklungsstillstand oder Verlust von technologischem Fortschritt, sondern bemerkenswerterweise auch zu einem Rückgang der aktuellen Leistungsfähigkeit oder Produktgüte. Im Wettbewerb bedeutet Stillstand immer auch Rückschritt. Es gibt jedoch auch direkte Barrieren, die die Wissensübertragung stören oder verhindern können, insbesondere wenn mehrere kompetente Mitarbeitende, die über Spezialwissen verfügen, das Unternehmen ohne Wissenstransfer verlassen. Dies kann für das Unternehmen existenzbedrohend sein. Wie Dittrich und Schulz (2020) anmerken ist heute mehr denn je festzustellen – **Wissen ist Macht, digitales Wissen ist Weltmacht.**

Sie schlagen ein prozessanalytisches Modell der Wissenstranslation vor, welches auf die beiden Hauptprozesse, einerseits Wissenskreation und andererseits Innovation bzw. Aktion, fokussiert ist (vgl. Abb. 10.1).

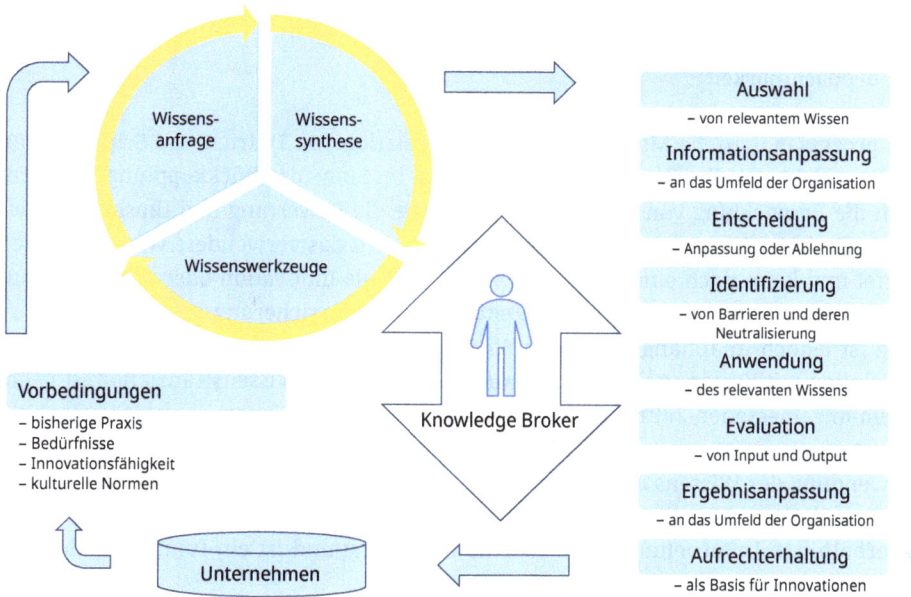

Abb. 10.1: „Multidimensional-Lean-Knowledge-to-Action"-Modell der Wissenstranslation (angelehnt an Dittrich & Schulz, 2020).

Der neue Schwerpunkt liegt nun auf der Wissensaufbewahrung und den Werkzeugen, um Wissen zu speichern. Die erfolgreiche Wissenstranslation erfordert eine Speicherung jenseits des über Spezialwissen verfügenden Mitarbeitenden. Der Ort oder die

Form, in der das Wissen gespeichert wird, ist unbedeutend, wichtig ist nur der ungehinderte Zugang zu diesem Wissen. Die Speicherung von Wissen bildet die notwendige Grundlage für die zweite Ebene der Wissenstranslation, d. h. der Übertragung von Wissen in Form von Aktion oder auch Innovation. Durch die Verfügbarkeit des allgemeinen Wissensspeichers kann die Auswahl und Umsetzung von Wissen sehr detailliert und aufgabenbezogen individuell erfolgen. Nach der Auswahl und Anpassung des Wissens an die Bedürfnisse der Organisation erfolgt eine Entscheidung: entweder die Adoption oder die Ablehnung des ausgewählten Wissens. Hierbei ist jedoch zu berücksichtigen, dass die Entscheidung zur Wissenstranslation keinen Automatismus in Gang setzt. Bei späterer Neubewertung des Vorgangs kann die Annahme oder Ablehnung auch mit einer Zeitverzögerung erfolgen. Die Methode der Wissenstranslation richtet sich nach den ermittelten Anforderungen, wobei die bildbasierte der sprachbasierten Übertragung oft überlegen ist („Ein Bild sagt mehr als 1000 Worte"). Folgende fünf Dimensionen der Anforderungen an Wissen zum Zwecke der Translation können unterschieden werden:
– Relativer Vorteil
– Kompatibilität
– Komplexität
– Durchführbarkeit
– Beobachtbarkeit

Das prozessanalytische Modell der Wissenstranslation von Dittrich und Schulz (2020) umfasst nicht nur die Überprüfung von Fehlern im Sinne der Rückkopplung, sondern auch die Entwicklung von neuen Lösungen sowie die Bewertung und Umsetzung von Ideen. Nach der Umsetzung oder Problemlösung wird das verwendete Wissen neu bewertet und kann nach einer positiven Beurteilung als Innovation oder Aktion erneut gespeichert werden. Dies trägt gleichzeitig zur Qualitätssicherung bei. Eine Überprüfung ist jedoch unabhängig von der Wissensoptimierung erforderlich, da Wissenstranslation mit Kosten verbunden ist. Auch der Erfolg der Wissenstranslation ist nach einem angemessenen Zeitraum zu bewerten, wonach das Wissen entweder beibehalten oder verworfen wird. Diese Abfolge des Wissensaufbaus ermöglicht die Wiederverwendung des Wissens und dient als Ausgangspunkt für zukünftige Zyklen der Wissenstranslation. Aus diesem Grund besitzt das strategische Wissensmanagement innerhalb von Unternehmen eine enorme Bedeutung und ist ein fundamentaler Bereich der Gesamtunternehmensstrategie.

Dieses multidimensionale Modell der Wissenstranslation legt den Fokus auf Vorbedingungen innerhalb der Organisation, die bestehende Praxis, Innovationsfähigkeit, Bedürfnisse und Probleme sowie kulturelle Normen bei der Wissensbeschaffung. Diese Faktoren bestimmen den Verlauf des Wissensbeschaffungsprozesses. Dieser steht in direktem Zusammenhang von Anfrage, Synthese und Werkzeug/Speicherung. Im Gegensatz zum *„Action-to-Knowledge"* Rahmen (Graham et al., 2006) ist die Wissenskreation kein linear sich verdichtender trichterförmiger Prozess, bei dem sich

Wissen schichtartig anhäuft, sondern folgt einem fortwährend spiralförmigen Kreislauf mit stetigen Anpassungsprozessen (Dittrich, 2021). Dieser dynamische Vorgang symbolisiert den ständigen Prozess der Erneuerung von Wissen innerhalb des *„Multi-dimensional-Lean-Knowledge-to-Action"* Modells. Infolge des kontinuierlichen Ablaufs der Wissensgenerierung kann jederzeit auf für die Organisation relevantes Wissen zugegriffen werden, und es kann sehr flexibel an sich verändernde Bedürfnisse und Probleme angepasst werden.

Während der Entscheidungsphase wird bestimmt, ob das neue Wissen sofort angenommen oder ob die Übernahme aufgrund von Konflikten abgebrochen oder nur kurzzeitig zurückgestellt wird, aber später nach Anpassungen doch übernommen oder endgültig abgelehnt wird. Wenn das Wissen angenommen ist, werden mögliche Hindernisse erkannt, und es wird versucht, diese zu beseitigen. Viele gravierende Hindernisse sind in einer skeptischen Unternehmenskultur begründet:

– kein Austausch zwischen Wissenschaffenden und -anwendenden
– Mangel an Vertrauen auf allen Organisationsebenen
– unterschiedliche Kulturen, Sprachgewohnheiten, Rahmenbedingungen
– geringe Akzeptanz von Wissen:
– geringer Stellenwert von Wissen in der Organisation
– Intoleranz gegenüber Fehlern und Hilfesuchenden

Nach der Implementierung des relevanten Wissens werden Output und Input im *„Multidimensional-Lean-Knowledge-to-Action"* Modell von Dittrich und Schulz (2020) evaluiert, an den Kontext der Organisation angepasst, und das neue Wissen wird für neue Innovationen bereitgestellt. Das Besondere an diesem Modell ist, dass mehrere Wissenstranslationsprozesse nicht nacheinander stattfinden, sondern ineinandergreifen, wobei ständig neues Wissen generiert wird und neue Bedürfnisse entstehen. Wird ein bestimmtes Wissen abgelehnt, wird es direkt durch neues Wissen ersetzt. Das multidimensionale Modell der künstlicher Intelligenz Wissenstranslation kann auch als Vorlage für die zukünftige Arbeit mit künstlicher Intelligenz im Bereich Wissensmanagement dienen und als Teil der Unternehmensstrategie im Sinne einer Zielvorgabe für Wissenstranslation eingesetzt werden (Dittrich, 2021). Der Begriff **künstliche Intelligenz (KI)** bezeichnet diverse Methoden maschinellen Lernens, die es ermöglichen, diese Daten maschinell zu nutzen und darin durch das System selbstständig neue Muster für eine Problemlösung zu finden. Es ist zu beachten, dass bei der Entscheidungsfindung der Einsatz von KI sowohl unterstützend als auch hemmend wirken kann. Es liegt an den Anwendern, den Prozess ganzheitlich zu bewerten und den Nutzen abzuwägen (Dittrich, 2021). Wie bereits bei IBM Watson sichtbar, können kleinste Verständigungsprobleme zwischen Anwendern und KI zu Komplikationen führen. Durch wiederholte Prüfschleifen und Validierungsprozesse können diese Risiken aber minimiert werden. In einer der aktuellen Entwicklungen werden Heuristiken in textbasierten KI-Systemen dafür genutzt, die Ähnlichkeit zwischen KI-generierten und von Menschen erzeugten Texten zu optimieren. Jakesch, Hancock und Naaman (2023) berichten, dass es 4600 Versuchspersonen in mehreren Experimenten nicht gelang menschliche Texte von KI-generierten-Texten zu unterscheiden. Wenn KI-Systeme fehlerhafte Heuristiken menschlicher Sprache zur Textproduktion nutzen können, werden diese als besonders menschlich empfunden. Eine Optimierung KI-basierter-Sprachmodelle, in denen menschliche Intuition ausgenutzt wird, um automatisierte Instrumente zur gezielten Irreführung, Betrügerei und Identitätsfälschung bis hin zu landesweiten Kampagnen zur Desinformation und Manipulation (z. B. Chat Bots, Fake News) durchzuführen, stellt eine ernstzunehmende Gefahr für die Wirtschaft und den gesellschaftlichen Zusammenhalt dar. Auch hier zeigt sich die Ambiguität von Heuristiken. Auf den ersten Blick erscheint es paradox, dass eine fehlerhafte Heuristik menschlicher Sprache, die in KI-Sprachmodellen gezielt angewendet wird, nicht als fehlerhaft erkannt wird. Das Gegenteil ist der Fall. Heuristiken werden gerade als Mittel für die Natürlichkeit menschlicher Sprache genutzt. KI-Systeme, die Prinzipien der Verhaltensökonomie und damit die begrenzte Rationalität menschlichen Entscheidungsverhaltens berücksichtigen, können menschliche Kommunikation besonders effektiv simulieren. Was in gefährlichen oder kritischen Situationen noch als vorteilhaft angesehen wird, kann in Standardsituationen schnell als manipulativ oder als hochgradig paternalistisch empfunden werden (vgl. Kap. 8.4). Nur durch eindeutige und explizite Hinweise auf den Einsatz von KI-Instrumenten kann das Missbrauchsrisiko minimiert werden. Dessen ungeachtet sollten Unternehmen innovativ die Möglichkeit wahrnehmen, KI mit menschlicher Intuition zu kombinieren, um die Herausforderungen digitaler Transformation (z. B. Skalierung) erfolgreich zu lösen.

Es bleibt faszinierend, darauf zu schauen, wie sich künstliche Intelligenz, insbesondere im Bereich des Wissenstransfers, in den nächsten Jahren weiterentwickelt und wie die größte Herausforderung des Wissensmanagements für KI angegangen wird, nämlich implizites (intuitives) Wissen in explizites (deklaratives) Wissen zu überführen und weiter zu transferieren.

Eine wichtige Rolle für die Prozesse der Wissenstranslation spielt der Knowledge Broker. Die Inhabenden des neu gewonnenen Wissens sind Personen in der Forschung und Entwicklung oder die Organisationen bzw. Firmen, die das Wissen generieren. Über den Knowledge Broker stellen diese Personen oder Unternehmen das neue oder bereits bekannte Wissen anderen Interessenten zur Verfügung, damit diese es auch nutzen können. Mit Unterstützung des Knowledge Brokers wird Wissen effektiv von der Forschung in das Unternehmen transferiert, so dass die Implementierung des Wissens in dem Unternehmenskontext verwaltet werden kann (Rogers, 1995; Kothari & Wathen, 2013; Glegg & Hoens, 2016; Flodgren et al., 2019). Durch die Inanspruchnahme eines Knowledge Brokers wird eine unabhängige Anlaufstelle für Mitarbeitende und Führungskräfte eingerichtet, bei der Kritik, Verbesserungswünsche und Feedback professionell bearbeitet werden können (Davies, Powell, & Rushmer, 2007). Dies verbessert sowohl die interne Kommunikation als auch den organisatorischen Ablauf erheblich. In seinem Haupttätigkeitsfeld, der Wissenstranslation, kann der

Knowledge Broker Forschungsergebnisse suchen, bewerten und allgemein verständlich für alle Anspruchsgruppen zusammenfassen, so dass sie direkt in den Unternehmenskontext integriert werden können (Ellen et al., 2011). Die Integration der Wissensperspektive in die Unternehmenskultur und die interne Kommunikation (z. B. Informationsintermediäre) erweisen sich als ausschlaggebende Faktoren für den Erfolg der Wissenstranslation (vgl. Abb. 10.2).

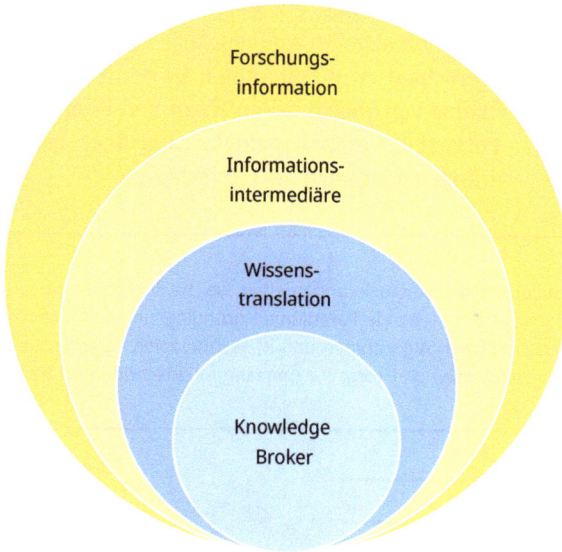

Abb. 10.2: Filterung und Wissensperspektive von der Forschung in die Praxis.

Die besondere Rolle der internen Kommunikation für die Wissenstranslation gilt nicht allein für unternehmerische Leistungen, sondern im übertragenen Sinn ebenso für die Wissenstranslation durch KI im *World Wide Web*.

Zusammen mit weiteren technologischen Entwicklungen führt der Einsatz von KI dazu, dass sich in immer schnellerer Abfolge zahlreiche Abläufe in der Wirtschaft, aber auch im Alltag, grundlegend verändern. Zu nennen wären hier unter anderem folgende Technologien:

– Quanten-Computing und Supercomputer
– *Virtual/Augmented Reality* und *Metaverse*
– *Internet of Everything*
– Kryptowährungen
– Nano-Technologie
– neue Kommunikationstechnologien wie 5G
– satellitengestützte Kommunikation

Systeme werden als intelligent bezeichnet, wenn sie situations- und nutzerbezogene Informationen während einer IT-Sitzung nutzen, so dass die jeweilige Situation direkt anwendungsbezogen interpretiert und gesteuert werden kann (Dittrich, Feb 2017; Dittrich, Jun 2017)). Dies kann den Arbeits- oder Lebensalltag direkt beeinflussen und oft auch ohne bewusste Entscheidungsfindung durch die beteiligten Personen erfolgen. Für eine funktionierende Weiterentwicklung des Marktes hat Clayton Christensen im Jahr 1995 die Theorie der **Disruption** postuliert. Der Begriff Disruption (*disrupt* – zerstören, unterbrechen) beschreibt Vorgänge, bei denen bestehende, etablierte Geschäftsmodelle, Produkte oder Dienstleistungen durch Innovation abgelöst und teilweise vollständig ersetzt werden (Christensen, 2013). Im Unterschied zu Innovationen im traditionellen Sinne, bei denen es um die Weiterentwicklung von vorhandenen Ideen und Produkten geht, haben disruptive Strategien das Potenzial, Geschäftsmodelle oder auch ganze Märkte teilweise oder vollständig zu verdrängen oder auch neue zu schaffen.

⚡ **Beispiele für disruptive Innovationen**
Disruptive Innovationen werden zunehmend durch KI-Systeme vorangetrieben, welche die Fähigkeit besitzen, traditionelle Branchen zu revolutionieren und bestehende Paradigmen grundlegend zu verändern. Der Einsatz von maschinellem Lernen, fortschrittlichen Algorithmen und KI-Technologien verändert alle Branchen vom Gesundheitswesen bis zum Finanzwesen und sorgt für ungeahnte Fortschritte und transformative Veränderungen.

---

vorher	nachher
Pferdekutsche	Automobil
Röhrenfernseher	Flachbildschirme
DVD Videokassette	Videostreaming
Schallplatte – Kassette – CD	MP3 Player – Smartphone
analoge Fotografie	digitale Fotografie
Minutenabrechnung	VOIP-Telefonie
Festnetztelefon – Tastenhandy	Smartphones

Aufgrund neoliberaler Regulierungsvorschriften und der besonderen Art von Finanzprodukten, die in den letzten 30 Jahren entwickelt wurden, hat sich im Finanzmarkt eine spezielle Form der Wissenstranslation etabliert. Eine Vielzahl von verschiedenen Intermediären (etwa der Finanzanalyse, Anlageberatung, des Risikomanagements, der Börse und der Presse) arbeiten als Knowledge Broker im Finanzsektor. Sie übernehmen die Aufgabe der Wissenstranslation beginnend bei der Informationsquelle bis hin zu dem Ort, an dem es nachgesucht oder gebraucht wird. Außerdem gewährleisten sie den Zugang zu dem Wissen, die Verknüpfung verschiedener Wissenspools und die Umsetzung des Wissens in neue Produkte oder Abläufe. Knowledge Broker vereinbaren auch die Nutzungsbedingungen und -preise und überwachen deren Einhaltung. Wissen und die Bewertung von Informationen gelten als elementar an den Finanzmärkten. Jedoch

kommt psychologischen Faktoren, wie insbesondere Vertrauen, bei der Entscheidungsfindung eine grundlegende Bedeutung zu, auch wenn nicht alle Faktoren von den am
Finanzmarkt beteiligten Akteuren bewusst wahrgenommen werden (vgl. Abb. 10.3). Um
den Kommunikationsprozess zwischen der Zentralbank und den Märkten zu verdeutlichen, werden in einem Diagramm Dimensionen und ausgewählte Faktoren der Kommunikation dargestellt. Es werden wichtige Einflüsse identifiziert, welche deren Effektivität und Effizienz beeinträchtigen oder fördern können.

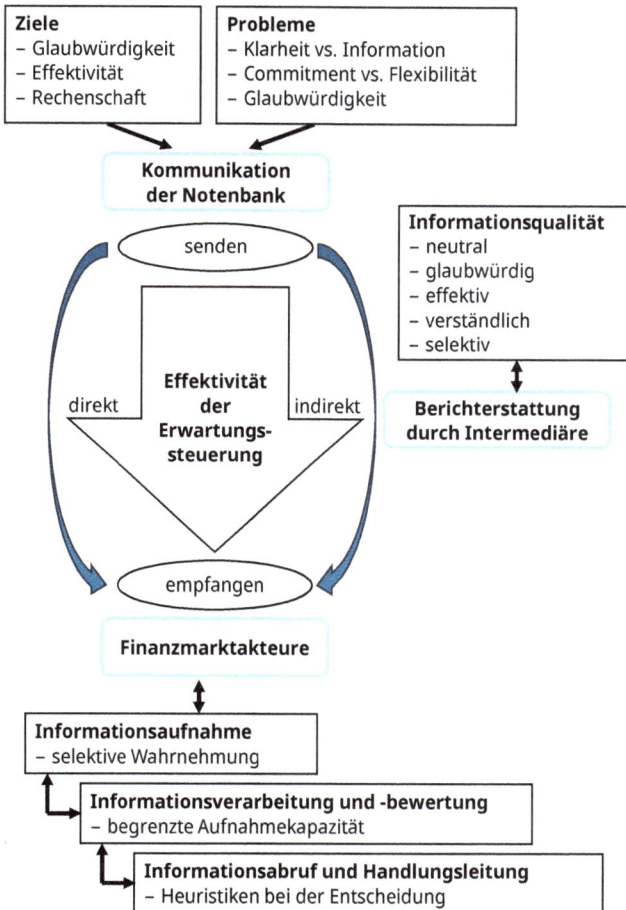

Abb. 10.3: Modell der geldpolitischen Kommunikation und Wissenstranslation zwischen der Notenbank
und den Finanzmarktakteuren (angelehnt an Dittrich & Wohlmann, 2019).

Laut verhaltensökonomischer Studien, insbesondere der von Kahneman (2012a; 2012b),
über die Informationsverarbeitung im System 1 wird angenommen, dass bekannte oder
übermittelte Informationen oft selektiv wahrgenommen, schlecht verarbeitet, unzurei-

chend für eigene Handlungen genutzt oder beim Lernen nicht berücksichtigt werden. Dittrich und Wohlmann (2019) identifizieren beim Informationsfluss zwischen der Zentralbank und den Agierenden am Finanzmarkt drei Bereiche, bei denen Heuristiken und Verzerrungen einen besonderen Einfluss ausüben:

- Effektivität der Kommunikation
- Art der Wissenstranslation (direkt oder indirekt)
- Einflussfaktoren auf den Informationsfluss (persönliche, organisatorische oder finanzpolitische Faktoren)

Die Zentralbank hat als Sender finanzpolitischer Informationen grundsätzlich die Schwierigkeit zu entscheiden, was, wann und wie sie über die zukünftige Geldpolitik kommunizieren soll. Diese Entscheidung selbst, wie auch die Form der Mitteilung (direkt oder indirekt), beeinflusst in hohem Maße die Effektivität der Kommunikation (vgl. Abb. 10.4). Bei der indirekten Wissenstranslation besteht ein höheres Risiko von Informationsverfälschungen als bei der direkten Kommunikation. Dittrich und Wohlmann (2019; 2020) weisen darauf hin, dass die tatsächliche Informationsaufnahme durch die Empfänger neben kommunikationsspezifischen Hindernissen (u. a. oberflächliches Verständnis und voreilige Meinungsbildung, ungeeignete bzw. störende Umgebung) stark von emotionalen und kognitiven Faktoren der Finanzakteure beeinflusst wird. Sie heben vor allem verhaltensökonomische Prinzipien hervor (vgl. auch Abb. 10.3), die zu irrationalem Verhalten führen können:

- begrenzte Informationsaufnahme
- verzerrte Verarbeitung und Bewertung der Information
- Erinnerungsfehler
    - Verwechselung von fiktionalem und faktischem Informationsgehalt
    - Rückschaufehler
- Heuristiken bei der Entscheidungsfindung
    - Bestätigungstendenz
    - Verfügbarkeit
    - Repräsentativität
    - Herdentrieb
    - Autoritätsgläubigkeit

In der letzten Dekade wurde der Knowledge Broker vor allem im Finanzmarkt durch Verfahren des *nudging* verstärkt oder ersetzt. Dort sind IT-basierte Instrumente, auch FINTECs genannt, immer mehr im Einsatz und werden zunehmend als Substitut für den Knowledge Broker genutzt. *Nudging* beruht auf psychologischen Prozessen der Personen, die an der Wissenstranslation beteiligt sind, und auf Anwendungen, die darauf abzielen, potenzielle Nutzer für die Wissenstranslation zu gewinnen. Bekannte Beispiele sind die Anwendungen von großen Internet-Plattformen wie Google, Facebook und Amazon, die Nutzer dazu bringen, bestimmte Entscheidungen im Rahmen

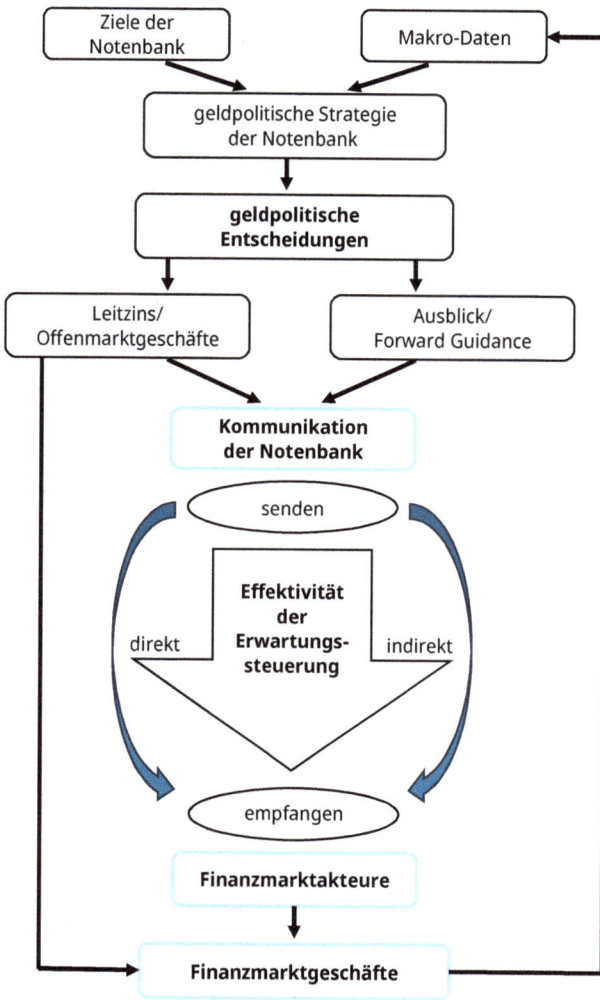

Abb. 10.4: Der Weg der geldpolitischen Kommunikation (angelehnt an Dittrich & Wohlmann, 2019).

ihrer Anwendungssoftware zu treffen, die zum Kauf von Produkten oder zur Übermittlung persönlicher Daten oder Vergabe von Zugriffsrechten führen. Dazu werden oft sowohl die Farbgebung als auch die Reihenfolge der Antwortoptionen in einem Menü als Push-Faktoren genutzt (vgl. Abb. 10.5). In Zukunft werden „smarte" Webseiten in einer vernetzten IT-Umgebung eine künstliche, jedoch angenehme Atmosphäre schaffen, die den Nutzer direkt und auch auf unbewusster Ebene psychologisch anspricht. Dies ist heute bereits bei der Nutzung des Internets üblich, da Nutzer vorhersagbar handeln und KI-Systeme diese Vorhersagbarkeit menschlichen Handelns besser erkennen und nutzen, als es Personen zumeist selbst bewusst ist.

Abb. 10.5: Veranschaulichung der Kombination von Herdentrieb und Autoritätsgläubigkeit.

Die Vorhersagekraft der KI-Systeme basiert auf drei Prinzipien der Nutzung:
- unbeobachtete Dateneingabe oder Datenverfolgung (z. B. Tracking, Videoüberwachung)
- freiwillige, bewusste, aber nicht vollständig informierte Datenweitergabe (z. B. Facebook-Login)
- umfassende, bewusste Dateneingabe zur unfreiwilligen Weiterverwendung durch Anwenderprogramme (z. B. Facebook-Profil oder jede Art von Steckbriefen)

Auch wenn der Dateneingabe oft eine bewusste Aktion in Form der Bedienung der Tastatur zugrunde liegt, sind die Konsequenzen und die Nutzung der erfassten Daten meist nicht bekannt oder zumindest nicht vollständig einzuschätzen und damit dem uninformierten Akteur nicht bewusst. KI-Systeme werden diese Möglichkeiten einer umfassenden Datenverarbeitung sicherlich verstärkt ausbauen und zu nutzen versuchen. Für das Design von Internetseiten oder KI-Systemen werden mehr und mehr psychologische, insbesondere auch verhaltensökonomische, Elemente menschlichen Verhaltens benutzt. Beispielsweise werden zielgerichtet strukturell organisierte oder semantische Informationen zu einer Person direkt oder indirekt abgefragt und gespeichert. Die gewonnenen Informationen werden nicht nur als Zeichenketten erfasst und abgespeichert, sondern der Nutzer selbst gibt durch die eigene Bedienung Hinweise auf die vermeintlich gewünschte, aber unfreiwillige Interpretation, wie beispielsweise „Vorschläge für Dich" oder „Das könnte Sie auch interessieren". Eine gänzlich neue Art und Weise des Outsourcings von Nutzerdaten oder des Nutzerverhaltens als Teil des IT-Netzwerks hat sich bereits weit verbreitet. Derartige KI-Systeme können direkt als eine Art *nudge* für die Wissenstranslation nützlich sein. Die bewusste Nutzung und die darauf aufbauende freiwillige Entscheidung einzelner Personen erscheint damit überflüssig und somit durch interpretationsfähige Algorithmen ersetzbar. Werden menschliche Entscheidungen in eine vorteilhafte Richtung gelenkt, kann dies einerseits die Wissenstranslation erleichtern, andererseits wirft dies jedoch in einer noch nie dagewesenen Weise gravierende Fragen zu gesellschaftlichen, ethischen und die Privatheit betreffenden Themen auf. Die Einflussnahme auf die Entscheidungsfindung birgt immer auch das Risiko der Irreführung und Manipulation der Nutzer. Sowohl ethische Prinzipien als auch gesetzliche Regelungen scheinen heutzutage kaum die potenziellen Gefahren der elektronischen Datennutzung abzubilden, insbesondere nicht die der enormen KI-gestützten Möglichkeiten.

Veränderungen sowie die damit zusammenhängenden Prozesse (*change management*) sind in Unternehmen und Organisationen grundsätzlich eine Herausforderung und erfordern ein hohes Engagement, Durchhaltevermögen und Ehrlichkeit insbesondere auf Seiten des Managements. Ohne dessen uneingeschränkte, freiwillige und aufrichtige Bereitschaft, sowohl Zeit und Anstrengung als auch die erforderlichen finanziellen Mittel für Veränderungsprozesse aufzubringen, können diese nicht erfolgreich durchgeführt werden. Beim Entwerfen von Veränderungsmaßnahmen gilt es, alle Dimensionen der Nachhaltigkeit gleichrangig zu berücksichtigen. Für das *Change Management* kann es jedoch keinen definierten Start- oder Endpunkt und kein Handbuch als Anleitung geben (Dittrich, Jan 2017). In der heutigen Digitalwelt bedeutet *change* die permanente Anpassung an die sich schnell ändernden Arbeits- und Lebensumstände. Da es fundamental ist, zunächst ein Bewusstsein für die notwendigen Veränderungen zu schaffen, da diese in jedem Fall erforderlich sind, scheint es zweckmäßig, auf verschiedenen Wegen die Kommunikation, Informationsweitergabe und das Wissensmanagement einzuleiten.

Ein möglicher erster Schritt ist das systematische Mitarbeitergespräch, das im Rahmen partizipativer oder transformationaler Führungsmodelle genutzt wird. Hierbei geben das Management und die obere Führungsebene das Ziel und die Informationen sowie die Maßnahmen vor, die umgesetzt werden sollen. Es ist möglich, dass die Maßnahmen von Mitarbeitenden nicht akzeptiert werden, weil sie nicht einsehen oder nicht als zielführend empfunden werden. In diesem Fall ist es dringend erforderlich, Mitarbeitende ausführlich und umfassend über die Maßnahmen, den Hintergrund der Pläne und die Ziele in Kenntnis zu setzen und ihnen auch Raum für Feedback und neue eigene Ideen einzuräumen. Dies kann dazu beitragen, dass Mitarbeitende sich als Beteiligte stärker engagieren und damit die Akzeptanz einer Veränderung und die Glaubwürdigkeit des Managements sich positiv entwickelt. Auch wenn die Basisplanung zumeist als Top Down-Prozess gestartet wird, sollte die Weiterentwicklung und Umsetzung als gemeinsame Vision und als Nachhaltigkeitsziel verstanden werden. Das systematische Mitarbeitergespräch wird nur als ein Beispiel im Rahmen der Organisationsentwicklung angeführt. Ein konkreter Maßnahmenkatalog für den Wandel hängt jedoch immer von der konkreten Unternehmenssituation ab. Unabdingbar für erfolgreiches *Change Management* ist, dass sowohl Management als auch Mitarbeitende aufrichtig und ehrlich miteinander kommunizieren und den Erfolg gemeinsam anstreben, denn Misstrauen gefährdet das Gelingen eines jeden Projekts.

10.2 Behavioural Insights Unit London

Immer mehr Regierungen nutzen Erkenntnisse der Verhaltensökonomie zur Politikentwicklung. Psychologische und verhaltensökonomische Ansätze wurden seit den frühen 2000er Jahren insbesondere in England und den USA in die politische Entscheidungsfindung einbezogen. In England wurden diese Ansätze in der *Prime Minister Strategy Unit* (PMSU) unter Tony Blair seit 2001 vorangetrieben (Halpern, 2015). Ein eigenständiges *Behavioural Insights Team* (BIT), auch bekannt als *Nudge Unit*, wurde im Jahr 2010 von der britischen Regierung etabliert. Ziel war es, Erkenntnisse aus der Verhaltensökonomie und Sozialpsychologie zu nutzen, um öffentliche Dienstleistungen effektiver und effizienter zu gestalten. Im Jahr 2018 wurde die Anwendung verhaltensökonomischer Prinzipien zur Politikgestaltung ausführlich in dem BIT-Bericht *Behavioural Government* zusammenfassend vorgestellt (Hallsworth et al., 2018). BIT ist in mehrere Teams unterteilt, die eng zusammenarbeiten, um evidenzbasierte Interventionen für Themen wie Gesundheit, Bildung und Steuern zu entwickeln. BIT hatte den Hauptsitz anfänglich direkt im Cabinet Office in London und beschäftigte zuletzt etwa 250 Mitarbeitende mit Niederlassungen in fünf Ländern. In mehr als 50 Ländern wurden Regierungen und Unternehmen beraten, bei einem Gesamtumsatz von etwa 25 Millionen €. Anzumerken ist jedoch, dass die britische Regierung die *Nudge Unit* im Jahr 2014 ausgegliedert und teilprivatisiert hat. Im Jahr 2021 wurde die Einheit vollständig privatisiert und von einer unabhängigen Stiftung für rund 18 Millionen € übernommen (Plickert, 2021).

In den Vereinigten Staaten ernannte der damals neugewählte Präsident Barack Obama im Jahr 2008 Cass Sunstein zum *Regulatory Czar* (Direktor des *Office of Information and Regulatory Affairs*). Im Jahr 2015 wurde durch die Executive Order 13707 verfügt, die Verhaltenswissenschaften umfassend in der Praxis einzusetzen. Um für die Gestaltung von Politik und Regierungsprogrammen verhaltensökonomische Prinzipien anzuwenden, wurde das *Social and Behavioral Science Team (SBST)* innerhalb des *Science and Technology Councils* neu eingerichtet. SBST und BIT sowie auch die OECD (2017) sind führende Institutionen für die Analyse und Erforschung verhaltensökonomischer Prinzipien, die sie mittels induktiver Methoden in die Praxis von Politikgestaltung umsetzen. Es werden Einsichten aus Psychologie, Kognitionswissenschaft und Sozialwissenschaft mit empirisch getesteten Ergebnissen kombiniert, um zu verstehen, wie Personen tatsächlich Entscheidungen treffen, um dadurch politische Entscheidungen und deren praktische Umsetzung zu verbessern. Entwickelt im Jahre 2012 von BIT), stellt das EAST Konzept (vgl. Abb. 10.6; Service et al., 2014) eine einfache und übersichtliche Anleitung für Politikerinnen/Politiker und andere Entscheidungstragende dar, um die Anwendung verhaltensökonomischer Prinzipien zu unterstützen.

E *Easy*
einfach
  – Nutzung von Standardeinstellungen
  – Reduktion von Barrieren
  – Vereinfachung

A *Attractive*
attraktiv
  – Erregung von Aufmerksamkeit
  – Hinweise
  – Erinnerungen & Feedback

S *Social*
sozial
  – Selbstbindung
  – soziale Normen
  – Einfluss anderer Personen

T *Timely*
zeitgerecht
  – Auswahl des Zeitpunktes der *nudge*-Präsentation
  – Verweise auf gegenwärtige Kosten–Nutzen–Abwägung
  – Planungsassistenz bei Vorhaben

Abb. 10.6: Dimensionen des Gestaltungsmodells EAST.

Das EAST-Konzept stellt vier einfache, allgemeine Prinzipien auf, um bestimmte Verhaltensweisen zu fördern oder zu hemmen.

Einige Beispiele für politische Interventionen in unterschiedlichen Bereichen verdeutlichen die Anwendung verhaltensökonomischer Experimente und Lenkungsmaßnahmen. Um festzustellen, welche Maßnahmen am geeignetsten und kostengünstigsten sind, werden zunächst die Probleme analysiert und dann, zumeist in kleinem Rahmen, Experimente zur Lösung durchgeführt. Die idealtypische Vorgehensweise zur Entwicklung der Maßnahmen und Implementierung eines *nudges* ist in Abb. 10.7 dargestellt.

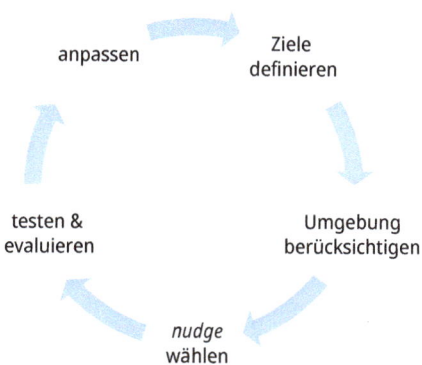

anpassen → Ziele definieren → Umgebung berücksichtigen → *nudge* wählen → testen & evaluieren → anpassen

Abb. 10.7: Idealtypisches Vorgehen zur Implementierung eines *nudges.*

Die Erstellung von einem *nudge* beginnt mit der Zieldefinition oder Ergebnisfestlegung. Die Berücksichtigung der Umweltgegebenheiten und den Einfluss der Gruppe gilt es besonders einzubeziehen. Als wesentliche Komponente gilt die Test- und Eva-luierungsphase, in der *nudges* überprüft und gegebenenfalls an die aktuelle Situation angepasst werden.

So führte die Umgestaltung einer Steuer-Webseite, bei der nun ein einziger Klick das relevante Formular direkt anzeigte, dazu, dass 22 % mehr Personen ihre Steuer-formulare ausfüllten; bisher wurde auf eine Webseite verwiesen, auf der das richtige Formular erst gefunden werden musste. In Zusammenarbeit mit einer der größten Gruppen von Anwältinnen/Anwälten Großbritanniens, die bei der Erstellung von Tes-tamenten behilflich sind, konnte durch die Form der aktiven Anfrage von Consultants erreicht werden, dass die Spendenbereitschaft stieg. Nach Halpern (2015) berücksich-tigen spontan circa fünf Prozent der Bevölkerung Wohltätigkeitsorganisationen in ihrem Testament. Der Anteil der Personen verdoppelte sich, wenn ausdrücklich und sachlich nach einer Spende gefragt wurde. Der Anteil verdreifachte sich bei gleichzei-tigem Anstieg der Spendenhöhe, wenn die Frage bei der Erstellung des Testaments gezielt empathisch formuliert wurde, z. B.: „Viele unserer Klienten hinterlassen Spen-den an Wohltätigkeitsorganisationen. Gibt es eine Angelegenheit, welche sie leiden-schaftlich berührt?".

Um das Prinzip des *nudging* umzusetzen, kann man sich an der in Abb. 10.8 illus-trierten Strategie ausrichten. Um Aufmerksamkeit zu erzeugen, empfiehlt es sich zu fragen, ob Personen wissen, was sie tun müssen. Dies kann durch prägnante und kurze Erinnerungen erfolgen. Dazu können auffällige Hinweise genutzt werden. Bei der Umsetzung kann man sich die Frage stellen, ob die Absichten ausgeführt werden. Hierbei können Prozessschritte verringert werden und gegebenenfalls Voreinstellun-gen geändert werden.

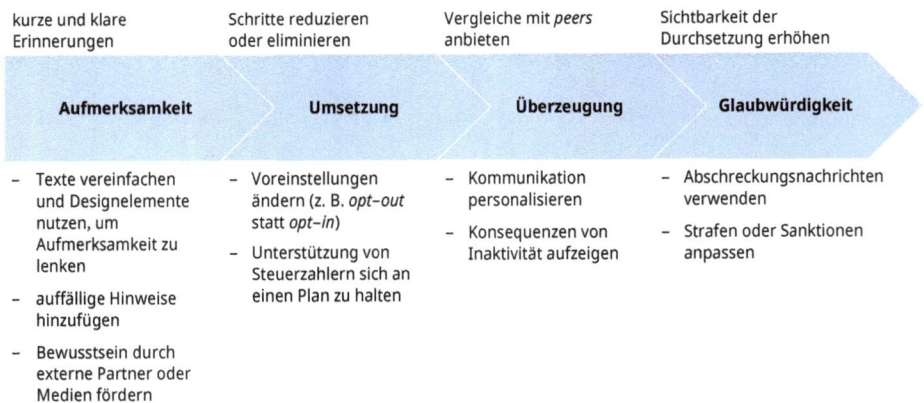

kurze und klare Erinnerungen	Schritte reduzieren oder eliminieren	Vergleiche mit *peers* anbieten	Sichtbarkeit der Durchsetzung erhöhen
Aufmerksamkeit	**Umsetzung**	**Überzeugung**	**Glaubwürdigkeit**
- Texte vereinfachen und Designelemente nutzen, um Aufmerksamkeit zu lenken - auffällige Hinweise hinzufügen - Bewusstsein durch externe Partner oder Medien fördern	- Voreinstellungen ändern (z. B. *opt–out* statt *opt–in*) - Unterstützung von Steuerzahlern sich an einen Plan zu halten	- Kommunikation personalisieren - Konsequenzen von Inaktivität aufzeigen	- Abschreckungsnachrichten verwenden - Strafen oder Sanktionen anpassen

Abb. 10.8: Umsetzungsstrategie des *nudging*-Prinzips.

Damit Personen von einem *nudge* überzeugt werden, empfiehlt es sich sicherzustel-len, ob eventuelle Risiken oder Belohnungen verständlich sind. Dazu kann man Vergleiche mit Personen in vergleichbaren Situationen bereitstellen, gezielt kommunizieren und verdeutlichen, welche Folgen sich aus der Inaktivität ergeben würden. Um die Kredibilität eines *nudge* zu gewährleisten, ist es ratsam, die Reichweite auszubauen und je nach Notwendigkeit Strafen anzupassen.

Um den potenziellen Effekt der Anordnung von Wahlmöglichkeiten zu veranschaulichen, werden die Wahlmöglichkeiten in zwei verschiedenen Anordnungen in Abb. 10.9 betrachtet. In der ersten Anordnung bevorzugen Personen den kleinen Kaffee, während sie in der zweiten Anordnung eine Vorliebe für die mittlere Größe aufweisen. Dies liegt daran, dass Personen eher dazu tendieren, die mittlere Option statt Extreme zu wählen – ein Phänomen, welches als **Kompromiss-Effekt** bezeichnet wird.

Abb. 10.9: Beispiel für den Kompromiss-Effekt.

Der Kompromiss-Effekt tritt häufig dann auf, wenn mehrere Eigenschaften bei einer einzelnen Entscheidung verglichen werden (Oetzel & Luppold, 2023). Das Unvermögen, mehrere Eigenschaften effektiv zu vergleichen, führt dazu, eine mediokre Wahl zu treffen.

Entsprechend der Prospect-Theorie (vgl. Kap. 6) zeigt sich, dass sich Personen für den zu erwartenden Nutzen auf einen Referenzpunkt anstatt auf absolute Nutzenwerte beziehen. Darüber hinaus geht die Theorie davon aus, dass Verluste stärker wirken als Gewinne, was bedeutet, dass Menschen stärker von der Aussicht auf Verluste als von der Aussicht auf Gewinne beeinflusst werden. Praktiker/-innen können die Prospect-Theorie nutzen, um zu entscheiden, wie sie einfache Wahlmöglichkeiten formulieren. Insbesondere bei alltäglichen Entscheidungen im Umgang mit Behörden oder Institutionen können sie die Theorie berücksichtigen, um die Entscheidungsfindung der Bürgerinnen/Bürger zu beeinflussen.

Exemplarisch werden im Folgenden einige Bereiche angeführt und die jeweiligen Auswirkungen näher beleuchtet (vgl. Tab. 10.1; Halpern & Sanders, 2016). Für den Bereich Renten wurde in den USA für die Einzahlung der Betriebsoptionen die Standardoption geändert. Wenn anfänglich alle Arbeitnehmenden den Betriebsrenten zustimmen mussten (*opt-in*), so wurde dann als Standard ein *opt-out* voreingestellt, so dass Mitarbeitende explizit zustimmen mussten, falls sie keine Betriebsrenten in Anspruch nehmen wollten. Von 2012 bis 2015 hatten sich bereits zusätzlich 5,4 Millionen Mitarbeitende für Betriebsrenten entschieden, bevor die Regelung auf kleinere Firmen ausgeweitet wurde.

Tab. 10.1: Beispiele für Interventionen der Behavioural Insights Unit.

Bereich	Reichweite	Auswirkungen
Renten	27 Millionen Personen	9 Millionen zusätzlich sparende Personen in qualifizierenden Betriebsrenten bis 2018 erwartet. 5,4 Millionen Sparende hatten sich bereits bis August 2015 angemeldet (*opt-in > opt-out*).
Steuern	10,4 Millionen Personen für Selbstberechnung berechtigt	300 Millionen £ im Voraus eingezogen, Schätzung aus 2012, nicht aktualisiert
Jobsuche	800000 Jobcenter-Beratungen und empfangsbedürftige Personen von *jobseeker's allowance* oder *universal credit*	Sozialleistungsdauer wurde um 5–10 Millionen Tage reduziert, was Kosteneinsparungen von 75–150 Millionen £ entspricht
E-Zigaretten	> 9 Millionen Rauchende im Vereinigten Königreich (UK)	60 % effektiver beim Aufhören des Rauchens als andere Methoden
Organspende	> 20 Millionen	jährlich 96000 zusätzliche Einwilligungen und Anmeldungen im Organspende-Register
Antibiotika	12 Millionen	Verringerung von Antibiotikaverordnungen um 8 %

Um pünktliche Zahlungen im Bereich Steuern zu fördern, wurden im UK Steueraufforderungen verschickt, in denen beispielsweise der Satz „Die meisten Personen zahlen ihre Steuern pünktlich" hinzugefügt wurde. Diese Maßnahme erreichte etwa 10,4 Millionen Menschen, insbesondere solche, die ihre Steuererklärung oder Zahlungen verspätet einreichen. Erste Tests des *Her Majesty's Revenue & Customs* und des BIT im Jahr 2012 ergaben eine Schätzung von ca. 300 Millionen £, die durch diese Maßnahme im Voraus eingenommen würden. Seitdem wurde diese Schätzung nicht offiziell aktualisiert, obwohl die Skalierung und Reichweite der Maßnahme seitdem deutlich erweitert wurde.

Durch die Überarbeitung von Prozessen und die Aufforderungen zur Jobsuche wurden Verbesserungen erzielt, die Personen wieder schneller in ein Beschäftigungsverhältnis vermitteln halfen. Ein Beispiel hierfür ist die Intervention mit Umsetzungsabsicht, die von Beratungsunternehmen genutzt wird, um Jobsuchende zu motivieren anzugeben, was, wann und wie sie in der kommenden Woche nach Arbeit suchen werden. Diese Maßnahme wurde 2014 kodifiziert, von 25000 Jobcenterberatern übernommen und erreichte etwa 800000 Personen, die Arbeitslosenunterstützung erhielten. Schätzungen zufolge wurde die Dauer von Sozialleistungsbezügen um fünf Millionen bis zehn Millionen Tage reduziert. Dies entspricht Kosteneinsparungen für den staatlichen Wohlfahrtssektor von 75–150 Millionen £ pro Jahr.

Im Vereinigten Königreich wurde aufgrund der BIT-Beratung im Rahmen einer „Rauchentwöhnungskampagne" im Jahr 2011 beschlossen, auf elektronische Zigaretten hinzuweisen, wobei der Verkauf an Personen unter 18 Jahren verboten blieb. Im Jahr 2023 nutzten etwa 4,7 Millionen Rauchende E-Zigaretten (9,1 % der Bevölkerung). Davon waren etwa 1,7 Millionen Tabakrauchende und etwa 2,7 Millionen ehemalig Tabakrauchende sowie etwa 300000 ehemalig Nichtrauchende (Action on smoking and health (ASH), 2023). Laut Schätzungen von *Public Health* England aus dem Jahr 2015 sind E-Zigaretten bei der Rauchentwöhnung um 60 % effektiver als andere Methoden. In Neuseeland konnte die Tabakraucherquote durch eine E-Zigaretten-Kampagne innerhalb eines Jahres von 14 % auf 11 % reduziert werden (Summers et al., 2022).

Um Personen dazu zu ermutigen, sich als Organspender zu registrieren, wurden Hinweise am Ende der Kfz-Steuerrechnungen hinzugefügt, basierend auf dem Ergebnis eines BIT-Versuchs mit acht Testvarianten. Drei Varianten enthielten unterschiedliche Arten von sachlichen Zusatzinformationen. Vier Varianten verwiesen in unterschiedlicher Weise auf die Vorzüge von Organspenden als Zusatzinformation. Die einfache Aufforderung „Bitte registrieren sie sich als Organspender" diente als eine Kontrollvariante (Spontanspender). Durch die Testvarianten mit unterschiedlichen Zusatzinformationen am Ende der Kfz-Steuerrechnungen traten jährlich, verglichen mit der Gruppe Spontanspender, 96000 zusätzliche Spender dem Register bei. Dieses Beispiel ist ein Beleg dafür, dass oft nur schwer vorherzusagen ist, welche Zusatzinformation oder Botschaft für angestrebte Verhaltensänderungen am wirksamsten ist. Am Ende zeigte sich, dass die unterschiedlichen Arten der Zusatzinformationen bei einer oder verschiedenen Personen alle sehr wirksam sein können. Alle Informationen, die Personen zu Verhaltensänderungen anregen und damit gesundheitsfördernde beziehungsweise leistungsfördernde Wirkung besitzen, können als positive Anreize erachtet werden. Die angestrebten Verhaltensänderungen beschränken sich sicherlich nicht ausschließlich auf ein „Größer, Besser, Mehr", sondern sind häufig auch mit einem Weniger (Unterlassung) von bestimmten Verhaltensweisen verbunden.

Um die Anzahl unnötiger Antibiotikaverordnungen im UK zu reduzieren, wurden im Jahr 2016 Briefe an die 20 % des allgemeinmedizinischen Personals mit den höchsten Verordnungsquoten verschickt. Diese 13000 Ärzte/Ärztinnen betreuten 12 Millionen Menschen. In den Briefen wurde das Medizinpersonal auf seine hohe Antibiotika-Verordnungsquote und die niedrigere Quote bei 80 % der Ärzteschaft hingewiesen. In der Zielgruppe wurde eine Reduktion der Antibiotikaverordnungen um etwa 3 % erreicht, was einer Reduktion der nationalen Verordnungen um 1 % entspricht. Übermäßige Antibiotikaverordnungen befördern offensichtlich den Anstieg resistenter Bakterienstränge (Hallsworth et al., 2016), eine Gefahr, die heute aus medizinischer Sicht allgemein als die größte medizinische Bedrohung für die aktuelle Generation angesehen wird.

Die niederländische Steuer- und Zollverwaltung hat gezielt Briefe an Steuerzahlungspflichtige verschickt, um die Anzahl der nicht eingereichten Steuererklärungen zu reduzieren. In diesen Briefen wurden Informationen über ausländische Bankkonten der Steuerzahlenden sowie eine Frist für die Einreichung ohne Strafen angegeben. Die Briefe erhöhten die Glaubwürdigkeit der Steuerbehörde, ihre Ansprüche durchzusetzen. Außerdem wurde betont, dass bereits viele andere Steuerzahlende ihre Erklärungen eingereicht hätten. Steuererklärungen wurden daraufhin frühzeitig eingereicht, um Strafen zu vermeiden. Die Methode war erfolgreich und führte zu einer höheren Zahl von freiwilligen Offenlegungen sowie Steuerzahlungen. Die Schlussfolgerung daraus ist, dass eine erhöhte Wachsamkeit und gezielte Anstöße für Steuerzahlende dazu beitragen können, freiwilliges Handeln zu fördern (Customs Management Team, 2021).

Die Nationale Steuer- und Zollverwaltung in Ungarn konnte die Einreichungsrate von Mehrwertsteuererklärungen bei selbstständigen Unternehmen durch den Versand von Erinnerungsschreiben steigern. Besonders bei Steuerzahlenden, die in der Vergangenheit die Frist nicht eingehalten hatten, zeigten die Schreiben eine hohe Wirkung. Interessanterweise verbesserte sich auch die Einreichungsrate bei anderen Klienten der involvierten Steuerberatungen. Netzwerke können die Auswirkungen der Durchsetzung von Ansprüchen beschleunigen. Wenn es angebracht ist, sollten Netzwerke als Zielgruppen anvisiert werden, um die Auswirkungen zu maximieren (OECD, 2021; Alm & Kasper, 2023).

BITs sind mittlerweile weltweit zu einem Bestandteil der Regierungstätigkeit geworden, wobei die Institutionalisierung von *Behavioural Insights* meist von höchster Regierungsebene initiiert wird. Ein wichtiger Faktor zur Institutionalisierung besteht im Anliegen der Politik, nutzerorientierte und gleichzeitig kostengünstige Ansätze zu stärken. Zur Optimierung von Politikgestaltung werden vielfach auch externe Beratungen hinzugezogen. Laut OECD (2023) sind weltweit in 63 Ländern mehr als 300 verhaltenswissenschaftliche Einheiten in Institutionen, Regierungen und Ministerien gelistet. Anhand von 129 Fallstudien (OECD, 2017) ergab sich (vgl. Abb. 10.10), dass Interventionen besonders in den Bereichen Kommunikation, Wasser, Energie und Verkehr erfolgversprechend eingesetzt werden konnten.

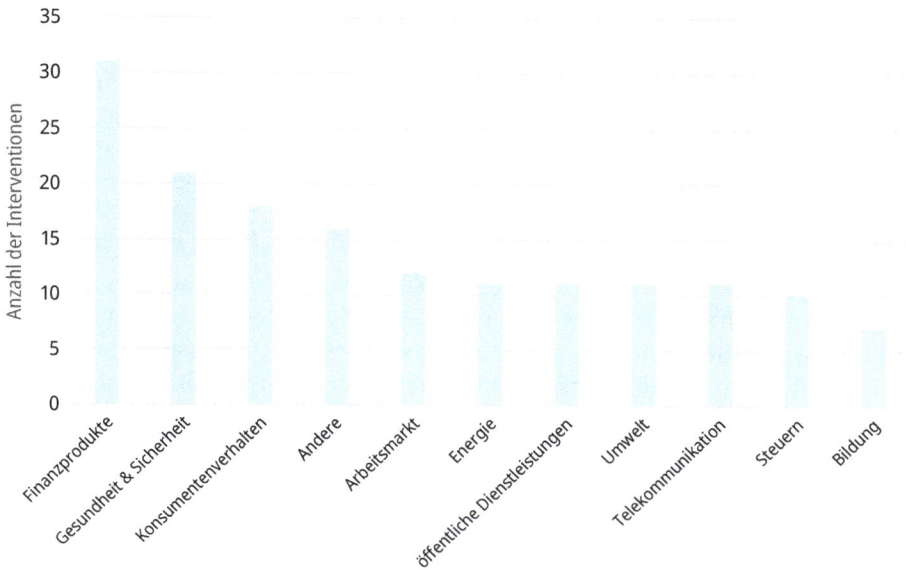

Abb. 10.10: Häufigkeit der *nudging*-Interventionen nach Branchen (angelehnt an OECD, 2017).

Mehr und mehr stützen sich Regierungen auf wissenschaftliche Ansätze aus den Sozialwissenschaften, hier der Verhaltensökonomie. Politikgestaltung wird dadurch optimiert, dass sie an solide theoretische Grundlagen und evidenzbasierte Modelle geknüpft wird. Entscheidungstragenden werden so über ein rein rationales Politikverständnis hinaus realistische Eckpunkte für das tatsächliche Verhalten im Alltag gegeben, was direkt wirtschaftliche und gesellschaftliche Auswirkungen haben kann. Die ethischen Implikationen dieser Art von Politikgestaltung (vgl. Kap. 8.5) verlangen einerseits eine hohe Transparenz und andererseits die Überzeugung, dass die Interventionen auch tatsächlich den Zielpersonen direkt zugutekommen. Letzteres kann durch geeignete Rahmenbedingungen und Anreizstrukturen im Sinne der sozialen Verantwortlichkeit (*social responsibility)* gewährleistet werden.

10.3 Sozialpolitik

Die Sozialpolitik des Staates ist von ähnlich hoher Bedeutung wie die Wirtschaftspolitik. Obwohl ökonomische Aspekte nicht unmittelbar im Vordergrund stehen, haben fast alle sozialpolitischen Maßnahmen ökonomische Folgen. Sozialpolitik befasst sich grundsätzlich mit der wissenschaftsautonomen, systematischen Darstellung und Analyse von sozialen Systemen. Die Intention ist es, Leitlinien für realistische Gestaltungsmöglichkeiten zu erzielen. Diese sind darauf gerichtet, Vorsorge zu treffen für konkrete Lebenssituation sozialer Randgruppen gegen existenzgefährdende Risiken und

Lebensumstände dadurch zum Positiven zu verändern. Sozialpolitische Bereiche umfassen unter anderem den Arbeitnehmerschutz und die soziale Absicherung sowie die Arbeitsmarkt-, Mitbestimmungs- und Familienpolitik. Zur Absicherung der Lebenslage setzt die Politik häufig Anreize ein. Diese stellen ein genuines Feld der Verhaltensökonomie dar. Zur Ausgestaltung der Anreizsysteme sind verhaltensökonomische Befunde über Präferenzen und Heuristiken (z. B. Selbstüberschätzung) von zentraler Bedeutung.

Die Arbeitsmarktpolitik kann finanzielle Zuschüsse zum Arbeitslohn (Kombilöhne) einsetzen, um Arbeitslose zur Beschäftigungsaufnahme zu motivieren. Diese Anreize sollen aus ökonomischer Sicht direkt auf die Kalkulationen von Arbeitslosen zur Nutzenmaximierung ausgerichtet sein. Jedoch beobachtet man oft, dass solche bezuschussten Beschäftigungsverhältnisse frühzeitig beendet werden. Krug (2010) untersuchte dieses Abbruchverhalten und erweiterte den Begriff der Rationalität um subjektive und normative Aspekte, was bedeutet, dass die Entscheidungen der Beschäftigten nicht nur aus ökonomischer Perspektive zu betrachten sind, sondern auch durch persönliche Präferenzen (individuelle Werte und Normen) beeinflusst werden können.

Dies legt nahe, dass bei der Konzeption von Maßnahmen der Arbeitsmarktpolitik, wie zum Beispiel Kombilöhnen, nicht ausschließlich von einem ökonomischen Verständnis rationaler Handlungen ausgegangen werden sollte, um ihre Wirksamkeit zu erhöhen. Personen sind nicht ausschließlich durch materiellen Eigennutz (z. B. Höhe der Vergütung) oder materiellen Verlust (z. B. Kürzung der Sozialleistungen) motiviert, sondern haben soziale Präferenzen (z. B. soziale Fairness der Vergütung), die ihre Handlungen leiten. Daher sollten auch subjektive und normative Faktoren berücksichtigt werden, die das Verhalten der Arbeitnehmerschaft beeinflussen. Mit anderen Worten bedeutet das, dass ökonomische Anreize allein möglicherweise nicht ausreichen, um das Verhalten der Arbeitnehmerschaft zu beeinflussen. Um effektivere Arbeitsmarktpolitik zu gestalten, sollte politische Entscheidungsfindung ein besseres Verständnis psycho-sozialer Faktoren entwickeln, damit Gründe identifiziert werden, welche die Arbeitnehmerschaft zu vorteilhaften Entscheidungen im Arbeitsmarkt anregen (z. B. *Work-Life-Balance*, soziale Reziprozität und Anreizsysteme).

Ferner stellt sich die Frage, inwieweit Individuen in einer Gesellschaft autonom und selbstbestimmt handeln können. Die Beantwortung dieser Frage hat unmittelbare Auswirkungen auf das Verständnis von Freiheit und der Rolle des Staates. Diesbezüglich variieren Argumente von der Ansicht, dass Menschen von sozialen Strukturen determiniert werden, bis hin zu der Idee, dass sie völlig autonom und vernünftig handeln. Eigenverantwortliches Handeln ist sehr häufig einer auf Kontrolle ausgerichteten Politik überlegen. Zur Rolle eines modernen Staates gehört es, die Autonomie und Verantwortungsfähigkeit von Individuen zu fördern. Der öffentliche Raum und die dessen Gestaltung sind wichtige Aspekte der Demokratie, da hier die diskursive Koordinierung unterschiedlicher Interessen vernunftbegabter Individuen stattfinden kann. Diskursive Koordinierung bezieht sich auf den Prozess, bei dem Menschen durch Kommunikation und Diskussion ihre Ansichten, Meinungen und Überzeugungen abstimmen und auf eine gemeinsame Basis bringen. Er umfasst das Abwägen von Vor- und Nachteilen verschiedener Optionen, das Erkennen von Gemeinsamkeiten und Unterschieden sowie das Finden von Kompromissen, um ein gemeinsames Verständnis oder eine gemeinsame Entscheidung zu erreichen. Eine radikale Privatisierung kann dazu führen, dass das Gemeinsame und die Intentionalität des Handelns im Sinne der Gemeinschaft verloren gehen. Aus liberaler Perspektive bedarf es sowohl der Gewährung von Freiheitsvoraussetzungen durch den Staat als auch des zivilgesellschaftlichen Engagements, um die Verantwortungsübernahme einzelner Personen für die Gemeinschaft sicherzustellen. Es ist eine komplexe Aufgabe zu entscheiden, welche Akteure und Organisationen welchen Teil der Gesamtverantwortung für bestimmte Probleme übernehmen sollen. Die Verteilung der Verantwortung hängt davon ab, wie der Staat die Verantwortungsübernahme von Individuen beeinflusst (Kubon-Gilke, 2016). Die Entscheidung darüber, wer welche Verantwortung übernimmt, hat Auswirkungen auf die Wirksamkeit und Nachhaltigkeit von Maßnahmen zur Bewältigung gesellschaftlicher Herausforderungen.

Auch wenn der Kapitalismus meist als Mittel zur Profitmaximierung gesehen wird, gibt es in dieser Wirtschaftsform auch einen moralphilosophischen Ansatz, bei dem das Wohlergehen der Arbeitenden und die Förderung des Gemeinwohls im Mittelpunkt stehen sollte. Hierbei wird jedoch ausgeklammert, welche Auswirkungen Märkte auf die Autonomie, Integrität und Fairness haben. Beispielsweise unterstützt Sandel (1998) die Idee, dass Märkte ein wertvolles Werkzeug für die materielle Reproduktion und den allgemeinen Wohlstand in einer Marktwirtschaft sind, kritisiert jedoch die Auswirkungen der Märkte auf soziale Beziehungen. Die Kritik richtet sich gegen die Moralphilosophie, die zwar die entmenschlichenden Auswirkungen der Kommerzialisierung im Neoliberalismus kritisieren, aber das Leid, das auch durch den wohlfahrtsstaatlichen Kapitalismus verursacht wird, ignorieren. Des Weiteren werden Beispiele für eine Art von Inhumanität angeführt, die durch eine marktförmige Organisierung entsteht. Das bedeutet, dass die menschlichen Beziehungen und Entscheidungen auf dem Prinzip des Marktes und der Gewinnmaximierung basieren statt auf moralischen oder sozialen Werten. Diese Art von Denken kann negative Auswirkungen auf die Gesellschaft haben, insbesondere wenn es um Fragen wie Gesundheitsversorgung, Bildung oder Umweltschutz geht, da diese Bereiche nicht immer direkt rentabel sind und somit vernachlässigt werden könnten. Moralphilosophische Überlegungen konzentrieren sich oft nur darauf, moralische Werte und Normen zu definieren und zu relativieren. Eine solche Perspektive reicht aber offensichtlich nicht aus, um die tatsächlichen Probleme in der Gesellschaft anzugehen. Stattdessen hat es sich in Unternehmen als vielversprechender Ansatz bewährt, wenn sich Personen mit den konkreten Bedingungen und Strukturen auseinandersetzen, die diese Probleme verursachen, und fragen, wie Veränderungen herbeigeführt werden können (*change management*).

Daher gilt es als wichtig (Dittrich, Mai 2017), moralische Werte und Prinzipien zu berücksichtigen und sicherzustellen, dass diese in der realen Welt umgesetzt werden können und festzulegen, welche Strukturen und Institutionen zur Förderung von Werten notwendig sind (werteorientiertes Wirtschaften). Als Antwort auf stark wechselnde demographische, aber auch soziale, politische und ökonomische Rahmenbedingungen haben viele Länder umfangreiche Reformen in der Sozialpolitik umgesetzt. Häufig basieren diese Reformen auf verhaltensökonomischen Prinzipien und führen zu Paradigmenwechseln. Beispielsweise wird das System der gesetzlichen Rentenversicherung in Deutschland zu einem Mehrsäulenversicherungssystem (gesetzlich, betrieblich, privat) umgebaut. Hierdurch wird gewissermaßen ein Wohlfahrtsmarkt geschaffen, der augenscheinlich die Wahlfreiheit des Einzelnen erhöhen kann. Inwieweit Personen auf Wohlfahrtsmärkten jedoch tatsächlich als rationale, eigenständige und vollkommen informierte Konsumenten auftreten, bleibt fragwürdig. Daher ist Sozialpolitik durch die Erweiterung ökonomischer Prinzipien mit psychologischen und sozialwissenschaftlichen Befunden gut beraten, ihre Modelle und Prognosefähigkeiten zu adjustieren. Es geht darum, das tatsächliche individuelle Verhalten zu berücksichtigen und realistische Entscheidungsmodelle anzuwenden, wie in den folgenden Beispielen verdeutlicht:

Konsumverhalten

Sozialpolitik kann zum Beispiel Gesetze erlassen, die die Lebensmittelhersteller verpflichten, Informationen über die Nährstoffzusammensetzung ihrer Produkte auf der Verpackung bereitzustellen. Diese Informationen können Konsumierende dazu ermutigen, sich für gesündere Optionen zu entscheiden. Sozialpolitik kann auch die Verfügbarkeit von frischem Obst und Gemüse in benachteiligten Stadtvierteln erhöhen oder Bildungsprogramme und Kampagnen starten, um das Bewusstsein für gesunde Ernährung zu erhöhen.

Zuckervermeidung

Sozialpolitik kann dazu beitragen, den Zuckerkonsum zu reduzieren, indem sie Steuern auf zuckerhaltige Getränke erhebt oder Werbebeschränkungen für zuckerhaltige Lebensmittel und Getränke einführt. Diese Maßnahmen können dazu beitragen, den Konsum von zuckerhaltigen Produkten zu reduzieren und Konsumierende zu gesünderen Alternativen zu ermutigen.

Fettvermeidung

Sozialpolitik kann auch Maßnahmen ergreifen, um den Fettkonsum zu reduzieren, zum Beispiel durch Kennzeichnungsanforderungen für fettreiche Lebensmittel, die Konsumierenden helfen, gesündere Entscheidungen zu treffen. Es kann auch Programme zur Förderung von Bewegung und körperlicher Aktivität geben, um Gewicht und Adipositas zu reduzieren.

Tabakvermeidung

Sozialpolitik kann Raucherentwöhnungsprogramme anbieten oder Gesetze erlassen, die den Zugang von Minderjährigen zu Tabakwaren einschränken. Es können auch Werbebeschränkungen und Steuern auf Tabakprodukte eingeführt werden, um den Tabakkonsum zu reduzieren und die öffentliche Gesundheit zu verbessern (vgl. Kap 10.2).

James Buchanan erhielt im Jahr 1986 den Nobelpreis für Wirtschaftswissenschaften und gilt als Begründer der **Public-Choice-Theorie** (*public choice theory*). Diese Theorie bildet ein Teilgebiet der Wirtschaftswissenschaften und verwendet ökonomische Analysen, um das Verhalten von Individuen (u. a. Wähler/-innen und Politiker/-innen) in einem politischen System zu verstehen. Somit wird eine theoretische Begründung für seinen Ansatz des ökonomischen Liberalismus entwickelt. Die Theorie geht davon aus, dass alle Individuen bei der Verfolgung ihrer eigenen Interessen rational handeln, vergleichbar mit dem Modell des Homo oeconomicus. Zudem bietet sie Einblicke in die Art und Weise, wie diese individuellen Verhaltensweisen zusammenwirken, um die öffentliche Politik, Regierungsmaßnahmen und das Funktionieren demokratischer Systeme zu gestalten. Politische Prozesse werden als Märkte betrachtet, in denen politische Akteure interagieren. Diese Märkte sind nicht immer effizient, da es oft Informationsasymmetrien, Interessenkonflikte und Machtungleichgewichte gibt. Politische Entscheidungen werden oft von Interessengruppen beeinflusst. Die Public-Choice-Theorie betont die Bedeutung von Anreizen, Eigeninteressen und institutionellem Design bei politischen Entscheidungen.

Buchanan (1964; 1987; 1989) widerspricht der traditionellen Denkweise der Wirtschaftspolitik, die reale soziale Situationen mit imaginären Konzepten wie „perfektem Wettbewerb" vergleicht. Dieser Ansatz führt zu der Vorstellung, dass die Regierung eingreifen sollte, wenn Märkte nicht gut funktionieren. In dieser Sichtweise werden in der Politik tätige Personen als mächtige und gute Entscheidungstragende angesehen und nicht als alltägliche Personen, die auch Fehler machen könnten. Des Weiteren wird eine andere Sichtweise auf die Dinge vorgeschlagen, nach die Wählerschaft Politiker/-innen als Individuen betrachten sollte, die ihre eigenen Interessen verfolgen und sich ähnlich wie Personen verhalten, die nach Wirtschaftsmodellen handeln. Personen sollten Regeln und Anreize berücksichtigen, die das Verhalten der in der Politik tätigen Personen beeinflussen. Märkte werden nicht nur von privaten, sondern auch von öffentlichen Gütern bestimmt, die nicht effizient durch den Markt bereitgestellt werden können. Die Vorstellung, dass eine „unsichtbare Hand" die Märkte steuert, lehnt Buchanan im politischen Kontext ab. Der Ansatz des perfekten Wettbewerbs führt seiner Ansicht nach zu unrealistischen Annahmen. Weiterhin wird argumentiert, dass Personen nicht nur von Eigennutz, sondern auch von anderen Motiven wie Fairness, Moral oder Reziprozität geleitet werden. Diese Perspektiven tragen u. a. zum Verständnis dazu bei, wie Personen in der Gesellschaft zusammenarbeiten. Besonders die Rolle der Institutionen für das ökonomische Handeln wird hervorgehoben, und die makroökonomische Politik im Sinne von Keynes (1939) wird verurteilt. Ferner wird darauf hingewiesen, dass es für die Wählerschaft nicht einfach ist, ihre wirklichen Wünsche zum Ausdruck zu bringen. Auch diese Problematik kann nach Buchanans Ansatz dazu führen, dass in der Politik tätige Personen ihre Macht missbrauchen, um eine Sonderbehandlung zu erhalten. Des Weiteren werden bestimmte wirtschaftspolitische Maßnahmen, wie eine zu hohe Staatsverschuldung und komplizierte Steuern, kritisiert. Außerdem wird davon ausgegangen, dass diese Probleme durch Regeln entstehen, welche die Handlungsmöglichkeiten der Politiker/-innen einschränken.

Das Hauptproblem für die Politik, auch die Sozialpolitik, ist Buchanan zufolge, wie die Regeln aufgestellt werden. Dem Philosophen John Rawls (1971) folgend, hält er nichts von der Vorstellung, dass die Regierung alles kontrollieren sollte oder dass es in der Politik nur darum gehe, verschiedene Interessen auszugleichen. Demnach sollte die Regierung das tun, was für die Bevölkerung am besten ist. Dies sollte auf der Grundlage der Zustimmung des Volkes entschieden werden. In der Politik Tätige sollten als alltägliche Personen betrachtet werden, die auf sich selbst und auf die Regeln achten, die ihr Handeln leiten (Brennan, Kliemt, & Tollison, 2002; Lewis & Dold, 2020). Regierungen sollten auf der Grundlage dessen arbeiten, worauf sich die Bevölkerung einigt und durch verfassungsrechtliche Regeln die Bedingungen von Produktionen und Verteilung von öffentlichen Gütern festlegt.

10.4 Behavioral Finance (Accounting, Controlling)

Behavioral Finance gehört zu den erfolgreichsten Teilbereichen der *Behavioral Economics*, was nicht nur auf die große Menge an verfügbaren Daten zurückzuführen ist, sondern auch auf ihre hohe Praxisrelevanz. Die Erkenntnisse der *Behavioral Finance* werden von vielen Vermögensverwaltungen und institutionellen Investoren genutzt, um ihre Portfolios zu optimieren. Wenn man die Prinzipien der *Behavioral Finance* richtig anwendet, können sie tatsächlich einen positiven Einfluss auf den finanziellen Erfolg haben.

⚡ *Save More Tomorrow*

Der Ansatz „*Save More Tomorrow*" (SMarT) beruht auf Erkenntnissen der Verhaltensökonomie und wurde von Thaler und Benartzi (2004) in den USA entwickelt, um Personen zu helfen, die sich schwer damit tun, diszipliniert zu sparen. Das Programm hat vier Merkmale: Erstens werden Mitarbeitende lange vor einer Gehaltserhöhung über SMarT informiert, um von der Neigung des Menschen zu profitieren, zukünftige Handlungen oder Ereignisse zu unterschätzen. Zweitens tritt SMarT erst bei der nächsten Gehaltserhöhung in Kraft, um Verlustaversionen zu vermeiden. Drittens erhöht sich die Sparrate bei jeder Gehaltserhöhung bis zu einer festgesetzten Höchstgrenze, um Trägheit und der Beibehaltungstendenz entgegenzuwirken. Schließlich ist es wichtig, dass Individuen immer die Möglichkeit haben, aus dem Programm auszusteigen. Indem die Möglichkeit besteht, das Sparprogramm jederzeit zu verlassen, wird die Schwelle für den Beitritt reduziert (Cussen, 2015). Mitarbeitende sind sich also bewusst, dass sie nicht dauerhaft an das Programm gebunden sind.

Um individuelle Sparpläne erfolgreich einzusetzen, ist die Planung von zentraler Bedeutung. Innerhalb der Planungsaufgaben von Unternehmen ist die Vorhersage von Umsätzen und Erträgen von entscheidender Bedeutung. Im Gegensatz zu anderen Aspekten der Planung (z. B. Investitionen, Produktentwicklung, Marketing), die oft Mittel und Kapital aus dem Unternehmen abfließen lassen, stellt die Umsatzplanung den einzigen Kapitalstrom dar, der ins Unternehmen fließt. Daher spielt der Vertrieb eine herausragende Rolle im Unternehmensprozess, da er maßgeblich für den wirtschaftlichen Erfolg verantwortlich ist. Die Aufgabe der Absatz- und Umsatzplanung besteht nicht nur darin, die zahlenmäßige Abschätzung für einen bestimmten Zeitraum vorzunehmen, sondern liegt darin, gezielte Maßnahmen zu steuern, um die Unternehmensziele zu erreichen (vgl. Gutenberg, 1984). Während die Primärprozesse von der Beschaffung über die Produktion bis hin zum Vertrieb verlaufen, beeinflusst der Vertrieb durch den Rückfluss von Kapital auch das Rechnungswesen und das Controlling und somit auch den Kapitalabfluss. Dabei gewinnt verhaltensorientiertes Rechnungswesen immer mehr an Bedeutung. Im Controlling wurden über viele Jahre hinweg Instrumente entwickelt, die auf rationalem Handeln bei der ökonomischen Entscheidungsfindung basieren. Viele dieser Methoden haben sich in der Praxis bewährt. Ein Beispiel hierfür sind die Deckungsbeitragsrechnung, das *Target-Costing* oder die *Break-Even*-Analyse. In all diesen Fällen wird auf der Grundlage bestimmter Fragen ein logisch korrektes Ergebnis ermittelt, beispielsweise eine Preisuntergrenze, ein Zielverkaufspreis oder eine Mindestabsatzmenge. In komplexen Entscheidungssituationen treten systematische Fehler bei der Entscheidungsfindung auf (z. B. in Großprojekten wie dem Flughafen Berlin-Brandenburg). Dabei haben sich drei Gründe herauskristallisiert, warum bestehende Planungs- und Kontrollinstrumente nicht ausreichend sind. Erstens könnte es sein, dass diese Instrumente nicht ausgereift genug sind, was jedoch bereits in den 1970er bis 1990er Jahren angegangen wurde. Zweitens ist es möglich, dass Führungskräfte eigene Ziele verfolgen, die sich negativ auf ein Projekt auswirken. Dies war das große Thema der anreizbasierten Controlling-Forschung zwischen den 1990er bis 2010er Jahren, welches unter dem Stichwort **wertorientierte Steuerung** (*shareholder value*) bekannt ist. Ein dritter Grund könnte darin liegen, dass Entscheidungsverhalten auch zu Fehlern führen kann (vgl. Kap. 4 & 5). Im Bereich des Controllings ist es wichtig zu untersuchen, ob bestimmte Instrumente möglicherweise dazu führen, dass Entscheidungsfehler aufgrund von Verzerrungen oder mentalen Automatismen gefördert werden. Wenn Letzteres der Fall ist, müssen evidenzbasierte Vorschläge für die Gestaltung und Verwendung von Controllinginstrumenten gemacht werden, um solche Entscheidungsfehler zu vermeiden. Derartige Vorschläge werden unter dem Stichwort **Vorurteilsentzerrung** (*debiasing*) diskutiert. Fehlentscheidungen im Controlling basieren oft auf mentalen Automatismen, beispielsweise Selbstüberschätzung, Basisratenfehler, Anker-Effekt und Korrumpierungseffekt.

⚡ Der **Korrumpierungseffekt** (*crowding effect*) bezieht sich darauf, wie externe Anreize (z. B. Boni) die intrinsische Motivation beeinträchtigen können. Wenn jemand also ursprünglich von einer persönlichen Leidenschaft für eine Sache angetrieben wird (z. B. der Kundschaft zu helfen), kann ein externes Belohnungssystem jedoch dazu führen, dass man sich stärker auf das Geld als externen Anreiz konzentriert als auf das, was man persönlich gerne tut. Werden Vertriebsmitarbeitende für jeden Verkauf mit Geld belohnt (extrinsische Motivation), sind sie anfangs motiviert, in einem Bonussystem durch die Prämien mehr Geld zu verdienen, was wiederum ihre Verkaufsleistung steigern könnte. Mit der Zeit kann jedoch der Wunsch, Geld zu verdienen, ihre echte Leidenschaft für die Unterstützung der Kundschaft verdrängen. Ihr primäres Ziel ist dann nicht mehr, Personen zu helfen (intrinsische Motivation), sondern Ihren Verdienst zu maximieren, was dazu führen kann, dass Ihre ursprüngliche Freude am Kundenservice (z. B. *after service*) in den Hintergrund gedrängt wird.

Um dieses Verdrängungsverhalten zu vermeiden, können Unternehmen differenzierte Bonussysteme entwickeln, die ein Gleichgewicht herstellen und sowohl das Erreichen der Verkaufsziele als auch die Qualität des Kundendienstes anerkennen und belohnen. Auf diese Weise können Mitarbeitende weiterhin motiviert werden, in ihrer Rolle hervorragende Leistungen zu erbringen, ohne dass ihre intrinsische Motivation, einen hervorragenden Kundenservice zu bieten, auf lange Sicht abgebaut wird.

Ein interessantes Phänomen in der *Behavioral Finance* ist der Anker-Effekt, von dem die Entscheidungsfindung stark beeinflusst wird. Diesbezüglich spielt bei Investitionsanträgen die nach der Antragshöhe geordnete Reihenfolge oft eine entscheidende Rolle. Demnach wirken sich anfänglich hohe oder niedrige Beträge auf die Bewertung der nächsten Anträge aus. Folgeanträge werden dementsprechend immer auch in Relation zu den initialen Ankerbeträgen unbewusst entweder als zu hoch oder als zu niedrig eingestuft.

Der Umsatzerlös bestimmt maßgeblich die Gewinnsituation in der aktuellen Periode. Die Umsatzplanung ist jedoch nicht mit einer genauen Vorhersage gleichzusetzen, da die Zukunft nicht vollständig vorhersagbar ist. Deshalb ist die Planung einer Entscheidung immer mit Unsicherheit verbunden. Es lassen sich drei verschiedene Fälle unterscheiden:
- Ungewissheit
  wenn unklar ist, welche Ereignisse eintreten werden, oder wenn den möglichen Ereignissen keine Wahrscheinlichkeit zugeordnet werden kann
- Risiko
  wenn mögliche Ereignisse bekannt sind und mit subjektiven oder mathematischen Wahrscheinlichkeiten belegt werden können
- interaktive Situationen
  wenn die Struktur von Ergebnissen und deren Eintrittswahrscheinlichkeit von den Handlungen und Entscheidungen anderer Personen abhängen (Spieltheorie)

Auch im Finanzsektor sind Planungen und Entscheidungen, die ausschließlich auf dem Individualprinzip des Homo oeconomicus basieren, nicht mehr ausreichend. Der Planungserfolg ΔPE hängt sowohl von eigenen Aktionen und Entscheidungen A_{ei} als auch von externen Faktoren ab, wie Aktionen und Entscheidungen anderer A_{fi}. Somit ergibt sich ein dynamischer Prozess, in dem verschiedene Faktoren aufeinander einwirken und den Planungserfolg beeinflussen.

$$\Delta PE = f\left(A_{ei},\ A_{fi}\right)$$

Für jegliche Kombination (A_{ei}, A_{fi}) in komplexen Entscheidungssituationen hängt der Planungserfolg von einer Vielzahl von Faktoren ab, die bei jeweils unterschiedlichen Kombinationen zu Gewinnen oder Verlusten führen können (vgl. Gutenberg, 1984). Ein rationales Verhalten im Rahmen der Planung besteht darin, die Kombination all der Aktionen zu finden, die dem Unternehmen den maximalen Planungsgewinn verspricht. Allerdings setzt diese Art der Entscheidungsfindung vollkommene Informationen voraus, d. h. alle Handelnden sind jederzeit über alle relevanten Parameter informiert und können sofort reagieren. In der Praxis ist dies aufgrund begrenzter Ressourcen und unvollständiger Informationen nicht immer möglich. Die Beschaffung und Einordnung von Informationen sowie die Einschätzung der Handlungsoptionen sind aber entscheidend für eine erfolgreiche Prognoseerstellung.

Um ein aussagekräftiges Ergebnis zu erzielen, muss die Prognose (*forecast*) auf einer fundierten Datenanalyse und einer realistischen Grundlage basieren. Dabei sollten mögliche Risiken und Unsicherheiten berücksichtigt werden, um eine sinnvolle Planungsgrundlage zu schaffen (Ehrmann & Kühnapfel, 2012). Eine präzise und zeitnahe Prognoseerstellung ist für die Wettbewerbsfähigkeit eines Unternehmens von hoher Bedeutung. Während früher auf dem Parkett der großen Börsen direkt miteinander interagiert wurde und der Handelssaal ein hektischer Ort war, an dem Personen Geschäfte abwickelten, werden heutzutage die Handelsräume von Computersystemen und Fernsehbildschirmen dominiert (vgl. Abb. 10.11). Die meisten Transaktionen auf dem Börsenparkett laufen automatisiert ab und werden in weniger als einer Sekunde weltweit ausgeführt.

Der Zweck einer Prognose besteht darin, das operative Geschäft so genau wie möglich vorherzusagen und Bedingungen für die zukünftige Realität zu beschreiben (vgl. Goetjes & Lütke Entrup, 2017). Prognosen sollten immer auf überschaubare Zeiträume bezogen sein. Jahresvorhersagen sind für die jährliche Planung unerlässlich. Die kurzfristige Liquiditätsplanung kann jedoch eher monatliche oder vierteljährliche Prognosen erfordern. Langfristige strategische Entscheidungen beruhen hingegen oft auf Prognosen über fünf Jahre. Mit zunehmender Zeitspanne nimmt die Genauigkeit der Vorhersage jedoch ab, da insbesondere exogene Einflüsse nicht genau bestimmt werden können. Die Corona-Krise im Jahr 2020 wurde höchstwahrscheinlich in keiner Vorhersage von 2019 berücksichtigt. Um einen möglichst rationalen Planungsprozess zu gestalten, ist es entscheidend, Informationen über alle Beteiligten zu sammeln, die Einfluss auf das Unternehmensergebnis haben. Dabei müssen nicht nur die Konkurrenz, die

Abb. 10.11: Sicht auf einen *trading floor*.

Kundschaft und die Märkte, sondern auch die ökonomische, ökologische, politische und sozio-kulturelle Umwelt sowie die internen Strukturen des Unternehmens berücksichtigt werden. Um den Informationsbedarf zu ermitteln, können **Unternehmens-Umwelt-Modelle** verwendet werden, welche diese verschiedenen Ebenen integrieren. Durch gezielte Informationssysteme soll die Informationsbeschaffung strukturiert und zielgerichtet gesteuert werden, um überflüssige Informationen zu vermeiden und Ressourcen effizienter einzusetzen (vgl. Kap 10.1; vgl. Abb. 10.3). Dies erfordert jedoch eine Erkennung und Eliminierung von unnötigen Informationen, was wiederum Zeit und Ressourcen erfordert (vgl. Bergmann & Bungert, 2012). Eine besondere Art der Informationssteuerung stellt das Vorhersageinstrument der *forward guidance* dar. *Forward guidance* bezeichnet die Bekanntmachung einer Zentralbank, die direkte Informationen über den zukünftigen Stand ihrer Finanzpolitik vermittelt (Dittrich & Wohlmann, 2019; Ehrmann et al., 2019). Das Ziel ist, Erwartungen über den zukünftigen Zinssatz zu beeinflussen und damit Unsicherheit zu verringern.

Damit ein Informationssystem erstellt werden kann, werden folgende sechs Schritte als erforderlich angesehen (Homburg, Fassnacht, & Guenther, 2003):

Potenzielle Nutzergruppen identifizieren und definieren
Im Prozess der Prognoseerstellung gibt es unterschiedliche Herangehensweisen. Einerseits kann die Planung Top Down erfolgen, bei der die Geschäftsleitung eine Planungsgröße vorgibt und diese von den nachgeordneten Stellen konkretisiert wird. In diesem Fall sind das Top-Management und die Geschäftsleitung die Anwendenden.

Andererseits kann die Planung auch Bottom Up erfolgen, bei der zuerst die unteren Ebenen ihre Planungen erstellen und diese dann in den übergeordneten Stellen zu einer Gesamtplanung verdichtet werden.

Informationsbedarf analysieren

Um den Bedarf an Informationen für die Prognoseerstellung zu bestimmen, ist es zuerst wichtig, den aktuellen Stand der verfügbaren Informationen auf den jeweiligen Ebenen zu analysieren. Aus diesem Status quo kann dann der eigentliche Informationsbedarf abgeleitet werden.

Inhalte des Informationssystems festlegen

Dabei werden die Bereiche identifiziert, aus denen Informationen benötigt werden. Hierbei nimmt das zuvor erwähnte Unternehmens-Umwelt-Modell eine zentrale Rolle ein. Anhand dieser Analyse werden die relevanten Bereiche bestimmt, die in das Informationssystem integriert werden müssen, um eine adäquate Informationsversorgung zu gewährleisten.

Informationsbeschaffung kontinuierlich bestimmen

Um Informationen zu gewinnen, können entweder Primärdaten gezielt für diesen Anlass erhoben werden oder bereits vorhandene Sekundärdaten, die für einen anderen Zweck erhoben wurden, genutzt werden. Dabei muss auch entschieden werden, auf welchem Weg die Informationen gewonnen werden sollen. Möglichkeiten hierfür sind die Marktbeobachtung, gezielte Befragungen oder die Auswertung von internen oder externen Datenbanken.

Informationen darstellen

Die erhaltenen Informationen müssen an dieser Stelle passend für die unterschiedlichen Empfänger und Nutzergruppen aufbereitet werden. Dies kann durch Tabellen, Grafiken oder schriftliche Berichte geschehen und richtet sich nach den Anforderungen der Nutzergruppen.

Informationssystem implementieren

Nach der Entwicklung des Informationssystems muss dieses in den unternehmerischen Prozessablauf integriert werden, um einen reibungslosen Betrieb zu gewährleisten. Die zeitliche Koordination und die Zuverlässigkeit der Datenübermittlung an die entsprechenden Nutzergruppen muss dabei gewährleistet sein, um eine adäquate Nutzung der gewonnenen Informationen zu ermöglichen.

In der Praxis ist es nicht möglich, eine vollständig rationale Informationsbeschaffung zur Maximierung des Planungserfolgs umzusetzen. Ein Grund dafür ist, dass nicht alle verfügbaren Informationen bekannt sind. In der Verhaltensökonomie und der neuen Institutionenökonomik wird untersucht, wie asymmetrisch verteilte Informationen ökonomische Prozesse beeinflussen können, wenn nicht alle Informationen beschafft oder als Grundlage für Entscheidungen genutzt werden können. Aus verhaltensökonomischer Perspektive führen diese Entscheidungsprozesse zu Abweichungen von rationalem Handeln, die in zwei Kategorien eingeteilt werden können: Fehler und Verzerrungen (vgl. Kap. 4/5). Fehlerhafte Entscheidungen beruhen auf nicht-rationalen Denkweisen wie Heuristiken (z. B. der Repräsentativitätsheuristik). Verzerrungen treten auf, wenn Entscheidungsparameter durch Effekte verfälscht werden, die zu Entscheidungen führen, welche auf der Basis der verfälschenden Effekte (z. B. Bezugsrahmen-Effekt oder Vorbereitungseffekt) zwar korrekt erscheinen, aber von rationalem Verhalten abweichen.

Negative Auswirkungen beider Abweichungsarten auf die Vertriebsprognose kann zu fehlerhaften oder verzerrten Planungen und damit zu nicht-rationalem Handeln in der Unternehmensführung führen. Die Trägheit von Organisationen verhindert schnelle oder kurzfristige Korrekturen. Leibenstein (1978) hat mit seinem Konzept der **X-Effizienz** (*x-efficiancy*) versucht, ökonomisch schwer messbare Faktoren wie Motivation, Organisationsstruktur oder Transaktionskosten zu berücksichtigen. Mit diesem Konzept konnte jedoch nicht präzise festgelegt werden, welche empirische Bedeutung diese Faktoren haben und inwiefern sie zu Abweichungen von rationalem Verhalten beitragen. Aus diesem Grund verlor dies Konzept in der traditionellen ökonomischen Theorie an Bedeutung, auch wenn es für das Verständnis wirtschaftlicher Abläufe wichtig ist, motivationale Faktoren und das Entscheidungsverhalten direkt in das ökonomische Modell des Unternehmens einzubeziehen. Hierauf hat auch Herbert A. Simon (1978) in seiner Nobelpreisrede explizit Bezug genommen. Wie verfügbare und beschränkte Information zur Konstruktion der bestmöglichen Narrative zu den Ereignissen genutzt wird, beschreibt der **WYSIATI-Effekt** (*What you see is all there is*). Der WYSIATI-Effekt kann auch helfen, die Prognosegenauigkeit von Finanzentscheidungen zu verbessern. Er ist ein wichtiger Begriff der Verhaltensökonomie und beschreibt das Phänomen, bei dem das menschliche Gehirn, basierend auf begrenzten Informationen, schnelle und oft ungenaue Schlüsse zieht. Dies ist eine Folge der Tatsache, dass das menschliche Gehirn ständig nach Mustern sucht und versucht, effizient Entscheidungen zu treffen. Es kann dabei auf Erfahrungswerte, Heuristiken oder vorhandene Informationsbruchstücke zurückgreifen, um schnell eine plausible Geschichte zu konstruieren. Die dabei entstehenden Verbindungen zwischen Informationen und subjektiven Annahmen können so stark sein, dass die entstandene Plausibilität nicht notwendigerweise auf Fakten basiert. Dieser Effekt tritt vor allem im spontanen Denksystem (System 1) auf, welches schnell und automatisch arbeitet. Das bewusste Denksystem (System 2) neigt außerdem dazu, auf das zu vertrauen, was es sieht, und nicht auf das, was es nicht sieht. Das kann dazu führen, dass das bewusste Denksystem die automatisch generierten, aber ungenauen Schlüsse von System 1 übernimmt, ohne sie zu prüfen. Es ist wichtig, sich dieser Tendenz bewusst zu sein und die verfügbaren Informationen kritisch zu hinterfragen, um bessere, fundiertere Entscheidungen zu treffen. In der digitalen Lebenswelt wird die Aufmerksamkeitsspanne zunehmend kürzer, weshalb es immer bedeutsamer wird, Sachverhalte bewusst zu hinterfragen und auch nach weiteren Informationen zu suchen, bevor die Entscheidung getroffen wird.

In einer Studie von Brenner, Koehler und Tversky (1996) wurde die Reaktion von Personen untersucht, wenn verschiedene Arten einseitiger Information zu einem rechtlichen Sachverhaltes zur Verfügung standen. Diese Personen wurden darüber in Kenntnis gesetzt, dass es sich lediglich um einseitige Informationen handelte. Dabei war es nicht von entscheidender Bedeutung, alle Informationen zu erhalten, sondern die Kohärenz der Geschichte war ausschlaggebend. Personen, die nur einseitige Informationen erhielten, waren sich in ihrer Entscheidung sicherer als Personen, die über verschiedenartige Informationen verfügten. Der Grad des WYSIATI-Effekts spielt dabei eine wichtige Rolle. Je geringer der Grad des WYSIATI-Effekts ist, desto mehr Informationen waren verfügbar und wurden berücksichtigt, d. h. eine höhere Entscheidungsgenauigkeit war möglich. Je höher der Grad des WYSIATI-Effekts ist, desto weniger verfügbare Informationen führten zu einer geringeren Entscheidungsgenauigkeit (vgl. Kap. 9.5). Es gibt Regeln, die dazu beitragen können, den WYSIATI-Grad niedrig zu halten und damit die Prognosegenauigkeit zu verbessern. Um den Einfluss des WYSIATI-Effekts auf die Vertriebsprognose zu minimieren, gibt es folgende Möglichkeiten:

– Entscheidungen können von mehreren Personen auf unterschiedlichen Ebenen in den Prozess einbezogen werden. Dies soll verhindern, dass zu schnell und einseitig Annahmen über die zugrunde liegende Situation getroffen werden.
– Der Informationsaustausch sollte auf gleicher Höhe stattfinden, um sicherzustellen, dass die Kohärenz nicht von Machtstrukturen beeinflusst wird. Insbesondere in Linienfunktionen ist es wichtig, eine permanente Abstimmung zwischen den Ebenen (z. B. Geschäftsleitung und operativem Vertrieb) durchzuführen und die Ausgangssituationen abzugleichen.

Ein weiterer bekannter Effekt innerhalb der *Behavioral Finance* ist der **Dispositionseffekt**. Der Dispositionseffekt, der aus der Prospect-Theorie abgeleitet wurde, beschreibt ein Verhalten von Anlegenden, bei dem sie ihre Gewinneraktien schnell verkaufen und Verliereraktien zu lange halten. Dieses Verhalten ist auf die Verlustaversion Anlegender zurückzuführen, die sie dazu veranlasst, Verluste zu vermeiden. Durch die Betrachtung nicht realisierter Verluste als Papierverluste können Anleger ihre mentale Buchführung (vgl. Kap. 5.7) optimieren und potenzielle spätere Gewinne verbuchen, ohne ihr mentales Konto für den Anlageerfolg zu belasten. Der Dispositionseffekt kann auch zur Stabilisierung von Kapitalmärkten beitragen, da Anlegende in Zeiten sinkender Kurse zögern, ihre Aktien zu verkaufen, wenn der Kurs unter dem Einstandskurs liegt. Wenn die Kurse jedoch über dem Einstandskurs liegen, neigen Anlegende aufgrund des Dispositionseffekts eher dazu, ihre Aktien zu verkaufen. Dies kann zu einer Begrenzung des

Kurspotenzials nach oben führen. Eine Handelsstrategie, welche diesen Effekt ausnutzen möchte, sollte zunächst die Kursmarken identifizieren, an denen besonders viele Börsenanlegende eingestiegen sind und an denen der Dispositionseffekt am stärksten ausgeprägt ist. Wenn der Kurs wieder eine dieser Marken erreicht, kann man vermuten, dass das Kurspotenzial durch den Dispositionseffekt begrenzt wird. Ein Schutz gegen den Dispositionseffekt stellt die konsequente *stop-loss* Entscheidungsregel dar, d. h. fällt der Kurs einer Aktie auf oder unter eine festgelegte Marke, wird automatisch ein Verkaufsauftrag ausgelöst. So lässt sich das Risiko größerer Verluste eingrenzen.

10.5 Neuroökonomik

In der heutigen Gesellschaft stehen Personen täglich vor Entscheidungen, sei es im Konsumverhalten, sei es bei Finanzentscheidungen. Aber was beeinflusst unsere Entscheidungen, und wie werden sie im Gehirn verarbeitet? Die Neuroökonomie beschäftigt sich mit genau diesen Fragen. Sie verbindet Neurowissenschaften, Spieltheorie und Wirtschaftswissenschaften, um zu verstehen, wie Entscheidungen im Gehirn getroffen werden und welche Faktoren dabei eine Rolle spielen. Denn menschliche Entscheidungen sind oft nicht rational durchdacht und werden von unbewussten Mechanismen gesteuert. Warum entscheiden sich Personen also für bestimmte Produkte oder halten an bestimmten Investitionen fest, obwohl sie wissen, dass diese ihnen keinen Nutzen bringen?

Die Neuroökonomie untersucht nicht nur wirtschaftliche Fragen, sondern auch allgemeine Aspekte der Entscheidungsfindung in diversen Lebensbereichen (z. B. Partnerwahl, Arzneimittelwahl). Dazu werden neurowissenschaftliche Techniken und Instrumente genutzt, um das Verhalten bei der Entscheidungsfindung zu erklären (Damásio, 1994; Martin, 2006; Böhmer, 2010; Dreher, 2022). Als junge Wissenschaft ist sie aus der Verbindung von Neurowissenschaften und Ökonomie entstanden und wird im Englischen als *decision neuroscience* bezeichnet (Dennison, Sazhin, & Smith, 2022). Dabei untersuchen die Neurowissenschaften, bei welchen Entscheidungsparametern bestimmte Hirnareale aktiviert werden, beispielsweise bei der Wahl zwischen einem Apfel und einer Orange, und welche neurobiologischen Vorgänge im Entscheidungsprozess beteiligt sind. Gefühle spielen auch eine wichtige Rolle bei Entscheidungen, weshalb Werbung oft versucht, die Emotionen potenzieller Käufergruppen anzusprechen, anstatt sich auf Fakten zu konzentrieren. Früher waren Emotionen für ökonomische Fragestellungen uninteressant, da sie als schwer quantifizierbar galten. Durch bildgebende Verfahren sind Emotionen jetzt auch für die Wirtschaftswissenschaften eher zugänglich und nützlich geworden (vgl. Wickens, 2005; Martin, 2006; Pinel & Barnes, 2014). Aus der Sicht des Neuromarketings hingegen werden die Gehirnareale und deren Funktionen nur sehr vereinfacht dargestellt. Beispielsweise wird oft ein dreistufiges schuppenartiges Modell des Gehirns, MacLean (1973) folgend, im Neuromarketing verwendet (Dragolea & Cotîrlea, 2011; Šola, 2013; Gani et al., 2015;

vgl. Kap. 10.10). In den Modellen des Neuromarketing geht es meist nicht um eine exakte Lokalisation, sondern eher um eine sehr schematische Darstellung, bei der den wesentlichen Prozessen der Informationsverarbeitung ebenso wie den charakteristischen Austauschprozessen zwischen Gehirnbereichen keine ausreichende Beachtung beigemessen wird (vgl. Abb. 10.12). Daher kann es auch bei den Modellen des Neuromarketing zu einer Trivialisierung komplexer Abläufe kommen (vgl. Kap. 7.3):

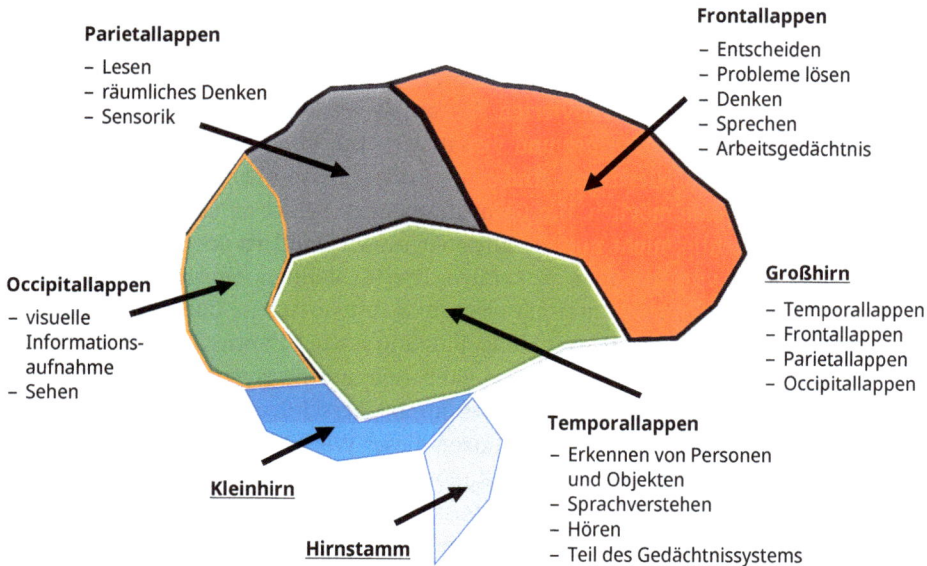

Abb. 10.12: Schematische Skizzierung von Gehirnarealen und deren Funktionen.

Das Großhirn kann in vier Regionen untergliedert werden. Vereinfacht ausgedrückt wird mit dem Parietallappen das Lesen und die eigene Orientierung im Raum verbunden, mit dem Occipitallappen das Sehen und die visuelle Verarbeitung, mit dem Temporallappen das Hören, Sprachverstehen und das Erkennen von Objekten und Personen, und mit dem Frontallappen werden die höheren Denkleistungen, das Entscheiden, Sprechen sowie das Arbeitsgedächtnis in Verbindung gebracht.

    Um Bilder funktioneller Magnetresonanztomographie (fMRT) zu interpretieren, müssen mindestens zwei Aufnahmen der Testpersonen gemacht werden. Zum einen im Ruhezustand und zum anderen im Aktivitätszustand, um die aktiven Hirnregionen zu identifizieren (vgl. Wickens, 2005; Martin, 2006). Um beispielsweise die Hirnregionen zu sehen, die beim Anblick eines Preisrabatts aktiv werden, zeigt man den Testpersonen als Reizsituation Bilder unterschiedlicher Preisgestaltung (Zustand 1), während im Ruhezustand (Zustand 2) kein Preis oder der Ausgangspreis gezeigt wird. Durch den Vergleich der beiden Zustände kann man feststellen, welche Hirnregionen während der Reizsituation aktiviert werden und welche Funktionen sie haben. Bei fMRT wird die magnetische Stärke von Hämoglobin für den Sauerstofftransport gemessen, da bei der Aktivierung bestimmter Hirnregionen mehr Sauerstoff und Energie verbraucht wird. Da Hämoglobin ein Eisenmolekül enthält, kann die Magnetresonanztomografie diese magnetische Stärke messen. Grundlage für die Darstellung des fMRT ist der **BOLD-Kontrast**, der die unterschiedlichen Magneteigenschaften von sauerstoffreichem und sauerstoffarmem Blut zur Signalmessung nutzt. Nur das sauerstoffarme Blut führt zu messbaren Magnetfeldänderungen. Bei der Stimulation von Hirnarealen kommt es zu stärkerer Stoffwechselaktivität (Durchblutung), bei der sich das Verhältnis von sauerstoffreichem und sauerstoffarmem Blut verändert. Diese Veränderung wird in beiden Zuständen gemessen und durch statistische Testverfahren miteinander verglichen. Die aktivierten Hirnareale werden vom Computer räumlich in ein Gehirnmodell eingeordnet und visualisiert (vgl. Wickens, 2005; Martin, 2006, Pinel & Barnes, 2014). Hierdurch sind neue Erkenntnisse über die Funktionen bestimmter Gehirnareale möglich. Um Gehirnfunktionen besser zu verstehen, ist es für das Marketing wichtig, nicht nur die physiologischen, sondern auch die psychologischen Bedürfnisse von Personen zu kennen. Hierfür können menschliche Grundbedürfnisse in vier Kategorien unterteilt werden: Selbstwertschutz und Selbstwerterhöhung, Lustgewinn und Unlustvermeidung, Bindung sowie Orientierung und Kontrolle. Ein Mangel in einem dieser Bedürfnisse kann sich auf die anderen auswirken, was dazu führt, dass man versucht, das Defizit durch Überschüsse in einem anderen Bereich zu kompensieren. Unternehmen nutzen dieses Wissen, um Kaufentscheidungen und Verhalten zu steuern, indem sie die Kundschaft bei der Befriedigung ihrer Grundbedürfnisse unterstützen. Werden Bedürfnisse erfüllt entsteht ein Gefühl von Zufriedenheit und Wohlbehagen, welches das Belohnungssystem im Gehirn stark aktivieren kann. Die Anziehungskraft der sozialen Medien beruht nicht zuletzt auf diesen Zusammenhängen. Unternehmen können diese Wirkungsweise auch so nutzen, dass die Kundschaft manipuliert und zu einem gewünschten Handeln bewegt wird.

Ein wichtiger Schaltkreis besteht aus dem Kortex, dem limbischen System und dem Hippocampus. Der Kortex umschließt das Großhirn, in der höhere geistige Funktionen und die Entscheidungsfindung stattfinden, sowie die Zentren sprachlicher und visueller Verarbeitung. Emotionale Reaktionen und Verhaltensmuster werden insbesondere im limbischen System verarbeitet und es enthält Strukturen wie die Amygdala und den Hypothalamus (vgl. Wickens, 2005; Martin, 2006; Pinel & Barnes, 2014; Dreher, 2022). Der Hippocampus ist für die Bildung und Speicherung von Erinnerungen und die Navigation in räumlichen Umgebungen wichtig. All diese Schaltkreise arbeiten zusammen, um Emotion und Kognition sowie menschliches Handeln zu steuern.

Aufgrund ihrer mandelartigen Form wird die Amygdala auch als Mandelkern bezeichnet und als Zentrale unserer Emotionsverarbeitung im limbischen System betrachtet. Nach Ekman (2016) gelten die Grundemotionen (Angst, Wut, Freude, Trauer, Ekel, Überraschung und Verachtung; vgl. Kap. 3.9) als universell und vorprogrammiert, da sie von Personen verschiedener Kulturen und Altersgruppen gleichermaßen erkannt und zum Teil schon von Kleinkindern gezeigt werden. Eine weitere wichtige

Komponente dieses Systems ist der Nucleus accumbens, der an der Steuerung von Belohnung, Suchtverhalten und (sexueller) Lust beteiligt ist.

Sowohl wirtschaftliches Handeln als auch Alltagssituationen sind durch Entscheidungen geprägt, wobei sich die Neuroökonomie vor allem auf drei Studienbereiche konzentriert: intertemporale Wahl (vgl. Luhmann, 2009; Peters & Büchel, 2011; Wittmann & Paulus, 2016; Li, Zhou, & Attia, 2022), Spieltheorie (Houser & McCabe, 2014; Civai & Hawes, 2016) und Entscheidungsfindung unter Risiko und Unsicherheit (Tobler & Weber, 2014; Kraemer et al., 2020; Serra, 2021). Die intertemporale Wahl untersucht, wie das bewusste System 2 eine geringere Abwertung zukünftiger Belohnungen zeigt, während das impulsive System 1 eine überproportionale Aufwertung sofortiger Belohnungen aufweist (vgl. Kap 7.1). Die Ergebnisse zeigen, dass Personen mit mehr Selbstkontrolle meistens gesunde Lebensmittel auswählen, während impulsivere Personen vor allem ungesunde Nahrung bevorzugen. Ein Raucher findet das Rauchen einer Zigarette weniger genussvoll, wenn er sich auf die Langzeitschäden konzentriert. Ariely (2008) erforscht Entscheidungen in ihrem zeitlichen Verlauf (u. a. Prokrastination/Aufschieben) und beschreibt, wie flüchtige Impulse uns von unseren langfristigen Zielen abhalten. Gesundheitsvorsorge, Verbraucherkredite und Sparen sind Beispiele für intertemporale Entscheidungen, die die Gegenwart und die Zukunft betreffen.

Die Spieltheorie beschäftigt sich mit mathematischen Modellen für Verhandlungen, Konflikte und die Zusammenarbeit zwischen verschiedenen Gruppen (vgl. Kap 9.1). Diese Entscheidungen können unter Zuhilfenahme von Experimenten mit dem fMRT untersucht werden.

In der Entscheidungsfindung unter Risiko und Unsicherheit spielen Emotionen eine entscheidende Rolle. Die Amygdala ist ein Zentrum für Emotionen im Gehirn (z. B. Angst) und wird aktiviert, wenn Situationen mit Risiko oder Unsicherheit behaftet sind. Emotionen und der Umgang etwa mit Angst beeinflussen Personen oft mehr als das reine Finanzwissen, d. h. wie sie auf Gewinne, Verluste und Investitionsrisiken auf den Finanzmärkten reagieren. Bei Entscheidungen auf Finanzmärkten und im Glücksspiel sind die Entscheidungen mit Wirkungen von Hormonen (z. B. Dopamin und Adrenalin) und Aktivitäten im limbischen System des Gehirns, die für Emotionen zuständig sind, verbunden (vgl. Martin, 2006). Finanzmarktakteure haben oft nur die Gefühlsregion des Gehirns aktiviert, wenn sie Kauf- oder Verkaufsentscheidungen treffen.

Wenn Testpersonen Bilder von Personen mit unterschiedlichen Gesichtsausdrücken gezeigt wurden, konnte sogar der bloße Anblick von glücklichen Gesichtern die Risikotoleranz von Personen beeinflussen, (vgl. Peyrolón, 2020). Diejenigen, die das glückliche Gesicht gesehen hatten, waren um 30 % risikotoleranter als diejenigen, die ein zorniges oder ängstliches Gesicht gesehen hatten. Interessanterweise waren sich die Testpersonen selbst nicht darüber bewusst, dass die zuvor gesehenen Bilder von Gesichtern einen unmittelbaren Einfluss auf ihr Entscheidungsverhalten hatten. Dies verdeutlicht, dass die Umgebung und sogar subtile visuelle Hinweise unbewusst menschliche Entscheidungen beeinflussen können.

Risikotoleranz ist beeinflussbar, verändert sich kontinuierlich und stellt somit keine feste, direkt messbare Variable dar. Unsichere Personen vermeiden risikobehaftete Entscheidungen und Unsicherheit wird zudem durch Stress begünstigt (Bao, Zhou, & Su, 2003). Bei Unsicherheit neigen Personen dazu, konservativer zu handeln und Risiken bei Entscheidungen zu minimieren oder zu vermeiden.

Das Problem der traditionellen Finanztheorie besteht darin, dass sie nur den Homo oeconomicus berücksichtigt, dessen Entscheidungsfindung durch Aktivitäten im präfrontalen Kortex geprägt ist. Jedoch steht diese Gehirnregion in direktem Austausch mit dem limbischen System, d. h. es kommt zu einer stetigen Interaktion zwischen Kognition und Emotion im Gegensatz zu einer als rein rational angenommenen Entscheidungsfindung. Komplexe Entscheidungen werden oftmals nicht durch rein rationale Überlegungen gelöst. Dies führt zur Aktivierung der menschlichen Intuition. Gehirnaktivität verbraucht viel Energie und im Laufe der Evolution ist es entscheidend gewesen, mit den Energiereserven sparsam umzugehen. Dieses Prinzip führte dazu, dass bei der Entscheidungsfindung intuitiv in ähnlichen Situationen ähnliche Entscheidungen getroffen werden und energiereiches Nachdenken vermieden wird. Intuitive Reaktionen, die spontan und unbewusst ablaufen, beeinflussen die Risikotoleranz. Der Bezugsrahmen-Effekt (vgl. Kap. 5.7) untermauert, dass die Risikotoleranz subjektiv ist, da auch kleine Änderungen der Art und Weise, wie Informationen dargeboten werden, persönliche Entscheidungen beispielsweise in Bezug auf Geldanlagen sehr unterschiedlich beeinflussen können.

In einer Studie von Sedwick und Hall (2003) mit 400 Ärztinnen/Ärzten wurde berichtet, wie Entscheidungen von unterschiedlichen Darstellungsrahmen beeinflusst wurden. Es ging bei einer diagnostizierten Krebserkrankung um die Frage, ob eine Operation oder alternativ eine Strahlentherapie durchgeführt werden sollte. Dabei entschieden sich um die 50 % der Versuchspersonen für eine Strahlentherapie, wenn ihnen gesagt wurde, dass 90 von 100 Patienten eine Operation überleben würden, während nur 16 % der Versuchspersonen in der anderen Gruppe sich für eine Bestrahlung entschieden, als ihnen mitgeteilt wurde, dass zehn von 100 behandelnden Personen nach einer Operation sterben würden.

Wenn man sich mit der Psychologie von Anlegergruppen an den Finanzmärkten beschäftigt, fällt auf, dass unterschiedliche Reaktionen auf Gewinne und Verluste auftreten (Kraemer et al., 2020; Dennison, Sazhin, & Smith, 2022; Dreher, 2022). Gewinne aktivieren das Belohnungssystem im Gehirn und sorgen für angenehme Glücksgefühle. Dies kann dazu führen, dass bestimmte Anlegergruppen gierig nach diesem Gefühl, also süchtig nach Gewinnen, werden. Ein Experiment mit Ratten zeigte, dass Tiere sogar grundlegende Bedürfnisse wie die Nahrungsaufnahme vernachlässigen können, wenn sie süchtig nach Glücksgefühlen sind (Olds & Milner, 1954; Kringelbach & Berridge, 2010). Auch wenn die Tierexperimente heute auch anders interpretiert werden können, sind Glücksgefühle wichtige Motivatoren, wobei der genaue Zusammenhang zwischen Glücksgefühl und Motivation noch nicht genau bekannt ist. Auf der anderen Seite sorgen Verluste für negative Emotionen und können sogar körperliche Schmerzen verursachen. Menschen haben eine Verlustaversion und versuchen daher meist, Verluste zu vermeiden, indem sie beispielsweise Wertpapiere bei Verlusten nicht verkaufen (Dispositionseffekt). Solange sie die Verluste nur auf dem Papier haben, empfinden sie weniger Schmerzen als bei einem tatsächlichen Verkauf. Die Amygdala ist bei diesen Vorgängen aktiviert und der Aktivitätsgrad beeinflusst die Verlustaversion (Wiech & Tracey, 2009). Personen mit einer Läsion in diesem Bereich zeigen keine Verlustaversion.

Zusammenfassend ist festzustellen, dass menschliches Verhalten an den Finanzmärkten von tief verwurzelten psychologischen Mechanismen geprägt ist, welche nicht durch herkömmliche Finanztheorien erklärt werden können. Die Suche nach Glücksgefühlen und die Vermeidung von Schmerzen beeinflussen die Entscheidungen von Anlegergruppen und können zu scheinbar irrationalen Handlungen führen.

Personen nehmen ihre Umgebung zu einem überwiegenden Teil unbewusst wahr. Daher hat in den letzten Jahren das herkömmliche Marketing gegenüber dem Neuromarketing an Boden verloren. Das Ziel des Marketings ist es, das Belohnungssystem im Gehirn zu aktivieren, um den Kauf von bestimmten Produkten oder Dienstleistungen zu fördern. Hierbei spielt die emotionale Komponente eine wichtige Rolle, da Personen in der Regel auch Gefühle und Emotionen mit ihren Käufen verbinden (Javor et al., 2013; Pluta-Olearnik & Szulga, 2022). Neuromarketing baut auf den Befunden auf, dass Emotionen im limbischen System entstehen, und versucht diese zu aktivieren, um das Belohnungszentrum zu stimulieren. In der Emotionsforschung wird zwischen Emotionen und Gefühlen unterschieden (Damásio, 1997). Emotionen gehen immer mit einer körperlichen Reaktion auf einen Reiz einher. Gefühle hingegen bezeichnen das subjektive Empfinden einer emotionalen Reaktion. Beim Treffen auf einen Bären im Wald werden verschiedene Gehirnareale aktiviert und lösen Emotionen aus. Innerhalb von Millisekunden tragen Emotionen zur Entscheidungsfindung bei und sind ausschlaggebend dafür, ob bei der Begegnung mit einem Bären ein Erstarren oder ein Weglaufen gewählt wird.

Früher wurden Fragen im Marketing hauptsächlich durch die Sozialforschung beantwortet, doch aktuell nutzt man vor allem Erkenntnisse der Hirnforschung. Durch das Neuromarketing werden gezielt Emotionen ausgelöst, was zu einer intensiveren Wahrnehmung der Marke, der Gewinnung neuer Kundschaft und einer Erleichterung der Kaufentscheidung führen kann. Durch positive Emotionen gelten Personen als motivierter, Produkte oder Dienstleistungen zu erwerben (Möll, 2007; Nilashi et al., 2020; Rawnaque et al., 2020). Facebook und Amazon sind markante Beispiele dafür, wie Neuromarketing genutzt wird, um einen immer größeren Kundenkreis zu gewinnen und Kaufentscheidungen herbeizuführen.

Es ist davon auszugehen, dass beispielsweise Amazon neurowissenschaftliche Erkenntnisse nutzt, um durch Informationen über die Verfügbarkeit von Produkten die Kaufentscheidungen der Kundschaft zu beeinflussen. Wenn bei Amazon angezeigt wird, dass nur noch wenige Exemplare eines Produkts auf Lager sind, wird dies als etwas Besonderes wahrgenommen und die Kundschaft zum Kauf des Produkts verleitet. Ebenso spielt das Phänomen der Knappheit eine Rolle. Personen sind seit der Steinzeit darauf programmiert, die Anhäufung von Dingen als Überlebensstrategie zu betrachten. Wenn Personen heute einer vermeintlichen Knappheit durch die Anhäufung von Dingen (z. B. Kauf) begegnen, wird das Belohnungssystem durch Ausschüttung des Hormons Dopamin (vgl. Wickens, 2005) aktiviert.

Ein weiteres Beispiel ist die Möglichkeit des *one-click-buying*. Hier werden alle notwendigen Daten für einen Kauf gespeichert und durch einen einzigen Knopfdruck getätigt, so dass keine Zeit zum Nachdenken bleibt, ob man den Gegenstand wirklich erwerben möchte. Dadurch kann leicht ein Kaufrausch angestoßen oder intensiviert werden. Amazon nutzt auch aus, dass das soziale Umfeld für die Kundschaft, auch wenn Kaufinteressierte allein vor dem Computer sitzen, eine prägende Rolle spielt. Wenn andere Interessenten ähnliche Produkte angesehen oder gekauft haben, verleitet dies wiederum die Kaufinteressenten dazu, mehr Produkte als ursprünglich geplant anzuschauen oder auch zu kaufen vgl. Kap. 10.2). Unternehmen wie Amazon nutzen somit gezielt im Gehirn verankerte Prinzipien menschlicher Informationsverarbeitung, um den Umsatz zu steigern und die Bindung der Kundschaft an das Unternehmen zu erhöhen. Marketingstrategien, die direkt auf psychologischen Prinzipien beruhen, haben sich als sehr effektiv erwiesen.

10.6 Dynamische Preisgestaltung

Warum kann Steveston so viel Geld für eine Pizza verlangen?
In Vancouver, Kanada, gibt es eine Pizzeria namens Steveston, die eine spezielle C6-Gourmet-Pizza anbietet. Diese Pizza ist sehr teuer und kostet 450 $. Umgerechnet kostet jedes einzelne Stück 56,25 $. Die Pizza ist mit Gourmet-Zutaten wie Hummer, schwarzem Alaska Kabeljau und russischem Osetra-Kaviar belegt und wird von der kanadischen Zeitschrift Maclean's als teuerste Pizza der Welt bezeichnet. Auf der anderen Seite gibt es u. a. Domino's Pizza, die eine große Pizza mit drei zusätzlichen Belägen für nur 10 $ anbietet. Wenn man den Preis vergleicht, könnte man 45 Pizzen von Domino's für den Preis einer einzigen Steveston C6-Pizza kaufen.

Es gibt Personen, die bereit sind, diesen hohen Preis zu zahlen, weil sie wissen, dass sie auf keinem anderen Ort auf der Welt eine Pizza wie die C6 bekommen können. Der Preis wird durch die Nachfrage bestimmt, und da Personen bereit sind, diesen Preis zu zahlen (Kittur, 2015), existiert dieser Preispunkt.

Dynamische Preisgestaltung (*dynamic pricing*) bezeichnet eine Strategie, bei der Handeltreibende die Preise ihrer Waren regelmäßig mithilfe eines Algorithmus an die aktuelle Marktlage zur Umsatzsteigerung anpassen. Die Preise werden automatisch – oder halbautomatisch – oft in kurzen Abständen generiert und basieren auf relevanten Leistungsindikatoren der Kundschaft (z. B. Kauf-/Suchverhalten, finanzieller Status, Bewertung) und der Konkurrenz (z. B. Preisstrategie, Marktanteil). Zusätzlich werden bei der Preisgestaltung, insbesondere im Multi-Kanal-Handel, auch andere Kontextfaktoren wie Nachfrage, Lagerbestände, Preise der Konkurrenz und die Saisonalität berücksichtigt, um den Erfolg der Preisstrategie zu maximieren (Diller et al., 2020; Vogelsang, 2020). Die klassische Wirtschaftstheorie unterstützt die dynamische Preisgestaltung und geht von der Annahme aus, dass sie für die Gewinne eines Unternehmens vorteilhaft ist, da es dadurch ermöglicht wird, einen größeren Teil der Konsumentenrente abzuschöpfen (Garbarino, 2003). Die politische Koordinierung und der staatliche Ordnungsrahmen spielen bei der Förderung von Programmen zur dynamischen Preisgestaltung eine entscheidende Rolle. Zusätzlich besteht die Notwendigkeit der besseren Einbeziehung der Kundschaft durch breit zugängliche Bildungsprogramme und politische Anpassungen (z. B. Preisrecht), um den Zugang zu Preisinformationen zu erleichtern. Darüber hinaus sind Investitionen in Forschung und Entwicklung unerlässlich, um standardisierte Methoden zur Bewertung der Wirksamkeit von Initiativen zur dynamischen Preisgestaltung zu entwickeln (Hu et al., 2015). Dynamische Preisgestaltung unterscheidet sich von Region zu Region, wobei in den USA vor allem durch Deregulation marktorientierte Ansätze verfolgt werden. Europäische Länder (z. B. Italien) konzentrieren sich hingegen auf die weitflächige Installation digitaler Preisschilder. Anhand von Fallstudien aus verschiedenen US-Bundesstaaten können unterschiedliche Forschungsziele und -schwerpunkte hervorgehoben werden:

– Risiken und Vorteile
– Auswirkungen von Grundlagentechnologien (intelligente Stromzähler)
– verschiedene Arten der dynamischen Preisgestaltung
– Reaktionen von einkommensschwächeren Bevölkerungsgruppen
– Einfluss von Temperaturschwankungen

Im Rahmen der Verhaltensökonomie kann aufgezeigt werden, wie sich eine dynamische Preisgestaltung auf die Kaufentscheidungen in Bezug auf Fairness, Akzeptanz und Loyalität auswirkt. Auf Märkten mit Wiederholungskäufen verfolgen die Unternehmen oft unterschiedliche Preisstrategien für die treue Kundschaft und solche Kaufinteressenten, die von der Konkurrenz abgeworben werden. Einige Branchen schaffen durch niedrigere Preise Anreize für den Wechsel von der Konkurrenz, während andere den Schwerpunkt auf die Belohnung der Kundentreue legen, wie dies bei Programmen für Vielflieger oder häufige Hotelaufenthalte der Fall ist (Chen & Pearcy, 2010). Gleichzeitig können loyalitätsfördernde Vereinbarungen auch die Wettbewerbsdynamik beeinflussen. Märkte mit hohen Neukundenraten und Daten über das frühere Kaufverhalten können Treueprogramme oder Werbeangebote strategisch einsetzen, um die treue bzw. neue Kundschaft anzusprechen und die von ihr wahrgenommene Preisfairness zu verbessern (Cailland & De Nijs, 2014; Frohmann, 2022). Ergebnisse von Rohani und Nazari (2012) zeigten, dass sowohl Hotelfachleute als auch Konsumierende eine Vorliebe für dynamische Preise aufweisen. Hoch engagierte Konsumierende reagierten positiver auf die dynamische Preisgestaltung. Darüber hinaus zeigten jüngere sowie weibliche Personen unterschiedlichen Alters ein größeres Interesse an Rabatten. Konsumierende mit hohem Engagement waren positiver gestimmt, als weniger engagierte und neigten eher dazu, ihre Erfahrungen mitzuteilen und aufgrund von Rabatten wiederholte Käufe zu tätigen. Demnach empfiehlt es sich für Führungskräfte der Hotelbranche, Rabatte auf jüngere und weibliche Reisende zuzuschneiden und eine dynamische Preisgestaltung einzusetzen, um die besonders engagierte Kundschaft anzuziehen. Außerdem scheinen Preisnachlässe effektiver zu sein, wenn es darum geht, hoch engagierte Interessenten anzuziehen, die positivere Emotionen und ein häufigeres Kaufverhalten zeigen. Für Führungskräfte der Hotelbranche ist es folglich vorteilhaft, bei der Gestaltung von Preisaktionen die Kundschaft nach ihrem Engagement zu segmentieren.

Preise dynamisch anzupassen, erscheint zwar für viele Unternehmen verlockend, um kurzfristige Gewinne zu erzielen, birgt jedoch erhebliche Risiken für das Vertrauen der Kundschaft. Die Informationsasymmetrie und der unpersönliche Charakter etwa von Online-Interaktionen erhöhen jedoch die Bedeutung des Vertrauens für die Kundenbindung (Garbarino & Lee, 2003). Dies kann dazu führen, dass sich Konsumierende im Extremfall gegen eine dynamische Preisgestaltung wehren. Ein Scheitern der dynamischen Preisgestaltung kann in erster Linie darauf zurückgeführt werden, dass die Kundschaft die Preisgestaltung als unfair empfindet. Negative Wahrnehmungen von Fairness korrelieren mit einem Rückgang der Kundenzufriedenheit (Frohmann, 2022). Zudem ist Transparenz für die Akzeptanz und die Wahrnehmung von Fairness entscheidend. Die Grundprinzipien der dynamischen Preisgestaltung sollten für die Kundschaft nachvollziehbar und verständlich sein.

Laut der deutschen Preisangabenverordnung (PAngV) müssen Preise für die gesamte Kundschaft nicht gleich sein oder eine bestimmte Zeit lang stabil gehalten werden. In der freien Marktwirtschaft kann der Handel seine Preise frei gestalten, wobei jedoch die Diskriminierung bezüglich Rasse, Herkunft, Geschlecht oder Alter rechtswidrig ist. Der Zusammenhang zwischen der dynamischen Preisgestaltung und der Wahrnehmung von Preisfairness sowie der Vertrauensbildung aufseiten der Kundschaft bildet aktuell ein intensives Forschungsfeld.

Unternehmen nutzen die dynamische Preisgestaltung, indem sie die Preise ihrer Waren jeweils an die Marktsituation anpassen, um auf die veränderte Nachfrage und die Konkurrenz zu reagieren (vgl. Abb. 10.13).

Beispielsweise werden bei einer Fluggesellschaft die Sitzpreise basierend auf der Lage des Sitzplatzes, der Anzahl der noch verbliebenen Sitze und der Zeit bis zum Flugantritt angepasst. Im Gegensatz zur statischen Preisgestaltung ermöglicht eine dynamische Preisoptimierung den Gewinn zu maximieren (McAfee & Te Velde, 2006; Liu & Zhang, 2013).

Ein aus dem Alltag bekanntes Beispiel für die dynamische Preisgestaltung stellt die täglich mehrmalige Änderung des Benzinpreises an Tankstellen dar. Je nach Uhrzeit, Wochentag und Saison (z. B. Ferienzeit) werden mal höhere, mal niedrigere Benzinpreise aufgerufen. Selbst kleine Läden und Bäckereien passen ihre Preise dynamisch an, indem sie beispielsweise Brot abends zu einem günstigeren Preis anbieten. Auch

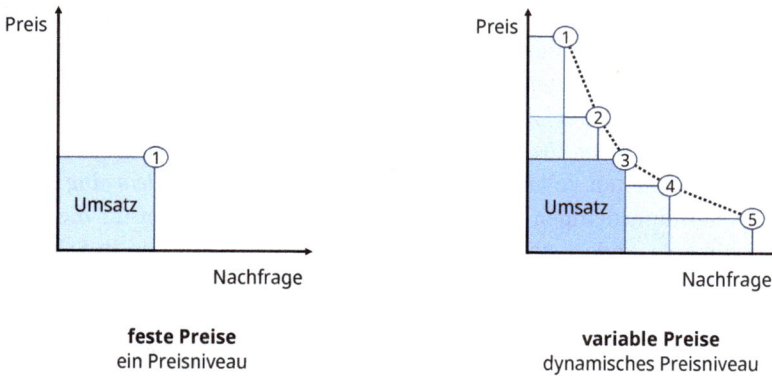

Abb. 10.13: Vergleich von fester und dynamischer Preisstrategie.

der Einzelhandel nutzt seit längerer Zeit kurzfristige Preissenkungen oder Lockangebote mit rot durchgestrichenen Preisschildern (vgl. Kap 4.6). Preise werden von der Kundschaft nicht absolut, sondern relativ im Vergleich zu einem Referenzpreis bewertet, der als Anker bei der Urteilsbildung dient (Fassnacht & Mahadevan, 2010; Spann & Skiera, 2020). Die dynamische Preisgestaltung unterscheidet sich von einmaligen Lockangeboten durch die systematische, kontinuierliche und automatisierte Preisanpassung anhand der Nachfrage. Elektronische Preisschilder erlauben eine völlig neue Dynamik in der Preisgestaltung, da man in Sekundenschnelle Preisänderungen vornehmen kann. Manuelle Prozesse verlaufen häufig zu langsam, sind zu aufwendig und eignen sich nicht, die großen Datenmengen im Handel optimal zu verwerten.

Branchen, in denen die dynamische Preisgestaltung seit langem praktiziert wird, sind die Hotelbranche, Reiseagenturen, Flug- und Bahngesellschaften (Li, Hardesty, & Craig, 2018). Neuerdings wird die dynamische Preisgestaltung auch offiziell bei Veranstaltungen und Konzerten eingesetzt. Benachbarte Sitzplätze innerhalb einer Kategorie können so preislich mehrere hundert Euro auseinanderliegen. Zu Spitzenzeiten (z. B. in der Ferienzeit) erhöhen Dienstleistende gerne ihre Preise, da Konsumierende in solchen Situationen bereit sind, mehr Geld auszugeben. Ein typisches Beispiel aus dem Einzelhandel ist das Skiequipment, welches zu Beginn des Frühlings zu wesentlich niedrigeren Preisen angeboten wird als im Herbst, besonders vor Weihnachten. Viele E-Commerce Unternehmen betrachten diese dynamische Preisgestaltung auch als eine Notwendigkeit im Wettbewerb (Ho, Ganesan, & Oppewal, 2011). Gegenwärtig erhält die potenzielle Kundschaft im Multi-Kanal-Handel bei der Suche nach einem Produkt sofort Ergebnisse mit Preisangeboten und kann diese direkt vergleichen. Es wird angenommen, dass 55 % der Kundschaft Amazon zum direkten Preisvergleich nutzt und dass 40 % des Online- und Versandhandels in Deutschland die dynamische Preisgestaltung nutzt, um die Verkaufspreise seiner Produkte auch sehr kurzfristig anzupassen (Bundesverband E-Commerce und Versandhandel Deutschland e.V., 2020). In den USA wechseln im Handel täglich für bis zu 20 % der Waren die Preise.

Die Anpassungsergebnisse liegen in der Regel innerhalb eines vorab definierten Rahmens, wie beispielsweise der oberen oder unteren Preisgrenzen im Sinne der Preiselastizität. Einige Software-Lösungen nutzen zudem künstliche Intelligenz und entdecken neue Möglichkeiten vollautomatisierter Prozesse (*machine learning algorithm*). Einige Handelsunternehmen nutzen die Ergebnisse als Vorlagen für die Verwaltung ihres Sortiments, andere passen ihre Preise vollautomatisch und in Echtzeit an. Häufig treten Mischformen auf, bei denen Preise für günstige Produkte mit niedrigen Margen automatisiert werden.

Die Waren, Dienstleistungen und deren Preise, die auf Webseiten angeboten werden, hängen von verschiedenen Faktoren ab, etwa vom Zeitpunkt des Kaufs, dem genutzten Endgerät oder auch dem Wohnort. Aufgrund dieser Faktoren ist es möglich, dass verschiedene Personen auf derselben Online-Plattform unterschiedliche Produkte oder Preise für dasselbe Produkt angezeigt bekommen. Auch wenn dieser Umstand vielen E-Commerce-Plattformen zugutekommt, kann eine für die Kundschaft unerklärliche Preisänderung Misstrauen hervorrufen und sich negativ auf die Akzeptanz auswirken. Dynamische Preisgestaltung wirkt sich im Online-Handel auf das Vertrauensniveau der Kundschaft und die Vertrauensbildung aus. Auch unabhängig davon, ob man davon profitiert oder dadurch benachteiligt wird, kann sich das Vertrauen in die guten Absichten des Unternehmens verringern und somit das Gesamtvertrauen reduzieren (Garbarino & Lee, 2003). In diesem Fall können dynamische Preise das Gefühl von Unfairness hervorrufen. Dies kann dazu führen, dass die Loyalität der Kundschaft abnimmt (Grewal, Hardesty, & Iyer, 2004; Chen & Pearcy, 2010; Caillaud & De Nijs, 2014). Konsumierende können plötzliche Preisänderungen als unfair empfinden und davon absehen, erneut ein Produkt bei dem Handelsunternehmen zu erwerben. Zudem sind die Effekte größer, wenn Preisunterschiede willkürlich entstehen und es für diese keine Erklärung gibt. Die Größe der Preisänderung beeinflusst die Fairnesswahrnehmung (Tarrahi, Eisend, & Dost, 2016). Das Gefühl von Preisfairness kann sich nicht nur auf die Kaufabsichten der Kundschaft, sondern auch auf die Kundenzufriedenheit insgesamt auswirken.

Der Faktor Fairness und seine Rolle im Arbeits- und Organisationsbereich, insbesondere auch im HR-Management (*Human Resource*), wird im nächsten Kapitel ausführlicher dargestellt.

10.7 Arbeits- und Organisationsbereiche

Personen handeln nicht immer vollständig rational und eigennützig, sondern es kommt auch zu systematischen Abweichungen von der Rationalität. Spieltheoretische Szenarien, wie das Ultimatum-Spiel (u. a. Nai et al., 2020), ermöglichen es, diese Abweichungen in einer kontrollierten Umgebung zu untersuchen und bessere Entscheidungsmodelle zu entwickeln, welche nicht-rationale Verhaltensweisen berücksichtigen. Bei der Entwicklung von Entscheidungsmodellen in der Wirtschaft gilt es, insbesondere die Faktoren der Fairness und Reziprozität (vgl. Kap. 9.8) einzubeziehen, um das Verhalten von Personen in Organisationen und bei anderen sozialen Interaktionen vorherzusagen. Auch gibt es Unterschiede im Entscheidungsverhalten zwischen Individuen hinsichtlich der Fairness und Reziprozität, die u. a. auf Faktoren wie Alter, Geschlecht, Kultur und Persönlichkeit zurückzuführen sind.

Fairness umfasst verschiedene Aspekte, wie die Verteilung von Ressourcen, die Entscheidungsfindung, die Bereitstellung von relevanten Informationen und den sozialen Umgang der Beteiligten miteinander. Die Begriffe **Fairness** und **Gerechtigkeit** stehen in einer engen Beziehung zueinander und werden oft synonym verwendet. Jedoch haben sie unterschiedliche Bedeutungen, wobei Fairness sich auf eine Vorstellung von Anständigkeit und Angemessenheit bezieht, während Gerechtigkeit die Wahrnehmung von Fairness und Gleichbehandlung in sozialen Situationen beschreibt. In der Gerechtigkeitstheorie von John Rawls (1971) wird Gerechtigkeit mit Fairness gleichgesetzt. Nach Gerechtigkeit zu streben ist weit verbreitet. Was jedoch als gerecht oder ungerecht wahrgenommen wird, variiert zwischen verschiedenen Kulturen und Individuen (Montada, 2003). Die Gerechtigkeitstheorie ist eine Theorie der Verteilungsgerechtigkeit, welche die Fairness von Entscheidungsergebnissen und Verteilungen bewertet. Dabei stehen zwei Fragen im Mittelpunkt. Was empfinden Personen in Tauschbeziehungen als fair? Wie reagieren Personen, wenn ein Tausch als unfair empfunden wird?

Einzelpersonen vergleichen Nutzen (z. B. erhaltene Löhne, Dienstleistungen) und Kosten (z. B. Produktpreise, aufgewendete Zeit) mit Referenzpunkten (Huppertz, Arenson, & Evans, 1978). Gerechtigkeit wird dann wahrgenommen, wenn die Kosten-Nutzen-Verhältnisse über diese Bezugspunkte hinweg ähnlich sind, wobei Abweichungen als unfair erachtet werden.

Man kann mindestens drei Dimensionen der Gerechtigkeit unterscheiden. Zum einen geht es um die Unterlassung von Handlungen (negative Gerechtigkeit), zum anderen um die Verpflichtung zu aktivem Handeln (positive Gerechtigkeit) und dann auch noch um die Verteilungs- oder Lastengerechtigkeit, welche auch als Fairness bezeichnet wird. Wenn Personen Bedingungen als fair empfinden, hat dies positive Auswirkungen auf ihre Zufriedenheit (z. B. Arbeitszufriedenheit, Konsumentenzufriedenheit), ihre Bindung an die Organisation, das Vertrauen in andere, das freiwillige Engagement sowie auf die berufliche Leistung. Eine Metaanalyse von Cohen-Charash und Spector (2001) zeigt, dass Fairness kooperatives Verhalten fördert. Im Gegensatz dazu führen geringe Fairness und ungerechte Bedingungen zu einer Vielzahl von negativen Konsequenzen für das Individuum und die Organisation. Dazu zählen unter anderem: Stress, Hilflosigkeit, emotionaler Rückzug, Demotivation, Kündigungsabsichten, höhere Fehlzeiten, Straftaten, Ärger, Verlust des Zusammengehörigkeitsgefühls, stärkerer Widerstand gegen Veränderungen sowie Sabotage und Aggression. Daher ist die Schaffung fairer Bedingungen ein wichtiger situativer Einflussfaktor.

Kognitive Dissonanz beschreibt, wie Einzelpersonen reagieren, wenn sie einen Austausch als unfair empfinden. Ungleichgewichte im Kosten-Nutzen-Verhältnis führen zu kognitiver Dissonanz und motivieren den Einzelnen, dieses Ungleichgewicht zu beheben. Ein neues Gleichgewicht (kognitive Konsonanz) kann zum einen durch eine Veränderung der inneren Einstellung bzw. der weiteren Informationssuche herbeigeführt werden. Zum anderen kann dies durch Verhaltensweisen erreicht werden, durch welche sich die Umstände ändern. Gerechtigkeit wird dann wahrgenommen, wenn die Kosten-Nutzen-Verhältnisse an allen Referenzpunkten ähnlich sind. Unterschiede in diesen Verhältnissen gelten als ungerecht. Der Zusammenhang zwischen der Gerechtigkeitstheorie und der Theorie der kognitiven Dissonanz zeigt, wie sehr Individuen nach Konsistenz streben und nach einer Beseitigung von Ungleichheiten in Austauschbeziehungen suchen.

Distributive Fairness bezieht sich auf die wahrgenommene Fairness bei der Verteilung von Gütern. Diese Verteilung wird als fair betrachtet, wenn sie unter Einhaltung bestimmter Regeln erfolgt. Das **Equity-Modell** (Adams, 1965) besagt, dass ein Ergebnis als fair angesehen wird, wenn das Verhältnis des eigenen Inputs zum eigenen Output dem entspricht, was andere erreichen (vgl. Abb. 10.14).

Abb. 10.14: Veranschaulichung von Gleichheits- und Fairnessmodellen.

Neben der Equity-Norm gibt es auch andere Normen, die eine faire Verteilung beeinflussen können, wie beispielsweise die absolute Gleichheit oder Bedürftigkeit. In der Arbeitswelt wird die Bezahlung in der Regel durch eine Kombination von relativer und absoluter Gleichheit bestimmt (Schwinger, 1986; Bierhoff, Frey, & Rohmann, 2011). Die Gewichtung dieser Normen bei der Bezahlungsverteilung kann mathematisch modelliert werden.

Prozedurale Fairness bezieht sich auf die Fairness des Entscheidungsverfahrens. Thibaut und Walker (1975) unterscheiden zwischen Prozesskontrolle und Entscheidungskontrolle. Wenn z. B. eine Autorität die Entscheidungskontrolle hat, sind die Bedingungen der Prozesskontrolle für die Betroffenen besonders wichtig. Leventhal

(1980) hat sechs Regeln der prozeduralen Fairness aufgestellt, die bei Entscheidungs-regeln und -prozessen berücksichtigt werden sollten:

- **Konsistenz**
  gilt für alle Beteiligten gleich
- **Neutralität**
  kein persönliches Interesse oder Voreingenommenheit bei der Entscheidung
- **Genauigkeit**
  basiert auf akkuraten Informationen
- **Revidierbarkeit**
  Korrekturmöglichkeit fehlerhafter oder unangemessener Entscheidungen
- **Ethik**
  basiert auf ethischen Werten und persönlichen Wertvorstellungen
- **Repräsentativität**
  beachtet die Bedürfnisse und Meinungen aller Beteiligten

Eine zentrale Komponente der prozeduralen Fairness ist die Möglichkeit für die Be-troffenen, ihre Meinung zum Sachverhalt und zum Verfahren zu äußern (*stakeholder voice*). Ebenso gehört der transparente Umgang mit Informationen (informationelle Fairness) dazu.

Fairness basiert auf subjektiven Überzeugungen und Einstellungen. Konflikte um Gerechtigkeit können durch einen Diskurs beigelegt werden, z. B. durch Mediation als Verfahren zur Analyse und Aufklärung von Konflikten. Wenn beide Konfliktpar-teien ihren Standpunkt als fair betrachten und ähnliche Gerechtigkeitserwartungen oder Vertrauen in die Organisationen/Institutionen der Konfliktbeilegung haben, können Konflikte verringert werden. Fairness kann auch als Persönlichkeitsmerkmal betrachtet werden, wie z. B. Gerechtigkeitssinn oder Teamfähigkeit. Fairness oder Ge-rechtigkeit gilt als eine der 24 Charakterstärken in der positiven Psychologie (Peterson & Seligman, 2004).

Für die Mitarbeitermotivation spielt neben Fairness auch Reziprozität eine wich-tige Rolle. Beispielsweise können sich Mitarbeitende ausgebeutet und demotiviert füh-len, wenn sie annehmen, ungerecht behandelt zu werden. Zur Mitarbeitermotivation sind monetäre Anreize wie Bonuszahlungen nicht immer das beste Mittel. Monetäre Reize wirken oft nur kurzfristig und können langfristig sogar zu einer abnehmenden Produktivität führen (Frey & Osterloh, 2001; Cerasoli, Nicklin, & Ford, 2014; Kuvaas et al., 2017). Die Verdrängung intrinsischer Motivation durch externe Anreize (Bonus-zahlungen) werden auch als Korrumpierungseffekt (*crowding effect*) bezeichnet (vgl. Kap. 10.4). Die Motivationstheorie bietet Erklärungen für das Korrumpierungs-phänomen, bei dem intrinsische Motivation durch äußere Anreize beeinträchtigt wird (Kuhl, 1984). Wenn ein ursprünglich intrinsisch motiviertes Verhalten plötzlich durch äußere Steuerung gesteuert wird, geht die innere Beteiligung verloren, und die Selbstmotivierungsfunktion (Flow-Erlebnis) wird beeinträchtigt.

Teamarbeit, Identifikation mit dem Unternehmen oder langfristige Karrdiereperspektiven haben sich als wesentlich effektivere Maßnahmen zur intrinsischen Mitarbeitermotivation erwiesen als ausschließlich materielle Anreize. Wenn eine Person für eine Handlung, die sie bisher freiwillig ausgeführt hat, eine materielle Belohnung erhält, ist sie in vielen Fällen nicht mehr bereit, ohne Belohnung weiterhin aktiv zu sein. Diese Feststellung bestätigt nicht nur die psychologische Interpretation des Korrumpierungseffekts (Frey & Jegen, 2001), sondern betont auch die Notwendigkeit, Incentivierungssysteme im Controlling behutsam einzusetzen. Es gibt zahlreiche Möglichkeiten und Ansätze zur Verbesserung der Controlling-Instrumente und deren Gestaltung. Hierzu gehören unter anderem Maßnahmen zur Vermeidung von Urteilsverzerrungen und unbewussten Automatismen (u. a. Ankerheuristik, Selbstüberschätzung, Basisratenfehler) sowie von Gruppendenken. Des Weiteren werden im **new pay**-Ansatz (Franke, Hornung, & Nobile, 2019) individualisierte und flexible Vergütungssysteme zur Incentivierung auch unter Gesichtspunkten der Nachhaltigkeit herangezogen. Diese Vergütungsmodelle sind dann erfolgreich, wenn sie einerseits einfach und andererseits sehr flexibel gestaltet sind. Die Flexibilität ergibt sich dadurch, dass Mitarbeitende sich modular verschiedene Nebenleistungen aussuchen können (Olafsen et al., 2015; Nieżurawska, Karaszewska, & Dziadkiewicz, 2016; Machova et al., 2022). Im Besonderen sind fünf modulare Bereiche herauszustellen:

– Flexibilisierung der Arbeitszeit
– Entwicklungschancen für Karriere und Lernen
– Angebote zur Gesundheitsförderung
– Firmenwagen und Mobilitätsregelung/-budget
– positive Arbeitskultur und gutes Betriebsklima

Diese wählbaren Module tragen in einfacher Form zur Flexibilität, Nachhaltigkeit und Mitarbeitermotivation bei (Robinson, 2006), da sie sowohl Transparenz, Mitbestimmung als auch die Optimierung klimafreundlicher Emissionen ermöglichen. Auch in Bezug auf Geschenke bei Geschäftsbeziehungen spielt Reziprozität eine wichtige Rolle. Demnach entsteht bei der Schenkung eine Bindung zwischen den Parteien, welche zu reziprokem Verhalten führen kann. So sollten beispielsweise Beamte keine Geschenke/Gefälligkeiten annehmen, da es ihnen dann schwerer fallen kann, Gefälligkeiten abzuschlagen oder die sachliche Ebene aufrechtzuerhalten (Graeff, 2002; Renner, 2004).

Ökonomische Überlegungen führen häufig nicht dazu, dass Personen Schaden von sich oder anderen abwenden können. Ein bemerkenswertes Beispiel ist die Altersarmut und das Bemühen, sie zu vermeiden. Auch wenn Personen in jüngeren Jahren sparen könnten, gelingt es Ihnen oft nicht, ausreichend für ihren Ruhestand vorzusorgen. Hier setzt die Verhaltensökonomie an, indem sie die Wahlmöglichkeiten so gestaltet, dass fundierte zukunftsorientierte Entscheidungen getroffen werden können. Ein Beispiel dafür ist das „*Save More Tomorrow*"-Programm (vgl. Kap. 10.4) in den USA, das dem Einzelnen die Möglichkeit bietet, sich für künftige Ersparnisse zu entscheiden, ohne dem Druck sofortiger Verpflichtungen ausgesetzt zu sein.

Organisationen können zudem durch die Schaffung starker HR-Systeme das Mitarbeiterverhalten bewusst steuern. In Anlehnung an Kelley (1973) haben Bowen und Ostroff (2004; Ostroff & Bowen, 2016) neun Merkmale des HR-Systems vorgeschlagen, die nach Unterscheidbarkeit, Konsistenz und Konsens klassifiziert sind und zusammen ein starkes HR-System ergeben sollen, namentlich die **HRSS-Theorie** (*Human Resource System Strength*).

Zu diesen Merkmalen gehören Sichtbarkeit, Verständlichkeit, strategische Relevanz, Legitimität der Autorität, Instrumentalität, Gültigkeit der Praktiken und Konsistenz der HR-Mitteilungen, Einmütigkeit im HR-Management und Fairness. In der Folge konnten Delmotte, De Winne und Sels (2012) jedoch die Merkmale Legitimität, Verständlichkeit und Instrumentalität nicht bestätigen. Sie betonten allerdings die beiden Faktoren Verfahrensgerechtigkeit und Verteilungsgerechtigkeit. Um die Dimensionen Konsistenz, Konsens und Unterscheidbarkeit zu erfassen, erscheint die Beschreibung der individuellen Wahrnehmung als unzureichend. In einer Längsschnittstudie fanden Bednall, Sanders und Runhaar (2014) keine direkte signifikante Beziehung zwischen HRSS (Selbsteinschätzung gemäß der drei Dimensionen) und Wissensaustausch, Innovation oder Reflexion. Jedoch stellten sie heraus, dass das HRSS indirekt die Verbindung zwischen der Qualität von Leistungsbeurteilungen und dem Wissensaustausch, der Innovation und der Reflexion stärkt.

Konsistente Attribuierung hängt positiv mit affektivem Engagement zusammen (Sanders, Dorenbosch, & De Reuver, 2008) und negativ mit der Absicht zu kündigen (Li, Frenkel, & Sanders, 2011). Allerdings konnte kein Zusammenhang zwischen Konsistenz und Zufriedenheit aufgezeigt werden. Klassische Arbeiten zu Attributionstheorien besagen, dass die Distinktheit oder die Auffälligkeit eines Stimulus die Ursachenzuschreibung beeinflusst (Kelley, 1973; Taylor & Fiske, 1978). Die Sichtbarkeit und Intensität der Ursachenzuschreibung wirkt sich auf die Bewertung der Person aus, welche die Entscheidung trifft, also darauf, wie diese den Erfolg von HR-Zielen in Bezug auf die Verfügbarkeit und Effizienz von Humanressourcen einschätzt (Hauff, Alewell, & Hansen, 2016). Diese Faktoren hatten jedoch keinen Einfluss auf die Mitarbeitereinstellung hinsichtlich ihrer Ziele.

Individuen nehmen mit höherer Wahrscheinlichkeit interne Attributionen für ihre Leistung vor, wenn die Konsistenz hoch, die Unterscheidbarkeit niedrig und auch der Konsens niedrig ist. Dagegen sagten hohe Konsistenz, hohe Unterscheidungskraft und auch hoher Konsens externe Attributionen voraus.

Attributionstheorien wurden im Bereich der Personalpolitik im Hinblick auf das Leistungsmanagement verwendet, um die zwischenmenschlichen Dynamiken und Zuschreibungen von Verhalten und Ereignissen in mehreren spezifischen Funktionsbereichen zu erklären.

Die Leistungsbewertung der Mitarbeitenden erfolgt nicht allein auf Basis der erbrachten Leistung selbst, sondern wird auch durch die Ursachenzuschreibung für die Leistung beeinflusst (Dugan, 1989). Wenn Führungskräfte die Leistung auf den Grad der Anstrengung der Person zurückführten, gaben sie drastischere Bewertungen – sowohl positive als auch negative – ab (Mitchell & Wood, 1980). Die Zuschreibungen durch die Führungskräfte, d. h. interne oder externe Gründe für die Leistung, beeinflussen, welche Maßnahmen ergriffen werden, um eine angemessene Förderung oder Sanktionierung zu gewährleisten. Nehmen Führungskräfte an, dass die Leistungserbringung im Einflussbereich der Mitarbeitenden liegt (vermutete Kontrollillusion), so werden diese stärker kritisiert als Mitarbeitende, bei denen angenommen wird, dass sie keinen Einfluss auf ihre Leistungserbringung haben. Wenn Führungskräfte internale Zuschreibungen für schlechte Leistungen vornahmen, so zielten strengere Abhilfemaßnahmen eher auf die Person als auf die Situation (Green & Liden, 1980; Mitchell & Kalb, 1982). Wenn sie jedoch externale Zuschreibungen vornahmen, so konzentrierten sich ihre Empfehlungen zur Leistungsverbesserung eher darauf, das Arbeitsumfeld zu ändern, als darauf, die Fähigkeiten oder Anstrengungen zu verbessern.

Die Reaktionen von Mitarbeitenden auf positives oder negatives Feedback hängen hauptsächlich davon ab, welche Ursache dem Feedback zugeschrieben wird und für wie glaubwürdig die Quelle des Feedbacks erachtet wird. Empfänger von Feedbacks sind zufriedener mit dem Inhalt, der Quelle und dem Prozess des Feedbacks, wenn die Rückmeldung auf internale Ursachenzuschreibungen zurückzuführen sind, d. h. selbst kontrolliert werden können (vgl. Kap. 5.3). Mitarbeitende reagieren stärker auf Leistungsfeedback, wenn sie die eigene Leistung internal attribuieren. Eine positive Rückmeldung erhöht in diesem Fall das Selbstwirksamkeitsgefühl und führt zu einer Überprüfung der Ziele, während eine negative Rückmeldung zu einer Verringerung des Selbstwirksamkeitsgefühls führen kann (Tolli & Schmidt, 2008). Es ist auch wichtig zu betonen, dass Zuschreibungen aus der Perspektive der Führungskraft zu Verzerrungen bei der Entscheidungsfindung führen können. Deshalb ist es notwendig, Führungskräfte über die Art und Weise zu informieren, wie Informationen selektiv wahrgenommen und durch Emotionen und Kontextfaktoren verzerrt verarbeitet werden können. So kann sichergestellt werden, dass Führungskräfte ein umfassendes Bild zur Entscheidungsfindung erhalten. Dadurch kann die Qualität personalbezogener Entscheidungen verbessert werden.

Untersuchungen zu den Auswirkungen von Attributionen auf die Beziehung zwischen dem Erfolg des Vorstellungsgesprächs und der Selbstwirksamkeit in der Vorstellungssituation ergaben, dass erfolgreiche Stelleninteressenten eine höhere Selbstwirksamkeit im Vorstellungsgespräch aufwiesen, wenn sie eher interne statt externe Faktoren für ihren Erfolg verantwortlich machten (Tay, Ang, & Van Dyne, 2006). Wurden die Ansichten über die persönlichen Attributionen für die Stellenqualifikation von überqualifizierten Bewerbenden untersucht, so zeigte sich, dass Bewerbende, die für ihre Überqualifikation interne Gründe wie zum Beispiel bessere Work-Life-Balance angaben, von Personalvermittlungen als besser geeignet für die Stelle angesehen wurden als Bewerbende, die externe Gründe (z. B. Personalabbau) angaben. Bewerbende, denen ein externaler Grund für den Ausfall eines Interviewtermins genannt wurde (Tomlinson & Carnes, 2015), fühlten sich stärker zum Unternehmen hingezogen als solche, denen ein internaler Grund angegeben wurde.

Es wäre für die Organisationsentwicklung wichtig, einen größeren Datensatz zu erstellen, wie sich HRSS auf das Arbeitsklima, die Konsensbildung, die Kreativität und agile Unternehmensstrategien auswirkt. Für strategische Unternehmensentscheidungen sind evidenzbasierte Angaben über die Arbeitsleistung von Mitarbeitenden und Führungskräften im Rahmen von Qualitätszirkeln, agilem Arbeiten, Work-Life-Balance-Initiativen, Mitarbeiter-Monitoring oder Assessment Centern unerlässlich (Klaas & Wheeler, 1990; Zhang, Tsui, & Wang, 2011). Hierzu werden mehr Daten über die Grundlagen und Konsequenzen des Entscheidungsverhaltens von Führungskräften benötigt (u. a. Heuristiken, Attributionen, Emotionen, Präferenzen, Werte). Oftmals fehlen auch verlässliche Angaben über die Dynamik zwischen Führungskräften und Mitarbeitenden bei der praktischen Umsetzung von Unternehmensstrategien.

Viele Faktoren, wie beispielsweise die Unternehmenskultur, die Art der Kommunikation, die Führungsqualität der Vorgesetzten und die Motivation und Einstellung der Mitarbeitenden, beeinflussen die Zusammenarbeit zwischen Führungskräften und Mitarbeitenden. Mitarbeitende sollten verstehen, was und wie ihre Leistungserbringung zur Erreichung der Unternehmensziele beiträgt. Für Führungskräfte ist es wichtig, dass sie einerseits die Denkmuster aller Beteiligten nachvollziehen können und andererseits die notwendigen Ressourcen als auch die Weiterbildungsangebote für Mitarbeitende sicherstellen. Dies trägt zur Effektivität und Effizienz der Arbeit bei.

10.8 Konsumentenforschung

Anfänglich wurde das Konsumentenverhalten hauptsächlich innerhalb der Ökonomie studiert, wobei stark auf rationale Entscheidungsfindung und eine konsistente Maximierung des Nutzens gesetzt wurde. Frühzeitig wurden die starken Postulate der Rationalität jedoch von Psychologen, Soziologen und Anthropologen in Frage gestellt, welche das Feld aus der Perspektive tatsächlichen menschlichen Verhaltens untersuchen und die Entscheidungsfindung als von Emotionen und von eingeschränkter Informationsverarbeitung beeinflusst betrachten. In der Verhaltensökonomie und Wirtschaftspsychologie geht man davon aus, dass wirtschaftliche Entscheidungen im Allgemeinen und insbesondere Entscheidungen Konsumierender selten dem normativen Modell der rationalen Wahl folgen. Entscheidungen werden von Gefühlen und Stimmungen, Motiven und Einstellungen, von der subjektiven Konstruktion von Bedeutung, Vorurteilen und Heuristiken in der Informationsverarbeitung, von sozialen Symbolen und dem sozialem Einfluss von Familie und anderen Gruppen beeinflusst (Traut-Mattausch, Frey, & Peus, 2008). Das Kundenverhalten erhält viel Aufmerksamkeit und ist eines der prominentesten Forschungsfelder für die Entwicklung und Anwendung von ökonomischen Entscheidungstheorien (Kirchler & Hölzl, 2006).

Entscheidungen bezüglich des Geldes haben oft erhebliche Auswirkungen auf die Wirtschaft, bei denen die Bedeutung der psychologischen Perspektive für das Verständnis ökonomischer Phänomene und finanzieller Entscheidungen wesentlich ist. Finanzielle Entscheidungen betreffen beispielsweise die Budgetierung des verfügbaren Geldes oder die Bezahlung ausstehender Rechnungen sowie spezifische Transaktionen wie Kreditnutzung und Investitionen in den Aktienmarkt. Es können vier Bereiche unterschieden werden (Ferber, 1973):
- Geldverwaltung
- Sparverhalten
- Kapital- und Anlagenmanagement
- Ausgaben

Obwohl bisher der Fokus meist auf individuelle Haushaltskaufentscheidungen und Ausgaben gerichtet war, hat sich die psychologische Forschung erst kürzlich auf andere Bereiche ausgeweitet (Foscht, Swoboda, & Schramm-Klein, 2011; Kroeber-Riel & Gröppel-Klein, 2019; Gröppel-Klein, 2020). Dazu zählen u. a. Alter, Familiensituation, Bildungsniveau, Bedürfnisfelder (z. B. Ernährung, Mobilität, Wohnen, Kleidung, Gesundheit, Freizeit, Mediennutzung) sowie Kontextfaktoren wie Gruppeneinfluss, Art des Angebots (z. B. Typ des Produkts oder der Dienstleistung; privat oder öffentlich) oder Markttypen (z. B. regulierte und freie Märkte; Verhandlungs-, Auktions- und Optionsmärkte; polypolistische und monopolistische Märkte) und Marktphasen (frühe oder späte). Hierbei zeichnet sich eine innovative Konsumentenforschung dadurch aus, dass sie sich an den Bedürfnissen der Kundschaft ausrichtet, sich problemorientiert auf die Politikgestaltung einstellt und darüber hinaus die Grundlagenforschung umfassend einbezieht. Forschung sollte jenseits der Ausrichtung an der Praxis und Orientierung darauf achten, stets eine solide theoretische Fundierung aufzuweisen. Die theoretischen Säulen integrieren Befunde der experimentellen Ökonomie (vgl. Kap. 2.6), der Institutionenökonomik (vgl. Kap. 2.4), der Informationsökonomie, der Verhaltensökonomie und der Sozialwissenschaften in einem interdisziplinären Ansatz. Die Informationsökonomie beschäftigt sich mit der Untersuchung und Bewertung der Wirkung von Informationen auf wirtschaftliche Entscheidungen und Transaktionen. Sie bezieht sich auf die Kosten, die mit der Beschaffung und Bereitstellung von Informationen (z. B. Marktdaten, Unternehmensberichte, Expertenmeinungen und soziale Medien) verbunden sind und evaluiert ihre Bedeutung für den wirtschaftlichen Erfolg von Unternehmen, Märkten und der Gesamtwirtschaft. Insbesondere befasst sich die Informationsökonomie mit Informationsasymmetrien in Organisationen (vgl. Kap. 9.4). Besondere Berücksichtigung findet die Tatsache, dass Personen in der Wirtschaft bei unvollständiger Information und Unsicherheit bezüglich der Gegenwart und der Zukunft entscheiden und handeln müssen. Die Digitalisierung hat die Informationsökonomie durch die neuen Möglichkeiten (u. a. Big Data, maschinelles Lernen und KI) zur Verarbeitung und

Analyse enormer Datenmengen stark begünstigt. Der Bedeutungszuwachs der Informationsökonomie

durch diese neuen Möglichkeiten ergibt sich, Dittrich (Feb 2017) folgend, jedoch nicht allein aus der enormen Ausweitung der Datenmengen und Verarbeitungskapazität, sondern insbesondere durch einen integrativen Blickwinkel (z. B. Investorenperspektive, Kunden, Technologie, Soziales Kapital, Sicherheit, Nachhaltigkeit) der heutzutage durch KI gestützten Abläufe als *business intelligence*. Der Anspruch der business intelligence ist es, neben der Datananalytik auch direkt strategiebezogene Lösungen oder werteorientierte Aktionen zu berücksichtigen (Dittrich, Jun 2017). Für diesen integrativen Ansatz stellen besonders der automatisierte Zugriff auf qualitative Daten (z. B. Management-/Mitarbeiterqualifikation, Wettbewerbssituation/Markstellung, Qualität der Organisation, Risikomanagement, Unternehmenskultur, Planung und Steuerung, Qualität der Kontoführung, Rechtsform, Kundenbindung, Unternehmensstrategie, Produktion, Kommunikationspolitik) eine große Herausforderung dar. Diese Form der vielschichtigen Situationsanalytik in der Informationsökonomie kann am Beispiel der Konsumentenforschung aufgezeigt werden.

Drei Aspekte der Konsumentenforschung, die Konsumierende in ihrer emotionalen und kognitiven Dimension bei ihren Interaktionen auf Märkten und Medienplattformen in den Mittelpunkt stellt, werden nachfolgend in Bezug auf das Kaufverhalten skizziert:

Zur **Entscheidungsfindung** gehören Ziele und Entscheidungsprozesse, die in der Konsumentenökonomie oft als Annahmen behandelt werden. Dabei unterscheiden sich die finanziellen Ziele und Pläne von Familien zu denen von Individuen. Manche Personen haben keine konkreten Finanzpläne, während andere klar definierte Ziele (z. B. finanzielle Sicherheit, Lebensstandard) verfolgen. Verschiedene Ziele führen zu unterschiedlichen wirtschaftlichen Verhaltensweisen. Jüngere Familien mit einem hohen Bildungsniveau tendieren häufiger dazu, sich Ziele hinsichtlich ihres Ausgabe- und Sparverhalten zu setzen, und teilen sich die finanzielle Verantwortung.

Die **Rolle der Informationen** nimmt einen hohen Stellenwert bei der Entscheidungsfindung ein, wobei die Suche nach Informationen von den Kosten und dem erwarteten Nutzen abhängt. Je höher der erwartete Gewinn eines Produkts ist, desto höher können die Kosten für die Informationssuche ausfallen. Der Grad des Risikos und der Unsicherheit beeinflusst zudem den Informationsbedarf der Konsumierenden erheblich (Cox, 1967; Kuss, [1987]2019). das Risiko wird umso höher wahrgenommen, je unsicherer die Information ist. Bei Vertrauensgütern kann die Produktqualität nicht oder nur schlecht eingeschätzt werden (z. B. Zahnarzt, Berater), daher wird nach Informationen gesucht, die über das direkte Produkt hinausgehen (z. B. Empfehlungen, Zertifikate, Ranglisten). Suchgüter, bei denen Preis- und Qualitätsinformationen vor dem Kauf eingeholt werden können (z. B. Autoprobefahrt, Weinverkostung, Lektüre von Testberichten), und Erfahrungsgüter, bei denen Informationen erst nach dem Kauf verfügbar sind (z. B. Restaurantbesuch, Städtereise), wirken sich unterschiedlich auf das Verhalten bei der Informationssuche aus. Überraschenderweise führen mehr Informationen nicht zwangsläufig zu einer höheren Zufriedenheit mit dem Kauf, was den Annahmen der traditionellen Nutzentheorie entgegensteht.

Referenzgruppen beeinflussen das Verbraucherverhalten erheblich durch Mund-zu-Mund-Propaganda. Referenzpunkte können hier neben einer Gruppe auch einzelne Influencer sein (Kontextfaktoren). Freunde sind die wichtigsten Beeinflusser, gefolgt von Verwandten und unbekannten Personen. In neuen Situationen streben Personen in vielfältiger Weise dazu, Meinungsführer oder Trendsetter zu identifizieren, insbesondere in jüngeren, gebildeten und einkommensstärkeren Gruppen. Deren direkter Einfluss auf das Marktverhalten der Nutzer scheint die vorausgegangene Anstrengung bei deren Identifikation zu kompensieren. Zukünftige Kosten der Informationssuche für eine Entscheidung können so vermieden werden. Zugleich verleitet das Vorbild die Nutzer zur schnelleren Entscheidungsfindung durch Nachahmung. Dadurch kann der Aufwand (Kosten) zur eigenen Entscheidungsfindung offenbar erheblich reduziert werden. Folglich erhöht sich der Nutzen, indem Entscheidungen und deren Umsetzung erheblich erleichtert und beschleunigt werden. Allerdings variiert der Einfluss der Meinungsführer hinsichtlich unterschiedlicher Bedürfnisfelder und Produktarten.

Diese drei Aspekte verdeutlichen die komplexe und facettenreiche Natur der Entscheidungsfindung, die Nuancen zwischen Vertrauens-, Such- und Erfahrungsgütern im Informationsverhalten und die einflussreiche Rolle von Bezugsgruppen bei der Gestaltung von Verbraucherentscheidungen.

Studien zu Kaufentscheidungen (Ferber, 1973; Silberer, 2013; Kroeber-Riel & Gröppel-Klein, 2019) beziehen sich auf Impulskäufe, Gewohnheitskäufe und tatsächliche Kaufentscheidungen, die entweder individuell oder gemeinsam mit anderen Haushaltsmitgliedern getroffen werden. Der Entscheidungstyp – spontan, gewohnheitsmäßig, autonom oder sozial – wird durch Merkmale der Produkte und deren symbolischer Bedeutung, durch die soziale Sichtbarkeit, die Höhe des Geldbetrags und die Verfügbarkeit kognitiver Modelle im Sinne der marketingbezogenen Anwendung der Prospect-Theorie beeinflusst. Ob andere Personen im Haushalt von den gekauften Gegenständen betroffen sind, spielt ebenfalls eine wichtige Rolle (Nitzsch, 1998; Foscht, Swoboda, & Schramm-Klein, 2015). In Bezug auf das Geldmanagement privater Haushalte untersuchten Antonides, De Groot und Van Raaij (2011) Daten aus einer großen Haushaltsumfrage, die sozioökonomische Variablen, wie Einkommen, Bildung und Familiensituation, sowie psychologische Variablen, wie Geldmanagement, Anlageentscheidungen und Rechnungszahlungen, beinhalteten. Besser als Wirtschaftsmodelle können Verhandlungsmodelle finanzielle Entscheidungen erklären. Neben dem Einkommen gelten auch Ressourcen wie Wissen, Erfahrung und die verfügbare Zeit als bedeutende Einflussfaktoren.

Das Konzept des Transaktionsnutzens von Thaler (1985) besagt, dass die Kundschaft nicht nur darauf achtet, was sie für ihr Geld bekommt, sondern auch darauf, ob der Kauf auch ein gutes Geschäft ist. In Untersuchungen zur Relevanz des Transaktionsnutzens für Konsumierende, die ein Produkt zu einem reduzierten Preis kaufen oder die Gelegenheit dazu verpassen, zeigte sich ein asymmetrischer Effekt, d. h. ein negativer Transaktionsnutzen wirkt sich stärker aus als ein positiver (Muehlbacher, Kirchle, & Kunz, 2011). Daraus ergibt sich, dass das Marketing auch die Auswirkungen berücksichtigen sollte, die sich für Konsumierende durch das Verpassen eines Werbeangebots ergeben könnten. Der **Verbraucherschutz** zielt darauf ab, Konsumierende vor unfairen oder irreführenden Geschäftspraktiken zu schützen. Zudem wird das Treffen fundierter Kaufentscheidungen gefördert, indem die Verhaltensökonomie Konsumierende über ihre Denkmuster und ihr Kaufverhalten aufklärt. Auch wenn sich der Verbraucherschutz bisher hauptsächlich auf Aspekte des Wettbewerbs (z. B. Preis) und die Marktstellung der Produzenten (z. B. Monopol) konzentriert hat, sollten jedoch auch weitere Faktoren (z. B. Emotionen, Einstellungen und Präferenzen der Kundschaft) sowohl aus institutionen- als auch aus verhaltensökonomischer Sicht berücksichtigt werden (Enste et al., 2016; Döring, 2023).

Emotionen beeinflussen das Konsumentenverhalten und die Verbraucherentscheidungen. Beispielsweise werden antizipierte Emotionen genutzt, um Entscheidungen danach auszurichten (Pollai et al., 2011). Es kommt jedoch auch vor, dass antizipierte Emotionen, wie der Aufschub der Kauffreude der Kundschaft (vgl. Kap. 5.11), ignoriert werden. Auch aus diesem Grund sollten das Marketing und die Verbraucherberatung die Rolle antizipierter Emotionen und emotionaler Intelligenz im Verbraucherverhalten berücksichtigen. Emotionale Intelligenz beschreibt die Fähigkeit, u. a. beim Kaufen eigene Gefühle und die der anderen wahrzunehmen, zu verstehen und zu beeinflussen. Darüber hinaus umfasst sie die Fähigkeit, Emotionen eindeutig zu kommunizieren und auf andere einfühlsam zu reagieren. In der Sensorik- und Verbraucherforschung zeichnet sich der Trend ab, die Wirkung von Emotionen und deren Zusammenhang mit der von der Kundschaft gezeigten Akzeptanz für unterschiedliche Produkte stärker in den Vordergrund zu stellen. Hinsichtlich der Lebensmittelauswahl beeinflussen emotionale Zustände erheblich das Verhalten, fördern Vorlieben und verstärken Erinnerungen bzw. die Gedächtnisbildung, insbesondere in Bezug auf Gerüche und Geschmacksrichtungen. Gerüche und Geschmack sind eng miteinander verbunden und können starke Emotionen auslösen (Prescott, 2017). Das limbische System wird direkt durch Gerüche und Geschmack beeinflusst. Bestimmte Düfte können Erinnerungen hervorrufen und Emotionen auslösen, da das Riechorgan und das Emotionszentrum unmittelbar miteinander verbunden sind. Die Emotionen der Kundschaft beeinflussen ihr Urteilsvermögen, ihre Evaluationen und ihre Entscheidungen beim Kauf von Produkten und Dienstleistungen. Von der bloßen Demonstration dieses Einflusses hat sich die Konsumentenforschung weiterentwickelt zu einer differenzierten Betrachtungsweise der spezifischen emotionalen Zustände beim Kauferlebnis und auch der Motivationsphasen, welche von Konsumierenden gezeigt werden, um ihre emotionalen Zustände zeitbezogen zu regulieren. Beispielsweise wird die Rolle von Belohnungen aus verschiedenen Perspektiven beleuchtet. Auch wie Konsumierende emotionsgeleitet unterschiedliche Konzepte von Nutzen und Glück anwenden, wird untersucht. Hierbei können Emotionen entweder hedonisch oder instrumentell geleitet sein d. h. zeitpunktspezifische Reaktion auf das Sinnenerlebnis oder rational auf den Nutzen bezogen sein.

10.9 Psychologie des Glücks

Das Thema Glück hat seit geraumer Zeit weltweit immer mehr an Bedeutung gewonnen. Mittlerweile gibt es mehrere Länder, die einen Gewinn der nationalen Wohlfahrt anstreben, welcher über die rein ökonomischen Aspekte hinausgeht. Zuerst wurde dieses Konzept in den 1970er Jahren im Königreich Bhutan vorgestellt und seit dem Jahre 1998 politisch umgesetzt (United Nations, 2011). Seit dem Jahr 2010 untersuchte die OECD (2011) das Konzept der Lebenszufriedenheit im Rahmen der *OECD Better Life Initiative* als einen von 15 Bewertungsfaktoren für den Entwicklungsstand ihrer Mitgliedsländer. Der Lebenszufriedenheitsindex ist ein Indikator, welcher von der OECD entwickelt wurde, um zu messen, wie Personen ihr Leben insgesamt einschätzen. Werte u. a. für den Gesundheitszustand, das Bildungsniveau und Einkommen, die persönliche Sicherheit und die Umwelt, die Selbstverwirklichung sowie für die sozialen Lebensumstände werden aggregiert, um einen Durchschnittswert für jedes Land zu erhalten. Im Jahr 2011 befassten sich die Vereinten Nationen auf einem Spitzentreffen (*high level meeting*) mit dem Indikator Bruttonationalglück (*gross natural happiness*) und empfahlen, dem Vorreiter Bhutan folgend, im Rahmen der UN-Resolution 65/309 Glück als ganzheitlichen Konzept nationaler Entwicklung weiter zu entwerfen (United Nations, 2011). Aufgrund starker interindividueller und interkultureller Variationen des Empfindens und der Vorstellung von Glück kann von einer einheitlichen Definition des Glücksbegriffs nicht ausgegangen werden. Jede Person hat ihre eigene Vorstellung von Glück, je nachdem, welche Merkmale oder Werte damit assoziiert werden. Dem Alltagsverständnis folgend, sind Personen dann glücklich, wenn sie gesund und zu Leistungen fähig sind, möglichst wenig Zwang erfahren und sich in einer Gruppe wohlfühlen. Bereits im Jahre 1921 hat Max Weber die Ansicht vertreten (Weber, [1921]1980), dass Personen erst durch die Teilhabe in einer Gemeinschaft (Familie, Stamm, Gemeinde) ihr Leben in vollem Umfang gestalten können. Dies betrifft etwa das Wohnen, die Partnerschaft, die Arbeit, die persönliche Entfaltung, Politik und Kultur. In diesem Sinne wird Glück als eine Eigenschaft des Soziallebens verstanden.

Bei der Beschreibung von Glück kann aus psychologischer Sicht zwischen drei Ebenen differenziert werden (Frey, 2017). Die kurzfristige Freude, die als positiver **Affekt** (vgl. Kap. 3.8) beschrieben wird, die allgemeine **Lebenszufriedenheit**, welche durch qualitative Befragungen erfasst werden kann, sowie die empfundene **Glückseligkeit** als eine positive Folge. Um Glückseligkeit in seiner Vielfalt messbar zu machen, unterscheidet man zwischen objektivem und subjektivem Glück (Frey & Stutzer, 2002). Durch Verwendung objektiver Messverfahren (z. B. EEG, MRT, Hormonspiegel) wurden psychophysiologische Korrelate des Glücksgefühls erfasst (Esch, 2011). Das subjektive Glückserlebnis oder Wohlbefinden lässt sich in emotionale und kognitive Aspekte aufteilen. Der emotionale Aspekt betrifft das momentane Empfinden im Sinne von erleben Glücksmomenten und dem Glücklichsein, was oft auch als Glück im engeren Sinn verstanden wird. Das dauerhafte Glücksempfinden im Sinne der allgemeinen Lebenszufriedenheit bezieht sich auf kognitive Aspekte, da hierfür subjektive Bewertungen über Wünsche oder Ziele und deren Erfüllung oder Erreichung im Verlauf des Lebens einfließen. Psychophysiologische Messverfahren ermöglichen qualitativ als auch quantitativ eine valide Bestimmung des Wohlbefindens sowohl auf körperlicher als auch auf psychischer Ebene.

Personen, die sich glücklich fühlen, haben im Tagesdurchschnitt deutlich mehr positive als negative Gefühle und empfinden eine hohe Zufriedenheit mit ihrem Leben (Fischer & Prizelius, 2021). Wenn es darum geht, das Glücksgefühl direkt zu erhöhen, werden oft folgende Glücksfaktoren angeführt:

- positive/liebevolle Beziehungen (Partnerschaft, Familie, Freunde, Kollegen, Nachbarn)
- körperliche und psychische Gesundheit
- Engagement und hohe Arbeitszufriedenheit bzw. Muße (intrinsische Motivation)
- persönliche Freiheiten
- innere Werteorientierung (im Hinblick auf Lebensziele/Prioritäten, Dankbarkeit, Optimismus, Vermeidung von sozialen Vergleichen und Grübeleien, Leben im Hier und Jetzt, Emotionsmanagement) und Lebensphilosophie (Spiritualität)
- Mittel zur Erfüllung grundlegender Bedürfnisse und finanzielle Sicherheit

In Deutschland wird seit 2012 in einem Glücksatlas das persönliche Glücksniveau jährlich erfasst (u. a. Raffelhüschen, 2021; 2022; 2023). Mithilfe von strukturierten Umfragen und Panels wird versucht, das Glück in all seinen Facetten zu erfassen und zu einem Gesamtbild zusammenzuführen. Dieser Paradigmenwechsel weg von einem Wirtschaftsmodell, welches auf quantitativen Kennzahlen wie beispielsweise dem Wirtschaftswachstum basiert, hin zu einem Modell, das die Lebensqualität von Personen und die kollektive Wohlfahrt in den Mittelpunkt stellt (Krieg & Raffelhüschen, 2017), wird durch die empirische Erfassung des Glücks und der Lebenszufriedenheit möglich gemacht.

Die Erforschung des Glücks auf empirischer Basis kann durchaus einen wertvollen Beitrag leisten, um Teilaspekte der menschlichen Lebenserfahrung zu untersuchen. Hierbei können wichtige Trends identifiziert und Entwicklungen beeinflusst werden, um ein besseres Verständnis des komplexen Zusammenspiels der Faktoren zu erlangen, welche für das menschliche Wohlbefinden verantwortlich sind. Einige Beispiele für die Faktoren und Anwendungsaspekte sind:

- Erforschung der Nachhaltigkeit durch Analyse der Zusammenhänge zwischen Nachhaltigkeit und Lebenszufriedenheit
- Untersuchung des sozialen Engagements und dessen Auswirkungen auf die Lebenszufriedenheit in verschiedenen Altersgruppen

- Betrachtung der sozialen Gerechtigkeit in Bezug auf die Einkommens-, Gehalts- oder Wohnsituation
- Analyse des Zusammenhangs zwischen politischer Einflussnahme und der Lebenszufriedenheit
- Erforschung des Einflusses von Umwelt- und Klimaschutz auf das individuelle oder allgemeine Wohlbefinden
- Ergänzung des BIP um das persönliche Glücksniveau im nationalen Glücksatlas

Aus den genannten Aspekten geht eindeutig hervor, dass das Thema Glück eine wichtige Rolle in Wirtschaft, Gesellschaft und Politik einnimmt. Dabei ist es jedoch aufgrund der unpräzisen Definierbarkeit von Glück notwendig, allgemein gültige Glücksmodelle durch den Fokus auf Einzelaspekte des subjektiven Wohlbefindens zu ersetzen, um konkrete und individualisierte Handlungsempfehlungen für zukünftige Glückserfahrungen abzuleiten.

Die **Funktion des Wohlbefindens** (*well-being-function*; Frey & Stutzer, 2002) kann herangezogen werden, um das subjektive Glücksempfinden zu quantifizieren:

$$W = H[U(Y, t)] + \varepsilon$$

Die Funktion U(...) beschreibt die Nutzenfunktion des Individuums, welche vom Einkommen Y und anderen nicht-monetären Faktoren abhängig ist, während die Funktion W den subjektiv empfundenen Glückszustand des Individuums auf einer Skala von 1 bis 10 darstellt. Die Funktion U(...) berücksichtigt auch die Zeit t, da im Zeitverlauf der Einflussgrad unterschiedlicher Faktoren auf das Glück variieren kann. Zusätzlich gibt es einen Korrekturfaktor ε, welcher potenzielle, möglicherweise unbekannte oder versteckte, Störeinflüsse auf die Lebenszufriedenheit des Individuums berücksichtigt. Der Buchstabe H in der Funktion bezieht sich auf die Glückserfahrung. Er stellt die Beziehung zwischen dem Nutzen (U) von Einkommen (Y) und der Zeit (t) her und gibt an, wie diese Faktoren das Glücksempfinden beeinflussen. Das H gibt an, wie wichtig bestimmte Faktoren für das individuelle Glücksempfinden sind. Je nach Perspektive und Forschungsansatz können unterschiedliche Funktionen oder Gewichtungen verwendet werden.

Obwohl die Verschiebung von Nutzen zu Glück es ermöglicht, von der Maximierung des Nutzens zur individuellen Zufriedenheit zu gelangen, bleibt die Frage offen, ob und wie sich ein so komplexes Konstrukt wie Glück messen lässt. Diese Frage begleitet die Ökonomie seit den Anfängen der neoklassischen Theorie und lässt sich nach wie vor nicht definitiv beantworten. Während in der Grenznutzentheorie eine kardinale Messbarkeit des Nutzens angenommen wird (vgl. Kap. 6.1), wählt der Vorreiter ökonomischer Glücksforschung, Bruno Frey, einen anderen Ansatz. Er fordert, dass zur Verwendung eines Glücksindikators in der Ökonomie zwischen gesellschaftlichen und subjektiven Glücksindikatoren unterschieden werden sollte (Frey & Kirchgässner, 2002). Als Maßstab gesellschaftlichen Wohlbefindens erfordert ein Glücksindikator die Einbeziehung von Merkmalen jenseits wirtschaftlicher Überlegungen. So werden zusätzlich zum Marktgeschehen auch nicht-marktwirtschaftliche Entwicklungen berücksichtigt. Damit verlieren monetäre Aspekte, wie beispielsweise das Preissystem, an Bedeutung. Folglich wird das Wohlbefinden der Bevölkerung und die Lebenszufriedenheit Einzelner als politisches Programm priorisiert. Entgegen dem Nutzenkalkül (Effizienz, Allokation, Substitution) steht die Qualität des erzielten Ergebnisses zur Verbesserung der gesellschaftlichen Entwicklung im Vordergrund.

Da Glück auf einem sehr subjektiven Empfinden beruht, geht die empirische Erfassung mit großen Herausforderungen einher. Frey (2017) schlägt folgende Methoden zur Messung subjektiven Glücks vor:

– In einem Fragebogen zur Lebenszufriedenheit geben Befragte ihren persönlichen Glückszustand auf einer Skala von 0 bis 10 an.
– Durch den U-Index wird die Zeitspanne des Tages ermittelt, in der sich eine Person unwohl fühlt.
– In einer Feldstudie werden Personen in ihrem natürlichen Umfeld spontan zum aktuellen Glückszustand befragt.
– Durch eine nachträgliche Rekonstruktion, bei der rückblickend verschiedene Phasen des Tages betrachtet werden, wird der Glückszustand im Tagesverlauf bewertet.
– In neurobiologischen Studien werden positive Affekte durch Bildgebungsverfahren (funktionelle Magnet-Resonanz-Tomographie (fMRT)) dargestellt.

Jede dieser Methoden ist mit Vor- und Nachteilen behaftet. Das Anliegen Glück quantitativ zu messen, wird bis heute kontrovers diskutiert, auch weil es trotz unterschiedlicher Ansätze keine ideale Messmethode zur Erfassung des subjektiven Glücks gibt.

Der erstmals im Jahr 2012 veröffentlichte UN-Weltglücksbericht (*world happiness report*) griff die damals aktuelle und auch international zunehmend an Bedeutung gewinnende Diskussion über die Grenzen des Wirtschaftswachstums und die Dringlichkeit ökologischer Nachhaltigkeit auf.

Zur Erfassung der Lebensqualität und des damit verbundenen Glücksempfindens werden im Weltglücksbericht zum internationalen Vergleich (vgl. Abb. 10.15) regelmäßig folgende Indikatoren herangezogen:

– Bruttoinlandsprodukt (BIP)
– Sozialsystem
– Lebenserwartung
– Freiheit, den eigenen Lebensweg zu bestimmen
– Großzügigkeit
– wahrgenommene Korruption

Als entscheidend für das Glücksempfinden wird darüber hinaus eine Kombination aus persönlichem Freiheitsempfinden, starker soziale Vernetzung, körperlicher und psychischer Gesundheit, Arbeitsplatzsicherheit und einer stabilen Familie angesehen. Dennoch kann es sich durch die Vielfalt der Einflussfaktoren auf das Glück und die Lebenszufriedenheit als anspruchsvoll erweisen, das Zusammenspiel aller Faktoren auf wenige Kennzahlen zu reduzieren.

1. Finland (7.821)
2. Denmark (7.636)
3. Iceland (7.557)
4. Switzerland (7.512)
5. Netherlands (7.415)
6. Luxembourg* (7.404)
7. Sweden (7.384)
8. Norway (7.365)
9. Israel (7.364)
10. New Zealand (7.200)
11. Austria (7.163)
12. Australia (7.162)
13. Ireland (7.041)
14. Germany (7.034)
15. Canada (7.025)
16. United States (6.977)
17. United Kingdom (6.943)
18. Czechia (6.920)
19. Belgium (6.805)
20. France (6.687)

Ranking of happiness 2019–2021

- Explained by: GDP per capita
- Explained by: social support
- Explained by: healthy life expectancy
- Explained by: freedom to make life choices
- Explained by: generosity
- Explained by: perceptions of corruption
- Dystopia (1.83) + residual
- ⊢ 95% confidence interval

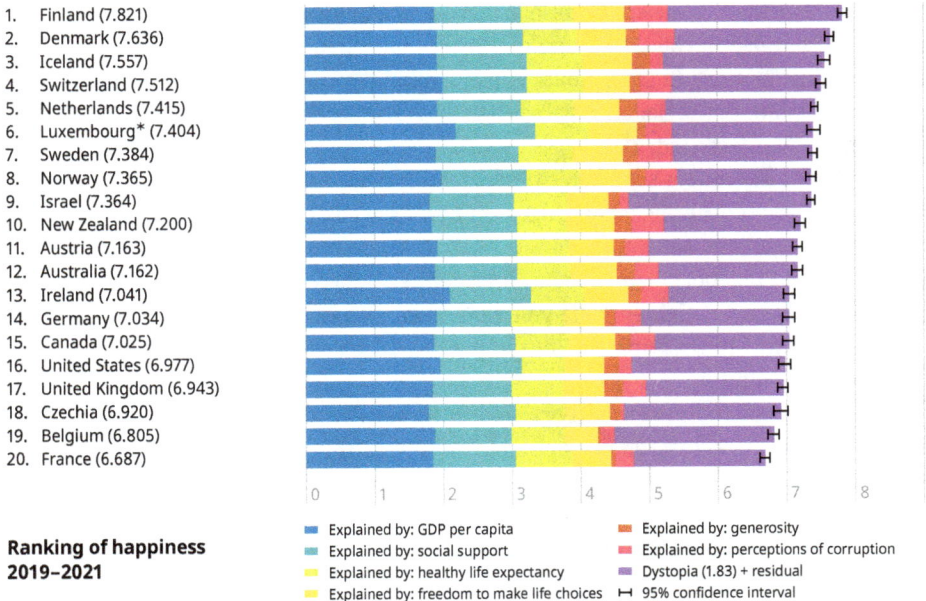

Abb. 10.15: Internationale Rangfolge des nationalen Glücksempfindens in den ersten 20 Ländern.

Im Zusammenhang mit der speziellen Bedeutung des Wirtschaftswachstums und der ökologischen Nachhaltigkeit wurde international das Ziel verfolgt, das Konzept des globalen Bruttoglücks neu zu definieren. Diese Neudefinition stützt sich auf drei Grundpfeiler:

- **Ökonomie**
  Alle wirtschaftlichen Aspekte des Lebens: Die Aufteilung der Welt in Arm und Reich hat direkte oder mittelbare existenzielle Auswirkungen auf das Leben der Menschen (Armut, Hunger, Kälte, Bildungsmangel, Kulturverlust).
- **Ökologie**
  Alle Aspekte des gesellschaftlichen Naturverhältnisses: Etwas ökologisch zu betrachten, bedeutet, etwas in all seinen Beziehungen zu seiner Umwelt in den Blick zu nehmen. In westlichen Industrienationen geht es vorrangig um Wasser- und Luftreinheit, aber auch um die Energiebilanz, während andere Staaten aufgrund des steigenden Meeresspiegels in ihrer Existenz bedroht sind oder an Trinkwassermangel leiden.
- **Sozialsystem**
  Alle politischen und gesellschaftlichen Aspekte des täglichen Lebens der Menschen: Die Einschränkung von Menschenrechten sowie politische Willkür haben unmittelbare Konsequenzen auf den Lebensalltag vieler Personen, z. B. durch Verfolgung oder Inhaftierung, physische oder psychische Gewalt, Hunger oder Tod.

Dennoch besteht in einer immer komplexer werdenden Welt das Risiko eines Informationsverlusts über die gesellschaftliche Entwicklung durch die Komprimierung von Größen wie dem BIP. Da das Glücksempfinden subjektiv ist, lässt es sich nur sehr bedingt messen und zwischen verschiedenen Personen und Kulturen vergleichen (Cabanas & Illouz, 2019; Mattauch, Siegmeier, & Funke, 2019). In dieser Hinsicht steht das Konzept des Glücks vor ähnlichen Herausforderungen wie das neoklassische Konzept des Nutzens.

Bei der Beurteilung des Glücks spielt die wirtschaftliche Einkommensverteilung eine untergeordnete Rolle. Obwohl die neoklassische Theorie von der Annahme ausgeht, dass das Einkommen einen unmittelbaren Einfluss auf den Nutzen und das Glück hat, konnte ein solcher Zusammenhang empirisch nicht eindeutig nachgewiesen werden (Easterlin, 1974; Häring & Storbeck, 2007; Kahneman & Deaton, 2010). Stattdessen zeigte sich, dass reales Einkommen und Glück nicht proportional miteinander steigen. Dieses Paradoxon wird auch als Easterlin-Paradoxon bezeichnet.

Das **Easterlin-Paradoxon** bezieht sich auf ein Phänomen, das auf den Wirtschaftswissenschaftler Richard Easterlin (1974) zurückgeführt wird. Es besagt, dass Personen in einer Gesellschaft mit steigendem Durchschnittseinkommen tendenziell glücklicher sind, jedoch nur bis zu einem bestimmten Punkt. Jenseits dieser Schwelle scheinen weitere Einkommenssteigerungen nicht mit mehr Glück oder Lebenszufriedenheit einherzugehen. Das zusätzlich verfügbare Einkommen wird stattdessen zur Befriedigung weiterer Bedürfnisse und Wünsche ausgegeben. Das Paradoxon verdeutlicht, dass Wirtschaftswachstum und steigendes Einkommen zwar bis zu einem gewissen Grad zu mehr Glück für den Einzelnen und die Gesellschaft beitragen kann, dieser marginale Effekt jedoch abnimmt. Sobald die Grundbedürfnisse befriedigt sind und ein gewisses Maß an Komfort erreicht ist, kann zusätzlicher Wohlstand das allgemeine Glück nicht mehr wesentlich steigern. Dies stellt die Annahme in Frage, dass mehr Wohlstand mit einem kontinuierlich steigenden Glücksniveau gleichzusetzen ist.

In einer umfassenden Studie über emotionale Erfahrungen der US-Bevölkerung analysierten Kahneman und Deaton (2010) über 450000 Antworten aus dem Gallup-Healthways-Well-Being-Index. Sie fanden heraus, dass das emotionale Wohlbefinden, insbesondere das Glück, mit dem Einkommen zusammenhängt, jedoch war dieser Zusammenhang nicht eindeutig. Ihre Studie ergab, dass die Beziehung zwischen Einkommen und Glück einen Punkt erreicht, an dem der Ertrag abnimmt. Jenseits einer Einkommensschwelle von etwa 90000 $ steigert ein höheres Einkommen das emotionale Wohlbefinden nicht mehr signifikant (vgl. auch Deaton, 2012). Dies stimmt mit dem Easterlin-Paradoxon überein, das besagt, dass die Korrelation zwischen Einkommen und Glück ab einem bestimmten Punkt nicht mehr gegeben ist.

Eine Studie von Killingsworth (2021) hat jedoch die Debatte neu entfacht, indem sie eine positive Korrelation zwischen Einkommen und Glück aufzeigte und damit das Easterlin-Paradoxon in Frage stellte. In einer Folgestudie konnten Killingsworth, Kahneman und Mellers (2023) die Widersprüche in den Ergebnissen zum Easterlin-Paradoxon auflösen. Ihre Analyse zeigte, dass die Auswirkungen des Einkommens auf das Glück je nach Einkommensniveau variieren. Bei Personen mit niedrigerem Einkommen hat eine Einkommenserhöhung einen größeren positiven Einfluss auf weniger glückliche Personen als auf glücklichere. Andererseits erfahren Personen mit höherem Einkommen ein größeres Glück durch Einkommenssteigerungen, wenn sie bereits sehr glücklich sind, was zu einer umgekehrten Beziehung zwischen Einkommen und Glück führt. Zusammenfassend lässt sich sagen, dass zwar Faktoren wie persönliche Einstellungen und Beziehungen das emotionale Wohlbefinden stark beeinflussen, monetäre Faktoren jedoch auch eine Rolle spielen, insbesondere bis zu einer Einkommensgrenze von ca. 500000 $. Auch wenn das Easterlin-Paradoxon für einen bestimmten Einkommensbereich Gültigkeit aufweist, konnten Killingsworth, Kahneman und Mellers (2023) differenzierter belegen, wie sich die Höhe und eine Veränderung des Einkommens unterschiedlich auf das emotionale Wohlbefinden auswirken.

Wenn die meiste Zeit bei der Arbeit verbracht wird, führt dies dazu, dass eine enge Verbindung zwischen Arbeitszufriedenheit und Zufriedenheit im Allgemeinen besteht. Aber auch die eigentliche Arbeit und das Beschäftigungsverhältnis spielen eine zentrale Rolle für die Lebensqualität (Frey, 2017). Die Erziehung und Ausbildung der Jugend ist überwiegend auf das Arbeitsleben ausgerichtet. Die klassische Lebensarbeitszeit findet vom dritten bis zum siebten Lebensjahrzehnt statt. Mit Arbeit sichern sich Personen ihre wirtschaftliche Existenz, bauen ihre soziale Position auf und definieren meist darüber ihren Selbstwert. Demnach ist es beinahe unvermeidlich, dass der Arbeitswelt und hier im Speziellen dem Verhältnis zwischen Arbeitgeber und Arbeitnehmer eine bedeutende Rolle für das persönliche Glücksempfinden zugeschrieben wird. So berichten Graham et al. (2006), dass Personen, die mit ihrem Beruf zufrieden sind, eine höhere Produktivität aufweisen. Das arbeitsplatzbezogene subjektive Wohlbefinden hat offensichtlich in den letzten Jahrzehnten abgenommen (Blanchflower & Oswald, 2004; Li & An, 2019; Marquez & Long, 2021), nicht zuletzt aufgrund einer gesteigerten Flexibilisierung der Arbeitswelt und den in kurzen Abständen geforderten Anpassungsansprüchen. Um dem entgegenzuwirken, wird es daher als wichtig erachtet, Rahmenbedingungen für das Bedürfnis nach Glück näher zu bestimmen. Personen, denen ausschließlich monetäre Aspekte wichtig sind, setzen wenig Augenmerk darauf, Beziehungen mit anderen Personen positiv zu gestalten, was wiederum zu einem geringeren Wohlbefinden führen kann (Yoo et al., 2021). Die Fokussierung auf finanzielle Werte führt zu negativen Konsequenzen in zwischenmenschlichen Beziehungen. Damit einher geht eine geringere Zufriedenheit in der Ehe, der Familie und in Freundschaften. Auch wenn Inglehart (2018) berichtet, dass Lebenszufriedenheit häufig mit finanzieller Zufriedenheit verbunden ist, hängt das Glücksempfinden hingegen von emotionalen Faktoren ab. Dadurch hat sich in den letzten Jahren ein stärkeres Augenmerk auf die Erforschung von Glück statt auf die der Lebenszufriedenheit gelegt.

Für Mitarbeitende, die vor allem extrinsisch motiviert sind, wird ihr Wohlbefinden entscheidend durch den kulturellen Kontext und die soziale Orientierung bestimmt. Als eine der sechs Kulturdimensionen (Machtdistanz, soziale Orientierung, Maskulinität/Femininität, Unsicherheitsvermeidung, kurz-/langfristige Orientierung,

Indulgenz/Zurückhaltung) nach Hofstede (1991) beschreibt die soziale Orientierung (Individualismus/Kollektivismus) die Art der Beziehungen und Interessen zwischen den Individuen und Gruppen einer Gesellschaft. Die Kulturdimensionen können die kulturellen Unterschiede zwischen einzelnen Ländern beschreiben. Kollektivistische Gesellschaften zeichnen sich durch enge soziale Bindungen zwischen den Mitgliedern der Gruppe aus, wobei Gruppeninteressen im Vordergrund stehen. In individualistischen Gesellschaften hingegen wird das Individuum in den Mittelpunkt gestellt, und soziale Beziehungen werden eher als nachrangig gesehen. In verschiedenen Kulturen gibt es sehr unterschiedliche Auffassungen, Präferenzen und Arbeitseinstellungen. In individualistischen Gesellschaften (z. B. den USA) definiert man das Selbst durch die eigenen persönlichen Eigenschaften, in ostasiatischen Ländern hingegen durch soziale Beziehungen (Yoo et al., 2021). Die Kultur eines Landes trägt zum Grad des empfundenen Glücks und des persönlichen Wohlbefindens bei. Das Glücksempfinden wird durch eine geringe Machtdistanz zwischen Personen, hohen Kollektivismus, geringe Unsicherheitsvermeidung und hohe Indulgenz einer Gesellschaft erhöht (Muresan, Ciumas, & Achim, 2019). Basierend auf Daten aus 34 Ländern berichten Henriques et al. (2021), dass Frauen im Vergleich zu Männern bei bezahlten Überstunden im Durchschnitt einen höheren Grad von allgemeiner Arbeitszufriedenheit aufweisen. Es ist dabei von enormer Wichtigkeit, qualitative Aspekte des menschlichen Lebens (u. a. Erziehung, aktueller Beruf, persönliche Lebenssituation, Sozialleben) simultan zu evaluieren, wenn es darum geht, wie Personen Entscheidungen unter Unsicherheit treffen. Darunter fallen primär Entscheidungen, die ein Abwägen unterschiedlicher Optionen und damit verbunden voraussichtlich Kompromissfähigkeit erfordern.

Eine der Bedingungen für Arbeitszufriedenheit ist der achtungsvolle Umgang mit anderen Personen. Die Art und Weise, wie Personen mit anderen oder mit Sachen umgehen, lässt andere Personen Rückschlüsse hinsichtlich der Wertschätzung ziehen. Diese prägen die Einstellung, welche sich im Verhalten, insbesondere der Kommunikation, bemerkbar macht. Wertschätzung kann somit als ein Erfolgsfaktor in betrieblicher und privater Kommunikation angesehen werden (Matyssek, 2011; Bartlakowski, 2016; Trost, 2022; Knobel, 2023). Mangelnde Anerkennung und Wertschätzung können sich negativ auf das Wohlbefinden und die Mitarbeitermotivation auswirken. Daher ist es unerlässlich, dass Führungskräfte im Bereich der sozialen Kompetenz, insbesondere der wertschätzenden Kommunikation, ihr Entwicklungspotenzial ausschöpfen.

Die Arbeitszufriedenheit hängt sicherlich auch stark vom subjektiv empfundenen Arbeitsumfeld und der vorhandenen Incentivierung ab. Bezogen auf die Zufriedenheit bewerten besonders jüngere Mitarbeitende die Bedingungen der Tätigkeit an sich in der Regel als zentral (immaterielle Anreize), wohingegen ältere Mitarbeitende Incentivierungen (materielle Anreize) als wichtiger erachten. Zum Verständnis der Komplexität sollten auch übergeordnete Zusammenhänge von Arbeitsstress und Motivation stärker berücksichtigt werden (Raab, 2020). Beispielsweise kann der Stressfaktor Zeitdruck in mehrere Dimensionen aufgeschlüsselt werden:

- Druck, Überstunden abzuleisten
- zahlreiche Unterbrechungen während der Arbeit
- unklare Arbeitsanweisungen
- Schwierigkeit, in der Freizeit den Arbeitsbezug auszublenden

Eine Differenzierung der Motivation betrifft die unterschiedlichen Stufen der Karriereambitionen, welche sich mit zunehmendem Alter stark verändern können. Es gilt, die verschiedenen Dimensionen des subjektiven Faktors Karriereambitionen zu unterscheiden:
- Höhe der Bezüge
- Aufstiegschancen
- Dominanzstreben
- sozialer Status
- Anerkennung
- finanzielle Sicherheit

Auch sollte man das politische System als einen Faktor berücksichtigen, der sich auf das Empfinden von Glück auswirkt. Beispielsweise wirkt sich Korruption auf die Beteiligten negativ aus (Li & An, 2019). Inglehart (2018) folgend, empfinden Personen in demokratischen Gesellschaften ein höheres Wohlbefinden als Personen, die in autoritären Gesellschaften leben. Hinzu kommt, dass die Bevölkerung reicher Nationen eine höhere subjektive Zufriedenheit erkennen lässt als die ärmerer Länder. Auch hat das Glück nicht überall eine identische Bedeutung, wobei Lebenszufriedenheit oft eng mit Glück verbunden wird. Eine höhere Lebenszufriedenheit führt demnach zu mehr Glück. Der Zusammenhang zwischen Glück, Lebenszufriedenheit und Wohlbefinden kann als sehr unbeständig und leicht veränderbar angesehen werden.

Folglich unterliegt Glück einer stetigen Veränderung und kann als labiler Zustand verstanden werden, der Kontinuität oder Stabilität vermissen lässt. Auch der Prozess der Entwicklung von totalitären hin zu demokratischen Gesellschaften verweist auf keinen unabdingbaren Zusammenhang, denn ebenso wie Glück muss auch Freiheit immer wieder aufs Neue gesucht und geschaffen werden. Als gegebener und natürlicher Zustand kann weder Glück noch Freiheit erachtet werden. Beispielsweise kann die Arbeitszufriedenheit in den Fokus politischer Überlegungen gestellt werden, um dadurch die Produktivität zu steigern (Inglehart, 2018; Henriques et al., 2021). Auch wenn ökonomische Entwicklungen einen Einfluss auf das Wohlbefinden haben, sind diese Entwicklungen nicht ausreichend, um aufgrund der Vielzahl von Einflussfaktoren das persönliche Wohlbefinden bestimmen zu können. Vielmehr sollte interdisziplinär und ganzheitlich die gesellschaftliche Gesamtentwicklung betrachtet werden, insbesondere das, was einzelne Wissenschaften zum Verständnis mentaler Vorgänge und Zustände beitragen können.

10.10 Rolle der Neurobiologie

Die zentrale Aufgabe der kognitiven und systemischen Neurobiologie besteht darin, die Organisation des Gehirns und die Funktion und Bedeutung von neuronalen Aktivitätszuständen, mit anderen Worten die Arbeitsweise des Gehirns, zu untersuchen, die sich ausschließlich aus dem jeweiligen Aktivitätskontext ergeben. Diesen Kontext kann man beispielsweise rekonstruieren, indem man die Aktivitätsmuster einzelner Nervenzellen mittels Mikroelektroden oder ganzer Hirnareale mittels fMRT nach der Präsentation spezifischer Reize bei Tieren und Menschen untersucht oder die Auswirkungen von Verletzungen, Krankheiten oder chirurgischen Eingriffen auf kognitive Leistungen oder Verhaltensweisen studiert (vgl. Martin, 2006). Das Gehirn verkörpert ein hoch vernetztes, distributiv organisiertes System. Es verfügt über etwa 100–150 Milliarden Nervenzellen, wobei jede einzelne Zelle mit etwa 10–30 Tausend anderen Zellen direkte Kontaktpunkte, die sogenannten Synapsen, besitzt (vgl. Wickens, 2005; Martin, 2006; Pinel & Barnes, 2014). Der **Reduktionismus** in den Neurowissenschaften vertritt die Ansicht, dass mentale Prozesse auf neurobiologische Abläufe reduziert werden können (vgl. Kap. 10.12). Im System lässt sich jedoch keine zentrale Entscheidungsinstanz bestimmen, die für eine Letztentscheidung zuständig wäre. Demgegenüber finden äußerst komplexe Prozesse der Selbstorganisation und unbewussten Informationsverarbeitung statt, die zu stimmigen Wahrnehmungen und aufeinander abgestimmten Aktivitäten führt. Das Gehirn als hochentwickeltes und komplex organisiertes System steuert und kontrolliert dezentral alle unbewussten und bewussten psychischen Vorgänge.

Wenn Forschende in den Neurowissenschaften über Verhalten und Hirnprozesse sprechen (vgl. Roth, 2001; Wickens, 2005; Martin, 2006; Roth, 2017), reduzieren sie diese in der Regel nicht nur auf die neurophysiologischen und -chemischen Vorgänge, sondern beziehen auch die funktionale Verbindung dieser Abläufe mit bestimmten Verhaltensreaktionen oder inneren Erlebnissen der Personen mit ein. Das führt dazu, dass bei einer ganzheitlichen Betrachtung diese Bedeutungsebene ebenfalls berücksichtigt wird. Beispielsweise ist die Amygdala für die Verarbeitung furchterregender Reize zuständig und der Hippocampus für das Organisieren des deklarativen Gedächtnisses.

Eine Diskussion um den Reduktionismus könnte zweifellos anders aussehen, wenn man begrifflich unter Hirnprozessen nicht nur die direkt messbaren neurobiologischen Abläufe verstünde, sondern auch berücksichtigen würde, dass Hirnprozesse auf verschiedenen Ebenen der Verarbeitung in komplexer Wechselwirkung zueinander stehen. Aufgrund des Netzwerkcharakters und der außergewöhnlich vielfältigen Interaktionsmöglichkeiten der Hirnprozesse lassen sich autonome Organisationsbeschaffenheiten ableiten. Dadurch ergeben sich eigenständig psychologische Zustände, die parallel zum physiologischen Zustand von Bedeutung sind. Psychologische Vorgänge basieren zwar auf Hirnprozessen, können jedoch nicht allein auf der Ebene physiologischer Vorgänge erklärt werden. Beispielsweise kann der Schlafzyklus mit seinen ca. vier Tiefschlaf- und Traumphasen durch die Analyse physiologischer Messungen klar differenziert werden. Die Betrachtung physiologischer Zustände ist jedoch unzureichend, um beispielsweise Trauminhalte auf psychologischer Ebene zu erklären.

Aus einer neurobiologischen Perspektive kann das Gehirn auf unterschiedliche Weise aufgeteilt werden (vgl. Abb. 10.12). Aus entwicklungsgeschichtlicher Perspektive können drei separate Bereiche, vereinfacht dargestellt, unterschieden werden, die drei elementare Aspekte des Denkens, Fühlens und Handelns betonen. Diese Bereiche interagieren zwar miteinander, verfügen jedoch über eigene Funktionsbereiche, Ausdrucksweisen, Bedürfnisse und Kognition. Verhaltensprozesse können auf all diesen Ebenen stattfinden. Diese Dreiteilung (dreieiniges Gehirn; *triune brain*) wurde auf Basis der stammesgeschichtlichen Entwicklung des Gehirns von MacLean (1973) formuliert und vielfach aufgegriffen (u. a. Roth, 2001; Cory, 2002). Die unterste Ebene, auch Reptilien-Komplex (***primal brain***) genannt, umfasst Reaktionen, die auf die Bedürfnisbefriedigung und Lebenserhaltung abzielen (u. a. vegetative, affektive und emotionale Zustände). Diese Zustände werden durch genetische Faktoren, Entwicklung, frühkindliche Erfahrungen und emotionales Konditionieren bestimmt und können als unbewusster Kern der Persönlichkeit angesehen werden.

Die mittlere Ebene, auch emotionales Gehirn (***limbic system***) genannt, umfasst neben egozentrischen Gefühlen, Vorlieben und Überzeugungen auch die persönlichen Handlungsantriebe. Die Entwicklung dieser bewusstseinsfähigen Ebene erfolgt aufgrund individueller emotional-kognitiver Erfahrungen in der Kindheit und Jugend und bestimmt zusammen mit der untersten Ebene die Persönlichkeit. Die oberste Ebene, auch rationales Gehirn (***neocortex***) genannt, bezieht sich auf das soziale Zusammenleben, für welches Sprache und Kommunikation eine wichtige Rolle einnehmen. Sie ermöglichen es, Gedanken und Gefühle auszudrücken, Vorstellungen und Pläne auszutauschen und Beziehungen aufzubauen. Das soziale Zusammenleben entwickelt sich in der Jugend und im Erwachsenenalter. Es umfasst den Erwerb von Verhaltensweisen sowie von Regeln und Normen, um die Anerkennung und Zuneigung der sozialen Umgebung zu gewinnen. In der Regel interagieren die drei Ebenen bei Handlungen, aber sie beeinflussen sich ungleichmäßig. Die Antriebe der untersten Ebene formen elementare Verhaltensmuster. Die mittlere Ebene steuert die bewussten individuellen Präferenzen, Vorlieben und Abneigungen im Verhalten sowie auch die individuelle Zuschreibung von Verhaltensweisen (Beginn des Bewusstseins). Die oberste Ebene ist für die verbale Rechtfertigung gezeigten Verhaltens zuständig. Die Antriebe auf der obersten Ebene werden nur dann als wirksam angesehen (Evers, 2010), wenn sie mit den Antrieben auf der mittleren Ebene übereinstimmen und diese wiederum mit den Antrieben auf der untersten Ebene in Einklang sind.

Beim Streben nach sozialer Akzeptanz und Gruppenzugehörigkeit können Konflikte auftreten, nicht zuletzt intraindividuell durch Dissonanzen auf den verschiedenen Ebenen (vgl. Kap. 5.4). Konflikte sind auch interindividuell oft unvermeidlich und können aufgrund unterschiedlicher Bedürfnisse, Interessen, Ziel- und Wertvorstellungen, Meinungen und Überzeugungen einzelner Personen innerhalb der Gruppe auftreten. Auch wenn Konflikte oft vermieden werden und mit einem unangenehmen Spannungszustand verbunden sein können, bieten sie die Möglichkeit, einzelne Gruppenmitglieder besser zu verstehen, Problemlösungsfähigkeiten zu entwickeln und damit zur konstruktiven Konfliktbewältigung beizutragen (Stark, 2009; Großmann et al., 2021). Ein positiver und offener Umgang mit Konflikten setzt Vertrauen und Respekt auf Seiten aller Beteiligten voraus. Ein gutes Konfliktmanagement wirkt sich dabei positiv auf das Problemverständnis, die Lösungsfindung, das Selbstbild sowie das Zusammengehörigkeitsgefühl aus und fördert die Klarheit der Kommunikation (Röhrig & Scheinecker, 2019). Dabei lernen Personen, wie sie ihre Handlungen sich selbst und anderen gegenüber begründen und rechtfertigen. Nutzen Personen ihre Willensfreiheit dazu, unabhängig zu denken und selbstständig Entscheidungen zu treffen, so sind sie besser dazu in der Lage, Konflikte zu lösen.

Die wohl bekanntesten neurowissenschaftlichen Experimente zur Willensfreiheit wurden in den 1980er Jahren in der Forschungsgruppe von Libet durchgeführt (Libet et al., 1983; Libet, 1985). Dabei entdeckten die Forschenden, dass etwa 500–1000 Millisekunden vor der Ausführung einer spontanen Fingerbewegung im EEG eine charakteristische elektrische Potentialwelle erscheint, welche die Ausführung der Willkürbewegung im Gehirn vorbereitet – eine Form des sogenannten Bereitschaftspotenzials. Als Hirnaktivität wurde das Bereitschaftspotenzial bereits in den 1960er Jahren von dem Neurobiologen Hans Helmut Kornhuber entdeckt. Die Forschenden fragten sich daraufhin, wie die Entstehung des Bereitschaftspotenzials und der bewusste Entschluss zur Bewegung zeitlich zusammenhängen. Um das zu untersuchen, wurden neun Testpersonen gebeten, mit einem Finger einen Knopf mehrmals hintereinander (insgesamt 40x) zu drücken. Sie konnten den Zeitpunkt des Knopfdrückens jeweils frei wählen und sollten durch Selbstbeobachtung an einer Uhr anzeigen, wann sie die Entscheidung fassten, den Knopf zu drücken. Die Einleitung des zerebralen Vorbereitungsprozesses für eine bevorstehende Handlung begann etwa 550 Millisekunden vor der eigentlichen Muskelbewegung. Interessanterweise wurde den Personen aber nur etwa 200 Millisekunden vor der eigentlichen motorischen Handlung bewusst, dass sie diese Handlung ausführen wollten. Bemerkenswert ist, dass die neuronale Vorbereitungssequenz für diese Handlung etwa 400 Millisekunden vor dem bewussten Entschluss zur Ausführung der Handlung begann. Diese zeitliche Anordnung impliziert eine neurophysiologische Anbahnung von Handlungen, die der bewussten Absicht vorausgeht. Offensichtlich wird im Gehirn eine Handlung vorbereitet, bevor sich Individuen darüber bewusst sind, dass sie die Handlung ausführen wollen.

Libet (1985) gelangte zu dem Schluss, dass das Gehirn bereits eine spontane Fingerbewegung einleitet, bevor es ein Bewusstsein für diese Entscheidung im Sinne der freien Willensentscheidung gibt. Interessanterweise war er jedoch der Meinung, dass die bewusste Willenskraft die Ausführung dieser Entscheidung zur Spontanbewegung noch verhindern kann. Letzteres bezeichnete er als Veto-Funktion.

In Anlehnung an die Libet-Studien haben Haggard und Eimer (1999) ähnliche Untersuchungen zur Neurobiologie der Willensfreiheit durchgeführt. Versuchspersonen mussten sich auf ein bestimmtes Zeichen hin sich für die Bewegung entweder des rechten oder linken Fingers frei entscheiden. Ihre Untersuchung zum Bereitschaftspotenzial, das der Ausführung einer Wahlentscheidung vorhergeht, wird, trotz signifikanter Abweichungen in der zeitlichen Abfolge bei ihren Befunden, oftmals als Bestätigung der Libet-Studien angesehen.

Bei genauerer Betrachtung der Ergebnisse ergeben sich jedoch Zweifel an der Gleichsetzung der Ergebnisse beider Studien. Ein erster Zweifel bezieht sich darauf, ob tatsächlich die gleiche Willensentscheidung in beiden Studien gemessen wurde. Bei Libet war es der Drang zu einer Handlung, wohingegen es bei Haggard und Eimer die Wahl zwischen zwei Handlungen war. Der genaue Zeitpunkt der Wahlentscheidung konnte im letzteren Fall kaum kontrolliert werden. Der zeitliche Bezug zum Bereitschaftspotenzial blieb dabei unbestimmt. So konnte jedoch das Bereitschaftspotenzial bereits vor dem auslösenden Signal und dem damit erst dann verbundenen Entscheidungsprozess gemessen werden. Zweifel ergeben sich auch durch die Unsicherheit bezüglich der kausalen Abfolge der Entscheidungsprozesse. Die Unsicherheit resultiert aus der erheblichen individuellen Streuung des Bereitschaftspotenzials. Beispielsweise lag der Zeitpunkt der Bereitschaftspotenziale zwischen vier und 984 ms vor der Handlungsausführung und bei circa 25 % der getesteten Personen sogar erst nach der Ausführung der Handlung. Sowohl bei Libet als auch bei Haggard und Eimer bleiben die den neurobiologischen Messungen zugrundeliegenden kognitiven Prozesse in ihrer kausalen Abfolge im Entscheidungsprozess unbestimmt. Im Entscheidungsprozess entstehen eng miteinander vernetzte Aktivitätsmuster, wobei letztlich das Aktivitätsmuster dominiert, welches am besten verschiedenen Präferenzen entspricht. Dieser distributiv arrangierte Wettbewerb der Aktivitätsmuster benötigt keine übergeordnete Kontrollinstanz und organisiert sich selbst. Welches Aktivitätsmuster sich schließlich durchsetzt, wird durch die domänenspezifisch aktivierten Verbindungen und den jeweils aktuell vorherrschenden Gesamtzustand der Hirnaktivität bestimmt. Weitere Zweifel entstehen durch die Annahme, dass zusätzlich zum untersuchten Bereitschaftspotenzial weitere neuronale Prozesse maßgeblich zur Auslösung willkürlicher Entscheidungen beitragen (u. a. Rosenthal, 2002; Schlegel et al., 2015). Insbesondere sind hier die domänspezifischen Verschaltungszentren des limbischen Systems (Kontrolle der Emotionen) und der Basalganglien (Kontrolle der Bewegungsabläufe) anzuführen. Die neuronalen Vorgänge zu Entscheidungen und willkürlichen Handlungen in diesen Gehirnzentren sind dem menschlichen Bewusstsein nicht zugänglich (Henderson & Dittrich, 1998). Weiterhin sind Zweifel an der Übertragbarkeit von Vorgängen, bei denen kleinste Fingerbewegungen ausgelöst werden, auf ein so umfassendes Konstrukt wie das der allgemeinen Willensfreiheit angebracht (Helmrich, 2004). Damit kann aus neurobiologischer Sicht die Willensfreiheit durch die Ergebnisse der Libet-Experimente und der darauf aufbauenden Studien nicht eindeutig ausgeschlossen werden.

Moderne experimentelle Methoden ermöglichen es, neurobiologische Prozesse nachzuvollziehen und in bestimmten Umweltsituationen zumindest aufzuzeigen, dass nicht nur genetische Prädispositionen und frühe Lebenserfahrungen, sondern auch alle aktuellen sozialen Erfahrungen und Umweltbedingungen zu physiologischen und strukturellen Veränderungen im Gehirn führen können. Dies wird von Bandura (1986) als **reziproker Determinismus** bezeichnet. Strukturelle Veränderungen neuronaler Netzwerke aufgrund sowohl organischer als auch umgebungsbezogener Faktoren stellen einen wichtigen Untersuchungsgegenstand empirischer Forschung dar. Bei bewussten Entscheidungen sind zusätzlich zu den unbewussten Faktoren (z. B. genetische Veranlagung, frühkindliche Prägung) auch bewusst erlernte Informationen (z. B. Kulturkompetenz, Gesetze, Moralprinzipien) in Präferenzabwägungen von essenzieller Bedeutung. Allerdings kann keineswegs davon ausgegangen werden, dass die bewussten Anteile im Entscheidungsprozess immer auch entscheidungsrelevant sein müssen. Welche Merkmale Personen beim bewussten Abwägen überhaupt zur Verfügung stehen, hängt nicht allein von den Denkvorgängen ab, sondern von dem unbewusst arbeitenden Arbeitsgedächtnis und den semantischen Netzwerken, welche die Bedeutungsinformationen abbilden. Neben Funktionen des Gehirns und dessen kontinuierlichen, strukturellen Veränderungen rückt die Frage nach der Entstehung von Bedeutung im Gehirn vermehrt in das Zentrum multidisziplinärer Forschungen. Die Entstehung von Bedeutung geht weit über die direkte Beziehung zu einem Objekt, einer Sache oder einem Ereignis in der Außenwelt hinaus und entsteht aus der aktiven Interaktion zwischen dem Körper, dem Objekt und der Umgebung. Erst das genauere Wissen darüber, wie das Gehirn eine Konstruktion der Außenwelt vornimmt, ermöglicht ein ganzheitliches Verständnis der Bedeutungszuschreibung und Sinnentwicklung. Bedeutung und Sinn bilden sich erst auf der Basis der dem Gehirn zur Verfügung stehenden kognitiven Kapazitäten und Leistungen (z. B. Begriffe, Bedeutungskategorien, semantische Konzepte, Wiedererkennung). Betrachtet man beispielsweise das semantische Konzept **Freiheit**, dann wird schnell deutlich, dass Freiheit zu den wichtigsten und umstrittensten Konzepten menschlicher Vorstellung zählt (Geyer, 2004). In diesem Zusammenhang verweist Lakoff (2006) auf zahlreiche unterschiedliche Definitionen des Freiheitsbegriffs. Auch wenn es einen allgemein akzeptierten, konzeptuellen Kerngedanken des Begriffs Freiheit gibt, nämlich die Differenzierung in positive und negative Freiheit, so unterscheiden sich die semantischen Konzepte hinsichtlich der Definition des Freiheitsbegriffs in Philosophie, Rechtswissenschaften, Linguistik, Psychologie und Medizin erheblich.

Auch in den Sozialwissenschaften setzt man sich mit der Frage determinierten Handelns auseinander. Innerhalb der einzelnen Wissenschaften gibt es kontrovers diskutierte Annahmen darüber, ob Verhalten vorbestimmt ist (und wenn ja, wie). Diese Kontroverse wird im nächsten Kapitel aufgegriffen und die Frage des Determinismus wird unter Zuhilfenahme psychologischer Erkenntnisse diskutiert.

10.11 Frage des Determinismus

Der Determinismus stellt ein Problem dar, das jeden Einzelnen in der einen oder anderen Form beschäftigt und zu zahlreichen Meinungen Anlass gibt. Individuelle Meinungen über das eigene Verhalten oder das der anderen führt zu Verhaltensweisen, deren Auswirkungen gravierend sein können. Gute Antworten sind jedoch nur in einigen wenigen fundierten Konzepten zu finden. Es geht um die Frage, weshalb der Leser gerade dieses Buch und genau diesen Satz jetzt liest oder sich entscheidet, einen Kaffee zu trinken, mit jemandem zusammenzuziehen oder sich von seiner Partnerin zu trennen. Letztlich geht es um Fragen von Ursache und Wirkung, insbesondere darum, welche Ereignisse welche Handlungen auslösen.

Zu diesen Fragen gibt es zahlreiche sogenannte Theorien (z. B. Theorie der unsichtbaren Hand – Adam Smith, Effizienzmarkttheorie – Eugene Fama, Theorie des Neurodeterminismus – Wolf Singer), die entweder ins Nichts führen oder lediglich mehr oder weniger adäquate Teilantworten bereitstellen. Viele davon lassen sich außerhalb des akademischen Bereichs finden (z. B. in der Esoterik, Astrologie, Spiritualität, Parapsychologie), doch die meisten ernstzunehmenden Konzepte sind von Philosophen und/oder im universitären Umfeld entwickelt worden. Philosophische Fragen sind jedoch in den Naturwissenschaften, insbesondere was das moderne Thema Bewusstsein und freier Wille betrifft, häufig derartig trivialisiert (vgl. Kap. 7.3) und oberflächlich behandelt worden, dass die Antworten kaum Beachtung verdienen. Ein informativer Überblick zu den Folgen der Libet-Experimente und zu unterschiedlichen Deutungsmöglichkeiten des Zusammenhangs zwischen Hirnaktivitäten und Willensfreiheit findet sich hingegen in Geyer (2004).

Positionen zum Determinismus werden auch durch behavioristische Theorien des Lernens und Verhaltens begünstigt. Diese Theorien sehen das Verhalten und dessen Veränderung als eine mechanistische Folge verschiedener Faktoren, wie beispielsweise bei dem Reiz-Reaktions-Modell des Verhaltens sowie den Bekräftigungsplänen und Kontiguitäten (Ferster & Skinner, 1957).

Handlungsfreiheit beschreibt die Fähigkeit, Entscheidungen zu treffen und zu handeln, ohne vollständig an deterministische Faktoren gebunden zu sein. Freiheit im Handeln lässt die Möglichkeit der Unbestimmtheit zu, d. h. Handlungen sind nicht vollständig durch neurobiologische Ursachen bestimmt und können im Willen des Handelnden auf psychologischer Ebene gründen. Es werden mehrere mögliche Konsequenzen von Entscheidungen berücksichtigt. Damit geht eine moralische Verantwortung für Handlungen einher, da Individuen die Fähigkeit zugeschrieben wird, unabhängig zu handeln und Entscheidungen zu treffen. Diese Fähigkeit bildet häufig die Grundlage für ethische und moralische Entscheidungsrahmen, die Autonomie und Verantwortlichkeit betonen.

Determiniertheit geht mit einer Vorhersehbarkeit von Ereignissen einher, die auf der Basis vorangegangener Bedingungen oder Ursachen eintreten. Ereignisse und Handlungen treten aufgrund einer Kette vorhergehender Ursachen auf und stehen damit in einer Ursache-Wirkungs-Beziehung. Auch das Fehlen von Zufälligkeit oder Zufall in der Abfolge von Ereignissen ist charakteristisch, und Ereignisse oder Handlungen werden durch feste physikalische Gesetzmäßigkeiten oder vorgegebene Faktoren geregelt, wodurch Ungewissheit verringert wird. Im Determinismus wird davon ausgegangen, dass die Ergebnisse durch vorhergehende Bedingungen festgelegt sind.

Im Rahmen der Evolutionspsychologie sorgt man sich im Sinne der Freiheit des Einzelnen um die mit dem Determinismus einhergehenden Auswirkungen auf das Sozialleben. In diesem Zusammenhang hinterfragt Rose (1999), ob in der Evolutionspsychologie nicht zwangsläufig die Auffassung eines genetischen Determinismus vertreten wird. In einem Übersichtsartikel zu kontroversen Fragen und Perspektiven der Evolutionspsychologie erläutern Confer et al. (2010) den theoretischen Hintergrund und den Forschungsrahmen der Evolutionspsychologie. Hierbei kann auf den interaktionistischen Ansatz verwiesen werden, bei dem Umgebungsfaktoren die Aktivierung der Gene maßgeblich beeinflussen können. Aus diesem Grund bestreiten Confer et al. (2010) vehement, dass der genetische Determinismus als vorherrschender Ansatz in der Evolutionspsychologie angesehen werden kann. Eine außergewöhnliche Antwort auf die von Rose gestellte Frage stellt das Buch „Das unbeschriebene Blatt: Die moderne Leugnung der menschlichen Natur" (Pinker, 2017) dar, welches den Vorwurf des genetischen Determinismus weder bekräftigt noch zurückweist. Pinker (2017) propagiert eine genetisch und neuronal fixierte Natur des Menschen und betont gleichzeitig den Wert des interaktionistischen Ansatzes.

Sowohl in der Philosophie als auch in der Wissenschaftstheorie gibt es eine Diskussion darüber, inwieweit die Neurobiologie den freien Willen prägt und sogar die Existenz des freien Willens selbst in Frage stellt (Roth, 2004; Singer, 2004). In den Wirtschaftswissenschaften ist man gut beraten, diesen Diskurs zu verfolgen, ohne sich unbedingt daran zu beteiligen. Die Frage des **Neurodeterminismus** bleibt derzeit auch empirisch nicht umfänglich beantwortet. Nichtsdestotrotz könnte ihre endgültige Lösung bedeutende – zweifellos weitreichende – Auswirkungen auf akademische, gesellschaftliche und wirtschaftspolitische Debatten haben. Die Identifikation oder Ineinssetzung des Individuums mit seinem Gehirn unterliegt einem Irrtum. Individuen sind mehr als biologische Systeme. Sie sind emotionale und soziale Lebewesen mit Beziehungen, Verantwortung und der Fähigkeit zur Selbstkontrolle. Die Auswirkungen der Debatte zeigen sich darin, dass zahlreiche Personen glauben, individuelle Probleme durch Psychopharmaka lösen zu können. Diese Vorstellung, dass eine Stoffwechselstörung im Gehirn einfach abgestellt werden kann, ist zwar verführerisch, jedoch hochgradig fragwürdig.

In den Sozialwissenschaften wird die Annahme vertreten, dass Individuen die Freiheit haben, sich für eine bestimmte Handlung zu entscheiden. Damit einhergehend steht der Begriff der Wahlfreiheit im Mittelpunkt, wenn es um die Beantwortung der Frage von Verantwortlichkeiten geht. Sollen Handlungsentscheidungen frei getroffen werden, müssen bestimmte Voraussetzungen gelten. Eine freie Wahlhandlung besteht aus zwei Komponenten. Zum einen muss sie sich an einem Ziel bzw. Sinn orientieren, und zum anderen muss die Möglichkeit gegeben sein, sich zwischen unterschiedlichen Handlungsoptionen frei zu entscheiden. Damit geht auch die Entscheidung darüber einher, ob man etwas unterlässt oder ob man handeln möchte. Handeln bedeutet, sich zwischen unterschiedlichen Optionen zu entscheiden, welche auf einen bestimmten Zweck oder ein bestimmtes Ziel hin ausgerichtet sind. Demzufolge erfordert Handeln eine Zielantizipation. Ein Verhalten wird als unwillkürlich und ungewollt bezeichnet, wenn (a) keine Wahlmöglichkeiten zwischen Optionen gegeben sind oder (b) eine Wahl nicht berücksichtigt wird, obwohl prinzipiell eine Wahlmöglichkeit gegeben ist. Es ergeben sich zusätzlich Konsequenzen, wenn man Handlungsfreiheit annimmt oder negiert, ob man sich also prinzipiell für Handlungsfreiheit oder Determiniertheit entscheidet. Damit gehen verschiedene Konsequenzen für das handelnde Individuum einher. Wenn beispielsweise eine Person von einem Ball getroffen wird, so könnte sie spontan auf den Ballwerfer mit aggressivem Verhalten reagieren. Bei determiniertem Verhalten, wie im Denkmodell System 1 angenommen, ist es dem Individuum nicht möglich, Kontrolle über die Handlung auszuüben. Dadurch werden die eigene Verhaltenskontrolle und die persönliche Entwicklung eingeschränkt (vgl. Abb. 10.16). Eine weitere Konsequenz ergibt sich für die involvierten Personen, mit denen interagiert wird, und die Gesellschaft insgesamt.

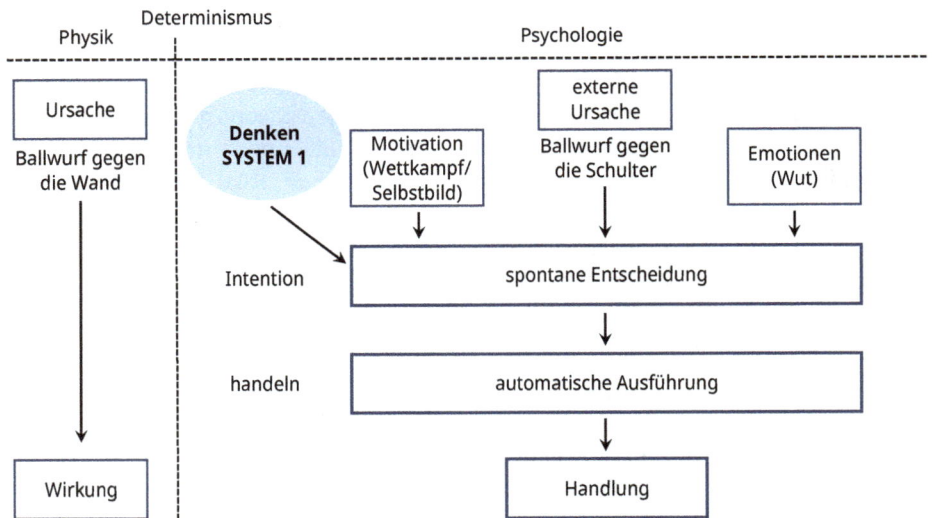

Abb. 10.16: Einfache Kausalbeziehung in der Psychologie (System 1).

Für das eigene Verhalten verantwortlich zu sein, impliziert, dass die sich daraus ergebenen Folgen zurechenbar sind und die handelnde Person dafür haftbar gemacht werden kann. Dies wirkt sich auch auf psychologisches Handeln aus. Lediglich nicht-determiniertes Verhalten ist zugänglich für rationale Überlegungen und damit beein-

flussbar, wie auch im Denkmodell System 2 angenommen. Folgende Vorgänge können beeinflusst werden:
- bewusste Zielsetzung
- Sinnstiftung
- Realisationsmöglichkeiten
- Informationsbeschaffung
- Diskurs

Es ist daher zwingend erforderlich, dass man über Wahlmöglichkeiten verfügt. Wahlmöglichkeiten beziehen sich auf die Selbstverantwortlichkeit. Nur bei einem Gefühl von Kontrolle kann man tatsächlich entscheiden. Verantwortlichkeit setzt die Kontrollierbarkeit des Handelns voraus. Nur das, was man selbst kontrollieren kann, liegt im eigenen Verantwortungsbereich. Verantwortlichkeiten müssten demnach zurückgewiesen werden, wenn Personen davon überzeugt sind, Entscheidungen nicht kontrollieren zu können.

Zudem ist es erforderlich, über die Kompetenz zu verfügen, wählen zu können.

Daher kann man sich auch die Frage nach der Fähigkeitskontrolle stellen. Nachgewiesenermaßen existieren innere und äußere Kräfte, welche eine Person dazu veranlassen können, sich abweichend zu verhalten, beispielsweise durch Gruppenzwang, normative Erwartungen, antizipierte Konsequenzen einer Handlung oder Druck durch Autoritäten (vgl. Abb. 10.17).

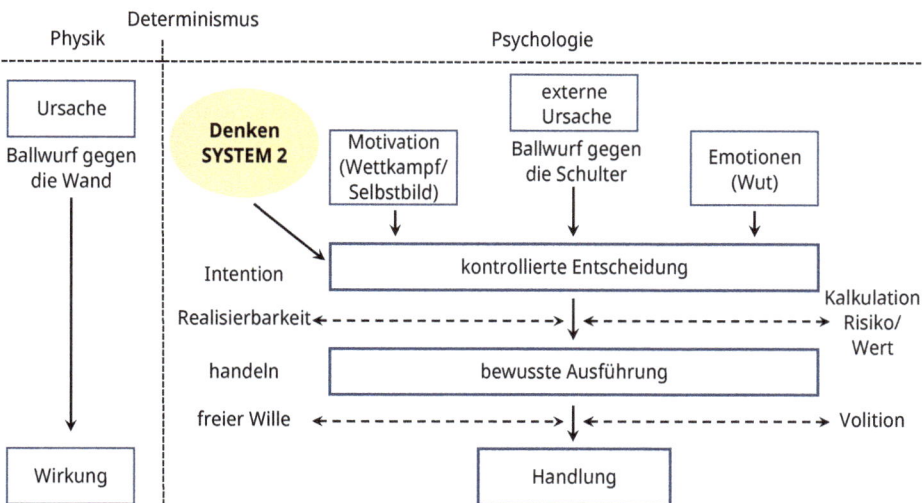

Abb. 10.17: Modifizierte Kausalität in der Psychologie (System 2).

Einfache Kausalbeziehungen in der Physik und eingeschränkt in der Psychologie basieren auf direkten Wirkbeziehungen zwischen Ursache und Ergebnis. Der Grundgedanke des Determinismus basiert auf dem Zusammenhang zwischen Ursache und Wirkung. In der Psychologie ergeben sich jedoch neue Möglichkeiten der Wirkbeziehungen im Sinne von zahlreichen Wechselwirkungen, die durch das System 2 sowie durch logische Assoziationen beschrieben werden können. Neben den Komponenten des Denkens haben emotionale und motivationale Faktoren einen starken Einfluss. Denken und Emotionen bzw. Gefühle, stehen in einer ständigen Wechselbeziehung, die durch aktuelle motivationale Zustände bei der Entscheidungsfindung gelenkt wird. Für die Entscheidungsoption findet eine Abwägung der Realisierbarkeit und des einzugehenden Risikos sowie des zu erwartenden Wertes statt. Angelehnt an das Rubikon-Modell der Motivation (vgl. Kap. 3.7) ist zu diesem Zeitpunkt die Änderung einer Entscheidung stark eingeschränkt. Die bewusste Ausführung der Handlung wird durch die Volition umgesetzt und von anderen Informationen abgeschirmt. Im Ergebnis der beteiligten Prozesse empfinden Personen den Vorgang von der Entscheidungsfindung bis zur Handlungsausführung als Resultat einer freien Willensentscheidung.

Hinzu kommt, dass man sich mit der Attribution von Verantwortlichkeit auseinandersetzt (vgl. Kap 5.1). Provokation oder Frustration wird oft als eine Ursache von Aggression angesehen (Berkowitz, 1989). Dabei ist es für die Attribution von Verantwortlichkeit essenziell, wie die Frustration oder Provokation interpretiert wird. Wenn das frustrierte Verhalten als zufällig, vorsätzlich oder feindlich interpretiert und somit als aggressiv dargestellt wird, dann wird der Gesprächspartner dafür verantwortlich gemacht. Folglich besteht eine stärkere Tendenz zu aggressivem Verhalten auf Seiten der Person, die dem aggressiven Verhalten ausgesetzt war. Die Neigung zu aggressivem Verhalten nimmt jedoch ab, wenn die Provokation als nicht aggressives Verhalten angesehen wird.

Wird beispielsweise eine Person von einem Ball getroffen, so müssen die Reaktionen darauf nicht unbedingt spontan und automatisch von System 1 ausgelöst werden. Vielmehr ergeben sich bei Aktivierung von System 2 flexible und an die Situation angepasste Reaktionsmöglichkeiten (vgl. Abb. 10.18). Für die Intention, angemessen zu reagieren, stehen Individuen mehrere Handlungsoptionen nach einer Risiko/Wert-Abschätzung zur Verfügung (z. B. Aggression verbal oder körperlich erwidern, ignorieren, sich entfernen, Strafanzeige stellen, mit Humor reagieren).

Determinismus und Verhaltensökonomie können aus zwei diametral entgegengesetzten Perspektiven betrachtet werden. Determinismus impliziert, dass menschliches Verhalten vorhersehbar und berechenbar ist, da es festen Regeln folgt. Hingegen zeigen Befunde der Verhaltensökonomie, dass menschliches Verhalten oft unvorhersehbar und unberechenbar ist, da es von Variablen abhängt: internen (z. B. Persönlichkeit, Emotion, Kognition) und externen (z. B. soziale Normen, Umgebung) Faktoren bzw. Einflüssen. Dieses Spannungsfeld thematisiert Habermas (2014), wenn er den Menschen als fähig erachtet, sich dadurch über den Determinismus der Naturgesetze zu erheben, indem er vernünftig nachdenkt und/oder auch ethisch bzw. moralisch durch Einsicht handelt. Diese höheren kognitiven Fähigkeiten sind im Denkmodell System 2 verankert.

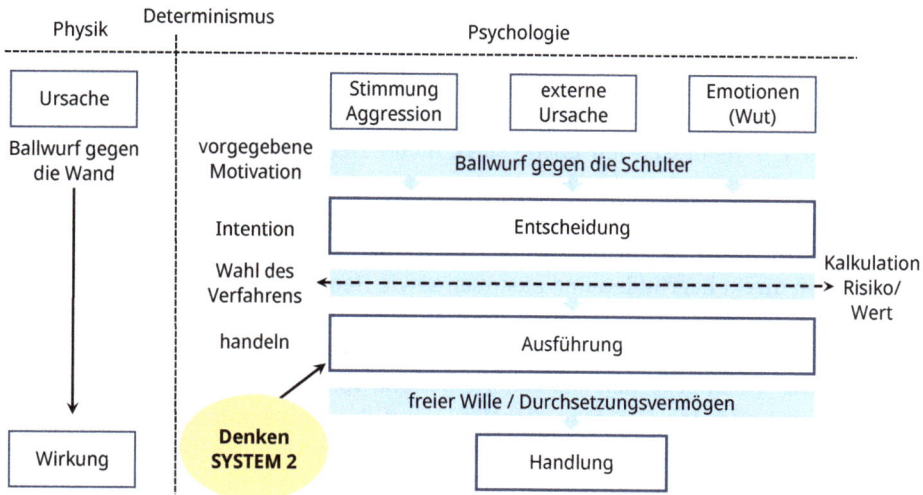

Abb. 10.18: Beispiel für die multikausale Begründung bzw. Entwicklung individuellen Handelns.

Der Determinismus ist ein philosophisches Konzept, welches besagt, dass alle Ereignisse und Handlungen durch vorherige Ursachen festgelegt und somit voraussagbar sind. Dem steht entgegen, dass Personen in der Lage sind, ihre Handlungen und Entscheidungen nicht ausschließlich von zuvor festliegenden Ursachen und Umständen bestimmen zu lassen. Handlungen sind subjektiv begründet und können auf einer individuellen Kombination verschiedener Ursachen beruhen (vgl. Abb. 10.19).

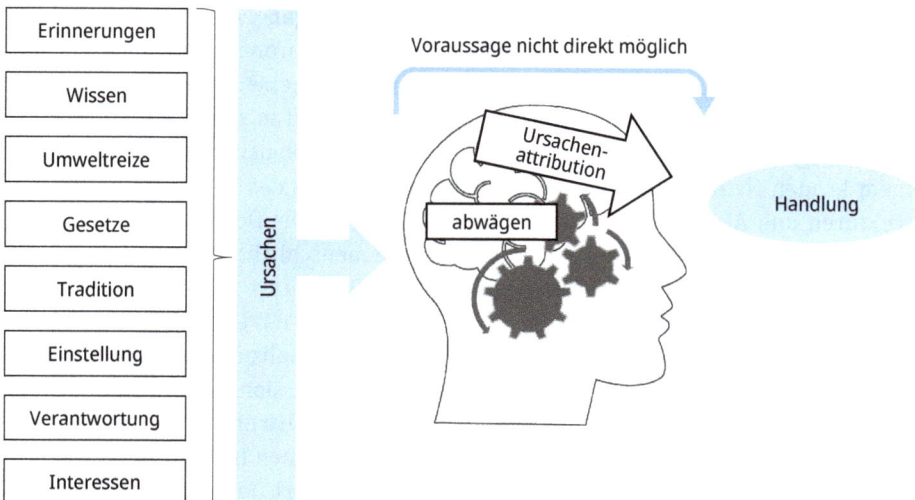

Abb. 10.19: Multikausalität der subjektiven Erlebniswelt in der Psychologie.

Direkte Beziehungen zwischen einer auslösenden Ursache und einer Handlung können durch die komplexe Informationsverarbeitung stark verändert werden. Ebenso werden verschiedene Ursachen unbewusst oder bewusst miteinander abgewogen und bewertet. Durch die Veränderung und Bewertung der Ursachen wird die Kausalbeziehung auf der psychologischen Ebene stark modifiziert. Reflektiertes Abwägen und moralisches Überlegen ermöglichen ein bewusstes Handeln und damit eine gewisse Freiheit und subjektive Unabhängigkeit. Für die menschliche Freiheit und Autonomie sind Vernunft und Einsicht maßgebliche Wirkfaktoren des Handelns. Sie können Handlungen direkt begründen und anstoßen sowie Handlungsketten auslösen.

In der Frühphase der Aufklärung, im späten 18. Jahrhundert, entstand eine naturalistische und materialistische Idee. Sie besagt, dass alles, was Personen wahrnehmen und was ihnen begegnet, aus Materie besteht, von physikalischen Prozessen beeinflusst wird und den Gesetzen der Natur und des Universums unterliegt. Diese Sichtweise ist auch mit einer Form des Determinismus verbunden, bei der Zufälle als unmöglich gelten, weil letztlich alles durch strenge Gesetze vorbestimmt ist (Walter, 2004). Dieses Konzept findet seinen Höhepunkt in der Idee des Laplaceschen Dämons – einer hypothetischen bzw. intelligenten Entität, die zu jedem Zeitpunkt über ein vollständiges Wissen aller Naturkräfte verfügt und in der Lage ist, die Zukunft ohne Einschränkungen vorherzusagen (Krajewski, 2008). Inzwischen hat sich diese Art des Determinismus zum Neurodeterminismus weiterentwickelt (Roth, 2004; Singer, 2004). Im Mittelpunkt dieses Konzepts steht der **Neurozentrismus**, der davon ausgeht, dass das Wesen eines Organismus ausschließlich durch das Vorhandensein eines Gehirns bestimmt wird. Diesem Konzept wird durch die Aussage „Das Ich ist nicht das Gehirn" (Gabriel, 2015) direkt widersprochen. Fortschritte in der Hirnforschung führen oft zu einer automatischen Assoziation, bei der verschiedenen Disziplinen oder Forschungsbereichen der Zusatz Neuro- vorangestellt wird – ein Vorgang, der einem Neurozentrismus oftmals Vorschub leistet. Dies bedeutet, dass die neuronale Aktivität als grundlegender Schlüssel zum Verständnis aller geistigen Prozesse angesehen wird. Die Erkenntnis, dass auch das Gehirn aus Materie besteht und in seiner Funktionsweise neurobiologischen Prinzipien folgt, führt aus vereinfachter bzw. verkürzter Sicht zu einem kruden Neurodeterminismus, welcher besagt, dass das Leben allein von den Strukturen und Aktivitäten des Gehirns bestimmt wird. Die Debatte über die Frage, ob die Strukturen und Funktionen des Gehirns die menschliche Existenz bestimmen, führt zu unterschiedlichen Auffassungen über die Beziehung zwischen Gehirn und Geist bzw. Körper und Seele (u. a. Geyer, 2004, Gabriel, 2016). Grundlegende philosophische Fragen wie Naturalismus oder Materialismus, Dualismus oder die Identität von Geist und Gehirn haben ihre Wurzeln in dieser Diskussion (u. a. Northoff, 2009). Im Gegensatz dazu geht die zeitgenössische empirische Hirnforschung davon aus, dass das Gehirn als direkte Vermittlungsstelle in den täglichen Interaktionen von Kindern und Erwachsenen in bestimmten Umgebungen agiert und damit einen hohen Grad an Plastizität aufweist. Wenn der Menschen jedoch als biologische Maschine betrachtet wird, welche ausschließlich von einem Überlebensdrang angetrieben wird und in erster Linie danach strebt, die eigenen Gene zu erhalten, dann stellt diese Sichtweise die Idee der menschlichen Freiheit grundsätzlich in Frage (Gabriel, 2016). Die Fähigkeit des Menschen, Abstand von seiner biologischen Natur zu nehmen und Fragen nach dem Wesen des Menschen zu stellen, zeichnet allerdings den Menschen als solchen aus und lässt ihn seine Freiheit gewinnen.

10.12 Freiheit des Menschen als ökonomischer Faktor

Das ist der Weisheit letzter Schluss:
Nur der verdient sich Freiheit wie das Leben,
Der täglich sie erobern muss.
Johann Wolfgang von Goethe

Das Konzept der Willensfreiheit wird von den empirischen Wissenschaften häufig in Frage gestellt, so dass Freiheit in neuerer Zeit im akademischen Diskurs wiederum zu einem fraglichen Konzept geworden ist (u. a. Geyer, 2004; Walter, 2004; Pietrek & Buchheim, 2007; Gabriel, 2015; Willke, 2019; Beckermann, 2020). Für das Rechtssystem ist sie jedoch nach wie vor entscheidend. Damit jemandem eine Handlung zugeschrieben werden kann, muss diese freiwillig gesteuert werden können. Ohne eine solche Kontrolle ist die Handlung lediglich eine Körperbewegung, wie dies in Extremfällen (z. B. bei Hypnose) der Fall ist. Selbstkontrolle ist eine wesentliche Voraussetzung für Freiheit, aber ihr Fehlen kann von außen oder von innen verursacht werden, z. B. bei Kindern, denen es noch an Impulskontrolle fehlt. Selbst Erwachsene, die ihre Bedürfnisse vollständig unter Kontrolle haben, können für Handlungen nicht direkt verantwortlich gemacht werden, die ihnen durch äußeren Zwang diktiert werden.

Die Beziehung zwischen Freiheit und Determinismus steht im Mittelpunkt philosophischer Betrachtungen. Aus deterministischer Sicht gibt es für jeden Moment exakt eine einzige Zukunftsoption. Diese wird maßgeblich durch vergangene Ereignisse und Naturgesetze bestimmt. In einer deterministischen Welt gibt es keine offene Zukunft, da alle Entscheidungen vorherbestimmt sind. So gilt die Zukunft als festgelegt und unveränderlich auf fast die gleiche Weise, wie es die Vergangenheit ist. Dies lässt keinen Raum für offene Möglichkeiten oder individuelle Verantwortung und eigene Kontrolle. Das Konzept des **Indeterminismus** stellt das Prinzip des Determinismus in Frage, weil davon ausgegangen wird, dass es immer auch mehrere Konsequenzen und unterschiedliche Ursachen geben kann. Das Problem der Freiheit wird dadurch jedoch nicht gelöst, da zufällige Ereignisse keine Grundlage für die Verantwortlichkeit von Individuen bieten. In einer indeterministischen Welt mit mehreren möglichen Konsequenzen können sich Handlungen aus begründeten Entscheidungen oder aus dem Zufall ergeben. Damit einher geht eine Flexibilität bei der Entscheidungsfindung, was bedeutet, dass man unabhängig von vorherrschenden Reizen und situativen Bedürfnissen handeln und zudem das Verhalten an veränderte Ziele adaptieren kann. Dennoch wird häufig die Frage aufgeworfen, ob und wie der Einzelne für seine vom Zufall beeinflussten Handlungen verantwortlich gemacht werden kann. Aus philosophischer Sicht gibt es Ansätze, welche das Konzept des freien Willens sowohl mit der deterministischen als auch mit der indeterministischen Sicht für vereinbar halten. Wird die Äußerung des freien Willens im Einklang mit dem Determinismus gesehen, so spricht man vom **Kompatibilismus**. Hingegen geht der **Libertarianismus** davon aus, dass Willensfreiheit lediglich in einer indeterministischen Welt möglich sei.

Die Vorstellung, dass die Freiheit durch empirische Forschungsergebnisse untergraben wird, wird vor allem in psychologischen und neurophysiologischen Studien beleuchtet (u. a. Geyer, 2004; Liljenström, 2022). Viele Handlungen, von denen man glaubt, dass sie bewusst gesteuert werden, sind in Wirklichkeit von unbewussten Prozessen bestimmt. Es wird das Argument angeführt, dass nur bewusst gesteuerte Handlungen als frei angesehen werden können.

Selbst wenn auch unbewusste Körperbewegungen gelegentlich als freie Handlungen betrachtet werden, stellt sich die Frage nach dem Zusammenhang zwischen Freiheit und Bewusstsein. Normalerweise schreibt man Freiheit all jenen Handlungen zu, die bewusste Aufmerksamkeit und Intentionalität erfordern. Unbeabsichtigte Handlungen mögen weniger frei sein, aber der Einzelne wird dennoch aufgrund einer zugrundeliegenden bewussten Entscheidung dafür verantwortlich gemacht. Die Freiheit des Einzelnen und Willensfreiheit ist immer zusammen mit der Vorstellung des Bewusstseins verbunden.

Wenn jedoch ein bewusster Entscheidungskontext fehlt, so fehlt auch die mentale Repräsentation, die für absichtliches Handeln erforderlich ist. Bewusstsein und Intentionalität sind eng miteinander verknüpft, denn nur bewusste mentale Inhalte können Gegenstand einer Absicht sein. Wenn jedoch ein unbewusster Prozess in einen größeren, vom Bewusstsein kontrollierten Kontext eingebettet ist, ist die Handlung selbst dadurch nicht unbedingt unfrei. Während beispielsweise die Entscheidung an einem Wettlauf teilzunehmen und beim Startsignal loszulaufen, eine bewusste Überlegung impliziert, kann der Akt des Laufens selbst durch automatisierte, reflexartige Muskelbewegungen initiiert werden, ohne die Freiheit der Beteiligten einzuschränken. Generell kann von der Freiheit der Handelnden gesprochen werden, wenn

- sie Gründe haben und diese bewusst verstehen,
- sie in der Lage sind, Regeln und Normen zu begreifen,
- sie durch bewusste Überlegungen über Gründe zu freien Entscheidungen und Handlungen kommen, auch wenn nicht alle Vorgänge der Ausführung bewusst zugänglich sind,
- sie nicht durch äußeren Zwang oder inneren Druck an der Verwirklichung ihrer Absichten gehindert werden.

Der Freiheitsbegriff lässt sich nach bestimmten Gesichtspunkten untergliedern. Freiheit im politischen bzw. gesellschaftlichen Sinne herrscht, wenn das Recht auf die freie Äußerung der eigenen Freiheit (Meinungsfreiheit) und zur Ausübung der eigenen Religion sowie zum Wählen gegeben ist. Man handelt frei im Sinne der Handlungsfreiheit, wenn man die Möglichkeit hat, das zu tun, was man tun möchte. Dies beinhaltet, dass man seinen Präferenzen und Zielen folgend handelt und all jenes Verhalten vermeidet, welches den Präferenzen zuwiderläuft. Demnach können unterschiedliche Entscheidungen zu veränderten Handlungen führen. Im Sinne der **Willensfreiheit** versteht sich Freiheit als eine Kompetenz, bei der man selbst bestimmen kann, was man möchte. Zudem ist die Befähigung eingeschlossen, auf bestimmte, eigentlich beabsichtigte Handlungen zu verzichten. So können differenzierte Handlungen bei gleichbleibenden Rahmenbedingungen erfolgen.

Auch die Fragen hinsichtlich der Willensfreiheit können je nach Sichtweise unterschiedlich beantwortet werden. Neben begrifflichen können auch empirische oder moralphilosophische Fragen gestellt werden, die an dieser Stelle jedoch nicht weiter thematisiert werden, da sie den Rahmen der *„Grundzüge der Verhaltensökonomie"* übersteigen. Moralphilosophische Fragen behandeln hauptsächlich die Attribution von Verantwortung und Überlegungen, wie empirische Befunde dafür genutzt werden können. Beispielsweise ergibt sich zur Frage der schuldrelevanten Willensfreiheit ein durchaus verwirrendes Bild (u. a. Geyer, 2004; Willascheck, 2011; Merkel, 2023). Deshalb werden an dieser Stelle im Wesentlichen das grundlegende Verständnis des Begriffs der Willensfreiheit und damit zusammenhängende Auffassungen behandelt. Manche davon sind mehr oder weniger mit wissenschaftlichen Weltbildern verträglich. Empirische Fragestellungen beschäftigen sich mit den (neuro-)kognitiven Abläufen willentlicher Handlungsweisen.

Die Suche nach neuronalen Korrelaten des Bewusstseins richtet sich auf bestimmte Muster der Hirnaktivität, von denen angenommen wird, dass sie mit bewusster Erfahrung verbunden sind. Diese Muster werden als entscheidend für die Entstehung von Bewusstsein angesehen, was auf eine enge Verbindung zwischen neuronaler Aktivität und Bewusstsein hindeutet. Die Forschung versucht, neuronale Korrelate des Bewusstseins zu identifizieren, indem sie die Hirnaktivität während verschiedener Bewusstseinszustände (z. B. Schlaf, Narkose) untersucht und dabei beobachtet, inwieweit diese Aktivität sich als Reaktion auf Reize verändert.

Es wird angenommen, dass Gamma-Oszillationen der Schlüssel zum Bewusstsein sind (Crick & Koch, 1990). Gamma-Oszillationen im EEG beschreiben die synchrone Aktivität von Neuronen im Frequenzbereich von 30–120 Zyklen pro Sekunde. Die Aktivität im primären visuellen Kortex wird zwar für die bewusste Wahrnehmung als notwendig angesehen, dennoch sind höhere kortikale Hirnbereiche enger mit verschiedenen Aspekten der bewussten Wahrnehmung verbunden, wie etwa durch das Phänomen der Agnosie nahegelegt wird (Rees, Kreiman, Koch, 2002; Tononi & Koch, 2008). Der genaue Zeitverlauf oder die Synchronisation neuronaler Aktivität könnte für die bewusste Wahrnehmung entscheidender sein als das Gesamtspektrum der Aktivität (Koch et al., 2016). Studien (u. a. Boly et al., 2017) mit bildgebenden Verfahren unterstützen diese Ideen, insbesondere in Hirnbereichen wie dem parietalen und präfrontalen Kortex (vgl. Abb. 10.12).

Des Weiteren kann zur Beschreibung des Bewusstseins und der neuronalen Grundlagen die *global workspace*-Theorie herangezogen werden (u. a. Baars & Newman, 1994; Baars, 2017). Die Theorie wurde entwickelt, um eine Vielzahl von bewussten und unbewussten Hirnprozessen qualitativ zu erklären. Bewusstsein wird als theaterähnliches Modell beschrieben, bei dem bewusste Abläufe mit dem beleuchteten Geschehen auf einer Bühne gleichgesetzt werden. Das Gehirn weist eine Vielzahl spezialisierter Prozesse oder Module auf, die zum größten Teil Informationen unbewusst verarbeiten. Der Aufmerksamkeit wird dabei die Rolle zugeschrieben, einige der unbewussten Aktivitäten ins globale Arbeitsgedächtnis aufzunehmen, vergleichbar mit der im Lichtkegel des Scheinwerfers beleuchtenden Theaterszene. Das globale Arbeitsgedächtnis wirkt als Schaltzentrum, welches Informationen über Module hinweg verbreitet und integriert. Die *global workspace*-Theorie ist an das Konzept des Arbeitsgedächtnisses angelehnt. und kann mit einem momentan aktiven, subjektiv erlebten Ereignis im Arbeitsgedächtnis in Verbindung gebracht werden. Der *global workspace* wird als zentrale Schaltstelle gesehen, welche es ermöglicht, die Interaktion verschiedener spezialisierter Hirnareale zu gewährleisten.

Ein weiteres Rahmenwerk zum Verständnis des Bewusstseins stellt die Integration und den Informationsaustausch zwischen verschiedenen Hirnregionen in den Mittelpunkt. Die **integrierte Informationstheorie** (*integrated information theory*) wurde auf der Grundlage von Beobachtungen der neuronalen Korrelate des Bewusstseins erstellt (Tononi, 2004; Tononi et al., 2016). Diese Theorie soll erklären, wie bewusste Erfahrung aus der Gehirnaktivität entsteht. Im Gegensatz zu Theorien, die das Bewusstsein einzelnen Neuronen oder Hirnregionen zuschreiben, geht die integrierte Informationstheorie davon aus, dass das Bewusstsein durch die integrierte Aktivität des gesamten Gehirns entsteht. Ein System kann nur dann bewusst sein, wenn seine Informationen in ein einheitliches Ganzes integriert sind, so dass es nicht in quasi unabhängige Teile zerlegt werden kann. Die Theorie besagt, dass der Grad der Informationsintegration, der durch ein mathematisches Maß „phi" quantifiziert wird, mit dem Grad des Bewusstseins korreliert. Systeme mit einem hohen phi-Wert werden als bewusster angesehen. Die integrierte Informationstheorie beinhaltet, dass das Bewusstsein eine grundlegende Eigenschaft bestimmter physikalischer Systeme ist, die zur Selbstbeeinflussung fähig sind, wobei phi-Werte oberhalb eines bestimmten Schwellenwerts unterschiedliche Grade des Bewusstseins anzeigen. Dieser Ansatz erforscht die Beziehung zwischen Physik, Bewusstsein und Informationen und interpretiert Bewusstsein als mathematisches Muster. Folgerichtig wurde der Ansatz auch auf nichtbiologische Systeme, d. h. hypothetische Zustände der Materie oder physikalische Quantensysteme, von Tegmark (2014) ausgedehnt. Er schlug vor, das Bewusstsein als einen eigenen Zustand der Materie mit einzigartigen Fähigkeiten der Informationsverarbeitung zu betrachten, und zwar neben festen, flüssigen oder gasförmigen Zuständen.

Im Gegensatz zu den bislang vorgestellten Theorien des Bewusstseins, welche ihren Schwerpunkt hauptsächlich auf die Art und Weise des Zusammenspiels verschiedener Hirnareale legen, gibt es einen Ansatz, der dem Körper eine entscheidende Rolle im Bewusstseinsprozess zukommen lässt (Damásio, 1997; 2021). Damásio nimmt an, dass sich Bewusstsein schrittweise entwickelt, wobei die mentale Repräsentation der Körperzustände einen ersten Schritt hin zum Bewusstsein darstellt. Die verschiedenen Stufen des Bewusstseins dienen der Beibehaltung oder Wiederherstellung der Homöostase (vgl. Kap. 2.5) zur Sicherung des Überlebens. Demnach gewinnen alle Ereignisse der inneren und äußeren Umwelt eine Bedeutung für den Organismus im Überlebenswettbewerb. Somit ergibt sich aus dieser Sicht bereits auf den vorbewussten Stufen des Bewusstseins (phänomenales Bewusstsein) eine gewisse Zielgerichtetheit, die sich dann auf den höheren Stufen des Bewusstseins (Selbstbewusstsein) als absichtsvolles Zielstreben oder Volition kontrolliert ausprägt. Bewusstsein trägt so zur Optimierung der Lebensvorgänge im Überlebenswettbewerb bei. Aus neurobiologischer Sicht entsteht Bewusstsein dann, wenn die Aktivität lokaler Neuronengruppen in größeren Netzwerken so organisiert ist, dass sich kurzfristig stabile Aktivitätsmuster ausbilden, die innere oder äußere Ereignisse repräsentieren. Damásio nennt diese der Repräsentation dienenden neuronalen Aktivitätsmuster „Bilder" oder „Karten". Diese entstehen durch Interaktion mit der Umwelt oder durch eigene Körperaktivität und sind die Grundlage zur weiteren Informationsverarbeitung. Emotionen und Gefühle nehmen hierbei eine zentrale Rolle ein und sind unterschiedliche, aber miteinander verbundene automatische Aspekte menschlicher Erfahrung. Emotionen werden als direkte körpereigene Signale beschrieben, die positive oder negative Zustände anzeigen und durch Umweltreize ausgelöst werden. Diese körpereigenen Reaktionen oder Karten, welche als **somatische Marker** bezeichnet werden, bilden verschiedene Körpermessungen wie die Herzfrequenz, den Blutdruck und Hormonspiegel ab. Gehirnregionen wie die Amygdala, die Insula und der präfrontale Kortex arbeiten zusammen, um den Zustand des Körpers zu repräsentieren und zu regulieren, und koordinieren die Sinnesempfindungen und körpereigenen Reaktionen auf innere oder äußere Reize. Diese Reaktionen führen zu einem ersten Bewusstseinszustand und prägen das phänomenale Bewusstsein. Einerseits ermöglicht dieser Zustand bereits die verbale Beschreibung und steht darüber hinaus andererseits für die Weiterverarbeitung in höheren kognitiven Prozessen zur Verfügung. Nach Damásio ist das Bewusstsein immer an einen Körper, seine räumliche Position und die Bedürfnisbefriedigung im Sinne des Überlebenswettbewerbs gebunden.

Gefühle hingegen werden als Emotionen zweiter Ordnung beschrieben, die durch die bewusste Wahrnehmung und Interpretation der körperbezogenen Reaktionen entstehen. Diese Körperwahrnehmung begleitet das Denken und markiert Denkvorgänge als angenehm oder unangenehm. So kann beispielsweise das Gefühl der Angst mit physiologischen Reaktionen (z. B. erhöhte Herzfrequenz, Schwitzen) einhergehen (vgl. Kap. 3.8). Damásio (2021) geht davon aus, dass Gefühle als Bewusstseinszustand ein bewusstes Erleben von körperlicher Verfasstheit vermitteln und es ermöglichen, die Welt zu verstehen und mit ihr zu interagieren. Er betont die besondere Rolle von Emotionen bei der Entwicklung des Bewusstseins und bei Entscheidungen.

Die Problemstellung, wie aus neuronalen Vorgängen rein psychische Zustände (z. B. Bewusstsein oder freier Wille) entstehen können, wird auch von Damásio nicht eindeutig beantwortet. Sein Lösungsangebot, das die Verknüpfung von umgebungsbezogenen Repräsentationen mit Veränderungen der körpereigenen Ich-bezogenen Vorgänge zu bewussten Zuständen führt, bleibt vage und letztlich unbestimmt. Das sogenannte harte Problem, wie aus unbewussten neuronalen Vorgängen gleichzeitig bewusstseinsfähige mentale Zustände entstehen, bleibt weiterhin bestehen.

Mentale Zustände sind immer auch an neuronale Abläufe gebunden. Neuronale Vorgänge können allerdings eigene, emergente Zustände erzeugen. So können psychische Vorgänge nicht ausschließlich durch neuronale Vorgänge beschrieben werden, d. h. auf neuronale Vorgänge reduziert werden. Das komplexe Zusammenwirken der Hirnprozesse führt zu eigenen mentalen Zuständen im Sinne emergenter Qualitäten, welche zur individuellen Erlebnisqualität und persönlichen Identität von Individuen beitragen.

Das Gedächtnis ist ein bedeutender Bestandteil menschlicher Kognition, wodurch es ermöglicht wird, Informationen wahrzunehmen, zu verarbeiten, zu speichern und über einen längeren Zeitraum abzurufen. Das Gedächtnis kann als Informationsverarbeitungssystem angesehen werden und trägt maßgeblich dazu bei zu verstehen, wie Erfahrungen und Handlungen gestaltet werden. Sprache ist eine hochkomplexe kognitive Fähigkeit, an der verschiedene mentale Prozesse und neuronale Netzwerke beteiligt sind. Nach Damásio (1997; 2021) entsteht Bewusstsein durch das Zusammenführen der unteren Verarbeitungsebene, in der die sensorische und motorische Prozessierung erfolgt, mit der oberen Verarbeitungsebene, in der die anspruchsvollere kognitive und emotionale Prozessierung erfolgt. Durch das gezielte Verstärken oder Hemmen spezifischer Impulse in Feedback-Schleifen kann das Gehirn sich aktiv auf konkrete Stimuli konzentrieren und gezielt kognitive Ressourcen bereitstellen. Dieser Vorgang spielt eine zentrale Rolle, um unwichtige Informationen auszusortieren und die kognitive Anpassungsfähigkeit zu bewahren.

Die Bereitstellung kognitiver Ressourcen spielt auch bei der Willensfreiheit und Willenskraft (Volition) eine entscheidende Rolle. Während bei System 1 die Willensfreiheit durch spontane und automatische Abläufe sehr stark eingeschränkt werden kann (vgl. Abb. 10.16), liegt der entscheidende Unterschied zur Volition darin, dass die bewusste Umsetzung der durch den Willen gebildeten Gedanken oder Handlungen durch die Aktivierung von Ressourcen des System 2 erfolgt (vgl. Abb. 10.18). Zudem wird Volition von unterschiedlichen Faktoren und Kompetenzen beeinflusst (vgl. Abb. 10.20).

Idealtypischerweise legen Personen, bei denen das Vertrauen in das eigene Leistungsvermögen und die Willenskraft stark ausgeprägt ist (mentale Stärke), ihren Fokus auf die Formulierung konkreter Ziele und planen vorausschauend. Sie sind stark motiviert, ihre Ideen und Vorhaben in die Tat umzusetzen. Sie sind in der Lage, sich schnell an sich ändernde Bedingungen anzupassen und können sowohl das ei-

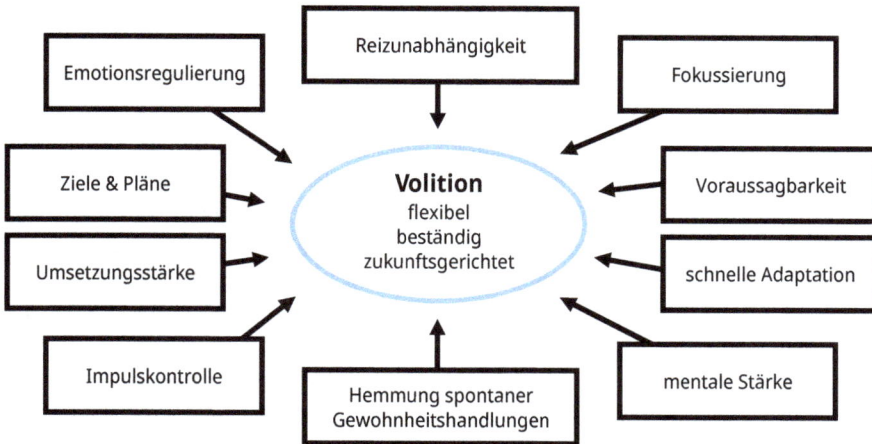

Abb. 10.20: Einflussfaktoren auf die Volition.

gene Verhalten als auch das von anderen Personen mit hoher Genauigkeit voraussagen. Es fällt ihnen zudem leicht, eine positive Stimmung zu kreieren und für die Umsetzung von Plänen zu nutzen sowie negative Gefühle effektiv zu bewältigen. Sie können unvorhergesehenen Versuchungen widerstehen und spontane Impulse oder Gewohnheitshandlungen effektiv regulieren bzw. unterdrücken. Hinsichtlich relevanter Informationen bleiben sie fokussiert und behalten langfristige und übergeordnete Ziele im Blick. Die Willensfreiheit und die Volition hängen eng miteinander zusammen, was bedeutet, dass Individuen in ihren Entscheidungen frei sind und Verantwortung für ihre Handlungen tragen.

Demgegenüber stellt der **Monismus** eine Position dar, bei der alle Ereignisse der Welt auf ein einziges Grundprinzip zurückgeführt werden können, so dass es letztlich nur eine Art von Zustandsbeschreibung geben kann. Die populärste Ausprägung des Monismus stellt der Physikalismus dar. Dieser vertritt die Annahme, dass alles Materie ist und nur physikalische oder materielle Objekte und Wirkungen real sind. Der Reduktionismus in den Neurowissenschaften (vgl. Kap. 10.10) wird hauptsächlich aus zwei Gründen stark angezweifelt. Zum einen wird insbesondere die Umsetzbarkeit dieses Ansatzes in Frage gestellt, wie auch elf führende deutschsprachige Forschende der Neurowissenschaften in ihrem Manifest über die Gegenwart und Zukunft der Hirnforschung feststellten (Elger et al., 2004). Zum anderen wird das Reduktionsprinzip generell als zu vereinfachend empfunden und als zu starke Verkürzung komplexer Abläufe (u. a. bewusster Vorgänge) angesehen (vgl. Kap. 10.10). Der Dualismus und auch der Pluralismus hingegen geht davon aus, dass es zwei oder mehrere Grundprinzipien gibt, so dass mehrere Arten von Zuständen möglich sind. Aus Sicht des **Dualismus** gibt es neben der neuronalen Ebene auch psychische Zustände, die die persönliche Erfahrung, Befindlichkeit, Art und Weise des Denkens, Fühlens, Wünschens und Wollens, d. h. die gesamte subjektive Erlebniswelt, umfassen und insbesondere von der Psychologie betrachtet werden. Diese subjektive Ebene des Erlebens erlaubt es Personen, sich durch bewusstes Handeln mit sich selbst und ihrer Umwelt auseinanderzusetzen und Einfluss auf ihre Lebenswelt auszuüben. Dabei steht insbesondere das Bewusstsein und die individuelle Perspektive im Mittelpunkt.

Determinismus setzt nicht den Monismus als Grundlage voraus. Selbst wenn man eine nicht-materielle Seele in Betracht zieht, wie sie von Descartes vorgeschlagen wurde (Damásio, 1997), stellt sich die Frage, ob seelische Vorgänge kausal determiniert sind. Der Determinismus sollte zudem nicht mit Vorhersagbarkeit gleichgesetzt werden (Schleim, 2023), insbesondere wenn komplexe nichtlineare Systeme oder deterministisches Chaos betrachtet werden.

Aus Sicht des Individuums kann Willensfreiheit subjektiv erlebt werden, wenn sich die Möglichkeit ergibt, unter gleichen Voraussetzungen differenzierte Entscheidungen zu treffen (**Alternativen**), selbst Urheber von Entscheidungen und Handlungen zu sein (**Urheberschaft**) oder das Verhalten durch bewusste Ziele und Pläne zu steuern (**Selbststeuerung**). Die Willensfreiheit bezieht sich folglich auf die subjektiv erlebte Freiheit, eine selbstständige Entscheidung zu treffen. Sie ermöglicht es Personen, aus unterschiedlichen Wahlmöglichkeiten zu wählen und eigenverantwortlich zu handeln. Im Management ist die Entscheidungsfreiheit ein zentraler Faktor der Unternehmensführung. Führungskräfte treffen autonome Entscheidungen, die immer für das gesamte Unternehmen von Bedeutung sind. Dabei sollte es immer alternative Wahlmöglichkeiten geben. Die Freiheit der Entscheidung ist ein wesentlicher Aspekt, um Unternehmen auf zukünftige Erfolge vorzubereiten. Sicherlich kann die Entscheidungsfreiheit neben positiven Konsequenzen auch Risiken nach sich ziehen. Die Urheberschaft beschreibt den Umstand, dass Handlungen und Entscheidungen beim Individuum selbst liegen. Nach Kant ([1787]1970) ist Willensfreiheit dadurch charakterisiert, dass eine Person befähigt ist, eine Kausalkette zu beginnen (**Erstauslöserprinzip**). Es sei darauf hingewiesen, dass Urheberschaft und Anderskönnen begrifflich nicht gleichzusetzen sind. Während sich die Urheberschaft auf die individuelle Generierung einer Handlung oder Entscheidung bezieht, betrifft Anderskönnen die Vielfalt der Wahlmöglichkeiten, die einer Person zur Verfügung stehen. Die Selbststeuerung umfasst die Freiheit, sich selbst Ziele zu setzen, sich für Ziele zu entscheiden und diese zu initiieren und auszuführen. Zur Willensfreiheit gehört die subjektiv empfundene Fähigkeit, bei verschiedenen Wahlmöglichkeiten eine bewusste Entscheidung zu treffen. Die Vorstellung, eine Entscheidung zu treffen, geht mit dem subjektiven Erleben einher, dass das, was Personen wollen, mit ihrem Denken verbunden ist, d. h. Personen haben durch Gedanken Einfluss auf ihre Willensbildung. Demnach sind ihre Handlungen Ausdruck ihres Willens. Volition beschreibt das erfolgreiche Streben nach gesetzten Zielen und die Umsetzung des Willens. Daher sind volitionale Prozesse wichtig, um gesetzte Ziele in die Tat umzusetzen. Jeder Handlung geht eine Willenshandlung voraus (vgl. Kap. 3.7). Je stärker sich der Wille entfalten kann, desto höher wird die Freiheit des Willens empfunden. Begrifflich wird zwischen bedingter und unbedingter Willensfreiheit differenziert. **Bedingte**

Willensfreiheit liegt vor, wenn eine Person ihren Willen nach ihren persönlichen Motiven und Neigungen bildet und das tun kann, was sie will (Handlungsfreiheit). Was sich aus konkurrierenden Motiven als Wille herausbildet, hängt von Persönlichkeitsfaktoren und Umwelteinflüssen ab. Auch wenn die kausalen Ursachen einer Entscheidung nicht immer vollständig erschließbar sind, kann von Freiheit gesprochen werden, da die getroffene Wahl den Neigungen und Motiven des Individuums entspricht und nicht durch Zwang hervorgerufen wird. **Unbedingte Willensfreiheit** geht davon aus, dass der Wille gänzlich unabhängig von äußeren Einflüssen und inneren Neigungen ist. Letztere Ansicht ist stark umstritten und wird von nicht wenigen als unrealistisch erachtet (Schleim, 2023). Auch wenn der Begriff Willensfreiheit nicht einheitlich definiert ist, wird er eng mit der individuellen Generierung von Absichten und der Fähigkeit zur bewussten Entscheidungsfindung verknüpft.

Um die verschiedenen Facetten von Freiheit und Selbstkontrolle zu verstehen, kann begrifflich zwischen negativer und positiver Freiheit unterschieden werden (Berlin, 2002). **Negative Freiheit** bezeichnet die Abwesenheit von äußeren und inneren Zwängen. Hindernisse oder Einschränkungen, welche Entscheidungen oder Handlungen beeinträchtigen könnten, liegen nicht vor. Die Bewegungsfreiheit, bei der sich Personen zwanglos frei bewegen können, stellt hierfür ein Beispiel dar. **Positive Freiheit** beinhaltet Überlegungen etwas zu tun oder zu erreichen. Es handelt sich um die Fähigkeit, den eigenen Willen umzusetzen, eigene Ziele zu verfolgen und sich selbst zu bestimmen. Ein Beispiel dafür ist hierfür die Meinungsfreiheit, die es Personen ermöglicht, ihre Gedanken und Überzeugungen frei auszudrücken. Die Differenzierung zwischen positiver und negativer Freiheit verliert ihre Stringenz, wenn das Konzept der Selbstkontrolle bzw. Autonomie des Individuums oder der Gruppe zum Tragen kommt.

Dies wird auch in der Freiheitsvorstellung des Libertarianismus/Libertarismus deutlich, demzufolge tatsächliche Willensfreiheit oder die Fähigkeit zur selbstbestimmten Entscheidungsfindung nur dann existieren kann, wenn Individuen nicht vollständig oder hauptsächlich in ihrer Entscheidungsfindung durch äußere Umstände bestimmt werden. Zudem sollte die Möglichkeit bestehen, aus eigenem Antrieb neue Kausalzusammenhänge zu beginnen, d. h. Urheber der Entscheidungen oder Gründe zu sein.

Bezogen auf die Determiniertheit bzw. Indeterminiertheit von Ereignissen in Verbindung mit der Annahme, ob ein freier Wille existent ist oder nicht, können vier Positionen (u. a. Walter, 2004; Gabriel, 2015; Beckermann, 2020) differenziert werden (vgl. Tab. 10.2).

Der **Kompatibilismus** beschreibt, dass die deterministische Unvermeidbarkeit nicht die Freiheit einschränkt, sondern sogar als Grundlage für selbstbestimmtes Verhalten dienen kann. Entscheidungen werden nur dann als frei angesehen, wenn sie aus bestimmten Gründen erfolgen. In diesem Sinne wird der Determinismus zur Voraussetzung für die Entwicklung des freien Willens. Individuen sehen den deterministischen Aspekt ihres Handelns nicht unbedingt als Bedrohung der Autonomie, sondern viel-

Tab. 10.2: Konsequenzen des Determinismus hinsichtlich Willensfreiheit.

	Indeterminismus	Determinismus
Willensfreiheit nicht gegeben	Impossibilismus (Freiheitsskepsis)	Inkompatibilismus (harter Determinismus)
Willensfreiheit gegeben	Libertarianismus	Kompatibilismus (weicher Determinismus)

mehr als einen Rahmen, innerhalb dessen man die Fähigkeit zur Selbstbestimmung durch instrumentelle Entscheidungen zur Verwirklichung des Willens ausüben kann. Es stellt sich die Frage, welche Handlungen es ermöglichen, die persönlichen Ziele zu erreichen. Die Antwort der Person führt zum instrumentellen Willen, diese Handlungen umzusetzen. Durch die Unterscheidung zwischen Handlungen, die sich aus eigenen Überlegungen ergeben, und solchen, die durch äußere Kräfte erzwungen werden, kann der Einzelne auch in einer deterministischen Welt ein Gefühl der Freiheit erleben. Neben äußeren Zwängen, die ein klares Hindernis für die Freiheit darstellen, können auch innere Zwänge eine Rolle dabei spielen, inwieweit die Fähigkeit des Einzelnen, seinen Willen durchzusetzen, eingeschränkt wird. Den eigenen Wünschen nachzukommen, bleibt ein grundlegender Aspekt der Freiheit, selbst in einem deterministischen Rahmen. Der Kompatibilismus versteht den freien Willen im Wesentlichen als Möglichkeit, eine andere Entscheidung treffen zu können, wenn andere psychologische Umstände (Wünsche, Meinungen, Persönlichkeitseigenschaften) des Individuums gegeben wären. Somit bietet der Kompatibilismus eine bestimmte Sichtweise auf die Beziehung zwischen Determinismus und Freiheit (weicher Determinismus) und ermöglicht eine Vereinbarkeit dieser scheinbar widersprüchlichen Konzepte.

Während der Kompatibilismus versucht, den Begriff der Freiheit mit dem Determinismus zu vereinbaren, geht der **Libertarianismus** davon aus, dass wahre Freiheit nur in einer Welt ohne Determinismus existieren kann. Der libertären Auffassung folgend, eröffnet die Einführung des Indeterminismus die Möglichkeit des Beginns eines freien Handelns, das durch spontane Selbstbestimmung gekennzeichnet ist. Diese Perspektive legt nahe, dass Entscheidungen ein Element der Zufälligkeit besitzen, da sie nicht vollständig auf vorangegangene Ereignisse zurückgeführt werden können, was auf eine echte Abkehr von deterministischen Einflüssen hindeutet. Durch die Betonung des selbstbestimmenden Charakters der aktuellen Entscheidungsfindung stellt der Libertarianismus die Vorstellung in Frage, dass Handlungen ausschließlich durch vorhergehende Faktoren bestimmt werden, und bietet einen überzeugenden alternativen Standpunkt zum Wesen der menschlichen Handlungsfähigkeit und Freiheit.

Der Libertarianismus und der Inkompatibilismus hängen eng zusammen mit dem Effekt, dass immer nur eine der beiden Positionen eintreten kann. Es stellt sich dabei die Frage, welcher der Ausgänge sich als der zutreffende herausstellt. Der **Inkompatibilismus** ist eine philosophische Position, die das Verhältnis zwischen freiem

Willen und Determinismus betrifft. Dabei wird behauptet, dass die Konzepte des freien Willens und des Determinismus unvereinbar sind, was bedeutet, dass auch sie nicht beide gleichzeitig vorhanden sein können. Dieser Gegensatz kann in zweifacher Weise aufgelöst werden. Einerseits kann am Determinismus festgehalten und der freie Wille negiert werden. Andererseits kann am freien Willen festgehalten und der Determinismus negiert werden.

Wenn von einem harten Determinismus ausgegangen wird, dann wird angenommen, dass jedes Ereignis, einschließlich individueller Handlungen, durch vorherige Ursachen bestimmt ist und es nicht hätte anders geschehen können. Daher ist dem harten Determinismus zufolge der freie Wille eine Illusion, da Handlungen durch Faktoren vorbestimmt sind, die sich menschlicher Kontrolle entziehen.

Im Gegensatz zum harten Determinismus behauptet der Libertarianismus, dass der freie Wille existiert und dass der Determinismus nicht zutrifft. Der Libertarianismus geht davon aus, dass der Mensch die Fähigkeit besitzt, Entscheidungen zu treffen, die nicht vollständig durch vergangene Ereignisse oder externe Faktoren bestimmt sind. Diese Ansicht legt nahe, dass das Individuum unabhängig von einer deterministischen Kausalkette über echte Freiheit und Verantwortung für das Handeln verfügt. Der Inkompatibilismus lehnt die Vorstellung ab, dass der freie Wille und der Determinismus nebeneinander existieren können. Wenn der Determinismus wahr ist, ist der freie Wille unmöglich, und wenn der freie Wille existiert, kann der Determinismus nicht wahr sein.

Wenn sowohl die Prinzipien des Determinismus als auch die des freien Willens keine Zustimmung finden sollten, so liegt eine Freiheitsskepsis vor, auch **Impossibilismus** genannt.

Volition beschreibt das erfolgreiche Streben nach gesetzten Zielen und die Umsetzung des Willens (vgl. Kap. 3.7). Daher sind volitionale Prozesse wichtig, um gesetzte Ziele im Sinne der Handlungsfreiheit in die Tat umzusetzen. Entscheidungsfreiheit ist ein wesentlicher Bestandteil der Handlungsfreiheit und der individuellen Autonomie. Personen können im wirtschaftlichen Bereich autonom handeln, wenn sie die Freiheit haben, ihre Ressourcen zu nutzen, Verträge abzuschließen und wirtschaftliche Aktivitäten auszuüben. Autonomie bezieht sich auf die Fähigkeit, selbstbestimmt zu handeln und eigene Entscheidungen frei zu treffen. Betrifft die Autonomie und Handlungsfreiheit wirtschaftliche Situationen, so spricht man von wirtschaftlicher Freiheit. **Wirtschaftliche Freiheit** umfasst die Möglichkeit von Unternehmen und Privatpersonen, autonom zu bestimmen, was in welchen Mengen produziert und welche Güter gekauft werden. Wirtschaftliche Freiheit ist ein grundlegendes Konzept in der Wirtschaft und hat verschiedene Facetten. In einer **freien Marktwirtschaft** überlässt der Staat die Steuerung der Wirtschaft dem Gesetz von Angebot und Nachfrage. Die Charakteristika sind Privateigentum, freier Wettbewerb, freie Preisbildung, Gewerbefreiheit und Konsumfreiheit. In einer **sozialen Marktwirtschaft** wird die wirtschaftliche Freiheit mit sozialer Verantwortung kombiniert. Der Staat interveniert dort, wo die Marktwirtschaft unsozial ist, um soziale Ungerechtigkeiten zu verhindern.

Dabei ist es von Bedeutung, eine Balance zwischen individueller Freiheit und gesellschaftlichen Bedürfnissen herzustellen (vgl. Kap. 8.5). Ein Grundprinzip wirtschaftlicher Freiheit beinhaltet, dass der Staat nur minimale Eingriffe in Wirtschaft und Gesellschaft ausübt. Bei diesem Ansatz wird davon ausgegangen, dass Individuen, welche die Freiheit haben, ihre eigenen Interessen zu verfolgen, in der Regel leistungsfähiger und produktiver sind und damit auch gesellschaftliches Wohlergehen fördern (Gehring, 2013; Nikolaev, 2014; Prasetyo & Kistanti, 2020). In einer Studie wurde der Grad der wirtschaftlichen Freiheit der einzelnen Bundesländer in Deutschland verglichen (Fuest, Bertenrath, & Welters, 2011). Die Indikatoren Pro-Kopf-Einkommen, Wirtschaftswachstum und Arbeitslosenquote werden herangezogen, um den Zusammenhang zwischen wirtschaftlicher Freiheit und Wohlstand zu ermitteln. Wenn Bundesländer einen hohen Grad an wirtschaftlicher Freiheit aufweisen, geht dies mit einem hohen Pro-Kopf-Einkommen und Wirtschaftswachstum sowie einer niedrigeren Arbeitslosenquote einher. Demzufolge bedeutet eine ausgeprägtere wirtschaftliche Freiheit tendenziell einen höheren Wohlstand. Diese Ergebnisse stehen im Einklang mit früheren Studien (Karabegovic, McMahon, & Black, 2006; Gwartney et al., 2022), die sowohl in Nordamerika als auch weltweit einen positiven Zusammenhang zwischen wirtschaftlicher Freiheit und wirtschaftlicher Aktivität nachweisen konnten.

In der föderalen Struktur Deutschlands variiert der Grad an wirtschaftlicher Freiheit zwischen den einzelnen Bundesländern. Dies hängt mit der Wirtschaftsleistung, den Steuereinnahmen und länderspezifischen Besonderheiten des jeweiligen Bundeslandes zusammen. Der Länderfinanzausgleich, bei dem wirtschaftlich starke Bundesländer (Geber) schwache Strukturregionen (Nehmer) finanziell unterstützen, führt zu unterschiedlichen Graden wirtschaftlicher Freiheit. Geberländer sehen ihre wirtschaftliche Freiheit eingeschränkt (negative Freiheit), wohingegen Nehmerländer ihre wirtschaftliche Freiheit verbessert sehen (positive Freiheit). Abhängig hauptsächlich von der Höhe der Einnahmen können Geberländer zu Nehmerländern werden und umgekehrt.

Es haben sich zwei Indizes etabliert, um wirtschaftliche Freiheit zu messen. Der *Economic Freedom Index*, welcher vom *Fraser Institute* kalkuliert wird (Gwartney et al., 2022) und der *Heritage Foundation Index of Economic Freedom*, welcher seit 1995 jährlich vom Wall Street Journal berechnet wird (Olson, 2014). Zur Ermittlung des Indexes werden Daten von unterschiedlichen Organisationen, wie der Weltbank, dem Internationalen Währungsfond, der *Economist Intelligence Unit* und der Nichtregierungsorganisation *Transparency International*, zusammengetragen. Es wird für jedes Land ein Wert zwischen 0 (geringster Freiheitsgrad) und 100 (höchster Freiheitsgrad) berechnet. Er dient der Beurteilung wirtschaftlicher Freiheit und beruht auf unterschiedlichen Dimensionen (wie Rechtstaatlichkeit, Rolle des Staates in der Wirtschaft, Effizienz der Regulierung und Offenheit der Märkte, Außenhandelspolitik, steuerliche Belastung, Geldströme, Banken und Finanzen, Eigentumsrechte, Löhne und Preise). Im *Heritage Foundation Index* für das Jahr 2023 erzielte die Republik Singapur mit 83,9 Punkten den weltweit höchsten wirtschaftlichen Freiheitsgrad und Nordkorea mit 2,9 Punkten den niedrigsten. Wirtschaftliche Freiheit stellt einen bedeutenden Faktor dar, welcher die

Wirtschaftsentwicklung, das Wirtschaftswachstum sowie die wirtschaftlichen Chancen der Individuen und einer Gesellschaft insgesamt bestimmt.

Die wirtschaftliche Freiheit ist ein Konzept, welches in den Sozialwissenschaften und der politischen Debatte kontrovers diskutiert wird (vgl. Kap. 8.5). Bei der **kontroversen Betrachtung** werden folgende Aspekte hervorgehoben:

- positive Betrachtung der wirtschaftlichen Freiheit
  Hierbei wird davon ausgegangen, dass wirtschaftliche Freiheit zu Wohlstand, Innovation und Wachstum führt. Es wird herausgestellt, dass freie Märkte effizienter sind und die individuelle Entscheidungsfreiheit begünstigen.
- kritische Betrachtung der wirtschaftlichen Freiheit
  Ein Hauptkritikpunkt beinhaltet, dass wirtschaftliche Freiheit zu Ungleichheit führt. Einige Personen profitieren dabei mehr als andere. Wirtschaftliche Freiheit führt nicht immer zu sozial gerechten Ergebnissen. Freie Märkte können zu negativen externen Effekten (z. B. Umweltverschmutzung, Klimawandel) führen.
- Ausgewogenheit der Interessen
  Die Herausforderung besteht darin, eine Balance zwischen wirtschaftlicher Freiheit und sozialer Verantwortung zu finden. Wird im Sinne des Interessenausgleichs ein Ansatz der sozialen Marktwirtschaft umgesetzt, so kann die wirtschaftliche Freiheit mit sozialer Absicherung kombiniert werden.

Letztlich bleibt die Frage nach der optimalen Balance zwischen wirtschaftlicher Freiheit und sozialer Gerechtigkeit in der gesellschaftlichen Debatte ein kontroverses Thema, das sich nach verschiedenen wirtschaftlichen und politischen Perspektiven und Interessen ausrichtet.

11 Schlussbetrachtung

Die Verhaltensökonomie beschäftigt sich mit dem menschlichen Verhalten in wirtschaftlichen Situationen und kann als ein Teilgebiet der Wirtschaftswissenschaften gesehen werden. Dabei berücksichtigt sie insbesondere psychologische Faktoren, welche sich auf das Verhalten auswirken, wie u. a. Kognition, Emotion, Motivation, Erwartungen und Verzerrungen. Die Verhaltensökonomie fungiert als Schnittstelle zwischen Psychologie und Ökonomie.

Zum besseren Verständnis der Grundlagen der Verhaltensökonomie wurde hier ein besonderes Augenmerk auf die Einbettung in die Psychologie gelegt. Die Psychologie bietet einen anerkannten begrifflichen und theoretischen Rahmen, um Ursachen und Mechanismen menschlichen Verhaltens zu erklären und vorherzusagen. Beispielsweise kann aufgezeigt werden, warum Personen oft nicht rational oder nutzenmaximierend handeln, sondern vorrangig von Emotionen, Heuristiken, Verzerrungen, sozialen Normen und Werten beeinflusst werden. Auch trägt die Psychologie maßgeblich dazu bei, die Implikationen und Anwendungen der Verhaltensökonomie zu erweitern und zu verbessern. So stellt die Psychologie verlässliche Methoden und Instrumente zur Verfügung, um das Verhalten zu messen, zu verändern und zu optimieren. Die differenzierten ethischen Richtlinien der Psychologie können herangezogen werden, um ethische Fragen zu beantworten, welche sich auch in der Verhaltensökonomie ergeben. Trotz der aufgezeigten engen Anbindung der Verhaltensökonomie an die Psychologie sollte sie nicht nur auf die Psychologie reduziert werden, sondern sich interdisziplinär und pluralistisch ausrichten (u. a. auf die Biologie, Soziologie und Anthropologie).

Ein Verbindungsglied zwischen Psychologie und Verhaltensökonomie stellt der Informationsverarbeitungsansatz dar, welcher es zulässt, menschliches Verhalten und Erleben aus einer kognitiven Perspektive zu untersuchen und zu erklären. Das Prinzip der Informationsverarbeitung ist ein theoretischer Ansatz, welcher sich mit der Art und Weise beschäftigt, wie Personen Informationen aufnehmen, verarbeiten und nutzen. Hierbei werden verschiedene Modelle und Theorien entwickelt, um die verschiedenen Ebenen, Stufen, Speicher, Schritte zu erklären, die an der Informationsverarbeitung beteiligt sind. In der Verhaltensökonomie wird der Informationsverarbeitungsansatz oftmals genutzt, um die Prinzipien und Faktoren in Entscheidungssituationen besser zu verstehen. Das Entscheidungsverhalten in sozialen Situationen kann oft sehr detailliert in spieltheoretischen Szenarien simuliert werden.

Bei der Wahrnehmung von Informationen neigen Personen häufig dazu,

- Informationen selektiv auszuwählen,
- mental verfügbaren Informationen eine hohe Bedeutung beizumessen,
- von subliminalen Vorbereitungsreizen beeinflusst zu werden,
- das eigene Verhalten dem der Gruppe anzupassen,

https://doi.org/10.1515/9783110722307-011

- nach Informationen zu suchen, welche die bereits bestehenden Überzeugungen und Ansichten bestätigen, und
- dissonante Spannungszustände zwischen Handlungen und Einstellungen zu vermeiden.

Wenn Informationen verarbeitet und gewichtet werden, neigen Personen häufig dazu,
- einzelne Ereignisse als repräsentativ für die Gesamtheit zu erachten,
- sich unbewusst für das zu entscheiden, was wiedererkannt wird,
- sich von entscheidungsirrelevanten Zahlen beeinflussen zu lassen,
- die eigenen Fähigkeiten und Kenntnisse zu überschätzen,
- bei einer großen Vielzahl von Optionen in der Wahl paralysiert zu werden,
- sich von unterschiedlichen Darstellungsweisen desselben Inhalts zu anderen Entscheidungen verleiten zu lassen und
- sich auf ihr positives Gefühl bei der Wahl zu verlassen.

Wenn Personen entscheiden, neigen sie häufig dazu,
- Verluste zu vermeiden und ihnen mehr Gewichtung beimessen als dem äquivalenten Gewinn,
- die gegenwärtige Situation (den Status quo) beizubehalten,
- bereits investierten Ressourcen zu viel Gewichtung beizumessen,
- sich bei der bloßen Vorstellung von Bedauern oder Enttäuschung anders zu verhalten und
- gegenwärtig im Besitz befindlichen Gütern einen höheren Wert zuzusprechen.

Auch wenn in dieser Liste nur ausgewählte Aspekte aufgeführt sind, so werden verschiedene Szenarien und ein großer Teil der im Buch dargestellten Entscheidungsparadoxien und Verhaltensanomalien abgedeckt. Diese bieten im Vergleich zu traditionellen normativen Modellen eine verbesserte Übereinstimmung mit der Realität. Eine trennscharfe Zuordnung von Heuristiken und Anomalien zu einer Ebene oder Stufe bei der Informationsverarbeitung ist nicht immer möglich. Es ist wichtig festzustellen, dass einige Heuristiken (u. a. der Anker-Effekt und Bezugsrahmen-Effekt) auf mehreren Ebenen bzw. in mehreren Phasen (u. a. Wahrnehmung, Gedächtnis, Denken) auftreten können. Je nach Fragestellung kann es zu unterschiedlichen Kategorisierungen des Informationsverarbeitungsprozesses kommen. Allerdings sei auf eine Gefahr bei der Verwendung psychologischer Prinzipien hingewiesen. Sie können unter Umständen dazu beitragen, dass die Implikationen und Anwendungen der Verhaltensökonomie als zu komplex oder zu vage erachtet werden. Ob die Psychologie zu einem besseren Verständnis der Verhaltensökonomie beiträgt, ist unbestritten, hängt aber von verschiedenen Faktoren ab, wie u. a. dem Forschungsziel, dem methodischen Ansatz und dem theoretischen Rahmen.

Um das Verhalten von Personen in eine gewünschte Richtung zu lenken, ohne Verbote, Gebote oder Anreize zu setzen, wird die Strategie des *nudging* verwendet. *Nudging* soll helfen, einen vernünftigen Entscheidungsrahmen für bessere Entscheidungen anzubieten, der dem eigenen oder dem gesellschaftlichem Wohl dient. Der Strategie des *nudging* liegt die Tatsache zu Grunde, dass Personen oft nicht rational handeln, sondern von unterschiedlichen psychologischen Faktoren beeinflusst werden. *Nudging* als Strategie ist umstritten, da es Fragen zu Ethik, Wirksamkeit und Legitimität von Verhaltensbeeinflussung anstößt.

Die Unterstellung irrationalen Verhaltens kann dann einem stärker eingreifenden Staat als Eintrittspforte dienen, um die bürgerlichen Freiheiten unter dem Vorwand ihrer Irrationalität einzuschränken und darüber zu verfügen. Wie in vielen anderen Bereichen besteht auch in der Politik die Gefahr, dass die Erkenntnisse der Verhaltensökonomie für die eigene Agenda missbraucht werden. Wenn sich Individuen irrational verhalten und marktwirtschaftliche Institutionen auf Rationalität setzen, so das Argument, dann können diese Institutionen zugunsten zentralisierter, staatlich kontrollierter Lösungen verworfen werden. Obwohl die Verhaltensökonomie Personen nicht als Versager darstellt und es Beweise dafür gibt, dass Märkte eine Form von evolutionärer Rationalität besitzen, hält sich die Debatte über Irrationalität hartnäckig und führt zu einer logischen Inkonsistenz, die oft von Personen vertreten wird, die einen starken Staat befürworten. Es geht der Verhaltensökonomie nicht darum, Fehlverhalten aufzuzeigen, sondern darum zu verstehen, wie Kognition, Emotion und Motivation bei der Entscheidungsfindung miteinander interagieren. Erkennt man die Wirkungsweise dieser Mechanismen an, so stellt man sich bewusst die Frage nach der Willensfreiheit. Der Mensch wird nicht als Versager charakterisiert, sondern es geht darum, sich mit den psychologischen Rahmenbedingungen für Irrationalität und der damit einhergehenden Mehrdeutigkeit zu beschäftigen. Vor allem Gigerenzer hat die Mehrdeutigkeit irrationalen Verhaltens hervorgehoben, indem er sich auf reale kognitive Fähigkeiten konzentrierte und das Konzept des adaptiven Werkzeugkastens entwickelte. Heuristiken sind für bestimmte Umgebungen und Aufgaben optimiert. Durch diese Anpassung (Adaption) an die Struktur der Umgebung können Personen im Sinne Gigerenzers ökologisch rational handeln. Diese positive Sicht auf heuristische Prinzipien hat es ermöglicht, weitreichende Anwendungsbezüge zu erschließen. Die am stärksten etablierte, aber auch zugleich als kontrovers erachtete Maßnahme stellt *nudging* dar.

Wenn der Staat *nudging* willkürlich nutzt, kann er selbst zum irrationalen Akteur werden. Verhaltensökonomie kann nicht als Deckmantel dienen, um bürgerliche Freiheiten einschränken zu können. Verhaltensökonomie sollte nicht von der Politik ausgenutzt werden, um eigene Sonderinteressen oder Machtansprüche umzusetzen. Auch wenn Personen gelegentlich durchaus irrational handeln, kann dennoch an der grundsätzlichen Vorstellung des vernunftbegabten Menschen festgehalten werden.

In der Verhaltensökonomie geht es vorrangig darum, die Art und Weise vernünftiger Entscheidungen zu analysieren und zu unterstützen, und weniger darum, Fehlverhalten zu verurteilen und Personen allgemein ihre Denkfähigkeit abzusprechen. Die Verhaltensökonomie hat keine eindeutige oder einheitliche Antwort, sondern versucht, die Komplexität und Vielfalt menschlichen Verhaltens zu erfassen und zu verstehen. Die Vernunft kann einerseits als eine begrenzte oder eingeschränkte Ressource (begrenzte Rationalität) betrachtet werden. Andererseits wird Vernunft als eine flexible und anpassungsfähige Kompetenz (ökologische Rationalität) beschrieben, die von verschiedenen Umgebungsfaktoren und Zielen abhängt.

Das grundlegende Ziel jeder wissenschaftlichen Disziplin ist es, Theorien zu formulieren, die in der Lage sind, Phänomene genau zu erklären und vorherzusagen. Den Wirtschaftswissenschaften wird jedoch vorgeworfen, dass sie dieses Ziel häufig nicht erreichen. Ihre öffentlichen Vorhersagen zu wirtschaftlichen Bedingungen wie Wachstum, Inflation, Arbeitslosenquoten, Aktienmarktentwicklung und Währungswerten erweisen sich oft als ungenau. Solche Diskrepanzen lassen Zweifel an der Glaubwürdigkeit der Wirtschaftswissenschaften als legitime Wissenschaft aufkommen. Wenn Prognosen nicht eintreffen, deutet dies auf Mängel im verwendeten theoretischen Rahmen hin, unabhängig von der Komplexität der zugrunde liegenden mathematischen Modelle. Alle Theorien beruhen dadurch auf Annahmen oder Grundprinzipien, dass sie abstrakte Konzepte und Beziehungen formulieren. Auch falls eine begründete Vereinfachung für Grundannahmen als unumgänglich gilt, sind manche Theorien stärker vereinfacht als andere, wenn sie mehr oder weniger Faktoren, Variablen, Hypothesen oder Rahmenbedingungen beinhalten. Erweist sich eine Theorie als fehlerhaft, deutet dies in der Regel auf Unzulänglichkeiten in diesen Grundannahmen hin. Darüber hinaus werden die Annahmen nicht unbedingt aufgrund ihres Realitätsgehalts ausgewählt, sondern eher wegen ihrer Funktion, die Analyse zu formalisieren. Wirtschaftswissenschaft verstand sich allzu lange als angewandte Mathematik. Aus politischer Sicht ging es bei den mathematischen Modellen immer darum, an gewissen Stellschrauben (z. B. Steuern, Deregulierung, Zinssätzen, Anlageinvestitionen, Haushalt) zu drehen.

Der Vorwurf an die Wirtschaftstheorien bezieht sich häufig auf die Tatsache, dass diese von unrealistischen Annahmen und übermäßig starken Vereinfachungen ausgehen. Der Prozess des Theoretisierens beinhaltet jedoch, sich auf wesentliche Erklärungselemente aus der komplizierten Realität der untersuchten Phänomene zu fokussieren und Gleichgewichtsmodelle (*dynamic stochastic general equilibrium*) zu kalkulieren. Einigen Theorien gelingt es, bemerkenswert genaue Vorhersagen zu treffen, obwohl sie auf abstrakten und scheinbar unrealistischen Annahmen beruhen. Dies ist die Grundlage des „Als-ob"-Ansatzes, der in den Wirtschaftswissenschaften häufig verwendet wird. Modernes Wirtschaften von Organisationen oder Ländern ist derart komplex, dass es ausgeschlossen scheint, wirtschaftliche Entscheidungen oder Abläufe durch rein formale Modelle abzubilden. So haben Investmentbanken beispielsweise die Finanzkrise ausgelöst, doch wurde der Einfluss von Banken und Geld selten angemessen in volkswirtschaftlichen Modellen berücksichtigt. Notenbanken und ihre Zinspolitik (z. B. Leitzinsen) wirken sich erheblich auf die Wirtschaftsentwicklung eines Landes aus. Erst in den letzten Jahren entwickelten sich intensive Forschungsbemühungen hinsichtlich der Volatilität an den Finanzmärkten.

Ebenso wurde der Dominanz formalisierter Modelle und Annahmen (z. B. Gleichgewichtsmodelle, Homo oeconomicus) ein weites Spektrum an Alternativmodellen (z. B. Verhaltensökonomie, Postwachstumsökonomie, Solidarische Ökonomie, Ökosoziale Marktwirtschaft) entgegengesetzt.

Wenn jedoch eine Theorie aufgrund fehlerhafter Annahmen in ihren Erklärungs- oder Vorhersagemöglichkeiten Defizite aufweist, muss die Theorie entweder verfeinert, d. h. auf eine solidere Grundlage von Annahmen gestellt werden, oder gänzlich verworfen werden. Die Verhaltensökonomie stützt sich beispielsweise auf Erkenntnisse aus anderen Disziplinen wie der Psychologie, der Soziologie, der Biologie sowie der Neurowissenschaften. Diese Disziplinen bieten Prozesstheorien, welche die Wirtschaftswissenschaften bereichern und zum Streben nach einem einheitlichen und umfassenden Ansatz beitragen, der in diesem Buch vertreten wird. Als wichtigster Beitrag der Verhaltensökonomie für die Wirtschaftswissenschaft in ihrer Gesamtheit kann die Verwendung kausaler Wirkmechanismen erachtet werden, welche besonders in den letzten Jahren von der experimentellen Wirtschaftsforschung als anerkanntes Fachgebiet näher untersucht wird. Die Übereinstimmung mit der Realität bezieht sich auf den Abgleich formaler Modelle mit empirischen Daten bezüglich des wirtschaftlichen Handelns realer Menschen. Zwischen den Modellen und der Realität wird eine starke Kongruenz angestrebt. Im Idealfall sollte diese Übereinstimmung dazu beitragen, Anomalien und Paradoxien im Verhalten aufzuklären und die Vorhersagegenauigkeit zu verbessern, wobei zu beachten ist, dass eine gute Übereinstimmung nicht immer mit präzisen Vorhersagen einhergeht. Das Rationalitätsprinzip erreicht seine Grenzen durch:

- limitierte kognitive Ressourcen und begrenzte Rationalität
- Entscheidungsparadoxien und Verhaltensanomalien
- emotionale Faktoren und soziale Zusammenhänge
- Werteorientierung jenseits der Gewinnmaximierung

Das Modell des Homo oeconomicus zeichnet sich durch große theoretische Klarheit und leichte Formalisierbarkeit aus und bildet einen Hauptpfeiler neoklassischer Theorieansätze. Das Modell erweist sich jedoch als ungeeignet, das Verhalten von realen Individuen vorherzusagen oder zielgerichtet auszurichten. Wesentliche Modellschwächen liegen allerdings im empirischen Bereich aufgrund realitätsferner Annahmen. Die unrealistischen Annahmen in Bezug auf Wirtschaftsakteure basieren oft weniger auf Vereinfachungen, vielmehr stehen sie in direktem Widerspruch zum tatsächlichen Konsumverhalten sowie Entscheidungsverhalten von Angestellten und Führungskräften. Zahlreiche verhaltensökonomische Prinzipien verdeutlichen, dass sich Personen nicht immer rein rational und auch nicht selten direkt widersprüchlich entscheiden. Sie folgen nicht immer dem eigenen Nutzen, sondern können auch wertegeleitet aufgrund von Fairness und Gerechtigkeit handeln.

„Adam Smith hat gesagt: Das beste Resultat erzielt, wenn man in der Gruppe das tut, was für einen selbst das Beste ist. Unvollständig: Das beste Resultat wird dann erzielt, wenn jeder in der Gruppe das tut, was für ihn selbst am besten ist und für die Gruppe."
 Zitat von John Forbes Nash Jr. (Russell Crowe) aus dem Film *A Beautiful Mind* – Genie und Wahnsinn (2001; Regie: Ron Howard)

Die Spieltheorie ist eine mathematische Methode, welche das rationale Verhalten von Personen in strategischen Situationen analysiert, in denen das Ergebnis von den Entscheidungen anderer abhängt. Die Spieltheorie ermöglicht es, Präferenzen, unterschiedliche Beweggründe und Handlungen von Personen in verschiedenen Szenarien zu erklären und vorherzusagen. In der Spieltheorie wird die Vorhersagbarkeit der Handlungen für mehrere Personen bestimmt (z. B. Gefangenendilemma, Ultimatum-Spiel). So entscheidet man sich dem Nash-Gleichgewicht folgend nicht nur für etwas, welches subjektiv die beste Wahl wäre, sondern auch für das, welches für die Gruppe am besten ist. Das Nash-Gleichgewicht bezeichnet die Situation, in der jede Person eine optimale Antwort auf die Strategien der anderen Person hat. In einer solchen Situation hat keine spielende Person einen Anreiz, ihre Strategie einseitig zu ändern. Spielende Personen halten in diesem Szenario auch im Nachhinein an ihrer Strategiewahl fest und würden diese genauso wieder treffen.

Besonders die Prospect-Theorie trägt zum besseren Verständnis menschlichen Entscheidungsverhaltens bei. Als wichtigste Erweiterung zur SEU-Theorie betont sie den starken Einfluss von Risikowahrnehmung, Referenzpunkten und Bezugsrahmen bei der Entscheidungsfindung. Personen neigen dazu, den Schmerz eines Verlustes stärker zu gewichten als die Freude über einen entsprechenden Gewinn. In diesem Zusammenhang wird vernachlässigt, dass häufig eine geringe Wahrscheinlichkeit überschätzt und eine hohe Wahrscheinlichkeit unterschätzt wird.

Zukünftige Forschung wird zu einer detaillierteren Klassifizierung und genaueren Unterteilung von kognitiven, emotionalen und sozialen Heuristiken beitragen. Soziale Heuristiken tragen dazu bei, soziale Komplexität zu verringern und soziale Interaktion zu erleichtern, aber sie können auch zu Verzerrungen, Vorurteilen oder Stereotypen führen. Verschiedene Faktoren wie die Art, der Umfang, die Qualität und die Verfügbarkeit von Informationen bestimmen die Komplexität der sozialen Heuristiken und sind für die Beurteilung ausschlaggebend. Je vollständiger und je genauer Informationen sind, desto weniger komplex sind die Heuristiken. Im Umkehrschluss, entgegen dem Alltagsverständnis, führen wenige und ungenaue Informationen eher zu hochkomplexen Heuristiken. Beispielsweise kann die einfache Tatsache der (Un-)Ähnlichkeit zwischen Individuen zu hochkomplexen Heuristiken wie Vorurteilen oder Stereotypen, Anlass geben. Notwendige Arbeitsschritte für zukünftige Forschungen lassen sich aus soliden Fragestellungen ableiten, die sich aus gesellschaftlichem Interesse und dem aktuellen Forschungsstand ergeben.

Wie wirken sich gesundheitliche Krisen auf das Verhalten bzw. die Einstellung von Personen im wirtschaftlichen Umfeld aus? Welche verhaltensökonomischen Instrumente können genutzt werden, um die negativen Folgen dieser Krisen abzuschwächen oder zu überwinden?

Wie kann die Verhaltensökonomie zur Bewältigung der Klimakrise beitragen?

Wie können die Treibhausgas-Emissionen einzelner Personen bzw. Unternehmen durch Verhaltensänderungen reduziert werden? Welche Rolle nehmen moralische, soziale und institutionelle Faktoren für das klimafreundliche Verhalten ein?

Wie hängen die verschiedenen Perspektiven und Ansätze der Verhaltensökonomie zusammen? Welche Aussichten bestehen, eine einheitliche oder konsistente Theorie der Verhaltensökonomie zu entwickeln? Welche Herausforderungen und/oder Chancen gibt es für die Verhaltensökonomie als wissenschaftliches Fachgebiet? Welche Rolle spielen sozio-kulturelle Faktoren für Implikationen und Anwendungen der Verhaltensökonomie?

Wie beeinflusst das Verhalten in digitalen Umgebungen die wirtschaftlichen Entscheidungen und Ergebnisse? Wie verändert sich durch die Anwendung von Künstlicher Intelligenz das Verhalten in wirtschaftlichen Situationen? Wie können digitale Plattformen genutzt werden, um das Verhalten zu messen, zu verändern oder zu optimieren? Welche ethischen und gesellschaftlichen Fragen ergeben sich durch die Nutzung digitaler Plattformen?

Die Zukunft der Verhaltensökonomie kann sicherlich in Abhängigkeit von gesellschaftlichen Themen, Methoden und Berufsperspektiven in unterschiedliche Richtungen weisen. Aus heutiger Sicht können sich folgende Bereiche erschließen:

- Konzentration auf die Lösung gesellschaftlicher Fragestellungen (z. B. Gesundheitsförderung, Verringerung sozialer Ungleichheit)
- Entwicklung von innovativen und digitalen Instrumenten zur Verhaltensdokumentation, -veränderung und -optimierung (z. B. digitale Assistenten, KI, Big Data)
- Zusammenführung und Vereinheitlichung verschiedener Perspektiven und Ansätze inner- und außerhalb des Fachgebiets (z. B. Sozialwissenschaften, Methodenlehre, Anthropologie, Philosophie)

Sicherlich gibt es noch zahlreiche andere zu erschließende Bereiche (z. B. Medizin, Sport, Tourismus), welche die Verhaltensökonomie in Zukunft maßgeblich mitgestalten wird. Die Verhaltensökonomie kann noch nicht als konsistentes oder homogenes Fachgebiet charakterisiert werden, d. h. es liegt bisher keine einheitliche Theorie vor. Daher ist es nicht verwunderlich, dass sie aus verschiedenen Perspektiven und Ansätzen besteht, welche sich teilweise ergänzen, sich aber auch widersprechen. Die Verhaltensökonomie erweist sich folglich als ein pluralistisches und dynamisches Feld, welches ständig neue Befunde und Herausforderungen hervorbringt und so die Grenzen der Wirtschaftswissenschaften innovativ erweitert und neue Anwendungsbereiche kreiert.

Anhang

A) 205 Wissensfragen und Aufgaben

Bitte prüfen Sie Ihr **Wissen** zu den **Grundlagen der Verhaltensökonomie.**

Kapitel 2

1. Definieren Sie den grundsätzlichen Gegenstand der Psychologie.
2. Beschreiben Sie mindestens vier Prinzipien der Gestaltpsychologie.
3. Nennen Sie jeweils drei Vor- und Nachteile von Laborexperimenten.
4. Erläutern Sie anhand selbstgewählter Beispiele den Unterschied zwischen Kausalität und Korrelation.
5. Erläutern Sie kurz die drei Gütekriterien quantitativer Forschungsmethoden.
6. Beschreiben Sie die Modellannahmen des Homo oeconomicus.
7. Was versteht man unter dem Begriff Marktanomalie?
8. Was unterscheidet die Verhaltensökonomie von der a) Psychologie und b) Institutionenökonomik?
9. Beschreiben Sie, inwieweit die Verhaltensökonomie als interdisziplinäre Wissenschaft angesehen werden kann.
10. Was versteht man unter den Begriffen a) Kognition, b) Emotion und c) Motivation?
11. Welche Rolle spielen die Begriffe Kognition, Emotion und Motivation in der Verhaltensökonomie?
12. Was versteht man unter dem Begriff Übertragungseffekt?
13. Benennen Sie mindestens drei Nobelpreisträger und beschreiben Sie zwei ihrer zentralen Befunde genauer.
14. Beschreiben Sie mindestens zwei Theorien, welche die Annahme der Nutzenmaximierung in Frage stellen.
15. Was versteht man unter den Begriffen a) Nutzen, b) Präferenz und c) Wahl und worin liegen die Unterschiede?
16. Nennen Sie die fünf Elemente für den grundlegenden Funktionsrahmen der Verhaltensökonomie.
17. Welche vier Themengebiete werden nach Mallard (2017) als Eckpfeiler der Verhaltensökonomie angesehen?
18. Stellen Sie die zwei Perspektiven der Human-Ökonomie und der ECON-Ökonomie einander gegenüber.

https://doi.org/10.1515/9783110722307-012

Kapitel 3

1. Welche Komponenten sind bei der Entscheidungsfindung wichtig?
2. Was ist der Unterschied zwischen Unsicherheit und Risiko in Bezug auf Entscheidungsprozesse? Geben Sie jeweils ein Beispiel.
3. Erläutern Sie den Unterschied zwischen deskriptiver und normativer Entscheidungstheorie und geben Sie jeweils ein Beispiel für jede Theorie.
4. Was bedeutet begrenzte Rationalität? Welche Rolle spielt begrenzte Rationalität bei der Entscheidungsfindung?
5. Beschreiben Sie das Rubikon-Modell der Motivation nach Heckhausen (1989). Erläutern Sie die vier Phasen des Modells und beschreiben Sie, wie sie sich in Bezug auf motivationale und volitionale Prozesse unterscheiden.
6. Welche vier Arten von Entscheidungen können unterschieden werden? Beschreiben Sie in Ihrer Antwort besonders den jeweiligen Grad des kognitiven Aufwands.
7. Was bedeutet kognitive Anstrengung?
8. Erläutern Sie den Unterschied zwischen Entscheidungen bei Sicherheit, Risiko und Ungewissheit. Beschreiben Sie jeweils Merkmale der unterschiedlichen Entscheidungssituationen und nennen Sie jeweils ein Beispiel.
9. Erläutern Sie die Regel von Bayes und geben Sie ein Beispiel für ihre Anwendung.
10. Welches Beispiel eines typischen Verhaltens beschreibt die verschiedenen Begriffe Nutzen, Präferenz und Wahl?
11. Welche Entscheidungsregeln unter Unsicherheit gibt es? Nennen Sie mindestens vier und beschreiben Sie zwei davon ausführlicher.
12. Welche externen und internen Faktoren haben Einfluss auf die Wahrnehmung und Kognition in einer Entscheidungssituation?
13. Erläutern Sie das Bio-Psycho-Soziale System im Hinblick auf menschliches Entscheidungsverhalten.
14. Beschreiben Sie die unterschiedlichen Ebenen der Entscheidungsfindung.
15. Erläutern Sie das Konzept des Langzeitgedächtnisses. Inwiefern stellt Priming in diesem Zusammenhang eine Sonderform dar?
16. Durch welche vier Dimensionen lassen sich Emotionen charakterisieren?
17. Worin unterscheiden sich, unter besonderer Berücksichtigung von Kontrolle, Dauer und Intensität, die Begriffe Emotion, Affekt, Stimmung und Gefühl?
18. Wann werden Annahmen eines normativen Entscheidungsmodells durch menschliches Handeln verletzt?
19. Welche einfachen Suchregeln gibt es? Bitte beschreiben Sie die Regeln kurz und berücksichtigen Sie bei Ihrer Beschreibung den Wert und die damit verbundene Anstrengung.

Kapitel 4

1. Wie beeinflusst die Verfügbarkeit von Informationen das Entscheidungsverhalten?
2. Welche Formen des Auftretens von Heuristiken gibt es? Bitte beschreiben Sie die Merkmale der unterschiedlichen Formen.
3. Beschreiben Sie die Informationsverarbeitungsprozesse der Wahrnehmung.
4. Erklären Sie den Status quo Bias und nennen Sie ein Beispiel dafür. Diskutieren Sie außerdem, welche Auswirkungen dieser Bias auf individuelles Entscheidungsverhalten haben kann.
5. Inwiefern kann der Status quo Bias zu einem Hindernis für organisatorische Veränderungen werden? Beschreiben Sie mögliche Strategien, um mit diesem Bias umzugehen und Veränderungen erfolgreich umzusetzen.
6. Stellen Sie sich vor, Sie führen eine Umfrage zur Kundenzufriedenheit durch und erhalten eine Stichprobe von 100 Personen. Beschreiben Sie, wie die Repräsentativitätsheuristik Ihre Interpretation der Ergebnisse beeinflussen könnte und welche möglichen Fallstricke es dabei gibt.
7. Beschreiben Sie den Konjunktionsfehlschluss und erklären Sie, warum er ein Verstoß gegen die Wahrscheinlichkeitstheorie darstellt. Geben Sie ein Beispiel dafür und diskutieren Sie mögliche Erklärungen für das Auftreten des Fehlschlusses.
8. Erläutern Sie den Basisratenfehler und beschreiben Sie, wie er sich auf die Beurteilung von Wahrscheinlichkeiten auswirken kann.
9. Inwiefern beeinflusst die Medienwirkung die kriteriumsbezogene Auswahl bei der Wiedererkennung? Nennen Sie ein Beispiel dafür.
10. Nennen Sie fünf Faktoren, die auf die Verfügbarkeit von Informationen einwirken.
11. Erklären Sie die Ankerheuristik und wie sie unsere Entscheidungsfindung beeinflusst. Warum hat der Anker-Effekt oft einen starken Einfluss auf unsere Urteile und Schätzungen? Welche möglichen Konsequenzen gehen damit einher?
12. Geben Sie zwei Beispiele für den Anker-Effekt in der Wirtschaft.
13. Was bedeutet der Begriff Intuition?
14. Welche unterschiedlichen Ansichten werden zur Rolle von Heuristiken vertreten?
15. Erklären Sie den Unterschied zwischen Urteilsverzerrungen und frugalen Heuristiken. Wer hat welchen Begriff geprägt und worin unterscheiden sich die Begriffe hauptsächlich?
16. Beschreiben Sie die Affektheuristik und wie sie unser Entscheidungsverhalten beeinflusst.
17. Geben Sie zwei Beispiele für die Affektheuristik in der Wirtschaft.
18. Erläutern Sie den Begriff frugale Heuristiken.
19. Welches sind die drei Suchregeln nach Gigerenzer (1991)?

Kapitel 5

1. Beschreiben Sie die verschiedenen Phasen im Entscheidungsverhalten. Nennen Sie jeweils zwei Heuristiken, die in den jeweiligen Phasen auftreten können.
2. Was versteht man unter dem Begriff Heuristik?
3. Was ist der Halo-Effekt und wie wirkt sich dieser auf die Wahrnehmung und Bewertung von Personen aus?
4. Auf welchen Ebenen lässt sich der Halo-Effekt beschreiben?
5. Was versteht man unter dem Begriff Attributionstheorie? Erläutern Sie das Konzept nach Weiner (1986).
6. Was versteht man unter dem Begriff Selbstüberschätzung?
7. Was bedeutet kognitive Dissonanz? Beschreiben Sie Einzelheiten des Konzepts.
8. Mit welcher Heuristik geht die Redewendung „Qual der Wahl" einher? Erklären Sie diese Heuristik.
9. Welche vier Gründe gibt es, die zu Unzufriedenheit bei einer Wahl führen können?
10. Wie können die Ergebnisse des Motorroller-Experiments von Kruger und Vargas (2008) interpretiert werden? Welche Gründe sprechen für oder gegen die Möglichkeit der Informationsüberlastung oder des Effekts einer Verhaltensanomalie?
11. Beschreiben Sie das Augenbilder-Experiment von Bateson et al. (2006). Wie können die Ergebnisse interpretiert werden?
12. Warum wäre es besonders in Anschluss an Bateson et al. (2006) interessant, generell die psychischen Folgen zu untersuchen, wenn Personen subliminal stark an Geld, bewusst oder unbewusst, erinnert werden?
13. Was versteht man unter dem Begriff Priming? Welche unterschiedlichen Arten des Primings kennen Sie?
14. Was versteht man unter dem Bezugsrahmeneffekt? Nennen Sie zwei Beispiele.
15. Beschreiben Sie das Dilemma der asiatischen Krankheit (*asian disease problem*) nach Tversky und Kahneman (1981) und diskutieren Sie die Problematik.
16. Was beschreibt der Begriff mentale Buchführung? Führen Sie Beispiele an und erläutern Sie, wie man Fehler vermeiden kann
17. Skizzieren Sie eine Entscheidungssituation, bei der mehr als eine kognitive Verzerrung eine Rolle spielt. Beschreiben Sie die Effekte der kognitiven Verzerrungen.
18. Was versteht man unter dem Besitz-Effekt? Erläutern Sie einen Erklärungsansatz für diesen Effekt im Entscheidungsverhalten.
19. Erläutern Sie den Begriff Concorde-Fehlschluss. Welche Verzerrung des Entscheidungsverhaltens wird maßgeblich hiermit in Verbindung gebracht?
20. Was ist der Kerngedanke des hyperbolischen Diskontierens? Nennen Sie ein Beispiel.
21. Beschreiben Sie den Marshmallow-Test von Mischel et al. (1989). Wie können die Ergebnisse interpretiert werden?
22. Was versteht man unter dem Begriff der Kontrollillusion? Führen Sie ein Beispiel aus dem Finanzmarkt an.

23. Personen glauben oft, Einfluss darüber zu haben, ob es regnen wird, die Ampel grün bleibt oder der Lieblingsverein gewinnen wird. Welcher kognitiven Verzerrung erliegen sie dann?

Kapitel 6

1. Erläutern Sie die Relevanz des Referenzpunktes für die Prospect-Theorie.
2. Was versteht man unter dem Begriff Verlustaversion? Beschreiben Sie anhand eines Beispiels, wie der Effekt sich am Aktienmarkt auswirkt.
3. Was versteht man unter der SEU-Theorie?
4. Welche zwei Phasen des Entscheidungsprozesses werden in der Prospect-Theorie unterschieden?
5. Was versteht man unter dem St. Petersburger Paradoxon?
6. Was besagt die normative Theorie des subjektiv erwarteten Nutzens?
7. Welche Regeln finden in der Editierungsphase Verwendung? Geben Sie jeweils ein Beispiel.
8. Welchen drei Zielen dient die Editierung des Problems?
9. Was versteht man unter dem Begriff Aufwand-Qualität-Trade-Off?
10. Definieren Sie den Begriff relative Genauigkeit nach Payne (1993).
11. Welche entscheidenden Neuerungen gibt es bei der Prospect-Theorie im Vergleich zur SEU-Theorie?
12. Was versteht man als Wertfunktion der Prospect-Theorie?
13. Welchen Verlauf zeigt die Wertfunktion in der Prospect-Theorie bei Gewinnen?
14. Welche Rolle spielt die Entscheidungsgewichtung der Prospect-Theorie?
15. Was versteht man unter der Theorie der Enttäuschung (*disappointment theory*)?
16. Was versteht man unter der Theorie des Bedauerns (*regret theory*)?
17. Skizzieren Sie die Entwicklung der Prospect-Theorie zur kumulativen Prospect-Theorie.
18. Nennen Sie die Risikoeinstellung in Abhängigkeit von Gewinnen und Verlusten und nach der Höhe der Wahrscheinlichkeit entsprechend den Ergebnissen eines Experiments von Tversky und Kahneman (1992).
19. Welche Effekte im Entscheidungsverhalten werden mit der Prospect-Theorie in Verbindung gebracht?

Kapitel 7

1. Erläutern Sie die beiden Denksysteme, die Kahneman (2012) in seinem dualen Modell vorschlägt.
2. Beschreiben Sie die Merkmale des Denkens in System 1 nach Kahneman (2012).

3. Nennen Sie ein Beispiel für eine Situation, in der das Denken nach System 1 (Kahneman, 2012) wahrscheinlich vorherrscht.
4. Erläutern Sie die Rolle von Heuristiken im System 1 nach Kahneman (2012).
5. Welches sind die von Kahneman (2012) beschriebenen Merkmale des Denkens in System 2?
6. Nennen Sie ein Beispiel für ein Szenario, in dem typischerweise das Denken nach System 2 (Kahneman, 2012) eingesetzt wird.
7. Erläutern Sie das Konzept der kognitiven Belastung und dessen Beziehung zum Denken nach System 2 (Kahneman, 2012).
8. Wie bezieht sich Kahnemans (2012) duales Modell des Denkens auf die Entscheidungsfindung bei Voreingenommenheit?
9. Erläutern Sie das Konzept der "schnellen und sparsamen" Entscheidungsfindung und dessen Zusammenhang mit dem Denken nach System 1.
10. Beschreiben Sie, welche Auswirkungen Kahnemans (2012) Arbeit auf das Verständnis menschlichen Verhaltens und die Verbesserung von Entscheidungsprozessen hat.
11. Ordnen Sie den folgenden Aussagen bitte zu, ob diese dem Modell des Denkens System 1 oder System 2 eher entsprechen.
    Sie erkennen das Gesicht eines Freundes in einer Menschenmenge.
        (System ...)
    Sie lösen eine komplexe mathematische Gleichung.
        (System ...)
    Sie fahren ein Auto auf einer leeren Straße.
        (System ...)
    Sie entscheiden, ob Sie joggen gehen oder fernsehen.
        (System ...)
    Sie erinnern sich an die eigene Adresse.
        (System ...)
    Sie wägen die Vor- und Nachteile einer größeren Anschaffung ab.
        (System ...)
    Sie erkennen und korrigieren grammatikalische Fehler in einem Satz.
        (System ...)
    Sie fahren Fahrrad.
        (System ...)
    Sie wählen zwischen zwei Eissorten nach Ihrer persönlichen Präferenz.
        (System ...)
    Sie lösen ein Kreuzworträtsel.
        (System ...)
12. Was sind die zentralen Unterschiede zwischen den Denkmodellen System 1 und System 2?
13. Nennen Sie mindestens drei Modellansätze des Dualen Denkens inklusive Autor und Entstehungsjahr.

14. Nennen Sie mindestens vier Merkmale eines modularen Systems.
15. Was versteht man unter dem Begriff Reaktanz?
16. Was versteht man unter dem Begriff Trivialisierung des Modells 1/2 nach Kahneman (2012)? Führen Sie ein Beispiel für die Trivialisierung an.

Kapitel 8

1. Was versteht man unter dem Begriff *nudging*? Wer hat den Begriff in der Verhaltensökonomie etabliert?
2. Inwiefern spielt die Entscheidungsarchitektur für das *nudging* eine bedeutende Rolle?
3. Nennen Sie ein konkretes Beispiel, wie durch digitales *nudging* gewinnbringende Kaufentscheidungen herbeigeführt werden können.
4. Zeigen Sie die konkreten Unterschiede zwischen *nudging* und verpflichtendem Verhalten, was beispielsweise durch Regeln und Vorschriften gefordert wird.
5. Erläutern Sie, wie *nudging* als Verhaltensstimulus eingesetzt werden kann. Nennen Sie ein konkretes Beispiel.
6. Nennen Sie drei unterschiedliche Arten von *nudges* und geben Sie jeweils konkrete Anwendungsbeispiele.
7. Wie kann *nudging* auf der staatlichen Ebene eingesetzt werden?
8. Erläutern Sie, inwieweit *nudging* auf das Denken nach System 2 einwirken kann, damit bewusste Entscheidungen gefördert werden können und zugleich die Überwindung kognitiver Verzerrungen erleichtert werden kann.
9. Diskutieren sie den Satz: „Jeder *nudge* stellt zugleich eine Manipulation dar."
10. Inwieweit wirken sich *nudges* auf die Selbstbestimmung und Autonomie bei der Entscheidungsfindung aus?
11. Was versteht man unter dem Begriff des libertären Paternalismus?
12. Nennen und beschreiben Sie vier der am meisten verwendeten Instrumente des *nudging*.
13. Erläutern Sie das Gestaltungsmodell MINDSPACE.
14. Inwieweit ist es möglich, individuelle Handlungsfreiheit und Selbstbestimmung auszuüben, wenn *nudges* verwendet werden?
15. Welche Prinzipien sollten eingehalten werden, so dass sich *nudges* nicht negativ auf die Selbstbestimmung auswirken?
16. Geben Sie jeweils ein Beispiel dafür, wie ein *nudge* entweder manipulativ oder autonomiestärkend wirken kann.
17. Welche ethischen Bedenken werden bei der Verwendung von *nudges* geltend gemacht?
18. Geben Sie zwei Beispiele für die Verhaltensgestaltung entweder durch traditionelle Hinweise oder *nudging*.

19. Was versteht man unter Opt-in/Opt-out Maßnahmen im Zusammenhang mit *nudging*?
20. In welchem Land wurden Prinzipien der Verhaltensökonomie zuerst in der Politikgestaltung eingesetzt?
21. Wie können Sie den Aufstieg Chinas zur Technologieweltmacht charakterisieren. Nennen Sie Vor- und Nachteile der Entwicklung?

Kapitel 9

1. Was sind jeweils die Charakteristika von individuellen und kollektiven Entscheidungen?
2. Verdeutlichen Sie den Zusammenhang zwischen der Spieltheorie und der Entscheidungstheorie.
3. Welche Personen gelten als Begründer der Spieltheorie? In welchem Zeitraum und an welcher Universität entstanden die entscheidenden Beiträge zur Spieltheorie?
4. Welcher Mathematiker hat in den 1950ern Jahren die Spieltheorie maßgeblich bereichert und worin bestand sein Beitrag?
5. Warum schließen Personen Wetten mit einem negativem Erwartungswert ab? Wie entscheiden rein rational handelnde Personen bei Wetten mit einem negativen Erwartungswert?
6. Was versteht man unter dem Begriff Gefangendilemma? Beschreiben Sie die Kosten-Nutzen-Matrix.
7. Was versteht man unter dem Begriff Nash-Gleichgewicht?
8. Wie ist der Begriff Gruppe definiert? Geben Sie ein Beispiel für eine Gruppe in der Wirtschaft.
9. Worin unterscheidet sich ein Team von einer Gruppe?
10. Welche zwei Faktoren tragen maßgeblich zum Erfolg der Gruppe bei?
11. Nennen Sie jeweils mindestens vier Merkmale von Gruppen und Gruppenprozessen.
12. Erläutern Sie den Begriff Gruppenkonsens.
13. Was unterscheidet die Begriffe Norm und Standards?
14. Welcher Zusammenhang besteht zwischen den Begriffen Gruppe und Rolle?
15. Warum wird dem Begriff Diversität eine besondere Aufmerksamkeit zuteil?
16. Was versteht man unter dem Prinzipal-Agent-Dilemma?
17. Welche Lösungsansätze gibt es, um versteckte Merkmale und versteckte Handlungen aufzudecken?
18. Was ist mit dem Begriff psychologischer Vertrag gemeint?
19. Erläutern Sie den Begriff Gruppendenken.
20. Nennen Sie mindestens vier Merkmale des Gruppendenkens.
21. Inwieweit besteht die Gefahr, in Gruppensituationen riskantere Entscheidungen zu treffen?

22. Welche Erklärungsversuche gibt es für riskantes Verhalten in Gruppen?
23. Was versteht man unter dem Begriff Altruismus? Welche zwei Denkansätze gibt es, um altruistisches Handeln zu erklären?
24. Was versteht man unter dem Ultimatum-Spiel?
25. Was versteht man unter dem Begriff Reziprozität? Welche Regeln gelten für Marktteilnehmende im Sinne des Gegenseitigkeitsprinzips?
26. Geben Sie Beispiele für sowohl positive als auch negative Reziprozität.
27. Was versteht man unter dem Begriff *tit-for-tat*-Strategie?
28. Was versteht man unter dem Begriff Enthüllungsreziprozität?

Kapitel 10

1. Beschreiben Sie anhand je eines Beispiels, wie verhaltensökonomische Prinzipien in den Bereichen Personalwesen, Marketing und verhaltensorientiertes Finanzwesen wirken oder angewandt werden.
2. Beschreiben Sie beispielhaft eine der vorgestellten Interventionen der Behavioural Insights Unit London.
3. Für welche Aufgabenstellungen wurde die Behavioural Insights Unit London aufgebaut?
4. Nach welchen Prinzipien arbeitet die Behavioural Insights Unit London?
5. Welche Faktoren beeinflussen den Erfolg der Wissenstranslation?
6. Was versteht man unter einem Knowledge Broker?
7. Welche Heuristiken wirken sich auf die geldpolitische Kommunikation zwischen der Notenbank und Finanzmarktakteuren aus?
8. Auf welchen Prinzipien basiert die Vorhersagekraft von KI-Systemen?
9. Erläutern Sie das EAST-Konzept.
10. Wie geht man idealtypisch bei der Implementierung eines *nudges* vor?
11. Skizieren Sie eine mögliche Umsetzungsstrategie eines *nudges*.
12. Was versteht man unter dem Kompromiss-Effekt?
13. Nennen Sie zwei gesellschaftliche Bereiche, auf die sich Sozialpolitik auswirken kann.
14. Worum handelt es sich bei dem Ansatz *„Save More Tomorrow"* (SMarT)?
15. Auf welchen mentalen Automatismen beruhen Fehlentscheidungen im Controlling?
16. Was versteht man unter dem Korrumpierungseffekt?
17. Welches Vorhersageinstrument stellt eine besondere Art der Informationssteuerung dar?
18. Was versteht man unter dem WYSIATI-Effekt?
19. Zeigen Sie beispielhaft, wie sich der Dispositionseffekt auf das Verhalten von Anlegern auswirken kann.
20. Benennen Sie mindestens vier Gehirnareale und beschreiben Sie kurz deren Funktionen.

21. Was versteht man unter dem Begriff dynamische Preisgestaltung?
22. Benennen Sie die drei Dimensionen der Gerechtigkeit.
23. Was besagt das Equity-Modell nach Adams (1965)?
24. Welche Aspekte der Konsumentenforschung stellen das Kaufverhalten der Kundschaft in den Mittelpunkt?
25. Nach welchen drei Ebenen kann Glück aus psychologischer Sicht differenziert werden?
26. Welche Faktoren erhöhen das Glücksgefühl direkt? Benennen Sie mindestens drei.
27. Auf welchen Grundpfeilern basiert das Konzept des globalen Bruttoglücks?
28. Evaluieren Sie das Easterlin-Paradoxon.
29. Was versteht man unter dem Reduktionismus in den Neurowissenschaften?
30. Was versteht man unter reziprokem Determinismus?
31. Erläutern Sie mindestens zwei Typen kausaler Erklärungen individuellen Handelns anhand des Beispiels „Ball gegen Wand/Schulter".
32. Was versteht man unter dem Begriff Indeterminismus?
33. Was versteht man unter dem Begriff Willensfreiheit?
34. Erläutern Sie den Begriff Bewusstsein.
35. Von welchen Faktoren und Kompetenzen wird Volition beeinflusst? Benennen Sie mindestens fünf Faktoren und erläutern Sie kurz zwei der Faktoren.
36. Was besagt das Erstauslöserprinzip und warum wird es als wichtig erachtet?
37. Benennen Sie die unterschiedlichen Konsequenzen des Determinismus in Bezug auf die Willensfreiheit und erläutern Sie eine Konsequenz ausführlich.
38. Beschreiben Sie den Unterschied zwischen wirtschaftlicher Freiheit und freier Marktwirtschaft.
39. Beschreiben Sie jeweils ein Beispiel für negative und positive Freiheit.
40. Nennen Sie fünf Forschungsfragen, die sich der Verhaltensökonomie zukünftig stellen. Erläutern Sie kurz zwei der Forschungsfragen näher.
41. Erläutern Sie stichwortartig das Experiment von Libet (1980) und beschreiben Sie kurz die damit verbundenen Diskussionen.
42. Erläutern Sie, worin sich Willensfreiheit von Volition unterscheidet.

B) Erfolgreich lernen mit SQ3R

Es ist eine Sache, was sie aus diesem Buch direkt für sich, ihr Leben und ihren beruflichen Alltag mitnehmen, aber eine andere, wie sie es schaffen, dieses von uns zu vermittelnde Wissen nachhaltig in ihrem Gedächtnis und ihren Handlungen zu verankern.

In der Pädagogik und der Lernforschung gibt es eine Vielzahl von Konzepten, die sich auf die effektive Vermittlung von Wissen und die nachhaltige Verankerung im Gedächtnis konzentrieren. Zu den zentralen Ansätzen gehören kognitive Lernstrategien, metakognitive Techniken und sozial-konstruktivistische Lernansätze, die alle unterschiedlichen Aspekte des Lernprozesses beleuchten. Kognitive Lernstrategien fokussieren sich darauf, wie Lernende Informationen aufnehmen, organisieren und speichern. Metakognitive Techniken wiederum fördern die Selbstregulation des Lernprozesses, indem Lernende ihre Lernstrategien überwachen und anpassen. Sozial-konstruktivistische Ansätze betonen die Bedeutung der sozialen Interaktion und der kollaborativen bzw. gruppenbezogenen Wissenskonstruktion.

Im Kontext dieser Konzepte spielt die Lern-Taxonomie nach Bloom (Bloom, 1973; überarbeitet: Anderson & Krathwohl, 2001) eine zentrale Rolle, da sie eine hierarchische Struktur der kognitiven Fähigkeiten bietet, die für Lernprozesse entscheidend sind. Die sechs Stufen kognitiver Verarbeitungtiefe bauen jeweils aufeinander auf. Sie beginnt bei der einfachsten Form des Lernens bzw. der ersten Stufe, dem Faktenwissen (Kenntnis grundlegender Fakten), und reicht bis zur höchsten Stufe, dem Evaluieren (Bewerten und Urteilen). Die mittleren Stufen verweisen auf die sich ergänzenden Stufen: Verstehen, Anwenden, Analysieren und Synthetisieren. Diese Taxonomie dient dazu, Lernprozesse zu strukturieren und Lernziele präzise zu formulieren. Jedes dieser spezifischen Ziele trägt zu sichtbaren Lernerfolgen bei. Die schrittweise Inhaltswiedergabe führt zu einer vertieften kritischen und anwendungsorientierten Auseinandersetzung mit dem Lernstoff.

Für die praktische Umsetzung dieser Lernziele eignet sich die **SQ3R-Methode** besonders gut. Sie erleichtert es Lernenden Texte systematisch zu erschließen und die aufgenommenen Informationen langfristig zu speichern. Der große Vorteil dieser Methode liegt in ihrer Struktur, anhand welcher der Lernprozess in klar definierten Schritten durchlaufen wird. Dies gewährleistet ein tieferes Verständnis und Informationen verankern sich nachhaltiger im Langzeitgedächtnis zu. Die Methode beginnt mit dem Schritt *Survey* (Übersicht), bei dem sich Lernende einen groben Überblick über den Text verschaffen, um dessen Hauptthemen zu erfassen. Dies deckt sich mit der ersten Stufe der Bloomschen Taxonomie, dem Faktenwissen, bei dem es darum geht, grundlegende Fakten und Informationen zu identifizieren. Durch diesen Überblick werden die Lernenden in die Lage versetzt, die Struktur und Kernaussagen des Textes zu erfassen, bevor sie sich tiefer mit dem Inhalt beschäftigen. Im nächsten Schritt, *Question* (Fragen stellen), geht es darum, gezielt Fragen an den Text zu formulieren. Dies fördert die nächste Stufe, nämlich Verstehen, der Bloom'schen Taxonomie. Durch das Stellen von Fragen werden die Lernenden angeregt, den Text kritisch zu hinterfragen und Verbindungen zu ihrem bestehenden Wissen herzustellen. Dieser aktive Prozess der Hypothesenbildung und der gezielten Wissensaneignung fördert nicht nur das Verständnis, sondern auch die Motivation, da der Lernprozess durch das Finden von Antworten auf die selbst gestellten Fragen interaktiv und aussagekräftiger wird. Der dritte Schritt, *Read* (Lesen), stellt den Kern der Informationsaufnahme dar. Hier lesen die Lernenden den Text sorgfältig und markieren wichtige Stellen. Dies entspricht der Anwendung-Stufe der Taxonomie, da die Lernenden bereits vorhandenes Wissen nutzen, um die neuen Informationen in ihr bestehendes Wissensnetzwerk zu integrieren. Durch das systematische Lesen und Markieren wird die Informationsverarbeitung unterstützt, wobei bewusste Pausen zwischen den Lernabschnitten helfen, das Gelernte besser zu verarbeiten und zu speichern. Nach dem Lesen folgt der Schritt *Recite* (Rekapitulieren), bei dem die Lernenden die Informationen Abschnitt für Abschnitt zusammenfassen und so die Kernaussagen hervorheben. Dies fördert das Analysieren, indem die Lernenden das Gelesene in kleinere Einheiten zerlegen, kritisch bewerten und Verbindungen zwischen den einzelnen Informationen herstellen. Dieser Schritt ist entscheidend, um das Verständnis zu vertiefen und die Inhalte gezielt zu reflektieren. Der letzte Schritt, *Review* (Bewertung), zielt darauf ab, das Gelernte im Langzeitgedächtnis zu verankern. Hier wird das Wissen erneut durchgegangen, Fragen werden überprüft und eventuelle Unklarheiten beseitigt. Dies korrespondiert sowohl mit der Evaluierung als auch mit der Synthetisierung nach Bloom (Bloomschen Taxonomie). Lernende überprüfen kritisch, ob sie alle Fragen beantworten können, und verbinden die neuen Informationen mit bereits vorhandenem Wissen, wodurch ein tieferes Verständnis gefördert und eine dauerhafte Verankerung ermöglicht wird.

Die Verbindung der SQ3R-Methode mit der Lern Taxonomie nach Bloom verdeutlicht, wie der Lernprozess systematisch strukturiert werden kann, um nicht nur kurzfristiges Lernen, sondern auch den langfristigen Wissenstransfer zu fördern. Durch den schrittweisen Aufbau der SQ3R-Methode werden die Lernenden in die Lage versetzt, den Lernstoff nicht nur oberflächlich zu verstehen, sondern auf höheren kognitiven Ebenen zu analysieren, zu bewerten und in neuen Zusammenhängen anzuwenden. Diese strukturierte Form des Lernens verweist auf die Prinzipien des transfergerechten Lernens, bei dem es darum geht, Wissen nicht nur zu erwerben, sondern es auch in neuen, unbekannten Situationen erfolgreich anzuwenden. Die Kombination aus der strukturierten Informationsaufnahme durch SQ3R und den klar definierten Lernzielen der Bloomschen Taxonomie schafft die Grundlage für einen Lernprozess, der tief verankert ist und eine hohe Transferfähigkeit besitzt. Dies ist besonders in beruflichen und akademischen Kontexten von Bedeutung, wo es nicht nur darum geht, Fakten zu kennen und wiederzugeben, sondern diese in unterschiedlichen und oft unerwarteten Situationen anwenden zu können. Insgesamt bietet die SQ 3R-Methode in Verbindung mit der Lerntaxonomie nach Bloom einen effektiven Rahmen, um Lerninhalte strukturiert zu verarbeiten und nachhaltig zu verankern. Die Methode fördert nicht nur das tiefere Verständnis und die kritische Auseinandersetzung mit dem Lernstoff, sondern auch die

Fähigkeit, das Gelernte flexibel und situationsgerecht anzuwenden – eine Fähigkeit, die im Sinne des transfergerechten Lernens und der Generalisierbarkeit von Wissen von zentraler Bedeutung ist.

Aus diesem Grund möchten wir ihnen nachfolgend zur Erweiterung ihres lernstrategischen Repertoires und zur Stärkung ihrer Lernkompetenz die SQ3R-Methode näherbringen.

SQ3R
Erfolgreich Lernen

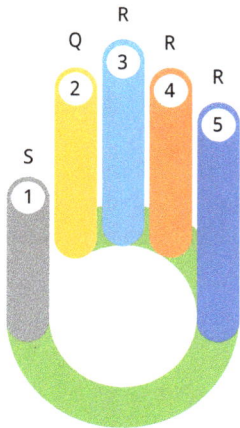

1 *Survey*	Überblick verschaffen
2 *Question*	Fragen gezielt stellen
3 *Read*	Lesen und Fragen beachten
4 *Recite*	Abschnitt für Abschnitt vergegenwärtigen
5 *Review*	Informationen erneut überarbeiten

Abb. A.1: SQ3R – Erfolgreich Lernen.

Diese Lerntechnik ermöglicht in fünf Schritten, neue Informationen in ihr vorhandenes Wissen einzubinden. Ihre Konzentration verbessert sich. Ihre Motivation steigt, weil es ihnen leichter fallen wird, die Quintessenz der einzelnen Abschnitte zu extrahieren. Diese effiziente Informationsaufnahme transformiert die wahrgenommenen Inhalte zu Wissen. Das neue Wissen gelangt durch erzielte Lerneffekte leichter in ihr Langzeitgedächtnis.

Survey (1) Verschaffen sie sich zunächst einen Überblick.

Dazu ist es hilfreich sich zunächst das Inhaltsverzeichnis anzuschauen und daraufhin die Haupt- und Unterüberschriften, grafische Abbildungen und prägnante Zusammenfassungen zu überfliegen. Bevor sie jedoch damit starten, sollten sie in kurzer Bedenkzeit ihre Erwartungen abfragen.

Question (2) Stellen sie gezielt Fragen an den Text.

Bauen sie auf ihren Gedanken auf, die ihnen beim Überblicken der Abschnitte in den Kopf gekommen sind, wandeln sie die Überschriften in Fragen um und notieren sie sich alles in Frage kommende schriftlich.

Read	(3) Beginnen Sie mit dem Lesen und beachten Sie die gestellten Fragen. Hierbei empfiehlt es sich die einzelnen Abschnitte aufmerksam zu lesen und die Kernaussagen/-begriffe systematisch mit unterschiedlichen Farben zu markieren. Notierte Ausrufezeichen heben besonders wichtige Stellen hervor. Das Setzen von Fragezeichen stellt noch unklare Passagen heraus. Bewusste Pausen fördern die Informationsverarbeitung. Auf welche Fragen wollen sie Antworten?
Recite	(4) Vergegenwärtigen Sie sich Abschnitt für Abschnitt. Vergewissern sie sich welche Fragen aus Schritt 2 sie beantworten konnten und welche nicht. Überfliegen sie die von ihnen markierten und hervorstechenden Punkte. Fertigen sie eine Kurzzusammenfassung an. Nutzen sie die für sie effizienteste Methode und entscheiden sie selbst, ob sie Bulletpoints, Skizzierungen, Road/Mindmaps oder Fließtexte anfertigen. Lesen sie sich ihre Notizen aufmerksam vor.
Review	(5) Überarbeiten Sie erneut die zusammengefassten Informationen. Holen sie sich ihre Notizen, Anmerkungen und Zusammenfassungen wieder in Erinnerung. Lesen sie sich diese wiederholt aufmerksam vor und speichern es Gedächtnis ab.

Referenzen

Anderson, L.W. & Krathwohl, D.R. (Hrsg.). (2001). Taxonomy for learning, teaching and assessing. A revision of Bloom`s taxonomy of educational objectives. Boston, MA: Addison Wesley Longman.
Bloom, B.S. (Hrsg.). (1973). Taxonomie von Lernzielen im kognitiven Bereich (3. Aufl.). Weinheim: Beltz.

Literaturverzeichnis

Ach, N. (1910). *Über den Willensakt und das Temperament.* Leipzig: Quelle & Meyer.

Action on smoking and health (ASH). (August 2023). *Fact sheet: Use of e-cigarettes (vapes) among adults in Great Britain.* Abgerufen am 12. März 2023 von ash.org.uk: https://ash.org.uk/uploads/Use-of-e-cigarettes-among-adults-in-Great-Britain-2023.pdf?v=1691058248#:~:text=People%20aged%2025-34%2C%2035,%25)%20than%20women%20(8.6%25).

Adams, J. S. (1965). Inequity in social exchange. In L. Berkowitz (Ed.), *Advances in experimental social psychology* (pp. 267–299). Cambridge, MA: Academic Press.

Adaval, R., & Wyer Jr., R. S. (2011). Conscious and nonconscious comparisons with price anchors: Effects on willingness to pay for related and unrelated products. *Journal of Marketing Research, 48*, 355–365.

Aikman, D., Galesic, M., Gigerenzer, G., Kapadia, S., Katsikopoulos, K., Kothiyal, A., ... Neumann, T. (2021). Taking uncertainty seriously: Simplicity versus complexity in financial regulation. *Industrial and Corporate Change, 30*, 317–345.

Ainslie, G. &. (1992). Hyperbolic discounting. In G. Loewenstein, & J. Elster (Eds.), *Choice over time* (pp. 57–92). New York: Russell Sage Foundation.

Akerlof, G. A., & Shiller, R. J. (2016). Manipulation and deception as part of a phishing equilibrium. *Business Economics, 51*, 207–212.

Ali, J., Perumal, S., & Shaari, H. (2020). Application of the stimulus-organism-response model in the airline industry: Examining mediating role of airline image in repurchase intention. *International Journal of Supply Chain Management, 9*, 981–989.

Alm, J., & Kasper, M. (2023). Using behavioural economics to understand tax compliance. *Economic and Political Studies, 11*, 279–294.

Altmann, S., Falk, A., & Marklein, F. (2009). *Eingeschränkt rationales Verhalten: Evidenz und wirtschaftspolitische Implikationen, IZA Standpunkte, No. 12.* Bonn: Forschungsinstitut zur Zukunft der Arbeit (IZA).

Amaya Rivas, A., Liao, Y. K., Vu, M. Q., & Hung, C. S. (2022). Toward a comprehensive model of green marketing and innovative green adoption: Application of a stimulus-organism-response model. *Sustainability, 14*, 3288.

Ambos, T. C., Cesinger, B., Eggers, F., & Kraus, S. (2020). How does de-globalization affect location decisions? A study of managerial perceptions of risk and return. *Global Strategy Journal, 10*, 210–236.

Anderson, J. R. (1983). A spreading activation theory of memory. *Journal of Verbal Learning and Verbal Behavior, 22*, 261–295.

Antonides, G., De Groot, I. M., & Van Raaij, W. F. (2011). Mental budgeting and the management of household finance. *Journal of Economic Psychology, 32*, 546–555.

Ariely, D. (2008). *Predictably irrational.* New York: HarperCollins.

Ariely, D., Loewenstein, G., & Prelec, D. (2003). "Coherent arbitrariness": Stable demand curves without stable preferences. *The Quarterly Journal of Economics, 118*, 73–105.

Arkes, H. R., & Ayton, P. (1999). The sunk cost and Concorde effects: Are humans less rational than lower animals? *Psychological Bulletin, 125*, 591–600.

Arkes, H. R., & Blumer, C. (1985). The psychology of sunk cost. *Organizational Behavior and Human Decision Processes, 35*, 124–140.

Aronson, E. (1969). The theory of cognitive dissonance: A current perspective. *Advances in Experimental Social Psychology, 4*, 1–34.

Artinger, F., Petersen, M., Gigerenzer, G., & Weibler, J. (2015). Heuristics as adaptive decision strategies in management. *Journal of Organizational Behavior, 36*, 33–52.

Artinger, S., & Vulkan, N. (2016). Does group size matter for behavior in online trust dilemmas? *Plos One, 11*, e0166279.

https://doi.org/10.1515/9783110722307-013

Arvanitis, A., Kalliris, K., & Kaminiotis, K. (2022). Are defaults supportive of autonomy? An examination of nudges under the lens of self-determination theory. *The Social Science Journal, 59*, 394–404.

Atanasiu, R. (2021). The lifecycle of heuristics as managerial proverbs. *Management Decision, 59*, 1617–1641.

Atanasiu, R., Ruotsalainen, R., & Khapova, S. N. (2023). A simple rule is born: How CEOs distill heuristics. *Journal of Management Studies, 60*, 1064–1104.

Baars, B. (2017). The global workspace theory of consciousness: Predictions and results. In S. Schneider, & M. Velmans (Eds.), *The Blackwell companion to consciousness* (pp. 227–242). Hoboken, NJ: Wiley-Blackwell.

Baars, B. J., & Newman, J. (1994). A neurobiological interpretation of global workspace theory. In A. Revonsuo, & M. Kamppinen (Eds.), *Consciousness in philosophy and cognitive neuroscience* (pp. 211–226). New York: Oxford University Press.

Bachmann, T. (2019). Gruppenintelligenz–gemeinsam sind wir besser. *Gruppe Interaktion Organisation, 50*, 397–411.

Baddeley, A. D., & Logie, R. H. (1999). Working memory: The multiple-component model. In A. Miyake, & P. Shah (Eds.), *Models of working memory* (pp. 28–61). Cambridge, UK: Cambridge University Press.

Badke-Schaub, P., Hofinger, G., & Lauche, K. (2008). *Human Factors: Psychologie sicheren Handelns in Risikobranchen*. Heidelberg: Springer.

Baliga, S., & Ely, J. C. (2011). Mnemonomics: The sunk cost fallacy as a memory kludge. *American Economic Journal: Microeconomics, 3*, 35–67.

Bandura, A. (1986). *Social foundations of thought and action: A social cognitive theory*. Englewood Cliffs, NJ: Prentice Hall.

Bao, Y., Zhou, K. Z., & Su, C. (2003). Face consciousness and risk aversion: Do they affect consumer decision-making? *Psychology & Marketing, 20*, 733–755.

Bargh, J. A. (2006). What have we been priming all these years? On the development, mechanisms, and ecology of nonconscious social behavior. *European Journal of Social Psychology, 36*, 147–168.

Bargh, J. A., Chen, M., & Burrows, L. (1996). Automaticity of social behavior: Direct effects of trait construct and stereotype activation on action. *Journal of Personality and Social Psychology, 71*, 230–244.

Bargh, J. A., Gollwitzer, P. M., Lee-Chai, A., Barndollar, K., & Trötschel, R. (2001). The automated will: Nonconscious activation and pursuit of behavioral goals. *Journal of Personality and Social Psychology, 81*, 1014–1027.

Baron, J., & Hershey, J. C. (1988). Outcome bias in decision evaluation. *Journal of Personality and Social Psychology, 54*, 569–579.

Baron, R. S. (2005). So right it's wrong: Groupthink and the ubiquitous nature of polarized group decision making. In M. P. Zanna (Ed.), *Advances in experimental social psychology* (Vol. 37, pp. 219–253). Cambridge, MA: Academic Press.

Barrett, L. F. (2006). Are emotions natural kinds? *Perspectives on Psychological Science, 1*, 28–58.

Barsalou, L. W. (2016). Situated conceptualization offers a theoretical account of social priming. *Current Opinion in Psychology, 12*, 6–11.

Bartlakowski, K. (2016). Die Führungskraft als Coach: Ein Plädoyer für eine beziehungsorientiertere Führungskultur. *Bibliotheksdienst, 50*, 474–485.

Bartsch, T.-C., Hoppmann, M., Rex, B. F., & Vergeest, M. (2013). *Trainingsbuch Rhetorik*. Paderborn: Schöningh.

Bateson, M., Nettle, D., & Roberts, G. (2006). Cues of being watched enhance cooperation in a real-world setting. *Biology Letters, 2*, 412–414.

Baumeister, R., & Tierney, J. (2012). *Die Macht der Disziplin*. Frankfurt am Main: Campus.

Bear, M. F., Connors, B. W., & Paradiso, M. A. (2016). *Neuroscience: Exploring the brain*. Alphen aan den Rijn, NL: Wolters Kluwer.

Beck, H. (2014). *Behavioral Economics*. Wiesbaden: Springer Gabler.

Beck, H., & Wüst, K. (2009). *Gescheiterte Diäten, Wucherzinsen und Warteprämien: Die neue ökonomische Theorie der Zeit.* Pforzheim: Hochschule Pforzheim.

Beck, U. (1986). *Risikogesellschaft.* Frankfurt am Main: Suhrkamp.

Beckermann, A. (2020). *Gehirn, Ich, Freiheit: Neurowissenschaften und Menschenbild.* Leiden: Brill.

Bednall, T. C., Sanders, K., & Runhaar, P. (2014). Stimulating informal learning activities through perceptions of performance appraisal quality and human resource management system strength: A two-wave study. *Academy of Management Learning & Education, 13*, 45–61.

Bekir, I., & Doss, F. (2020). Status quo bias and attitude towards risk: an experimental investigation. *Managerial and Decision Economics, 41*, 827–838.

Bell, D. E. (1982). Regret in decision making under uncertainty. *Operations Research, 30*, 961–981.

Bell, D. E. (1985). Disappointment in decision making under uncertainty. *Operations Research, 33*, 1–27.

Bergmann, R., & Bungert, M. (2012). *Strategische Unternehmensführung: Perspektiven, Konzepte, Strategien.* Berlin: Springer.

Bergram, K., Djokovic, M., Bezençon, V., & Holzer, A. (2022). The digital landscape of nudging: A systematic literature review of empirical research on digital nudges. In S. Barbosa, C. Lampe, C. Appert, D. A. Shamma, S. Drucker, J. Williamson, & K. Yatani (Eds.), *CHI'22: Proceedings of the 2022 CHI Conference on Human Factors in Computing Systems* (pp. 1–16). New York: Association for Computing Machinery.

Berkowitz, L. (1989). Frustration-aggression hypothesis: examination and reformulation. *Psychological Bulletin, 106*, 59–73.

Berlin, I. (2002). Two concepts of liberty. In H. Hardy (Ed.), *Liberty* (pp. 166–217). Oxford: Oxford University Press.

Berninghaus, S., Ehrhart, K. M., & Güth, W. (2010). *Strategische Spiele: Eine Einführung in die Spieltheorie.* Berlin: Springer.

Bierhoff, H. W., & Rohmann, E. (2017). Diffusion von Verantwortung. In L. Heidbrink, C. Langbehn, & J. Loh (Hrsg.), *Handbuch Verantwortung* (S. 911–931). Wiesbaden: Springer Gabler.

Bierhoff, H. W., Frey, D., & Rohmann, E. (2011). Positive Psychologie: Glück, Prosoziales Verhalten, Verzeihen, Solidarität, Bindung, Freundschaft. In H. W. Bierhoff, & D. Frey, *Sozialpsychologie–Interaktion und Gruppe* (S. 81–105). Göttingen: Hogrefe.

Bingham, C. B., & Eisenhardt, K. M. (2011). Rational heuristics: The 'simple rules' that strategists learn from process experience. *Strategic Management Journal, 32*, 1437–1464.

Blanchflower, D. G., & Oswald, A. J. (2004). Well-being over time in Britain and the USA. *Journal of Public Economics, 88*, 1359–1386.

Bø, E. E., Slemrod, J., & Thoresen, T. O. (2015). Taxes on the internet: Deterrence effects of public disclosure. *American Economic Journal: Economic Policy, 7*, 36–62.

Böhmer, G. (2010). *Neuroökonomie (Neuroeconomics): Neuronale Mechanismen ökonomischer Entscheidungen.* Mainz: Johannes Gutenberg-Universität.

Boly, M., Massimini, M., Tsuchiya, N., Postle, B. R., Koch, C., & Tononi, G. (2017). Are the neural correlates of consciousness in the front or in the back of the cerebral cortex? Clinical and neuroimaging evidence. *Journal of Neuroscience, 37*, 9603–9613.

Bomsdorf, E. (2002). Ansätze zur formelgebundenen Anpassung der Regelaltersgrenze in der Gesetzlichen Rentenversicherung. *Sozialer Fortschritt, 51*, 259–263.

Borges, B., Goldstein, D. G., Ortmann, A., & Gigerenzer, G. (1999). Can ignorance beat the stock market? In G. Gigerenzer, P. M. Todd, & The-ABC-Research-Group (Eds.), *Simple heuristics that make us smart* (pp. 59–72). Oxford: Oxford University Press.

Bowen, D. E., & Ostroff, C. (2004). Understanding HRM–firm performance linkages: The role of the "strength" of the HRM system. *Academy of Management Review, 29*, 203–221.

Boyatzis, R. E., & Goleman, D. (2007). *Emotional and social competency inventory.* Boston: Hay Group.

Boyd, R., & Richerson, P. J. (1989). The evolution of indirect reciprocity. *Social Networks, 11*, 213–236.

Brehm, M. (2001). Emotionen in der Arbeitswelt: Theoretische Hintergründe und praktische Einflussnahme. *Arbeit, 10*, 205–218.

Breier, S. (2017). *Geld Macht Gefühle: Wie Geld unser Denken, Fühlen und Handeln beeinflusst.* Berlin: Springer.

Brennan, G., Kliemt, H., & Tollison, R. D. (2002). *Method and morals in constitutional economics. Essays in honor of J. M. Buchanan.* Berlin: Springer.

Brenner, L. A., Koehler, D. J., & Tversky, A. (1996). On the evaluation of one-sided evidence. *Journal of Behavioral Decision Making, 9*, 59–70.

Breuer, W., Gürtler, M., & Schuhmacher, F. (2010). Entscheidungstheoretische Grundlagen. In W. Breuer, M. Gürtler, & F. Schuhmacher, *Portfoliomanagement I* (S. 5–45). Wiesbaden: Springer Gabler.

Brewer, N., & Chapman, G. (2002). The fragile basic anchoring effect. *Journal of Behavioral Decision Making, 15*, 65–77.

Brunnermeier, M. K., & Oehmke, M. (2013). Bubbles, financial crises, and systemic risk. In G. Constantinidis, M. Harris, & R. Stulz (Eds.), *Handbook of the economics of finance* (Vol. 2, pp. 1221–1288). Amsterdam, NL: Elsevier.

Buchanan, J. M. (1964). What should economists do? *Southern Economic Journal, 30*, 213–222.

Buchanan, J. M. (1987). The constitution of economic policy. *Science, 236*, 1433–1436.

Buchanan, J. M. (1989). *Essays on the political economy.* Hawaii: Honolulu University Press.

Bundesverband E-Commerce und Versandhandel Deutschland e.V. (2020). *Weißbuch Digitalisierung und neuer Handel.* Abgerufen am 18. September 2023 von bevh.org: https://bevh.org/detail/weissbuch-digitalisierung-und-neuer-handel

Burnham, T. C., & Hare, B. (2007). Engineering human cooperation: Does involuntary neural activation increase public goods contributions? *Human Nature, 18*, 88–108.

Buss, A. H. (1989). Personality as traits. *American Psychologist, 44*, 1378–1388.

Cabanas, E., & Illouz, E. (2019). *Das Glücksdiktat.* Berlin: Suhrkamp.

Caillaud, B., & De Nijs, R. (2014). Strategic loyalty reward in dynamic price discrimination. *Marketing Science, 33*, 725–742.

Camerer, C., & Thaler, R. (1995). Anomalies: Ultimatums, dictators and manners. *Journal of Economic Perspectives, 9*, 209–219.

Camerer, C., & Weber, M. (1992). Recent developments in modeling preferences: Uncertainty and ambiguity. *Journal of Risk and Uncertainty, 5*, 325–370.

Caramelli, M., & Carberry, E. J. (2014). Understanding employee preferences for investing in employer stock: Evidence from France. *Human Resource Management Journal, 24*, 548–566.

Carlson, B. W. (1990). Anchoring and adjustment in judgments under risk. *Journal of Experimental Psychology: Learning, Memory, and Cognition, 16*, 665–676.

Carpenter, S. K. (2009). Cue strength as a moderator of the testing effect: The benefits of elaborative retrieval. *Journal of Experimental Psychology: Learning, Memory, and Cognition, 35*, 1563–1569.

Cattell, R. B. (1963). Theory of fluid and crystallized intelligence: A critical experiment. *Journal of Educational Psychology, 54*, 1–22.

Cerasoli, C. P., Nicklin, J. M., & Ford, M. T. (2014). Intrinsic motivation and extrinsic incentives jointly predict performance: A 40-year meta-analysis. *Psychological Bulletin, 140*, 980–1008.

Chandler, C. C. (1989). Specific retroactive interference in modified recognition tests: Evidence for an unknown cause of interference. *Journal of Experimental Psychology: Learning, Memory, and Cognition, 15*, 256–265.

Charpentier, C. J., De Neve, J. E., Li, X., Roiser, J. P., & Sharot, T. (2016). Models of affective decision making: How do feelings predict choice? *Psychological Science, 27*, 763–775.

Chen, C.-S., Cheng, J.-C., Lin, F.-C., & Peng, C. (2017). The role of house money effect and availabilityheuristic in investor behavior. *Management Decision, 55*, 1598–1612.

Chen, J., Chen, H., Ma, L., & Yuanyuan, J. (2020). A review of studies on unconscious emotional priming. *Open Access Library Journal, 7*, 1–11.

Chen, Y., & Pearcy, J. (2010). Dynamic pricing: when to entice brand switching and when to reward consumer loyalty. *The RAND Journal of Economics, 41*, 674–685.

Chivers, T. (2019). What's next for psychology's embattled field of social priming. *Nature, 576*, 200–203.

Christensen, C. M. (2013). *The innovator's dilemma: when new technologies cause great firms to fail.* Boston, MA: Harvard Business Review Press.

Cialdini, R. B. (2017). *Die Psychologie des Überzeugens.* Bern: Hogrefe.

Civai, C., & Hawes, D. R. (2016). Game theory in neuroeconomics. In M. Reuter, & C. Montag (Eds.), *Neuroeconomics* (pp. 13–37). Heidelberg: Springer.

Cleeremans, A. (2002). Handlung und Bewusstsein: Ein Rahmenkonzept für den Fertigkeitserwerb. *Psychologie und Sport, 9*, 2–19.

Coase, R. H. (1937). The nature of the firm. *Economica, 4*, 386–405.

Coase, R. H. (1960). The problem of social cost. *Journal of Law and Economics, 3*, 1–44.

Cohen, M., Jaffray, J.-Y., & Said, T. (1987). Experimental comparison of individual behavior under risk and under uncertainty for gains and for losses. *Organizational Behavior and Human Decision Processes, 39*, 1–22.

Cohen-Charash, Y., & Spector, P. E. (2001). The role of justice in organizations: A meta-analysis. *Organizational Behavior and Human Decision Processes, 86*, 278–321.

Cohn, A., & Maréchal, M. A. (2016). Priming in economics. *Current Opinion in Psychology, 12*, 17–21.

Collard, P., Walford, A., Vernon, L., Itagaki, F., & Turk, D. (2020). The relationship between endowment and ownership effects in memory across cultures. *Consciousness and Cognition, 78*, 102865.

Collins, A. M., & Quillian, M. R. (1969). Retrieval time from semantic memory. *Journal of Verbal Learning & Verbal Behavior, 8*, 240–247.

Confer, J. C., Easton, J. A., Fleischman, D. S., Goetz, C. D., Lewis, D. M., Perilloux, C., & Buss, D. M. (2010). Evolutionary psychology: Controversies, questions, prospects, and limitations. *American Psychologist, 65*, 110–126.

Connolly, T., & Zeelenberg, M. (2002). Regret in decision making. *Current Directions in Psychological Science, 11*, 212–216.

Cooper-Martin, E. (1994). Measures of cognitive effort. *Marketing Letters, 5*, 43–56.

Cory, G. A. (2002). Reappraising MacLean's triune brain concept. In G. A. Cory, & R. J. Gardner (Eds.), *The evolutionary neuroethology of Paul MacLean: Convergences and frontiers* (pp. 9–30). Westport, CT: Praeger.

Cournot, A. A. ([1838]1924). *Untersuchungen über die mathematischen Grundlagen der Theorie des Reichtums.* Jena: Fischer.

Cox, D. F. (Ed.). (1967). *Risk-taking and information handling in consumer behavior.* Boston: Harvard University Graduate School of Business.

Craik, F. I., & Lockhart, R. S. (1972). Levels of processing: A framework for memory research. *Journal of Verbal Learning and Verbal Behavior, 11*, 671–684.

Craik, F. I., & McDowd, J. M. (1987). Age differences in recall and recognition. *Journal of Experimental Psychology: Learning, Memory, and Cognition, 13*, 474–479.

Crick, F., & Koch, C. (1990). Towards a neurobiological theory of consciousness. *Seminars in the Neurosciences, 2*, 263–275.

Cui, M. (2022). How does the decoy effect affect decision-making and how we can prevent it? In C. G. Li, J. J. Lin, T. Huang, M. Z. Abedin, & S. Ahmed (Eds.), *Proceedings of the 2022 7th International Conference on Financial Innovation and Economic Development (ICFIED 2022)* (pp. 1753–1756). Amsterdam, NL: Atlantis Press.

Cunningham, J. A., Strassberg, D. S., & Haan, B. (1986). Effects of intimacy and sex-role congruency of self-disclosure. *Journal of Social and Clinical Psychology, 4*, 393–401.

Cussen, M. (2015). New insights from the enhancements to quarterly financial accounts. *Quarterly Bulletin Articles, 2*, 91–101.

Customs Management Team. (July 2021). *Dutch Customs in 2020.* Abgerufen am 15. September 2023 von overheid.nl: https://open.overheid.nl/documenten/ronl-24eb92d7-e6ab-4b56-8a9e-e2486bb8db37/pdf

Czerlinski, J., Gigerenzer, G., & Goldstein, D. (1999). How good are simple heuristics? In G. Gigerenzer, P. M. Todd, & ABC-Research-Group (Eds.), *Simple heuristics that make us smart* (pp. 97–118). New York: Oxford University Press.

Dale, S. (2015). Heuristics and biases: The science of decision-making. *Business Information Review, 32,* 93–99.

Damásio, A. (1997). *Descartes' Irrtum. Fühlen, Denken und das menschliche Gehirn.* München: dtv.

Damásio, A. (2021). *Wie wir denken, wie wir fühlen: Die Ursprünge unseres Bewusstseins.* München: Hanser.

Damásio, H., Grabowski, T., Frank, R. G., & Damásio, A. (1994). The return of Phineas Gage: clues about the brain from the skull of a famous patient. *Science, 264,* 1102–1105.

David, S. (2016). *Emotional agility: Get unstuck, embrace change, and thrive in work and life.* New York: Penguin.

Davidai, S., Gilovich, T., & Ross, L. D. (2012). The meaning of default options for potential organ donors. *Proceedings of the National Academy of Sciences of the United States of America, 109,* 15201–15205.

Davies, H., Powell, A., & Rushmer, R. (2007). *Healthcare professionals' views on clinician engagement in quality improvement: A literature review.* London: The Health Foundation.

Dawkins, R. (1989). *The selfish gene. New revised edition.* Oxford: Oxford University Press.

Daxhammer, R. J., & Facsar, M. (2017). *Behavioral Finance: Verhaltenswissenschaftliche Finanzmarktforschung im Lichte begrenzt rationaler Marktteilnehmer.* Konstanz: UVK.

De Neys, W. (2021). On dual-and single-process models of thinking. *Perspectives on Psychological Science, 16,* 1412–1427.

Deaton, A. (2012). The Financial Crisis and the Well- Being of Americans. *Oxford Economic Papers, 64,* 1–26.

Debner, J. A., & Jacoby, L. L. (1994). Unconscious perception: Attention, awareness, and control. *Journal of Experimental Psychology: Learning, Memory and Cognition, 20,* 304–317.

Deci, E. L. (1975). *Intrinsic motivation.* New York: Plenum Publishing Corporation.

Deci, E. L., & Ryan, R. M. (1985). The general causality orientations scale: Self-determination in personality. *Journal of Research in Personality, 19,* 109–134.

Deci, E. L., & Ryan, R. M. (1993). Die Selbstbestimmungstheorie der Motivation und ihre Bedeutung für die Pädagogik. *Zeitschrift für Pädagogik, 39,* 223–238.

Delmotte, J., De Winne, S., & Sels, L. (2012). Toward an assessment of perceived HRM system strength: scale development and validation. *The International Journal of Human Resource Management, 23,* 1481–1506.

DeMiguel, V., Garlappi, L., & Uppal, R. (2009). Optimal versus naive diversification: How inefficient is the 1/N portfolio strategy? *The Review of Financial Studies, 22,* 1915–1953.

Dennis, A. R., Yuan, L., Feng, X., Webb, E., & Hsieh, C. J. (2020). Digital nudging: Numeric and semantic priming in e-commerce. *Journal of Management Information Systems, 37,* 39–65.

Dennison, J. B., Sazhin, D., & Smith, D. V. (2022). Decision neuroscience and neuroeconomics: Recent progress and ongoing challenges. *Wiley Interdisciplinary Reviews: Cognitive Science, 13,* e1589.

Dewey, A. R. (2023). Metacognitive control in single-vs. dual-process theory. *Thinking & Reasoning, 29,* 177–212.

Diamond, P., & Vartiainen, H. (2007). Introduction to behavioral economics and Its applications. In P. Diamond, & H. Vartiainen (Eds.), *Behavioral economics and its applications* (pp. 1–6). Princeton, NJ: Princeton University Press.

Dierks, L. H., & Tiggelbeck, S. (2019). Zur Irrationalität ökonomischer Entscheidungen. *WiSt-Wirtschaftswissenschaftliches Studium, 12,* 26–32.

Diller, H., Müller, S., Ivens, B., & Beinert, M. (2020). *Pricing: Prinzipien und Prozesse der betrieblichen Preispolitik.* Stuttgart: Kohlhammer.

Dittrich, W. (2021). Innovation in a knowledge-based economy. In T. Johansen, & W. Dittrich (Eds.), *Occupational health and rehabilitation* (pp. 185–207). Wiesbaden: Springer Gabler.

Dittrich, W. (Apr 2017). Emotionen als Schmierstoff. *HR Performance, 04/2017*, 72–73.

Dittrich, W. (Feb 2017). Business intelligence als navigator. *HR Performance, 02/2017*, S. 58–59.

Dittrich, W. H., & Wohlmann, M. (2020). Hurdles and obstacles in monetary policy communication. A model for the communication between the central bank and markets. *Economics of the 21st Century, 23*, 9–34.

Dittrich, W. (Jan 2017). HR als Motor des Wandels: Digitale und globale Prozesse als Hebel. *HR Performance, 01/2017*, 58–59.

Dittrich, W. (Jun 2017). Big Data als Treibstoff. *HR Performance, 06/2017*, 70–71.

Dittrich, W. (Mai 2017). Werte als Ventil. *HR Performance, 05/2017*, 100–101.

Dittrich, W. (Mar 2017). Mentale Modelle als Zünder. *HR Performance, 03/2017*, 84–85.

Dittrich, W., & Libelt, E. (2020). Aus der Dissonanz mit Kreativität zum Glück. Von Glück mit Motivation zur Führung. In W. Dittrich, & M. Keil, *Über den Zusammenhang von Glück, Belohnung und Kreativität* (S. 1–13, 121–128). Essen: Akademie Verlags- und Druckgesellschaft.

Dittrich, W., & Schulz, T. (2020). Entscheiden bei Unsicherheit: KI als Nudge beim Wissenstransfer. In R. Buchkremer, T. Heupel, & O. Koch (Hrsg.), *Künstliche Intelligenz in Wirtschaft & Gesellschaft* (S. 231–247). Wiesbaden: Springer Gabler.

Dittrich, W., & Wohlmann, M. (2019). Effizientere Geldpolitik durch bessere Kommunikation – Eine Analyse des Kommunikationsprozesses zwischen Notenbanken und Finanzmarktteilnehmern. In M. Seidel (Hrsg.), *Banking & Innovation 2018/2019* (S. 195–214). Wiesbaden: Springer Gabler.

Dold, M. F., & Schubert, C. (2018). Wohin nudgen? Zum Menschenbild des Libertären Paternalismus. *Vierteljahreshefte zur Wirtschaftsforschung, 87*, 29–39.

Döring, T. (2023). Verbraucherschutz aus institutionen- und verhaltensökonomischer Sicht. *Zeitschrift für Wirtschaftspolitik, 72*, 109–135.

Dörner, D. (1979). *Problemlösen als Informationsverarbeitung.* Stuttgart: Kohlhammer.

Dörner, D., & Schaub, H. (1995). Handeln in Unbestimmtheit und Komplexität. *Zeitschrift der Gesellschaft für Organisationsentwicklung e.V., GOE, 14*, 34–47.

Doyle, J. R. (2013). Survey of time preference, delay discounting models. *Judgment and Decision Making, 8*, 116–135.

Dragolea, L., & Cotîrlea, D. (2011). Neuromarketing: Between influence and manipulation. *Polish Journal of Management Studies, 3*, 79–89.

Dreher, L. (2022). *Neuroökonomie.* Wiesbaden: Springer Gabler.

Duckworth, A. L., Tsukayama, E., & Kirby, T. A. (2013). Is it really self-control? Examining the predictive power of the delay of gratification task. *Personality and Psychology Bulletin, 39*, 843–855.

Dugan, K. W. (1989). Ability and effort attributions: Do they affect how managers communicate performance feedback information? *Academy of Management Journal, 32*, 87–114.

Earl, P. E. (2018). Richard H. Thaler: A nobel prize for behavioural economics. *Review of Political Economy, 30*, 107–125.

Easterlin, R. A. (1974). Does economic growth improve the human lot? Some empirical evidence. In P. A. David, & M. W. Reder (Eds.), *Nations and households in economic growth* (pp. 89–125). London: Academic Press.

Ebert, P., & Freibichler, W. (2017). Nudge management: Applying behavioural science to increase knowledge worker productivity. *Journal of Organization Design, 6*, 1–6.

Eco, U. (2010). *Wie man eine wissenschaftliche Abschlußarbeit schreibt: Doktor-, Diplom- und Magisterarbeit in den Geistes- und Sozialwissenschaften.* Wien: Facultas Universitätsverlag.

Edmondson, A. C., & Lei, Z. (2014). Psychological safety: The history, renaissance, and future of an interpersonal construct. *Annual Review of Organizational Psychology and Organizational Behavior, 1*, 23–43.

Edwards, W. (1954). The theory of decision making. *Psychological Bulletin, 51*(4), 380–417.

Ehrmann, M., Gaballo, G., Hoffmann, P., & Strasser, G. (2019). How to signal the future path of interest rates? The international evidence on forward guidance. *ECB Research Bulletin, 61*, 1–5.

Ehrmann, T., & Kühnapfel, J. B. (2012). Das Risiko des Nicht-Hinschauens. Warum Unternehmen ihren Vertriebs-Forecast nur unzureichend pflegen. *ZFO–Zeitschrift Führung und Organisation, 4*, 249–251.

Eisenführ, F., & Weber, M. (2003). Entscheidung bei Risiko und einem Ziel. In F. Eisenführ, & M. Weber (Hrsg.), *Rationales Entscheiden* (S. 207–255). Berlin: Springer.

Ekman, P. (1992). An argument for basic emotions. *Cognition and Emotion, 6*, 169–200.

Ekman, P. (2016). What scientists who study emotion agree about. *Perspectives on Psychological Science, 11*, 31–34.

Elger, C. E., Friederici, A. D., Koch, C., Luhmann, H., von der Malsburg, C., Menzel, R., … Singer, W. (2004). Das Manifest. Elf führende Neurowissenschaftler über Gegenwart und Zukunft der Hirnforschung. *Gehirn & Geist, 6*, S. 30–37.

Ellen, M. E., Lavis, J. N., Ouimet, M., Grimshaw, J., & Bédard, P. O. (2011). Determining research knowledge infrastructure for healthcare systems: a qualitative study. *Implementation Science, 6*, 1–5.

Elworthy, C. (1999). Evolutionary psychology. The appropriate disciplinary link between evolutionary theory and the social sciences. In J. M. Van Der Dennen, D. Smillie, & D. R. Wilson (Eds.), *The darwinian heritage and sociobiology* (pp. 285–294). Westport, CT: Praeger.

Ely, R. J., & Thomas, D. A. (2001). Cultural diversity at work: The effects of diversity perspectives on work group process and outcomes. *Administrative Science Quarterly, 46*, 229–273.

Emich, K. J., & Pyone, J. S. (2018). Let it go: Positive affect attenuates sunk cost bias by enhancing cognitive flexibility. *Journal of Consumer Psychology, 28*, 578–596.

Engel, G. (1977). The need for a new medical model: A challenge for biomedicine. *Science, 196*, 129–136.

Engelmann, J. B., Meyer, F., Ruff, C. C., & Fehr, E. (2019). The neural circuitry of affect-induced distortions of trust. *Science Advances, 5*, eaau3413.

Enste, D., Ewers, M., Heldman, C., & Schneider, R. (2016). *Verbraucherschutz und Verhaltensökonomik: Zur Psychologie von Vertrauen und Kontrolle, IW-Analysen.* Köln: Institut der deutschen Wirtschaft (IW).

Epley, N., & Gilovich, T. (2005). When effortful thinking influences judgmental anchoring: differential effects of forewarning and incentives on self-generated and externally provided anchors. *Journal of Behavioral Decision Making, 18*, 199–212.

Epley, N., & Gilovich, T. (2006). The anchoring-and-adjustment heuristic: Why the adjustments are insufficient. *Psychological Science, 17*, 311–318.

Epstein, S. (1994). Integration of the cognitive and psychodynamic unconscious. *American Psychologist, 49*, 709–724.

Esch, T. (2011). *Die Neurobiologie des Glücks. Wie die Positive Psychologie die Medizin verändert.* Stuttgart: Thieme.

Evans, J. S. (1984). Heuristic and analytic processes in reasoning. *British Journal of Psychology, 75*, 451–468.

Evans, J. S. (2008). Dual-processing accounts of reasoning, judgment, and social cognition. *Annual Review of Psychology, 59*, 255–278.

Evans, J. S. (2016). Reasoning, biases and dual processes: The lasting impact of Wason (1960). *Quarterly Journal of Experimental Psychology, 69*, 2076–2092.

Evans, J. S. (2019). Reflections on reflection: the nature and function of type 2 processes in dual-process theories of reasoning. *Thinking and Reasoning, 25*, 383–415.

Evans, J. S., & Stanovich, K. E. (2013). Dual-process theories of higher cognition: Advancing the debate. *Perspectives on Psychological Science, 8*, 223–241.

Evers, D. (2010). Neurobiologie und die Frage der Willensfreiheit. In J. Weinhardt (Hrsg.), *Naturwissenschaften und Theologie: Methodische Ansätze und Grundlagenwissen zum interdisziplinären Dialog* (S. 102–123). Stuttgart: Kohlhammer.

Falk, A., & Heckman, J. J. (2009). Lab experiments are a major source of knowledge in the social sciences. *Science, 326*, 535–538.

Farivar, S., Turel, O., & Yuan, Y. (2018). Skewing users' rational risk considerations in social commerce: An empirical examination of the role of social identification. *Information & Management, 55*, 1038–1048.

Fassnacht, M., & Mahadevan, J. (2010). Grundlagen der Preisfairness-Bestandsaufnahme und Ansätze für zukünftige Forschung. *Management Review Quarterly, 60*, 295–326.

Fehr, E. (2002). Über Vernunft, Wille und Eigennutz hinaus. In E. Fehr, & G. Schwarz (Hrsg.), *Psychologische Grundlagen der Ökonomie* (S. 11–20). Zürich: Neue Zürcher Zeitung.

Fehr, E. (2009). On the economics and biology of trust. *Journal of the European Economic Association, 7*, 235–266.

Fehr, E., & Fischbacher, U. (2005). The economics of strong reciprocity. In H. Gintis, S. Bowles, R. Boyd, & E. Fehr (Eds.), *Moral sentiments and material interests: the foundations of cooperation in economic life* (pp. 151–192). Cambridge, MA: MIT Press.

Fehr, E., & Gächter, S. (1998). Reciprocity and economics: The economic implications of homo reciprocans. *European Economic Review, 42*, 845–859.

Fehr, E., & Gächter, S. (2000). Fairness and retaliation: The economics of reciprocity. *Journal of Economic Perspectives, 14*, 159–182.

Felser, G. (2015). *Werbe- und Konsumentenpsychologie*. Berlin: Springer.

Ferber, R. (1973). Consumer economics, a survey. *Journal of Economic Literature, 11*, 1303–1342.

Ferguson, M. J., & Mann, T. C. (2014). Effects of evaluation: An example of robust "social" priming. *Social Cognition, 32*, 33–46.

Ferster, C. B., & Skinner, B. F. (1957). *Schedules of reinforcement.* New York: Appleton-Century-Crofts.

Festinger, L. (1957). *A theory of cognitive dissonance.* Stanford, CA: Stanford University Press.

Finucane, M. L., Alhakami, A., Slovic, P., & Johnson, S. M. (2000). The affect heuristic in judgments of risks and benefits. *Journal of Behavioral Decision Making, 13*, 1–17.

Fischer, A., & Prizelius, C. (2021). *Viele Wege führen zum Glück: Experten stellen vor*. Berlin: Springer.

Fishburn, P. C. (1982). Nontransitive measurable utility. *Journal of Mathematical Psychology, 26*, 31–67.

Flodgren, G., Parmelli, E., Doumit, G., Gattellari, M., O'Brien, M. A., Grimshaw, J., & Eccles, M. P. (2019). Local opinion leaders: Effects on professional practice and health care outcomes. *Cochrane Database of Systematic Reviews, 6*, CD000125.

Folkman, S., & Moskowitz, J. T. (2000). Positive affect and the other side of coping. *American Psychologist, 55*, 647–654.

Foscht, T., Swoboda, B., & Schramm-Klein, H. (2015). *Käuferverhalten: Grundlagen – Perspektiven – Anwendungen*. Wiesbaden: Springer Gabler.

Fox, C. R., & Tversky, A. (1995). Ambiguity aversion and comparative ignorance. *The Quarterly Journal of Economics, 110*, 585–603.

Franck, N. (2022). *Wissenschaftsdeutsch: Gute Texte schreiben.* Paderborn: Schöningh.

Franke, S., Hornung, S., & Nobile, N. (2019). *New Pay-Alternative Arbeits-und Entlohnungsmodelle-inkl. Arbeitshilfen online.* Freiburg: Haufe-Lexware.

Freberg, L. (2019). *Discovering behavioral neuroscience: An introduction to biological psychology.* Boston, MA: Cengage Learning.

Freibichler, W., Ebert, P., & Schubert, T. (2017). Nudge Management – Wie Führungskräfte kluges Selbstmanagement anstoßen. *Zeitschrift Führung und Organisation, 86*, 82–86.

Frey, B. S. (2017). *Wirtschaftswissenschaftliche Glücksforschung.* Wiesbaden: Springer Gabler.

Frey, B. S., & Jegen, R. (2001). Motivation crowding theory. *Journal of Economic Surveys, 15*, 589–611.

Frey, B. S., & Kirchgässner, G. (2002). *Demokratische Wirtschaftspolitik.* München: Vahlen.

Frey, B. S., & Osterloh, M. (Eds.). (2001). *Successful management by motivation: Balancing intrinsic and extrinsic incentives.* Heidelberg: Springer.

Frey, B. S., & Stutzer, A. (2002). *Happiness & Economics.* Princeton: Princeton University Press.

Frohmann, F. (2022). *Digitales Pricing: Strategische Preisbildung mit dem 3-Level-Ansatz-vom digitalen Geschäftsmodell bis zur Optimierung des Pricing-Prozesses*. Wiesbaden: Springer.

Fuchs, R., Göhner, W., & Seelig, H. (2007). Körperliche Aktivität und die Macht der Gewohnheit. In R. Fuchs, W. Göhner, & H. Seelig (Hrsg.), *Aufbau eines körperlich-aktiven Lebensstils: Theorie, Empirie und Praxis* (Bd. 4, S. 3-22). Göttingen: Hogrefe.

Fuest, C., Bertenrath, R., & Welter, P. (2011). *Wirtschaftliche Freiheit in den deutschen Bundesländern*. Köln: Liberales Institut.

Füllbrunn, S., & Luhan, W. J. (2020). Responsibility and limited liability in decision making for others – An experimental consideration. *Journal of Economic Psychology, 77*, 102186.

Funke, J., & Frensch, P. A. (2006). *Handbuch der Allgemeinen Psychologie–Kognition*. Göttingen: Hogrefe.

Furche, A., & Johnstone, D. (2006). Evidence of the endowment effect in stock market order placement. *The Journal of Behavioral Finance, 7*, 145-154.

Gabriel, M. (2015). *Ich ist nicht Gehirn – Philosophie des Geistes für das 21. Jahrhundert*. Berlin: Ullstein Taschenbuch.

Gabriel, M. (2016). Das harte Problem des freien Willens. *Psyche im Fokus, 2*, S. 38-40.

Galinsky, A. D., & Mussweiler, T. (2001). First offers as anchors: The role of perspective-taking and negotiator focus. *Journal of Personality and Social Psychology, 81*, 657-669.

Gani, M. O., Reza, S. M., Rabi, M. R., & Reza, S. M. (2015). Neuromarketing: Methodologies of marketing science. *International journal of business and management study – IJBMS, 2*, 294-298.

Garbarino, E., & Lee, O. F. (2003). Dynamic pricing in internet retail: effects on consumer trust. *Psychology & Marketing, 20*, 495-513.

Garcia Martinez, M., Zouaghi, F., & Garcia Marco, T. (2017). Diversity is strategy: the effect of R&D team diversity on innovative performance. *R&D Management, 47*, 311-329.

Garland, H., & Newport, S. (1991). Effects of absolute and relative sunk costs on the decision to persist with a course of action. *Organizational Behavior and Human Decision Processes, 48*, 55-69.

Gazzaniga, M. S., Ivry, R. B., & Mangun, G. R. (2014). *Cognitive neuroscience: The biology of the mind*. New York: Norton.

Gehrig, M., & Breu, M. (2013). Controlling hilft, strategische Denkfehler zu vermeiden. *Controlling & Management Review, 57*, 46-53.

Gehring, K. (2013). Who benefits from economic freedom? Unraveling the effect of economic freedom on subjective well-being. *World Development, 50*, 74-90.

Geyer, C. (2004). *Hirnforschung und Willensfreiheit: zur Deutung der neuesten Experimente*. Frankfurt am Main: Suhrkamp.

Gigerenzer, G. (1991). From tools to theories: A heuristic of discovery in cognitive psychology. *Psychological Review, 98*, 254-267.

Gigerenzer, G. (1996a). The psychology of good judgment: frequency formats and simple algorithms. *Medical Decision Making, 16*, 273-280.

Gigerenzer, G. (1996b). On Narrow Norms and Vague Heuristics: A Reply to Kahneman and Tversky (1996). *Psychological Review, 103*, 592-596.

Gigerenzer, G. (2007). *Bauchentscheidungen: Die Intelligenz des Unbewussten und die Macht der Intuition*. München: Bertelsmann.

Gigerenzer, G. (2008). Why heuristics work. *Perspectives on Psychological Science, 3*, 20-29.

Gigerenzer, G. (2013). *Risiko: Wie man die richtigen Entscheidungen trifft*. München: Bertelsmann.

Gigerenzer, G. (2016). Towards a rational theory of heuristics. In R. Frantz, & L. Marsh (Eds.), *Minds, models and milieux: Commemorating the centennial of the birth of Herbert Simon* (pp. 34-59). London: Palgrave Macmillan.

Gigerenzer, G. (2021). Embodied heuristics. *Frontiers in Psychology, 12*, 1-12.

Gigerenzer, G., & Gaissmaier, W. (2006). Denken und Urteilen unter Unsicherheit: Kognitive Heuristiken. In J. Funke (Hrsg.), *Denken und Problemlösen* (S. 329-374). Göttingen: Hogrefe.

Gigerenzer, G., & Gaissmaier, W. (2011). Heuristic decision making. *Annual Review of Psychology, 62*, 451–482.

Gigerenzer, G., & Goldstein, D. G. (1996). Reasoning the fast and frugal way: Models of bounded rationality. *Psychological Review, 103*, 650–669.

Gigerenzer, G., & Selten, R. (Eds.). (2001a). *Bounded rationality: The adaptive toolbox*. Cambridge, MA: MIT Press.

Gigerenzer, G., & Selten, R. (2001b). Rethinking rationality. In G. Gigerenzer, & R. Selten (Eds.), *Bounded rationality: The adaptive toolbox* (pp. 1–12). Cambridge, MA: MIT Press.

Gilboa, I., & Schmeidler, D. (2001). *A theory of case-based decisions*. Cambridge, UK: Cambridge University Press.

Gillund, G., & Shiffrin, R. M. (1984). A retrieval model for both recognition and recall. *Psychological Review, 91*, 1–67.

Glegg, S. M., & Hoens, A. (2016). Role domains of knowledge brokering: A model for the health care setting. *Journal of Neurologic Physical Therapy, 40*, 115–123.

Godden, D. R., & Baddeley, A. D. (1975). Context-dependent memory in two natural environments: On land and underwater. *British Journal of Psychology, 66*, 325–331.

Goldstein, D. G., & Gigerenzer, G. (1999). The recognition heuristic: How ignorance makes us smart. In G. Gigerenzer, P. M. Todd, & The-ABC-Research-Group (Eds.), *Simple heuristics that make us smart* (pp. 37–58). Oxford: Oxford University Press.

Goldstein, D. G., & Gigerenzer, G. (2002). Models of ecological rationality: The recognition heuristic. *Psychological Review, 109*, 75–90.

Gonzalez, R., & Wu, G. (1999). On the shape of the probability weighting function. *Cognitive Psychology, 38*, 129–166.

Gorin, M., Joffe, S., Dickert, N., & Halpern, S. (2017). Justifying clinical nudges. *Hastings Center Report, 47*, 32–38.

Graeff, P. (2002). Positive und negative ethische Aspekte von Korruption. *Sozialwissenschaften und Berufspraxis, 25*, 291–302.

Graf, R. (2018). *Die neue Entscheidungskultur: Mit gemeinsam getragenen Entscheidungen zum Erfolg*. München: Hanser.

Graffin, S. D., Boivie, S., & Carpenter, M. A. (2013). Examining CEO succession and the role of heuristics in early-stage CEO evaluation. *Strategic Management Journal, 34*, 383–403.

Graham, I. D., Logan, J., Harrison, M. B., Straus, S. E., Tetroe, J., Caswell, W., & Robinson, N. (2006). Lost in knowledge translation: Time for a map? *The Journal of Continuing Education in the Health Professions, 26*, 13–24.

Grant, K. (2014). Consumer emotion – Measuring trust, value and loyalty in the protection area. *Hannover Re UK Life Branch, 63*, 1–5.

Grant, S., & Zandt, T. V. (2009). Expected utility theory. In P. Anand, P. Pattanaik, & C. Puppe, *Handbook of rational and social choice* (pp. 1–45). Oxford: Oxford University Press.

Green, D., Jacowitz, K. E., Kahneman, D., & McFadden, D. (1998). Referendum contingent valuation, anchoring, and willingness to pay for public goods. *Resource and Energy Economics, 20*, 85–116.

Green, S. G., & Liden, R. C. (1980). Contextual and attributional influences on control decisions. *Journal of Applied Psychology, 65*, 453–458.

Greenwald, A. G. (1992). New look 3: Unconscious cognition reclaimed. *American Psychologist, 47*, 766–779.

Greenwald, A. G., McGhee, D. E., & Schwartz, J. L. (1998). Measuring individual differences in implicit cognition: The implicit association test. *Journal of Personality and Social Psychology, 74*, 1464–1480.

Gregor, S., & Lee-Archer, B. (2016). The digital nudge in social security administration. *International Social Security Review, 69*, 63–83.

Grewal, D., Hardesty, D. M., & Iyer, G. R. (2004). The effects of buyer identification and purchase timing on consumers' perceptions of trust, price fairness, and repurchase intentions. *Journal of Interactive Marketing, 18*, 87–100.

Griffin, J. (1986). *Well-Being. Its Meaning, Measurement and Moral Importance*. Oxford: Clarendon Press.

Gröppel-Klein, A. (2020). Die Konsumentenverhaltensforschung: früher – heute – morgen. In M. Bruhn, M. Kirchgeorg, & C. Burmann (Hrsg.), *Marketing Weiterdenken* (S. 403–420). Wiesbaden: Springer Gabler.

Grossberg, S. (1999). How does the cerebral cortex work? Learning, attention, and grouping by the laminar circuits of visual cortex. *Spatial Vision, 12*, 163–185.

Großmann, K., Budnik, M., Haase, A., Hedtke, C., & Krahmer, A. (Hrsg.). (2021). *An Konflikten wachsen oder scheitern?* Erfurt: Fachhochschule Erfurt.

Grötker, R. (2009). Ein Spiel fürs Leben. *Max Planck Forschung, 1*, 80–85.

Gul, F. (1991). A theory of disappointment aversion. *Econometrica: Journal of the Econometric Society, 59*, 667–686.

Gutenberg, E. (1984). *Grundlagen der Betriebswirtschaftslehre*. Berlin: Springer.

Güth, W., & Brandstätter, H. (1994). *Essays on economic psychology*. Wiesbaden: Springer Gabler.

Güth, W., Schmittberger, R., & Schwarze, B. (1982). An experimental analysis of ultimatum bargaining. *Journal of Economic Behavior und Organization, 3*, 367–388.

Gwartney, J., Lawson, R., Hall, J., Murphy, R., Djankov, S., & McMahon, F. (2022). *Economic freedom of the world: 2022 annual report*. Vancouver: Fraser Institute.

Habermas, J. (2014). Freiheit und Determinismus. *Deutsche Zeitschrift für Philosophie, 52*, 871–890.

Haggard, P., & Eimer, M. (1999). On the relation between brain potentials and the awareness of voluntary movements. *Experimental Brain Research, 126*, 128–133.

Hall, J., & Watson, W. H. (1970). The effects of a normative intervention on group decision-making performance. *Human Relations, 23*, 299–317.

Hallsworth, M., Chadborn, T., Sallis, A., Sanders, M., Berry, D., Greaves, F., ... Davies, S. C. (2016). Provision of social norm feedback to high prescribers of antibiotics in general practice: A pragmatic national randomised controlled trial. *The Lancet, 387*, 1743–1752.

Hallsworth, M., Egan, M., Rutter, J., & McCrae, J. (2018). *Behavioural government. Using behavioral science to improve how governments make decisions*. London: The Behavioural Insights Team.

Halpern, D. (2015). *Inside the nudge unit*. London: Ebury.

Hammond, K. R. (1996). *Human judgment and social policy*. New York: Oxford University Press.

Hansen, P. G., & Jespersen, A. M. (2013). Nudge and the manipulation of choice: A framework for the responsible use of the nudge approach to behaviour change in public policy. *European Journal of Risk Regulation*, 3–28.

Hardes, H.-D., & Uhly, A. (2007). *Grundzüge der Volkswirtschaftslehre*. München: Oldenbourg.

Häring, N., & Storbeck, O. (2007). *Ökonomie 2.0 - 99 überraschende Erkenntnisse*. Stuttgart: Schäffer-Poeschel.

Harsanyi, J. C. (1967/1968). Games with incomplete information played by 'bayesian' players. *Management Science, 14*, 159–182, 320–332, 468–502.

Harsanyi, J. C. (1982). Morality and the theory of rational behaviour. In A. K. Sen, & B. Williams, *Utilitarianism and Beyond* (S. 39–62). Cambridge: Cambridge University Press.

Hauff, S., Alewell, D., & Hansen, K. N. (2016). HRM system strength and HRM target achievement–toward a broader understanding of HRM processes. *Human Resource Management, 56*, 715–729.

Heckhausen, H. (1987). Wünschen – Wählen – Wollen. In H. Heckhausen, P. M. Gollwitzer, & F. E. Weinert (Hrsg.), *Jenseits des Rubikon. Der Wille in den Humanwissenschaften* (S. 3–9). Berlin: Springer.

Heckhausen, H. (1989). *Motivation und Handeln*. Berlin: Springer.

Heidenreich, S., & Kraemer, T. (2015). Passive innovation resistance: The curse of innovation? Investigating consequences for innovative consumer behavior. *Journal of Economic Psychology, 51*, 134–151.

Heider, F. (1958). *The psychology of interpersonal relations*. New York: Wiley.

Heider, F., & Simmel, M. (1944). An experimental study of apparent behavior. *The American Journal of Psychology, 57*, 243–259.

Heinen, E. (1966). *Das Zielsystem der Unternehmung: Grundlagen betriebswirtschaftlicher Entscheidungen*. Wiesbaden: Gabler.

Helmrich, H. (2004). Wir können auch anders: Kritik an Libet-Experimente. In C. Geyer (Hrsg.), *Hirnforschung und Willensfreiheit: zur Deutung der neuesten Experimente* (S. 92–97). Frankfurt am Main: Suhrkamp.

Henderson, L., & Dittrich, W. H. (1998). Preparing to react in the absence of uncertainty: I. New perspectives on simple reaction time. *British Journal of Psychology, 89*, 531–554.

Henriques, C. O., Lopez-Agudo, L. A., Marcenaro-Gutierrez, O. D., & Luque, M. (2021). Reaching compromises in workers' life satisfaction: A multiobjective interval programming approach. *Journal of Happiness Studies, 22*, 207–239.

Henry, L. A., & Möllering, G. (2019). Collective corporate social responsibility. *Management Revue, 30*, 173–191.

Hermann, A., & Rammal, H. G. (2010). The grounding of the "flying bank". *Management Decision, 48*, 1048–1062.

Herne, K. (1997). Decoy alternatives in policy choices: Asymmetric domination and compromise effects. *European Journal of Political Economy, 13*, 575–589.

Hertwig, R., & Pedersen, A. (2015). Finding foundations for bounded and adaptive rationality. *Minds and Machines, 26*, 1–8.

Hewett, R., Shantz, A., Mundy, J., & Alfes, K. (2018). Attribution theories in human resource management research: A review and research agenda. *The International Journal of Human Resource Management, 29*, 87–126.

Ho, H. D., Ganesan, S., & Oppewal, H. (2011). The impact of store-price signals on consumer search and store evaluation. *Journal of Retailing, 87*, 127–141.

Hoffmann, J., & Engelkamp, J. (2016). *Lern-und Gedächtnispsychologie*. Heidelberg: Springer.

Hoffmann, M. (10. August 2023). Warum Konzernchefs jetzt die Unternehmenskultur am Herzen liegt. *Der Spiegel*. Abgerufen am 12. August 2023 von https://www.spiegel.de/karriere/unternehmenskultur-glueckliche-mitarbeiter-geld-in-der-kasse-a-77f41019-e621-4178-bfb4-5ad51feff0d4

Hofstede, G. (1991). Empirical models of cultural differences. In N. Bleichrodt, & P. J. Drenth (Eds.), *Contemporary issues in cross-cultural psychology* (pp. 4–20). Leiden, NL: Swets & Zeitlinger.

Holler, M., & Illing, G. (2000). *Einführung in die Spieltheorie*. Berlin: Springer.

Homburg, C., Fassnacht, M., & Guenther, C. (2003). The role of soft factors in Implementing a service-oriented strategy in industrial marketing companies. *Journal of Business-to-Business Marketing, 10*, 23–51.

Houser, D., & McCabe, K. (2014). Experimental economics and experimental game theory. In P. W. Glimcher, & E. Fehr (Eds.), *Neuroeconomics* (pp. 19–34). London: Academic Press.

Hu, Z., Kim, J. H., Wang, J., & Byrne, J. (2015). Review of dynamic pricing programs in the US and Europe: Status quo and policy recommendations. *Renewable and Sustainable Energy Reviews, 42*, 743–751.

Huber, B., & Runkel, M. (2004). Hyperbolisches Diskontieren und Zeit(in)konsistenz. *WiSt – Wirtschaftswissenschaftliches Studium, 34*, 76–81.

Huber, J., Payne, J. W., & Puto, C. (1982). Adding asymmetrically dominated alternatives: Violations of regularity and the similarity hypothesis. *Journal of Consumer Research, 9*, 90–98.

Huppertz, J. W., Arenson, S. J., & Evans, R. H. (1978). An application of equity theory to buyer-seller exchange situations. *Journal of Marketing Research, 15*, 250–260.

IDC. (18. Mai 2023). *Volumen der jährlich generierten/replizierten digitalen Datenmenge weltweit von 2010 bis 2022 und Prognose bis 2027 (in Zettabyte) [Graph]*. Abgerufen am 12. September 2023 von www.de.sta

tista.com: https://de.statista.com/statistik/daten/studie/267974/umfrage/prognose-zum-weltweit-generierten-datenvolumen/

Iyengar, S. (1991). *Is anyone responsible?: How television frames political issues.* Chicago: University of Chicago Press.

Iyengar, S. S., & Lepper, M. R. (2000). When choice is demotivating: Can one desire too much of a good thing? *Journal of Personality and Social Psychology, 79,* 995–1006.

Jakesch, M., Hancock, J. T., & Naaman, M. (2023). Human heuristics for AI-generated language are flawed. *Proceedings of the National Academy of Sciences, 120,* e2208839120.

James, W. ([1890]2020). *The principles of psychology.* Norderstedt: Hansebooks.

Janis, I. L. (1982). *Groupthink.* Boston: Houghton Mifflin.

Javor, A., Koller, M., Lee, N., Chamberlain, L., & Ransmayr, G. (2013). Neuromarketing and consumer neuroscience: contributions to neurology. *BMC Neurology, 13,* 1–12.

Jenkins, H. M., & Ward, W. C. (1965). Judgment of contingency between responses and outcomes. *Psychological Monographs: General and Applied, 79,* 1–17.

Jesse, M., & Jannach, D. (2021). Digital nudging with recommender systems: Survey and future directions. *Computers in Human Behavior Reports, 3,* 100052.

Johnson, E. J., & Goldstein, D. G. (2004). Defaults and donation decisions. *Transplantation, 78,* 1713–1716.

Johnson-Laird, P. N. (1983). *Mental models. Towards a cognitive science of language, inference and consciousness.* Cambridge, MA: Harvard University Press.

Jonas, K., Stroebe, W., & Hewstone, M. (2014). *Sozialpsychologie.* Berlin: Springer.

Jones, E. E., & Davis, K. E. (1965). From acts to dispositions: The attribution process in person perception. In L. Berkowitz (Ed.), *Advances in experimental social psychology* (Vol. 2, pp. 219–266). New York: Academic Press.

Josiam, B. M., & Hobson, J. P. (1995). Consumer choice in context: the decoy effect in travel and tourism. *Journal of Travel Research, 34,* 45–50.

Kahn, B. E., & Wansink, B. (2004). The influence of assortment structure on perceived variety and consumption quantities. *Journal of Consumer Research, 30,* 519–533.

Kahneman, D. (1973). *Attention and effort.* Englewood Cliffs, NJ: Prentice-Hall.

Kahneman, D. (2012a). *Schnelles Denken, langsames Denken.* Hamburg: Penguin.

Kahneman, D. (2012b). Two Systems in the Mind. *Bulletin of the American Academy of Arts and Sciences, 65,* 55–59.

Kahneman, D., & Deaton, A. (2010). High income improves evaluation of life but not emotional well-being. *Proceedings of the national academy of sciences, 107,* 16489–16493.

Kahneman, D., & Snell, J. S. (1992). Predicting a changing taste: Do people know what they will like? *Journal of Behavioral Decision Making, 5,* 187–200.

Kahneman, D., & Tversky, A. (1972). Subjective probability: A judgment of representativeness. *Cognitive Psychology, 3,* 430–454.

Kahneman, D., & Tversky, A. (1979). Prospect theory: An analysis of decision under risk. *Econometrica, 47,* 263–291.

Kahneman, D., & Tversky, A. (1984). Choices, values and frames. *American Psychologist, 39,* 341–350.

Kahneman, D., Knetsch, J. L., & Thaler, R. H. (1991). The endowment effect, loss aversion, and status quo bias. *The Journal of Economic Perspectives, 5,* 193–206.

Kanning, U. P. (2020). *Warum scheitern Manager?* Berlin: Springer.

Kanouse, D. E., & Hanson, L. R. (1972). Negativity in evaluations. In E. E. Jones, H. Kelley, R. Nisbett, S. Valins, & B. Weiner (Eds.), *Attribution: Perceiving the causes of behavior* (pp. 47–62). Morristown, NJ: General Learning Press.

Kant, I. ([1787]1970). *Kritik der reinen Vernunft (2. Aufl. 1787) (Kants Werke, Band 3).* Berlin: de Gruyter.

Karabegovic, A., McMahon, F., & Black, C. G. (2006). *Economic Freedom of North America.* Vancouver: Fraser Institute.

Katona, G. (1980). How expectations are really formed. *Challenge, 23*, 32–35.

Keane, M., & Su, G. (2019). When push comes to nudge: a Chinese digital civilisation in-the-making. *Media International Australia, 173*, 3–16.

Kearney, E., Gebert, D., & Voelpel, S. C. (2009). When and how diversity benefits teams: The importance of team members' need for cognition. *Academy of Management Journal, 52*, 581–598.

Keeney, R. L., & Raiffa, H. (1976). *Decisions with multiple objectives: Preferences and value tradeoffs.* New York: Cambridge University Press.

Kelley, H. H. (1967). Attribution theory in social psychology. *Nebraska Symposium on Motivation, 15*, 192–238.

Kelley, H. H. (1973). The processes of causal attribution. *American Psychologist, 28*, 107–128.

Kelsey, C., Vaish, A., & Grossmann, T. (2018). Eyes, more than other facial features, enhance real-world donation behavior. *Human Nature, 29*, 390–401.

Kenning, P., & Inga Wobker, M. A. (2012). Affektive und kognitive Verhaltensstrategien zur Überwindung von Informationsasymmetrien im Konsumgüterhandel–Eine empirische Analyse mit kartellrechtlichen Implikationen. *Betriebswirtschaftliche Forschung und Praxis, 64*, 626–642.

Kerstholt, J. (1992). Information search and choice accuracy as a function of task complexity and task structure. *Acta Psychologica, 80*, 185–197.

Keynes, J. M. (1937). The general theory of employment. *The Quarterly Journal of Economics, 51*, 209–223.

Killingsworth, M. A. (2021). Experienced well-being rises with income, even above $75,000 per year. *Proceedings of the National Academy of Sciences, 118*, e2016976118.

Killingsworth, M. A., Kahneman, D., & Mellers, B. (2023). Income and emotional well-being: A conflict resolved. *Proceedings of the National Academy of Sciences, 120*, e2208661120.

Kim, H.-W., & Kankanhalli, A. (2009). Investigating user resistance to information systems implementation: A status quo bias perspective. *Management Information Systems Quarterly, 33*, 567–582.

Kirchler, E., & Hölzl, E. (2006). Twenty-five years of the journal of economic psychology (1981–2005): A report on the development of an interdisciplinary field of research. *Journal of Economic Psychology, 27*, 793–804.

Kirchsteiger, G. (1994). The role of envy in ultimatum games. *Journal of Economic Behavior and Organization, 25*, 373–389.

Kittur, M. (2015). Pricing Intelligence 2.0: A Brief Guide to Price Intelligence and Dynamic Pricing. *Amazon Digital Services LLC*.

Kitzmann, A. (2009). *Massenpsychologie und Börse*. Wiesbaden: Springer Gabler.

Klaas, B. S., & Wheeler, H. N. (1990). Managerial decision making about employee discipline: A policy-capturing approach. *Personnel Psychology, 43*, 117–134.

Kneip, S., & Merkel, W. (3. September 2017). Legitimation in der parlamentarischen Demokratie. *Tagesspiegel*.

Knobel, U. H. (2023). *Führen mit Kompetenz: Vom Führungsversagen zum Führungserfolg*. Heidelberg: Springer Gabler.

Koch, C., Massimini, M., Boly, M., & Tononi, G. (2016). Neural correlates of consciousness: Progress and problems. *Nature Reviews Neuroscience, 17*, 307–321.

Kolmer, L., & Rob-Santer, C. (2002). *Studienbuch Rhetorik*. Paderborn: Schöningh.

König-Kersting, C., Pollmann, M., Potters, J., & Trautmann, S. T. (2021). Good decision vs. good results: Outcome bias in the evaluation of financial agents. *Theory and Decision, 90*, 31–61.

Korn, L., Malul, M., & Luski, I. (2015). Employment as a poverty trap. *Journal of Employment Counseling, 52*, 110–120.

Kosters, M., & Van der Heijden, J. (2015). From mechanism to virtue: Evaluating nudge theory. *Evaluation, 21*, 276–291.

Kothari, A., & Wathen, C. N. (2013). A critical second look at integrated knowledge translation. *Health Policy, 109*, 187–191.

Kraemer, P. M., Weilbächer, R. A., Fontanesi, L., & Gluth, S. (2020). Neural bases of financial decision making: From spikes to large-scale brain connectivity. In T. Zaleskiewicz, & T. Traczyk (Eds.), *Psychological Perspectives on Financial Decision Making* (pp. 3–19). Berlin: Springer.

Krajewski, M. (2008). Die Dämonen. Über Gehilfen in den Wissenschaften. *Archiv für Mediengeschichte, 8*, 39–51.

Krieg, O., & Raffelhüschen, B. (2017). *Deutsche Post Glücksatlas 2017*. München: Knaus.

Kringelbach, M. L., & Berridge, K. C. (2010). The functional neuroanatomy of pleasure and happiness. *Discovery Medicine, 9*, 579–587.

Krisam, M., von Philipsborn, P., & Meder, B. (2017). Nudging in der Primärprävention: Eine Übersicht und Perspektiven für Deutschland. *Das Gesundheitswesen, 79*, 117–123.

Krishna, A., Wagner, M., Yoon, C., & Adaval, R. (2006). Effects of extreme-priced products on consumer reservation prices. *Journal of Consumer Psychology, 16*, 176–190.

Kroeber-Riel, W., & Gröppel-Klein, A. (2019). *Konsumentenverhalten*. München: Vahlen.

Krug, G. (2010). Paradoxe Folgen finanzieller Anreize zur Arbeitsaufnahme für die Beschäftigungsstabilität: Eine handlungstheoretische Analyse nach Boudon. *Kölner Zeitschrift für Soziologie und Sozialpsychologie, 62*, 191–217.

Kruger, J., & Vargas, P. (2008). Consumer confusion of percent differences. *Journal of Consumer Psychology, 18*, 49–61.

Kubon-Gilke, G. (2016). Endogene Werthaltungen und Ambivalenzen des Helfens. *Ethik und Gesellschaft, 2*, 1–31.

Kühberger, A. (1994). Risiko und Unsicherheit: Zum Nutzen des Subjective Expected Utility-Modells. *Psychologische Rundschau, 45*, 3–23.

Kuhl, J. (1984). Volitional aspects of achievement motivation and learned helplessness: Toward a comprehensive theory of action control. In B. A. Maher, *Progress in experimental personality research* (Vol. 13, pp. 99–171). New York: Academic Press.

Kunda, Z. (1990). The case for motivated reasoning. *Psychological Bulletin, 108*, 480–498.

Kuss, A. ([1987]2019). *Information und Kaufentscheidung: Methoden und Ergebnisse empirischer Konsumentenforschung* (Bd. 10). Berlin: de Gruyter.

Kuvaas, B., Buch, R., Weibel, A., Dysvik, A., & Nerstad, C. G. (2017). Do intrinsic and extrinsic motivation relate differently to employee outcomes? *Journal of Economic Psychology, 61*, 244–258.

Lafleche, G., & Palombo, D. (2017). Amnesia. In S. J. Yoo, S. Ryu, S. Kim, H. S. Han, & C. Moon (Eds.), *Reference module in neuroscience and biobehavioral psychology*. Amsterdam: Elsevier.

Laibson, D., & Zeckhauser, R. (1998). Amos Tversky and the ascent of behavioral economics. *Journal of Risk and Uncertainty, 16*, 7–47.

Lakoff, G. (2006). *Whose freedom? The battle over america's most important idea*. New York: Farrar, Straus and Giroux.

Landy, D., & Sigall, H. (1974). Beauty is talent: Task evaluation as a function of the performer's physical attractiveness. *Journal of Personality and Social Psychology, 29*, 299–304.

Langer, E. J. (1975). The illusion of control. *Journal of Personality and Social Psychology, 32*, 311–328.

Latané, B., & Nida, S. (1981). Ten years of research on group size and helping. *Psychological Bulletin, 89*, 308–324.

Le Bon, G. ([1908]2009). *Psychologie der Massen*. Hamburg: Nikol.

LeDoux, J. (2007). The amygdala. *Current Biology, 17*, R868–R874.

Lee, B. K., & Lee, W. N. (2004). The effect of information overload on consumer choice quality in an on-line environment. *Psychology & Marketing, 21*, 159–183.

Lefford, A. (1946). The influence of emotional subject matter on logical reasoning. *Journal of General Psychology, 34*, 127–151.

Leibenstein, H. (1978). *General X-efficiency theory and economic development*. New York: Oxford University Press.

Lerner, J. S., & Tetlock, P. E. (2003). Bridging individual, interpersonal, and institutional approaches to judgment and choice: The impact of accountability on cognitive bias. In S. Schneider, & J. Shanteau (Eds.), *Emerging perspectives in judgment and decision making* (pp. 431–457). Cambridge: Cambridge University Press.

Leventhal, G. S. (1980). What should be done with equity theory? In K. J. Gergen, M. S. Greenberg, & R. H. Willis (Eds.), *Social exchange: Advances in theory and research* (pp. 27–55). New York: Plenum.

Leventhal, G. S. (1980). What should be done with equity theory? New approaches to the study of fairness in social relationship. In K. J. Gergen, M. S. Greenberg, & R. H. Willis (Eds.), *Social exchange: Advances int heory and research* (pp. 27–55). New York: Plenum.

Levinson, S. C. (1995). Interactional biases in human thinking. In É. N. Goody (Ed.), *Social intelligence and interaction* (pp. 221–260). Cambridge: Cambridge University Press.

Lewis, P., & Dold, M. (2020). James Buchanan on the nature of choice: ontology, artifactual man and the constitutional moment in political economy. *Cambridge Journal of Economics, 44*, 1159–1179.

Li, J., Liu, M., & Liu, X. (2016). Why do employees resist knowledge management systems? An empirical study from the status quo bias and inertia perspectives. *Computers in Human Behavior, 65*, 189–200.

Li, M. H. (2019). Exploring short video application users' visit intention: Applying the stimulus-organism-response model. *Asian Social Science, 15*, 8–19.

Li, Q., & An, L. (2019). Corruption takes away happiness: Evidence from cross-national study. *Journal of Happiness Studies, 21*, 485–504.

Li, S., Zhou, M., & Attia, A. (2022). A review of intertemporal decision making in neuroscience and psychology: Time perception, attentional resources, and emotion. *International Conference on Management Science and Engineering Management* (pp. 652–666). Cambridge, MA: Springer.

Li, W., Hardesty, D. M., & Craig, A. W. (2018). The impact of dynamic bundling on price fairness perceptions. *Journal of Retailing and Consumer Services, 40*, 204–212.

Li, X., Frenkel, S. J., & Sanders, K. (2011). Strategic HRM as process: How HR system and organizational climate strength influence Chinese employee attitudes. *The International Journal of Human Resource Management, 22*, 1825–1842.

Liberman, V., Boehm, J. K., Lyubomirsky, S., & Ross, L. D. (2009). Happiness and memory: Affective significance of endowment and contrast. *Emotion, 9*, 666–680.

Libet, B. (1985). Unconscious cerebral initiative and the role of conscious will in voluntary action. *The Behavioral and Brain Sciences, 8*, 529–566.

Libet, B., Gleason, C. A., Wright, E. W., & Pearl, D. K. (1983). Time of conscious intention to act in relation to onset of cerebral activity (readiness-potential). The unconscious initiation of a freely voluntary act. *Brain, 106*, 623–642.

Liljenström, H. (2022). Consciousness, decision making, and volition: freedom beyond chance and necessity. *Theory in Biosciences, 141*, 125–140.

Lindquist, K., Jackson, J., Leshin, J., Satpute, A. B., & Gendron, M. (2022). The cultural evolution of emotion. *Nature Reviews Psychology, 1*, 669–681.

Linnerud, K., Holden, E., Gilpin, G., & Simonsen, M. (2019). A normative model of sustainable development: how do countries comply? In J. Meadowcroft, D. Banister, E. Holden, O. Lang-helle, K. Linnerud, & G. Gilpin (Eds.), *What next for sustainable development: Our common future at thirty* (pp. 29–47). London: Elgar.

Liu, Q., & Zhang, D. (2013). Dynamic pricing competition with strategic customers under vertical product differentiation. *Management Science, 59*, 84–101.

Loewenstein, G., & Chater, N. (2017). Putting nudges in perspective. *Behavioural Public Policy, 1*, 26–53.

Loomes, G., & Sugden, R. (1982). Regret theory: An alternative theory of rational choice under uncertainty. *The Economic Journal, 92*, 805–824.

Loomes, G., & Sugden, R. (1986). Disappointment and dynamic consistency in choice under uncertainty. *The Review of Economic Studies, 53*, 271–282.

Lord, C. G., Lepper, M. R., & Preston, E. (1984). Considering the opposite: A corrective strategy for social judgment. *Journal of Personality and Social Psychology, 47*, 1231–1243.

Lord, C. G., Ross, L., & Lepper, M. R. (1979). Biased assimilation and attitude polarization: The effects of prior theories on subsequently considered evidence. *Journal of Personality and Social Psychology, 37*, 2098–2109.

Lorenc, A., L., P., Badesha, B., Dize, C., Fernow, I., & Dias, L. (2013). Tackling fuel poverty through facilitating energy tariff switching: A participatory action research study in vulnerable groups. *Public Health, 127*, 894–901.

Luhmann, C. C. (2009). Temporal decision-making: insights from cognitive neuroscience. *Frontiers in Behavioral Nneuroscience, 3*, 1–9.

Lurie, N. H. (2004). Decision making in information-rich environments: The role of information structure. *Journal of Consumer Research, 30*, 473–486.

Lütke Entrup, M., & Goetjes, D. (2017). Wie gut sind Ihre Prognosegüten? Tipps zur Verbesserung Ihrer Vorhersagegenauigkeit. *Getränkeindustrie, 12*, 34–36.

MacCann, C., & Roberts, R. D. (2008). New paradigms for assessing emotional intelligence: Theory and data. *Emotion, 8*, 540–551.

Machova, R., Zsigmond, T., Zsigmondova, A., & Seben, Z. (2022). Employee satisfaction and motivation of retail store employees. *Marketing and Management of Innovations, 1*, 67–83.

MacLean, P. (1973). A triune concept of the brain and behaviour. In T. Boag, & D. Campbell (Eds.), *The Clarence Hincks memorial lectures* (Vol. 2, pp. 1–66). Toronto: University of Toronto Press.

Macmillan, M., & Lena, M. L. (2010). Rehabilitating Phineas Gage. *Neuropsychological Rehabilitation: An International Journal, 20*, 641–658.

Maier, S., & Huber, R. (2021). Neurowissenschaftliche Grundlagen von Lernen und Gedächtnis. In U. Blum, J. Gabathuler, & S. Bajus (Hrsg.), *Weiterbildungsmanagement in der Praxis: Psychologie des Lernens* (S. 1–15). Berlin: Springer.

Mallard, G. (2017). *Behavioural economics.* Newcastle: Agenda Publishing.

Mandelbrot, B., & Hudson, R. (2004). *The (mis)behavior of markets: A fractal view of risk, ruin, and reward.* London: Basic Books.

Marquez, J., & Long, E. A. (2021). Global Decline in Adolescents' Subjective Well-Being: a Comparative Study Exploring Patterns of Change in the Life Satisfaction of 15-Year-Old Students in 46 Countries. *Child Indicators Research, 14*, 1251–1292.

Martin, G. N. (2006). *Human neuropsychology.* Harlow, UK: Pearson Education.

Martin, G. P., Wiseman, R. M., & Gomez-Mejia, L. R. (2016). Going short-term or long-term? CEO stock options and temporal orientation in the presence of slack. *Strategic Management Journal, 37*, 2463–2480.

Matlin, M. W., & Stang, D. J. (1978). *The Pollyanna principle: Selectivity in language, memory, and thought.* Cambridge, MA: Schenkman.

Mattauch, L., Siegmeier, J., & Funke, F. (2019). Wirtschaftswachstum aufgeben? Zur Struktur wachstumskritischer Argumente. *Zeitschrift für Wirtschafts- und Unternehmensethik – Journal for Business, Economics and Ethics, 20*, 5–30.

May, J. (2011). Relational desires and empirical evidence against psychological egoism. *European Journal of Philosophy, 19*, 39–58.

Mayer, J. D., Salovey, P., & Caruso, D. R. (2004). Target articles: "emotional intelligence: Theory, findings, and implications". *Psychological inquiry, 15*, 197–215.

Mayring, P. (2002). *Einführung in die qualitative Sozialforschung.* Weinheim: Beltz.

McAfee, R. P., & Te Velde, V. (2006). Dynamic pricing in the airline industry. *Handbook on Economics and Information Systems, 1*, 527–567.

McAfee, R. P., Mialon, H. M., & Mialon, S. H. (2010). Do sunk costs matter? *Economic Inquiry, 48*, 323–336.

McClelland, D. C. (1961). *Achieving society* (Vol. 92051). New York: Simon and Schuster.

McClure, S. M., Laibson, D. I., Loewenstein, G., & Cohen, J. D. (2004). Separate neural systems value immediate and delayed monetary rewards. *Science, 306*, 503–507.

McCrae, R. R., & Costa Jr., P. T. (1995). Trait explanations in personality psychology. *European Journal of Personality, 9*, 231–252.

McLeod, P., & Dienes, Z. (1996). Do fielders know where to go to catch the ball or only how to get there. *Journal of Experimental Psychology: Human Perception and Performance, 22*, 531–543.

Merkel, R. (2023). Willensfreiheit und strafrechtliche Schuld. In R. Merkel (Hrsg.), *Philosophische Sphären des Rechts* (S. 213–248). Leiden: Brill.

Mesquita, B. (2022). *Between us: How culture creates emotions*. New York: Norton.

Mesquita, B., & Frijda, N. H. (1992). Cultural variations in emotions: a review. *Psychological Bulletin, 112*, 179–204.

Metzger, G. (2022). *KfW-Start-up-Report 2022: Nach Corona-Knick hat sich Zahl der Start-ups 2021 wieder erholt*. Frankfurt am Main: KfW Research.

Mihm, S. (15. 08 2008). *Dr. Doom*. Abgerufen am 08. 01 2023 von New York Times: https://www.nytimes.com/2008/08/17/magazine/17pessimist-t.html

Mill, J. S. ([1836]2006). On the definition of political economy; and on the method of investigation proper to it. In *The collected works of John Stuart Mill. Vol. IV: Essays on economics and society* (pp. 309–339). Indianapolis, IN: Liberty Fund.

Miller, D. T., & Ross, M. (1975). Self-serving biases in the attribution of causality: Fact or fiction? *Psychological Bulletin, 82*, 213–225.

Minsky, H. P. (1986). *Stabilizing an Unstable Economy*. New Haven, CT: Yale University Press.

Mir-Artigues, P. (2022). Combining preferences and heuristics in analysing consumer behaviour. *Evolutionary and Institutional Economics Review, 19*, 523–543.

Mischel, W. (2012). Self-control theory. In P. A. Lange, A. W. Kruglanski, & E. T. Higgins (Eds.), *Handbook of theories of social psychology* (pp. 1–22). Thousand Oaks, CA: Sage.

Mischel, W. (2015). *Der Marshmallow-Effekt. Willensstärke, Belohnungsaufschub und die Entwicklung der Persönlichkeit*. München: Siedler.

Mischel, W., Cantor, N., & Feldman, S. (1996). Principles of self-regulation: The nature of willpower and self-control. In E. T. Higgins, & A. W. Kruglanski (Eds.), *Social psychology: Handbook of basic principles* (pp. 329–360). New York: Guilford Press.

Mischel, W., Shoda, S., & Rodriquez, M. I. (1989). Delay of gratification in children. *Science, 244*, 933–938.

Mises, L. V. ([1949]1996). *Human action: A Treatise on Economics* (4 ed.). Irvington-on-Hudson, NY: Foundation for Economic Education.

Mitchell, A., & Valenzuela, A. (2005). How banner ads affect brand choice without click-through. In C. P. Haugtvedt, K. A. Machleit, & R. Yalch (Eds.), *Online consumer psychology: Understanding and influencing consumer behavior in the virtual world* (pp. 125–142). New York: Erlbaum.

Mitchell, T. R., & Kalb, L. S. (1981). Effects of outcome knowledge and outcome valence on supervisors' evaluations. *Journal of Applied Psychology, 66*, 604–612.

Mitchell, T. R., & Kalb, L. S. (1982). Effects of job experience on supervisor attributions for a subordinate's poor performance. *Journal of Applied Psychology, 67*, 181–188.

Mitchell, T. R., & Wood, R. E. (1980). Supervisor's responses to subordinate poor performance: A test of an attributional model. *Organizational Behavior and Human Performance, 25*, 123–138.

Mohn, K. (2021). The gravity of status quo: A review of IEA's world energy outlook. *Economonics of Energy and Environmental Policy, 9*, 63–81.

Molden, D. C. (2014). Understanding priming effects in social psychology: What is "social priming" and how does it occur? *Social Cognition, 32*, 1–11.

Möll, T. (2007). *Messung und Wirkung von Markenemotionen: Neuromarketing als neuer verhaltenswissenschaftlicher Ansatz*. Wiesbaden: Deutscher Universitäts-Verlag.

Möllering, G. (2001). The nature of trust: From Georg Simmel to a theory of expectation, interpretation and suspension. *Sociology, 35*, 403–420.

Möllering, G. (2021). Trust is political. *Journal of Trust Research, 11*, 1–4.

Möllering, G., & Sydow, J. (2019). Trust trap? Self-reinforcing processes in the constitution of inter-organizational trust. In M. Sasaki (Ed.), *Trust in contemporary society* (pp. 141–160). Leiden: Brill.

Montada, L. (2003). Justice, equity, and fairness in human relations. In I. Weiner, T. Millon, & M. Lerner (Eds.), *Handbook of psychology* (pp. 537–568). Hoboken, NJ: Wiley.

Moore, D. A., & Healy, P. J. (2008). The trouble with overconfidence. *Psychological Review, 115*, 502–517.

Morone, A., Santorsola, M., & Tiranzoni, P. (2023). Deal or no deal: comparing individual and group choices in a risky context. *Journal of Economic Studies, 50*, 1336–1345.

Morris, C. D., Bransford, J. D., & Franks, J. J. (1977). Levels of processing versus transfer appropriate processing. *Journal of Verbal Learning and Verbal Behavior, 16*, 519–533.

Mousavi, S., & Gigerenzer, G. (2014). Risk, uncertainty, and heuristics. *Journal of Business Research, 67*, 1671–1678.

Muehlbacher, S., Kirchle, E., & Kunz, A. (2011). The impact of transaction utility on consumer decisions. *Zeitschrift für Psychologie, 4*, 217–223.

Müller, M. (2017). *Erfolgreich mit Geld und Risiko umgehen: Mit Finanzpsychologie bessere Finanzentscheidungen treffen.* Berlin: Springer.

Muresan, G. M., Ciumas, C., & Achim, M. V. (2019). Can money buy happiness? Evidence for european countries. *Applied Research in Quality of Life, 15*, 953–970.

Mussweiler, T., & Strack, F. (1999). Hypothesis-consistent testing and semantic priming in the anchoring paradigm: A selective accessibility model. *Journal of Experimental Social Psychology, 35*, 136–164.

Myers, D. G. (2014). *Psychologie.* Berlin: Springer.

Myerson, J., Green, L., Hanson, J. S., Holt, D. D., & Estle, S. J. (2003). Discounting delayed and probabilistic rewards: Processes and traits. *Journal of Economic Psychology, 24*, 619–635.

Nai, J., Kotha, R., Narayanan, J., & Puranam, P. (2020). Transparency and fairness in organizational decisions: An experimental investigation using the paired ultimatum game. *Strategy Science, 5*, 55–70.

Nash, J. F. (1950). The Bargaining Problem. *Econometrica: Journal of the Econometric Society, 18*, 155–162.

Nash, J. F. (1951). Non-cooperative games. *The Annals of Mathematics, 55*, 286–295.

Nash, J. F. (1953). Two-person cooperative games. *Econometrica: Journal of the Econometric Society, 21*, 128–140.

Neely, J. H. (1977). Semantic priming and retrieval from lexical memory: Roles of inhibitionless spreading activation and limited-capacity attention. *Journal of Experimental Psychology: General, 106*, 226–254.

Newell, B. R., & Shanks, D. R. (2014). Prime numbers: Anchoring and its implications for theories of behavior priming. *Social Cognition, 32*, 88–108.

Ngoye, B., Sierra, V., Ysa, T., & Awan, S. (2018). Priming in behavioral public administration: Methodological and practical considerations for research and scholarship. *International Public Management Journal, 23*, 119–137.

Nickerson, R. S. (1998). Confirmation bias: A ubiquitous phenomenon in many guises. *Review of General Psychology, 2*, 175–220.

Nieżurawska, J., Karaszewska, H., & Dziadkiewicz, A. (2016). Attractiveness of cafeteria systems as viewed by generation Z. *International Journal of Social, Behavioral, Educational, Economic, Business and Industrial Engineering, 10*, 684–688.

Nikolaev, B. (2014). Economic freedom and quality of life: Evidence from the OECD's your better life index. *Journal of Private Enterprise, 29*, 61–96.

Nilashi, M., Yadegaridehkordi, E., Samad, S., Mardani, A., Ahani, A., Aljojo, N., … Tajuddin, T. (2020). Decision to adopt neuromarketing techniques for sustainable product marketing: A fuzzy decision-making approach. *Symmetry, 12*, 305.

Nisbett, R. E., & Wilson, T. D. (1977). Telling more than we can know: Verbal reports on mental processes. *Psychological Review, 84,* 231–259.

Nisbett, R. E., Peng, K., Choi, I., & Norenzayan, A. (2001). Culture and systems of thought: Holistic vs analytic cognition. *Psychological Review, 108,* 291–310.

Nitzsch, R. (1998). Prospect Theory und Käuferverhalten. *Die Betriebswirtschaft, 58,* 622–634.

Norman, D. A., & Shallice, T. (1986). Attention to action: Willed and automatic control of behavior. In R. J. Davidson, G. E. Schartz, & D. Shapiro (Eds.), *Consciousness and self-regulation: Advances in research* (pp. 1–18). New York: Plenum Press.

Northoff, G. (2009). *Die Fahndung nach dem ICH. Eine neurophilosophische Kriminalgeschichte.* München: Irisiana.

Norton, M. I., Frost, J. H., & Ariely, D. (2007). Less is more: the lure of ambiguity, or why familiarity breeds contempt. *Journal of Personality and Social Psychology, 92,* 97–105.

Nosek, B. A., Greenwald, A. G., & Banaji, M. R. (2005). Understanding and using the implicit association test: II. Method variables and construct validity. *Personality and Social Psychology Bulletin, 31,* 166–180.

Nuszbaum, M., Voss, A., Klauer, K. C., & Betsch, T. (2010). Assessing individual differences in the use of haptic information using a German translation of the need for touch scale. *Social Psychology, 41,* 263–274.

Oeberst, A., & Imhoff, R. (2023). Toward parsimony in bias research: A proposed common framework of belief-consistent information processing for a set of biases. *Perspectives on Psychological Science, 18,* 1464–1487.

OECD. (2017). *Behavioural insights and public policy: Lessons from around the world.* Paris: OECD Publishing.

OECD. (2021). *Behavioural insights for better tax administration: A brief guide.* Paris: OECD Publishing.

OECD. (10. May 2023). *Mapping the global behavioural insights community.* Abgerufen am 3. November 2023 von oecd-opsi.org: https://oecd-opsi.org/blog/mapping-behavioural-insights/

Oetzel, S., & Luppold, A. (2023). Ist die Wahl der Mitte rational? Compromise-Effekt. In S. Oetzel, & A. Luppold (Hrsg.), *33 Phänomene der Kaufentscheidung: Kundenverhalten besser verstehen–Wissen und Inspiration* (S. 25–31). Wiesbaden: Springer Gabler.

Okumura, B., Pimenta Júnior, T., Maemura, M., Gaio, L., & Gatsios, R. (2023). "Behavioural finance: the decoy effect on stock investment decisions". *Journal of Economics, Finance and Administrative Science, 28,* 335–351.

Olafsen, A., Halvari, H., Forest, J., & Deci, E. (2015). Show them the money? The role of pay, managerial need-support, and justice in a self-determination theory model of intrinsic work motivation. *Scandinavian Journal of Psychology, 56,* 447–457.

Olds, J., & Milner, P. (1954). Positive reinforcement produced by electrical stimulation of septal area and other regions of rat brain. *Journal of Comparative and Physiological Psychology, 47,* 419–427.

Olson, R. (2014). *Using the Index of Economic Freedom: A practical guide.* Washington, DC: The Heritage Foundation.

Ostroff, C., & Bowen, D. E. (2016). Reflections on the 2014 decade award: is there strength in the construct of HR system strength? *Academy of Management Review, 41,* 196–214.

Over, D. E. (2003). From massive modularity to metarepresentation: The evolution of higher cognition. In D. E. Over (Ed.), *Evolution and the psychology of thinking: The debate* (pp. 121–144). New York: Psychology Press.

Pachur, T., Mecklenbeck, M., Murphy, R., & Hertwig, R. (2018). Prospect Theory reflects selective allocation. *Journal of Experimental Psychology: General, 147,* 147–169.

Pachur, T., Suter, R. S., & Hertwig, R. (2017). How the twain can meet: Prospect theory and models of heuristics in risky choice. *Cognitive Psychology, 93,* 44–73.

Paris, C., Salas, E., & Cannon-Bowers, J. (2000). Teamwork in multi-person systems: A review and analysis. *Ergonomics, 43,* 1052–1075. doi:10.1080/00140130050084879

Payne, B. K., Brown-Iannuzzi, J. L., & Loersch, C. (2016). Replicable effects of primes on human behavior. *Journal of Experimental Psychology: General, 145*, 1269–1279.

Payne, J. W., Bettman, J. R., & Johnson, E. J. (1993). *The adaptive decision maker*. New York, NY: Cambridge University Press.

Peters, J., & Büchel, C. (2011). The neural mechanisms of inter-temporal decision-making: Understanding variability. *Trends in Cognitive Sciences, 15*, 227–239.

Peters, U. (2022). What is the function of confirmation bias? *Erkenntnis, 87*, 1351–1376.

Peterson, C., & Seligman, M. E. (2004). *Character strengths and virtues. A handbook and classification.* New York: Oxford University Press.

Peterson, T. (2020). Verhaltensökonomie: Eine führende Rolle in der Revolution der Lebensversicherungsbranche. *ReCent, Januar 2020*, 1–4.

Peyrolón, P. (2020). *Grundzüge der Neuroökonomie*. Wiesbaden: Springer Gabler.

Pfister, H.-R., Jungermann, H., & Fischer, K. (2017). *Die Psychologie der Entscheidung*. Berlin: Springer.

Pham, M. T., & Avnet, T. (2009). Contingent reliance on the affect heuristic as a function of regulatory focus. *Organizational Behavior and Human Decision Processes, 108*, 267–278.

Pietrek, T., & Buchheim, T. (Hrsg.). (2007). *Freiheit auf Basis von Natur?* Leiden: Brill.

Pinel, J. P., & Barnes, S. J. (2014). *Introduction to biopsychology*. Harlow, UK: Pearson Education.

Pinker, S. (2017). *Das unbeschriebene Blatt: Die moderne Leugnung der menschlichen Natur*. Frankfurt am Main: Fischer.

Plickert, P. (15. 12. 2021). *Was aus der „Nudge Unit" der britischen Regierung wird*. Abgerufen am 2023. 2 12 von FAZ: https://www.faz.net/aktuell/wirtschaft/was-aus-der-nudge-unit-der-britischen-regierung-wird-17682561.html

Pluta-Olearnik, M., & Szulga, P. (2022). The importance of emotions in consumer purchase decisions–A neuromarketing approach. *Marketing of Scientific and Research Organization, 44*, 87–104.

Pohl, R. F. (1992). Der Rückschau-Fehler: Systematische Verfälschung der Erinnerung bei Experten und Novizen. *Kognitionswissenschaft, 3*, 38–44.

Pohl, R. F. (2000). Suggestibility and anchoring. In V. De Pascalis, V. A. Gheorghiu, P. W. Sheehan, & I. Kirsch (Eds.), *Suggestion and suggestibility: Advances in theory and research* (pp. 137–151). München: M. E.G. Stiftung.

Pohl, R., Hardt, O., & Eisenhauer, M. (2000). SARA-ein kognitives Prozeßmodell zur Erklärung von Ankereffekt und Rückschaufehler. *Kognitionswissenschaft, 9*, 77–92.

Pollai, M., Hoelzl, E., Hahn, A., & Hahn, L. (2011). The influence of anticipated emotions on consumer decisions: Examining the role of product type and belief in adaptation. *Zeitschrift für Psychologie, 219*, 238–245.

Pompian, M. M. (2012). Overconfidence bias. In M. M. Pompian (Ed.), *Behavioral finance and wealth management: How to build investment strategies that account for investor biases* (pp. 199–209). New York: Wiley.

Popper, K. R. (1984). *Logik der Forschung*. Tübingen: Mohr.

Posner, M. I., & Snyder, C. R. (1975). Attention and cognitive control. In R. L. Solso (Ed.), *Information processing and cognition: The Loyola symposium* (pp. 55–85). New York: Erlbaum.

Poulton, E. C. (1994). *Behavioral decision theory: A new approach*. Cambridge, MA: Cambridge University Press.

Prasetyo, P. E., & Kistanti, N. R. (2020). Human capital, institutional economics and entrepreneurship as a driver for quality & sustainable economic growth. *Entrepreneurship and Sustainability Issues, 7*, 2575–2589.

Prescott, J. (2017). Some considerations in the measurement of emotions in sensory and consumer research. *Food Quality and Preference, 62*, 360–368.

Quiggin, J. (1982). A theory of anticipated utility. *Journal of Economic Behavior and Organization, 3*, 323–343.

Raab, R. (2020). Workplace perception and job satisfaction of older workers. *Journal of Happiness Studies, 21*, 943–963.

Rachlin, H. (2015). Choice architecture: A review of why nudge: The politics of libertarian paternalism. *Journal of the Experimental Analysis of Behavior, 104*, 198–203.

Rachlin, H., Raineri, A., & Cross, D. (1991). Subjective probability and delay. *Journal of the Experimental Analysis of Behavior, 55*, 233–244.

Raffelhüschen, B. (2021). *Glückatlas 2021 der Deutschen Post*. München: Penguin.

Raffelhüschen, B. (2022). *SKL Glücksatlas 2022*. Berlin: Penguin.

Raffelhüschen, B. (2023). *SKL Glücksatlas 2023*. München: Penguin.

Ranyard, R., Crozier, W. R., & Svenson, O. (Eds.). (1997). *Decision making: Cognitive models and explanations*. London: Psychology Press.

Rapoport, A. (2004). What is rationality? In A. Diekmann, & T. Voss (Hrsg.), *Rational-Choice-Theorie in den Sozialwissenschaften* (S. 33–59). München: Oldenbourg.

Rawls, J. (1971). *A theory of justice*. Cambridge, MA: Harvard University Press.

Rawnaque, F. S., Rahman, K. M., Anwar, S. F., Vaidyanathan, R., Chau, T., Sarker, F., & Al Mamun, K. A. (2020). Technological advancements and opportunities in neuromarketing: A systematic review. *Brain Informatics, 7*, 1–19.

Reber, A. S. (1967). Implicit learning of artificial grammers. *Journal of Verbal Learning and Behavior, 6*, 855–863.

Rees, G., Kreiman, G., & Koch, C. (2002). Neural correlates of consciousness in humans. *Nature Reviews Neuroscience, 3*, 261–270.

Renner, E. (2004). Wie lässt sich Korruption wirksam bekämpfen? Empirische Befunde aus der experimentellen Wirtschaftsforschung. *Vierteljahrshefte zur Wirtschaftsforschung, 73*, 292–300.

Richter, A., Ruß, J., & Schelling, S. (2018). *Moderne Verhaltensökonomie in der Versicherungswirtschaft*. Wiesbaden: Springer Gabler.

Riedl, R., & Javor, A. (2012). The biology of trust: Integrating evidence from genetics, endocrinology, and functional brain imaging. *Journal of Neuroscience, Psychology, and Economics, 5*, 63–91.

Rilling, J. K., & Sanfey, A. G. (2011). The neuroscience of social decision-making. *Annual Review of Psychology, 62*, 23–48.

Robinson, S. C. (2020). Trust, transparency, and openness: How inclusion of cultural values shapes Nordic national public policy strategies for artificial intelligence (AI). *Technology in Society, 63*, 1–15.

Rogers, E. M. (1995). *Diffusion of innovations (4. Ed.)*. New York: The Free Press.

Rohani, A., & Nazari, M. (2012). Impact of dynamic pricing strategies on consumer behavior. *Journal of Management Research, 4*, 143–159.

Röhrig, P., & Scheinecker, M. (2019). *Lösungsfokussiertes Konflikt-Management in Organisationen. Methoden und Praxisbeispiele für Konfliktlösung zwischen Einzelnen, in Teams und Organisationseinheiten*. Bonn: ManagerSeminare.

Rose, S. (1999). Precis of Lifelines: Biology, freedom, determinism. *Behavioral and Brain Sciences, 22*, 871–885.

Rosenthal, D. M. (2002). The timing of conscious states. *Consciousness and Cognition, 11*, 215–220.

Ross, L. (1977). The intuitive psychologist and his shortcomings: Distortions in the attribution process. In L. Berkowitz (Ed.), *Advances in experimental social psychology* (pp. 173–220). New York: Academic Press.

Rossiter, J. R. (2019). A critique of prospect theory and framing with particular reference to consumer decisions. *Journal of Consumer Behaviour, 18*, 399–405.

Roth, G. (2001). *Fühlen, Denken, Handeln: Wie das Gehirn unser Verhalten steuert*. Frankfurt am Main: Suhrkamp.

Roth, G. (2004). Wir sind determiniert. Die Hirnforschung befreit von Illusionen. In C. Geyer (Hrsg.), *Hirnforschung und Willensfreiheit: Zur Deutung der neuesten Experimente* (S. 218–228). Frankfurt am Main: Suhrkamp.

Roth, G. (2017). *Persönlichkeit, Entscheidung und Verhalten*. Stuttgart: Klett-Cotta.

Roth, G. (2019). *Warum es so schwierig ist, sich und andere zu ändern: Persönlichkeit, Entscheidung und Verhalten*. Stuttgart: Klett-Cotta.

Rubinstein, A. (1982). Perfect equilibrium in a bargaining model. *Econometrica: Journal of the Econometric Society, 50*, 97–109.

Ruggeri, K., Garcia-Garzon, E., Maguire, Á., Matz, S., & Huppert, F. A. (2020). Well-being is more than happiness and life satisfaction: a multidimensional analysis of 21 countries. *Health Qual Life Outcomes, 18*, 1–16.

Runia, P. M., Wahl, F., Geyer, O., & Thewißen, C. (2019). *Marketing: Prozess- und praxisorientierte Grundlagen*. Berlin: de Gruyter Oldenbourg.

Rusetski, A. (2014). Pricing by intuition: Managerial choices with limited information. *Journal of Business Research, 67*, 1733–1743.

Ryan, R. M., & Deci, E. L. (2000). Intrinsic and extrinsic motivations: Classic definitions and new directions. *Contemporary Educational Psychology, 25*, 54–67.

Samuelson, L. (2005). Foundations of Human Sociality: A Review Essay. *Journal of Economic Literature, 43*, 488–497.

Sánchez, J., González, J., & Avenzaño, W. (2019). El clúster cerámico. *Apuesa de Desarrollo, 6*, 3977–3991.

Sandel, M. J. (1998). *What money can't buy: the moral limits of markets*. Oxford, UK: Brasenose College.

Sanders, K., Dorenbosch, L., & De Reuver, R. (2008). The impact of individual and shared employee perceptions of HRM on affective commitment. *Personnel Review, 3*, 412–425.

Sanders, N. R. (2003). Boys will be boys: Gender, overconfidence, and common stock investment. *International Journal of Forecasting, 19*, 544–545.

Schacter, D. L., Harbluk, J. L., & McLachlan, D. R. (1984). Retrieval without recollection: An experimental analysis of source amnesia. *Journal of Verbal Learning and Verbal Behavior, 23*, 593–611.

Schanbacher, A. D., Gurdamar-Okutur, N., & Faro, D. (2021). It's no longer "me": Low past-self-continuity reduces the sunk-cost bias. *Journal of Experimental Social Psychology, 95*, 104146.

Scheibehenne, B., Greifeneder, R., & Todd, P. M. (2009). What moderates the too-much-choice effect? *Psychology & Marketing, 26*, 229–253.

Scheier, C., & Held, D. (2007). Die Neuro-Logik erfolgreicher Markenkommunikation. In H.-G. Häusel (Hrsg.), *Neuromarketing: Erkenntnisse der Hirnforschung für Markenführung, Werbung und Verkauf* (S. 87–123). München: Haufe.

Scheufele, D. A. (1999). Framing as a theory of media effects. *Journal of Communication, 49*, 103–122.

Scheufele, D. A., & Iyengar, S. (2014). The state of framing research: A call for new directions. In K. Kenski, & K. H. Jamieson (Eds.), *The Oxford Handbook of Political Communication* (pp. 619–632). New York: Oxford University Press.

Schimmack, U. (2020). A meta-psychological perspective on the decade of replication failures in social psychology. *Canadian Psychology/Psychologie Canadienne, 61*, 364–376.

Schimmack, U. (2021). The implicit association test: A method in search of a construct. *Perspectives on Psychological Science, 16*, 396–414.

Schlegel, A., Alexander, P., Sinnott-Armstrong, W., Roskies, A., Tse, P., & Wheatley, T. (2015). Hypnotizing Libet: Readiness potentials with non-conscious volition. *Consciousness and Cognition, 33*, 196–203.

Schleim, S. (2023). Determinismus und Kausalität. In S. Schleim (Hrsg.), *Wissenschaft und Willensfreiheit: Was Max Planck und andere Forschende herausfanden* (S. 59–84). Berlin, Heidelberg: Springer.

Schmidt, H. (04. Dezember 2003). Das Gesetz des Dschungels. *Die Zeit*. Abgerufen am 03. Mai 2021 von www.zeit.de/2003/50/Kapitalismus

Schmidt, H. (2008). *Außer Dienst (Eine Bilanz)*. München: Siedler.

Schneider, R. (2005). Placeboeffekt und Bedeutung. *Psychologische Rundschau, 56*, 201–209.

Schneider, W., & Shiffrin, R. M. (1977). Controlled and automatic human information processing I: detection, search and attention. *Psychological Review, 84*, 1–66.

Schubert, C. (2015). *On the ethics of public nudging: Autonomy and agency.* MAGKS Joint Discussion Paper Series in Economics, No. 33-2015, Philipps-University Marburg, School of Business and Economics, Marburg. Retrieved March 2023, 15, from http://hdl.handle.net/10419/125535

Schultz, P. W., Nolan, J. M., Cialdini, R. B., Goldstein, N. J., & Griskevicius, V. (2007). The donstructive, destructive, and reconstructive power of social norms. *Psychological Science, 18*, 429–434.

Schulz, J. F., Thiemann, P., & Thöni, C. (2018). Nudging generosity: Choice architecture and cognitive factors in charitable giving. *Journal of Behavioral and Experimental Economics, 74*, 139–145.

Schumann, J., Meyer, U., & Ströbele, W. (2011). *Grundzüge der mikroökonomischen Theorie.* Heidelberg: Springer.

Schwartz, B. (2006). Navigating the paradox of choice. *International Commerce Review: ECR Journal, 6*, 43–53.

Schwinger, T. (1986). The need principle of distributive justice. In H. Bierhoff, R. L. Cohen, & J. Greenberg (Hrsg.), *Justice in Social Relations* (S. 211–225). New York: Plenum.

Sedgwick, P., & Hall, A. (2003). Teaching medical students and doctors how to communicate risk. *British Medical Association, 327*, 694–695.

Seligman, M. E. (1999). *Erlernte Hilflosigkeit.* Weinheim: Beltz.

Seligman, M. E. (2002). *Authentic happiness: Using the new positive psychology to realize your potential for lasting fulfillment.* New York: Simon and Schuster.

Selten, R. (1965). Spieltheorethische Behandlung eines Oligopolmodells mit Nachfrageträgheit. *Zeitschrift für die gesamte Staatswissenschaft, 12*, 301–324.

Selten, R. (1975). Reexamination of the perfectness concept for equilibrium points in extensive games. *International Journal of Game Theory, 4*, 141–201.

Selten, R. (1998). Aspiration adaptation theory. *Journal of Mathematical Psychology, 42*, 191–214.

Selten, R. (2001). What is bounded rationality? In G. Gigerenzer, & R. Selten (Hrsg.), *Bounded rationality: The adaptive toolbox* (S. 13–36). Cambridge, MA: MIT Press.

Serra, D. (2021). Decision-making: from neuroscience to neuroeconomics–an overview. *Theory and Decision, 91*, 1–80.

Service, O., Hallsworth, M., Halpern, D., Algate, F., Gallagher, R., Nguyen, S., … Kirkman, E. (2014). EAST Four simple ways to apply behavioural insights. *Behavioural Insights Team, 4*, 29–37.

Serwe, S., & Frings, C. (2006). Who will win Wimbledon? The recognition heuristic in predicting sports events. *Journal of Behavioral Decision Making, 19*, 321–332.

Sethi-Iyengar, S., Huberman, G., & Jiang, W. (2004). How much choice is too much? Contributions to 401 (k) retirement plans. *Pension Design and Structure: New Lessons from Behavioral Finance, 83*, 84–87.

Sharot, T. (2014). *Das optimistische Gehirn.* Berlin: Springer.

Sherman, D. K., & Cohen, G. L. (2006). The psychology of self-defense: Self-affirmation theory. *Advances in Experimental Social Psychology, 38*, 183–242.

Sherman, J. W., & Rivers, A. M. (2021). There's nothing social about social priming: Derailing the "train wreck". *Psychological Inquiry, 32*, 1–11.

Shiller, R. J. (1999). Human behavior and the efficiency of the financial system. In J. B. Taylor, & M. Woodford (Eds.), *Handbook of Macroeconomics* (Vol. 1, pp. 1305–1340). Amsterdam: Elsevier.

Shiller, R. J. (2015). *Irrational exuberance.* Princeton, NJ: Princeton University Press.

Shiller, R. J. (2020). *Narrative Wirtschaft: Wie Geschichten die Wirtschaft beeinflussen-ein revolutionärer Erklärungsansatz.* Kulmbach: Plassen.

Shugan, S. M. (1980). The cost of thinking. *Journal of Consumer Research, 7*, 99–111.

Sieg, G. (2005). *Spieltheorie.* Berlin: De Gruyter Oldenbourg.

Silberer, G. (2013). Kaufentscheidungen und Kaufhandlungen am Point-of-Sale – Ein Überblick sowie Stand der Forschung und neuere Befunde. In G. Crockford, F. Ritschel, & U. Schmieder (Hrsg.), *Handel in Theorie und Praxis* (S. 69–95). Wiesbaden: Springer Gabler.

Silk, J. B., & House, B. R. (2011). Evolutionary foundations of human prosocial sentiments. *Proceedings of the National Academy of Sciences, 108*, 10910–10917.

Simmons, B. (2010). Clinical reasoning: concept analysis. *Journal of Advanced Nursing, 66*, 1151–1158.

Simmons, J. P., Nelson, L. D., & Simonsohn, U. (2011). False-positive psychology: Undisclosed flexibility in data collection and analysis allows presenting anything as significant. *Psychological science, 22*, 1359–1366.

Simon, H. A. (1955). A behavioral model of rational choice. *Quarterly Journal of Economics, 69*, 99–118.

Simon, H. A. (1956). Rational Choice and the Structure of the Environment. *Psychological Review, 63*, 129–138.

Simon, H. A. (1957). *Models of man; social and rational.* New York: Wiley.

Simon, H. A. (1960). *The New Science of Management Decision.* New York: Harper & Brothers.

Simon, H. A. (1978). Information-processing theory of human problem solving. In W. K. Estes (Ed.), *Handbook of learning and cognitive processes: V. Human information* (pp. 271–295). New York: Erlbaum.

Simon, H. A. (1985). Human nature in politics: The dialogue of psychology with political science. *American Political Science Review, 79*, 293–304.

Singer, W. (2004). Verschaltungen legen uns fest: Wir sollten aufhören, von Freiheit zu sprechen. In C. Geyer (Hrsg.), *Hirnforschung und Willensfreiheit: Zur Deutung der neuesten Experimente* (S. 30–65). Frankfurt am Main: Suhrkamp.

Skagerlund, K., M., Forsblad., Slovic, P., & Västfjäll, D. (2020). The affect heuristic and risk perception – Stability across elicitation methods and individual cognitive abilities. *Frontiers in Psychology, 11*, 970.

Sloman, S. A. (1996). The empirical case for two systems of reasoning. *Psychological Bulletin, 119*, 3–22.

Slovic, P., & Fischhoff, B. (1977). On the psychology of experimental surprises. *Journal of Experimental Psychology: Human Perception and Performance, 3*, 544–551.

Slovic, P., Finucane, M. L., Peters, E., & MacGregor, D. G. (2007). The affect heuristic. *European Journal of Operational Research, 177*, 1333–1352.

Slovic, P., Finucane, M., Peters, E., & MacGregor, D. G. (2002). Rational actors or rational fools: Implications of the affect heuristic for behavioral economics. *The Journal of Socio-Economics, 31*, 329–342.

Smith, A. ([1789]1988). *Der Wohlstand der Nationen.* München: dtv.

Šola, H. M. (2013). Neuromarketing–science and practice. *FIP-Financije i Pravo, 1*, 25–34.

Spann, M., & Skiera, B. (2020). Dynamische Preisgestaltung in der digitalisierten Welt. *Schmalenbachs Zeitschrift für betriebswirtschaftliche Forschung, 72*, 321–342.

Stajkovic, A. D., Greenwald, J. M., & Stajkovic, K. S. (2022). The money priming debate revisited: A review, meta-analysis, and extension to organizations. *Journal of Organizational Behavior, 43*, 1078–1102.

Stanovich, K. E. (1999). *Who is rational? Studies of individual differences in reasoning.* Mahway, NJ: Elrbaum.

Stanovich, K. E., & West, R. F. (2000). Individual differences in reasoning: Implications for the rationality debate? *Behavioral and Brain Sciences, 23*, 645–665.

Stanovich, K. E., & West, R. F. (2003). Evolutionary versus instrumental goals: How evolutionary psychology misconceives human rationality. In D. E. Over (Ed.), *Evolution and the psychology of thinking: The debate* (pp. 171–230). New York: Psychology Press.

Stark, D. (2009). *The sense of dissonance: Accounts of worth in economic life.* Princeton, NJ: Princeton University Press.

Stoner, J. A. (1968). Risky and cautious shifts in group decisions: The influence of widely held values. *Journal of Experimental Social Psychology, 4*, 442–459.

Strack, F., & Mussweiler, T. (1997). Explaining the enigmatic anchoring effect: Mechanisms of selective accessibility. *Journal of Personality and Social Psychology, 73*, 437–446.

Strassheim, H., & Beck, S. (Eds.). (2019). *Handbook of behavioural change and public policy.* Cheltenham, UK: Elgar.

Strotebeck, F. (2020). *Einführung in die Mikroökonomik: Band I: Theoretische Grundlagen.* Wiesbaden: Springer Gabler.

Stutzer, A., Goette, L., & Zehnder, M. (2011). Active decisions and prosocial behaviour: a field experiment on blood donation. *The Economic Journal, 121*, 476–493.

Summers, J. A., Ait Ouakrim, D., Wilson, N., & Blakely, T. (2022). Updated health and cost impacts of electronic nicotine delivery systems, using recent estimates of relative harm for vaping compared to smoking. *Nicotine and Tobacco Research, 24*, 408–412.

Sunstein, C. (2014). Nudging: a very short guide. *Journal of Consumer Policy, 37*, 583–588.

Sunstein, C. R., & Thaler, R. H. (2003). Libertarian paternalism is not an oxymoron. *The University of Chicago Law Review*, 1159–1202.

Sweller, J. (2020). Cognitive load theory and educational technology. *Educational Technology Research and Development, 68*, 1–16.

Tarrahi, F., Eisend, M., & Dost, F. (2016). A meta-analysis of price change fairness perceptions. *International Journal of Research in Marketing, 33*, 199–203.

Tay, C., Ang, S., & Van Dyne, L. (2006). Personality, biographical characteristics, and job interview success: A longitudinal study of the mediating effects of interviewing self-efficacy and the moderating effects of internal locus of causality. *Journal of Applied Psychology, 91*, 446–454.

Taylor, S. E., & Fiske, S. T. (1978). Salience, attention, and attribution: Top of the head phenomena. In L. Berkowitz (Ed.), *Advances in experimental social psychology* (Vol. 11, pp. 249–288). Cambridge, MA: Academic Press.

Tegmark, M. (2014). Consciousness is a state of matter, like a solid or gas. *New Scientist, 222*, 28–31.

Thaler, R. H. (1980). Toward a positive theory of consumer choice. *Journal of Economic Behavior and Organization, 1*, 39–60.

Thaler, R. H. (1981). Some empirical evidence on dynamic inconsistency. *Economics Letters, 8*, 201–207.

Thaler, R. H. (1985). Mental accounting and consumer choice. *Marketing Science, 4*, 199–214.

Thaler, R. H. (1999). Mental Accounting Matters. *Journal of Behavioral Decision Making, 12*, 183–206.

Thaler, R. H. (2015). *Misbehaving – The making of behavioral economics*. New York: Norton.

Thaler, R. H., & Benartzi, S. (2004). Save more tomorrow™: Using behavioral economics to increase employee saving. *Journal of Political Economy, 112*, 164–187.

Thaler, R. H., & Sunstein, C. R. (2008). *Nudge: Improving decisions about health, wealth, and happiness*. New Haven, CT: Yale University Press.

Thaler, R. H., Sunstein, C., & Balz, J. P. (2012). Choice architecture. In E. Shafir (Ed.), *The Behavioral Foundation of Policy* (pp. 428–439). Princeton, NJ: Princeton University Press.

Thibaut, J., & Walker, L. (1975). *Procedural Justice: A Psychological Analysis*. Hillsdale, New Jersey: Lawrence Erlbaum Associates.

Thompson, S. C., & Schlehofer, M. M. (2007). The many sides of control motivation: Motives for high, low, and illusory control. In J. Shah, & W. Gardner (Eds.), *Handbook of control motivation* (pp. 41–56). New York: Guilford Press.

Thorndike, E. L. (1898). Animal intelligence: An experimental study of the associative processes in animals. *Psychological Monographs: General and Applied, 2*, 1–109.

Ting, C., Salem-Garica, N., Palminteri, S., Engelmann, J., & Lebreton, M. (2023). Neural and computational underpinnings of biased confidence in human reinforcement learning. *Nature Communications, 14*, 6896.

Tobler, P. N., & Weber, E. U. (2014). Valuation for risky and uncertain choices. In P. W. Glimcher, & E. Fehr (Eds.), *Neuroeconomics* (pp. 149–172). London: Academic.

Tolli, A. P., & Schmidt, A. M. (2008). The role of feedback, causal attributions, and self-efficacy in goal revision. *Journal of Applied Psychology, 93*, 692–701.

Tomlinson, E. C., & Carnes, A. M. (2015). When promises are broken in a recruitment context: The role of dissonance attributions and constraints in repairing behavioural integrity. *Journal of Occupational and Organizational Psychology, 88*, 415–435.

Tononi, G. (2004). An information integration theory of consciousness. *BMC Neuroscience, 5*, 1–22.

Tononi, G., & Koch, C. (2008). The neural correlates of consciousness: An update. *Annals of the New York Academy of Sciences, 1124*, 239–261.

Tononi, G., Boly, M., Massimini, M., & Koch, C. (2016). Integrated information theory: From consciousness to its physical substrate. *Nature Reviews Neuroscience, 17*, 450–461.

Traut-Mattausch, E., Frey, D., & Peus, C. (2008). The psychology of Homo Economicus. *Zeitschrift für Psychologie/Journal of Psychology, 216*, 195–197.

Trost, A. (2022). *Das richtige Führungsverständnis*. Wiesbaden: Springer Gabler.

Tulving, E. (1989). Memory: Performance, knowledge, and experience. *European Journal of Cognitive Psychology, 1*, 3–26.

Tulving, E. (2002). Episodic memory: From mind to brain. *Annual Review of Psychology, 53*, 1–25.

Tulving, E., & Schacter, D. L. (1990). Priming and human memory systems. *Science, 247*, 301–306.

Turk, D., Brady-van den Bos, M., Collard, P., Gillespie-Smith, C. M., & Cunningham, S. (2013). Divided attention selectively impairs memory for self-relevant information. *Memory & Cognition, 41*, 503–510.

Tversky, A., & Fox, C. R. (1995). Weighing risk and uncertainty. *Psychological Review, 102*, 269–283.

Tversky, A., & Kahneman, D. (1973). Availability: A heuristic for judging frequency and probability. *Cognitive Psychology, 5*, 207–232.

Tversky, A., & Kahneman, D. (1974). Judgment under uncertainty: Heuristics and biases. *Science, 185*, 1124–1131.

Tversky, A., & Kahneman, D. (1981). The framing of decisions and the psychology of choice. *Science, 211*, 453–458.

Tversky, A., & Kahneman, D. (1982). Judgments of and by representativeness. In D. Kahneman, P. Slovic, & A. Tversky (Eds.), *Judgment under Uncertainty: Heuristics and Biases* (pp. 84–98). Cambridge: Cambridge University Press.

Tversky, A., & Kahneman, D. (1983). Extensional versus intuitive reasoning: The conjunction fallacy in probability judgment. *Psychological Review, 90*, 293–315.

Tversky, A., & Kahneman, D. (1986). Rational choice and the framing of decisions. *The Journal of Business, 59*, 251–278.

Tversky, A., & Kahneman, D. (1991). Loss aversion in riskless choice: A reference-dependent model. *The Quarterly Journal of Economics, 106*, 1039–1061.

Tversky, A., & Kahneman, D. (1992). Advances in prospect theory: Cumulative representation of uncertainty. *Journal of Risk and Uncertainty, 5*, 297–323.

Ucros, C. G. (1989). Mood state-dependent memory: A meta-analysis. *Cognition & Emotion, 3*, 139–169.

United Nations. (2011). Happiness: towards a holistic approach to development. *Resolution 65/309 adopted by the General Assembly on 19 July 2011*. New York.

Van Bavel, J. J., Baicker, K., Boggio, P. S., & Capraro, V. (2020). Using social and behavioural science to support COVID-19 pandemic response. *Nature Human Behaviour, 4*, 460–471.

Van Bavel, J. J., Cichocka, A., Capraro, V., Sjåstad, H., Nezlek, J. B., Pavlović, T., ... Boggio, P. S. (2022). National identity predicts public health support during a global pandemic. *Nature Communications, 13*, 517.

Van Knippenberg, D., & Mell, J. N. (2016). Past, present, and potential future of team diversity research: From compositional diversity to emergent diversity. *Organizational Behavior and Human Decision Processes, 136*, 135–145.

Varian, H. R. (2016). *Grundzüge der Mikroökonomik*. Berlin: de Gruyter.

Vaubel, R. (2006). Principal-agent problems in international organizations. *The Review of International Organizations, 1*, 125–138.

Viale, R. (2022). *Nudging*. Cambridge, MA: MIT Press.

Vlaev, I., King, D., Dolan, P., & Darzi, A. (2016). The theory and practice of "nudging": changing health behaviors. *Public Administration Review, 76*, 550–561.

Vogelsang, M. (2020). Dynamic Pricing aus der Marketing-Perspektive. In *Designing Smart Prices. Beiträge zur empirischen Marketing- und Vertriebsforschung* (S. 17–63). Wiesbaden: Springer Gabler.

Vohs, K. D. (2006). The psychological consequences of money. *Science, 314*, 1154–1156.

Vohs, K. D. (2015). Money priming can change people's thoughts, feelings, motivations, and behaviors: An update on 10 years of experiments. *Journal of Experimental Psychology: General, 144*, 86–93.

Volz, K. G., Schooler, L. J., Schubotz, R. I., Raab, M., Gigerenzer, G., & von Cramon, D. Y. (2006). Why you think milan is larger than modena: Neural correlates of the recognition heuristic. *Journal of Cognitive Neuroscience, 18*, 1924–1936.

Von Holle, V. (2018). *Ökonomie 4.0*. Wiesbaden: Springer Gabler.

Von Neumann, J., & Morgenstern, O. (1953). *Theory of games and economic behavior*. New York: Wiley.

Vugts, A., Van Den Hoven, M., De Vet, E., & Verweij, M. (2020). How autonomy is understood in discussions on the ethics of nudging. *Behavioural Public Policy, 4*, 108–123.

Wallach, M. A., & Kogan, N. (1965). *Modes of thinking in young children: A study of the creativity-intelligence distinction*. New York: Holt, Rinehart, & Winston.

Walras, L. ([1898]1992). Esquisse d'une doctrine économique et sociale. In P. Dockès, H. Goutte, C. Hébert, C. Mouchot, J.-P. Potier, & J.-M. Servet (Eds.), *Auguste Walras and Léon Walras, Œuvres économiques complètes. Volume X*, (pp. 405–441). Paris: Economica.

Walter, H. (2004). Willensfreiheit, Verantwortlichkeit und Neurowissenschaft. *Psychologische Rundschau, 55*, 167–177.

Wang, M. D., Little, J., Gomes, J., Cashman, N. R., & Krewski, D. (2017). Identification of risk factors associated with onset and progression of amyotrophic lateral sclerosis using systematic review and meta-analysis. *Neurotoxicology, 61*, 101–130.

Wang, Y., Ge, J., Zhang, H., & Xie, X. (2019). Altruistic behaviors relieve physical pain. *Psychological and Cognitive Sciences, 117*, 950–958.

Wang, Z.-J., Kuang, Y., Tang, H.-Y., Gao, C., Chen, A., & Chan, K. Q. (2017). Are decisions made by group representatives more risk averse? The effect of sense of responsibility. *Journal of Behavioral Decision Making, 31*, 311–323.

Wason, P. C. (1960). On the failure to eliminate hypothesis in a conceptual task. *Quarterly Journal of Experimental Psychology, 12*, 129–140.

Wason, P. C. (1968). Reasoning about a rule. *Quarterly Journal of Experimental Psychology, 20*, 273–281.

Wason, P. C., & Evans, J. S. (1974). Dual processes in reasoning? *Cognition, 3*, 141–154.

Watson, J. B. (1913). Psychology as the behaviorist views it. *Psychological Review, 20*, 158–177.

Watson, W., Kumar, K., & Michaelsen, L. (1993). Cultural diversity's impact on interaction process and performance: Comparing homogeneous and diverse task groups. *Academy of Management Journal, 36*, 590–602.

Watts, T. W., Duncan, G. J., & Quan, H. (2018). Revisiting the marshmallow test: A conceptual replication investigating links between early delay of gratification and later outcomes. *Psychological Science, 29*, 1159–1177.

Weber, M. ([1922]1980). *Wirtschaft und Gesellschaft: Grundriß der verstehenden Soziologie*. Tübingen: Mohr.

Weber, M. (1993). Besitztumseffekte – Eine theoretische und experimentelle Analyse. *Die Betriebswirtschaft, 53*, 479–490.

Wegener, D. T., Petty, R. E., Blankenship, K. L., & Detweiler-Bedell, B. (2010). Elaboration and numerical anchoring: Implications of attitude theories for consumer judgment and decision making. *Journal of Consumer Psychology, 20*, 5–16.

Wei, Z., Zhao, Z., & Zheng, Y. (2019). Following the majority: Social influence in trusting behavior. *Frontiers in Neuroscience, 13*, 89.

Weibler, J., & Küpers, W. (2008). Intelligente Entscheidungen in Organisationen – Zum Verhältnis von Kognition, Emotion und Intuition. In A. Bortfeldt, J. Homberger, H. Kopfer, G. Pankratz, & R. Strangmeier (Hrsg.), *Intelligent Decision Support: Current Challenges and Approaches* (S. 457–478). Wiesbaden: Springer Gabler.

Weidmann, J. (22. 05 2017). *Zehn Jahre Finanzkrise – was haben wir gelernt? Rede an der Ruhr-Universität Bochum*. Abgerufen am 08. 01 2023 von Bundesbank: https://www.bundesbank.de/de/presse/reden/zehn-jahre-finanzkrise-was-haben-wir-gelernt-665336

Weiner, B. (1979). A theory of motivation for some classroom experiences. *Journal of Educational Psychology, 71*, 3–25.

Weiner, B. (1986). *An attributional theory of motivation and emotion*. New York: Springer.

Weinstein, N. D. (1989). Optimistic biases about personal risks. *Science, 246*, 1232–1233.

Wickens, A. P. (2005). *Foundations of biopsychology*. Harlow, UK: Pearson Education.

Wickens, C. D., & Carswell, C. M. (2021). Information processing. In G. Salvendy, & W. Karwowski (Eds.), *Handbook of human factors and ergonomics* (pp. 114–158). Hoboken, NJ: Wiley.

Wiech, K., & Tracey, I. (2009). The influence of negative emotions on pain: behavioral effects and neural mechanisms. *NeuroImage, 47*, 987–994.

Willaschek, M. (2011). Der Begriff der Willensfreiheit im deutschen Strafrecht. *Deutsches Jahrbuch Philosophie, 2*, 1185–1203.

Williamson, O. E. (1975). *Markets and hierarchies: Analysis and antitrust implications*. New York: Free Press.

Williamson, O. E. (1985). *The economic institutions of capitalism*. New York: Free Press.

Willke, H. (2019). *Komplexe Freiheit: Konfigurationsprobleme eines Menschenrechts in der globalisierten Moderne*. Bielefeld: Transcript.

Wilson, E. O. (1980). *Sociobiology: The abridged edition*. Cambridge, MA: Belknap Press of Harvard University Press.

Wilson, T. D., Houston, C. E., Etling, K. M., & Brekke, N. (1996). A new look at anchoring effects: Basic anchoring and its antecedents. *Journal of Experimental Psychology: General, 125*, 387–402.

Winter, S. (2019). *Grundzüge der Spieltheorie* (Bd. 2). Berlin: Springer.

Wittmann, M., & Paulus, M. P. (2016). How the experience of time shapes decision-making. In M. Reuter, & C. Montag (Eds.), *Neuroeconomics* (pp. 133–144). New York: Springer.

Wood, G. (1978). The knew-it-all-along effect. *Journal of Experimental Psychology: Human Perception and Performance, 4*, 345–353.

Wood, W., & Neal, D. T. (2009). The habitual consumer. *Journal of Consumer Psychology, 19*, 579–592.

Yang, C., Luo, L., Vadillo, M., Yu, R., & Shanks, D. (2021). Testing (quizzing) boosts classroom learning: A systematic and meta-analytic review. *Psychological Bulletin, 147*, 399–435.

Yarritu, I., Matute, H., & Vadillo, M. A. (2014). Illusion of control: The role of personal involvement. *Experimental Psychology, 61*, 38–47.

Yeo, G., & Neal, A. (2008). Subjective cognitive effort: A model of states, traits, and time. *Journal of Applied Psychology, 93*, 617–631.

Yoo, J., Miyamoto, Y., Evers, U., Lee, J., & Wong, N. (2021). Does materialism hinder relational well being? The role of culture and social motives. *Journal of Happiness Studies, 22*, 241–261.

Zak, P. J., Kurzban, R., & Matzner, W. T. (2004). The neurobiology of trust. *Annals of the New York Academy of Sciences, 1032*, 224–227.

Zapf, D., & Holz, M. (2006). On the positive and negative effects of emotion work in organizations. *European Journal of Work and Organizational Psychology, 15*, 1–28.

Zarrindast, M. R., & Khakpai, F. (2020). State-dependent memory and its modulation by different brain areas and neurotransmitters. *EXCLI Journal, 19*, 1081–1099.

Zhang, A. Y., Tsui, A. S., & Wang, D. X. (2011). Leadership behaviors and group creativity in Chinese organizations: The role of group processes. *The Leadership Quarterly, 22*, 851–862.

Zuckerman, M. (1979). *Sensation seeking: Beyond the optimal level of arousal*. Hillsdale, NJ: Erlbaum.

Zweigle, T., & Heinl, J. (2023). Potenziale und Herausforderungen des Digital Selling im B2B-Kaufentscheidungsprozess: Identifikation verschiedener Vertriebsrollen unter Berücksichtigung der Zwei-System-Theorie von Kahneman. *IU Discussion Papers – Marketing & Kommunikation, 1*, 1–24.

Abbildungsverzeichnis

https://doi.org/10.1515/9783110722307-014

Tabellenverzeichnis

https://doi.org/10.1515/9783110722307-015

Namenverzeichnis

https://doi.org/10.1515/9783110722307-016

Sachverzeichnis

https://doi.org/10.1515/9783110722307-017

www.ingramcontent.com/pod-product-compliance
Lightning Source LLC
Chambersburg PA
CBHW051428290326
41932CB00049B/3267

9 783110 722277